Nicholas Bethell · Das Palästina-Dreieck

Nicholas Bethell

Das Palästina-Dreieck

Juden und Araber im Kampf um das britische Mandat 1935–1948

Propyläen

Titel der englischen Originalausgabe:
The Palestine Triangle,
The struggle between the British,
the Jews and the Arabs 1935-48
First published 1979 by André Deutsch Limited, London

Aus dem Englischen von Klaus Kochmann, Berlin

Propyläen Verlag
Satz und Druck: Poeschel & Schulz-Schomburgk, Eschwege
Buchbinder: May & Co. Nachf., Darmstadt
Printed in Germany 1979
ISBN: 3 549 07388 7

CIP-Kurztitelaufnahme der Deutschen Bibliothek

Bethell, Nicholas:
Das Palästina-Dreieck : Juden u. Araber im Kampf um d. brit. Mandat 1935 – 1948 / Nicholas Bethell. [Aus d. Engl. von Klaus Kochmann]. – Frankfurt am Main, Berlin, Wien : Propyläen-Verlag, 1979.
Einheitssacht.: The Palestine triangle ⟨dt.⟩
ISBN 3-549-07388-7

Inhalt

Die Vorgeschichte des Konflikts

Wem gehört Jerusalem und seine Umgebung? Kein Autor kann zur Beantwortung dieser Frage beitragen, ohne auf ihren viertausendjährigen historischen Hintergrund Bezug zu nehmen. Die Last der Geschichte liegt schwer auf diesem Landstrich, sie hat ihn in unserem Jahrhundert zum ständigen Kampfplatz werden lassen. Menschen haben versucht, der Gewalttätigkeit ein Ende zu setzen. Menschen, deren Möglichkeit, Entscheidungen zu treffen, bloß fünf oder zehn Jahre währte, waren gezwungen, sich Problemen zu widmen, die sich während vier Jahrtausenden entwickelt haben. Kein Wunder, daß sie alle erfolglos geblieben sind.

Nicht nur die geschichtliche Entwicklung hat das Problem Palästinas und Israels zugespitzt, sondern auch die Heftigkeit der Gefühle, die das Heilige Land in Hunderten von Millionen Menschen – Juden, Moslems und Christen – weckt. Viele Kriege sind um die Klagemauer, den Felsendom und die Kirche des Heiligen Grabes geführt worden. Wenn auch der Einfluß der Religion auf die politischen Führer geschwunden ist, so hat doch die Ehrerbietung für die Stadt, die den drei großen Religionen so viel bedeutet, überlebt, und schon Nationen mit dem geringsten Anspruch auf den begehrten Preis unterlagen einem zwanghaften Drang, gierig danach zu greifen.

Einer der ältesten Berichte über diese Region findet sich im biblischen Alten Testament, das ihre Besiedelung beschreibt, die vermutlich bereits um das Jahr 2000 vor Christus durch Nachkommen Jakobs, des Sohnes des Isaak (oder Ismael) und Enkels des Abraham, erfolgte. Die Bibel erzählt, wie die Sippe des Jakob (oder Israel) in die Gefangenschaft des ägyptischen Pharao geriet, aus der sie später durch den Propheten Moses wieder herausgeführt wurde, der die Gesetze der fremdartigen monotheistischen Religion Israels begründete. Die Gelehrten streiten sich darüber, wie wörtlich man die Darstellungen des Lebens der frühen biblischen Gestalten – Aaron, Josua, Samuel oder Saul – nehmen soll, aber es kann keinen Zweifel daran geben, daß die jüdische Tradition um das Jahr 1000 der vorchristlichen Zeit historische Wirklichkeit wurde. Israel war ein Königreich, und David war sein König.

Das Königreich Israel überdauerte kaum die Herrschaft Davids und seines Sohnes Salomon. Zunächst wurde es geteilt, dann wurde es im achten vorchristlichen Jahrhundert durch das Assyrische Reich erobert. Im Jahre 588 v. Chr. wurde Jerusalem durch Nebukadnezar zerstört, und seine Bevölkerung wurde nach Babylon überführt. Am Ende des sechsten Jahrhunderts eroberte Kyros der Große von Persien Babylon und gestattete den Israeliten die Rückkehr. Im Jahre 323 v. Chr. geriet das Heilige Land wiederum in andere Hände, als Alexander der Große von Mazedonien den König von Persien besiegte. Später wurde es von Ptolemäos von Ägypten und von den Seleukidischen Herrschern Syriens besetzt. Im zweiten Jahrhundert führte ein erfolgreicher Aufstand zur Wiederherstellung der jüdischen Unabhängigkeit; aber 63 v. Chr. wurde sie durch den Römer Pompejus wieder zerstört.

Nach der Eroberung durch die Römer blieb das Heilige Land fast zweitausend Jahre lang unter nicht-jüdischer Herrschaft. Einige Jahrzehnte lang wurden jüdische Könige und Statthalter von Rom eingesetzt, die berühmtesten von ihnen waren Herodes der Große und Pontius Pilatus. Um die Mitte des ersten nachchristlichen Jahrhunderts rebellierten die Juden wieder. Römische Legionen unter Titus kämpften jahrelang gegen die Rebellen, bis sie schließlich im Jahr 70 Jerusalem eroberten und niederbrannten. Eine jüdische Kampfgruppe hielt in Masada stand, einer bootsförmigen, natürlichen Festung nahe dem südlichen Ende des Toten Meeres.

Heute pflegen die Juden die Erinnerung an Masada als eine der heldenhaftesten und erregendsten Episode ihrer Geschichte. Nur tausend Personen, einschließlich der Frauen und Kinder, konnten während des Winters 72/73 durch Tapferkeit und günstige geographische Bedingungen einer ganzen römischen Legion standhalten. Den Römern blieb nichts anderes übrig, als mehrere Monate auf den Bau einer großen Erdrampe an der Westseite des Hügels zu verwenden. Als schließlich klar war, daß die Römer in die Festung einbrechen würden, beschlossen die Juden unter Eleasar ben Yair, nicht als Gefangene, sondern als freie Männer und Frauen zu sterben. Sie verbrannten ihren Besitz und begingen Selbstmord, indem sie einander Gruppe um Gruppe, Individuum um Individuum töteten und nichts und niemanden dem fremden Eroberer überließen.

Es gab weitere Rebellionen, denen zwangsläufig weitere Massaker an Juden folgten. Bei den Unterdrückungsmaßnahmen, die dem Aufstand unter der Führung von Bar-Kochba folgten, wurde Jerusalem vollständig zerstört, und die Juden wurden aus dem Heiligen Land vertrieben. Seit dieser Zeit lebten sie in der Diaspora; ihr Volk war über die ganze Welt zerstreut. Ihre heiligen Stätten waren niedergebrannt, ihr Land von Fremden besetzt. Aber durch ihre Religion und ihre Bibel bewahrten sie sich über die Jahrhunderte ihre besondere Identität, in welchem Land auch immer sie als Gemeinde lebten.

Während einige Juden zur Assimilation bereit waren, lehnten die meisten eine Heirat mit Nichtangehörigen ihrer Gemeinschaft als sicheren Weg zu ihrer Auslöschung als Volk ab; Assimilation hätte die Aufgabe des Glaubens und der Gewißheit bedeutet, daß sie eines Tages nach Jersualem und dem Land Israel zurückkehren würden, das sie immer noch als ihr Eigentum, als Geschenk Gottes, betrachteten. Nur indem sie abgesondert blieben, konnten sie die bemerkenswerte Leistung vollbringen, fast zweitausend Jahre lang unter oft grausamer Verfolgung und ohne eigenes Land zu überleben und sich in unserem Jahrhundert als anerkannte Nation wieder zu entwickeln.

Jersualem blieb eine Pilgerstätte der Christen und begann im vierten Jahrhundert wieder aufzublühen, nachdem der römische Kaiser Konstantin zum Christentum übergetreten war und dort viele große Gebäude errichten ließ. Aber das Römische Reich befand sich bereits im Niedergang. Zu Anfang des siebenten Jahrhunderts konnte es den Armeen des persischen Sassanidenkönigs Khosrau nicht mehr widerstehen, der 614 Jerusalem eroberte und bis nach Ägypten vordrang. Unter dem Kaiser Heraklius wurde wenige Jahre später ein Großteil des Landes wieder erobert. Dies ereignete sich bereits zu Lebzeiten des Propheten Mohammed, dessen Flucht von Mekka nach Medina im Jahre 622 den Beginn des moslemischen Zeitalters bedeutet. Eine imperiale Macht – die Araber – begann ihren Aufstieg, und langdauernde Verbindungen mit der Heiligen Stadt stellten sich her.

In den Schlachten von Ajnadain im Jahr 634 und von Jarmuk 636 schlugen die arabischen Armeen die Byzantiner. Zwei Jahr später zog der zweite Kalif, Omar ibn al-Khattab, in Jerusalem ein. Fünfzig Jahre später baute der neunte Kalif Abd-ul-Malik den Felsendom, einen großen Schrein, auf dem Platz des jüdischen Tempels, den Titus niedergebrannt hatte. Nach dem islamischen Glauben flog der Prophet von dieser Stelle auf seinem Zauberroß, dem »buraq« gen Himmel. Für die Moslems ist dies ein besonders heiliger Ort, der bedeutendste nach Mekka und Medina. Für die Juden ist es der allerheiligste Ort, der Platz ihres Tempels, den die Römer zerstörten. Seit dem siebten Jahrhundert war er überwiegend ein religiöser Mittelpunkt der Araber, die in Jersualem lebten und das umgebende Land kultivierten. Der einzige Teil des Tempelplatzes, zu dem die Juden hin und wieder Zugang hatten, war seine westliche Mauer, die Klagemauer.

Jerusalem, materiell schwach, aber stolzer Besitzer von wichtigsten Heiligtümern der drei monotheistischen Religionen, wirkte wie ein Magnet auf Eroberer. Die Gegend war arm, das Land ringsum zum großen Teil Wüste, zu karg, um eine zahlreiche Bevölkerung zu ernähren, aus der sich ein selbständiges Gemeinwesen entwickeln konnte. Während des Niedergangs der Araber verkam Jerusalem zum Provinznest, das fast nur noch von moslemischen und christlichen Pilgern betreten wurde. Nachdem Jersualem in die Hände der seldschukischen Türken gefallen war, und Christen kaum noch nach dem Heiligen Land pilgern konnten, entwickelten die christlichen Nationen Europas den Gedanken eines Kreuzzuges, um ihre Heiligtümer zu befreien und nebenbei etwas vom Reichtum und der Pracht des Orients zu erwerben. 1099 fiel Jerusalem in die Hände der Kreuzfahrer, die dort ein Königreich errichteten, das in Größe und Grenzziehung den späteren Staaten Palästina und Israel ähnelte.

Nach etwa einem Jahrhundert christlicher Herrschaft wurde Jersualem von Sultan Saladin von Ägypten erobert und hatte danach verschiedene Überfälle mongolischer Horden unter Hulagu Khan zu erdulden. 1517 wurde es von den Osmanischen Türken erobert, in deren Händen es vierhundert Jahre lang blieb. Erst 1914, durch den Eintritt des Osmanischen Reiches in den Ersten Weltkrieg an der Seite Deutschlands und Österreichs-Ungarns, wurde die Herrschaft über das Heilige Land wieder in Frage gestellt.

Natürlicherweise suchten Großbritannien und Frankreich in ihrem Kampf gegen das Osmanische Reich Verbündete unter den Arabern, die der türkischen Herrschaft überdrüssig waren. Großbritannien war zu diesem Zeitpunkt wenig daran interessiert, Macht in der arabischen Welt zu erringen. Es war nur darauf bedacht, die Türkei zu besiegen. Aus dem gleichen Grund zeigten sich einige arabische Stämme bereit, den Briten zu helfen, wenn sie dadurch ihre Unabhängigkeit erlangen konnten. Es kam zu Verhandlungen zwischen Hussein, dem Scherif von Mekka, und Sir Henry McMahon, dem britischen Hohen Kommissar in Ägypten. McMahons entscheidender Brief vom 24. Oktober 1915 stellte ein Unabhängigkeitsversprechen von britischer Seite für alle arabisch bevölkerten Gebiete des Osmanischen Reiches dar, mit der Ausnahme der »Teile von Syrien, die westlich der Bezirke von Damaskus, Homs, Hama und Aleppo liegen«.

Die Araber nahmen an, und sie beharren bis heute darauf, daß dieses Versprechen Palästina einschloß, das eher südlich als westlich von Damaskus liegt. Großbritannien behauptete jedoch später, daß Palästina, das von den Türken als ›Vilaqet von Beirut‹ und als unabhängiger ›Sanjak von Jerusalem‹ verwaltet wurde, durch McMahons Brief ausgenommen worden sei. Alle Seiten stimmen darin überein, daß, wie die königliche Kommission 1937 erklärte, »es im höchsten Maße unglücklich war, daß die britische Regierung unter der kritischen Lage des Krieges nicht imstande war, dem Scherifen ihre Absichten klar zu machen.«

Die Araber erfüllten ihre Seite der Abmachung. Im Juni 1916 erklärte der Scherif den Türken den Krieg, überwältigte zahlreiche türkische Vorposten auf der arabischen Halbinsel und zerstörte mit der Hilfe des berühmten

Lawrence von Arabien viele Verkehrslinien, insbesondere die Eisenbahnlinie, die Medina mit dem Norden verband. Arabische Streitkräfte unterstützten General Edmund Allenby bei seinem Eindringen nach Palästina im folgenden Herbst. Im November 1917 schlug er die Türken bei Gaza und erreichte am 9. Dezember Jersualem. Das Wort »Allenby« bedeutet in der arabischen Schriftsprache »der Prophet« – ein phantastischer Zufall, der bei vielen Arabern die Überzeugung verstärkte, daß Großbritannien nach Jerusalem gekommen war, um die Heiligen Stätten ihren rechtmäßigen arabischen Eigentümern wiederzugeben.

Auch das Interesse der Juden am Land ihrer Vorfahren erwachte erneut, seit sich die Seuche des Antisemitismus in den letzten Jahrzehnten des 19. Jahrhunderts in Europa und besonders in Rußland ausbreitete. Zehntausende Juden wurden bei Pogromen umgebracht, und die zaristische Regierung tat wenig, um diese Ausschreitungen zu verhindern. Andere Juden wurden ihrer Habe beraubt, verloren ihre Heimat und mußten auswandern. Angesichts dieser Verfolgungen flohen die Juden in großer Zahl aus Rußland. Etwa drei Millionen emigrierten. Viele fanden eine Heimat in Großbritannien und seinem Empire, die meisten gingen in die Vereinigten Staaten, wo die jüdische Bevölkerung in den Jahren nach 1870 von einer Viertelmillion auf viereinhalb Millionen anwuchs.

Aufgrund der Verfolgungen entstand die zionistische Bewegung, deren Thesen ihr Begründer Theodor Herzl 1897 auf dem ersten Zionistenkongreß in Basel öffentlich proklamierte. Die Sehnsucht zur Rückkehr nach Jerusalem war in den Herzen der Juden seit 1800 Jahren tief eingewurzelt, jetzt schien es zum ersten Mal möglich und notwendig, diese Hoffnungen in die Tat umzusetzen. Während der Jahrzehnte des Exodus von Rußland nach Amerika wuchs auch die jüdische Bevölkerung Palästinas, wenn auch in viel kleinerem Maße (zwischen 1881 und 1914 von 25 000 auf 80 000).

Aber in der Lebenseinstellung dieser beiden Kategorien von Auswanderern gab es einen großen Unterschied. Die meisten Juden, die den Atlantik überquerten, suchten materielle Sicherheit und ein friedliches Leben in einer jüdischen Gemeinde, jedoch im Gefüge der amerikanischen Gesetze und Gewohnheiten. Die Zionisten unter den Einwanderern nach Palästina hatten Größeres im Sinn. Die arabische Bevölkerung, mit der sie nun in einem Land lebten, war arm und politisch und wissenschaftlich unentwickelt. In Palästina gab es nur ein paar Dutzend Universitätsabsolventen, die fast alle auf türkischen Universitäten studiert hatten. Die jüdischen Neuankömmlinge verspürten nicht den Drang, die arabischen Lebensgewohnheiten anzunehmen. Sie wollten die jüdischen kulturellen und religiösen Institutionen, die die Diaspora überlebt hatten, wieder aufbauen. Sie wollten die hebräische Sprache wieder neu beleben. Sie wollten ein Land schaffen, das aufgrund geschichtlichen und biblischen Anspruchs ihnen gehörte, in dem der Jude Eigentümer und nicht Pächter, ein normaler Einwohner und kein abgesonderter Fremder war.

Die Zionisten hofften, daß die Juden von Rechts wegen in Palästina würden leben können und nicht als geduldete Eindringlinge. Sie würden sich nicht länger auf Arbeit im Finanzwesen und im städtischen Kleinhandel beschränken müssen, die sie so oft unbeliebt gemacht und Verfolgungen ausgelöst hatte. Sie würden einer normalen Tätigkeit in den Fabriken und auf den Feldern nachgehen. Sie würden Palästina zu einem Zentrum der Zivilisation inmitten einer Wüste der Unwissenheit machen. Sie würden aller Welt zeigen, was Juden vermögen, wenn sie als Nation leben können. Sie würden eine Zuflucht für jeden verfolgten Juden auf der Welt aufbauen, als jüdische Heimstätte oder sogar – irgendwann in ferner Zukunft – als jüdischer Staat.

Ursprünglich aus Mitteleuropa stammend, wandte sich die zionistische Bewegung Großbritannien zu, nachdem dieses Kriegsgegner des Osmanischen Reiches geworden war. Nach einigem Zögern und nachdem sie ernsthaft erwogen hatten, ein Landangebot in Britisch-Ostafrika anzunehmen, hatten sich die Zionisten für die Rückkehr nach Palästina entschieden, das sie Erez Jisrael, die Erde Israels, nannten. Aber um das Land zu erlangen, mußte die türkische Herrschaft verdrängt werden. Darum bauten die Zionistenführer Chaim Weizmann und Nahum Sokolow, die in London lebten, enge Verbindungen zu der Regierung von David Lloyd George (Premierminister 1916–1922) auf.

So fand sich Großbritannien in der glücklichen Lage, von zwei Parteien umworben zu sein: den Zionisten, die Palästina besitzen wollten, und gleichzeitig von den Arabern, die ihre Unabhängigkeit anstrebten. Alle drei hatten ein gemeinsames Ziel: die Zerstörung des Osmanischen Reiches. Großbritannien hoffte, seinen Feind leichter zu besiegen, wenn es Juden wie Arabern großzügige Versprechungen machte, die sich überschnitten und wenige Jahre später für alle Beteiligten die Ursache vieler Enttäuschungen bildeten.

Im Herbst 1917 erkannte Großbritannien, daß eine Geste des guten Willens gegenüber den Juden für seine Kriegsanstrengungen von großem Nutzen sein würde. Sie würde die amerikanischen Juden anspornen, die Vereinigten Staaten, die erst am 6. April jenes Jahres in den Krieg eingetreten waren, für ein schnelles Eingreifen auf dem europäischen Kriegsschauplatz zu gewinnen. Diese Geste würde den russischen Juden zusagen, die Einfluß auf die Provisorische Regierung besaßen, die im Februar an die Stelle des Zarenregiments getreten war. Damit würde Rußland zu größeren Anstrengungen an der östlichen Front ermuntert. Sie würde sogar eine Versuchung für die Loyalität der großen jüdischen Gemeinschaften in Deutschland und Österreich darstellen.

Die Kriegslage der Entente war ungünstig. Die russische Armee konnte kaum noch als kampffähig bezeichnet werden und die amerikanische war noch nicht einsatzbereit. Im April wurde ein Drittel der Schiffe, die britische Häfen verließen, von deutschen U-Booten versenkt. Die Italiener hatten gerade die Seeschlacht von Caporetto verloren. Lloyd George, dessen Einstellung zu allen Zeiten pro-zionistisch war, erklärte Jahre später, 1937, vor der Königlichen Kommission: »Die Zionistenführer gaben uns ein definitives Versprechen, sie würden ihr Bestes tun, um für die Sache der Alliierten überall auf der Welt die jüdische öffentliche Meinung und jüdischen Beistand zu mobilisieren, falls die Alliierten sich verpflichteten, die Errichtung einer jüdischen Heimstätte in Palästina zu fördern. Sie hielten ihr Wort.«

So kam es, daß Großbritannien am 2. November 1917 die berühmte ›Balfour-Deklaration‹ veröffentlichte, benannt nach dem damaligen Außenminister Arthur James Balfour. Sie drückte Unterstützung für »die Errichtung einer nationalen Heimstätte des jüdischen Volkes in Palästina aus« und fügte hinzu, daß nichts geschehen würde, »was die bürgerlichen und religiösen Rechte der dort bestehenden nicht-jüdischen Gemeinschaften verletzen kann«. Die Erklärung fand im voraus die Zustimmung des amerikanischen Präsidenten Woodrow Wilson und 1918 der französischen und italienischen Regierung.

Weder die arabischen Herrscher noch die arabischen Einwohner Palästinas wurden wegen der Balfour-Deklaration konsultiert. Daher stehen die Araber auf dem Standpunkt, daß das Recht der Alliierten, den Juden ein Heim in Palästina zu versprechen, nicht größer war, als es beispielsweise das Recht des Irak sein würde, ihnen ein Heim in Kalifornien zu versprechen. Der Schriftsteller Arthur Koestler, ein ehemaliger Zionist, formulierte es so: »Eine Nation schenkt einer zweiten Nation das Land einer dritten.« Die Zionisten und die heutigen Israelis sehen in der Balfour-Deklaration jedoch einen völlig gerechtfertigten Akt der Wiederherstellung eines Rechtszustandes, die Bestätigung des geschichtlichen und – wie einige sagen würden – biblischen Rechts der Juden auf Rückkehr in ihr Ursprungsland, aus dem sie von den römischen Eindringlingen vor tausendachthundert Jahren vertrieben worden waren.

Der Text der Deklaration trug einen Kompromißcharakter und bedeutete eine Enttäuschung für einige Zionisten, die erwartet hatten, daß Großbritannien Palästina als *die* jüdische nationale Heimstätte anerkennen würde. Das Konzept *einer* nationalen Heimstätte *in* Palästina war weit verschwommener und sollte bald die Ursache von Auseinandersetzungen werden. Beinhaltete es, daß Palästina ein jüdischer Staat werden sollte? Offensichtlich beabsichtigten die Autoren der Deklaration nicht, daß dies sofort geschehen sollte, und sie konnten es auch nicht, weil sie sich nicht sicher waren, ob eine genügende Zahl von Juden nach Palästina gehen würde, um dort eine handlungsfähige Bevölkerung zu bilden, um einen Staat zu gründen. Bisher hatten sie feststellen müssen, daß der Enthusiasmus der Zionisten ein durchaus theoretischer war. Sie konnten sich nicht sicher sein, daß er andauern würde, wenn einmal genügend Juden nach Palästina gekommen waren, um die Kargheit des Lebens dort zu erfahren, den Wassermangel und die schlechte Qualität des Bodens.

Einige Autoren des Dokuments hatten einen jüdischen Staat im Auge. Lloyd George bestätigte vor der Kommission von 1937, daß man nicht sofort einen jüdischen Staat errichten wollte, wenn aber eine Masseneinwanderung zu einer jüdischen Bevölkerungsmehrheit führte, »würde Palästina folglich zu einem jüdischen Gemeinwesen werden«.[1] Im März 1919 sagte Woodrow Wilson, daß die Alliierten darin »übereinstimmten, daß in Palästina die Grundlagen für ein jüdisches Gemeinwesen gelegt werden sollten«. General Jan Smuts, der zum Zeitpunkt der Deklaration dem Imperial War Cabinet angehörte, sagte im November 1919 auf einer öffentlichen Versammlung in Johannesburg, er erwarte, daß sich »in zukünftigen Generationen dort wieder ein großer jüdischer Staat erheben wird«. Ähnliche Voraussagen machten andere an der Deklaration beteiligte Staatsmänner, unter ihnen auch Winston Churchill.

Und wie stand es mit den Arabern? Wie war das Versprechen einer jüdischen nationalen Heimstätte mit dem Versprechen, daß die Rechte »der bestehenden nicht-jüdischen Gemeinschaften« gewahrt blieben, in Einklang zu bringen? Heute erscheint der Widerspruch zwischen beiden Versprechen ganz offenkundig. War sich Großbritannien wirklich nicht über seine Handlungen im klaren?

Lord George N. Curzon gehörte zu den ersten Politikern, die Alarm schlugen. Im Januar 1919 befand sich Balfour auf der Pariser Friedenskonferenz, und Curzon leitete vertretungsweise das Außenministerium. Er schrieb seinem Chef (dessen Nachfolger er im Herbst jenes Jahres werden sollte) einige Briefe zum Thema Palästina. Am 16. Januar berichtete er, daß Allenby und andere die Ansicht vertraten, daß »eine jüdische *Regierung*, in welcher Form auch immer, einen arabischen Aufstand zur Folge haben würde und daß die neunzig Prozent der Bevölkerung, die keine Juden seien, mit den Hebräern kurzen Prozeß machen würden«. Er fügte hinzu, er habe schon lange das Gefühl, »daß die Bestrebungen von Weizmann und Co. zügellos seien und eingedämmt werden sollten«.[2]

Balfour erwiderte, seines Wissens habe Weizmann nie das Recht gefordert,

Palästina regieren zu dürfen. Er stimme der Ansicht zu, daß man einer solchen Forderung gegenüber nicht nachgeben dürfe und daß Großbritannien keine über die Deklaration von 1917 hinausgehende Versprechen machen sollte. Curzon antwortete darauf, der Begriff »nationale Heimstätte« hätte für Balfour und Weizmann jeweils völlig unterschiedliche Bedeutung: »Er (Weizmann) denkt an einen jüdischen Staat, eine jüdische Nation, die Vorherrschaft der Juden über die arabische und sonstige Bevölkerung, den Besitz des besten Landes und die Leitung der Verwaltung durch die Juden.«

Aber in der lässigen Atmosphäre von 1919 trübten Curzons Einwände nicht die sonnige Stimmung der Pariser Delegierten. Offensichtlich glaubten die alliierten Führer tatsächlich, sie könnten die Araber überreden, den Aufbau der jüdischen nationalen Heimstätte hinzunehmen. Immerhin hatten sie ja schon viel erhalten. Hatten sie nicht mit britischer Hilfe ihre Unabhängigkeit in großen arabischen Gebieten errungen? Sicherlich würden sie dafür dankbar sein und dem britischen Plan zustimmen.

Zwei Erklärungen, die in London im Juli 1920 abgegeben wurden, bezeugen diese Überlegung. Die erste war eine Botschaft König Georges V. an »das Volk Palästinas«, das zu fast neunzig Prozent aus Arabern bestand. Der König wies auf »den großen Anteil« hin, den britische Truppen »bei der Befreiung Eures Landes von türkischer Herrschaft« gespielt hatten und versprach, daß »Euer Land« in Zukunft den Frieden und Wohlstand erlangen würde, die ihm so lange vorenthalten worden waren. Die Botschaft erwähnte »die allmähliche Errichtung« einer jüdischen nationalen Heimstätte, schloß aber gleich die Versicherung an, daß »diese Maßnahmen in keiner Weise die bürgerlichen oder religiösen Rechte der allgemeinen Bevölkerung Palästinas berühren oder ihr Wohlergehen mindern« würden.

Am 12. Juli, fünf Tage nach dieser königlichen Proklamation, sprach Balfour vor einem jüdischen Auditorium in der Londoner Royal Albert Hall. Er führte aus, daß die gesamte palästinensische Frage von Juden wie Arabern Feingefühl und Urteilsvermögen verlange, aber es sei seine Hoffnung, daß die Araber »diese kleine Nische, denn mehr ist es ja geographisch nicht, nicht ungern hergeben werden ... sie wird ja dem Volk gegeben, das jahrhundertelang von ihr abgetrennt war«.

Balfour war einer der vielen britischen Helfer des Zionismus, die glaubten, daß die nationale Heimstätte kein Geschenk an die Juden sei, sondern ein Akt der Wiederherstellung von Rechten. Die Juden bekamen etwas zurück, das ihnen in den ersten Jahren des christlichen Zeitalters genommen worden war. Auf diese Rechtsannahme sollten sich alle Forderungen der jüdischen Führer in Palästina in den folgenden Jahren gründen. Für sie war die Frage des Besitzanspruches beantwortet. Als im Laufe der kommenden Jahrzehnte die nationale Heimstätte wuchs und die Spannungen sich verschärften, wurde für sie britisches Handeln, das gegen diesen Grundsatz zu verstoßen schien, immer unverständlicher.

Malcolm McDonald, der sich als britischer Kolonialminister im Jahre 1939 als erster der ganzen Schrecklichkeit der sich ausschließenden Versprechungen bewußt wurde, schrieb im Januar jenes Jahres eine Kabinettsvorlage, die eine harte Kritik an der Balfour-Deklaration enthielt: »All dies ist höchst unbefriedigend, und wir können der Verantwortung, die wir an der entstandenen Lage haben, nicht aus dem Wege gehen. Man kann unmöglich die Schlußfolgerung vermeiden, daß die Autoren der verschiedenen Erklärungen an die Juden und Araber während des Krieges, die wirklich schwer miteinander in Einklang zu bringen sind, der ganzen Angelegenheit mit recht verworrenen Vorstellungen gegenüberstanden. Ich bezweifle, ob sie sich völlig darüber im klaren waren, wie viele Araber bereits zu der Zeit, als sie ihr Versprechen gegenüber den Juden machten, in Palästina lebten; sie konnten gewiß nicht vorhersehen, wie gewaltig die arabische Bevölkerung wachsen würde, nachdem jüdisches Kapital und Entwicklungsanstrengungen und britische Verwaltung zum Einsatz gekommen waren; und sie müssen auf jeden Fall von der Annahme ausgegangen sein, daß die Araber überzeugt werden könnten, das politische Ziel einer jüdischen nationalen Heimstätte hinzunehmen.«[3]

Ein anderes Element dieser Überlegungen war die Tatsache, daß 1917 die meisten Nationen an das Recht der Eroberung glaubten: Wenn ihre Armeen im Krieg ein Gebiet eroberten, wurde es dadurch zu ihrem Besitz, und sie waren berechtigt, damit nach Gutdünken zu verfahren. Die Balfour-Deklaration war das Ergebnis der Lage von 1917, einem besonders grausamen Jahr im Zeitalter der Großmachtpolitik. Millionen Menschen töteten einander in Europa. Unter solchen Umständen konnten politische Führer auf den Gedanken kommen, daß, falls man durch Versprechungen Leben retten könnte, sie gegeben werden sollten, selbst wenn das Risiko bestand, daß sie nicht erfüllt werden könnten und eine spätere Generation von britischen Politikern für diese Unterlassung verantwortlich gemacht würde.

Nach dem Krieg lösten die siegreichen Alliierten das Osmanische Reich auf, und es entstanden unabhängige Königreiche im Irak und auf der arabischen Halbinsel. Für andere Gebiete schufen sie das System der Mandate – eine zeitweilige Treuhandschaft durch ein alliiertes Land unter Oberaufsicht des neugegründeten Völkerbundes. Man stellte den Irak unter britisches Mandat; seine Verfassung war die einer halb-unabhängigen Monarchie. Syrien und Libanon wurden französisches Mandatsgebiet. Palästina, einschließlich des Gebietes jenseits des Jordans (Transjordanien), kam unter britische Mandatsverwaltung.

Damit wurde Großbritannien die letzte in einer langen Reihe von Weltmächten, die die Kontrolle über das Heilige Land gewannen. Jüdische Organisationen in den Vereinigten Staaten und anderen Ländern hatten besonders darauf gedrungen, daß Großbritannien für diese Rolle ausgewählt wurde. Herbert Samuel, ein bekannter jüdischer Engländer und früherer Kabinettsminister, wurde zum Hohen Kommissar für Palästina ernannt. Das Land war keine Kolonie, sondern ein Treuhandgebiet, das unter bestimmten Bedingungen in britischen Händen lag. Diese Bedingungen wurden in einem Dokument vom 22. Juli 1922 niedergelegt, das eine Präambel und achtundzwanzig Artikel umfaßte.

Das Mandatsdokument erwähnte die Balfour-Deklaration und »die historische Verbindung des jüdischen Volkes mit Palästina«. Es wies Großbritannien an, »eine geeignte Jewish Agency« als öffentliche Körperschaft anzuerkennen, die die Verwaltung in allgemeinen ökonomischen und sozialen Angelegenheiten und bei der »geschlossenen Ansiedlung von Juden auf dem Lande« beraten sollte. Der Artikel 6, der umstrittenste, beginnt mit einem Versprechen, das im Rückblick unmöglich erscheint: »Die Verwaltung von Palästina wird die Einwanderung von Juden unter angemessenen Bedingungen fördern und gleichzeitig dafür sorgen, daß die Rechte und die Lebensbedingungen der anderen Teile der Bevölkerung nicht beeinträchtigt werden.« Mit den »anderen Teilen der Bevölkerung« müssen die Araber gemeint gewesen sein, da sie zu jener Zeit fast neunzig Prozent der palästinensischen Bevölkerung ausmachten.

Wie immer die strenge juristische Interpretation dieser Dokumente und Versprechen lauten mag, es kann keinen Zweifel darüber geben, daß die Mehrheit der Zionisten sie als Freibrief auffaßte, als stillschweigende Bestätigung, daß Großbritannien ihrem Ziel der schließlichen Errichtung eines jüdischen Staates mit Sympathie gegenüberstand, und sie wurden in dieser Meinung durch zahlreiche Gespräche mit pro-zionistischen britischen Politikern bestärkt. Das erschien berechtigt, weil zu jener Zeit der Zionismus den britischen Interessen zu entsprechen schien. Was hätte günstiger sein können für Großbritannien als die Entstehung einer neuen, arbeitsamen Nation von europäischer Kultur, die ihrer Existenz wegen freundlich und dankbar gegenüber den Briten sein mußte, in diesem entscheidenden strategischen Gebiet wenige Meilen vom Suezkanal? Das Gegenargument, daß der wachsende jüdische Einfluß im Gebiet des »Fruchtbaren Halbmondes« die britischen Beziehungen zu den Arabern verschlechtern könnte, hatte noch keine politische Bedeutung gewonnen. Die Araber insgesamt waren sehr schwach, und die Araber Palästinas schienen kaum zu existieren.

Menachem Begin, der 1977 Ministerpräsident Israels wurde, erinnert sich der hitzigen Atmosphäre jener Tage, die er als Knabe in Polen erlebte: »Ich wurde von meinem Vater zu einem Bewunderer Großbritanniens erzogen. Mein Vater war einer der ersten Zionisten, und als die Balfour-Deklaration veröffentlicht wurde, sahen wir in Großbritannien den Retter unseres Volkes. Und wir verglichen die Balfour-Deklaration immer mit der Erklärung des Kyros, des persischen Königs, der unser Volk aus der babylonischen Gefangenschaft nach Zion zurückkehren ließ. Und dann bauten sie den Tempel wieder auf. Wir dachten, daß das große britische Volk mit seinem Gefühl für die Bibel es uns ermöglichen würde, unseren Staat im Land unserer Vorväter wieder aufzubauen. Als Herbert Samuel zum ersten Hohen Kommissar ernannt wurde, hing sein Bild bald in allen Läden Osteuropas, und er galt als unser Fürst, der erste jüdische Fürst im Lande Israel.«

So sah die romantische Vorstellung aus, die durch die Balfour-Deklaration und das Mandat bei vielen europäischen Juden entstand. Die jüdische Bevölkerung, die 1920 um fünftausendfünfhundertvierzehn und 1921 um neuntausendeinhundertneunundvierzig Einwanderer angewachsen war, betrug nur dreiundachtzigtausend Menschen. Es war noch ungewiß, wieviele Juden nach Palästina kommen wollten und welche Institutionen sie aufbauen konnten.

Mit der Zeit mußten die britischen Verantwortlichen die innere Widersprüchlichkeit ihrer Politik einsehen und die praktischen Probleme erkennen, die sich daraus ergaben. Im Januar 1919 gab es eine kurze Phase des Ausgleichs. Chaim Weizmann und Emir Feisal, der König der Hedschas und für kurze Zeit (1918–1920) König von Syrien (später erster König des Irak), unterzeichneten eine Vereinbarung, in der die Balfour-Deklaration anerkannt und im Interesse beider Gemeinschaften die Ansiedlung jüdischer Einwanderer in Palästina unterstützt wurde. Zu diesem Zeitpunkt scheint Feisal geglaubt zu haben, daß sich die Juden damit zufrieden geben würden, in kleiner Zahl nach Palästina einzuwandern, dabei Kapital und Fachwissen mitzubringen und anderen arabischen Nationen zur Unabhängigkeit zu verhelfen. Aber im April 1920, als ein solches Endergebnis schon weniger wahrscheinlich erschien, kam es zum ersten ernsthaften Ausbruch interkommunaler Gewalttätigkeiten. Fünf Juden wurden getötet und zweihundertelf verletzt. Im Mai 1921 gab es noch schwerere Unruhen, dabei wurden siebenundvierzig Juden ermordet und achtundvierzig Araber von den britischen Sicherheitskräften getötet.

Thomas Haycraft, der Oberste Richter von Palästina, schrieb in seinem Bericht über die Unruhen, es habe »unter den Arabern ein Gefühl der Unzufriedenheit und der Feindschaft gegenüber den Juden [gegeben], das auf politischen und wirtschaftlichen Gründen beruht und mit der jüdischen Einwanderung zusammenhängt«. Die Einwanderungsproblematik stellte sich bereits zu diesem Zeitpunkt als der große Streitpunkt heraus. Im Februar 1922 erklärte eine Delegation arabischer Führer dem Kolonialministerium, daß das Volk von Palästina die Balfour-Deklaration oder das Mandat nicht anerkennen würde. In Übereinstimmung mit ihrer Interpretation der McMahon-Absichtserklärung und des Artikels 22 der Satzung des Völkerbundes, die die Unabhängigkeit aller früheren türkischen Provinzen »provisorisch anerkannte«, forderten sie die nationale Unabhängigkeit. Der genannte Artikel besagte, daß die Mandatsherrschaft nur »bis zu der Zeit, wo sie auf eigenen Füßen stehen können«, dauern sollte.

Winston Churchill, der damalige Kolonialminister, erklärte den Arabern, daß sich nach britischer Ansicht die Absichtserklärung nicht auf Palästina bezog. Weiterhin gab er ganz offen zu erkennen, daß die Unabhängigkeit noch nicht gewährt werden könne, da sie eine Verletzung des Versprechens darstellen würde, das Großbritannien dem jüdischen Volk gegeben habe. Die arabische Delegation mußte erkennen, daß Churchills Worte »den stärksten Beweis darstellten, daß die jüdische nationale Heimstätte der Grund ist, weshalb man uns unser natürliches Recht vorenthält«.

Von 1922 bis 1926 wuchs die jüdische Bevölkerung Palästinas um fünfundsiebzigtausend Menschen. In fünf Jahren hatte sie sich fast verdoppelt. Allein im Jahre 1925 kamen dreiunddreißigtausendachthundert Einwanderer ins Land. Jüdische Stiftungsgelder aus Europa und Amerika wurden verwendet, um Land zu kaufen; die Verkäufer waren oft gleichgültige oder dauernd abwesende arabische Großgrundbesitzer. Die arabischen Pächter verloren ihr Land. In jenen Jahren erstrebten andere arabische Länder – Ägypten, Syrien, der Irak und Transjordanien – Fortschritte in Richtung Unabhängigkeit. Es schien, daß es nur in Palästina keinen Fortschritt gab. Die Araber konnten nur einen Grund für diese Verzögerung entdecken: Großbritannien erwartete die Ankunft von noch mehr Einwanderern, es würde sein Mandat nicht abgeben, bevor die jüdische Gemeinschaft noch mehr Boden besaß und an Zahl gewachsen war, bis sie möglicherweise stark genug schien, das Land zu kontrollieren.

Die jüdischen Leistungen in jenen Jahren waren bedeutend. Junge Juden kamen mit großer zionistischer Begeisterung nach Palästina, hauptsächlich aus Mittel- und Osteuropa, aber auch aus den Niederlanden, dem Jemen, Frankreich, dem Irak, den Vereinigten Staaten und Großbritannien. Sie bebauten Land, das niemals vorher kultiviert worden war, sie machten die Wüste fruchtbar. Gelehrte von berühmten europäischen Universitäten kamen, um Holz zu schlagen und Brunnen zu bauen. Eingewanderte Ärzte bauten zum Nutzen der Araber wie der Juden einen Gesundheitsdienst auf, der kaum irgendwo auf der Welt übertroffen wurde. Gruppen von jungen Menschen suchten im Ödland nach Wasser, die Voraussetzung für die Gründung einer Gemeinschaftsfarm, eines Kibbuz. Sie waren fleißig, opferbereit und engagiert. Sie behaupteten, daß alles, was sie taten, dem Wohl sämtlicher Palästinenser dienen würde.

Die Araber waren davon nicht überzeugt. 1921 hatte Herbert Samuel Haj Amin al-Husseini, den Mufti von Jerusalem, zum Präsidenten des Obersten Moslemischen Rats, der einflußreichsten arabischen Stellung im Land, ernannt. Sein Inhaber verfügte von Amts wegen über große Vermögenswerte, und er setzte sie ein, um seine entschieden nationalistischen Ziele zu fördern. Die Husseini und die Nashashibi waren bereits die einflußreichsten Familien im Land. In den folgenden Jahrzehnten machte der Mufti die Husseini, die führenden »Falken« im Kampf gegen den Zionismus, noch stärker. Sie hatten das Gefühl, daß die Araber mit britischer Duldung von Juden überschwemmt wurden, und um dies zu vermeiden, waren sie bereit, Gewalt anzuwenden und sich mit jeder beliebigen auswärtigen Macht zu verbünden.

Der Platz des Tempels in Jerusalem, wo heute der Felsendom steht, ist für die Juden wie für die Moslems eine besonders heilige Stätte. Im September 1928 brachten jüdische Betende einen Wandschirm zur Klagemauer, dem einzigen Teil des Gebäudes, zu dem die Juden Zugang hatten. Damit verletzten sie lange geltende Gewohnheitsrechte und britische Gesetze. Der Mufti leitete prompt eine Hetzkampagne ein, indem er die Juden beschuldigte, auf der heiligen Stätte ein langsames Vordringen zu planen, und ihnen sogar unterstellte, daß sie die Zerstörung der Moschee und den Wiederaufbau des Tempels vorbereiteten.

Man kann sich kein besseres Mittel vorstellen, um Emotionen und Haß zu schüren. Soziale Unzufriedenheit, Nationalismus und nun auch die Religion wurden benutzt, um die Araber von den ihnen drohenden Gefahren zu überzeugen und sie zur Gewalttätigkeit anzustacheln. Während der zweiten Augusthälfte des Jahres 1929 wurden hundertdreiunddreißig Juden vom arabischen Mob umgebracht, der durch die Reden der religiösen Führer zur Raserei getrieben wurde. Allein in Hebron wurden vierundsechzig Juden ermordet. Wegen dieses Massakers wurden die britischen Behörden scharf kritisiert: weil sie den Juden zur Beruhigung falsche Versprechungen gemacht und nur halbherzige Versuche unternommen hatten, den mörderischen Mob unter Kontrolle zu bringen, und weil sie Truppenverstärkungen erst schickten, als es schon zu spät war.

Wie ein jüdischer Autor behauptete, »enthielt uns« der leitende britische Polizeioffizier in Hebron, R. O. Cafferata, »die Mittel für einen Appell um Hilfe und Verteidigung vor, hielt uns mit leeren Versprechen hin und ermöglichte so die Taten der Räuber und Mörder«.[4] Es hieß, die arabischen Mörder hätten ihr blutiges Werk mit dem Ruf begonnen: »Die Regierung steht auf unserer Seite!« Unter den Juden wuchs der Verdacht, daß einige Angehörige der britischen Verwaltung, insbesondere der Polizei, antisemitisch eingestellt waren und ein Pogrom dulden würden. Die Araber wiederum glaubten, daß die Briten die jüdische Seite unterstützten und den Zionismus vorschoben, um ihnen ihr Land zu nehmen.

Auch die Araber erlitten schwere Verluste, sie hatten insgesamt hundertsechzehn Verwundete zu beklagen, teils aufgrund jüdischer Vergeltungsakte, überwiegend aber durch Maßnahmen der Polizei. Drei Araber wurden als Mörder gehenkt. Unter dem Eindruck der Unruhen sahen sich die Verantwortlichen in London veranlaßt, die arabischen Beschwerden ernsthaft zu prüfen, und sie kamen zu dem Schluß, daß die arabischen Befürchtungen vor einer Überfremdung durch jüdische Einwanderer nicht ganz unbegründet waren. 1929 und 1930 wurden nicht weniger als drei britische Dokumente veröffentlicht, die alle dem arabischen Standpunkt positiv gegenüber standen.

Eine Kommission unter Walter Shaw sprach von »der exzessiven Einwanderung von 1925 und 1926«. Eine andere Untersuchung, verfaßt von John Hope Simon, kam zu dem Schluß, daß es im arabischen Interesse liege, eine vorübergehende Beendigung der jüdischen Ansiedlungspolitik auf dem Lande zu fordern. Er widmete sich auch dem Problem der Arbeitslosigkeit unter den Arabern. »Es ist nicht richtig«, argumentierte er, »daß es einem Juden aus Polen, Litauen oder dem Jemen erlaubt sein soll, eine offene Arbeitsstelle zu übernehmen, während es in Palästina schon Arbeiter gibt, die fähig wären, die freie Stelle auszufüllen.« Diese Ansichten wurden in einem Weißbuch vom Oktober 1930 unterstützt, das von Kolonialminister Lord Passfield (Sidney Webb) genehmigt worden war.

Die Zionisten waren über diese Schläge gegen die Entwicklung der nationalen Heimstätte äußerst bestürzt. Die neue britische Politik erschien ihnen als Kapitulation vor religiösem Extremismus und Massenmord. Weizmann behauptete umgehend, daß das Weißbuch mit dem Mandat unvereinbar sei. Er und seine vielen einflußreichen Freunde fanden die Unterstützung eines Mannes, der später einen großen Anteil an der Entscheidung über das Schicksal Palästinas haben sollte – der Sohn von Premierminister Ramsey McDonald.

Malcolm MacDonald berichtet: »Weizmann und seine Freunde kamen mit mir durch Lewis Namier in Kontakt, der einer meiner Tutoren in Oxford gewesen war. Ich griff ein als parlamentarischer Hinterbänkler, als Sohn des Premierministers, und ich denke, daß es hauptsächlich an mir lag, daß Webb sich überzeugen ließ, seine Politik zu modifizieren. Die Zionisten waren sehr dankbar. Sie glaubten mir, daß ich auf ihrer Seite stand.« Das Ergebnis dieser Bemühungen war ein Brief des Premierministers an Weizmann vom 13. Februar 1931, in dem bekräftigt wurde, daß die jüdische Einwanderung nur durch die Aufnahmefähigkeit der palästinensischen Wirtschaftskapazität begrenzt würde.

In den frühen dreißiger Jahren wanderten jährlich nur einige tausend Juden nach Palästina ein, viel weniger als in den Jahren 1924 bis 1926. Die Gewalttätigkeiten schienen nachzulassen. Aber die Ereignisse von 1929/30 hatten der Autorität der Briten in Palästina geschadet. Es hatte den Anschein, daß Großbritannien infolge der arabischen Gewaltanwendung seine Politik zugunsten der Araber verändert hatte. Aufgrund parlamentarischen Drucks hatte es dann seine Politik wieder zugunsten der Juden korrigiert. In der Folge dieses Schwenks betrachteten beide Gemeinschaften die britische Politik mit Skepsis und nahmen an, daß sie keine klare Richtung habe, sondern sich jetzt und in Zukunft eher auf die politischen Anforderungen des Augenblicks als auf irgendwelche festen Grundsätze gründete.

Dann kam der 30. Januar 1933. Hitler ergriff in Deutschland die Macht. Innerhalb weniger Monate wurden nationalsozialistische Gesetze verabschiedet, die die Juden aus dem deutschen Kulturleben, der Landwirtschaft, dem Unterrichtswesen und dem öffentlichen Dienst ausschlossen. In dem Maß, wie der Druck sich verstärkte, erinnerten sich viele deutsche Juden Palästinas als ihrer nationalen Heimstätte; dort, so hatten die Alliierten versprochen, konnten sie leben »aufgrund von Rechten und nicht von Duldung«. 1932 waren 353 jüdische Einwanderer aus Deutschland gekommen. 1933 stieg ihre Zahl steil auf 5392 an. Die Einwanderung insgesamt stieg von 9553 im Jahr 1932 auf 30 327, dann auf 42 359 und erreichte 1935 mit 61 844 einen Höhepunkt; es war das Jahr der berüchtigten Nürnberger Gesetze, die den Juden die deutsche Staatsbürgerschaft aberkannten und sie in jeder Hinsicht diskriminierten.

Dies war das Vorspiel der schrecklichen Verbrechen der Nationalsozialisten, die sechs der neun Millionen Juden Mittel- und Osteuropas ausrotten sollten. Aber es war auch eine Zeit der Beunruhigung für die Araber Palästinas. Zwar brauchten sie nicht die totale Vernichtung zu befürchten, aber im schlimmsten Fall ging es um ihre vollständige Vertreibung aus dem Land, das sie als das ihre betrachteten. Ihre Befürchtungen lagen auf einer anderen Ebene als die Ängste der Juden Europas. Aber sie waren nicht weniger real, und sie gründeten sich auf unvorstellbare soziale Mißstände.

So erinnert sich beispielsweise David Hacohen, der Generaldirektor von Solel Boneh, dem Bauunternehmen der jüdischen Gewerkschaften in Palästina (der Histadrut), daran, welche rauhen Methoden die jugendlichen

Pioniere (die Chalutzim), die nach Palästina kamen, anwandten, um jüdische Unternehmer daran zu hindern, weiterhin billige arabische Arbeitskräfte zu beschäftigen: »Der Unternehmer wollte den Araber behalten, weil sein Tageslohn nur zwölf Piaster betrug, während wir dreißig Piaster bekamen, das war der gewerkschaftliche Tarif. Daraufhin blockierten die Chalutzim das Werkstor und ließen die Araber nicht herein. Im sozialistischen Sinne war dies keine korrekte Verhaltensweise. Wir nahmen einem Mann die Arbeit fort, der möglicherweise eine Familie zu ernähren hatte, und wir drohten dem jüdischen Unternehmer mit Schlägen, falls er den Araber weiter beschäftigte.«

Hacohen hatte britische Freunde, die Vorgänge wie diesen miterlebten und ihm ihre Mißbilligung aussprachen. Aber in diesem Entwicklungsstadium waren Hacohen und die jüdischen Politiker, die seine Ansicht teilten, bereit, ihr Streben nach einer jüdischen Nation über ihre sozialistischen Überzeugungen zu stellen. Hacohen erinnert sich, wie er den Kritikern antwortete: »Ich weiß, daß ihr im sozialistischen Sinne recht habt, aber wir wollen Palästina für die Gesamtheit der Juden aufbauen, nicht nur für jüdische Kapitalisten. Wenn wir erst unseren Staat haben, wird jeder gewerkschaftlich organisiert werden, und die Araber werden den gleichen Lohn erhalten wie wir.«

Jüdische Politiker wie Hacohen waren sich bewußt, daß sie die Araber diskriminierten. Aber sie sahen dies nur als vorübergehende Notwendigkeit an. Nach Erreichung ihres politischen Zieles wollten sie dafür sorgen, daß die Araber in jeder Hinsicht gleiche politische Rechte erhielten, damit würde es ihnen materiell besser gehen als ihren Brüdern in den anderen arabischen Ländern. Sie hofften, daß die Araber dies einsehen und ihren Absichten nicht im Wege stehen würden.

Gleichzeitig bot die jüdische Gemeinschaft den arabischen Landeigentümern hohe Grundstückspreise und fand willige Verkäufer. Viele palästinensische Grundbesitzer kamen zu Reichtum und gaben viel Geld für das Erziehungswesen aus; dadurch bildeten sie eine Elite heran, die heute noch überall in der arabischen Welt eine bedeutende Rolle im Verwaltungssektor spielt. Für die arabischen Pächter waren die Folgen weniger glücklich. Die neuen Eigentümer benötigten natürlich das Land für die Juden. Manchmal bekamen die Pächter Ersatzland, meistens jedoch blieben sie einfach landlos. Sie mußten ihr Land verlassen und durften nicht einmal als Landarbeiter tätig werden.

Hugh Foot, damals ein junger Verwaltungsbeamter, der später Gouverneur von Cypern und anderen britischen Kolonien wurde, hatte beispielsweise in Wadi Hawarith folgendes Erlebnis: »Es handelte sich um einen großen Landstrich, der von Arabern in Zelten und Hütten bewohnt wurde. Nach langen Auseinandersetzungen entschied das Gericht, daß sie exmittiert werden mußten. Ich hatte die schreckliche Aufgabe, mit einer Polizeitruppe dorthin zu gehen, ihre Zelte und Gebäude zu zerstören und sie auszuweisen. Ich weiß nicht, was danach mit ihnen geschah.« Solche Ereignisse hatten große Bitterkeit zur Folge.

Aber der Hauptgrund zur Klage für die Araber war wie immer die Einwanderung. Sie konnten sich leicht ausrechnen, daß sie selbst sehr bald in die Minderheit geraten würden, wenn Juden weiterhin in solchen Massen wie 1935 nach Palästina einwanderten und dies in einem Land, wo sie 1922 fast neunzig Prozent der Bevölkerung gestellt hatten. Jetzt bildeten sie nur noch siebzig Prozent, und ihr Anteil an der Gesamtkaufkraft des Landes wurde auf nicht mehr als fünfundzwanzig Prozent geschätzt. Bisher hatten sie sich beklagt, daß von allen arabisch bewohnten Ländern allein Palästina keinen Fortschritt in Richtung auf seine Unabhängigkeit machte. Nun waren sie besorgt, daß die Unabhängigkeit tatsächlich in einigen Jahren gewährt werden könnte, jedoch nicht ihnen, sondern den Neuankömmlingen aus Europa, die sie zahlenmäßig überflügeln würden.

So war der Boden bereitet für einen erneuten Ausbruch arabischer Gewalttätigkeiten. Mitte April 1936 führte eine verwirrende Serie von gewalttätigen Zwischenfällen zu arabischen Unruhen in Jaffa, und sechzehn Juden kamen ums Leben. Aber diesmal handelte es sich nicht um einen plötzlichen Ausbruch, der durch eine Woge von Emotionen entzündet wurde. Es war ein geplanter und koordinierter Versuch des Mufti von Jerusalem und anderer arabischer Politiker, den Briten bestimmte Forderungen aufzuzwingen.

Am 21. April erklärten die Führer der Araber einen Generalstreik. Am 25. April wurde unter dem Vorsitz des Mufti ein ›Arab Higher Committee‹ gebildet. Die Gewalttätigkeiten dauerten an, und in verschiedenen Teilen des Landes wurden Juden angegriffen. Der britische Hohe Kommissar appellierte erfolglos an das Committee, bei der Wiederherstellung der Ordnung mitzuhelfen. Am 8. Mai beschlossen die arabischen Führer, den Streik fortzusetzen und die Steuerzahlungen einzustellen, bis ihre Forderungen erfüllt würden. Am 18. Mai ernannte Großbritannien eine Königliche Kommission unter der Leitung von Lord Peel, die das gesamte Problem untersuchen sollte.

Die Araber selber hatten den Hauptschaden des Streiks. Er provozierte die Verwaltung, eine große Anzahl von Häusern in der Altstadt von Jaffa zerstören zu lassen; angeblich handelte es sich dabei um eine Sicherheitsmaßnahme, in Wirklichkeit war es eine Strafexpedition, was jedoch nicht zugegeben wurde, als sich die Gerichte später mit der Angelegenheit zu befassen hatten. Der Hafen von Jaffa wurde geschlossen, daraufhin stellten die Juden des nahegelegenen Tel Aviv den Antrag, einen eigenen Hafen bauen zu dürfen; dies wurde ihnen gestattet, und sie bauten eine Landungsbrücke, an der wenige Wochen nach Streikbeginn das erste Schiff anlegte. Ein Großteil der arabischen Seeleute und Hafenarbeiter verlor dadurch für alle Zeit ihre Beschäftigung. Als der Streik während des Sommers weiterging, wurde die Frage der Ernte der Zitrusfrüchte kritisch. Sollte der Streik bis zum Herbst dauern, so würde die Ernte ruiniert werden. Tausende arabischer Bauern und Arbeiter würden schwer geschädigt.

Am 29. September suchte Auni Abdel Hadi, Sekretär des Arab Higher Committee, Emir Abdullah von Transjordanien auf, um ihm vorzuschlagen, wie man den Streik beenden könnte, ohne das Gesicht zu verlieren. Die Folge war ein öffentlicher Appell von Abdullah und zweier anderer arabischer Könige, Ghazi von Irak und Ibn Saud von Saudi-Arabien, in dem sie ihre palästinensischen Brüder aufforderten, die Unruhen zu beenden und sich auf »unseren Freund Großbritannien [zu verlassen], der erklärt hat, daß er uns Gerechtigkeit widerfahren lassen will«.[5] Als Lord Peel und seine Kollegen am 11. November in Palästina eintrafen, fanden sie den Frieden wiederhergestellt und die Araber wieder bei der Arbeit. Am Ende dieser ersten Phase der Unruhen waren neunundachtzig Juden, einige Briten und mehrere hundert Araber getötet worden.

Aber als die Kommission im folgenden Winter ihre Untersuchungen aufnahm, konnte sie davon ausgehen, daß selbst in dem Akt der halben Kapitulation eine Drohung steckte. Die Araber machten deutlich, daß sie ihren Aufruhr nur abgebrochen hatten, um Großbritannien Gelegenheit zu geben, die Berechtigung der arabischen Beschwerden zuzugeben und die arabischen Forderungen zu erfüllen. Ihre Politiker beendeten den Boykott der Kommission erst in den letzten Tagen ihrer Arbeit, und ihre Presse ließ in ihren außerordentlich scharfen Angriffen nicht nach. »Die Araber Palästinas betrachten die Regierung mit haßerfüllten Augen«, schrieb ›ad-Difa'a‹ am 21. Dezember. Das Arab Higher Committee hatte zur Beendigung der Gewalttätigkeiten aufgerufen, und sie wurden sofort beendet. Genauso schnell aber würde es auch in der Lage sein, sie erneut ausbrechen zu lassen.

Schließlich erklärte sich der Mufti bereit, vor der Königlichen Kommission auszusagen. Er behauptete, daß die Balfour-Deklaration auf das schärfste gegen arabische Interessen verstieß. Sie habe es den Juden ermöglicht, große Flächen fruchtbaren Bodens zu erwerben, und sie hemme die arabischen Unabhängigkeitsbestrebungen. Das Endziel der Juden sei der Wiederaufbau des Tempels auf den Ruinen der heiligen Stätten des Islam. Horace Rumbold fragte ihn, ob Palästina seiner Meinung nach die dort bereits lebenden vierhunderttausend Juden assimilieren und »verdauen« könne. Haj Amins Antwort bestand aus einem einzigen Wort: »Nein.«[6] Ob in diesem Fall einige von ihnen wieder fortgeschickt werden müßten, wurde er gefragt. »Wir müssen all dies der Zukunft überlassen«,[7] lautete seine drohende Antwort.

Arabische Truppen hatten gemeinsam mit den Briten gekämpft, um die ihnen versprochene Unabhängigkeit zu erhalten, nicht, damit die türkische Herrschaft durch die britische abgelöst wurde. Tatsächlich war das Osmanisches Reich gar nicht so übel gewesen. Den Arabern war es auf vielen Gebieten besser gegangen als jetzt unter den Briten. Der Mufti bestritt die Gültigkeit des Mandats und forderte die sofortige Unabhängigkeit; in diesem Fall würden die Araber »mit den Juden selbst verhandeln«.[8]

Auf der anderen Seite beklagten sich jüdische Zeugen, daß Großbritannien in klarer Verletzung des Artikels 6 der Mandatsbestimmungen keine Einwanderung bis zur vollen Ausnutzung der Aufnahmefähigkeit Palästinas zuließ. Sofortige Unabhängigkeit, so führten sie aus, und die Worte des Mufti schienen dies zu bestätigen, würde bedeuten, daß die Juden von den Arabern dominiert würden, und dies sei möglicherweise lebensgefährlich. Sie forderten Großbritannien mit Nachdruck auf, seine Pflicht zu tun und ihnen beim Aufbau der nationalen Heimstätte zu helfen.

Am 12. März 1937 erfuhr die Sache der Juden weitere Unterstützung durch die Zeugenaussage von Winston Churchill, der zu Beginn des Mandats im Jahr 1922 Kolonialminister gewesen war. Seiner Aussage nach hatte sich die britische Regierung nicht verpflichtet, Palästina zu einem jüdischen Staat zu machen, aber sie *hatte* sich gewiß bekannt »zu der Vorstellung, eines Tages, irgendwie, fern in der Zukunft, abhängig von der Rechtslage und den wirtschaftlichen Möglichkeiten, könnte es dort einen großen jüdischen Staat geben, der Millionen zählen würde, weit mehr, als die gegenwärtige Einwohnerzahl des Landes«.

Rumbold deutete an, es würde eine »große Ungerechtigkeit« darstellen, wenn man die arabische »eingeborene Bevölkerung ... dem Eindringen einer fremden Rasse«[9] aussetzen würde. Churchill erwiderte darauf, die Araber seien nach den Juden in jenes Gebiet eingewandert, ihre »großen islamischen Horden« hätten es zerstört und zur Wüste gemacht: »Wo die Araber hingehen, da entsteht oft eine Wüste.« Seiner Ansicht nach bedeutete es möglicherweise eine Ungerechtigkeit, wenn man das Heilige Land eine Wüste sein ließ, während es in die Hände von energischen und unternehmungslustigen Leuten gelangen konnte, die es in ein blühendes und fruchtbares Land verwandeln würden.

Viele Anhänger und Freunde des Zionismus, Juden und Nicht-Juden, sahen in den arabischen Bestrebungen eine unzulässige Behinderung des unerbittlichen Marsches zu kulturellem und wirtschaftlichem Fortschritt. Sie glaubten, daß Großbritannien die Stärke der arabischen Nationalisten übertrieben darstellte, dies geschehe vielleicht aus einer falschen Beurteilung der Lage, vielleicht aber auch in der zynischen Absicht, die Entstehung der nationalen Heimstätte, der Großbritannien verpflichtet war, zu verhindern. Sie behaupteten, die richtige Antwort auf die schwierige Lage würde in einer härteren Linie der britischen Mandatsverwaltung in Palästina liegen. Sie behaupteten, daß die Rebellion wie ein Ballon platzen würde, wenn Großbritannien eine entschiedenere Politik praktizierte. Die arabischen Massen würden sich beruhigen und sich den jüdischen Plänen anschließen, von denen sie nur profitieren könnten.

Doch die Araber zeigten kaum Anzeichen einer Beruhigung. Im April 1937 reisten zwei Delegierte des Arab Higher Committee, Jamal Husseini (der Cousin des Mufti) und Izzat Tannous, nach London, um öffentlich vor den Gefahren einer Unterstützung des Zionismus zu warnen. Tannous reiste weiter nach New York, wo er einer feindselig eingestellten Zuhörerschaft von Pressevertretern eröffnete, falls die jüdische Einwanderung nach Palästina nicht sofort aufhöre, »wird es einen weiteren Aufstand geben, und der wird viel schlimmer sein als die sieben bisherigen.«[10]

Der Mufti von Jerusalem hatte nun eindeutig die Stellung eines nationalen Führers der palästinensischen Araber und einer bedeutenden Gestalt für alle Araber eingenommen, er verkörperte die Befürchtungen und den Unmut seines Volkes gegenüber der Einwanderung und dem Bodenerwerb der Juden. Aber sein reiner Nationalismus und seine aufrichtige patriotische Leidenschaft standen im Schatten der anderen Seite seines Charakters, die sich nicht nur in seinem rücksichtslosen Widerstand sondern auch in seinen bedenkenlosen politischen Methoden zeigte – insbesondere im Mißbrauch der ihm anvertrauten religiösen Stiftungen und der immer wieder von ihm angestifteten Mordanschläge gegen Araber, die sich seiner Autorität widersetzten.

So war dafür gesorgt, daß keine ernsthafte arabisch-palästinensische politische Opposition gegen den Mufti sichtbar war. Die arabischen Politiker fürchteten nicht nur die physische Vergeltung des Mufti. Sie befürchteten ebenso ihre politische Vernichtung als Ergebnis jeder halbherzigen Verfolgung ihrer Sache in Palästina. Es stellte einfach eine Tatsache dar, daß fast alle Araber in Palästina und woanders mit den Zielen des Mufti selbst dann übereinstimmten, wenn sie seine Methoden ablehnten, und die wenigen, die anderer Ansicht waren, hätten nie den Mut oder die Mittel besessen, dies öffentlich zu verteten.

Nur in einer Hinsicht stießen der Mufti und seine Partei auf ernsthaften Widerstand, nämlich bei der Frage des Boykotts und der totalen Opposition gegen Großbritannien. Die Nashashibi-Familie und die National Defence

Party, die unter Führung von Geschäftsleuten stand, vertraten die Ansicht, daß die Briten durch Argumente und Mitarbeit zu einer pro-arabischen Politik bekehrt werden könnten. Das Problem der Kollaboration war für eine Nation typisch, die von Fremden regiert wurde. Vertieft wurde es aber noch dadurch, daß es einen Bestandteil einer blutigen Fehde zwischen den Sippen der Huseini und der Nashashibi darstellte. So schoß beispielsweise am 30. Juni 1937 ein Agent der Husseini in Jaffa Fakhri Nashashibi an und verletzte ihn schwer.

Am 7. Juli erschien der Bericht der Peel-Kommission. Er empfahl eine Teilungslösung. Die Juden sollten einen kleinen Staat erhalten – einen Küstenstreifen, der sich knapp unterhalb von Haifa erweiterte, um Nazareth und das westliche Ufer des Sees Tiberias einzuschließen. Großbritannien würde Jerusalem, Bethlehem und einen Korridor zum Meer nach Jaffa behalten. Die Araber sollten den Rest bekommen.

Der Bericht, ein Buch von etwa vierhundert Seiten, bleibt ein historisches Standardwerk über das Palästina der Mandatsperiode. Er legte dar, daß die Teilung den Juden den Staat geben würde, den sie gefordert hatten; sie hätten dann ein eigenes Land, in dem sie die Einwanderung selbst kontrollieren könnten und wo sie von dem jahrhundertealten Fluch, immer eine Minderheit zu bilden, frei sein würden. Sie könnten dann so viele Flüchtlinge aus Deutschland hereinlassen, wie sie wollten. Die einzige Schranke würde die Aufnahmekapazität des Landes sein. Auch die Araber würden ihr langersehntes Ziel – die Unabhängigkeit – erreichen, allerdings nur in einem Teil Palästinas, aber lag es nicht in ihrem Interesse, dieses Opfer zu bringen, um sich von der Furcht vor der Überfremdung zu befreien?

Lord Peel und seine Mitarbeiter gaben zu, daß es auf britischer Seite Fehler gegeben hatte: »Wir haben die Schwierigkeiten nicht voll erkannt, die es (das Mandat) uns auferlegte. Wir haben versucht, sie zu bewältigen, aber nicht immer mit Erfolg.« Es gab keine Lösung, die die Wünsche beider Seiten voll erfüllte. Aber die Teilung bot beiden doch einiges, und »ein halber Laib ist besser als gar kein Brot«. So unbefriedigend sie auch war, die Teilung stellte doch die einzige Lösung vor, die die »unschätzbare Wohltat des Friedens« bot.

So begründet diese Vorschläge auch waren, sie hatten kaum Chancen, von einer der beteiligten Seiten voll akzeptiert zu werden. Der Londoner ›Jewish Chronicle‹ bezeichnete sie sofort als ein »Alptraum-Programm«, das »in den Herzen der Juden, die schon unter so vielen Sorgen leiden, Entmutigung auslösen wird«. Der Bericht sei ein Erfolg für den arabischen Terrorismus und ein Ergebnis britischer Schwäche. Etwas mehr Standfestigkeit, so behauptete der ›Jewish Chronicle‹, würde zu »einer kraftvollen arabischen Bewegung für die Wiederöffnung Palästinas für jüdische Einwanderer« führen.[11] Innerhalb weniger Tage kam die Parole auf: »Kein Judenstaat ohne Zion«.

Der Bericht erntete die besondere Feindschaft der bedeutendsten zionistischen »Oppositions«-Gruppe, der Revisionistischen Partei unter Vladimir Jabotinsky, deren Programm die Revision der zionistischen Politik und die Entwicklung der nationalen Heimstätte im gesamten Land Israel, einschließlich Transjordaniens, forderte. Jabotinsky erklärte vor der Königlichen Kommission: »Eine Ecke Palästinas, ein Kanton – wie könnten wir versprechen, uns damit zufriedenzugeben? Wir können das nicht. Wir werden das nie können. Sollen wir schwören, daß wir damit zufrieden sein werden? Es wäre ein Meineid.«

Wie die meisten Revisionisten kam Jabotinsky aus Osteuropa, aus Odessa in Rußland. Andere kamen aus Polen, wo die jüdische Gemeinschaft drei Millionen Menschen, ungefähr zehn Prozent der Bevölkerung, umfaßte. »Wir müssen Millionen retten, viele *Millionen*«,[12] sagte er. Für ihn war eine jüdische Mehrheit in Palästina ein Minimal-, kein Maximalziel, und er hielt diesen Anspruch nicht für ungerecht gegenüber den Arabern, die viele Staaten hatten, während die Juden keinen besaßen. Seine Vorstellungen erschienen damals dem jüdischen »establishment« genauso verrückt wie den Briten und Arabern. Die Einwanderung in solch einem Ausmaß war einfach unmöglich. Sie würde Chaos und Hunger bedeuten. Aber schon wenige Jahre später, nachdem die polnischen Juden fast in ihrer Gesamtheit liquidiert worden waren, erschienen seine Ideen nicht mehr so verrückt.

Nach einigen Tagen des Nachdenkens fragten sich die jüdischen Politiker, ob der Teilungsplan nicht doch eine Hoffnung bot. Zwar waren sie sich einig, daß der vorgeschlagene jüdische Staat viel zu klein war, aber er würde doch zumindest eine Basis darstellen, von der aus man weiter operieren könnte. »Wenn die Teilung akzeptiert und durchgeführt wird, hoffe ich, daß die Juden sie nur als ein Sprungbrett für weiteren Fortschritt benutzen«,[13] sagte Josiah Wedgewood, ein pro-zionistischer Unterhausabgeordneter. Die Araber nahmen diese Bemerkung sorgfältig zur Kenntnis.

Diese Äußerung drückte die Stimmung aus, die den 20. Zionistischen Weltkongreß im August jenes Jahres beherrschte. Weizmann meinte in seiner Rede, daß die Negev-Wüste sich zwar nicht zur Kolonisierung eigne, aber in jedem Fall würde sie »nicht davonlaufen«. David Ben Gurion drückte sich genauer aus. Es komme gar nicht in Frage, sagte er am 15. August 1937, irgendeinen Teil des Landes Israel aufzugeben, aber es sei diskutabel, ob das Endziel nicht schneller erreicht werden könne, wenn man die Peel-Vorschläge akzeptiere. Mit Mehrheit beschloß der Kongreß, solche Grenzen auszuhandeln, die eine Teilung leichter möglich machten.

Während der Zionistenkongreß in Zürich tagte, trafen sich gleichzeitig vierhundert arabische Delegierte in Bludan in Syrien. Sie waren sich einig in ihrer grundsätzlichen Ablehnung der Vorschläge. Die britischen Argumente hatten sie in keiner Weise überzeugt. Sie erwiderten, daß »Unabhängigkeit« für sie kein Gewinn sei, wenn sie den Verlust von Jerusalem, Jaffa, Haifa und Nordpalästina für alle Zeiten bedeute. Dieser Vorschlag erschien ihnen nicht als vernünftiger Kompromiß, sondern als Verletzung eines Prinzips, nämlich der einfachen und eindeutigen Tatsache, daß Palästina *ihnen* gehörte.

Zu diesem Zeitpunkt wurde sich das nationalsozialistische Deutschland des Aufruhrs in Palästina bewußt. Bis Mitte 1937 hatten die Nationalsozialisten Juden emigrieren lassen, um möglichst viele von ihnen loszuwerden. Die Nürnberger Gesetze hatten ungefähr hundertzwanzigtausend Juden dazu getrieben, Deutschland für immer zu verlassen, ein Drittel ging nach Palästina, wohin sie unter einem als ›Haavara‹ bekannten Transferabkommen einen Teil ihres Vermögens überführen konnten.

Als jedoch die Gerüchte über die Teilungsvorschläge Berlin Anfang Juni erreichten, riefen sie Bestürzung hervor. Außenminister Konstantin von Neurath betonte in einem Telegramm an London, Bagdad und Jersualem, daß die Aussicht auf einen jüdischen Staat einen Wandel der deutschen Politik bewirken könnte. Der Staat in der vorgeschlagenen Form bedeutete für Deutschland die schlechteste aller denkbaren Lösungen. Er würde zu klein sein, um noch viel mehr Juden dorthin abschieben zu können. Andererseits würde er zu einem Kristallisationspunkt des jüdischen politischen Einflusses werden, ähnlich wie der Vatikan für die Katholiken oder Moskau für die Kommunisten. Die Zeit war reif, die arabische Sache als Gegengewicht zum Weltjudentum und als Mittel zur Schädigung Großbritanniens zu unterstützen.

Dies war der Beginn einer Beziehung, die für die palästinensischen Araber katastrophale Folgen haben sollte. Aber zu jener Zeit schien die Gelegenheit zu günstig, um sie zurückzuweisen. Die Juden pflegten gute Beziehungen zu Großbritannien, den Vereinigten Staaten und anderen wichtigen Ländern. Die Araber hatten keinen vergleichbaren Einfluß in London, Paris oder Washington. Am 15. Juli 1937 empfing der Mufti den deutschen Vertreter in Jerusalem, Generalkonsul W. Döhle, um ihm mitzuteilen, daß die palästinensischen Araber sich in der Zurückweisung der Teilung und in ihrer »Sympathie für das neue Deutschland« einig wüßten.[14]

Die britische Regierung gab bekannt, daß sie den Peel-Bericht und seinen Lösungsvorschlag, »einen Teilungsplan zur Durchführung zu bringen«, akzeptiere. Die arabischen Delegierten in Bludan beschlossen, die Teilung zu verhindern. Palästina wurde rasch zum Brennpukt des arabischen Nationalismus, es war die eine Sache, in der sich alle einig zeigten. Bludan war der Beginn einer Epoche, denn wenn sich Einigkeit unter den Arabern in einem Punkt möglich erwies, so war sie vielleicht auch in anderen Punkten möglich.

Der Autor einer offiziellen arabischen Propagandaschrift schrieb 1947: »Es [Palästina] diente als Brennpunkt für alle politische Energie der arabischen Welt und trug mehr als alles andere dazu bei, die Bewegung für die Einheit zu ermutigen.«[15] Britische Dokumente lassen erkennen, daß man in London, insbesondere im Außenministerium, dieser »unbedeutenden« Konferenz große Aufmerksamkeit schenkte, weil sie eine der ersten wirklichen Herausforderungen für die britische Vorherrschaft im Nahen Osten darstellte. Die Verantwortlichen sahen, daß die arabischen Staaten gemeinsam handelten und sich wie eine eigenständige politische Macht verhielten. Allmählich kamen sie zu der Erkenntnis, daß sie aufmerksamer auf die arabischen Wünsche achten müßten, falls Großbritannien seine Position behaupten wollte.

Die Agenten des Mufti leiteten den Aufstand von einem Hauptquartier in Damaskus aus. Sie sandten Beauftragte in die Städte Syriens und des Libanon, um mit Geld aus den großen religiösen Stiftungen, die jährlich etwa sechzigtausend Pfund einbrachten und die der Mufti von Amts wegen kontrollierte, von der Bevölkerung Waffen zu kaufen. Sie überschwemmten die arabische Welt mit Propagandaschriften, die den Imperialismus, die Ungerechtigkeit und die Grausamkeit der Briten anklagten. Sie führten eine »Abschußliste« von britischen Beamten, deren Einzelheiten manchmal nach Palästina durchsickerten und die britische Kampfmoral beeinträchtigten. Am 13. Juni 1937 unternahmen sie einen Mordversuch an dem Generalinspekteur der Polizei in Palästina Roy Spencer.

Die britischen Beamten versuchten der Mordgefahr zu begegnen, indem sie Selbstschutzregeln aufstellten. Sie reisten mit drei bewaffneten Polizisten im Wagen und je einem Begleitfahrzeug davor und dahinter zum Schutz gegen Überfälle aus dem Hinterhalt und Minen. Sie änderten ständig ihre Zeitpläne und Routen. Ihre Amtsgebäude wurden bewacht, und sie betraten niemals als erste einen Raum, vorher mußte immer ein Polizist das Innere untersuchen. Foot erinnert sich: »Wenn ich mich an den Schreibtisch setzte, zog ich meinen Revolver und legte ihn vor mich hin, und wenn ich aus irgendeinem Grund den Raum verließ, nahm ich ihn mit und trug ihn in der Hand. Es ist nutzlos, einen Revolver im Halfter zu tragen. Er nützt nur, wenn man ihn in der Hand trägt.«

Yelland Andrews, Distriktkommissar für Galiläa, rangierte weit oben auf der »Abschußliste«, weil er das Reiseprogramm der Peel-Kommission organisiert hatte und von ihm angenommen wurde, daß er die Kommission zugunsten der Teilung beeinflußt habe. Er war sich über die Bedrohung im klaren und führte alle notwendigen Vorsichtsmaßnahmen durch. Schließlich rief er am 26. September Foot mit der guten Nachricht an, daß das Rebellenhauptquartier in Damaskus seinen Namen von der Liste gestrichen habe, nun wolle er in die Kirche von Nazareth gehen, um Dank zu sagen. Andrews und sein Leibwächter Peter McEwan waren nicht auf der Hut, als sie eine enge Gasse in der Nähe der anglikanischen Kirche betraten. Ein arabischer Schütze traf sie beide tödlich.

Die britische öffentliche Meinung reagierte empört. Wenige Tage später brachte ein Leitartikel der ›Times‹ seinen Lesern die Situation in Erinnerung. Araber wurden ermordet, weil sie den Extremisten finanzielle Hilfe verweigerten oder weil sie für ein Übereinkommen mit den Juden eintraten. Erst vor ein paar Tagen waren zwei arabische Grundbesitzer ermordet worden, weil sie verdächtigt wurden, Land an Juden verkauft zu haben. Das Arab Higher Committee hatte den Mord an Andrews verurteilt, nach Meinung der ›Times‹ hätte es sich auch kaum anders verhalten können, da die Peel-Kommission die Ansicht vertreten hatte, daß der Mufti und seine Mitarbeiter die »volle Verantwortung« für die Unruhen von 1936 auf sich nehmen müßten.

Am 1. Oktober ließen die durch Vorwürfe aus London wegen Schwäche und Ängstlichkeit aufgeschreckten Behörden fünf Angehörige des Arab Higher Committee festnehmen und auf die Seychellen deportieren, die Pressezensur wurde verschärft, und der Mufti wurde als Vorsitzender des Obersten Moslemischen Rats – der Quelle seiner großen Geldmittel – abgesetzt. Der Mufti zog sich nach Haram esh-sharif, dem Heiligtum von Jerusalem, zurück, das kein britischer Soldat oder Polizist zu betreten wagte, er flüchtete dann über Land und per Schiff in den Libanon, möglicherweise unter britischer Duldung. Ungefähr fünfzig Verdächtige wurden festgenommen und in einem Lager interniert, in dem schon hundertfünfzig politische Gefangene einsaßen. Der örtlichen Presse war die Erwähnung all dieser Ereignisse verboten. »Besser spät als nie. Andrews ist nicht umsonst gestorben. Dies ändert die gesamte Lage, macht die Teilung zur Gewißheit«, schrieb Blanche Dugdale, eine bekannte Pro-Zionistin und Nichte von Arthur Balfour.[16]

Für einen Augenblick hatte es den Anschein, daß die britische Entschlossenheit die Rebellen bezwungen hatte. »Eine Woche ist nun vergangen, seit die Regierung von Palästina ihre drastischen Maßnahmen ergriffen hat, und das Land ist friedlich wie nie zuvor«, schrieb ein Korrespondent der ›New York Times‹, die im allgemeinen den Zionismus unterstützte. Endlich war etwas getan worden, um die »kleine Minderheit« zu isolieren und zu zerstören, die die Terroristen des Mufti unterstützte. In der Nacht des 14. Oktober wurden dann jüdische Siedlungen und Busse angegriffen, die Ölpipeline wurde in Brand gesetzt, ein Zug zur Entgleisung gebracht, und zwei britische Polizisten wurden aus dem Hinterhalt erschossen. Die ›Times‹ führte den Ausbruch neuer Gewalttätigkeiten auf die schwache politische Führung in der Vergangenheit zurück, die verhindert hatte, daß die Polizei »die Unruhe im Keim erstickte«.

Der Aufstand war erneut ausgebrochen und in einem größeren Maßstab als 1936. Reichen Arabern wurde Geld entlockt, um die verlorenen religiösen Stiftungen zu ersetzen. Arabische Polizisten und andere Araber, die im Dienst der Regierung standen, wurden gekidnappt, durch Geheimgerichte verurteilt und hingerichtet. Die Rebellen hielten sich in den Bergen verborgen, wo es nur wenige Straßen gab, überfielen von dort jüdische Siedlungen und britische Stützpunkte und kehrten in die Berge zurück. Wieder einmal hatte die Verwaltung die Kontrolle über das Land verloren.

Diesmal schlugen die Briten hart zurück. John Briance gehörte zu einer Spezialgruppe von Polizisten, die sich wie Araber kleideten und ihre Sprache beherrschten, so daß sie fast für Araber gehalten wurden. Er berichtet: »Wir verfolgten sie und begegneten ihren Guerillamethoden mit überlegenen Guerillamethoden. Wir unternahmen Suchaktionen und überfielen sie aus dem Hinterhalt, aber wir benötigten Informationen. Ich ging beispielsweise mit fünf Polizisten in ein arabisches Dorf und unterhielt mich mit den Leuten. Man mußte sich eine Position aufbauen, mußte ihnen zeigen, daß man mit ihrer Sache sympathisierte. Wenn sie einem einmal vertrauten, dann gaben sie auch Informationen.«

Aber als sich die Lage verschärfte, gingen die britische Polizei und Armee zu drakonischen Maßnahmen über. Hugh Foot erinnert sich: »Wenn wir annahmen, daß ein Dorf Rebellen beherbergte, gingen wir hin und markierten eines der großen Häuser. Wenn dann ein Zwischenfall passierte, der von diesem Dorf ausgegangen zu sein schien, ließen wir das markierte Haus in die Luft gehen.« Für den Besitz von Waffen wurde die Todesstrafe festgesetzt und gegen einen Rebellenführer, Sheik Farhan es-Saadi, verhängt. Bis Ende Januar wurden sieben Rebellen hingerichtet.[17] Die ›New York Times‹ berichtete am 26. Januar: »Die schwarze Fahne des Scharfrichters wurde heute dreimal über der Festung Akko gehißt als schreckliches Zeichen der britischen Entschlossenheit, den Terror in Palästina auszurotten.« Am 1. Februar wurde ein Rebellentrupp auf einem bewaldeten Berg in der Nähe von Haifa eingeschlossen und aus der Luft bombardiert. Fünfzehn Araber wurden getötet oder verwundet.[18]

Kollektivstrafen, hauptsächlich Geldbußen und Ausgangssperren, wurden alltäglich. Ein höherer britischer Polizeioffizier berichtet: »Damals spielte die Presse dort keine Rolle, und wir konnten das Recht wirksam und schnell durchsetzen. Es gab viele Druckmittel, die wir anwenden konnten – wir konnten das Vieh eines Dorfes am Weiden hindern, wir konnten die Aussaat verhindern –, wir mußten fast nie rohe Gewalt anwenden. Manchmal quartierten wir eine Polizeieinheit in einem Dorf ein, so daß sie dort verpflegt und beherbergt werden mußte; gleichzeitig machten wir klar, daß die Polizei abziehen würde, sobald der gesuchte Rebell gefunden war. Oft wandten wir Kollektivstrafen an, die Dorfgemeinschaft brachte uns dann die Übeltäter in Fesseln.«

Doch diese Maßnahmen reichten nicht aus, um den Aufstand, der einen Teil seiner Triebkraft aus den Berichten über die britische Brutalität gewann, zu zerschlagen. »Ihre Bomben waren wirksam, ihre Minen fegten uns von der Straße, ihre Straßensperren hielten unsere Patrouillen fest, und schließlich mußten wir uns aus den ländlichen Gebieten zurückziehen«, erzählt John Briance. Hugh Foots Frau wurde evakuiert und er selbst gezwungen, sein Haus zu verlassen und in die Festung Nablus zu ziehen: »Sämtliche normale Verwaltungsarbeit kam zum Erliegen. Jeden Morgen ging ich eine lange Liste von Zwischenfällen und Zerstörungen durch – zerschnittene Telefonleitungen, beschädigte Brücken, entgleiste Züge, überfallene Konvois und Gefechte in den Bergen.«[19]

Natürlich schienen die Araber bei konventionellen Auseinandersetzungen mit den britischen Streitkräften oder der Jüdischen Hilfspolizei (Jewish Supernumerary Police von den Briten 1936 gegründet, der Kern der späteren Haganah, der wichtigsten jüdischen Verteidigungsstreitmacht) immer schlechter abzuschneiden. Ihre Verluste waren oft zehnmal so hoch, wie die ihrer Gegner. 1938 wurden neunundsechzig Briten, zweihunderzweiundneunzig Juden und mindestens tausendsechshundert Araber, Aufständische und andere, bei den Kämpfen getötet. Aber ihre Begeisterung für den Heiligen Krieg, den der Mufti ausgerufen hatte, ihr Gefühl der Gerechtigkeit ihres Kampfes und möglicherweise ihre Hoffnung auf Beute hielten den Aufstand trotz dieser Verluste in Gang. Am 22. Dezember gab Ormsby-Gore eine weitere Verbesserung der Sicherheitslage bekannt, aber während des Weihnachtswochenendes waren tausendfünfhundert britische Soldaten an Kämpfen in den Bergen westlich von Tiberias beteiligt, und es wurde deutlich, daß der Optimismus des Kolonalministers verfrüht war.[20]

Im Januar 1938 begann eine neue Kommission, diesmal unter der Leitung von Sir John Woodhead, die Einzelheiten des Teilungsplans auszuarbeiten. Großbritannien hatte die Teilung beschlossen, zögerte aber, sie durchzuführen. Der Hohe Kommissar Arthur Wauchope verließ Palästina als tief enttäuschter Mann, den die britische und amerikanische Presse beschuldigte, zugelassen zu haben, daß die Situation sich verschlechterte. Er wurde von Harold MacMichael abgelöst, einem Arabienkenner, der viele Jahre lang im Sudan Dienst getan hatte. Am 12. März besetzten Hitlers Armeen Österreich und annektierten es für das Dritte Reich. Der ›Völkische Beobachter‹ hielt ununterbrochen ein Sperrfeuer der Beschimpfung gegen die britische Brutalität in Palästina aufrecht und pries die Aufständischen als Freiheitskämpfer.

Orde Wingate, ein britischer Offizier mit stark pro-zionistischen Ansichten, führte seine berühmten »besonderen Nachttruppen«, gemischte jüdische und britische Einheiten, gegen die Aufständischen, um dem Terror mit Terror zu begegenen. Seine Methoden waren ungewöhnlich, aber erfolgreich. Nach Hugh Foots Meinung »zerstörte [er] unseren allgemeinen Ruf, faire Kämpfer zu sein.«[21] Eine weitere Herausforderung an die arabische öffentliche Meinung war der ›Tegart-Zaun‹, ein fünf bis sechs Meter breiter Drahtverhau, der Anfang 1938 auf Weisung des Sicherheitsberaters Charles Tegart gebaut wurde, um Aufständische und Waffenschmuggler fernzuhalten. Er kostete hunderttausend Pfund und lief die gesamte palästinensisch-syrische Grenze entlang und trennte damit die beiden Länder zum großen Zorn der Araber. Sein Sicherheitsnutzen war gering, da die Grenze weiter südlich offen blieb.

Chaim Weizmann war nun ein entschiedener Anhänger der Teilung. Am 25. Januar 1938 sprach er in Jersualem zu ihren Gunsten und verspottete die Vorstellungen der Revisionisten von einem großen jüdischen Staat.[22] Die einzige Alternative zur Erfüllung der Balfour-Deklaration zumindest in einem Teil Palästinas sei Stillstand und Rückschritt in ganz Palästina. Dies war Weizmanns Beitrag zur Politik des »maximalen Drucks für minimale Forderungen«. Und es hatte den Anschein, daß sie erfolgreich sein würde. Am 10. März fragte ihn der britische Premierminister Neville Chamberlain: »Warum fürchten Sie sich so? Warum sind Sie so besorgt? Wir haben uns zur Teilung verpflichtet.«[23]

Viele Zionisten hatten den Hintergedanken, den Laurie Hammond, ein Mitglied der Peel-Kommission, offen aussprach: die Teilung würde für die Juden der erste Schritt sein, um das ganze Land zurückzubekommen.[24] Aber Weizmanns Hauptziel war ein jüdischer Staat, und sei es ein kleiner, der die Einwanderung selbst kontrollieren konnte, um den europäischen Juden Erleichterung zu verschaffen. Seine Aufgabe bestand darin, seine zahlreichen einflußreichen britischen Freunde zu überzeugen, daß diese Absicht mit Großbritanniens Interessen übereinstimmte.

Seine Hauptverbündeten waren Walter Elliot, der Gesundheitsminister, ein enger Freund von Blanche Dugdale, und Malcolm MacDonald, der hinsichtlich des Passfield-Weißbuchs so hilfreich gewesen war. Ihre Freude war groß, als am 16. Mai MacDonald Nachfolger von Ormsby-Gore Kolonialminister wurde und damit auch die Verantwortung für die Palästina-Politik übernahm. Blanche notierte: »Ich denke, das ist möglicherweise die beste Ernennung, die vom jüdischen Standpunkt aus möglich war.«

Der Aufstand der Araber und das britische Weißbuch über Palästina

Drei Wochen nachdem er sein Amt angetreten hatte, drückte MacDonald gegenüber dem Hohen Kommissar MacMichael seine Befürchtungen hinsichtlich Palästinas aus: »Die wöchentlichen Berichte über Zwischenfälle für den Monat Mai zeigen keine Verbesserung der Lage an, eher ist das Gegenteil der Fall.«[1] Solange nicht einige Fortschritte im Kampf gegen die Terroristen errungen würden, müsse das britische Prestige erheblich leiden. Die französische Regierung lasse es immer noch zu, daß der Mufti den Aufstand von seinem Hauptquartier in Damaskus leite. Man hatte Frankreich gebeten, diese Aktivitäten einzuschränken, aber es war Großbritanniens Konkurrent im Nahen Osten und beabsichtigte nicht, es zu unterstützen. »Der Mufti hat keinerlei Anzeichen von unkorrektem Verhalten gezeigt«[2], lautete die französische Reaktion. Es gab nur zwei Auswege – entweder wurde der Aufstand gewaltsam unterdrückt, was schwierig sein würde und das Risiko einer erbitterten Reaktion von seiten befreundeter arabischer Länder in sich barg, oder man mußte einen Ausweg finden, der zum Abflauen der Unruhen führte. Das Problem lag darin, daß jede derartige Lösung einen erneuten Kurswechsel der britischen Politik bedeutete.

Im Juni und Juli hatte MacDonald drei lange Unterredungen mit seinem guten Freund Weizmann, dabei legte er ihm gewisse Argumente dar. Er sagte, daß er immer noch ein Anhänger der Teilung sei, denn sie sei »das geringste der Übel, zwischen denen wir zu wählen haben«[3]. Weizmann drängte ihn, die Teilung sofort durchzuführen, denn er glaubte, daß, sobald dies geschehen sei, die arabische Opposition aufhören würde und daß dann angesehene arabische Politiker mit den Briten und den Juden zu Vereinbarungen bereit sein würden. Aber MacDonald entgegnete, viele Kenner der arabischen Welt hätten ihm dargelegt, daß dies reines Wunschdenken sei.

MacDonald übernahm dann die Rolle eines Advokaten des Teufels und erklärte Weizmann die Einwände des Außenministeriums. Sie gingen von der Annahme aus, daß die gesamte arabische Welt heftig und auf lange Sicht gegen die Teilung eingestellt sei. Wenn die Briten sie gegen die Wünsche der Araber durchsetzten, brächte ihnen dies die ewige Feindschaft der palästinensischen Araber ein, und sie würden dort ständig große Truppenkontingente unterhalten müssen. Sie würden die Freundschaft Ägyptens, Saudi-Arabiens, des Irak und Syriens verlieren und damit lebenswichtige Bündnisse einem Risiko aussetzen. Sie würden außerdem Bestürzung unter den Moslems Indiens auslösen und dies zum Zeitpunkt schwieriger Verhandlungen über die Zukunft des Subkontinents. Als Ergebnis sei eine außenpolitische Schwächung Großbritanniens zu befürchten, durch die Deutschland zu weiteren Aggressionen ermutigt würde. Und wenn Großbritannien Schaden litt, würden auch die Juden Schaden leiden, denn »Großbritannien sei heute für das schwergeprüfte jüdische Volk der wichtigste Freund auf der Welt«[4].

Die britische Regierung hatte den Teilungsvorschlägen der Peel-Kommission grundsätzlich zugestimmt. Aber wenn sie jetzt die düsteren Befürchtungen des Außenministeriums als berechtigt ansah, mußte sie die Teilungsabsichten aufgeben. Auf lange Sicht würde dies im Interesse sowohl der Juden als auch Großbritanniens liegen.

Weizmann erwiderte, daß dieses Bild immer »heraufbeschworen« werde, er halte es aber für übertrieben. Die Araber hätten neunzig Prozent dessen erreicht, was sie nach 1918 anstrebten, und sie würden die britische Freundschaft nicht so leicht beiseite schieben. Wenn Großbritannien jetzt die Teilungsabsichten aufgeben würde, sähen die Araber darin nicht ein Anzeichen von Großzügigkeit, sondern sie würden es als eine Kapitulation vor dem Terrorismus seitens einer schwachen und verbrauchten Nation empfinden. So könnte man die arabische Loyalität nie erlangen, die sowieso eine unsichere Größe sei, und würde die jüdische Loyalität zerstören, auf die man sich im anderen Falle verlassen könne.

Hypothetisch fuhr MacDonald fort, wenn die Teilungsabsichten aufgegeben würden, dann könne er vielleicht einen Einwanderungsplan vorschlagen, durch den die Juden innerhalb von zehn Jahren bis zu vierzig Prozent der palästinensischen Gesamtbevölkerung ausmachen würden; dies wäre eine Verdoppelung der gegenwärtigen jüdischen Bevölkerung von vierhundertfünfzigtausend, nach deren Abschluß man die gesamte Frage erneut überprüfen würde. Weizmann erwiderte, daß er diese Idee ein paar Jahre vorher akzeptiert hätte. Ja, er würde sie sogar jetzt akzeptieren, wenn er sicher sein könnte, daß MacDonald für den Zeitraum von einigen Jahren für die Palästina-Politik verantwortlich bleiben würde. Aber es habe zu viele Schwankungen und Veränderungen gegeben. Die einzige Lösung sei jetzt die Teilung und ein jüdischer Staat, der unter allen Umständen Großbritanniens Freund und Verbündeter sein würde.

Daß Weizmanns Position sich verhärtete, lag nicht nur an seiner Enttäuschung über die britische Politik. Er mußte auch die Tatsache in Rechnung stellen, daß Ereignisse der letzten Zeit seine Stellung als gemäßigter jüdischer

Führer untergraben hatten. Der ›Jischuw‹, die jüdische Gemeinschaft in Palästina, verlangte eine festere Haltung gegenüber Großbritannien. Weizmanns einzigartige Stellung in der zionistischen Bewegung gründete sich auf seine Erfolge in der Vergangenheit, insbesondere auf die Balfour-Deklaration, die alle durch seine Politik enger Zusammenarbeit mit Großbritannien errungen worden waren. Aber es gab jetzt führende Mitglieder der Jewish Agency, beispielsweise David Ben Gurion, die in Frage stellten, ob diese Politik immer noch richtig sei, und es gab die Führer der Revisionistischen Partei, die davon überzeugt waren, daß sie falsch war.

Am 15. März 1938, drei Tage nachdem Hitler Österreich besetzt hatte, gab Großbritannien eine Einwanderungsquote von nur dreitausend Menschen für sechs Monate bekannt, die geringste Zahl seit Jahren, und dies geschah zu einer Zeit, wo die bedeutende jüdische Gemeinde Wiens in tödlicher Gefahr schwebte. War dies die Politik einer befreundeten Macht? Die jüdischen Politiker standen unter Druck, sich offen gegen diese Ungerechtigkeit auszusprechen. Nur wenige waren jetzt noch der Ansicht, daß diplomatische und politische Mittel ausreichen würden, um den jüdischen Staat durchzusetzen und die Juden Europas zu retten. Man würde kämpfen müssen.

Dieser Gedankengang leitete die ›Irgun Zwai Leumi‹ (Nationale Militärorganisation), den militärischen Zweig der Revisionistischen Partei Jabotinskys. Etwa im August 1937 faßte sie den Entschluß, das Prinzip der Selbstbeschränkung (›Havlaga‹) aufzugeben, das die wichtigsten jüdischen Politiker verkündet hatten, und Vergeltungsaktionen gegen die arabische Gemeinschaft durchzuführen. Im November ließ sie unter dem Kommando von Moshe Rosenburg zehn Araber in einem direkten Vergeltungsakt töten. Die Jewish Agency, die immer entschieden gegen die Revisionistische Bewegung eingestellt war, verurteilte die Irgun sofort wegen »Schädigung des Ansehens der Juden Palästinas«.

Nachdem David Raziel das Kommando der Irgun übernommen hatte, kam es zu dem berühmten Fall des Shlomo Ben-Yosef, der in der Festung Akko am 29. Juni für einen erfolglosen Racheangriff gegen einen arabischen Bus gehenkt wurde. Seine Kameraden in der Irgun sahen in der Hinrichtung einen Akt des politischen Zynismus. Die britischen Behörden hatten viele aufständische Araber gehenkt. Jetzt würden sie eben einen Juden hinrichten, nur um ihre Unparteilichkeit zu beweisen. Ben-Yosef wurde der erste Märtyrer der Irgun. Ein paar Tage nach der Hinrichtung unternahm die Organisation eine Reihe von Bombenangriffen auf arabisch besiedelte Gebiete, zuerst tötete sie fünf Araber in Jerusalem und Tel Aviv, dann dreiundzwanzig in Haifa, schließlich zehn in Jerusalem und nochmals neununddreißig in Haifa.

In Polen, woher die meisten ihrer Mitglieder stammten, war die Irgun wohlorganisiert. Die rechtsgerichtete polnische Regierung versorgte sie mit Waffen und Übungsmöglichkeiten, denn sie stimmte mit dem Hauptziel der Zionisten überein – der Massenauswanderung der polnischen Juden nach Palästina. Itzhak Shamir, der 1977 Präsident des israelischen Parlaments wurde, erklärt: »Es war ein politisches Abkommen. Sie halfen uns aus antisemitischen Motiven. Wir sagten zu ihnen: ›Wenn ihr die Juden los werden wollt, müßt ihr der zionistischen Bewegung helfen.‹« Nathan Yalin-Mor (Friedmann-Yellin) sagt: »Andere polnische Politiker halfen uns, weil sie uns als Kämpfer für die Freiheit unseres Volkes betrachteten. Sie dachten, daß der Zionismus ein Ende des polnischen Antisemitismus herbeiführen würde. Sie glaubten, daß es dort immer Antisemitismus geben würde, solange drei Millionen Juden in Polen lebten. Sie waren uns sehr behilflich bei der Beschaffung von Pässen für Juden, die illegal nach Palästina einreisen wollten.« Ein anderer Irgun-Aktivist, aus der polnischen Kleinstadt Suwalki, reiste als Verbindungsmann zur polnischen Regierung ständig zwischen beiden Ländern hin und her. Er war ein stattlicher junger Revolutionär, ein Sprachwissenschaftler und Dichter, sein Name war Abraham Stern.

In dieser Phase stellte die Irgun eine kleine Gruppe dar, die von der Mehrheit des Jischuw als gefährlich und für die gemeinsame Sache schädlich abgelehnt wurde. Weizmann teilte MacDonald mit, daß er über die Angriffe auf arabische Viertel im Juli »sehr beunruhigt« sei. Er hatte keinen Zweifel daran, daß die Revisionisten für einige von ihnen verantwortlich waren. Er habe sogar gehört, daß illegale Schiffstransporte der Revisionisten nach Palästina von den Nationalsozialisten finanziert würden. Diese Sprache zeigte seine tiefe Abneigung gegenüber den Revisionisten, die ihm eine Bedrohung der Grundlagen seines Lebenswerks, seiner guten Beziehungen zu Großbritannien, zu sein schienen. Er hielt sie für gefährliche Verrückte. Unglaublicherweise gab es sogar Gerüchte, daß sie mit Waffen gegen Großbritannien kämpfen wollten.

In Großbritannien erschien diese Vorstellung ganz phantastisch. Die Juden waren mit Großbritannien verbunden und würden niemals rebellieren. Diese Möglichkeit schien überhaupt nicht vorstellbar, als das Außenministerium und das Kolonialministerium zu der Ansicht kamen, daß die Teilungsabsichten aufgegeben werden müßten. »Ich hielt es für eine angemessene Vorsichtsmaßnahme, ihn [Weizmann] auf diese Möglichkeit vorzubereiten«[5], schrieb MacDonald am 21. August. Theoretisch war er immer noch ein Anhänger der Teilung, aber er untersuchte bereits andere mögliche Lösungen und diskutierte sie mit arabischen und jüdischen Politikern, in der schwachen Hoffnung, eine gemeinsame Grundlage zu finden.

Am 29. Juli schlug der ägyptische Premierminister Muhammed Mahmoud einen weiteren Nagel in den Sarg der Teilungspläne. Er sagte MacDonald, die Araber würden nie zustimmen, daß die Juden einen Bevölkerungsanteil von vierzig Prozent erreichen sollten, und sie würden möglicherweise auch fünfunddreißig Prozent ablehnen. Er fügte hinzu, die Briten würden niemals Frieden finden, wenn die Teilung oktroyiert würde. Sie würden ihre wichtigen Freunde überall in der arabischen Welt und in Indien verlieren. Tannous, der als gemäßigt geltende Leiter des palästinensischen Büros in London, teilte ihm mit: »Die Araber würden niemals, ohne dazu gezwungen zu sein, einwilligen, daß ein Teil ihres Landes kampflos einer eingewanderten Rasse überlassen wird. Und falls ein jüdischer Staat gegründet würde, würden die Araber nur auf den Tag warten, wo sie diesen Staat angreifen und die Juden vertreiben könnten.«[6]

Der Mufti und die Extremisten »scheinen so mächtig, daß sie die arabische Politik faktisch diktieren«, notierte MacDonald traurig. Dennoch sah er in Tannous »den einzigen winzigen Hoffnungsschimmer«. Tannous befand sich auf dem Weg nach Palästina, und möglicherweise würde er sogar den Mufti aufsuchen, fügte MacDonald hinzu. Nützliche Kontakte wie dieser könnten dazu führen, einen Keil zwischen die »gemäßigten Mitglieder« und die »extremistische Front« zu treiben.

Und so tat MacDonald sein möglichstes; er beeinflußte befreundete arabische Regierungen – Ägypten, den Irak und Saudi-Arabien, er setzte die Armee gegen den Aufruhr ein, er griff hart gegen den jüdischen Extremismus durch, er versuchte, die arabischen Befürchtungen wegen der Einwanderungspolitik zu beruhigen, und er baute sogar Kontakte zur Befehlszentrale des Aufstands in Damaskus auf. Er hatte sich mit einem alten Problem auseinanderzusetzen: Er wollte die Rebellion zersplittern, indem er zu einem Einvernehmen mit den palästinensischen Arabern kam. Er war bereit, ihnen Konzessionen zu machen, obwohl er wußte, daß jede derartige Konzession den Zorn seiner zionistischen Freunde heraufbeschwören würde. Aber wie konnte er eine solche Vereinbarung erzielen, ohne sein Gesicht zu verlieren und ohne den Anschein zu erwecken, daß er vor Rebellion und Mord kapitulierte?

Das arabische Palästina war kein anerkanntes Land mit Diplomaten und Volksvertretern. Man nahm an, daß es in ihm auch gemäßigte Kräfte gab, aber wie sich an Tannous gezeigt hatte, war deren Sprache in der Öffentlichkeit oder in Whitehall nicht von der des Mufti zu unterscheiden. Entweder waren sie durch den Terror verängstigt oder sie waren aus irgendeinem wunderlichen Grund loyal gegenüber dem extremistischen Führer, dessen Gegner sie zu sein vorgaben. Was konnte also geschehen, um die Macht des Mufti zu brechen und es den Gemäßigten zu ermöglichen, offen aufzutreten?

Eine Freundschaftsgeste gegenüber dem Mufti würde als ein Zeichen der Kapitulation aufgefaßt werden. Bitten an Frankreich, dem Mufti Einschränkungen aufzuerlegen, blieben unbeantwortet. Schärfere Aktionen in Palästina würden die Araber insgesamt abstoßen. Und in der Zwischenzeit band der Aufstand die britischen Streitkräfte; die bösartige Propaganda des Mufti schadete dem britischen Ruf in der gesamten moslemischen Welt; Hitler lärmte aggressiv auf der außenpolitischen Szene; die Juden mahnten Großbritannien an frühere Versprechungen und forderten ihre Erfüllung.

Jahrelang hatte MacDonald den Zionismus unterstützt, aber nachdem er einige Wochen lang das Amt des Kolonialministers innehatte, bekehrte er sich zu der Ansicht, daß die britischen Interessen woanders lagen. Heute erinnert er sich lebhaft an diese hektischen und schmerzerfüllten Wochen von 1938. Er kam zu der Auffassung, daß Großbritannien während des Ersten Weltkrieges den Juden und den Arabern sich gegenseitig ausschließende Versprechungen gemacht habe. Nun klagten beide Seiten mit Recht die Engländer des Vertrauensbruchs an. Dies alles war sehr unbefriedigend und peinlich. Aber er war ein britischer Minister, und letzten Endes war es seine Pflicht, eine Politik zu entwickeln, die im Interesse seines Landes lag.

Heute sagt er: »Ich wurde darauf hingewiesen, daß die reale Gefahr einer Verbindung der Araber mit Deutschland und Italien bestand, wenn wir die jüdische Einwanderung nicht verringerten. 1938 sah es so aus, als würde es einen neuen Krieg geben, und es war lebenswichtig, daß wir ihn gewannen. Wir wußten, daß die Juden sowieso auf unserer Seite ständen, wenn es zum Krieg kam. Sie hatten keine andere Möglichkeit. Aber die Haltung der Araber war zweifelhaft. Wenn sie sich gegen uns wandten, konnten wir unsere Position im Nahen Osten, einschließlich des Suezkanals, und einen großen Teil unseres Kriegspotentials verlieren. Mir ging es hauptsächlich um Großbritannien, aber ich dachte auch, daß unser Kriegserfolg für die Juden gleichermaßen lebenswichtig sein würde, denn wenn wir verlieren sollten, würde es für sie möglicherweise überhaupt keine nationale Heimstätte geben. Ich legte ihnen dies dar und bat sie, ein zeitweiliges Opfer zu bringen.«

Aber für die Juden war es schwierig, ausgerechnet im Jahre 1938 ein solches Opfer zu bringen. MacDonald wurde nicht nur von Weizmann und Ben Gurion bestürmt, sondern auch von Mitgliedern des britischen Parlaments: »Eines meiner Probleme lag darin, daß es im Unterhaus etwa dreißig Juden gab, die fast alle Zionisten waren, und es gab darüber hinaus nichtjüdische Abgeordnete, für die es eine Rolle spielte, daß es in ihren Wahlkreisen einen großen Anteil jüdischer Wähler gab. Aber es gab keinen einzigen arabischen Abgeordneten und keine ins Gewicht fallende Zahl arabischer Wähler in Großbritannien, es gab nur einige Abgeordnete, die die arabische Sache vage unterstützten.« Er erinnert sich beispielsweise an eine sehr heftige Auseinandersetzung mit Winston Churchill, einem führenden Pro-Zionisten, der zur Zeit der Balfour-Deklaration Lloyd Georges Rüstungsminister gewesen war, in der Lobby des Unterhauses: »Er sagte mir, ich sei verrückt, den Arabern zu helfen, denn sie seien ein rückständiges Volk, das sich nur von Kameldung ernähre.«

Solcherart Druck herrschte im Parlament. Aber er wurde ausgeglichen durch den pro-arabischen Druck im Außenministerium, das viele Vertretungen in der arabischen Welt unterhielt und von daher ein starkes Interesse an guten britisch-arabischen Beziehungen hatte. Dagegen hatte es – außer durch die Botschaft in Washington – wenig Kontakt mit Juden. Ein Regen von Denkschriften, die sowohl aus Whitehall als auch aus Vertretungen im Ausland kamen, ging täglich auf MacDonalds Ministerschreibtisch nieder und legte die arabische Seite der Angelegenheit dar. Beispielsweise gab es ein bemerkenswertes Gutachten von Charles Bateman, dem britischen Botschafter in Ägypten, der später Botschafter in Mexiko und Polen wurde. Es begann mit dem bekannten Thema, daß »der Ballon in Europa in diesem Herbst platzen kann« und daß »wir auf dem Trockenen sitzen werden«, wenn die Feindschaft der Araber zur Schließung des Mittelmeers und des Roten Meers für Großbritannien führe. Der einzige Ausweg bestehe darin, »die Araber zu besänftigen«, bis die Krise vorbei sei.

»Die Juden? Wir wollen es sachlich sehen. Sie sind heute jedermanns Zeitvertreib«, fuhr Batemans wunderliches Papier fort. Sechs Millionen von ihnen seien heimatlos in Europa. Palästina würde in keiner Weise in der Lage sein, sie alle aufzunehmen. Einmal würde man mit der Einwanderung Schluß machen müssen. Warum dann nicht jetzt? Sie haben zweitausend Jahre auf ihre Heimstätte gewartet, und nun würden sie eben ein wenig länger warten müssen, bevor sie »ihr letztes Pfund Fleisch« bekämen. Und was das Parlament betreffe, so sei es die Aufgabe der Regierung, »das projüdische Element gleichzuschalten, indem sie sich für das Mögliche im Gegensatz zu dem Wünschenswerten einsetzt«.

»Schließen Sie bitte aus all dem nicht, daß ich pro-arabisch oder anti-jüdisch eingestellt bin«, fuhr der Botschafter fort: »Ich halte beide gleichermaßen für abscheulich.« Aber er sah keinen Sinn in einer britischen Beteiligung an einer Auseinandersetzung, bei der nichts als Beschimpfungen von beiden Seiten zu gewinnen war. Palästina war wie eine unheilbare Krankheit. Es konnte nur darum gehen, die Schmerzen zu lindern. Großbritannien sollte den Mufti nach London einladen und ihm als Preis für eine völlige Einstellung des Aufstands das Ende der jüdischen Einwanderung anbieten. Schließlich waren seine Verbrechen nicht viel schlimmer als die anderer Nationalisten wie Michael

Collins, de Valera oder Ghandi, und »eines Tages werden wir mit ihm zusammentreffen müssen – wenn er nicht ›umgelegt‹ wird«.

Fairerweise muß man sagen, daß sich der beleidigende Ton dieses Papiers nicht in anderen offiziellen britischen Dokumenten zu diesem Thema findet. Aber Batemans politische Ansichten, nicht seine Vorurteile, waren die des Außenministeriums, dort war man sich allgemein darüber einig, daß es ratsam war, die jüdische Einwanderung zu beenden. Seine Kollegen in London vertraten nur zur Frage einer Einladung an den Mufti eine andere Meinung. Die allgemeine Ansicht ging dahin, daß der Mufti ein Symbol der übelsten arabischen Methoden darstellte, daß es aber gemäßigte Araber in Palästina gab, mit denen Großbritannien zu einer politischen Gemeinsamkeit gelangen könnte, daß daher der Mufti für die pro-arabische Lösung, die sie anstrebten, nicht unentbehrlich war. Mit dieser Einschränkung notierte Lacy Baggallay vom Außenministerium: »Sagt Mr. Bateman, daß wir mit allem, was er sagt, sympathisieren.«

MacDonald stand daher unter dem Einfluß vieler sich widersprechender Ratschläge, als er am 17. August zu einem Kurzbesuch nach Jerusalem kam, um mit MacMichael und seinem Armeechef, Generalmajor Robert Haining, zu konferieren. Aufgrund der Sicherheitslage reiste er geheim und sah kaum irgendeinen Araber oder Juden. Er erklärte MacMichael und Haining, daß er kurz davor stünde, den Rat seiner Beamten zu akzeptieren, insbesondere, da es den Anschein habe, daß die Woodhead-Kommission im Begriff sei, die Teilung für unmöglich zu erklären. Er würde sich dann einer Reihe von neuen Aufgaben gegenüber sehen. Er würde den Juden erklären müssen, warum sie ihren Staat nicht bekommen würden; den Arabern müßte er erklären, warum sie ihren Aufstand beenden sollten, obwohl die britische Herrschaft und die jüdische Einwanderung nicht aufhörten, und der ganzen Welt würde er darlegen müssen, daß man weiterhin der Fähigkeit Großbritanniens vertrauen könne, Wort zu halten und Entscheidungen zu fällen.

Im darauffolgenden Monat, im September, ließ MacDonald schließlich die Katze aus dem Sack. Am 12. September hielt Hitler in Nürnberg eine wütende Rede, bei der er den tschechoslowakischen Präsidenten, Eduard Beneš wegen der schlechten Behandlung der Sudetendeutschen angriff. Ein paar Tage lang schien es gewiß, daß Deutschland einen Angriff gegen die Tschechoslowakei beabsichtigte. MacDonald war in ständigem Kontakt mit Weizman, Ben Gurion, Walter Elliot, Baffy Dugdale und anderen Zionisten. Am 15. September versicherte er ihnen, daß er immer noch für die Teilung sei. Am gleichen Tag flog ganz plötzlich Premierminister Chamberlain nach Berlin, um Hitler zu treffen. Es schien, als ob der Krieg schließlich doch noch zu vermeiden sei, aber nur, indem Großbritannien und Frankreich alle Verpflichtungen gegenüber der Tschechoslowakei preisgaben.

Den Abend des 19. September verbrachte MacDonald mit Weizmann, Ben Gurion und Baffy Dugdale. Nach dem Dinner, während Baffy mit Vera Weizmann Karten spielte, unterhielt sich MacDonald ernsthaft mit den anderen beiden. Baffy mußte warten, bis MacDonald um Mitternacht ging, um herauszufinden, wie das Gespräch verlaufen war: »Sie stehen im Begriff, auch die Juden zu verkaufen, die Teilung wird aufgegeben aus Angst vor den Arabern und den Deutschen und den Italienern ... Wir sind alle wie gelähmt. Ben Gurions und meine erste Reaktion war, daß die Juden aktiv kämpfen werden, daß sie unter diesen Bedingungen nicht wieder zum Mandat zurückkehren werden. Chaim sagte nicht viel.«

Diese Entscheidung, diese Enthüllung, spielte sich vor dem Hintergrund fortwährender Gewalttätigkeiten in Palästina ab. In der gleichen Nacht überfiel eine Gruppe von dreihundert Aufständischen die Stadt Hebron, brannte die Barclays Bank und das Postamt nieder, tötete sechs Polizeipferde, erschoß einen arabischen Polizeifahrer, stahl sechs Gewehre und zerstörte ein gepanzertes Fahrzeug. Einige Tage darauf tauchten die Rebellen in Beersheba auf, stahlen Waffen und brannten Verwaltungsgebäude nieder. Dann wiederholte sich das gleiche in Bethlehem. Drei Wochen lang kontrollierten die Aufständischen die christliche Stadt Ramallah und terrorisierten die Bevölkerung, dann kamen am 2. Oktober Truppen aus Jerusalem und vertrieben sie. In jener Woche wurden in Palästina fünfzig bis hundert Menschen, hauptsächlich Araber, getötet.[7]

Es schien fast so, als wüßten die Rebellen, was in Europa geschah und nützten dies aus. Wegen der tschechoslowakischen Krise hatte man eine Armeebrigade aus Palästina abberufen, sie befand sich auf dem Heimweg. Falls der Krieg ausbrach, müßte man weitere Truppenteile abziehen, und die Straße wäre dann frei für die Rebellen. Aber am 1. Oktober unterzeichneten Hitler, Chamberlain, Mussolini und der französische Premier Daladier in München ohne Berücksichtigung der Tschechoslowakei ein Abkommen, das Hitler berechtigte, sich das Sudetenland anzueignen. Die Krise war vorbei, aber sie ließ ein zutiefst verängstigtes Großbritannien zurück, das um so mehr bemüht war, den arabischen Aufstand um jeden Preis zu beenden. Nach München galt es für Großbritannien, das Palästina-Problem in erster Linie vom kurzfristigen Interesse an seinem nationalen Überleben zu betrachten.

Großbritannien war jetzt geneigt, drastische Aktionen zu unternehmen. Vier Tage nach der Unterzeichnung des Münchener Abkommens flog MacMichael nach London. Nach Konsultationen mit dem Hohen Kommissar, Außenminister Halifax und dem irakischen Außenminister Tawfiq as-

Suwaydi skizzierte MacDonald die neue Politik von »Zuckerbrot und Peitsche« gegenüber der Rebellion. Die Truppenstärke sollte auf achtzehntausendfünfhundert Mann erhöht werden, in den Städten sollte das Kriegsrecht verhängt werden, und die Armee sollte auf den Straßen patrouillieren. Die einheimische Bevölkerung würde Personalausweise bei sich tragen müssen, und sie würde Genehmigungen benötigen, um von einer Stadt zur anderen zu reisen.[8] Gleichzeitig versuchte man, gemäßigte arabische Kreise innerhalb und außerhalb Palästinas zu gewinnen, indem man die Teilungsabsicht aufgab und weitreichende Einschränkungen der jüdischen Einwanderung durchführte. Dies war der einzige Plan, den Großbritannien entwickeln konnte, um den Mufti zu isolieren, indem es einen Keil zwischen die Aufständischen und alle anderen Araber trieb.

Am 17. Oktober kam es in der Altstadt von Jerusalem zu einem erneuten Ausbruch des Aufstands, auf den die Armee schnell reagierte. Die Soldaten durchbrachen die Straßensperren der Aufrührer und kämpften sich den Weg durch die engen Gassen frei. Ein paar Tage lang gab es noch Schießereien im Araberviertel, doch nach einer Woche hatten sich die Aufständischen zurückgezogen, und die Ordnung war wiederhergestellt. Die britischen Truppen stellten große Mengen an Waffen sicher, dennoch nahmen sie an, daß sich das Hauptwaffenlager in Haram-esh-sharif befand, wohin sie nicht eindringen konnten. Bald darauf wurden in den meisten anderen großen Städten Truppen stationiert. Ein Boykottversuch gegen das System der Reisegenehmigungen, der auf eine Anordnung des Mufti hin erfolgte, scheiterte an der wirtschaftlichen Notwendigkeit, den den Arabern gehörenden Teil der Zitrusernte zu transportieren und zu verkaufen.[9] Die Verwaltung gab bekannt, daß man während der Halbjahresperiode, die mit dem März 1939 endete, nur viereinhalbtausend Juden die Einreise nach Palästina erlauben würde.

Zwei Tage nach dem Beginn der Unruhen legte MacDonald dem britischen Kabinett seinen Plan dar. Er sagte, die Sicherheitslage sei beklagenswert, und er müsse einen Teil der Verantwortung dafür übernehmen, da er die letzten Ereignisse nicht vorhergesehen habe, aber nun seien scharfe Maßnahmen zu ergreifen. Schließlich blieb noch die Frage der Teilung, die nach der Empfehlung von Lord Peel immer noch die offizielle politische Absicht war: »Der Minister sagte, daß er in der Vergangenheit ein entschiedener Anhänger dieser Ansicht gewesen sei, daß aber weitere persönliche Erkundigungen ihn vor einiger Zeit zu dem Schluß geführt hätten, daß die Teilung nicht die richtige Politik sei.«[10]

Die Woodhead-Kommission stand kurz davor, MacDonalds neue Überzeugung zu bestätigen, daß die beiden vorgeschlagenen Staaten zu klein seien, um wirtschaftlich lebensfähig zu sein, und daß Bevölkerungstransfers im großen Maßstab notwendig sein würden. Daher wollte er eine Konferenz nach London einberufen, an der auf der einen Seite die Jewish Agency und auf der anderen Seite Vertreter Palästinas, Transjordaniens, des Irak, Saudi-Arabiens und Ägyptens teilnehmen sollten. Das Kabinett Chamberlain, das sich im vollen Siegesrausch seines Erfolges von München befand, einigte sich darauf, ein achtköpfiges Komitee zur Untersuchung der Angelegenheit zu bilden. MacDonald betonte, es solle den Wechsel der Politik so »inszenieren«, daß nicht der Eindruck entstehen könne, Großbritannien gebe gegenüber dem Erfolg der Rebellion nach.

Diese neue Linie der Palästinapolitik wurde öffentlich in der ›Times‹ von Ray Spicer unterstützt, der sich frei von seinen Pflichten als Polizeichef wieder in London befand. Seine Expertenmeinung ging dahin, daß die Rebellion die stillschweigende Zustimmung des größten Teils der arabischen Bevölkerung genoß und daß sie nur durch rücksichtslose Gewaltanwendung zerschlagen werden könne. Großbritannien müsse »sie in die Knie zwingen, wie es auch die Türken getan haben würden«, und wenn dies erreicht sei, müsse es jedes Wiederausbrechen »mit unerbittlicher Strenge behandeln«. In diesem Falle würden die Juden die Möglichkeit haben, ihre nationale Heimstätte zu einem blühenden Staat zu entwickeln. Die Alternative bestand darin, den Juden zu sagen, daß die arabischen Einwände es unmöglich machten, ihre Vorstellungen über die Balfour-Deklaration zu erfüllen: »Ihr müßt jede Weiterentwicklung eurer zionistischen Träume aufgeben. Ihr könnt behalten, was ihr erreicht habt, aber ihr könnt nicht weiter voran schreiten, dies betrifft sowohl die Einwanderung als auch den Landkauf. Das Problem der verfolgten Judenheit muß außerhalb Palästinas gelöst werden.«

Aber für die Juden handelte es sich eher um eine Krise als um ein Problem. Am 7. November 1938, eine Woche nach der Veröffentlichung von Spicers Brief, ermordete ein siebzehnjähriger jüdischer Flüchtling in Paris einen deutschen Diplomaten. Unmittelbar darauf mobilisierten die Nationalsozialisten überall in Deutschland den gewalttätigen Mob, der die Juden angriff und ihr Eigentum zerstörte. Tausende jüdische Geschäfte und hunderte Synagogen gingen in Flammen auf. Juden wurden verprügelt, vergewaltigt und ermordet, dann erlegte man ihnen eine Kollektivstrafe von einer Milliarde Mark auf. Diese Vorfälle hießen im Nazi-Jargon »Kristallnacht«.

Die Vereinigten Staaten, Großbritannien und einige wenige andere Länder nahmen einige Flüchtlinge aus Deutschland und Österreich auf, aber längst nicht so viele, wie angesichts der Verfolgung um Asyl gebeten hatten. Die jüdischen Politiker glaubten nicht, daß die Qual ihres Volkes durch eine Fortdauer der Diaspora zu mildern war. Die westliche Welt war nicht geneigt, Juden in großer Zahl aufzunehmen. In einigen demokratischen Ländern war die öffentliche Meinung dem Leiden der Juden gegenüber mitfühlend, doch ging dies nicht so weit, daß man eine uneingeschränkte jüdische Einwanderung zulassen wollte. Auch war es nicht sicher, daß diese Länder für alle Zeit vom Antisemitismus frei bleiben würden. Die jüdischen Politiker kamen zu der Entscheidung, daß lang- und kurzfristig das Heil nur in Palästina lag, das sie zu ihrem eigenen Land machen wollten, nur dort würden sie nicht eine Minderheit sein, die alle paar Jahre als Sündenbock für die Schwierigkeiten der Nation dienen mußte.

Während dieser schrecklichen Wochen schmiedeten sie ihre ersten Pläne zum Widerstand gegen Großbritannien. Ihr Freund Walter Elliot, ein Mitglied des Kabinettsausschusses, berichtete ihnen über die geheimen Sitzungen und teilte ihnen mit, daß das Kabinett geneigt war, MacDonalds neue Linie zu akzeptieren. Deshalb bereiteten sie sich auf eine Auseinandersetzung vor. »Alles ist jetzt koscher«, schrieb Baffy. Man würde nicht direkt gegen Großbritannien rebellieren, denn dieser Gedanke war für die meisten von ihnen immer noch unvorstellbar, und im übrigen hatten sie sowieso nicht die Mittel dazu. Aber wenn man ihnen verbieten würde, Land in Palästina zu kaufen, würden sie es auf andere Art erwerben; wenn man ihnen verbieten würde, Waffen zur Selbstverteidigung zu tragen, würden sie ihre Haganah illegal bewaffnen und ausbilden, und wenn die Einwanderung nahezu oder vollständig gestoppt würde, dann würden sie ihre Leute illegal ins Land bringen. Die Jewish Agency sollte diese drei Grundsätze des politischen Widerstands bis zum Ende der britischen Herrschaft beibehalten.

Gleichzeitig verstärkten die Briten ihren Druck auf die Araber, wodurch auch vielen unschuldigen Arabern Schaden zugefügt wurde. Im Oktober erkannte man das kleine Dorf Miar nördlich von Haifa als Zentrum von Aktivitäten der Aufständischen. Truppenteile, die sich in seine Nähe wagten, gerieten unter Beschuß, Straßen wurden mit Preßluftbohrern aufgerissen, Minen wurden gelegt und elektrische Leitungen fachmännisch zerstört. Am 26. Oktober unternahmen zwei britische Bataillone eine Strafexpedition gegen Miar und begannen, die wichtigsten Häuser des Dorfes mit Dynamit zu sprengen. Dem Dorfvorsteher (Mukhtar) teilte man mit, daß die Sprengungen aufhören würden und keine Verhöre durchgeführt würden, wenn die Waffen der Rebellen übergeben würden. Aber es tauchten keine Waffen auf, und die Bestrafungsaktion ging weiter.[11] Ein anwesender Berichterstatter der ›New York Times‹ schrieb: »Als die Truppen abzogen, war von dem einst lebhaften Dorf kaum mehr als ein Haufen Trümmer übrig.«[12]

Der Kabinettsausschuß tagte weiter in London. MacDonald teilte ihm mit, daß seiner Ansicht nach eine Konferenz in London Übereinstimmung über die kurzfristigen politischen Ziele erreichen könnte, insbesondere, weil dabei befreundete arabische Länder vertreten wären, die ihre palästinensischen Brüder drängen würden, Schritte in Richtung auf Verhandlungen mit den Juden zu unternehmen. Er glaube, wenn die Araber sicher seien, daß es keine jüdische Mehrheit in Palästina geben werde, würden sie der jüdischen Einwanderung »in einem vernünftigen Maße« zustimmen. Er glaube auch, daß die jüdischen Führer dazu gebracht werden könnten, sich mit einer solchen, von arabischer Zustimmung abhängigen Einwanderungspolitik einverstanden zu erklären. Dies war die allzu hoffnungsvolle Grundlage seiner neuen Politik.[13] Heute sagt er: »In meiner Kabinettsvorlage schrieb ich, daß die Vorzeichen nicht gut stünden, aber ich muß zugeben, daß einer meiner Fehler im Wunschdenken liegt.«

Lord Zetland, der Staatssekretär für Indien, teilte dem Ausschuß mit, daß die öffentliche Meinung unter den indischen Moslems wegen der Lage der palästinensischen Araber empört sei. Auch aus Afghanistan, das bisher nur wenig Interesse für Palästina gezeigt hatte, war ein Protest bekannt geworden. Mit Ausnahme von Walter Elliot stimmten alle darin überein, daß die Teilung nicht mehr möglich sei. Wenn das Britische Empire überleben sollte, mußten Verteidigungspositionen und Bündnisse abgesichert werden.

Am 2. November sagte MacDonald im Gesamtkabinett: »Vieles sprach dafür, dem Mufti zu gestatten, die palästinensischen Araber zu vertreten. Die Vertreter dieser Ansicht betonten, daß er allein imstande sei, Vereinbarungen auch durchzusetzen.« Sein Stellvertreter, Lord Dufferin, glaubte ganz einfach, wenn der Mufti zu der Konferenz käme, könne sie erfolgreich verlaufen, wenn er dies nicht täte, müsse sie scheitern. Andererseits erklärte der Hohe Kommissar MacMichael, wenn der Mufti eingeladen würde, werde er von seinem Amt zurücktreten. MacDonald meinte, solange die Regierung in diesem Punkt hart bliebe, würde das Prestige des Mufti sinken, und er würde bald kein wichtiger Faktor mehr sein. Chamberlain stimmte zu: »Prestigefragen sind von größter Wichtigkeit im Umgang mit Orientalen. Würde der Mufti zu den Gesprächen eingeladen, würde sein Ansehen enorm steigen.«[14] Der neue Plan wurde gebilligt und am 9. November 1938 öffentlich bekanntgegeben.

Zunächst schien er erfolgreich zu sein. Sechs Tage nach seiner Veröffentlichung publizierte Fakhri Bey Nashashibi einen Brief, in dem er seine »grenzenlose Zufriedenheit« über die Aufgabe der Teilungsabsichten bekundete und den Mufti beschuldigte, sein Amt und die damit verbundenen Stiftungsvermögen auszunutzen, um seine Gegner auszurotten. Er erwarte einen Erfolg der Konferenz.[15] Aber innerhalb weniger Tage war die arabische Presse voller Ehrenerklärungen für den Mufti, zwei Mitglieder der National Defence Party wurden in Lydda ermordet, und der Parteiführer Ragheb Bey

Nashashibi wies den Brief seines Verwandten zurück.[16] Es war klar, daß die Briten eine breitere arabische Unterstützung benötigten. Die Nashashibi und ihre Anhänger reichten nicht aus. Großbritannien würde den Mufti ausschließen, aber jeden anderen Führer zu den Verhandlungen bitten – die Mitglieder des Higher Committee, die Exilierten auf den Seychellen, ja möglicherweise sogar einige am Aufstand Beteiligte.

MacDonalds Sympathien für den Zionismus reduzierten sich immer mehr durch das, was er für die aus der britischen Situation des Jahres 1938 resultierenden Notwendigkeiten hielt. Den Teilungsplan hatte er schon aufgegeben. Am 5. Juli hatte er Weizmann versichert, daß er in diesem Falle die Einwanderung von vierhundertfünfzigtausend Juden über eine Zehnjahresperiode vorschlagen würde, danach sollte dann eine Neuüberprüfung des Problems stattfinden. Jetzt, am Jahresende erfuhr er durch höhere Beamte, daß sogar dieser reduzierte Vorschlag, den Weizmann zurückgewiesen hatte, zu prozionistisch war. Sie teilten ihm ihre Ansicht mit, daß die vollständige Beendigung der Einwanderung der einzige Weg sei, Freunde unter den Arabern zu behalten und damit die nahöstlichen Interessen Großbritanniens zu vertreten.

Der am stärksten pro-arabisch eingestellte Diplomat war Miles Lampson, der britische Botschafter in Ägypten; für ihn war es ein unverrückbarer Grundsatz, daß die jüdische Einwanderung sofort aufhören müsse, anderenfalls würden sich die Araber zusammenschließen und »die Juden und uns aus Palästina hinauswerfen«. Wenn die Einwanderung nicht aufhöre, schrieb er, würde es Großbritannien bald mit den Arabern und mit den Deutschen und Italienern zu tun haben. »Wie würde dann unsere Position im Nahen Osten aussehen? Mir schaudert vor dem Gedanken ... Können die Juden nicht verstehen, daß es für sie selbstmörderisch ist, Großbritannien ständig derart gefährlich zu schwächen, angesichts der deutlich drohenden Gefahren? Man möchte annehmen, daß ein Mann von Weizmanns Klugheit dies schnell einsehen müßte. Es ist doch ganz offensichtlich.«[17]

»Was mich betrifft, so predigt Sir Miles Lampson einem Konvertiten, wenn nicht sogar einem im rechten Glauben Geborenen«, notierte Lancelot Oliphant, ein höherer Beamter des Außenministeriums; MacDonald dagegen schrieb zornig an den Außenminister und beschuldigte Lampson, »arabischer als die Araber« zu sein und »noch mehr Sand in den Motor zu streuen«.[18]

MacDonalds Position war nun recht unsicher und unklar. Er stimmte mit Halifax überein »in der Notwendigkeit, so weit wie möglich den Ansichten der Araber entgegenzugehen«. Er war dagegen, »unsere Versprechungen gegenüber den Juden vollständig zu brechen«. Aber war es möglich, den arabischen Wünschen entgegenzukommen, ohne diese Versprechungen zu brechen? War es sinnvoll, daß MacDonald weiterhin versuchte, Unvereinbares miteinander zu versöhnen? Am 22. November erklärte Halifax dem US-Botschafter Joseph Kennedy: »Nur ein Erzengel kann Ordnung in dieses Chaos bringen.«

MacDonald setzte alle Hoffnungen auf die bevorstehende Konferenz. Auf Bitte des ägyptischen Premierministers versuchte er, die Armee davon abzuhalten, Häuser in verdächtigen arabischen Dörfern zu sprengen, doch das Kabinett machte sich die Ansicht der Armee, daß Dynamit ein gutes Abschreckungsmittel sei, zu eigen.[19] In seiner Unterhausrede vom 23. November versuchte er Worte zu finden, die beide Seiten ermutigen sollten. Zum einen spendete er den jüdischen Leistungen in Palästina ein großzügiges Lob, andererseits sagte er: »Wenn ich ein Araber wäre, würde ich auch über die steigende jüdische Einwanderungsrate sehr besorgt sein.«

MacDonald erfuhr zufällig, daß sich der arabische Politiker Musa el-Alami in London aufhielt. »Ich saß in einem Café in der Nähe der Nationalgalerie, als ein Bote kam und mich bat, ins Kolonialministerium zu kommen«, berichtet Musa el-Alami. In zwei Gesprächen am 25. und 28. November versuchte MacDonald, Musa el-Alami davon zu überzeugen, daß sich Großbritannien noch mehr der arabischen Position annäherte. Der Bericht des Kolonialministers enthält die folgenden Sätze: »Alle möglichen Dinge könnten in Palästina geschehen, und ein arabischer Staat sei durch das, was ich gesagt hätte, nicht ausgeschlossen ... Ich hätte nie etwas gesagt, was die Tür endgültig für einen völligen Stop der Einwanderung schloß.«[20] Musa el-Alami und Izzat Tannous überbrachten ihre Aufzeichnungen über verschiedene Gespräche mit MacDonald dem Mufti, der sich in Syrien aufhielt. El-Alami glaubt, der Mufti habe hauptsächlich aufgrund seines Berichtes zugestimmt, daß seine Anhänger an der Konferenz teilnehmen sollten. Er hat jedoch das Gefühl, von MacDonald zu der falschen Annahme verleitet worden zu sein, daß die Einwanderung aufhören und Palästina ein arabischer Staat werden sollte.

Die Jewish Agency bat wegen der Kristallnacht um besondere Einwanderungsgenehmigungen für zehntausend jüdische Kinder aus Deutschland. Für Großbritannien stellte dies ein besonders grausames Dilemma dar. Es war bereits klar, daß das Schicksal der Kinder von seiner Entscheidung abhing. Tatsächlich sollte sich herausstellen, daß es um Leben oder Tod ging. Aber für die britische Regierung ging es hauptsächlich um die Konferenz, die vielleicht eine Lösung für die Palästinafrage insgesamt finden würde. Daher entschied die Regierung am 22. November trotz der Ereignisse, die sich einige Tage zuvor in Deutschland abgespielt hatten, die Kinder nicht einreisen zu lassen.[21] Dies bedeutete das Ende der Freundschaft zwischen Weizmann und MacDonald. Am 12. Dezember äußerte Weizmann gegenüber dem Kolonialminister: »Sie [die Juden] sind keine Tschechoslowaken, die unter Druck nachgeben. Ihr Volk wird überall auf der Welt den Kampf aufnehmen und für sein Recht in Palästina kämpfen, wie es nie zuvor gekämpft hat. Dies geschieht aus dem Mut der Verzweiflung.«

In dem Bemühen, Weizmann zu beruhigen, so wie er schon Musa el-Alami beruhigt hatte, behauptete MacDonald, daß die Londoner Gespräche »vom jüdischen Standpunkt mehr wert sein werden als jeder zeitweilige Erfolg«. Aber Weizmann schien zu erkennen, daß Großbritannien wieder dabei war, sich in einander ausschließende Versprechungen einzulassen. Die Juden würden an der Nase herumgeführt, entgegnete er, und sie würden an der Konferenz nicht teilnehmen, solange die Frage der Kindereinwanderung nicht neu erwogen würde. MacDonald berichtet: »Ich erinnere mich, daß Weizmanns Haltung mich damals schockierte. Er bestand darauf, daß die Kinder nach Palästina sollten. Er lehnte jeden anderen Zufluchtsort ab.«

MacDonald überbrachte diese Nachricht zwei Tage später dem Kabinett. Für die Unterbringung sämtlicher zehntauend Kinder in der jüdischen Gemeinschaft Palästinas war gesorgt, seiner Meinung nach konnten sie aufgenommen werden, ohne daß irgend jemand daraus ein Schaden entstand. Aber die übrigen Minister waren einmütig der Ansicht, daß ein solcher Massenexodus, selbst von Kindern, alle Hoffnungen auf eine Vereinbarung mit den Arabern zunichte machen würde. Nach Chamberlains Ansicht waren die Juden nicht in der Lage, ihre Drohung zu verwirklichen, und sie würden es auch nicht versuchen. Es sollte sich zeigen, daß er Recht hatte. Einige Tage darauf erklärte sich die Jewish Agency zur Teilnahme an der Konferenz bereit. Die Kinder ließ man später nach Großbritannien.

Der Druck von arabischer Seite hielt ebenfalls an. Die britischen Streitkräfte gewannen nur langsam die Oberhand. Im November wurden elf britische Soldaten sowie dreizehn Juden und einige Dutzend arabische Rebellen getötet. Die Morde von Arabern an Arabern gingen unvermindert weiter – am 2. Dezember wurden drei arabische Mukhtars getötet und am 15. Dezember Scheich Mahmud el-Ansari, der Verwalter der Heiligen Stätte von Haram esh-sherif, ein alter Gegner des Mufti.[22]

Die Briten erkannten allmählich, daß der gewalttätigste Aspekt der Revolte nicht in den Angriffen der Araber gegen sie steckte, ja nicht einmal in ihren Angriffen gegen die Juden, sondern in ihrem Vorgehen gegen diejenigen palästinensischen Araber, die diesen Kampf ablehnten oder nur lau unterstützten. Diese innerarabischen Auseinandersetzungen erlangten wenig Publizität. Nur sehr selten sprachen Araber darüber mit einem Außenstehenden und dies nur dann, wenn sie sicher waren, daß er ihre Namen oder irgendwelche Einzelheiten, an denen man sie erkennen könnte, nicht veröffentlichte.

Aber allmählich erfuhr man doch von diesen Ereignissen. Viele Araber wurden in die Berge geschafft. Manchmal entführte man sie einfach mit Waffengewalt. Manchmal lockte man die Opfer unter irgendeinem Vorwand – dem Anruf eines Verwandten oder dem Versprechen eines Arbeitsplatzes – in eine Falle. Arabische Polizisten in Uniform wurden gefesselt in Autos gepackt und oft an britischen Straßensperren vorbeigeschmuggelt.

Die gekidnappten Opfer mußten mit verbundenen Augen zu einem Versteck der Aufständischen marschieren. Es handelte sich entweder um ein besetztes Haus in einem entlegenen Dorf oder um eine Höhle in den Bergen. Dann nahm man dem Gefangenen seine Habseligkeiten ab, legte ihm Handschellen an und führte ihn einem »General« vor, der ihm mitteilte, welches »Verbrechen« er begangen habe. Dies konnte vom schlimmsten Verbrechen, dem Verrat, bis zu so geringen Angelegenheiten wie dem Besitz eines Personalausweises, dem Einkauf in einem jüdischen Geschäft oder zu geringen »Spenden« an die Rebellen reichen.

Hatte der Gefangene ein schweres Verbrechen begangen, hatte er beispielsweise Informationen an die Briten gegeben oder Land an Juden verkauft, so wurde er möglicherweise auf der Stelle erschossen. In anderen Fällen, wenn er sich beispielsweise geweigert hatte, die traditionellen palästinensischen Kopfbedeckungen (Hatta und Agal) zu tragen, bekam der Gefangene schwere Prügel und kam dann in ein Behelfsgefängnis – eine Ruine, eine Höhle oder sogar einen Brunnen. Dort traf er andere Araber aus allen sozialen Stellungen und Berufen – Bettler und Sheiks, Bauern und Großgrundbesitzer, Straßenfeger und reiche Händler. Im Lauf der folgenden Wochen schaffte man die Gefangenen von Gefängnis zu Gefängnis, dies geschah gewöhnlich nachts, um den Suchtrupps der Armee und den Suchflugzeugen zu entgehen.

Wenn der Gefangene Glück hatte, wurde er schließlich halb verhungert und mißhandelt nach Hause entlassen und stellte für die übrigen Mitglieder seiner Gemeinde eine Warnung dar, welches Schicksal alle die erwartete, die es wagten, gegen die Rebellen zu opponieren. Daher war es kaum überraschend, daß, wie Roy Spencer ausführte, fast die gesamte arabische Bevölkerung den Aufstand stillschweigend unterstützte.[23] Viele standen tatsächlich fanatisch auf seiner Seite. Andere stimmten mit seinen Zielen überein, ohne seine Gewaltmethoden zu billigen. Die große Mehrheit fürchtete auf jeden Fall die Aktivisten des Mufti und hätte es nie gewagt, öffentlich Kritik zu üben.

Dies war die Art von Rebellion, die Großbritannien zerschlagen sollte. Während es diplomatische Mittel anwandte in der Hoffnung, daß eine proarabische Politik die Operationsbasis der Rebellen zerstören würde, intensivierte es gleichzeitig die militärischen Mittel, und natürlicherweise litt darunter die unschuldige arabische Dorfbevölkerung am meisten. Wenn die Rebellen beispielsweise von einem Dorf aus operierten, so konnte dies mit oder ohne Zustimmung der Dorfbewohner geschehen. Man fragte sie nicht um ihre Erlaubnis. Aber bei jeder Entdeckung eines Rebellenstützpunktes zogen sich die Aufständischen zurück und überließen die Dorfbewohner dem Zorn der Soldaten. Es ist schwer zu sagen, wie oft illegale Bestrafungen eines Dorfes durch die Soldaten stattfanden, bei denen es zu Plünderungen und Mißhandlungen kam. Aber selbst im Rahmen der Gesetze, den die Armee meist nicht überschritt, durfte sie gewisse Maßnahmen gegen ein ganzes Dorf unternehmen. Kollektivbestrafungen riefen in den dreißiger Jahren noch nicht die schrecklichen Erinnerungen an nationalsozialistische Gewaltverbrechen hervor, wie sie es heute tun. Die britische öffentliche Meinung lehnte sie damals noch nicht grundsätzlich ab.

Die Distrikt-Offiziere konnten über ein Dorf eine kollektive Geldstrafe verhängen. Wenn dann die Dorfbewohner nicht zahlen konnten oder wollten, konnten sie den gesamten Bestand des Dorfes an Schafen und Ziegen als Pfand konfiszieren. Sie waren auch berechtigt, strafweise auf Kosten der Bewohner eine Polizeistation im Dorf einzurichten, um dadurch Wohlverhalten zu erzwingen. Zu einer solchen Station dürften durchschnittlich fünfzehn Polizisten gehört haben, dies wird wahrscheinlich drei Monate lang je sechs Pfund gekostet haben. Durch beide Methoden konnte ein Dorf wirtschaftlich schwer geschädigt werden.

Die wirkungsvollste und umstrittenste Methode war jedoch die Sprengung von Häusern. Der Zwischenfall in Miar am 26. Oktober war ein Beispiel dafür. Nach der Sonderverordnung (Emergency Regulation) 19b konnte ein District Commissioner jedes Haus sprengen lassen, wenn er überzeugt war, daß von dort ein Schuß ausgelöst oder eine Bombe geworfen worden war. Ja, er konnte sogar die Zerstörung eines Hauses anordnen, das in keiner Weise in Verbindung mit einem Gewaltakt stand, wenn er überzeugt war, daß Unbekannte aus dem gleichen Dorf eine solche Handlung begangen oder geduldet hatten.

»Diese Bestimmung ist drastisch, aber die Lage macht drastische Machtmittel erforderlich«, schrieb MacMichael zur Rechtfertigung dieser Praxis. Sie machte die Rebellen unpopulär und ermutigte die Dorfbewohner, der britischen Armee und Polizei Informationen zu geben. Sie war zwar wirksam, aber sie war unfair. Niemand, der ein unabhängiges Palästina wünschte, würde sich weigern, einem Rebellen, besonders wenn er verwundet war, Unterschlupf zu gewähren. Niemand, dem sein Leben lieb war, würde den Rebellen sein Haus als Waffenlager oder Schießstand verweigern. Wenn sich jemand weigerte, würde er entführt, in die Berge geschafft und dort getötet oder mißhandelt. Wenn er zustimmte, würden die britischen Truppen früher oder später sein Haus zerstören. Auf diese Art trafen die britischen Unterdrückungsmaßnahmen gegen den Aufstand gleichermaßen Schuldige und Unschuldige.

Ein Beispiel für illegale Handlungen der Polizei wurde bekannt, als 1939 in Jaffa eine Verhandlung gegen vier britische Polizisten wegen des Mordes an einem arabischen Gefangenen stattfand. Alle vier wurden wegen fahrlässiger Tötung verurteilt, erhielten aber nur leichte Strafen, drei von ihnen sprach man in der Revisionsinstanz frei. Im Gegensatz dazu erhielten Araber, die eines Gewaltaktes überführt waren, oft ein Todesurteil. In den zwei Jahren, die auf den November 1937 folgten, wurden einhundertzwölf Todesurteile gefällt und fast alle vollstreckt. Einige hundert Urteile lauteten auf langdauernde Gefängnisstrafen oder Auspeitschungen.[24]

Nach britischer Meinung waren diese Maßnahmen angesichts des Ausmaßes der Revolte und der Brutalität der Aufständischen nicht übertrieben. Während der erwähnten Durchsuchungen von Dörfern fand man zweitausendfünfhundert Gewehre, tausend Pistolen und mehr als hunderttausend Schuß Munition. Auf Vorwürfe britischer Brutalität antwortete MacMichael: »Bei einigen hundert Einsätzen, die von eintausendfünfhundert Soldaten und Polizisten durchgeführt wurden, muß es offensichtlich manchmal zu Zwischenfällen kommen, diese können ein Körnchen Wahrheit liefern, das die Grundlage für ungeheuer übertriebene Beschuldigungen darstellt.«[25] Er betonte jedoch, daß sich seine Armee- und Polizeieinheiten im allgemeinen selbst angesichts schwerer Provokationen diszipliniert und beherrscht verhielten.

Diese Ansicht teilte das von Izzat Tannous geleitete Arab Center in London nicht. Es publizierte einige sehr lebhafte Broschüren über die britischen Grausamkeiten, deren Einzelheiten die nationalsozialistische Presse in Deutschland begierig aufgriff. Dort hieß es, Soldaten hätten das arabische Dorf Attil besetzt und fünf Zivilisten ermordet, nachdem sie ihnen vorher die Augen ausgestochen hätten, und schließlich hätten sie drei weitere Opfer in einem Schuppen verbrannt. Dem deutschen Leser vermittelte dies die primitive Vorstellung, daß die arabischen Rebellen gegen die vereinten Kräfte des Weltjudentums und des britischen Imperialismus für ihre Freiheit kämpften.

Adolf Hitler persönlich nutzte diese Situation. In einer Rede vom 9. Oktober 1938 führte er aus, Deutschland werde nicht länger eine »gouvernantenhafte Bevormundung« darüber, wie es seine Staatsangehörigen innerhalb seiner Grenzen behandele, hinnehmen. Großbritannien täte besser daran, sich um seine eigenen Exzesse in Palästina zu kümmern. Mit tiefer Sorge betrachteten britische Verantwortliche die Folgen der nationalsozialistischen Unterstützung für den Mufti und seine Rebellen, sie fragten sich, wie erfolgreich Hitlers Vertreter bei der Diskreditierung Großbritanniens in den Augen der Araber sein würden.

Einer Warnung des Kolonialministeriums unter MacDonald zufolge lag das Problem darin: »Das relative Mißverhältnis zwischen der arabischen Pfanne und dem jüdischen Feuer einzuschätzen.« Aber die britischen Beamten hatten Bilanz gezogen und sich entschieden. Sie waren sich bewußt, daß die neue pro-arabische Politik die Beziehungen zu den Vereinigten Staaten beeinträchtigen konnte, da dort ein starker jüdischer Einfluß herrschte. Aber ihrer Ansicht nach würde die amerikanische Verstimmung nur von kurzer Dauer, die arabische Feindschaft dagegen wahrscheinlich permanent sein. Die Vorstellung, daß auch die Juden Palästinas rebellieren könnten, veranlaßte Charles Baxter vom Außenministerium zu der Bemerkung: »Ich glaube nicht, daß die Juden so unklug sein würden.«[26]

Angesichts von hundert sich widersprechenden Argumenten und einen mehrtausendjährigen geschichtlichen Hintergrund vor Augen schrieb MacDonald nun die Kabinettsvorlage vom Januar 1939, die die Grundlage der britischen Palästinapolitik für die nächsten neun Jahre bilden sollte. Wie der Peel-Bericht widmete er einige einleitende Seiten der Analyse der Vergangenheit, bevor er sich mit Vorschlägen für die Zukunft befaßte. Deren Grundgedanke bestand darin, Palästina weder zu einem jüdischen, noch zu einem ausschließlich arabischen Staat zu machen und es auch nicht zu teilen, sondern seine Selbstverwaltungsinstitutionen auszubauen und das Land allmählich zur Unabhängigkeit mit einer arabischen Mehrheit gelangen zu lassen. In der Zwischenzeit sollten Landverkäufe von Arabern an Juden nur in bestimmten Teilen des Landes erlaubt sein.

Der springende Punkt des Papiers lag in seinen Vorschlägen zur Einwanderungsfrage. Hier entwickelte MacDonald wieder die Vorstellung, die er im Juli Weizmann dargelegt hatte: Den Juden müsse eine Höchstgrenze gesetzt werden, ein Prozentsatz der Bevölkerung, den sie nicht überschreiten dürften. Ende 1938 stellten die Juden neunundzwanzig Prozent der Bevölkerung Palästinas dar. MacDonald erwog zwei Höchstsätze, die die Juden nach einer Zehnjahresperiode erreichen dürften – vierzig Prozent oder fünfunddreißig Prozent. Vor und während der Konferenz sollte Großbritannien auf vorsichtige Weise ausloten, welchen Prozentsatz es vorschlagen könne.

Es gab Berechnungen, wonach auf der Basis von vierzig Prozent den Juden zehn Jahre lang je 29 840 Einwanderer zustehen würden. Bei fünfunddreißig Prozent wären es 15 300. Beide Zahlen lagen weit unter den 450 000, von denen MacDonald im Juli gesprochen hatte, aber sie waren immer noch beträchtlich und eine große Erleichterung für die europäischen Juden.

MacDonald beabsichtigte noch eine zweite und wichtigere Revision dessen, was er Weizmann versprochen hatte. Im Juli hatte er vorgeschlagen, daß man die Einwanderungsfrage am Ende der Zehnjahresperiode wieder aufrollen würde. Jetzt, ein halbes Jahr später, schlug er vor, daß die Einwanderung am Ende dieser Frist eingestellt werden sollte, sie sollte nur dann weitergehen, wenn die Araber Palästinas ihre Zustimmung gaben. »Dies würde den Arabern nach zehn Jahren ein echtes Vetorecht gegenüber der weiteren Ausdehnung der jüdischen nationalen Heimstätte geben«[27], schrieb er. Er würde es lieber sehen, wenn Großbritannien sich in einer derartigen Angelegenheit die Hände nicht binden müßte, aber das Veto würde sehr dazu beitragen, die arabischen Befürchtungen zu mildern, und diese Politik würde von vielen gemäßigten arabischen Politikern akzeptiert werden.

Wenn das arabische Vetorecht eingeführt würde, dann war es nach MacDonalds Meinung unfair und unklug, den jüdischen Bevölkerungsanteil weit unter vierzig Prozent festzusetzen. Aber er hielt es für notwendig festzuhalten, daß sein Kollege Lord Halifax und das Außenministerium hier eine andere Meinung vertraten. Sie meinten, daß die Aussicht auf weitere dreihunderttausend jüdische Einwanderer für die Araber beunruhigend und für Großbritannien schädlich sein würde. MacDonald entgegnete diesen Befürchtungen, daß dies nicht notwendigerweise der Fall sein müsse, und fügte hinzu: »Ich teile die Ansicht, daß wir uns keine weitverbreitete Feindseligkeit der moslemischen Welt leisten können; sollte diese Gefahr drohen, müssen wir so weit wie nötig nachgeben, um dies zu vermeiden.«[28]

Aber selbst diese Vorschläge stellten das Außenministerium nicht zufrieden. Charles Baxter schrieb, daß die arabischen Delegierten die höhere Einwanderungszahl für so unzumutbar und ungerecht halten würden, daß sie es bedauern würden, nach London gekommen zu sein. Seine Bedenken »gegen den Willen der arabischen Einwohner darauf zu bestehen, immer mehr Juden nach Palästina zu schicken«, waren sogar noch größer als die MacDonalds. Dagegen zog er es vor, »das moralische Recht der Araber zu betonen, über das Hereinlassen von Fremden in ihr Land mitreden zu dürfen«. MacDonald hatte ihm privat versichert, daß er im Gegensatz zu dem, was in seinem Papier stand, bereit war, einer Höchstzahl von 153 000 Juden über zehn Jahre zuzustimmen. Baxter hielt es für notwendig, weit unter dieser Zahl zu bleiben.

Baxters Vorstellungen, besonders sein Hinweis auf »Fremde«, stimmten mit den Ideen von George Antonius, einem führenden palästinensisch-arabischen Historiker und Politiker, überein. Dessen hervorragendes Buch ›The Arab Awakening‹, das Ende 1938 auf englisch erschien, war möglicherweise die erste ernsthafte Darlegung der arabischen Sache gegenüber der westlichen

Welt. Die Mißhandlungen der Juden in Deutschland und anderen europäischen Ländern, schrieb er, seien eine Schande für ihre Urheber und für die gesamte zivilisierte Welt,[29] es sei aber die Pflicht der gesamten Welt, diese Leiden zu mildern. »Die Araber Palästinas die Hauptlast tragen zu lassen, bedeutet ein erbärmliches Ausweichen vor einer Pflicht, die der gesamten zivilisierten Welt auferlegt ist, und eine moralische Ungeheuerlichkeit. Kein Moralkodex kann es rechtfertigen, wenn ein Volk drangsaliert wird, um die Verfolgung eines anderen zu mildern.«

Außerdem glaubte Baxter, daß Palästina schon mehr als genug getan habe, um die Lage der Juden in Europa zu erleichtern. Jede weitere Einwanderung im großen Maßstab würde im gesamten Nahen Osten anti-jüdische Stimmungen wecken und Großbritannien, dem einzigen Freund der Juden, schaden. Die Möglichkeit einer jüdischen Rebellion, auf die MacDonald mit einiger Ausführlichkeit eingegangen war, sei als ausgeschlossen anzusehen. Baxter vertrat die seltsame Ansicht, die »meisten gemäßigten Juden« seien bereit, ihre Hoffnungen auf einen jüdischen Staat aufzugeben und sich mit den Arabern zu einigen. Lancelot Oliphant notierte dazu: »Mr. Baxter hat in seinem Memorandum bewunderswert klar die Ansicht seiner Abteilung ausgedrückt ...«[30]

Diese in Whitehall neu konzipierte Politik wurde vom gesamten Kabinett mit Ausnahme von Walter Elliot enthusiastisch begrüßt, weil sie Erfolge zu versprechen schien. Die Sicherheitslage in Palästina besserte sich weiterhin ständig. Diejenigen palästinensischen Araber, die jetzt zu der Überzeugung gekommen waren, daß eine Zusammenarbeit mit Großbritannien vorteilhaft sein würde, begannen sich gegen den Aufstand und sogar gegen den Mufti auszusprechen. Am 30. November konnte MacDonald von einem anderen Fortschritt berichten. Die Jewish Agency hatte beschlossen, an der Konferenz teilzunehmen, und das gleiche galt von den Regierungen des Irak, Saudi-Arabiens und Ägyptens.

Was konnte Großbritannien schließlich verlieren, wenn es die Zionisten preisgab? Diese konnten sich auf keine andere Macht stützen. Sie waren völlig an Großbritannien gefesselt. Nach einigen Wochen hatte sich das Kabinett selbst davon überzeugt, daß man die Juden dazu bringen könnte, diese einfache Tatsache einzusehen und zu akzeptieren. Sicherlich müßte Weizmann einsehen, daß die einzige Hoffnung auf Stabilität im Nahen Osten darin lag, dem Grundsatz einer Höchstgrenze der jüdischen Einwanderung und einem Abschlußtermin, nach dem die Juden nicht mehr ohne arabisches Einverständnis einwandern dürften, zuzustimmen. MacDonald erhielt die ernsthafte Aufforderung, Weizmann zu überreden, eine einseitige Absichtserklärung in dieser Hinsicht abzugeben.[31]

In Anbetracht der jüdischen Reaktion auf Gerüchte über die britischen Absichten stellte dies eine sonderbare Bitte dar. Die von der Jewish Agency kontrollierte ›Palestine Post‹ schrieb anläßlich der Freilassung der auf die Seychellen Deportierten: »Die gegenwärtige britische Regierung verfolgt eine Politik des Appeasement in Europa und anderswo. Sie strebt den Frieden an und ist nicht bereit, den Preis dafür genau zu prüfen.«[32] Ein paar Tage darauf hieß es in einem langen Leitartikel zur Debatte des Oberhauses vom 8. Dezember: »Die Abwertung der britischen Verpflichtungen gegenüber dem jüdischen Volk erreichte einen neuen Tiefstand ... Die britische Regierung hat einen Kurs eingeschlagen, der den Zionismus auf eine dürftige und lächerliche Größenordnung reduzieren will ...«[33] Dr. J. Hertzog, der Oberrabbiner von Palästina, erklärte: »In der Einwanderungsfrage gibt es keinen Spielraum für Konzessionen.«

Aber der allgemeine Optimismus wuchs weiter. Der Generalkonsul der Vereinigten Staaten in Jerusalem, George Wadsworth, berichtete, daß MacDonald, unterstützt von Miles Lampson in Kairo, »außerordentlich erfolgreich« bei der Vorbereitung der Konferenz sei.[34] Es bildete sich eine palästinensische Delegation, die sowohl zwei Mitglieder der Nashashibi-Familie als auch Vertreter des Arab Higher Committee umfaßte. Der US-Botschafter in Bagdad, Paul Knabenshue, schrieb nach Washington, Palästina müsse ein arabischer Staat mit einer jüdischen Minderheit unter britischem Schutz werden: »Es wird keinen dauerhaften Frieden in Palästina geben, solange sich diese Lösung nicht durchsetzt.«[35]

Das amerikanische Außenministerium war sich mit dem britischen einig über die entscheidende Bedeutung der arabischen und moslemischen öffentlichen Meinung. Präsident Roosevelt, der stärker auf innenpolitischen Druck zu reagieren hatte, neigte der entgegengesetzten Ansicht zu. Seine private Bemerkung von Mitte Oktober gegenüber Senator Robert Wagner, er wolle alles in seiner Macht Stehende tun, um Großbritannien davon abzuhalten, die jüdische Einwanderung einzuschränken, wurde in der amerikanischen und arabischen Presse umfassend verbreitet; sie führte zu anti-amerikanischen Demonstrationen in arabischen Städten, aber sie erleichterte die jüdische Gemeinschaft in den Vereinigten Staaten.

In den ersten Januartagen des Jahres 1939 fand ein großes Treffen arabischer Politiker in Kairo statt; unter anderem nahmen daran teil: der ägyptische Ministerpräsident Mohammed Mahmud und König Faruks oberster politischer Berater, Ali Maher Pascha, vier bisher auf den Seychellen internierte Mitglieder des Arab Higher Committee, der saudi-arabische Außenminister Emir Faisal und sein Stellvertreter Fuad Hamza, der irakische Ministerpräsident Nuri es-Said und der persönliche Minister von Emir Abdullah von Transjordanien, Fuad Pascha al-Khatib. Am 11. Januar flogen die Palästinenser nach Beirut, um sich mit dem Mufti zu beraten, ihre französischen Visa hatten sie erst auf nachdrückliche britische und ägyptische Fürsprache hin erhalten.

Am 15. Januar verabschiedete das Arab Higher Committee auf einer Vollversammlung ein Dokument, das die Einladung nach London annahm und einen Vertrag vorschlug, der das Ende der jüdischen nationalen Heimstätte, der jüdischen Einwanderung und des Landverkaufs an Juden, das Ende des Mandats und ein unabhängiges arabisches Palästina forderte, das vertragliche Bindungen zu Großbritannien unterhielt. Der Vetter des Mufti, Jamal al-Husseini, sollte die Delegation leiten, der auch zwei Nashashibi und George Antonius als Sekretär aller arabischen Delegationen angehörten.

Am 31. Januar gab die gewählte Versammlung des Jischuw ihre Erklärung ab. Ihre wichtigste Forderung war die der zionistischen Interpretation entsprechende Einlösung der Versprechungen der Balfour-Deklaration, »welche von den Staaten der zivilisierten Welt gebilligt wurde« und die »den Boden Palästinas von jahrhundertelanger Verödung erlöst hat«.[36] Die Juden seien berechtigt, ihre nationale Heimstätte zu vergrößern und auszudehnen, frei Land zu erwerben und so viele Einwanderer ins Land zu bringen, wie seine Wirtschaft aufzunehmen in der Lage sei. Sie wandten sich mit Nachdruck gegen die britische Entscheidung, ihr Schicksal mit Anhängern des Mufti zu diskutieren, die nicht besser als Mörder seien, und mit anderen arabischen Staaten, die rechtlich mit der Angelegenheit gar nichts zu tun hätten.

Zwischen beiden Seiten bestanden grundsätzliche Differenzen. Die Araber glaubten, daß Palästina ihnen gehörte, weil sie es jahrhundertelang bewohnt hatten. Die Zionisten waren überzeugt, daß Eretz Israel immer der jüdischen Nation gehört habe, auch wenn ausländische Eindringlinge es ihnen in den frühen Jahren des christlichen Zeitalters gestohlen hatten. Die Araber (und Charles Baxter vom britischen Außenministerium) betrachteten jüdische Einwanderer als Fremde, für die Zionisten waren sie Bürger, die nach Jahrhunderten erzwungener Trennung in ihr Land zurückkehrten.

Die Furcht, von den Neuankömmlingen überschwemmt zu werden, erregte die arabischen Leidenschaften. Das Ziel der Einwanderer bestand angeblich darin, die Araber zu verdrängen, zu vertreiben und den Tempel auf dem Haram esh-sherif wieder zu errichten. Die jüdischen Leidenschaften weckte das schreckliche Schicksal ihrer deutschen und österreichischen Brüder, es herrschte berechtigte Furcht hinsichtlich der unmittelbaren Zukunft der Juden Europas. Kann man sich einen stärkeren und unversöhnlicheren Interessenkonflikt vorstellen? Dennoch glaubte die britische Regierung an den Wert der Konferenz und erhoffte von ihr eine Verhandlungslösung.

Man muß jedoch betonen, daß die moralischen und rechtlichen Aspekte der arabisch-jüdischen Auseinandersetzung nur eine untergeordnete Rolle bei der Formulierung der britischen Politik spielten. Das Hauptziel der britischen Verantwortlichen bestand in der Absicherung der britischen Position im Nahen Osten zur Vorbereitung des zu erwartenden Krieges gegen das nationalsozialistische Deutschland. Und in diesem Punkt stimmten die Empfehlungen der Stabschefs der drei Waffengattungen voll mit denen des Außenministeriums überein. Die Stabschefs faßten am 14. Januar die strategische Bedeutung der arabischen und islamischen Welt zusammen. Sie führten aus, daß Ägypten den Briten die Kontrolle der See- und Luftverbindungen mit Indien und dem Fernen Osten sicherte, ebenso Alexandrien, den einzigen großen Hafen im östlichen Mittelmeerraum. Es gab bedeutende britische Ölinteressen im Irak und im Iran, deren Sicherung die britischen Luftstützpunkte Habbaniyah und Basra im Irak dienten. Saudi-Arabien konnte insbesondere mit deutscher oder italienischer Hilfe leicht die britischen Landverbindungen und Ölleitungen abschneiden und dann die von Großbritannien geschützten Scheichtümer in Kuwait und am Persischen Golf bedrohen. Und in ähnlicher Weise konnte der Jemen den britischen Seestützpunkt in Aden gefährden, der für die Seeroute nach Indien lebenswichtig war.[37]

Palästina selbst war für den Schutz des Suezkanals von Bedeutung und stellte eine Zwischenstation auf dem Luftweg nach Indien dar. Der kleine Hafen Haifa bildete den Endpunkt der Ölpipeline aus dem Irak, er konnte als Stützpunkt für leichte Kriegsschiffe dienen und war der Ausgangspunkt der Landverbindung nach Habbaniyah. Dies waren für die Stabschefs die Hauptgründe, »die die guten Beziehungen zu Ägypten und den arabischen Ländern des Nahen Osten für unsere Weltmachtstrategie so wichtig machen«. Wenn die britische Palästinapolitik für die arabischen Staaten unannehmbar würde, könnten sie leicht »entfremdet, wenn nicht sogar aktiv feindselig« werden, was große Gefahren für die Sicherheit Großbritanniens in sich berge.

Unter diesen Voraussetzungen fand die Eröffnung der Konferenz am 7. Februar 1939 im St. James Palace in London statt. Chamberlain ergriff als erster das Wort, und in seiner Erwiderung drückte Weizmann das »unerschütterte Vertrauen [der jüdischen Nation] in den britischen guten Willen« aus – in Wirklichkeit empfanden Weizmann und seine Kollegen dieses Vertrauen nicht mehr. Zwei Tage danach legte Jamal Husseini, der Führer der palästinensischen Delegation, Vetter des Mufti, die arabischen Forderungen dar, die man drei Wochen zuvor in Beirut beschlossen hatte. Nach Weizmanns Erinnerung hatte Husseini und nicht die britische Regierung die Konferenz in der Hand: »Alles, womit er einverstanden ist, geht durch. Wenn er Einspruch erhebt, wird der Punkt fallengelassen.«[38]

MacDonald erinnert sich: »Wir hatten schreckliche Schwierigkeiten. Tagelang weigerten sich beide Seiten, im gleichen Raum um den gleichen Tisch zu sitzen. Morgens verhandelten wir mit den Arabern, nachmittags mit den Juden.« Bald wurde ihm klar, daß keine Seite zu einem ernsthaften Kompromiß bereit war und daß die Briten sich von dem Gedanken an eine Verhandlungslösung trennen mußten. Sie müßten daher ihre eigenen Vorschläge ausarbeiten und sie kraft ihrer Mandatsrechte einseitig Palästina auferlegen. Jedoch konnten die Gespräche noch von Nutzen sein. Die Briten konnten das Echo auf ihre Vorschläge kennenlernen, und die Regierung konnte erproben, welche Politik am ehesten durchzusetzen sei.

Während der ersten Konferenzwoche traf MacDonald privat einige nichtpalästinensische arabische Politiker. Er unterbreitete ihnen den »Plan A«, der dreihunderttausend jüdische Einwanderer über zehn Jahre vorsah. Wie Baxter vorhergesehen hatte, waren die Reaktionen eindeutig negativ. So übernahm der normalerweise pro-britische Nuri es-Said sofort voll die palästinensischen Forderungen. MacDonald mußte einsehen, daß das Einwanderungsproblem wie immer der Kern der Angelegenheit war. Wenn er den »mäßigenden Einfluß« der arabischen Staaten erhalten wollte, mußte er, wie das Außenministerium ihm geraten hatte, eine viel niedrigere Einwandererzahl ansetzen. Welche Zahl sollte er den arabischen Politikern zur Annahme empfehlen? Sollte er mit ihnen feilschen wie ein Basarhändler? Sollte er als letzte Möglichkeit der völligen Einstellung der Einwanderung zustimmen?[39]

Am 10. Februar lieferte Weizmann eine förmliche Erwiderung auf MacDonalds Darstellung der arabischen Position, insbesondere auf die Behauptung, die Juden seien ohne Zustimmung der Araber nach Palästina gekommen. Die Zeit sei reif, sagte er zu MacDonald, zu entscheiden, ob die Balfour-Deklaration ein Akt der Wiederherstellung von Rechten sei oder nicht. Falls sie dies nicht sei, dann sollten die Briten den Juden mitteilen, daß sie in Palästina nichts zu suchen hätten. Wenn sie es aber sei, dann sollten die Briten den Arabern sagen, daß die Juden rechtmäßig ins Land gekommen seien. Baffy notierte, daß die jüdischen Delegierten bei vielen Debatten Sieger blieben, daß diese Siege aber fruchtlos blieben, da die britischen Entscheidungen schon gefallen waren. Deren Einzelheiten erfuhren sie und die jüdischen Delegierten ständig von Walter Elliot.[40]

Die Zionisten waren völlig verzweifelt und beschlossen, an die Vereinigten Staaten heranzutreten. Am 25. Februar trafen zwei amerikanisch-jüdische Delegierte der Konferenz, Stephen Wise und Louis Lipsky, Botschafter Kennedy und erwogen einen jüdischen Aufruf an Präsident Roosevelt. Die Situation erfordere intensive Aufmerksamkeit, bemerkte Wallace Murray, Leiter der Nahost-Abteilung des US-Außenministeriums.

In der gleichen Woche wurde eine Protestresolution von neuntausend in Palästina lebenden amerikanischen Juden veröffentlicht. Sie führten aus, daß ihre Gemeinschaft in den letzten zwanzig Jahren nicht weniger als achtzig Millionen Dollar in Palästina investiert hätte, dies sei »nur« geschehen, »weil wir unbegrenztes Vertrauen in unsere Regierung der Vereinigten Staaten hatten und noch haben«.[41] Sie seien gekommen, um die nationale Heimstätte aufzubauen und nicht, um eine Minderheit in einem arabischen Staat zu werden. Sie wiesen auf die amerikanisch-britische Vereinbarung von 1924 über das Mandat hin, die es ihrer Ansicht nach Großbritannien nicht gestattete, seine Politik in der beabsichtigten Weise zu revidieren – zumindest nicht ohne amerikanische Zustimmung.[42]

Wallace Murray reagierte auf diese Resolution mit einem Schreiben an Außenminister Cordell Hull, in dem er diese Argumente als »völlig unhaltbar« bezeichnete. Die Vereinigten Staaten hätten keinerlei Verantwortung für die Durchführung des Mandats, und was die nationale Heimstätte betreffe, »so mag die britische Regierung jetzt meinen, daß dieses Ziel erreicht worden ist«. Einige in Jerusalem lebende Amerikaner bestanden gegenüber Konsul Wadsworth darauf, daß ihre Regierung verpflichtet sei, den Zionismus – »zumindest moralisch«[43] – zu unterstützen; diese Einschränkung wurde, wenn überhaupt, nur widerwillig zugestanden. Am 9. März gaben siebzehn Mitglieder des Senats der Vereinigten Staaten eine Erklärung in diesem Sinn ab, aber das Außenministerium ließ sich nicht überzeugen und war nicht bereit zu intervenieren.

So kam es, daß die zionistische Delegation, nachdem sie sich von Anfang an geweigert hatte, die britische Gastfreundschaft zu akzeptieren, am 1. März bekanntgab, daß die britischen Vorschläge keine Verhandlungsgrundlage darstellten und sie sich darum von der offiziellen Konferenz zurückzöge. Inoffiziell nahm sie jedoch immer noch daran teil, und den Höhepunkt der Verhandlungen stellte der 7. März dar, an dem die britischen, die jüdischen und die nicht-palästinensischen arabischen Delegationen wirklich um einen Tisch im gleichen Raum zusammentrafen.

Ali Maher Pascha gab am nächsten Tag in der Konferenz eine »ausgezeichnete Stellungnahme« (MacDonald) ab: Die Juden hätten in Palästina große Fortschritte erzielt, aber jetzt müßten sie eine Konsolidierungsperiode einräumen, danach könne man vielleicht ihre weitere Einwanderung gestatten – aber nur mit arabischer Zustimmung. Nach MacDonalds Erinnerung widersprach Weizmann nicht, aber David Ben Gurion, der in einem Kabinettspapier zusammen mit Moshe Shertok als einer der beiden »extremen Zionisten« seiner Delegation bezeichnet wurde, formulierte den Standpunkt, »daß die jüdische Einwanderung in ständig wachsendem Maße fortgesetzt werden sollte«. MacDonald erinnert sich folgendermaßen an diese Situation: »Hin und wieder schien sich Weizmann auf irgendeine Konzession zuzubewegen, aber Ben Gurion blockierte ihn immer, er war zäh und unbeugsam. Weizmann war der Chef, aber Ben Gurion konnte den Chef abblocken, wenn es um Angelegenheiten ging, zu denen er die zionistische Basis mobilisieren konnte.«

Daher berichteten Halifax und MacDonald am 8. März, daß die Dreiparteienkonferenz nichts erreicht habe. Man könne die arabische Freundschaft nur sichern, indem man eine Endzahl für die jüdische Einwanderung festsetze. MacDonald hatte seine ursprüngliche Zahl vom Juli, vierhundertfünfzigtausend, selbst auf dreihunderttausend reduziert. Diese Anzahl hatten die Araber nachdrücklich abgelehnt, ebenso die hundertfünfzigtausend des ›Plan B‹. Das Äußerste, das er jetzt vielleicht noch vorschlagen konnte, lag zwischen fünfzig- und hunderttausend, und dies für eine Periode von fünf, nicht von zehn Jahren, als endgültige Zahl, die nicht mehr revidierbar sein sollte.

Walter Elliot widersprach als einziger. Er führte aus, daß dies überhaupt nicht den ursprünglichen Vorschlägen entsprach und daß die Aussicht auf ein arabisches Veto gegenüber der jüdischen Einwanderung zu ernsthaften Unannehmlichkeiten in den Vereinigten Staaten und Palästina führen könnte: »Die Juden könnten zu einer Politik der Verzweiflung Zuflucht nehmen, dies würde zu Gewaltaktionen ihrer Extremisten führen, wie sie vor einer Woche in Palästina vorgekommen sind.« Aber Premierminister Chamberlain entgegnete, er sei »nach einigem Zögern« zu der Ansicht gelangt, daß MacDonalds Plan unvermeidlich sei: »Nach Möglichkeit hätte er gern etwas mehr für die Juden getan, von denen man annehmen könnte, daß sie recht übel behandelt worden seien, wenn man die verschiedenen Erwartungen betrachte, die in den letzten Jahren bei ihnen geweckt worden seien. Er sei jedoch überzeugt, daß es unmöglich sei, eine bessere Lösung für sie auszuhandeln.«

MacDonald meinte, die Juden hätten in den letzten zwanzig Jahren keinen Versuch gemacht, mit den Arabern zusammenzuarbeiten, nun seien sie dazu gezwungen. Chamberlain fügte hinzu, daß solch eine Zusammenarbeit dazu führen könne, eine Fortsetzung der Einwanderung möglich zu machen. Der Unterschied zwischen achtzigtausend und hunderttausend sei in Anbetracht des gesamten jüdischen Flüchtlingsproblems nicht sehr bedeutend, aber er hoffe, daß MacDonald eine Zahl aushandeln könne, die möglichst nahe bei hunderttausend liegen würde. Und was den Schaden betreffe, den die neue Politik in Amerika auslösen könne, so sei dieser jetzt eher zu verkraften als in einer Krisensituation.

MacDonald kehrte nun an den Verhandlungstisch mit Fuad Hamza, Ali

Maher und Tewfiq as-Suwaydi zurück. Nach längerer Diskussion erklärten sich diese »gemäßigten« Delegierten aus Saudi-Arabien, Ägypten und dem Irak bereit, ihre palästinensischen Kollegen aufzufordern, eine letzte Zahl von fünfundsiebzigtausend Juden während der kommenden fünf Jahre zu akzeptieren.[44] So hatte der Druck der Araber und des Außenministeriums MacDonald dazu gebracht, einer Zahl zuzustimmen, die nur ein Sechstel dessen darstellte, was er Weizmann neun Monate vorher vorgeschlagen hatte. Und selbst diese Zahl erschien dem Außenministerium zu hoch, obwohl Charles Baxter zugeben mußte, daß die arabischen Staaten dadurch nicht sehr beunruhigt waren. Die palästinensischen Araber wiesen diese Zahl natürlich zurück, aber da ihre Nachbarn ihr zugestimmt hatten, konnten sie wenig dagegen unternehmen, und sie hatten zumindest das Versprechen erlangt, daß die Einwanderung im März 1944 eingestellt würde.

MacDonald meint heute, daß er angesichts der Stimmung im Kabinett und in Whitehall das äußerst Mögliche erreicht hat, indem er diesen letzten Schub von fünfundsiebzigtausend durchsetzte: »Wir hatten den Eindruck, daß dies die Araber sehr verletzen würde, aber daß wir damit durchkommen würden. So setzten wir die Zahl und die Dauer der jüdischen Einwanderung auf das Maximum dessen fest, von dem wir annahmen, daß die Araber es schlucken würden.« Die Zahl 75 000 wurde im Weißbuch von 1939 über Palästina rechtlich verbindlich festgelegt, ihre Überschreitung sollte nachdrücklich verhindert werden, sie sollte die Achse der neuen britischen Politik sein.

Walter Elliot ging nach der Kabinettssitzung vom 8. März zum Lunch in den Carlton Grill und – in ganz ungehöriger Weise – berichtete er dort Baffy Dugdale und den Weizmanns von der Entscheidung. Baffy schrieb in ihr Tagebuch, dies alles sei ein schmutziger Betrug und die sogenannte Einigung mit den Arabern sei ein »toter Fisch«[45]. Weizmann reiste sofort nach Paris, dort äußerte er gegenüber dem US-Botschafter William Bullitt, für die Juden Palästinas sei der kritische Augenblick da, und er bat wieder einmal um das Eingreifen der Vereinigten Staaten. Es ging ihm nur um einen geringen Zeitaufschub. In sechs Monaten könne sich die internationale Lage völlig verändert haben, und dadurch könne die neue britische pro-arabische Politik völlig überflüssig werden. Bullitt sandte ein persönliches Telegramm an Präsident Roosevelt: »Er [Weizmann] war der Ansicht, daß nichts die Juden Palästinas retten könne oder die Tür für die jüdischen Flüchtlinge offenhalten könne, außer einem geheimen Wort von Ihnen an die britischen Verantwortlichen.«[46]

Aber Roosevelt erhielt sich widersprechende Ratschläge. Während seine vielen pro-zionistischen Anhänger zum Eingreifen drängten, riet ihm das Außenministerium davon ab, da es die britische Politik für richtig hielt. Er selbst empfand »große Bestürzung« über die britischen Absichten, tat jedoch nichts, um ihre Verwirklichung zu verhindern. Es kam nicht zu den britisch-amerikanischen Auseinandersetzungen, die Walter Elliot und andere erwartet hatten. Dies war zweifellos eine große Erleichterung für Chamberlain. Als dieser am 8. März im Kabinett von der nächsten großen Krise sprach, ahnte er noch nicht, daß diese schon nach nur einer Woche eintreten sollte. Am 15. März besetzten Hitlers Truppen Prag; Böhmen und Mähren kamen unter deutsche Herrschaft, und der britische Premierminister mußte schließlich erkennen, daß Hitler ihn von Anfang an getäuscht hatte.

Ebenfalls am 15. März übergab MacDonald den beiden Delegationen die endgültigen britischen Palästinavorschläge: sie beinhalteten die Begrenzung der Einwanderung auf fünfundsiebzigtausend, das arabische Vetorecht gegen weitere Einwanderungen nach fünf Jahren, Einschränkungen jüdischer Landkäufe, außer in einem schmalen Küstenstreifen um Haifa und Tel Aviv, den Aufbau von Selbstverwaltungsinstitutionen und schließlich nach zehn Jahren ein unabhängiges Palästina mit arabischer Mehrheit, unter der Voraussetzung, daß beide Seiten zustimmten.

Die Araber waren hauptsächlich mit der Dauer der Übergangsperiode unzufrieden und baten um Bedenkzeit. Musa el-Alami erinnert sich: »Die Konferenz endete auf unerwartete Weise. MacDonald las uns die Vorschläge ganz schnell vor und gab uns nicht einmal Kopien. Wir fragten ihn, ob es nur um ein Ja oder Nein gehe. Das bejahte er. ›In diesem Fall sagen wir nein‹, war unsere Antwort.« Die anderen arabischen Delegierten folgten den Palästinensern mit ähnlichen Zurückweisungen. Dann reisten sie ab. Wie die britische Presse berichtete, wählten zwei Palästinenser den Rückweg über Berlin.

MacDonald konnte dem Kabinett am 22. März allerdings mitteilen, daß einige der arabischen Delegierten »uns gesagt hatten, daß sie unsere Vorschläge für klug und vernünftig hielten.« Die beiden Nashashibi, Ragheb Bey und Fakhri Bey, meinten, daß die Vorschläge »schließlich zum Frieden führen würden« und daß ihre formelle einstimmige Zurückweisung »kein Hinweis auf ihre wirklichen Meinungen sei«.[47]

Nach arabischer Ansicht lag die Schwäche des Plans darin, daß die Unabhängigkeit endlos verschoben werden konnte, solange die Juden sich weigerten, an der Regierung teilzunehmen. Halifax war geneigt, an diesem Punkt eine weitere Konzession zu machen. Dadurch hoffte er die öffentliche Zustimmung der Araber zu erreichen. Aber die übrigen Minister zogen den Plan des »doppelten Vetos« vor. Sie glaubten, er würde die Juden zwingen, mit den Arabern zusammenzuarbeiten, um mehr Einwanderungsgenehmigungen zu erhalten, und er würde gleichzeitig die Araber zwingen, mit den Juden zusammenzuarbeiten, um die Unabhängigkeit zu erreichen.

Dies stellte die Grundlage einer eigenartig optimistischen Note des britischen Außenministeriums an das amerikanische State Department vom 17. März dar: »Es scheint, daß alle Elemente eines Kompromisses vorhanden sind. Die Regierung Seiner Majestät glaubt, daß der wichtigste Gesichtspunkt zu Palästina darin besteht, daß Araber und Juden lernen müssen zusammenzuarbeiten, und ihr scheint der gegenwärtige Vorschlag die besten Aussichten für das Wachsen einer solchen Zusammenarbeit zu bieten.«[48]

Während der nächsten zwei Monate hofften die Zionisten immer noch, durch weltweiten Druck, insbesondere den der britischen und amerikanischen Juden, die Bekanntgabe der neuen Politik verschieben und sie schließlich verhindern zu können. Am 16. März sprach Rabbi Stephen Wise bei einem Treffen im Hotel Roosevelt in London mit Wärme von Großbritannien als »dem weltweiten Verteidiger der Demokratie« und versprach ihm die volle jüdische Unterstützung in seinem Kampf gegen den Faschismus.[49]

Aber er sprach auch mit großer Erregung von der Möglichkeit, daß Großbritannien sein feierliches Versprechen brechen könnte, um Hitler, Mussolini und den Mufti zu beruhigen: »Wißt ihr, was ein permanenter Minderheitsstatus bedeutet? Er bedeutet, daß Palästina nur ein weiteres jüdisches Getto werden würde, nachdem wir neunzehnhundert Jahre dafür gebetet und davon geträumt haben, nachdem wir sechzig Jahre lang am Aufbau unseres Erez Jisrael gearbeitet haben und unsere besten Leute dafür alles eingesetzt haben, nach den Versprechungen des Mandats und der Balfour-Deklaration.«[50]

Weizmann äußerte sich in gleicher Weise am 2. Mai gegenüber dem US-Konsul in Jerusalem, Wadsworth: »Seit fünfundzwanzig Jahren habe er beständig eine Politik uneingeschränkter Zusammenarbeit mit Großbritannien getrieben, wofür die anderen Führer der zionistischen Bewegung ihn immer wieder kritisiert hätten. Diese Zusammenarbeit sei das Fundament seines Lebens, sein Fels von Gibraltar. Aber unter der neuen Politik sei keine Zusammenarbeit möglich. Nach ihrer Verkündung müsse er seine unwiderrufliche Opposition bekanntgeben und die zionistische Bewegung zu einer Politik der Nicht-Zusammenarbeit mit Großbritannien verpflichten.«[51]

Weizmann kehrte nach England zurück und nutzte seine ganze Redegewandtheit, um den britischen Ministern seinen Zorn und seine Verzweiflung mitzuteilen. Am 11. Mai sagte er zu Chamberlain, die britische Regierung sei »völlig ignorant« gegenüber der Situation, der sie sich bald in Palästina gegenüber sehen würde: »In jedem Quadratkilometer des jüdischen Teils Palästinas steckt mehr moralische und intellektuelle Kraft als in irgendeinem anderen Land auf der Welt. Die Araber sind die Todfeinde der Juden. Sie wollen ihr Leben, ihre Häuser, ihre Gärten, und sie werden danach greifen, sobald sie die Chance bekommen. Hitler hat ihnen die neunzig Millionen Pfund versprochen, die die Juden in Palästina investiert hatten. Die Tragödie liegt darin, daß die Gesetze auf ihrer Seite stehen und daß die britischen Bajonette ihnen helfen würden, ihr Ziel zu erreichen.«[52] Moshe Shertoks Bericht von dieser Zusammenkunft zufolge erwiderte Chamberlain erschrocken, daß Weizmann die Sache übertreibe. Weizmann entgegnete, daß er die Lage richtig darstelle und daß seine Mutter bereits sein Gepäck für die Seychellen vorbereite.

Aber der Höhepunkt von Weizmanns Zorn blieb MacDonald vorbehalten, der jetzt als der große Verräter am Zionismus galt; am 13. Mai trafen sich beide im Landhaus des Ministers in Great Waltham bei Colchester: »Baffy Dugdale und andere hatten ihm [Weizmann] geraten, nicht zu kommen, weil er so ein grober Klotz sein konnte, aber er wollte einen letzten Versuch unternehmen, das Weißbuch zu verändern.« In dem peinlichen Gespräch versuchte MacDonald zu beruhigen und zu befrieden, während Weizmann versuchte, seinem früheren Freund die Ungeheuerlichkeit seiner Absichten klarzumachen.

MacDonald meinte, die Juden hätten in der Vergangenheit Fehler gemacht, worauf Weizmann erwiderte: »Ja, wir haben Fehler gemacht, unser Hauptfehler ist, daß wir überhaupt existieren.« Er fügte hinzu, daß Hitler zumindest das Verdienst absolut offener Brutalität habe, dagegen verrate MacDonald die Juden und überlasse sie ihren Mördern unter dem Anschein der Legalität. MacDonald antwortete, er wisse sehr wohl, daß die Juden ihn einen Heuchler und Feigling nennten. Weizmann gab eiskalt zurück: »Einen Feigling habe ich Sie nie genannt.«[53] Er kehrte mit der Bemerkung nach London zurück, nun fahre er nach Palästina, um dem Jischuw zu helfen, mit dem Schock fertig zu werden.

MacDonald berichtet: »Es war achtzehn Monate nach dem Tod meines Vaters (Ramsay MacDonald), und er kannte meine tiefe Zuneigung zu ihm, nun sagte er: ›Malcolm, Ihr Vater müßte sich im Grab herumdrehen, wenn er wüßte, was Sie tun!‹ Ich hatte Verständnis für all seine anderen Argumente, aber dies ging ein bißchen zu weit. Ich merkte, daß er mich jetzt haßte und verachtete. Aus einer gegenseitigen engen Freundschaft war von seiner Seite Haß geworden. Ich respektierte seinen Haß völlig, und ich gab niemals meine Bewunderung für ihn auf. Es war alles sehr traurig.«

Vier Tage später, am 17. Mai, erschien das Weißbuch. Genau in dem Augenblick, da die Bekanntgabe der neuen Politik beginnen sollte, sprengte die Irgun den palästinensischen Rundfunksender. Außerdem tötete sie in den folgenden Tagen einen jüdischen Polizisten, feuerte Schüsse in arabischen Wohngebieten ab, installierte Bomben in Telefonzellen, arabischen Häusern und der Einwanderungsbehörde. In der Hauptsynagoge von Jersualem zerriß der Oberrabbiner feierlich ein Exemplar des Weißbuchs. Bei Veranstaltungen im ganzen Land schworen Juden, die verräterische neue Politik nicht hinzunehmen, »kein Opfer zu scheuen, um sie zu hemmen und zu vernichten«.[54]

Am 19. Mai mußte MacDonald eine weitere schmerzliche Erfahrung machen. Baffy Dugdale suchte ihn im Kolonialministerium auf, um ihm zu sagen, daß er die Zuneigung und Loyalität der Juden zerstört habe, die sie für unzerstörbar gehalten habe, und daß er den guten Ruf seiner Nation vernichtet habe. Wie schon Weizmann, erinnerte auch sie ihn an die Unterstützung des Zionismus durch seinen Vater und an seine eigene Rolle bei der Modifikation des Passmore-Weißbuchs. Wie sie in ihrem Tagebuch vermerkte, verbarg MacDonald in diesem Augenblick sein Gesicht in seinen Händen, stöhnte und sagte: »Ich habe über all das nachgedacht.«

In Palästina schlug die Armee den Aufstand nieder. Im April und Mai durchsuchte sie neun arabische Dörfer und fand in allen Waffen versteckt. Bevor sie mit ihrer Aktion begannen, sperrten die Soldaten alle Männer des Dorfes auf einem stacheldrahtumzäunten Platz ein, die Frauen und Kinder mußten in den Häusern bleiben. Jamal Husseini beschwerte sich beim Völkerbund, daß es sich um Folter unter dem Vorwand einer Untersuchung handele. Er behauptete, die Männer müßten stundenlang, ja oft tagelang ohne Nahrung und Wasser unter der stechenden Sonne stehen. MacMichael erwiderte, Jamal Husseini – »der führende Scharfmacher des Mufti« – sei kaum der richtige Mann, um sich über Folter und Brutalität zu beschweren. Die Einsperrung der Dorfbewohner sei eine »vorübergehende Unannehmlichkeit«, die angesichts der in den meisten Dörfern gefundenen Mengen an Gewehren und Munition keine schwere Bestrafung darstelle.

Er gab zu, daß in dem Dorf Halhoul, das am 6. Mai durchsucht worden war, acht Araber am Hitzschlag gestorben waren. Doch lag dies am »Zusammentreffen unglücklicher Umstände« – der außerordentlichen Hitze und der verminderten Widerstandskraft älterer Männer –, man konnte es daher nicht als Greueltat bezeichnen. Wegen der »unglücklichen Umstände«[55] erhielten die Familien der acht toten Männer eine Entschädigung von insgesamt 2065 Pfund.

Als das Unterhaus am 26. Mai die Palästinafrage behandelte, stellten die britischen Militärmaßnahmen keinen Gegenstand der Diskussion dar. Ein Jahr zuvor hatte Kolonialminister Ormsby-Gore die Anschuldigungen des Arab Centre als Lügen bezeichnet.[56] Kein Abgeordneter bestand darauf, daß Araber mißhandelt worden seien. Scharfe Angriffe gegen die Regierung stellten die überzeugendsten Reden der Debatte dar. Philip Noel-Baker sagte voraus, wenn die Juden nicht legal nach Palästina kommen dürften, würden sie illegal einreisen und der einzige Weg, sie daran zu hindern, bestehe darin, »den freundlichen britischen Soldaten zu befehlen, sie niederzuschießen«. Zumindest aus diesem Grund würde die neue Politik versagen, und man könne den Juden ihr »Gelobtes Land« nicht vorenthalten.

Winston Churchill gehörte zu den Abgeordneten, die behaupteten, daß die Einschränkungen des Landkaufs und das vorgeschlagene arabische Veto gegen die jüdische Einwanderung gegen Artikel 6 der Mandatsbestimmungen verstießen, der Großbritannien verpflichtete, die »jüdische Einwanderung unter angemessenen Bedingungen zu ermöglichen« und die »geschlossene Ansiedlung von Juden auf dem Land« zu fördern – diese Rede sollte Churchill später noch oft vorgehalten werden. Die jüdische Nation hatte die Wüste zum Blühen gebracht, hatte Industrien entwickelt und eine große Stadt an einer unfruchtbaren Küste gegründet. Die Araber litten unter keiner Verfolgung, sondern sie entwickelten sich unter der jüdischen Kolonisation. Sollte das Unterhaus nun verfügen, daß dies alles beendet werden müßte? »Was bedeutet dies anderes als die Zerstörung der Balfour-Deklaration? Was bedeutet dies anderes als einen Vertrauensbruch?« fragte Churchill. Aber das Unterhaus stimmte MacDonalds Plan mit zweihundertachtundsechzig gegen hundertneunundsiebzig Stimmen zu.

Die britische Regierung konnte den Vorwurf des Vertrauensbruchs nicht leicht nehmen. Sie hatte eine parlamentarische Mehrheit von zweihundertachtundvierzig Stimmen. Wenn ihre Abstimmungsmehrheit in solch einer wichtigen Frage auf neunundachtzig sank, war dies politisch nicht unbedeutend. Und die internationale Meinung spielte ebenfalls eine Rolle. Palästina stellte keinen Teil des Empire dar. Seine oberste Autorität war nicht die Krone, sondern der Rat des Völkerbundes, der Großbritannien unter bestimmten Bedingungen mit ihrer Ausübung beauftragt hatte. Wenn der Völkerbundsrat nun entschied, daß Großbritannien die Mandatsbedingungen verletzte, dann würde die Politik des Weißbuchs gegen internationales Recht verstoßen.

Beispielsweise stimmte Präsident Roosevelt nicht mit der Ansicht seines Außenministeriums überein, das die neue Politik für rechtmäßig hielt. Er schrieb am 17. Mai: »Offen gestanden, verstehe ich nicht, wie die britische Regierung mit den ursprünglichen Mandatsbestimmungen oder dem Weißbuch von 1922 irgendeine Politik vereinbaren kann, die die jüdische Einwanderung einschränkt.« Sein erster Eindruck war, das Weißbuch sei »etwas, dem die Vereinigten Staaten nicht zustimmen können«.[57]

Roosevelt teilte nicht die britische Ansicht, daß es illegal sein würde, Palästina gegen die arabischen Wünsche in einen jüdischen Staat zu verwandeln.

Seiner Ansicht nach bedeutete die Erhaltung »der bürgerlichen und religiösen Rechte der bestehenden nicht-jüdischen Gemeinschaften« nur, daß man den Arabern ihr Recht auf Staatsbürgerschaft oder auf Beteiligung an der Regierung nicht nehmen dürfe. Es bedeutete nicht, daß ihnen ihr Mehrheitsstatus garantiert war. Der Eindruck der ganzen Welt zum Zeitpunkt der Verleihung des Mandats sei es gewesen, daß Palästina zu einer jüdischen Heimstätte werden sollte, »die sehr wahrscheinlich in verhältnismäßig kurzer Zeit mehrheitlich jüdisch werden sollte«.

Großbritannien mußte es deshalb hinnehmen, daß seine Politik und sein Verhalten von einer Gruppe von Ausländern der ständigen Mandatskommission, einer beratenden Körperschaft des Völkerbundes, überprüft wurden. Den größten Teil des Juni mußte MacDonald damit verbringen, sich in Genf den Fragen der sieben Kommissare aus Frankreich, Portugal, Belgien, den Niederlanden, Norwegen, der Schweiz und Großbritannien zu stellen, die er »sehr aufdringlich und schwierig« fand.

»Siebzehn Jahre lang waren sie Opfer einer zielgerichteten zionistischen Propaganda«, berichtete MacDonald. Mit Ausnahme des britischen Kommissars Lord Hankey hatte Weizmann sie alle aufgesucht und davon überzeugt, daß die britische Politik im Gegensatz zu den Mandatsbestimmungen stand: »Sie nehmen einen engstirnigen, legalistischen Standpunkt in dieser Angelegenheit ein, und obwohl ich versucht habe, ihre Position zu erschüttern, sind sie immer noch nicht davon überzeugt, daß wir im Recht sind. Im Augenblick habe ich den Eindruck, daß drei Mitglieder auf unserer Seite stehen und vier dagegen, und die Mehrheit entscheidet.« Als der Bericht der Mandatskommission Mitte August erschien, erfuhr die Öffentlichkeit, daß nur der französische und portugiesische Kommissar Lord Hankey unterstützten. Die vier anderen Mitglieder vertraten die Ansicht, daß die Bestimmungen über den Landerwerb eine Verletzung von Artikel 6 darstellten und daß der Plan einer letztendlichen arabischen Mehrheitsherrschaft mit der britischen Verpflichtung unvereinbar sei, eine jüdische nationale Heimstätte zu etablieren.[58]

Großbritannien argumentierte weiterhin, daß es nicht verpflichtet sei, die jüdische Einwanderung auf unbestimmte Zeit hinzunehmen, daß es die arabischen Rechte nicht verletzen dürfe, indem es unbeschränkte jüdische Landkäufe zuließ und daß die arabischen Grundrechte genauso wichtig seien wie die jüdischen. Britische Vertreter ließen wissen, daß sie vom Völkerbundsrat, der die Angelegenheit am 8. September erörtern sollte, erwarteten, daß er eine umfassendere und weniger legalistische Ansicht vertreten würde. Aber sie konnten die Tatsache nicht verhehlen, daß der Bericht der Kommission »eine schwere Rüge für Großbritannien« darstellte, wie es der Londoner ›Economist‹ am 19. August fomulierte.

Die geplante Sitzung des Völkerbundsrats fand jedoch am 8. September nicht statt. Nachdem Hitler am 23. August einen Nichtangriffspakt mit der Sowjetunion geschlossen hatte, überfiel er Polen. Am 24. August hielt Weizmann eine von tiefen Emotionen geprägte Rede vor den Delegierten des 21. Zionistenkongresses in Genf, von denen viele nach Osteuropa zurückkehrten, um dort den Tod zu finden: »Mit schwerem Herzen nehme ich Abschied ... überall um uns herrscht Dunkel, und wir können nicht durch die Wolken blicken ...«[59] Am 1. September fielen die Deutschen in Polen ein. Zwei Tage darauf erklärten Großbritannien und Frankreich den Krieg gegen Deutschland.

In diesem verhängnisvollen Augenblick der britischen Geschichte betrachtete man das Weißbuch in London als einen bedeutenden britischen Erfolg, als einen der wenigen Lichtblicke auf der internationalen Szene. Obwohl es die Araber öffentlich zurückwiesen, sprachen sie inoffiziell mit wachsender Zustimmung darüber. Es erreichte seinen Hauptzweck, indem es einen Keil zwischen den Mufti und die Aufständischen einerseits und die »gemäßigten« Palästinenser und die arabischen Staaten andererseits trieb. George Antonius, der seine Enttäuschung betonte, daß Großbritannien immer noch die Gültigkeit der Balfour-Erklärung und der Mandatsbestimmungen anerkannte, bei denen die Araber nicht konsultiert worden waren, der sich beklagte, daß sich die Briten weiter weigerten anzuerkennen, daß durch den MacMahon-Brief Palästina den Arabern versprochen worden sei, nannte jedoch gleichzeitig das Weißbuch »einen substantiellen Fortschritt in Richtung auf die Anerkennung der arabischen Rechte«.[60]

Auni Bey Abdul Hadi, ein anderer Delegierter der Londoner Konferenz, erklärte einem höheren Polizeioffizier, warum man die Rebellion eingestellt habe. Er äußerte gegenüber Kingsley Heath, daß Prinzipien einen Kampf wert seien, aber nicht Details; da das Weißbuch die arabischen Forderungen weitgehend erfülle, sei es überflüssig, mit der Waffe um Details zu kämpfen.[61]

Generalmajor Bernard Montgomery konnte am 21. Juli, während er sich auf Urlaub vom Dienst in Palästina befand, berichten: »Diese Rebellion ist jetzt eindeutig und endgültig zerschlagen. Und unsere Stellung im Lande ist so stark, daß sich die Rebellion unmöglich im früheren Ausmaße wieder erheben kann.«[62]

Der neue amerikanische Konsul Christian F. Steger berichtete aus Jerusalem, es würden zwar noch einige Morde von Arabern begangen, die das Banditentum harter Arbeit vorzögen, aber der Aufstand »könne als beendet betrachtet werden«. MacMichael schrieb im Oktober: »Insgesamt gibt es keine Schwierigkeiten mit den Arabern mehr, und sie arbeiten gut mit der Verwaltung zusammen.«[63] Vom britischen Standpunkt war dies der Erfolg der Politik des Weißbuchs.

Die zynische Erwartung, daß die Juden unter allen Umständen Großbritannien unterstützen würden, schien sich ebenfalls zu erfüllen. Weizmann und die übrigen jüdischen Politiker waren nicht in der Lage, ihre angedrohte Politik der Nicht-Zusammenarbeit und des Widerstandes durchzuführen. Die Jewish Agency bestand nach Artikel 4 des Mandats »zum Zwecke der Beratung und Zusammenarbeit mit der Verwaltung«. Wenn ihre erklärte Politik das Gegenteil davon darstellte, konnte sie für illegal erklärt und von allen Beratungen ausgeschlossen werden. Dann konnte Großbritannien ökonomischen Druck auf den Jischuw ausüben, Aufträge an die Gesellschaft der Histadrut (Solel Boneh) verweigern, den Hafen von Tel Aviv schließen, die jüdischen Polizeieinheiten auflösen und Araber anstelle von Juden für Verwaltungsposten einstellen. Großbritannien konnte damals einfach den Juden mehr Schwierigkeiten machen als umgekehrt diese ihm.

Auch auf dem Gebiet der internationalen Politik fühlten sich die jüdischen Verantwortlichen verpflichtet, Großbritannien öffentlich zu unterstützen, wie stark auch ihre Abneigung dagegen sein mochte. Am 29. August schrieb Weizmann an Chamberlain: »Die Juden stehen Großbritannien bei und werden auf der Seite der Demokratien kämpfen.«[64] Die Differenzen der Vergangenheit müßten vor den größeren und dringenderen Notwendigkeiten zurückgestellt werden. Großbritannien nahm dieses Angebot dankbar an, aber es äußerte sich dazu kaum in der Öffentlichkeit, da es die britischen Gegner der Auseinandersetzung mit Deutschland – Oswald Mosley und andere – nicht mit Argumenten für ihre Behauptung ausstatten wollte, daß die Juden das Land in den Krieg trieben.

Im Augenblick konnte man sowieso keine jüdischen Freiwilligen aufnehmen, denn der Ausrüstungsstand reichte nicht einmal aus, um die wehrfähigen Briten zu bewaffnen. Fast alle Verantwortlichen hielten die jüdische Bereitschaft zur Zusammenarbeit für selbstverständlich und vertraten daher die Ansicht, daß die Politik sich davon nicht beeinflussen lassen sollte. Zum erstenmal seit Jahren genoß Großbritannien nun gleichermaßen die Unterstützung der Araber wie der Juden. Die Lage in Palästina hatte sich tatsächlich ungeheuer verbessert. Daher mußte die Politik des Weißbuchs richtig sein.

Dieses Urteil galt jedoch nur auf kurze Sicht. Wie bei den meisten Entscheidungen über Palästina handelte es sich nach Charles Batemans Worten um ein schmerzlinderndes Beruhigungsmittel. »Ich sage nicht, daß das Weißbuch richtig war. Ich sage nur, daß dies der Grund dafür war, ich sehe einfach nichts anderes, was wir hätten tun können«, urteilte MacDonald nach vierzig Jahren über seine Politik: »Vom zionistischen Standpunkt war der

Widerstand berechtigt, aber ich war kein Jude und kein Zionist, mir mußte es in erster Linie um Großbritannien und die Sache der Demokratie im allgemeinen gehen.« Er sympathisierte stark mit den Juden, aber weltpolitisch spielten sie eben nur eine Nebenrolle.

MacDonald teilt nicht die Ansicht, daß das arabische und islamische Militärpotential zu jener Zeit bedeutungslos war und daß sich Großbritannien deshalb besser mit dem Zionismus verbündet hätte: »Vielleicht hatten meine Gegner recht, und wir hätten es uns erlauben können, die Araber zu provozieren, aber aufgrund der besten erhältlichen Expertisen, besonders aus dem Außenministerium und von den Stabschefs, kam ich zu dem Schluß, daß sie Unrecht hatten. Wir konnten einfach das Risiko nicht eingehen. Sie waren schließlich die Experten. Und wie konnte ich, ein junger Mann von siebenunddreißig, selbst wenn ich Kolonialminister war, ihnen sagen, daß sie völlig im Unrecht seien?«

»Der einzige Punkt, in dem ich heute an mir selbst Kritik übe, ist der, daß ich vielleicht auf einer höheren jüdischen Einwandererzahl hätte bestehen sollen. Hier spürte ich manchmal Gewissensbisse. Aber, ehrlich gesagt, ich tat mein Möglichstes. In Whitehall und im Kabinett hatte ich nur sehr wenige Verbündete, und am Ende war ich überzeugt, daß die neue Politik nicht nur vom britischen, sondern auch vom zionistischen Standpunkt unvermeidlich sei. Daß Großbritannien den Krieg gewann, stellte für die jüdische nationale Heimstätte eine Lebensnotwendigkeit dar. Wenn Großbritannien verlor und Hitler gewann, würde es keine nationale Heimstätte geben. Genauso wie vor zweitausend Jahren würde man die Juden töten oder aus Palästina vertreiben.«

»Und ich hatte den Hintergedanken, daß wir den Zionisten mehr geben könnten, wenn wir den Krieg gewinnen und ich im Amt bleiben würde. Dies hätte bedeutet, das Weißbuch fallenzulassen. Ja, es wäre ein erneuter politischer Kurswechsel gewesen, aber das ist doch nichts Neues. Die Politik wechselt mit den Umständen. Die Mandatsbestimmungen verpflichteten uns, die jüdische Einwanderung den Möglichkeiten entsprechend zu fördern. Wenn sich diese Möglichkeiten verbesserten, dann wären wir vielleicht imstande gewesen, mehr jüdische Einwanderer zuzulassen. Aber 1939 waren die Bedingungen sehr ungünstig.«

Die freundliche Einstellung des Jischuw gegenüber Großbritannien erlitt einen schweren Schlag, von dem sie sich niemals erholte. Weizmann und seine Anhänger erfuhren eine Schwächung, Jabotinsky und die Irgun eine Stärkung.

»Die allgemeine Haltung der Juden hier ist gekennzeichnet durch berechnende Verstimmung und Opposition plus ständigen Gewaltakten durch kriminell gesonnene Individuen«,[65] berichtete MacMichael am 27. Juli. Am 26.

August führte die Irgun ihren ersten ernsthaften anti-britischen Gewaltakt durch. Durch eine Minenfalle tötete sie zwei britische Polizeiinspektoren, Ralph Cairus und R. E. Baker.

Am 31. August verhaftete Frank Rawlings in Tel Aviv mehrere Mitglieder des Oberkommandos der Irgun, darunter Abraham Stern. Aber angesichts der stürmischen Ereignisse in Europa nahm dies in London kaum jemand wahr. Am 1. September entdeckte die britische Marine vor der Küste Palästinas ein Schiff mit illegalen Einwanderern. Als es sich weigerte anzuhalten, beschoß man es, und einige Juden fanden den Tod. Der Zwischenfall, an den sich heute noch viele Juden voll Bitterkeit erinnern, ereignete sich am Tag, an dem Hitler Polen überfiel, und blieb daher von der Öffentlichkeit fast unbemerkt.

Die Zurückweisung, die Großbritannien durch den Völkerbund erfahren hatte, wurde ebenfalls durch den Krieg bedeutungslos und von den meisten vergessen. Aber sie blieb eine Tatsache; wenn auch der Völkerbundsrat sie nicht bestätigte, stellte sie doch eine Argumentationsgrundlage für die zionistischen Behauptungen dar, daß das Weißbuch gegen das Völkerrecht verstieß. »Wir werden in diesem Krieg kämpfen, als gäbe es kein Weißbuch, und wir werden das Weißbuch bekämpfen, als gäbe es keinen Krieg«, bemerkte Ben Gurion – diese Stellungnahme gab die politische Stimmung innerhalb des Jischuw besser wieder als Weizmanns uneingeschränktes Unterstützungsversprechen. Die Zionisten sahen sich einem schwierigen politischen Dilemma gegenüber. Wie konnten sie gegen das Weißbuch opponieren, ohne gleichzeitig die britischen Kriegsanstrengungen zu behindern, zu denen sie aufrichtig beitragen wollten? Sie waren entschlossen, Großbritannien auf gewissen Gebieten zu bekämpfen, indem sie zum Beispiel die illegale Waffenbeschaffung und die illegale Einwanderung organisierten, aber, wenn sie dies übertrieben oder wenn sie den Kampf auf andere Gebiete ausdehnten, gingen sie das Risiko ein, dem Todfeind ihres Volkes zu helfen.

Montgomery faßte diese Situation in seinem gewohnten knappen Stil zusammen: »Juden gegen Araber – dieser Kampf spielt sich gegenwärtig in Palästina ab. Und er wird aller Wahrscheinlichkeit nach die nächsten fünfzig Jahre lang andauern. Die Juden ermorden die Araber, und die Araber ermorden die Juden.« Dies war nun eine übertriebene Vereinfachung. Ende 1939 empfanden sowohl die Araber als auch die Juden Palästinas starken Unmut gegenüber den britischen Behörden. Die Araber fühlten sich von den Briten verraten, sie hielten sie für pro-jüdisch. Nach jüdischer Ansicht hatten die Briten das feierliche Versprechen an ihr Volk von 1917 gebrochen, sie hielten sie für pro-arabisch. Viele Araber haßten die Briten wegen der harten Maßnahmen gegen die Rebellen und gegen die gewöhnlichen Dorfbewohner.

Viele Juden haßten die Briten, weil sie das Tor nach Palästina zugeschlagen hatten, und dies genau zu dem Zeitpunkt, wo die Not der europäischen Juden am größten war.

Seitdem Großbritannien die Verwaltung Palästinas übernommen hatte, mußte es diese Position rechtfertigen, indem es zwischen zwei feindlichen Nationen den Schlichter spielte. In seinem eigenen Interesse mußte es sie versöhnen. Ständiger Bürgerkrieg machte Palästina wertlos, es wurde zur militärischen und politischen Belastung. Die einzige Lösung schien darin zu liegen, daß Araber und Juden unter britischer Anleitung die Zusammenarbeit erlernen mußten, bis sie zur Unabhängigkeit reif waren. Aber das war ein Versuch, Feuer und Wasser zu versöhnen. Beide Seiten wollten Palästina besitzen, wollten es nicht teilen.

Großbritannien scheiterte, indem es sich auf eine Reihe kurzfristiger Maßnahmen einließ, die jeweils jene Seite beruhigen sollte, die gerade die größeren Schwierigkeiten machte und die so immer nur eine gerade drängende Gefahrensituation milderten. Das Weißbuch beruhigte die Araber, aber es befriedigte sie nicht, es weckte den Haß der Juden, der allerdings durch die Ereignisse in Europa gedämpft wurde. Die Frage war, wie schmerzhaft es für die Briten sein würde, wenn das Opium einmal nicht mehr wirkte und beide Seiten ihrem Unwillen gewalttätigen Ausdruck verleihen würden.

Die Tragödie der Flüchtlingsschiffe

Die Polen kämpften sehr tapfer, aber sie waren kein ernsthafter Gegner für den Feind. Ihre britischen und französischen Verbündeten taten fast nichts, um ihnen gegen die deutschen Streitkräfte beizustehen, die nach einer Woche Kampf die Vororte von Warschau erreichten und bis zum 16. September 1939 die westliche Hälfte Polens völlig erobert hatten. Am folgenden Tag gab die Rote Armee Polen den »Gnadenstoß«. Unter dem Vorwand, die ukrainische und weißrussische Bevölkerung Ostpolens schützen zu wollen, stießen Stalins Soldaten über die ostpolnischen Ebenen vor und trafen dabei kaum auf Widerstand von seiten der geschlagenen und entmutigten Polen. Tatsächlich war dieses russische Vorgehen eine Konsequenz der Ende August in Moskau unterzeichneten sowjetisch-deutschen Vereinbarung.

Ende September hatte Warschau kapituliert, der Kampf war beendet, und die beiden räuberischen Nachbarn teilten die polnische Beute. Einige wenige polnische Juden – darunter Menachem Begin und Nathan Yalin-Mor – wechselten in den sowjetisch besetzten Teil Polens oder nach Wilna in Litauen über, aber die Mehrheit der jüdischen Gemeinschaft – fast dreieinhalb Millionen Menschen – blieb in dem vom nationalsozialistischen Deutschland besetzten Landesteil.

Weizmann schrieb an Shertok, daß sich die Hälfte der Juden der Welt nun in den Händen von Hitler oder Stalin befände. Er versuchte herauszufinden, was mit den polnischen Juden geschah, aber das Land war hermetisch abgeriegelt, und die wenigen Flüchtlinge berichteten Widersprüchliches. »Sie wußten nicht, welches Schicksal die Juden in Deutschland während dieses Krieges oder an seinem Ende erwartete, aber sie hatten sicherlich gute Gründe, das Schlimmste zu erwarten«,[1] sagte Shertok am 23. Oktober zu MacDonald. Weizmann schrieb: »Das Ausmaß der Katastrophe ist entsetzlich, unglücklicherweise sind unsere Möglichkeiten zur Hilfeleistung äußerst gering.«[2]

Sofort nach Beendigung des polnischen Feldzuges widmete sich Hitler persönlich der jüdischen Frage. Am 27. September verfügte er die Bildung eines Reichssicherheitshauptamts (RSHA) unter Reinhard Heydrich, dessen besondere Abteilung für jüdische Angelegenheiten Adolf Eichmann leitete. Zunächst sollten die Juden in einem Sumpfgebiet in der Nähe von Lublin in

Südostpolen zwischen den Flüssen Weichsel und Bug angesiedelt werden. Eichmann besuchte dieses Gebiet in Begleitung von Führern jüdischer Organisationen aus Deutschland, Österreich und der Tschechoslowakei, um mit ihnen die Massenübersiedlungen zu erörtern.[3]

Die polnischen Juden wurden sofort enteignet und vom Geschäftsleben ausgeschlossen, sie durften keine öffentlichen Verkehrsmittel mehr benutzen, sie mußten den Judenstern tragen und Zwangsarbeit leisten. Viele wurden verhaftet, mit wenigen Habseligkeiten in Züge verladen und in das »Sondergebiet« um Lublin abgeschoben, wo sie sehen mußten, wie sie überlebten. Es ist nicht bekannt, wie viele polnische Juden in diesen ersten Monaten der nationalsozialistischen Besetzung den Tod fanden, aber es waren gewiß mehr als hunderttausend. Heydrich erklärte seinen Untergebenen am 21. September, daß es sich dabei nur um die ersten Schritte »zum Endziel, dessen Erreichung einige Zeit in Anspruch nehmen wird«, handele.[4]

Die Welt außerhalb des nationalsozialistischen Herrschaftsbereichs erfuhr von all dem wenig. Sogar die Zionistenführer konnten sich in ihren schlimmsten Alpträumen kaum vorstellen, daß Hitler alle Juden in seinem Bereich umbringen lassen wollte. Aber sie waren sich darüber im klaren, daß nun, da der Krieg ausgebrochen war, das Leid der Juden zunehmen würde. Deshalb suchten sie immer wieder MacDonald und andere Regierungsmitglieder auf und baten sie um weitere lebensrettende Einwanderungsgenehmigungen.

»Jeder Jude, der rechtzeitig nach Palästina gebracht wurde, bedeutete für sie einen geretteten Juden«, meinte Shertok gegenüber MacDonald. Es gab beispielsweise dreißigtausend polnische Juden, die nach Rumänien, Ungarn und den baltischen Staaten hatten fliehen können. Und auch die in diesen Ländern lebenden Juden konnten innerhalb weniger Monate den größten Gefahren ausgesetzt sein. Am 6. September bemerkte Vladimir Jabotinsky in einem Gespräch gegenüber MacDonald, daß »viele Schiffe voll jüdischer Flüchtlinge bald vor der Küste Palästinas erscheinen« würden[5], und er bat ihn nachdrücklich um die Duldung der illegalen Einwanderung.

Die Zionisten führten aus, daß sie ihre Loyalität gegenüber Großbritannien in voller Kenntnis des Weißbuchs erklärt hätten. »Sie hätten keine Vorbedingungen gestellt, hätten um keine Gegenleistung gebeten«. Aber sie erwarteten, daß seine noch nicht rechtskräftigen Teile, insbesondere die vorgeschlagenen Beschränkungen des Landkaufs, vorläufig zurückgestellt würden. Sie boten ihre Dienste im Kampf gegen Hitler an. Mit ihrer Hilfe konnte sich Palästina zum Hauptstützpunkt des britischen Einflusses im Nahen Osten entwickeln.

Sie hatten dazu aufgefordert, daß sich Freiwillige für den Militärdienst in den britischen Streitkräften meldeten. Hundertdreißigtausend Juden kamen diesem Aufruf nach.[6] Das Können der jüdischen Flüchtlinge vor dem Nationalsozialismus, unter denen sich viele einflußreiche und wissenschaftlich hochqualifizierte Leute befanden, kam Großbritannien zugute. Sie waren bereit, ihr Möglichstes zu tun, um die Vereinigten Staaten enger an das Kriegsgeschehen heranzuziehen. Sie konnten tatsächlich ein sehr wertvoller Bundesgenosse sein. Aufgrund des Krieges, meinte Shertok, »hatten sie wieder begonnen, die Luft der britisch-jüdischen Zusammenarbeit zu atmen«.

Sollte Großbritannien unter diesen neuen Umständen wirklich die Politik des Weißbuchs fortsetzen? Angesichts der früheren Versprechungen Großbritanniens und der gegenwärtigen Notlage der Juden war diese Politik nicht nur unredlich und unmenschlich, sondern auch absurd. Bis vor ein paar Monaten hatten die Araber in Palästina im offenen Aufruhr gestanden. Die Juden standen loyal zu den Briten und nun nach Kriegsausbruch waren sie doppelt loyal. Aber das Weißbuch gefährdete diese Loyalität. Wenn Großbritannien auf den Einschränkungen des Landkaufs und der Einwanderung bestand, dann konnte es nach den Worten Shertoks gegenüber MacDonald »kaum erwarten, daß die Juden dies ruhig hinnehmen würden«. Die jüdische öffentliche Meinung würde darauf reagieren, »und dies würde die Lage in Palästina sehr ungemütlich machen«.[7]

Diese Argumente beeindruckten die britische Regierung allerdings fast gar nicht. Lacy Baggallay schrieb: »Unerwarteterweise ist der Nahe Osten gegenwärtig ruhig und neigt in bemerkenswertem Maße zur alliierten Seite. Das Weißbuch ist der Hauptgrund dafür.« Seiner Ansicht nach konnte die jüdische Unterstützung nie kriegsentscheidend sein. Sie könnte im Gegenteil unter gewissen Umständen sogar schädlich sein. Sie könnte politische Randgruppen in Großbritannien und Amerika zu dem Glauben verleiten, daß Hitlers Propaganda recht habe mit der Behauptung, der Krieg werde nur im Interesse der Juden geführt. Zu Shertoks versteckten Aufstandsdrohungen meinte Baggallay: »Da die Regierung Seiner Majestät für Millionen ihrer jüdischen Brüder in Europa die einzige Hoffnung auf Rettung darstellt, können sie sich einfach nicht gegen uns wenden, wie sehr sie auch unsere Palästinapolitik ablehnen mögen.«[8]

Ende September schrieb MacDonald: »Selbstverständlich gibt es keinen Grund, unsere Politik wegen der jüdischen Unterstützung der Kriegsanstrengungen zu ändern, da wir ja auch arabische Unterstützung erhalten.«[9] Er sagte zu Shertok, ihm sei bekannt, daß die Juden versuchten, das Weißbuch rückgängig zu machen. Jahrzehntelang sei es ihnen immer gelungen, die Revision jeder anti-jüdischen Entscheidung oder Politik in Palästina zu erreichen. Dies sei von ihrem Standpunkt aus völlig legitim. Aber die britische Regierung sei entschieden dagegen, das Weißbuch aufzugeben.[10]

Diesbezügliche Befürchtungen, gab Baggallay zu bedenken, seien genau die Grundlage aller noch vorhandenen arabischen Feindschaft gegenüber Großbritannien. Auni Bey Abdel Hadi war einer von vielen führenden Palästinensern, die dies zum Ausdruck gebracht hatten. Er und seine Kollegen hatten nichts Ernsthaftes gegen das Weißbuch einzuwenden. Gegenüber Walter Smart, dem Oriental Secretary in Kairo, einem Schwager von George Antonius, erklärte er, daß bei Durchführung des Weißbuchs die »arabische Kooperation fast auf natürliche Weise zustande kommen würde«.[11] Es versprach ja eine endgültige Beendigung der jüdischen Einwanderung, die eine »arabische Grundbedingung« war. »Das wirkliche arabische Problem lag in der Befürchtung, daß die Regierung Seiner Majestät sie (die jüdische Einwanderung) schließlich wieder gestatten würde.«[12]

Die Zionistenführer forderten ihre Anhänger auf, in die britische Armee einzutreten und sich am Kampf gegen Deutschland zu beteiligen. Die britischen Verantwortlichen betrachteten diese Politik mit großem Mißtrauen. Erstens war der Ausrüstungsmangel zu groß, um diese Freiwilligen aufnehmen zu können. Zweitens würden die Araber dadurch erbost und provoziert. Drittens könnten die zionistischen Politiker diese Soldaten unter bestimmten Umständen als Druckmittel benutzen, damit Großbritannien die Politik des Weißbuchs aufgab. Es gab keine Garantie, daß die jüdischen Truppeneinheiten immer den britischen Befehlen gehorchen würden. Zweifellos wollten sie ernsthaft gegen den Nationalsozialismus kämpfen, aber wenn sich die Umstände änderten, könnten sie auch bereit sein, die Waffen gegen die Araber oder sogar gegen die Briten zu kehren.

Jahrelang hatten sich die Briten in Palästina mit den arabischen Rebellen auseinandersetzen müssen. Um sie zu bekämpfen, hatten sie die Jewish Supernumerary Police (Jüdische Hilfspolizei) geschaffen. Diese legale Truppe stellte die Basis der illegalen Haganah, der bewaffneten Streitmacht des Jischuw, dar, die ihre Befehle von der Jewish Agency und nicht von den Briten empfing. Diese Situation war für die Briten schwer erträglich. Jetzt, nachdem der Aufstand beendet war, nachdem die jüdischen Siedlungen nicht mehr ernsthaft bedroht waren, wollte Großbritannien alle bewaffneten Formationen, die es nicht kontrollieren konnte, auflösen. Waffentragende Araber wurden immer noch verurteilt und hingerichtet. Angesichts der Stimmung jener Tage schien es Großbritannien klug, »seine Unparteilichkeit zu zeigen« und auch waffentragende Juden zu bestrafen.

Eines der ersten Opfer dieser neuen Politik war der spätere israelische General Moshe Dayan, der unter Orde Wingate gegen die arabischen Aufständischen gekämpft hatte. Mitte August nahm er in Galiläa an einem illegalen Ausbildungskurs der Haganah für Kompanieführer teil. Am 5. Oktober wurde er von einer britischen Patrouille entdeckt, als er bewaffnet und uniformiert mit zweiundvierzig Haganah-Angehörigen in einer militärischen Formation marschierte. Man verhaftete sie alle und sperrte sie in einem Polizeigebäude ein. Dayan schreibt, daß man ihm wegen Waffentragens mit der Todesstrafe gedroht habe und daß man seinen Kameraden Zvi Brenner geschlagen habe, weil er sich geweigert hatte, Fragen zu beantworten.

Bei ihrer Gerichtsverhandlung am 27. Oktober brachten alle Verhafteten das gleiche vor: »Wir sind eine Gruppe von jungen Männern, die sich für den Kampf gegen unseren gemeinsamen Feind, das nationalsozialistische Deutschland, ausbilden; der Gerichtshof sollte dafür Verständnis und Nachsicht aufbringen.«[13] Shertok erklärte MacDonald in London: »Sie haben zweifellos angenommen, daß man sie auffordern würde, sich für gewisse Unterstützungstätigkeiten für die britischen Streitkräfte zur Verfügung zu stellen, und sie bemühten sich, sich auf diese Aufgabe vorzubereiten.«

MacMichael und sein Armee-Oberkommandierender Michael Barker teilten diese Ansicht jedoch nicht. Weder sie noch MacDonald betrachteten die Haganah als ihren treuen Verbündeten. MacDonald schrieb, daß die Haganah »in keiner Weise eine Folge des gegenwärtigen Krieges« sei. Ihr Ziel sei der Aufbau einer jüdischen Armee und die Sicherung der »letztendlichen jüdischen militärischen Vorherrschaft in Palästina«.[14] Der Kampf gegen die Araber war ihre ursprüngliche Aufgabe, aber sie konnte unter gewissen Umständen auch gegen die Briten eingesetzt werden.

MacDonald wies seine Untergebenen in Palästina an, »diese illegale jüdische Organisation ... durch die stärkstmöglichen Maßnahmen ... [zu] unterdrücken«. Er wies Ben Gurion darauf hin, daß Araber immer noch wegen Waffenbesitzes aufgehängt würden. Eine Duldung der Haganah würde ernsthafte Schwierigkeiten in der arabischen und islamischen Welt hervorrufen. Dementsprechend verurteilte man die gefangenen Haganah-Kämpfer zu hohen Freiheitsstrafen. Moshe Dayan und seine Kameraden kamen in die Festung Akko, dort mußten sie auf je einer Matratze und mit zwei dünnen Dekken auf dem Betonboden schlafen. Weizmann beschwerte sich bei Halifax: »Männer, die den britischen Streitkräften in Palästina hervorragende Dienste geleistet haben, müssen nun im Gefängnis auf Lumpen schlafen, sind halb verhungert und werden wie Kriminelle behandelt.«

General Barker nahm am 1. November gegenüber Ben Gurion eine feste Haltung ein: »Dies war eine äußerst ernste Angelegenheit. Ihr Ziel war eindeutig. Sie bereiteten einen Aufstand gegen Großbritannien vor ... In Großbritannien würde der Aufbau einer Privatarmee als Hochverrat betrachtet, und er sei nicht bereit, solche Dinge in Palästina zu tolerieren.«[15]

Zwei Wochen darauf legte MacDonald in London Ben Gurion die gleichen Argumente dar: Ben Gurion erwiderte, daß die Haganah eine britische Schöpfung sei, und sie sei dringend notwendig, um die Juden gegen die arabischen »Banditen« zu verteidigen. Selbst wenn der arabische Aufstand beendet sei, so könnten die britischen Streitkräfte doch nicht die Garantie für die Verteidigung aller jüdischen Siedlungen übernehmen. Die Juden hätten ein Recht auf bewaffnete Selbstverteidigung, und sie seien bereit, sich bewaffnet am Kampf gegen das nationalsozialistische Deutschland zu beteiligen.[16] Die Urteile gegen die dreiundvierzig Haganah-Angehörigen seien von grausamer Härte. Er erzählte seinen Mitarbeitern nach diesem Gespräch im Dorchester Hotel, er habe dabei ein Gefühl gehabt, als habe er einen Frosch verschluckt. Lewis Namier schenkte ihm ein Stück palästinensischer Seife, damit er sich die Hand waschen konnte, die er MacDonald gereicht hatte.[17]

Die Verurteilung der dreiundvierzig Haganah-Leute war ein frühes Beispiel der unklaren Haltung der Briten gegenüber dieser Organisation. Im Kampf gegen die arabischen Rebellen hatte Großbritannien eine Anzahl Juden bewaffnet und eine jüdische Polizeitruppe geschaffen. Die Bewaffnung dieser Männer war legal. Aber im Laufe der Jahre hatten die zionistischen Politiker illegal weitere Männer bewaffnet. Einige britische Beamte hielten dies für eine gute Sache, die sie tolerierten. Die teils legale, teils illegale Haganah verhielt sich im allgemeinen zurückhaltend und verteidigte die jüdischen Siedlungen wirksam.

Es war ganz unfair, die Haganah mit den Rebellen des Mufti zu vergleichen, die viele brutale Morde an Arabern und Juden begangen hatten. Aber politisch gesehen, konnten beide, angesichts der eindeutigen Notwendigkeit, eine unparteiische Haltung zwischen Juden und Arabern einzunehmen, von den Briten gleichgesetzt und als Privatarmeen betrachtet werden. Wenn die Haganah 1939 auch loyal zu Großbritannien stand, so mußte dies jedoch in Zukunft nicht immer so bleiben. Mit solchen Überlegungen rechtfertigte MacDonald vor Ben Gurion die strengen Urteile gegen Moshe Dayan und seine zweiundvierzig Kameraden: »Wir glauben, daß wir in der Frage der Bewaffnung zwischen Arabern und Juden eine völlig unparteiische Haltung einnehmen müssen.«

Auch Weizmann beschwerte sich am 2. Dezember bei MacDonald wegen Barkers Äußerung, daß sich die Haganah eines Tages gegen Großbritannien wenden könnte: »Diese Vorstellung sei unglaublich. Zwar gebe es sicherlich einige Extremisten, die mit diesem Gedanken spielten, aber die gesamte jüdische Gemeinschaft lehne ihn ab.«[18] Weizmann fügte mit einem Hauch von Zynismus hinzu, wenn es eine geheime jüdische Armee gäbe, dann müsse Großbritannien sie vernichten, und er sei bereit, dabei mitzuwirken. Die Zahl der Juden, die zu Gewalttätigkeit bereit sei, sei unbedeutend. MacDonald antwortete, daß die Gewaltanhänger trotz ihrer geringen Zahl eine wirkliche Gefahr darstellten.

Großbritannien hatte gerade den schnellen Zusammenbruch seines polnischen Verbündeten erlebt. Es hatte nichts zu seiner Verhinderung unternehmen können, und es betrachtete dies als Demütigung. Seine Stellung in der arabischen Welt hatte sich verbessert, aber nach Ansicht des Außenministeriums ging es jetzt um die Konsolidierung dieser Entwicklung. Am 26. Oktober notierte MacMichael, daß die »Araber im Grunde wankelmütig und unzuverlässig sind« und daß die »Juden entschlossen sind, das Weißbuch auf irgendeine Art zu sabotieren«. In den britischen Berichten tauchten immer wieder Befürchtungen auf, daß jede Geste zugunsten der Zionisten die arabische Welt »in Brand setzen« könnte. Großbritannien bemühte sich entschieden, eine solche Katastrophe zu vermeiden.

Botschafter Basil Newton berichtete aus Bagdad, daß »die Palästinafrage im Irak eine wichtige politische Angelegenheit bleibt«. Nuri es-Said, ein Freund Großbritanniens, habe das Weißbuch in der Öffentlichkeit energisch verteidigt, aber seine Position wurde erschüttert, weil Großbritannien es unterließ, die angekündigten Einschränkungen des jüdischen Landkaufs durchzusetzen: »Wenn dies weiter verzögert wird, wachsen die Zweifel an unserem guten Willen, und unsere Feinde werden diese ausbeuten.«

Lacy Bagally schrieb, daß die Durchsetzung der Verfügungen über den Landverkauf deutlich machen würde, »daß das Weißbuch ohne Einschränkung weiter gilt«. Der Oberkommandierende im Nahen Osten, Archie Wavell, berichtete, daß die militärische Sicherheitslage »schwer beeinträchtigt« würde, wenn Großbritannien mit der Durchsetzung des Weißbuchs zögere; dies »würde der feindlichen Propaganda eine mächtige Waffe liefern«.[19]

Halifax und MacDonald erörterten kurz die Möglichkeit, durch ein »gentleman's agreement« mit der Jewish Agency über die Landfrage einen weiteren anti-zionistischen Schritt zu vermeiden. Aber sie kamen zu dem Schluß, daß dies unmöglich sei. Am 20. Dezember erhielt Weizmann ein Schreiben Halifax'[20], das nach Baffy Dugdales Worten »eine kalte, starre Bekräftigung der Politik des Weißbuchs« war.

Der britische Geschäftsträger in Saudi-Arabien, Hugh Stonehewer Bird, berichtete von Ibn Sauds »schweren Zweifeln«[21] an der britischen Politik. Monate seien vergangen, und nichts sei geschehen, beschwerte sich der König am 12. Februar 1940. Keinem Araber sei ein hoher Verwaltungsposten angeboten worden, die Landverkäufe gingen weiter. Und die Juden konnten sich rühmen, wie es Shertok drei Monate zuvor in London getan hatte, daß die Einwandererzahl des letzten Jahres bereits fünfunddreißigtausend betrug – dies war fast die Hälfte der vorgesehenen Höchstzahl für fünf Jahre.[22]

Die Entscheidung, die Verordnungen über den Landbesitz und -verkauf durchzusetzen, erfolgte gegen die heftigen Proteste Winston Churchills, der neu ins Kriegskabinett eingetreten war und dessen pro-zionistische Ansichten wohlbekannt waren. Am 25. übersandte er seinen Kabinettskollegen eine Denkschrift, in der er um ein »weicheres und ruhigeres Vorgehen« bei öffentlichen Stellungnahmen zu Palästina bat. Er betonte, daß Großbritannien durch die Politik des Weißbuchs die wichtige Unterstützung der amerikanischen Juden verlieren könne. Das Weißbuch hatte gerade im Unterhaus zu einer heftigen Auseinandersetzung geführt. Die Labour Party und auch viele konservative Abgeordnete hatten sich dagegen ausgesprochen. Wenn die Kriegslage sich weiter zuspitze und es zur Bildung einer Koalitionsregierung käme, so sagte er voraus, würde das Weißbuch ad acta gelegt werden müssen.

Aber Churchill war damals nur First Lord of the Admiralty, er stellte zwar eine Kraft dar, mit der zu rechnen war, und war ein möglicher Kandidat für das Amt des Premierministers, aber politisch hatte er noch keinen entscheidenden Einfluß. Bei der Diskussion über die Verordnungen über den Landbesitz und -verkauf am 12. Februar teilte er seinen Kollegen mit, daß er die »kurzsichtige Politik außerordentlich bedauere«, die den Juden, die zu beschützen Großbritannien versprochen hatte, Land vorenthielt und »dieses großartige landwirtschaftliche Experiment zerstöre«. Niemand unterstützte seine mit Nachdruck vorgebrachten Argumente. Chamberlain sprach sogar von einem »Konsens der Meinungen« zugunsten der Politik MacDonalds. Churchill faßte die Position in dieser Auseinandersetzung so zusammen: »Es ging, kurz gesagt, darum, daß wir den Krieg nicht ohne die Hilfe der Araber gewinnen können. Er sehe die Stichhaltigkeit dieser Behauptung nicht im mindesten ein.«[23] Aber seine Kollegen widersprachen.

Am 26. Februar ließ MacDonald Shertok und Berl Locker in sein Amt kommen. Er teilte ihnen die schlechte Nachricht mit, daß die Verordnungen über den Landbesitz und -verkauf am folgenden Tag in Palästina in Kraft träten. Die jüdischen Politiker erwiderten, daß sie dazu keine Stellungnahme abzugeben hätten. MacDonald betonte, daß diese Maßnahmen notwendig seien. Er bedauere, daß die Beziehungen zwischen den Briten und den Juden dadurch schwieriger würden, aber dies ließe sich nicht ändern. Nur so ließe sich die Überbevölkerung des Landes und die Entstehung einer großen Schicht landloser Araber vermeiden: »Landlosigkeit in großem Ausmaß würde unvermeidlicherweise zur Rebellion führen, die Regierung muß die Warnungen, die sie wiederholt erhalten hat, ernstnehmen.«[24] Shertok und Locker gingen ohne Erwiderung. Das Gespräch hatte nur zehn Minuten gedauert.

Als die neuen Gesetze am 29. Februar bekanntgegeben wurden, tanzten die Araber auf den Straßen Jaffas. In Tel Aviv und dem jüdischen Teil von Jerusalem kam es zu Streiks und gewalttätigen Demonstrationen. Die letzteren dauerten einige Tage lang an. Die Polizei ging mit Härte gegen sie vor. In Jerusalem starb der siebzehnjährige Jugendliche Menachem Prives an Kopfverletzungen durch Polizeischlagstöcke. Dies führte wiederum zu einem jüdischen Proteststurm. Der Bürgermeister von Petah Tiqva, S. Stamper, bezeichnete das Verhalten der Polizei als »echtes Pogrom« und behauptete, daß die Polizei »nach einer ruhigen Demonstration« gegen die Landverordnungen »friedliche Passanten schrecklich verprügelte«.[25] Bernard Joseph, Mitglied der Exekutive der Jewish Agency, sandte eine Anzahl solcher Beschwerden an den Chief Secretary John Macpherson.

Die britischen Berichte über diese Vorfälle geben ein anderes Bild. Danach randalierten in Tel Aviv und Haifa große Menschenmassen, die auch Steine gegen die Polizei schleuderten. In Hadar Hacarmel versuchten die Randalierer, ein Gerichtsgebäude niederzubrennen und verletzten dabei vier Polizisten. In Petah Tiqva wurde auf Transparenten MacDonald mit Hitler verglichen und die neuen Gesetze als »Nürnberger Gesetze« bezeichnet.[26] (Diese nationalsozialistischen Gesetze hatten den Juden unter anderem den Landerwerb verboten.) Zwei Polizeiinspektoren erlitten in Petah Tiqva Verletzungen, einer davon ernsthafte. Hunderte Juden wurden verhaftet.

Währenddessen hatte bei Kriegsausbruch der Mufti von Jerusalem unter Vermittlung von Nuri es-Said Großbritannien seine Unterstützung anbieten lassen. Man lehnte dieses Angebot ab und betrachtete es als einen Trick des Mufti, um nach Palästina zurückkehren zu dürfen und die Macht wiederzuerlangen.[27] Im Oktober 1939 telegraphierte der britische Generalkonsul Godfrey Havard aus Beirut: »Ein Auto mit drei verschleierten Frauen, eine davon war vermutlich der verkleidete Mufti, verließ sein Haus und kehrte nicht zurück.«[28] Einige Tage später tauchte er in Bagdad auf und setzte seine Anklagereden gegen die Briten fort.

Sogar die Verordnungen über den Landbesitz und -verkauf paßten dem Mufti nicht. »Der Landverkauf sollte überall verboten werden, nicht nur in einigen Landesteilen«, kabelte er am 3. März an den Londoner ›News Chronicle‹. Er hielt die Ausschreitungen der Juden in Palästina für eine eindeutige Demonstration ihrer Absicht, alle Araber zu vertreiben und ihr Land zu übernehmen. Und wie üblich unterstützten die Briten die Juden dabei: »Die weiteren zahlreichen Hinrichtungen von Arabern, der unbegründete Gefängnisaufenthalt von Tausenden beweisen, daß die Behörden ihre Unterdrückungspolitik gegenüber den Arabern noch nicht geändert haben. Schuld daran ist der jüdische Einfluß.«[29]

Derartige Äußerungen betrachteten die britischen Verantwortlichen als böse Vorzeichen, und sie bestärkten sie in ihrer Entschlossenheit, die Politik des Weißbuchs zu verwirklichen. Theoretisch war der Aufstand besiegt und der Mufti erledigt. MacDonald hatte am 10. Oktober zu Shertok gesagt, daß der Mufti den Briten »völlig gleichgültig« sei. Aber die wirkliche britische Ansicht war nicht so selbstgefällig. Man glaubte, den Mufti durch einen meisterhaften politischen Schachzug von der Bühne verdrängt und in die Kulisse abgeschoben zu haben. Nun ging es darum, ihn dort festzuhalten. Das Mittel dazu blieb das Weißbuch.

Das Außenministerium nahm mit Befriedigung die Rede von Ali Maher Pascha vom 22. April im ägyptischen Parlament zur Kenntnis. Er bezeichnete darin das Weißbuch »als eine befriedigende Grundlage für eine endgültige Lösung des Palästinaproblems«.[30] Er deutete an, daß Großbritannien bald Araber auf hohe Posten berufen würde und daß dies ein vorbereitender Schritt auf dem Weg zur Unabhängigkeit unter arabischer Mehrheit sei.

Solche Stellungnahmen bereiteten der zionistischen Führung große Sorgen, aber sie erfreuten das Außenministerium, zeigten sie doch, daß der Damm noch hielt – der Mufti war immer noch isoliert. Jedoch wirkte sein Charisma immer noch; fern von Jerusalem, war er doch nicht einflußlos. Das Außenministerium wußte beispielsweise, daß er regelmäßige Geldzuwendungen von Mohamed Jinnah, dem indischen Moslemführer, bezog.[31] Deshalb war es für Leute wie Ali Maher Pascha wichtig, freundlich über ihn zu reden. Anderenfalls konnte der Mufti wieder in Palästina als Verkörperung der arabischen Hoffnungen auftauchen. Das Weißbuch hatte die Schlange zwar verwundet, aber nicht getötet. Der Knüppel mußte weiter bereit gehalten werden.

In Bagdad verfügte der Mufti über eine Operationsbasis und einen sicheren Zufluchtsort. Paul Knabenshue berichtete nach Washington, der Mufti sei »heute die respektierteste und einflußreichste Person im Irak«. Nuri es-Said hasse ihn zwar, aber er sei seit dem 31. März nicht mehr Premierminister und könne nichts gegen ihn unternehmen. Nach britischer Ansicht gab es nur einen Weg, ihn politisch ausgeschaltet zu halten. Man mußte ihm die politische Munition nehmen, indem man am Weißbuch festhielt wie ein Ertrinkender an der Rettungsleine. Solche Gedankengänge im Außenministerium standen hinter Bemerkungen wie der folgenden, die Lacy Baggally am 3. Mai notierte: »Man muß genauso an die Araber denken wie an die Juden. Nur die Durchführung des Weißbuchs ist moralisch gerechtfertigt.«

Heute mögen die Worte schockieren, die geschrieben wurden, während Hitler sich ständig seinem Hauptziel, der völligen Ausrottung der europäischen Juden, näherte. Im Februar erfuhr das US-Außenministerium, daß die gesamte jüdische Bevölkerung Stettins zur Zwangsarbeit in das Sondergebiet um Lublin deportiert worden war, darunter sogar achtzigjährige Frauen. Der

Stellvertretende Außenminister Adolf A. Berle schlug seinem Chef Cordell Hull einen formellen Protest bei der deutschen Regierung vor: »Ich sehe keinen Grund, warum wir nicht unseren Gefühlen gegenüber einer Politik anscheinend berechneter Grausamkeit Ausdruck geben sollen . . .«

Aber Beckinridge Long, ein anderer Stellvertreter Hulls, der für Flüchtlingsangelegenheiten verantwortlich war, riet von jedem Handeln ab, »das dazu führen kann, die Vereinigten Staaten dem in Europa herrschenden Kriegszustand näherzubringen«. Die Annahme ist weit verbreitet, daß Anfang 1940 die amerikanische öffentliche Meinung bei den Verantwortlichen des nationalsozialistischen Deutschlands noch etwas galt und daß ein Protest zur damaligen Zeit den Ablauf der Massenvernichtung vielleicht gebremst hätte.

Der SS-Führer Odilo Globocnik ließ weiterhin Juden in sein Sondergebiet bei Lublin schaffen, wo sich schließlich fünf Millionen Juden befanden. Diese wurden Globocniks Erwartungen entsprechend durch den natürlichen Verlauf der Ereignisse »dezimiert«. Außerdem wurden Zwangsgettos geschaffen. Die Juden von Lodz mußten im Februar in einen kleinen eingemauerten Stadtteil ziehen, wo sie mit Hungerrationen auskommen und unter unerträglichen hygienischen Bedingungen leben mußten.

Im Oktober hatte der Korrespondent von Associated Press in Berlin, Alvin Steinkopf, Gelegenheit, das Warschauer Getto zu besichtigen. Hinter einer zweieinhalb Meter hohen Mauer lebten hier eine halbe Million Juden in einem Gebiet, das vorher weniger als zweihunderttausend Menschen beherbergt hatte. Durch seinen Führer erfuhr der amerikanische Journalist, daß man die Mauer nur gebaut habe, um die Juden daran zu hindern, in der ganzen Stadt den Typhus zu verbreiten.[32]

Die Vereinigten Staaten protestierten nicht, weil sie befürchteten, dadurch in den Krieg hineingezogen zu werden. Großbritannien hatte sich zu einer pro-arabischen Politik verpflichtet, dies führte dazu, daß es jede Handlung oder Stellungnahme zugunsten der Juden als für die Kriegsanstrengungen hinderlich betrachtete. Aber die Juden in Israel und anderswo fanden es immer noch schwer verständlich, wie die großen Demokratien es fertigbrachten, zu schweigen und dem Völkermord zuzusehen.

In einem Brief an Halifax vom 30. November 1939 wies Weizmann auf dieses bittere Gefühl des Unrechts hin: »Gerade zu der Zeit, da zwei Millionen polnische Juden unter dem nationalsozialistischen Besatzungsregime vollständig vernichtet werden, [verhängt] Großbritannien eine vollständige Einreisesperre nach Palästina sogar für diejenigen, denen es gelungen ist, zu fliehen.«

Dieses Gefühl der Juden, eine ungerechte Behandlung erfahren zu haben, ist besonders mit der Person MacDonalds verbunden. Ein Ausbruch Weizmanns im Außenministerium am 3. Mai gibt einen Hinweis auf die Stärke dieses Gefühls: »Er habe nicht die Absicht, seine Ansichten noch einmal dem Kolonialminister vorzutragen. Dies sei sinnlos für ihn. Er [MacDonald] habe seinen Weg gewählt und müsse ihn gehen. Die Vergeltung für seinen Verrat am jüdischen Volk würde ihm beizeiten zuteil werden.«[33] Für MacDonald waren diese Worte »ermüdender Unsinn«, er bemerkte dazu: »Ich würde gerne hoffen, daß dieser altgriechische Mythos Hitler, Himmler und Heydrich überraschen würde.«

In den letzten Monaten von MacDonalds Amtszeit als Kolonialminister entschieden sich die Briten, allen jüdischen Flüchtlingen die Einreise nach Palästina zu verweigern. Harold Downie vom Kolonialministerium wies Shertok darauf hin, daß es bereits 21 000 arbeitslose Juden in Palästina gebe.[34] Zusätzliche Einwanderer würden zu sozialen Problemen und Unruhen führen. Die Höchstzahlen des Weißbuchs müßten eingehalten werden. Ihre Überschreitung würde der Propaganda der Deutschen und des Mufti nützen.

Die britischen Verantwortlichen gingen davon aus, daß jede ins Gewicht fallende Rettungsaktion der alliierten Sache schaden und dem nationalsozialistischen Deutschland nützen würde. Es ging ja nicht mehr nur um Tausende oder Hunderttausende, sondern um Millionen. Wohin konnte man sie alle schaffen? Die Transport- und Unterbringungsmöglichkeiten würden nicht nur die arabische Welt in Brand setzen, sie würden auch in dem viel zu kleinen Palästina ein Chaos verursachen. Die Vorstellung einer großangelegten Rettungsaktion zog man nicht einmal ernsthaft in Erwägung. Sie schien offensichtlich unrealistisch und für die Kriegsanstrengungen schädlich zu sein.

Inzwischen gab es einen weiteren Grund, Juden nicht nach Palästina hineinzulassen. Am 15. Januar erklärte MacDonald Selig Brodetsky und Aubrey Eban, dem zukünftigen israelischen Außenminister, daß Palästina nun nicht einmal mehr einzelne Flüchtlinge aufnehmen könne: »Die Situation im Nahen Osten sei schwierig. Die Deutschen versuchten mit allen Mitteln, Agenten in diesen Teil der Welt einzuschleusen.« Deshalb müsse er nun hunderteinundsechzig Einwanderungszertifikate für Erwachsene für ungültig erklären, die vor Kriegsbeginn erteilt worden seien. Da sich die Betreffenden jetzt in den Händen der Nationalsozialisten befänden, könne es geschehen, daß sie im deutschen Auftrag nach Palästina geschickt würden, während man ihre Angehörigen als Geiseln zurückbehielt.

Die zionistischen Politiker widersprachen leidenschaftlich. Sie vertraten die Überzeugung, daß kein Jude je für die Nationalsozialisten arbeiten würde, wie groß auch immer der Druck sei; sollte dies aber dennoch geschehen, so würde er bald von seinen Mitjuden entdeckt und ausgeschaltet. Brodetsky sagte zu MacDonald, »daß seine Entscheidung ein Todesurteil über diese Leute sei«. MacDonald erwiderte, daß ihm dies völlig klar sei, aber in Kriegszeiten gehe die Staatsräson allen anderen Erwägungen voran und daher seien solche Entscheidungen notwendig.

Die größten Schwierigkeiten bereiteten Großbritannien die Juden, die per Schiff entkommen konnten. Sie zwangen es zu einer Reihe von furchtbaren Entscheidungen zwischen menschlichen Erwägungen und den Notwendigkeiten des Krieges. Die illegale Einwanderung per Schiff, auf hebräisch ›Aliya B‹ genannt, hatte schon in den letzten Friedensjahren an Bedeutung zugenommen. Je mehr der nationalsozialistische Druck auf die Juden zunahm, desto stärker schränkte Großbritannien die legale Einwanderung ein; gleichzeitig erwies es sich als immer notwendiger, Juden illegal nach Palästina zu schaffen, um den Jischuw zu stärken und sie vor Hitler zu retten.

So landeten beispielsweise am 12. August 1939 vierhundert polnische Juden mit dem panamaischen Schiff ›Dora‹ in der Nähe von Herzlia, ihr Empfang war vorbereitet, und die jüdische Gemeinschaft nahm sie unauffällig auf.[35] Im Jahr 1940 stießen solche Aktionen auf immer größere Schwierigkeiten.

1940 konnten sich einige Juden noch Ausreisegenehmigungen aus Deutschland erkaufen, dies geschah meist aus Mitteln des American Jewish Joint Distribution Committee, das vom amerikanischen Finanzminister Henry Morgenthau unterstützt wurde. Gegen Zahlung eines Lösegeldes erhielten sie deutsche Pässe, Ausreisevisa und Einreisevisa einer hilfsbereiten Botschaft in Berlin, gewöhnlich der von Paraguay. Man gab ihnen zu verstehen, daß Großbritannien – mit seiner von Juden beherrschten Regierung – sie in Palästina willkommen heißen würde. Dann brachte man sie mit Schiffen die Donau abwärts zu den Schwarzmeerhäfen Konstanza (Rumänien) oder Varna (Bulgarien).

Am 27. Dezember berichtete Reginald Hoare aus Bukarest: »Trotz wiederholter Proteste geht die unerlaubte Durchreise von Juden weiter.« Siebenhundert hielten sich auf dem Dampfer ›Sakaria‹ auf, und dreitausend reisten mit der ›Ahms‹ donauabwärts. Die ›Sakaria‹ hatte weder Beleuchtung noch Heizung, und es gab Fälle von Lungenentzündung. Zwei jüdische Frauen von diesem Schiff waren in der britischen Botschaft vorstellig geworden, dort schockierte sie die unerwartete Nachricht, daß Großbritannien sie nicht nach Palästina lassen und ihnen keine Hilfe leisten wolle.

Eine andere Gruppe von tausend Juden saß in Klavada, im jugoslawischen Abschnitt der Donau, im Eis fest. Amerikanische Hilfsorganisationen unterstützten sie mit Geld, damit sie den Winter überstehen konnten. Danach wollten sie ihre Reise fortsetzen. Downie schlug ein Eingreifen vor, »um das

Hilfskomitee davon abzuhalten, die gewünschten Hilfeleistungen zu gewähren«, dann »können sie durch die Regierungen, auf deren Boden sie sich jetzt befinden, zurückgebracht werden«.

Am 26. Dezember verließ die ›Rudnichar‹ Varna mit vierhundert Juden an Bord. Sie hatte ein Motorboot im Schlepp, um ihre Passagiere von außerhalb der Territorialgewässer anlanden zu können. Als Halifax davon erfuhr, sandte er ein zornerfülltes Telegramm an George Rendel, seinen Vertreter in Sofia. Darin betonte er die Ernsthaftigkeit des britischen Widerstandes: »Die Regierung Seiner Majestät und die [Mandats-] Regierung von Palästina unternehmen jede Anstrengung, um diesen Verkehr zu unterbinden ... Während der letzten sechs Monate haben wir alles versucht, die rumänische Regierung zu veranlassen, derartige Ein- und Durchreisen von Juden zu verhindern ... Solche Vorgänge gehen an die Wurzel des gesamten Visa-Systems.«[36] Halifax teilte Rendel mit, daß alles versucht würde, um die ›Rudnichar‹ unterwegs aufzuhalten und Bulgarien klarzumachen, daß es alle oder zumindest diejenigen Passagiere, die ursprünglich aus diesem Land kamen, zurücknehmen müsse.

Churchill gehörte zu den wenigen Kritikern dieser Politik. Als er erfuhr, daß britische Schiffe den Befehl erhalten hatten, die ›Rudnichar‹ aufzuhalten, schrieb er an MacDonald: »Ich würde gern erfahren, wie Sie diese unglücklichen Menschen behandeln wollen, wenn man sie gefaßt hat. Wo will man sie hinschicken? Was wird ihr Schicksal sein?«[37]

Es gelang dem bulgarischen Schiff, den britischen Patrouillen auszuweichen. Am 8. Januar brachten ein Motorboot und fünf Rettungsboote in der Nähe von Haifa fünfhundertfünf jüdische Passagiere der ›Rudnichar‹ an Land. Das Schiff kehrte leer nach Varna zurück. MacMichael erklärte MacDonald, da die Linienschiffe zwischen Haifa und Varna nur je fünfundzwanzig Passagiere aufnähmen, wolle man versuchen, »diese Immigranten« für die Rückreise »auf rumänischen Dampfern unterzubringen«.

Als später im Januar das griechische Schiff ›Hilda‹ auf dem Weg von Konstanza mit siebenhundert Flüchtlingen aufgebracht wurde, beschlagnahmte man das Schiff und internierte seine Insassen im Lager Athlit. MacDonald schrieb an Churchill, daß diese Festnahmen »eine höchst heilsame Wirkung« auf die Schiffsreeder haben und sich durchaus als »wirkungsvolles Abschreckungsmittel für diesen gesamten Verkehr« erweisen könnten. MacDonald stellte fest, daß die Flüchtlinge fast alle deutsche oder tschechoslowakische Pässe besaßen. Die nationalsozialistischen Behörden mußten ihre Ausreise unterstützt haben. Was anders konnte ihr Motiv sein, als Zwietracht zwischen Briten und Arabern zu schüren oder auf diesem Wege ihre Agenten in dieses Gebiet zu schleusen?

Man hatte Flüchtlinge vor dem Nationalsozialismus aufgehalten und gefangengesetzt. Jüdische Bürger Palästinas durften kein Land mehr kaufen. Haganah-Kämpfer saßen im Gefängnis, ihre Angebote, Kriegsdienste zu leisten, wurden verschmäht, man hatte sie entwaffnet, und die Polizei hatte jüdische Demonstranten mißhandelt. Die Freude im Jischuw war groß, als die dafür verantwortliche Regierung am 10. Mai 1940 zurücktreten mußte. Sie wuchs noch angesichts der Nachricht, daß MacDonald nicht länger Kolonialminister war und daß der neue Premierminister Winston Churchill hieß, der als alter, treuer Freund der Zionisten galt.

Ben Gurion bemerkte dazu: »Unsere besten Freunde in der Konservativen Partei sind jetzt Regierungsmitglieder. Das gleiche gilt von den Führern der Opposition. Drei der fünf Mitglieder des Kriegskabinetts, darunter der Premierminister selbst, sind unsere Freunde. [Leo] Amery leitet das India Office. M. M. hat das Kolonialministerium verlassen – vielleicht wegen der Palästinafrage. Der neue Kolonialminister [Lord Lloyd], obwohl pro-arabisch eingestellt, ist dennoch ein ehrenhafter und wohlwollender Mann.«[38]

Indessen drangen Hitlers Armeen siegreich nach Frankreich und in die Benelux-Staaten ein. Ben Gurion meinte: »Die neue Regierung wird jetzt völlig mit den dringenden und ungeheuren Aufgaben der Kriegsführung beschäftigt sein, und wir können kaum erwarten, daß sie unseren Angelegenheiten viel Aufmerksamkeit schenkt.« Auch schien es zumindest kurzfristig unwahrscheinlich, daß sie die Politik des Weißbuchs aufgeben würde, selbst wenn viele ihrer Mitglieder im Mai 1939 im Unterhaus dagegen aufgetreten waren: »Solch eine Wendung ist durch den ungeheuren Druck des Krieges besonders schwierig und unwahrscheinlich.« Es könne einige positive Veränderungen geben – ein neuer Hoher Kommissar, mehr Toleranz gegenüber der Haganah –, aber viel sei nicht zu erwarten.

Ben Gurions Erwartung sollte sich bestätigen. Im Kabinett erklärten die drei von ihm erwähnten »Freunde«, Churchill, der Labour-Führer Clement Attlee und sein Stellvertreter Arthur Greenwood, ihre Opposition gegen das Weißbuch. Das gleiche tat der Führer der Liberalen, Archibald Sinclair.[39] Aber bereits zwei Wochen später beschlossen sie auf einer weiteren Sitzung, »daß es nicht in Frage komme, diese Politik zum gegenwärtigen Zeitpunkt zu revidieren«.

Im Mai 1939 hatte Churchill das Weißbuch einen schweren Vertrauensbruch genannt. Im Februar 1940 sprach er von einer kurzsichtigen Politik. Aber im Juni 1940 war er Premierminister. Und wie viele frischgebackene Premiers und Präsidenten meinte er nun unter dem Zwang zu stehen, eine Politik fortsetzen zu müssen, die er selbst wiederholt und öffentlich abgelehnt hatte. Er konnte nur erklären, und dies tat er in privaten Äußerungen, daß das Weißbuch für ihn ein zeitweiliger Behelf sei, eine moralische Last, die er ablegen würde, sobald er politisch und strategisch dazu in der Lage sei.

In der Öffentlichkeit hielt Großbritannien an seinem pro-arabischen Standpunkt fest. In diesem Sinne äußerte es sich gegenüber dem besorgten Nuri es-Said, der jetzt nur noch das Amt des Außenministers bekleidete, nachdem ihn der anti-britisch eingestellte Ali al-Kilani am 31. März als Premier abgelöst hatte. Gleichzeitig beschäftigte sich Churchill privat mit verschiedenen pro-zionistischen Projekten. Dies löste große Bestürzung bei den Beamten und Generalen aus, die seine persönlichen Briefe empfingen. Er wollte beispielsweise acht der zehn in Palästina stationierten Divisionen abziehen und sie durch zur Selbstverteidigung bewaffnete Juden ersetzen. Die Verantwortlichen in Palästina und im Kolonialministerium waren empört. Solche Vorstellungen drohten ihre Kampagne gegen die Haganah und gegen die »Privatarmeen« zu untergraben. Sie ermutigten außerdem die wachsende antibritische Strömung im Irak.

Er erhielt viele vorsichtig formulierte Einwände. Halifax befürchtete, daß die Aufstellung einer jüdischen Armee den energischen Widerstand der arabischen Welt hervorrufen würde. Lloyd erinnerte an die sich aus dem Weißbuch ergebenden britischen Verpflichtungen. Churchill versah sein Schreiben mit der Randbemerkung: »Es ist bekannt, was ich vom Weißbuch halte.« An Lloyd schrieb er: »Die grausamen Strafen, die Ihr Vorgänger [MacDonald] gegen die Juden Palästinas wegen Waffentragens verhängt hat, machen es überflüssigerweise notwendig, Streitkräfte für ihren Schutz einzusetzen.«

Am 28. Juni fuhr er fort: »Diesen Preis müssen wir für die anti-jüdische Politik, die wir jahrelang betrieben haben, zahlen ... Ich halte es beinahe für einen Skandal, daß zu einer Zeit, da wir um unser Leben kämpfen, diese zahlreichen Streitkräfte nicht mobilisiert bleiben sollen, um eine Politik aufrechtzuerhalten, die nur ein Teil der Konservativen Partei unterstützt.« Über die Palästinenser bemerkte er abschätzig: »Diese levantinischen Araber sind erbärmliche Repräsentanten der arabischen Welt und stellen nur einen kleinen Teil von ihr dar.«[40]

Es waren hoffnungsvolle Zeiten für die Juden Palästinas. Endlich schien man es ihnen erlauben zu wollen, gegen Hitler zu kämpfen. Das bedeutete für den Jischuw größere bewaffnete Macht und einen bedeutenderen politischen Status. Der Zusammenbruch Frankreichs hatte zur Wiederherstellung guter Beziehungen zu Großbritannien geführt. Die Irgun hatte einen Waffenstillstand ausgerufen, und ihre Führer, darunter auch Abraham Stern, ließ man frei. Es gab sogar Pläne für eine Zusammenarbeit zwischen der Irgun und den Briten. Ihr Führer David Raziel war davon überzeugt, daß man gegen den größeren Feind mit den Briten zusammenarbeiten müsse. Jabotinsky verkündete in den Vereinigten Staaten bis zu seinem Tod am 4. August dieselbe Botschaft. Nur einige Abweichler unter Führung von Stern setzten den Kampf gegen die Briten fort.

Am 15. Juli erfuhren die Zionistenführer von dem Beschluß des Kriegskabinetts, sechs Kompanien jüdisch-palästinensischer Soldaten aufzustellen. Baffy Dugdale schrieb: »So sind die Mauern von Jericho endlich eingestürzt.«[41] Leo Amery, ein Freund Churchills und der Zionisten, machte Halifax den Vorschlag, falls die Araber Schwierigkeiten machen sollten, solle man »die Juden bewaffnen, die genau so schnell zur Stelle sein können wie wir und sie alle einladen, ins Land zu kommen und es zu besetzen«.[42]

Im September 1940 erreichte der Plan zur Bewaffnung der Juden eine weitere Stufe. Weizmann erfuhr, daß die britische Armee eine jüdische Einheit rekrutieren wolle. Juden aus Palästina und von anderswo sollten in britischer Uniform kämpfen, und zwar in nationalen Einheiten mit eigenen Emblemen, so wie es die Polen und Tschechen taten. Weizmann meinte zu Baffy: »Dieser Tag ist fast so bedeutend wie der der Balfour-Deklaration.«[43] In jenem Sommer verfaßte Ben Gurion eine Denkschrift, in der der Traum vieler führender Zionisten wiederauflebte – die Umwandlung Palästinas in einen unabhängigen jüdischen Staat innerhalb des britischen Empires.

Die Stellung Großbritanniens war auf dem Tiefpunkt. Seine Flugplätze und seine Städte wurden bombardiert. Viele tausend Zivilisten fanden den Tod. Deutsche U-Boote bereiteten seiner Nahrungsmittelversorgung ernsthafte Schwierigkeiten. Aber in Palästina waren die Juden – vielleicht in übertriebener Weise – freudig erregt bei dem Gedanken an die erneute Zusammenarbeit mit Großbritannien, ihrem früheren guten Freund, dem Land, das ihre Rückkehr ins Gelobte Land möglich gemacht hatte.

Aber die Lage der europäischen Juden verschlimmerte sich ständig. Die wenigen Flüchtlinge, die auf den »kleinen Totenschiffen« ihren Weg nach Palästina fanden, brachten ständig neue Schreckensberichte. Am 14. November traf George Hall, Lloyds neuer Stellvertreter, Weizmann und legte ihm die aktuelle Lage dar. Zwei Schiffe, die ›Milos‹ und die ›Pacific‹, hatte man konfisziert, sie lagen im Hafen von Haifa. Weitere fünfhundert Flüchtlinge befanden sich vermutlich auf der ›Atlantic‹, einem Achthundert-Tonnen-Raddampfer, der sich zur Zeit in Zypern aufhielt. Was sollte mit ihnen geschehen? Wie konnte man solche Situationen in der Zukunft vermeiden?

Der Gouverneur von Zypern berichtete von fürchterlichen Verhältnissen an Bord der ›Atlantic‹: ungeheure Überfüllung, keine Waschmöglichkeiten, ungenügende Kochgelegenheiten und sehr schlechte sanitäre Verhältnisse. Da sehr kaltes Wetter herrschte, litten die Passagiere an Erfrierungen. Außerdem waren sie unterernährt, die Grippe herrschte, und es gab einen Typhusfall. Die zyprische Kolonialregierung gab fünfundsiebzig Pfund täglich für ihre Verpflegung aus.

George Hall hatte einen Plan entwickelt, wie man die Schiffe völlig von Palästina fernhalten könne. Die Kapitäne sollten aufgefordert werden, einen Hafen außerhalb Palästinas anzulaufen. Britische Schiffe sollten sie dann den größten Teil des Weges zu dem jeweils ausgewählten Hafen eskortieren, bis der Treibstoff nur noch reichte, um diesen Hafen zu erreichen, aber nicht mehr zur Rückkehr nach Palästina. »Das Kolonialministerium zeigt endlich Courage«, lautete die Reaktion des Außenministeriums auf diese Idee.

Schließlich jedoch hielt es Lloyd für das Beste, die Flüchtlinge in die Kolonie Mauritius bringen zu lassen. Er schrieb an Churchill: »All diese Immigranten kommen aus Feindländern oder vom Feind besetzten Ländern. Wir haben keinerlei Kontrolle über sie. Es gibt Anzeichen, daß die Achsenmächte diese Bewegung fördern, nicht nur weil sie uns in wachsendem Maße Schwierigkeiten bereitet, da sie die Araber empört, sondern auch weil sie Gelegenheit bietet, Feindagenten nach Palästina und dem Nahen Osten einzuschleusen. In Zeiten wie der heutigen können wir es uns nicht leisten, Risiken einzugehen oder unsere Autorität offen mißachten zu lassen.« Er hoffe, daß der Premierminister ihn bei seiner Entscheidung unterstützen werde: »Sie werden mit der S. S. ›Patria‹, einem kürzlich beschlagnahmten französischen Schiff, befördert.«[44]

Weizmann versicherte Hall, daß ihn die britischen Argumente beeindruckten. Er wolle sein möglichstes tun, um die jüdische Unruhe zu dämpfen. Er bot sogar an, Shertok in Jerusalem eine Zusammenfassung der Stellungnahme Halls zu telegrafieren und zur Ruhe aufzufordern. Er teilte Lloyd auch mit, daß er zwar dem Mauritius-Plan nicht zustimme, »ihn aber auch im Kern nicht ablehnen könne«.[45] Erst vor zwei Monaten hatten Lloyd und Eden ihm eine jüdische Kampftruppe versprochen. Die Gespräche über ihren Aufbau waren noch im Gange. Es ist durchaus möglich, daß sich Weizmann zu jener Zeit besonders kooperativ gegenüber den Briten verhalten wollte, selbst auf Kosten von dreitausendsechshundert jüdischen Flüchtlingen.

Schließlich sprach auch vom jüdischen Standpunkt einiges für Halls Behauptungen. Deutsche und italienische Rundfunksender sagten den Arabern, daß Schiffe voll mit Juden auf britische Einladung hin kämen, daß die Briten Millionen von Juden bringen und die Araber vertreiben wollten. Am 3. Oktober verbreiteten sie die offizielle Proklamation einer Unterstützung der arabischen Unabhängigkeitsforderungen: »Bei ihrem Streben nach diesem Ziel können die arabischen Länder auf die volle Sympathie Deutschlands und Italiens zählen.«

Die britischen Verantwortlichen hielten diese Propaganda für sehr gefährlich. Sie sahen durch sie ihre Position im Nahen Osten und sogar ihre Kriegsanstrengungen bedroht. Wenn er sie auch für übertrieben hielt, so teilte Weizmann doch sicher einige dieser Befürchtungen. Gewiß konnten sie für ihn nie ein hinreichender Grund sein, jüdische Menschenleben zu opfern. Aber die Deporation nach Mauritius bedeutete ja nicht den Tod. Sie bedeutete Entbehrungen und Unbequemlichkeiten, die aber seiner Vorstellung nach nicht unerträglich sein mußten. Die Belohnung, die die neue britische Regierung dafür zahlen würde, war zu hoch, um sie ignorieren zu können.

Doch damit war die Angelegenheit noch nicht erledigt. Der Mauritius-Plan konnte nur kurzfristig das Problem der dreitausendsechshundert illegalen jüdischen Einwanderer aus der Welt schaffen, nicht jedoch das Problem auf lange Sicht lösen. Das Außenministerium stellte die schwierige Lage so dar: »Sobald sich die Annahme verbreitet, daß die Regierung Seiner Majestät illegale Einwanderer auf ihre Kosten unterbringt und verpflegt, bis der Krieg vorüber ist und die Aussicht besteht, dann legal nach Palästina einzuwandern, wird jeder verfolgte Jude in Europa wünschen, die Vorteile eines so attraktiven Programms in Anspruch zu nehmen.«[46]

Daher unternahm Großbritannien darüberhinaus einen Schritt, dem Weizmann nicht zustimmte. Am 20. November erklärte MacMichael öffentlich, keiner der deportierten Flüchtlinge dürfe jemals Palästina betreten. Man werde sie bis Kriegsende in Mauritius festhalten und anschließend in ihr Ursprungsland zurückschaffen. Thomas Snow vom Außenministerium schrieb dazu: »Die Gewißheit, daß sie alle niemals Palästina betreten dürfen, ist vielleicht das einzige wirksame Mittel, sie von der Abreise abzuhalten.«

Den Kapitänen und Mannschaften der illegalen Einwandererschiffe drohte nun eine Höchststrafe von acht Jahren Gefängnis. Man hoffte im Außenministerium, daß dieses Risiko abschreckende Wirkungen zeitigte, daß sie diesen »einträglichen Verkehr« einstellen würden und daß die jüdischen Flüchtlinge sich durch das drohende Verbot, das Land je zu betreten, von der Reise abhalten ließen. Diese Hoffnung sollte sich nicht erfüllen. Sie beruhte wahrscheinlich auf der Unkenntnis des vollen Ausmaßes der nationalsozialistischen Verfolgungen, die jetzt auch in Rumänien einsetzten. Kein britischer Abschreckungsversuch konnte wirksam genug sein, um die Juden von der Flucht aus Europa abzuhalten.

Weizmann, der ständig zwischen Großbritannien und den Vereinigten Staaten pendelte, fühlte sich durch seine Gespräche mit der neuen britischen Regierung ermutigt; er nahm den Zorn, den die britische Politik innerhalb des Jischuw erregte, nicht zur Kenntnis. Shertok fiel die Aufgabe zu, MacMichael die Konsequenzen des permanenten Ausschlusses der nach Mauritius Verbannten zu erklären: »Man kann die provozierende Wirkung, die diese

Entscheidung auf die Masse der Juden hatte, nicht übertreiben. Sie brachte das Blut von Zehntausenden zum Kochen.« Und diesmal sollte der Zorn Anlaß zum Handeln sein.

Am 24. November erreichte die ›Atlantic‹ Haifa. Die Briten gingen daran, ihre tausendachthundert Passagiere und tausendachthundert Internierte aus dem Lager Athlit auf die ›Patria‹ zu schaffen. Aber die Haganah – die Militärorganisation Ben Gurions, Shertoks und anderer Führer der Jewish Agency – hatte beschlossen zu verhindern, daß die ›Patria‹ die Flüchtlinge aus Palästina abtransportierte. Sie ließen eine Bombe an ihrem Rumpf explodieren. Dies war kein vereinzelter Gewaltakt, es war die Politik der Haganah. Jedes Schiff, das Juden am Betreten ihrer nationalen Heimstätte hinderte, riskierte einen Angriff der Haganah.

Bobby Lustig, der wie die meisten jüdischen Polizeibeamten insgeheim der Haganah angehörte, verhörte gerade Flüchtlinge im Salon der ›Patria‹, als die Bombe explodierte: »Wir wußten nicht, worum es sich handelte. Wir vermuteten, daß die Italiener Haifa bombardierten. Aber dann begann das Schiff sich zur Seite zu legen, und alle eilten kopflos an Deck. Ich rettete mich, indem ich die beim Kentern sich nach oben kehrende Seite erkletterte. Andere sprangen ins Meer und erreichten schwimmend das Ufer. Aber zweihundert Flüchtlinge saßen in der Falle und ertranken.«

Die Haganah hatte die Sache verpfuscht. Der Leitende Haganah-Kommandant Israel Galili meint dazu: »Niemand erwartete, daß die Versenkung auf diese Weise enden würde. Entweder hat man die Sprengstoffmenge falsch berechnet, oder die Stahlplatten in der Nähe der Stelle, wo man den Sprengstoff plazierte, waren besonders verschlissen und konnten den Stoß der Explosion nicht aushalten ... Es war ein Irrtum der Fachleute.« Die Explosion hatte eine Beschädigung des Schiffes zum Ziel, die es ihm unmöglich machte die Flüchtlinge fortzutransportieren, aber in Wirklichkeit zerstörte sie den Schiffsbug und kostete das Leben von zweihundert Menschen.

1940 wußte niemand, daß die Haganah die Bombe gelegt hatte. Britische Denkschriften beschuldigten alle denkbaren Kreise – arabische Extremisten, jüdische Extremisten, deutsche Agenten. Jahrelang herrschte unter den Zionisten die Annahme, die Flüchtlinge hätten in ihrer Verzweiflung von Israel weggebracht zu werden, selbst die Explosion verursacht. Auch Bücher wie Arthur Koestlers ›*Promise and Fulfilment*‹ verbreiteten diese Ansicht. Ein kürzlich in Israel von einem »revisionistischen« Verlag veröffentlichtes Buch[47] behauptet, Lord Moyne sei der Verantwortliche für den Deportationsbefehl und damit für den Tod der Flüchtlinge[47]. Tatsächlich war Lord Moyne während des ganzen Jahres 1940 im Landwirtschaftsministerium tätig.

Am 27. November sprach Shertok mit MacMichael, nachdem er an der

Beerdigung der Opfer der ›Patria‹ teilgenommen und die Verletzten besucht hatte: »Sie seien menschliche Wracks, durch dieses Erlebnis völlig zerbrochen. Man hat das Gefühl, Menschen zu begegenen, die dem Tod ins Auge gesehen haben.«[48] MacMichael erwiderte, es handle sich wirklich um eine Tragödie, und »der Täter verdiene den Galgen«.[49] Aber dies ändere nicht die Situation der Überlebenden. Die Entscheidung sei gefallen, sie hätten Palästina zu verlassen.

Shertok wußte wahrscheinlich, daß Angehörige seiner eigenen Militärorganisation die Bombe gelegt hatten. Aber dies verringerte in keiner Weise seine Bereitschaft, die Briten für die Katastrophe verantwortlich zu machen. Er bezeichnete sie als »das Ergebnis der schärfsten Provokation«. Ganz Haifa hätte die Unglücksschiffe im Hafen gesehen, sei Zeuge des Elends der Flüchtlinge und sei entsetzt über den kalten Ton der britischen Verlautbarungen. MacMichael protestierte scharf gegen Shertoks Ausdrucksweise: »Man könnte meinen, die britische Regierung sei im Begriff, etwas Unmenschliches zu tun. Sie beabsichtigt nichts derartiges. Diese Leute sind Flüchtlinge, und die britische Regierung sorgt für sie, aber nicht in Palästina.«

MacMichael hatte den Eindruck, daß es Shertok und seinen Freunden weniger um das Schicksal der Flüchtlinge ging als um die zahlenmäßige Stärkung des Jischuw; diese sollte vermutlich der Vorbereitung künftiger Kämpfe gegen die Briten oder die Araber dienen. »Euch geht es nur um politische Ziele«, sagte er zu Shertok. Die zionistischen Politiker glaubten, daß jeder Jude auf der Welt ein Naturrecht zur Einwanderung nach Palästina habe. Die Briten vertraten dazu eine völlig andere Ansicht. Natürlich war den Zionistenführern das Schicksal der Flüchtlinge nicht gleichgültig. Aber nach MacMichaels Ansicht benutzten sie es auch, um das politische Ziel einer unbegrenzten jüdischen Einwanderung durchzusetzen.

Am gleichen Tag erörterte das Kabinett in London die Angelegenheit. Lloyd führte aus, daß in den letzten achtzehn Monaten fünfunddreißigtausend Juden nach Palästina gekommen seien, dies sei fast die Hälfte der im Weißbuch vorgesehenen Höchstzahl von fünfundsiebzigtausend[50]. Er hätte hinzufügen können, daß dreiundzwanzig Schiffe in den Jahren 1939 und 1940 illegale Einwanderer nach Palästina gebracht haben, daß vier dieser Schiffe wiederholte Fahrten gemacht und ungefähr dreizehntausend Einwanderer befördert hatten. Eine Entscheidung, die Überlebenden der ›Patria‹ in Palästina zu lassen, hätte nach Lloyds Worten die Regierung geschwächt und eine Ermutigung für weitere Sabotageakte dargestellt. Vermutlich auf Betreiben Churchills entschied das Kabinett jedoch, den Überlebenden durch einen außerordentlichen Gnadenakt den Verbleib in Palästina zu gestatten.

Man darf nicht vergessen, daß während des gesamten Novembers die Verantwortlichen in London auch Bomben standzuhalten hatten. In den beiden Jahren 1940 und 1941 fanden dreiundvierzigtausend britische Zivilisten, die Hälfte von ihnen Londoner, den Tod durch deutsche Luftangriffe. In der Nacht vom 14. auf den 15. November, auf dem Höhepunkt der Auseinandersetzung über die jüdischen Flüchtlingsschiffe, wurde die Stadt Coventry zehn Stunden lang ununterbrochen bombardiert, ein Drittel ihrer Häuser wurde zerstört, fünfhundertvierundfünfzig Menschen fanden den Tod.

Diese Tatsachen und die katastrophale allgemeine Lage Großbritanniens Ende 1940 erklären teilweise das mangelnde Mitempfinden der britischen Verantwortlichen für die Opfer der ›Patria‹ und die nach Mauritius Deportierten. Colville Barclay schrieb: »Für Mauritius wird es die Hölle sein. Die Juden sollten froh sein, daß sie in solch eine schöne Gegend geschickt werden.« Er schlug vor, ihre Schiffe nach Paraguay zu schicken, da viele Flüchtlinge Visa der paraguayischen Vertretung in Berlin besaßen. Charles Baxter meinte, »die Aussicht auf unbefristeten Ausschluß aus Palästina« sei als Abschreckungsmittel gegen illegale Einwanderung angemessener als »ein oder zwei Jahre in einer britischen Kolonie auf Kosten des britischen Steuerzahlers«. Harry Eyres schrieb: »Schiffe mit illegalen Einwanderern werden in Zukunft vermutlich Bomben an Bord haben, mit deren Hilfe man sie versenken kann, sobald sie den Hafen von Haifa erreicht haben«.

General Archibald Wavell, der im Begriff stand, eine bedeutende Streitmacht von Ägypten aus gegen die italienischen Truppen unter Marschall Rodolfo Graziani zu führen, protestierte gegen die Entscheidung, die Überlebenden der ›Patria‹ im Lande zu lassen: »Vom militärischen Standpunkt erscheint dies verhängnisvoll. Überall in der arabischen Welt wird bekannt werden, daß die Juden sich wieder erfolgreich gegen eine Entscheidung der britischen Regierung durchgesetzt haben und daß die Weißbuch-Politik revidiert wird ... Es wird sich herumsprechen, daß man nur durch gewaltsames Vorgehen gegen die Briten Erfolg haben kann ... Bitte, setzen Sie all Ihren Einfluß ein. Es geht um eine ernste Angelegenheit«.[51]

Das Kabinett blieb bei seiner Entscheidung, und Churchill sandte zur Erklärung einen Brief an Wavell: »Sie unter Zwang wieder fortzuschicken, hielte ich persönlich für einen Akt der Unmenschlichkeit, der des britsichen Namens nicht würdig ist ... Ich bezweifle, daß die Wirkung auf die arabische Welt so schlimm sein wird, wie Sie nahelegen. Wenn ihr Engagement für unsere Sache so schwach ist, daß es durch einen derartigen Akt der Hilfeleistung erschüttert werden kann, dann wird deutlich, daß unsere Versöhnungspolitik ihnen gegegenüber bisher nicht sehr erfolgreich war. Was sie viel mehr beeinflussen wird, ist meiner Ansicht nach jeder bedeutende britische militärische Erfolg.« Wavell telegraphierte zurück, er stimme Churchill zu, jeder britische Erfolg würde jeden arabischen Wunsch beseitigen, »pro Patria mori« – für ihr Vaterland zu sterben – oder für die ›Patria‹.

Dieser »besondere Gnadenakt« galt nicht für die anderen Einwanderer im Lager Athlit. Innerhalb weniger Tage sollten die Vorbereitungen getroffen werden, um sie nach Mauritius zu verschiffen. Die zionistischen Politiker hatten die Briten davor gewarnt, was in diesem Fall geschehen würde. Die Einwanderer hatten die Absicht, jeden Schritt zu verweigern. Zwei Polizisten müßten jede Person tragen. Der Generalinspekteur der Polizei, Alan Saunders, leitete deshalb persönlich die Operation. Er befreite alle jüdischen Wächter und sonstigen Beschäftigten des Lagers für den Abend des 8. Dezember von ihren Dienstpflichten. Stattdessen setzte er hundertfünfzig britische Polizisten ein. Sie hatten die Aufgabe, die Verladung zu überwachen.

Es gibt verschiedene Versionen über die Geschehnisse am Morgen des 9. Dezembers. Sicher ist, daß die jüdischen Frauen um fünf Uhr früh in ihren Hütten zu schreien und zu protestieren begannen. Die Polizei erhielt die Mitteilung, daß die Flüchtlinge ihre Hütten auf keinen Fall verlassen wollten, sie hätten all ihren Besitz auf dem Boden ausgebreitet und lägen nackt oder halbnackt auf ihren Betten. Um sechs Uhr teilte man den Flüchtlingen mit, ihr Frühstück sei fertig, aber sie reagierten darauf nicht.

Dann erhielten sie die Warnung, die Verladung beginne um 7.30 Uhr; falls sie sich weigerten zu gehen, werde man sie auf die Lastwagen tragen. Superintendent F. M. Scott schildert die Ereignisse in seinem Tagebuch: »Führte den Trupp in das Männerlager und räumte die Hütten auf einen Schlag. Alle Männer waren nackt, die meisten lagen auf den Betten und weigerten sich aufzustehen, sie wurden aus ihren Betten gekippt, nach draußen gestoßen und bekamen jeder eine Decke.«

Saunders schreibt: »Sobald die britischen Polizeieinheiten die ersten Hütten betraten und den Bewohnern ihre Decken wegnahmen, gingen die Männer mit wenigen Ausnahmen zu den Lastwagen, ohne daß Gewalt angewandt werden mußte ... Ich war selbst Zeuge der Verladung der gesamten Gruppe. Einige wenige lud man in Decken auf die Wagen, da sie sich weigerten zu gehen, zwei beförderte man auf Tragen, sie hatten sich in einen hysterischen Zustand hineingesteigert und wurden ärztlich untersucht. Mit wenigen Ausnahmen läßt sich die Haltung der Männer als widerspenstige Resignation bezeichnen.«[52]

Inzwischen hatte ein anderes Schiff, die ›Salvador‹, am 3. Dezember mit dreihundertachtzig tschechoslowakischen und bulgarischen Juden Varna verlassen. Die bulgarische Polizei hatte ihre Pässe eingezogen, vermutlich um zu verhindern, daß man sie zurückschickte. Am 7. Dezember erreichte das Schiff Istanbul. Dort hielten es starke Westwinde vier Tage lang auf. Während dieser Zeit bemühten sich britische Vertreter intensiv, die türkischen Behörden zu veranlassen, der ›Salvador‹ die Weiterreise nicht zu gestatten.[53]

Man wies die türkischen Verantwortlichen darauf hin, daß sie nach Artikel 3 der Konvention von Montreux, die den Verkehr durch die Dardanellen regelte, das Recht hatten, Schiffe einer sanitären Inspektion zu unterziehen. Nach den Worten eines britischen Vertreters konnte diese Untersuchung als »ein ausgezeichneter Vorwand« dienen, um ein Schiff aufzuhalten oder gar endgültig festzuhalten, wenn man irgendeine der in der Konvention erwähnten Krankheiten an Bord entdeckte. Colville Barclay machte einen anderen Vorschlag: Die Türken »sollten darauf vorbereitet sein, das Schiff festzuhalten oder zurückzuschicken«, da die Bulgaren die Konvention über die Sicherheit auf See verletzt hätten, indem sie dem Schiff die Abreise erlaubten.

Die ›Salvador‹ erreichte die Dardanellen nicht. Sie verließ Istanbul am 11. Dezember bei ruhigem Wetter, aber spät nachts kam ein südwestlicher Sturm auf. Schwere Brecher trieben das Schiff in der Nähe von Lilivri, dreißig Meilen von Istanbul, auf Felsen, der Bug wurde zerstrümmert, und das Schiff sank kurz darauf. Zweihundert jüdische Passagiere ertranken, unter ihnen befanden sich siebzig Kinder.

Am 18. Dezember erhielt der britische Botschafter Hugh Knatchbull-Hugessen aus London die folgende Aufforderung: »Bitte drängen Sie die türkische Regierung, im Interesse der Stabilität im Nahen Osten alles Mögliche zu tun, um die Überlebenden daran zu hindern, auf dem Landweg oder sonstwie Palästina zu erreichen.« Der Botschafter erwiderte zwei Tage später: »Die türkische Regierung hat mir mitgeteilt, daß die Überlebenden sich in Istanbul in einem mitleiderregenden Zustand befinden. Die türkische Regierung wird der bulgarischen Regierung mitteilen, daß diese Juden nach Bulgarien zurückgeschickt werden.«[54] Auf dem Rand dieses Briefes findet sich die handschriftliche Bemerkung: »Gut«.

Die Zionisten steckten in einem furchtbaren Dilemma. Sie waren Gegner der britischen Politik in Palästina. Aber wie konnten sie daraus wirksame Konsequenzen ziehen, solange sie gleichzeitig einen britischen Sieg über Deutschland herbeisehnten und dafür arbeiteten? Die Angelegenheit war um so schlimmer, da sich die britische Seite nicht in einem solchen Dilemma befand. Churchill sprach für sein Land, als er sagte: »Ich habe nur ein Ziel, die Niederlage Hitlers, und mein Leben wird dadurch sehr viel einfacher.« Gegenüber diesem alles bestimmenden Ziel waren seine Sympathien für den Zionismus zweitrangig.

Logischerweise betrachtete Großbritannien das Nahostproblem vom Standpunkt seiner Auswirkungen auf den Kriegsverlauf. Gerade von den Juden erwartete es uneingeschränkte Unterstützung, sie sollten die große Auseinandersetzung nicht durch Nebensächlichkeiten schwieriger machen, sie sollten ihre Zionssehnsucht und sogar ihr Mitgefühl für die Juden in Europa dem Hauptziel unterordnen. Auch unter Churchill glaubten die Briten, daß sich einige zionistische Politiker nicht entsprechend verhielten. Statt sich auf das Kriegsziel zu konzentrieren ging es ihnen um eigene politische Hoffnungen und persönliche Sorgen. Sogar von ihrem eigenen Interessenstandpunkt schien dies eine Absurdität zu sein.

In den kühlen Köpfen der Entscheidungsträger in London erschien es unsinnig, die Flucht von den Schwarzmeerhäfen zu ermutigen oder zu gestatten. Die Juden mußten doch die militärischen Konsequenzen dieses Verkehrs, den die Deutschen geschickt ermöglichten, verstehen. Wie viele Juden hofften sie auf diese Weise retten zu können? Es konnte sich doch nur um einige tausend, höchstens einige zehntausend handeln. Und die Folge wäre möglicherweise ein Bündnis der Araber mit Deutschland, dessen unvermeidliche Konsequenz die Vertreibung der Briten aus Palästina und die Vernichtung des Jischuw sein würde. Konnte man dieses Risiko eingehen, nur um zehn- oder zwanzigtausend Menschen zu retten?

Solche gründlichen, emotionsfreien Überlegungen beeindruckten die zionistischen Politiker nicht und noch weniger ihre Anhänger, die Juden Palästinas und der Vereinigten Staaten. Sie hatten den Eindruck, daß ihre Brüder von Männern, die mit ihrem Versprechen einer jüdischen nationalen Heimstätte bereits Vertrauensbruch begangen hatten, gefühllos geopfert wurden. Wäre es um das Leben von Briten gegangen, so hätte London ihrer Vermutung nach alles versucht, um sie zu retten. Die arabische Drohung schien ihnen unglaubhaft. Die Araber würden keine Schwierigkeiten bereiten, denn sie spielten militärisch kaum eine Rolle und waren politisch eng mit den Briten verbunden.

Selbst wenn es einige weitsichtige und politisch denkende jüdische Führer gab, die die britische Furcht vor einer arabischen Rebellion teilten, die die Schwierigkeiten sahen, in Kriegszeiten eine sehr große Zahl von Einwanderern aufzunehmen, so konnten sie doch nicht den britischen Wünschen entsprechen. Sie waren Politiker, und ihre Wähler – die Angehörigen des Jischuw – waren verzweifelt und zornig wegen dieser Angelegenheit. Vermutlich war es ihnen auch gefühlsmäßig unmöglich zu schweigen, als diese wenigen armen Geschöpfe, die sich aus dem nationalsozialistischen Deutschland hatten freikaufen können, von der Polizei mißhandelt und wie Kriminelle behandelt wurden.

Deshalb teilte Weizmann in einem Schreiben vom 24. Januar 1941 die sehr schweren Anschuldigungen gegen die Polizisten mit, die die Flüchtlinge von der ›Atlantic‹ am 9. Dezember aus Athlit auf das Schiff nach Mauritius geschafft hatten. Weizmann legte die Aussagen von drei jüdischen Augenzeugen bei, wonach die Polizei sadistisch und brutal gehandelt habe: »Es war fürchterlich, die Frauen zu sehen: halbnackt, heulend, sich im Staub wälzend, sich die Haare ausreißend ... Britische Polizisten standen dabei und lachten ... Nachdem ein Trupp Polizisten eine Baracke betreten hatte, hörte man aus dem Inneren das schreckliche Kreischen geschlagener Tiere ... Bei jedem Schlag aufs nackte Fleisch schrien sie wie ein verwundetes Tier ... Auf jeden Schrei der Geschlagenen, auf jeden Verzweiflungsschrei folgte ein Ausbruch von Gelächter und Hohn.«[55]

Shertok legte einen emotionsgeladenen Brief bei, in dem er behauptete, die Ereignisse von Athlit seien schlimmer als alles, was je in der Geschichte des Jischuw selbst unter den Türken vorgekommen sei. Die Vorstellung, einen Juden zu deportieren, »nachdem es ihm gewährt worden war, seinen Fuß auf das Gelobte Land zu setzen«, werde wahrscheinlich »die Massen des Jischuw zum Handeln treiben, zu Straßen- und Eisenbahnblockaden und zu blutigen Auseinandersetzungen mit den Behörden« provozieren. »Unser Blut kocht angesichts dieser Niederträchtigkeiten gegen uns«. Lloyd erhielt den Hinweis, die Zionisten in den Vereinigten Staaten könnten Greuelgeschichten über die britischen Brutalitäten verbreiten. Daraufhin bat er MacMichael um eine Untersuchung. Saunders und seine Untergebenen hat man niemals mit den drei unbekannten jüdischen Augenzeugen konfrontiert. In ausführlichen Stellungnahmen leugneten sie alle Anschuldigungen. »Wenn man versucht, eine Gruppe von Leuten in Bewegung zu setzen, die sich nicht bewegen wollen, dann muß man etwas Gewalt anwenden«, meinte einer der beteiligten Polizisten. MacMichael vertrat den Standpunkt, nachdem sich die Flüchtlinge geweigert hätten, ihre Hütten zu verlassen, sobald sie »die Waffen der Nacktheit« und eine »Duchoborzen[56]-Taktik« einsetzten, habe die Polizei das Recht und die Pflicht gehabt, zur Durchführung ihrer Aufgabe ein »gewisses Maß« an Zwang anzuwenden.[57]

Die widersprüchlichen Aussagen, die Anonymität der jüdischen Zeugen und die Kriegsnotwendigkeiten ließen eine gründliche Untersuchung, die die volle Wahrheit an den Tag gebracht hätte, nicht zu. Insbesondere ließ sich nicht feststellen, ob die Polizei ein zu großes Maß an Gewalt angewandt hatte. Deshalb hat man den Athlit-Skandal nie voll aufgeklärt. Weizmann teilte Lloyd mit, daß die Vorwürfe seiner Meinung nach berechtigt seien. Dies erzürnte MacMichael, der entgegnete, daß sich Weizmanns Meinung auf Informationen aus dritter Hand gründe, daß sich Shertoks »Geheul« auf Informationen aus zweiter Hand stütze und daß »die jüdische Vorstellung von einem Polizeichef, der mit gehässiger Freude einer sadistischen Orgie britischer Brutalität vorsteht, bloß lächerlich« sei.

MacMichael benutzte die Gelegenheit, um dem Ärger Ausdruck zu geben, den die britischen Beamten über die jüdischen Politiker zu empfinden begannen: »Hier handelt es sich um eine grundsätzliche Angelegenheit. Hat jeder Jude das Recht, nach Palästina zu kommen? Hat jeder Jude, der Palästina erreicht, das Recht, dort zu bleiben?« Er wies Lord Moyne, der Lloyd als Kolonialminister nachgefolgt war, darauf hin, daß die Standpunkte der Regierung und der Jewish Agency zu diesem Problem unversöhnbar seien. Aber nach den Mandatsbestimmungen hatte die Agency ein Mitspracherecht bei der Verwaltung Palästinas. Sie war sozusagen »ein Staat im Staate« (»imperium in imperio«). Wie lange, fragte sich MacMichael, würde Großbritannien diese Situation noch hinnehmen können »und mit einer Körperschaft zusammenarbeiten, die uns, unsere Politik und unsere Gesetze, offen herauszufordern entschlossen ist«.

In Erwartung eines deutschen Angriffs auf Palästina

Die Übernahme der Leitung des Kolonialministeriums durch Moyne am 4. Februar 1941 hatte für die Zionisten zwei willkommene Veränderungen zur Folge. Erstens kam es am 27. Februar zur Entlassung Moshe Dayans und seiner zweiundvierzig Haganah-Kameraden.[1] Diesem Schritt lag die Annahme zugrunde, daß man diese Leute bald für wichtige Aufgaben benötigen würde. Zweitens übernahm Malcolm MacDonald das Amt des Hohen Kommissars in Kanada. MacDonald meint dazu: »Churchill hat damit möglicherweise meine Degradierung beabsichtigt, aber so hat er es mir nicht dargestellt. Er behauptete, daß Premierminister Mackenzie King ausdrücklich um meine Entsendung gebeten habe.« MacDonald sollte später noch viele hohe Verwaltungsämter im Empire und im Commonwealth innehaben, aber er kehrte niemals ins politische Leben zurück.

Die Zionisten waren über MacDonalds Abreise ans andere Ufer des Atlantiks sehr erfreut. »Stimm das Lied der Deborah an«, sprach Walter Elliot zu Baffy Dugdale und erinnerte an die poetischen Verse im fünften Kapitel des ›Buchs der Richter‹, wo die Niederlage der Kanaaniter besungen wird und Jael den Feldherrn Sisera tötet: Mit einem Zeltpflock durchbohrte sie seinen Schädel. »So müssen umkommen, Herr, all deine Feinde!«

Zu dieser Zeit begann die jüdische Beteiligung am Krieg in kleinem Ausmaß; Churchill hatte immer gewünscht, daß die Juden im Krieg eine Rolle spielen und ihre Siedlungen selbst verteidigen sollten. Das Außen- und das Kriegsministerium machten ihn auf die großen Gefahren, die in einem solchen Plan steckten, aufmerksam. Daraufhin entschied er sich, den Gedanken an eine offizielle jüdische Armee zurückzustellen, da er mit zu vielen politischen Problemen belastet schien, und statt dessen informelle Abmachungen mit der Haganah zu treffen und sie auf den aktiven Dienst vorzubereiten. All dies mußte im Geheimen geschehen, verantwortlich waren M I 4, eine Abteilung der militärischen Abwehr, und die Spionageorganisation Special Operations Executive (SOE). Die palästinensischen Behörden durften nichts von diesen Aktivitäten erfahren, da sie scharf gegen die Haganah eingestellt waren.

Deshalb reiste Ende 1940 ein seltsames Trio nach Palästina – Churchills

Freund Arnold Lawrence, ein Archäologieprofessor und Bruder des berühmten Thomas Edward Lawrence, Nicholas Hammond, ein Hochschullehrer, und Henry Barnes, ein Abenteurer. Sie kamen, um die moderne jüdische Armee ins Leben zu rufen. Ihr Quartier war in einem kleinen Hotel, der Pension Wolstein auf dem Berg Karmel. Sie hatten einen Verbindungsmann im Jerusalemer Sekretariat der Mandatsverwaltung, Oberst Shelley, der ihren Kontakt in Kairo erleichterte; einen weiteren Agenten hatten sie im Hafen von Haifa, der bei der Einfuhr von Ausrüstungen – leichten Maschinengewehren, Handgranaten und Plastikbomben – behilflich war.

Hammond erinnert sich: »Ich besaß zu Anfang überhaupt keine militärischen Kenntnisse. Ich hatte Altphilologie gelehrt. Von Barnes lernte ich sehr viel, und bald war ich imstande, es weiterzugeben. Wir mußten sie über den Umgang mit einer Menge neuer Waffen und Techniken instruieren – Plastiksprengstoffe zum Beispiel. Sie verfügten über eine sehr große Zündleistung, und man konnte die Explosionsrichtung beeinflussen, indem man sie an einer Seite mit dünnem Material und an den anderen mit dickem abdeckte. Eine Haftmine von der Größe eines Herrenhutes konnte eine ganze Schiffsseite aufreißen. Man benötigte den Sprengstoff, einen Behälter, einen Zünder und eine Uhr.«

Lawrence verließ das Team bald. Wie sein Bruder sympathisierte er mit den Arabern. Er fürchtete, daß die Ausbildung, an der er beteiligt war, eines Tages rein zionistischen Zielen dienen könnte und Briten und Arabern schaden würde. Aber London schickte weitere Instrukteure, die dreiwöchige Ausbildungskurse in den Kibbuzim durchführten. Hinzu kam eine kleine Gruppe von Gaullisten, die einen Radiosender auf dem Berg Karmel errichteten, von dem aus sie Propaganda ins Vichy-besetzte Syrien verbreiteten. Sie erhielten drei kleine Schiffe, mit denen sie Stoßtruppunternehmen an der italienischen und libanesischen Küste durchführen wollten. »Wir gründeten die jüdische Marine«, meint Hammond. Sie unterhielten eine als »ME 102« bekannte Ausbildungsanstalt, in der sie jüdische Geheimagenten, deren Muttersprache deutsch war, für den Einsatz im nationalsozialistischen Europa vorbereiteten.

Sie gewannen auch das Vertrauen der Jewish Agency. Yigal Yadin, seit 1977 Stellvertretender Ministerpräsident Israels, gehörte damals der Hilfspolizei und der Haganah an: »Die M I 4-Leute interessierten sich nur für den Kampf gegen Deutschland und nicht für lokale Probleme. Die britische Politik gegenüber den Juden war ihnen völlig gleichgültig. So konnte man sich gegenseitig etwas vorspielen. Sie wußten, daß wir unsere Waffenlager aufstockten, daß wir gleichzeitig für sie und für die Haganah arbeiteten, und wir wußten, daß sie dies wußten. Aber sie hatten ein anderes Ziel als die britischen Behörden im Lande. Und so rüsteten sie buchstäblich tausende unserer

Leute mit Geld, Ausbildung, Radios, Waffen aus – und das alles auf ganz legale Weise.«

Die Haganah zahlte für diese Zuwendungen, indem sie der SOE wertvolle Spezialkenntnisse zur Verfügung stellte. Sie versorgte die Briten mit Sprachexperten, an denen es ihnen sehr mangelte. Sie konnten Neuankömmlinge aus Polen, Rumänien und Deutschland in ihrer Sprache befragen, sie konnten sie als Landsleute ansprechen. Im Haganah-Hauptquartier in Haifa sammelte man Karten, Dokumente, Bildpostkarten und mündliche Zeugenaussagen, die man dann für Kriegszwecke an die SOE lieferte.

Aubrey Eban, der über gute Verbindungen zu den Zionistenführern und zu den führenden Kreisen Großbritanniens verfügte, erhielt die Stellung eines Verbindungsmannes zwischen der SOE und der Haganah: »Es war seltsam, grundsätzlich bestand die britische Politik auf der Entwaffnung der Juden, aber hier war eine britische Institution, die versuchte, sie möglichst waffenstark und kampffähig zu machen. Wir fühlten uns wie auf einer Insel, in einem Vakuum. Die Polizei nahm waffentragende Juden fest, und ich hatte die Aufgabe, sie wieder loszueisen. Ich ging mit meinem SOE-Ausweis zur Polizei und erklärte, der Betreffende trage Waffen im Auftrag der SOE. Durch meinen SOE-Ausweis konnte ich ihn freibekommen.«

David Hacohen, ein anderer wichtiger Verbindungsmann, erinnert sich: »Die Briten wußten, daß ich meine Stellung ausnutzte, um der Haganah zu helfen. Sie wußten, daß ich die illegale Einwanderung unterstützte.« Man duldete auch, daß die jüdischen Rekruten schnell wechselten, damit die Gesamtzahl der Ausgebildeten stieg. »Die Zahl blieb gleich, die Leute wechselten«, erinnert sich Eban. Und die gleichen britischen Offiziere gründeten auch den ›Palmach‹ – die »Elitetruppe« der Haganah.

Yigal Allon war einer der ersten Palmach-Offiziere: »Ich war Polizeisergeant, aber gleichzeitig war ich Kompanieführer der Haganah. Für die Briten war ich ein Unteroffizier, für die Haganah ein Offizier. Die Briten erkannten den Palmach so weit an, daß ich Ausweise erhielt und in ganz Palästina, ja bis nach Kairo reisen durfte. So genoß ich einen doppelten Vorteil. Ich unterstand keinem ausländischen Kommando, und gleichzeitig hatte ich die volle Unterstützung der britischen Behörden.«

»Sie halfen uns auch, den Palmach zu finanzieren; wenn sie uns Geld für fünfhundert Leute gaben, bezahlten wir dreimal so viele damit. Wir bezahlten nicht den vollen Sold, sondern nur den Lebensunterhalt und etwas Taschengeld. Die Briten vermuteten, daß dies geschah. Einige von ihnen waren nicht dumm. Sie sahen immer wieder neue Gesichter an der Ausbildung teilnehmen. Aber sie arbeiteten gerne mit uns zusammen. Sie vertrauten uns und dies völlig zu Recht.«

Der Palmach kam bald zum Einsatz. Am 6. April 1941 drang Deutschland nach Jugoslawien und Griechenland ein. Im vorhergehenden Winter hatte die griechische Armee erfolgreich gegen Italien gekämpft, aber dem deutschen Angriff konnte sie nicht widerstehen, trotz britischer Verstärkungen kapitulierte sie am 24. April. Die britischen und griechischen Streitkräfte verteidigten Kreta in harten und erbitterten Kämpfen, doch Ende Mai mußten die Briten unter schweren Verlusten die Insel wieder verlassen. Zu diesem Zeitpunkt gab es für die britischen Informationsdienste gute Gründe anzunehmen, daß der Kern der deutschen Wehrmacht im Begriff stand, in die Sowjetunion einzufallen. Kreta liegt nur fünfhundert Meilen von den Küsten des Libanons und Syriens entfernt. Britische Sachverständige vermuteten, eine kleine deutsche Streitmacht könnte unter Zustimmung der französischen Vichy-Behörden Syrien besetzen. Sie wäre dann in der Lage, durch den Irak und den Iran nach Indien vorzudringen. Dies hätte für Großbritannien eine Katastrophe bedeutet. Deshalb versuchte es, einem solchen Schritt der Deutschen zuvorzukommen, indem es nach Syrien eindrang und seine strategisch wichtigen Gebiete besetzte.

Der Palmach war bereit, dabei zu helfen. Unter seinen Kämpfern befanden sich orientalische Juden, die man nach Sprache und Aussehen für Araber halten konnte, sie drangen nach Syrien ein, führten Sabotageakte durch und beschafften Informationen. Am 18. Mai machte sich Major Anthony Palmer mit dreiundzwanzig jungen Juden in einem kleinen Boot, dem ›Sea Lion‹, auf, um die Ölraffinerien in Tripoli an der libanesischen Küste zu zerstören. Sie verschwanden spurlos, und bis heute weiß man nichts Sicheres über ihr Schicksal. Andere Palmach-Mitglieder, darunter Moshe Dayan, der in diesen Kämpfen ein Auge verlor, dienten als »Pfadfinder« der alliierten Streitkräfte, die aus Australiern, Briten, Indern, Juden und Freien Franzosen bestanden, als diese am 8. Juni über die Bergpässe nach Syrien und dem Libanon eindrangen.

Yigal Allon führte eine kleine Gruppe Juden über die libanesische Grenze, sie eroberten eine Brücke über den Litani-Fluß und kehrten mit vier gefangenen Vichy-Franzosen nach Palästina zurück. Dort traf Allon einen Oberst der 7. australischen Division: »Der Oberst war sehr erfreut über unseren Erfolg und wollte Kriegsauszeichnungen für uns beantragen. Wir rieten davon ab, weil wir nicht offiziell den britischen Streitkräften angehörten, aber könnten wir die Siegesbeute nicht teilen? Er sollte die Gefangenen übernehmen und wir ihre Waffen. Er stimmte zu, gab uns die Waffen und lud uns ein, uns von einem Stapel Waffen zu bedienen, den er bei den Franzosen beschlagnahmt hatte. Wir luden sie auf einen Lastwagen, nahmen sie mit und setzten sie Jahre später gegen die Briten ein.«

Die Lage im Irak machte den Briten inzwischen zunehmend Sorgen. Die Tage der briten-freundlichen Herrschaft des Premierministers Nuri es-Said und des Regenten Prinz Abd ul-Illah waren vorüber. Zweifel an der britischen Fähigkeit, den Krieg erfolgreich fortzusetzen, und die Einschränkungen des Vertrages mit Großbritannien hatten zur Unzufriedenheit in der irakischen Armee geführt, die jetzt unter der Führung von vier einflußreichen Obersten, den »Goldenen Vier«, stand. Ihre Bereitschaft zur Erfüllung britischer Wünsche sank ständig. Anfang 1941 kam es zu einer Krise, die den Rücktritt Nuris vom Amt des Außenministers und die zeitweilige Flucht des Regenten aus Bagdad zur Folge hatte. Das Amt des Premierministers ging von Rashid Ali el-Kiliani auf den schwachen Taha el-Hashimi über.

Im Januar 1941 schickte der Mufti von Jersualem seinen Sekretär Osman Haddad nach Berlin. Haddad überbrachte Hitler einen Brief, in dem der Mufti seine Sympathie für das nationalsozialistische Deutschland wiederholte und »die wohlverdiente Niederlage der anglo-jüdischen Koalition« voraussagte.[2] Er schlug ein deutsch-arabisches Bündnis vor, um gemeinsam die arabische Unabhängigkeit durchzusetzen, die jüdische nationale Heimstätte aufzulösen und »die Judenfrage« zu lösen.

Am 28. Februar 1941 trafen Rashid Ali und einige andere Prominente im Hause des Mufti in der Zahawi-Straße in Bagdad zusammen und gründeten ein Geheimkomittee mit dem Ziel, die engen Bindungen des Irak an Großbritannien zu lösen.[3] Im Laufe eines Monats konnten sie sich der Unterstützung des größten Teils der irakischen Armee versichern und den Staatsstreich vorbereiten, durch den Raschid Ali am 1. April wieder das Amt des Regierungschefs erlangte. Die meisten pro-britischen Politiker flohen nach Amman unter den Schutz des Emirs Abdullah von Transjordanien.

Die schnellen deutschen Siege in Griechenland und Jugoslawien ermutigten die neue irakische Regierung. Als Reaktion auf das Schreiben des Mufti stimmte Deutschland allen arabischen Unabhängigkeitsforderungen und dem gemeinsamen Kampf gegen die Briten und die Juden zu.[4] Deutsche Panzer unter Marschall Rommel drangen bis el-Agheila, vierhundert Meilen vor der ägyptischen Grenze, vor, unterwegs eroberten sie Bengasi und das gesamte Gebiet, das Wavell im November Graziani weggeommen hatte. All dies geschah im April 1941.

Rashid Ali versicherte die Briten ständig seiner freundlichen Absichten, sein einziges Ziel sei es, die Unabhängigkeit und Neutralität seines Landes zu bewahren. Aber die Briten wußten von seinen Beziehungen zu Deutschland und Italien. Deshalb beschlossen sie, ihre Basis Basra im Süd-Irak zu verstärken. Als Rashid Ali dabei Schwierigkeiten machte, setzten sie ihre Verstärkungen fort. Seine Antwort bestand darin, mit neuntausend Soldaten und fünfzig Kanonen den britischen Flugstützpunkt Habbaniya anzugreifen. Die Kämpfe begannen am 2. Mai, die Iraker beschossen den Stützpunkt, und die Briten bombardierten die Angreifer.

Für viele britische Arabienkenner ging nun der Alptraum in Erfüllung, den sie seit Jahren gefürchtet hatten. Indem es die arabische Stimmung besonders hinsichtlich Palästinas ignorierte, hatte sich Großbritannien in einen Konflikt mit einer bedeutenden arabischen Nation verwickelt. Jetzt bestand der einzige Ausweg in Verhandlungen. Anderenfalls erschien die britische Position im Nahen und Mittleren Osten auf das äußerste gefährdet. Vertreter der britischen Mandatsverwaltung in Palästina berichteten, am Geburtstag des Propheten habe es Massenversammlungen zur Unterstützung des Mufti gegeben. Gleichzeitig habe man den Arabern, die den Mufti bekämpft hatten, Rache für den Augenblick angedroht, wo der Mufti an der Spitze der siegreichen irakischen Armee nach Palästina zurückkehren würde.[5]

In einem Bericht an das Kriegskabinett nahm General Wavell wieder den pro-arabischen Standpunkt ein, den er schon sechs Monate zuvor zur Frage der Behandlung der Überlebenden der ›Patria‹ eingenommen hatte: »Ich halte es für meine Pflicht, Sie auf das Nachdrücklichste zu warnen, daß weitere Kämpfe im Irak eine ernsthafte Gefahr für die Verteidigung Palästinas und Ägyptens darstellen. Die politischen Auswirkungen sind unberechenbar und können zu dem führen, was ich fast zwei Jahre lang zu vermeiden versucht habe, nämlich ernsthaften Schwierigkeiten innerhalb unserer Stützpunkte. Daher fordere ich wieder auf das Nachdrücklichste, daß möglichst bald eine Abmachung ausgehandelt wird.«[6]

Churchill und seine Kollegen sahen die Lage anders. Ihrer Ansicht nach arbeitete Rashid Ali schon seit Monaten mit Deutschland und Italien zusammen. Seine Freundschaftsbeteuerungen hielten sie nur für einen Versuch, Zeit zu gewinnen, bis er Hilfe aus Deutschland bekam, die ihn handlungsfähig machte. Da die Kämpfe nun begonnen hatten, war jedes Zögern äußerst gefährlich. Zogen sich die Briten zurück, so würde Rashid Ali sofort vom Feind Hilfe erbitten und erhalten. Innerhalb weniger Tage könnten Syrien und der Irak erobert sein. Die britischen Stützpunkte in Palästina und Ägypten wären dann eingekreist. Sie würden eine solche Reihe erniedrigender Niederlagen nie überstehen.

Wavells Ansicht setzte sich nicht durch, und die britischen Streitkräfte in Habbaniya bekamen den Befehl, die Iraker abzuwehren. Dies taten sie erfolgreich. Am 7. Mai war die Belagerung beendet. Churchill befahl ihnen weiterzukämpfen. Am 11. Mai 1941 überbrachte Fritz Grobba, der als deutscher Gesandter nach Bagdad zurückgekerht war, dem Mufti eine große Geldsumme, und hörte sich seine Pläne für eine »in nächster Zeit beabsichtigte größere Unternehmung [in] Palästina« an.[7] Am nächsten Tag erkannte die Sowjetunion in einem der letzten und phantastischsten Schritte ihrer pro-nationalsozialistischen Außenpolitik Rashid Alis Regierung an. Ein Pogrom in Bagdad kostete etwa hundertfünfzig Juden das Leben.

Die Irgun tauchte in der fremdartigen Rolle des Verbündeten Großbritanniens auf. Nicholas Hammond berichtet: »Die Juden hatten sehr gute Verbindungen im Irak. Wir bereiteten Sprengkörper für sie vor, die für Rashid Alis Versorgungslager bestimmt waren.« Die SOE bat den Irgun-Oberkommandanten David Raziel, die Führung eines solchen Einsatzes zu übernehmen. Er und sein Kommandant in Tel Aviv, Yaakov Meridor, erklärten sich bereit, den Einsatz persönlich zu führen. Die Ziele waren das Sammeln von Informationen, die Zerstörung der Ölversorgung Bagdads und möglicherweise sogar die Entführung des Mufti. Die Irgun-Führer erhofften als Gegenleistung, von den Briten Waffen zu erhalten, die sie bei ihren Einsätzen verwenden konnten, und schließlich die Erfüllung einiger ihrer politischen Wünsche. Am 13. Mai flogen sie nach Habbaniya, aber bevor sie nach Bagdad weiterreisen konnten, fand Raziel in seinem Wagen durch eine Bombe eines vereinzelten deutschen Flugzeugs den Tod. Das bedeutete das Ende dieses Einsatzes und der kurzen Episode der Zusammenarbeit zwischen der Irgun und den Briten.

Britische Streitkräfte drangen von Süden und Westen gegen Bagdad vor. Grobba bat um Hilfe, die Hitler am 23. Mai auch versprach, aber sein Interesse konzentrierte sich jetzt auf Rußland, das einen Monat später von nicht weniger als hundertvierundsechzig Wehrmachtsdivisionen angegriffen werden sollte – dies war ein Dutzendfaches der Streitkräfte, die im Nahen Osten im Einsatz standen. Daher konnten die Briten Ende Mai Bagdad wiedererobern und die Macht ihrer Freunde wiederherstellen. Der Mufti und Rashid Ali flohen nach Mossul und von dort nach Persien. Churchill schrieb dazu: »Hitler verschenkte gewiß die Gelgenheit, im Nahen Osten mit geringen Kosten viel zu gewinnen.«[8] Grobba erwartete: »Das deutsche Prestige wird lange darunter leiden.«[9] Durch das feste Vorgehen im Irak und in Syrien gewannen die Briten nach den Katastrophen in Nordafrika, Kreta und dem Balkan ihr Ansehen zurück.

Aber es war ein knappes Rennen gewesen. Für die schwachen britischen Truppen hatte es eine Beanspruchung bis aufs Äußerste bedeutet. Gegen den Rat seines Oberkommandierenden am Ort hatte Churchill darauf gesetzt, daß Hitler es nicht günstig finden würde, im Mai und Juni durch Ägypten vorzudringen oder die Armee des Irak oder der Vichy-Franzosen zu unterstützen. Was wäre geschehen, wenn dieses Glücksspiel schief gegangen wäre? Der Mufti hätte triumphiert, und die arabische Welt wäre ihm gefolgt.

In den Augen der Zionisten hatten die britischen Siege gezeigt, wie schwach die Araber waren und wie überflüssig daher die pro-arabische Politik der Briten war. Aber den meisten britischen Verantwortlichen schienen die Siege bloß Glückssache gewesen zu sein und damit ein Beleg für die gefährdete Stellung Großbritanniens in diesem Gebiet. Sie bestätigten nur die Ansicht, daß ein pro-britischer Gleichgewichtszustand von der Fortsetzung der Weißbuch-Politik abhing.

Die Tatsache, daß der Mufti erneut eine Niederlage erlitten hatte, bestärkte die britische Meinung, daß die Politik des Weißbuchs nun eine echte Erfolgschance habe. Dreimal hatte der Mufti fliehen müssen – aus Jerusalem, aus Beirut und aus Bagdad –, nun hatte er in der japanischen Botschaft in Teheran Unterschlupf gefunden und saß dort in der Falle. Es schien diesmal wahrscheinlich, daß die Briten ihn fassen könnten. Tom Dupree schrieb von »der Steigerung unseres Prestiges, wenn wir den unzuverlässigsten Charakter unserer Zeit zu fassen bekämen«.[10] Anthony Eden versprach im Unterhaus, alles würde getan, um den Mufti festzunehmen, man betrachte ihn als den gefährlichsten anti-britischen Agenten im Orient.

Was aber hätte man mit dem Mufti anfangen sollen, wenn man ihn fing? Sollte man ihn nach Palästina bringen und dort vor Gericht stellen? Wenn man ihn schuldig sprach, sollte man ihn dann hinrichten oder etwa auf die Seychellen deportieren? Am 1. Oktober bat Lord Moyne um MacMichaels Ansicht zu diesen Fragen.

MacMichaels Antwort zeigt das Ausmaß der Beunruhigung, die der Name Haj Amin el-Husseini in den Köpfen britischer Verantwortlicher sogar an solch einem Tiefpunkt seiner Karriere auslöste: »Unter keinen Umständen sollte der Mufti nach Palästina oder in seine Nähe gebracht werden ... Es wäre katastrophal, ganz gleich, ob er für schuldig befunden wird oder nicht. Im ersten Fall würde er als Märtyrer gelten, selbst wenn man ihn nicht hinrichtete. Im zweiten Fall würde er zum Triumphator. In beiden Fällen würde das Land in seinen Grundfesten erschüttert ...«[11] MacMichael schlug vor, ihn nicht nach den Seychellen zu deportieren, da arabische Würdenträger von dort gewöhnlich zurückgekehrt seien, sondern nach Mauritius, vermutlich in einen Teil der Insel, der von dem jüdischen Flüchtlingslager weit entfernt war.

Großbritannien mußte diese schwierige Entscheidung nie fällen, weil sich der Mufti wieder einmal als Meister in der Kunst der Selbstbefreiung erwies. Diesmal – bei seiner vierten Flucht – tarnte er sich als Italiener, er verließ Teheran Anfang Oktober mit der Gruppe der dort ansässigen Italiener, gelangte nach Rom, wo ihn Mussolini sofort empfing,[12] und kam am 6. November in Berlin an, wo er drei Wochen darauf mit Hitler zusammentraf.

Beide sprachen sich für die arabische Unabhängigkeit und gegen die britisch-jüdische Koalition und ihren neuen bolschewistischen Verbündeten aus.[13] (Hitler hatte am 22. Juni 1941 die Sowjetunion überfallen.)

Der Mufti erklärte Hitler, er wolle eine arabische Legion aufstellen, die an der Seite der Deutschen kämpfen solle. Auf sein Wort hin würde sich »eine große Zahl kampfbereiter Freiwilliger« melden, er würde einen großen Aufstand gegen Großbritannien auslösen. Hitler, dem wahrscheinlich die Grenzen des Einflusses des Mufti nach dessen Niederlage im Irak deutlich waren, ging auf Bitten um öffentliche deutsche Unterstützung nur vorsichtig ein. Er versicherte ihm immerhin, daß »die Stunde der Befreiung für die arabische Welt geschlagen« habe. Seine Armeen kämpften jetzt in der Ukraine, sie hatten große Teile der Sowjetunion erobert und würden bald den Kaukasus erreichen, dann lägen Syrien und der Irak in ihrem Aktionsradius: »Das deutsche Ziel wäre dann die völlige Ausrottung der Juden, die auf arabischem Gebiet unter britischem Schutz leben.«[14]

Deutsche Rundfunksendungen in arabischer Sprache betonten die Tatsache, daß Haj Amin vom »Führer« empfangen worden sei, während zur gleichen Zeit in Palästina einer seiner Agenten seinen alten Feind Fakhri Bey Nashashibi umbrachte, den gemäßigten Politiker, der sich für das britische Weißbuch ausgesprochen hatte. Die Ereignisse wirkten erregend auf die Araber. Immer wieder, so schien es, war es dem britischen Imperialismus fast gelungen, ihren Führer zu fangen, aber immer konnte er entkommen; wie weit fort er jetzt auch sein mochte, der Arm seiner Vergeltung war lang genug, um diejenigen zu zerstören, die durch Zusammenarbeit mit den Briten der arabischen Sache geschadet hatten. Eines Tages würde er zurückkommen, wenn nicht mit der irakischen Armee, dann mit der deutschen, und dies würde die Stunde der Vergeltung an allen arabischen Verrätern und ihren britischen und jüdischen Freunden sein. Die Zahl der Araber, die es wagten, am Begräbnis Fakhri Bey Nashashibis teilzunehmen, war gering.

In Wirklichkeit war das »britisch-jüdische Bündnis« so brüchig wie eh und je, es existierte kaum. Das Ausmaß der inoffiziellen militärischen Zusammenarbeit war immer noch unbedeutend. Die versprochene Aufstellung eines jüdischen Kontingents hatte man »aus Mangel an Ausrüstungen« um ein halbes Jahr verschoben. Am 6. März 1941 traf Baffy Dugdale Lewis Namier »voller Bitterkeit«,[15] nachdem er einen kurzen Brief Moynes an Weizmann zu dieser Frage gelesen hatte. Anscheinend waren die Mauern von Jericho doch noch nicht eingestürzt.

Bei Rekrutierungskampagnen für die britische Armee durften die Werber keine Armbinden in blau-weiß – den jüdischen Farben – tragen. Die Briten ordneten an, nur rot-weiße oder gar keine Binden zu tragen. Die palästinensische Presse durfte die Tätigkeiten von Juden für die britischen Streitkräfte nicht erwähnen. Es herrschte wieder die Befürchtung, die Araber würden vermuten, daß die Briten die Juden bewaffnen, damit sie Palästina in einen jüdischen Staat verwandeln könnten. Aber vom jüdischen Standpunkt erschien es als ungeheuerliche Ungerechtigkeit, wenn man ihnen das Recht absprach, als Nation ebenso wie die Freien Polen und Tschechen am Krieg teilzunehmen.

Auf der anderen Seite freuten sich britische Verantwortliche, daß der gefährliche Gedanke einer jüdischen Armee eines natürlichen Todes zu sterben schien. Einer von ihnen meinte, das Versprechen, sie zu gründen, sei nie mehr gewesen als ein Beschwichtigungsmittel des zionistenfreundlichen Premierministers gegenüber Weizmann, und nach dem 22. Juni sei es noch unrealistischer geworden, nachdem Großbritannien zusätzlich der Sowjetunion helfen mußte. Bombenangriffe und Invasionsgefahr drohten Großbritannien nun nicht mehr, aber jetzt mußte es jede Arbeitskraft und jedes Ausrüstungsstück für die Bedürfnisse seines neuen Verbündeten einsetzen. »Sind die Juden wirklich so unbedeutend, wie die Behandlung, die ihnen zuteil wird, vermuten läßt?«[16] fragte Weizmann angesichts der geringen Aufmerksamkeit, die sein großes Projekt nun erhielt, Churchill im September.

Die offene Antwort der bestinformierten britischen Beamten und Offiziere lautete, daß die Juden in der Tat unwichtig seien – zumindest was den Kriegserfolg betraf. In den letzten Monaten des Jahres 1941 war für Großbritannien die Schlacht um Kiew wichtig, bei der eine halbe Million Rotarmisten in Gefangenschaft geriet, die Belagerung Leningrads, bei der innerhalb weniger Wochen mehr als eine Million Zivilisten verhungerte, die Frage, ob Moskau fallen würde und ob sich die amerikanische Flotte von dem Schlag erholen würde, den die Japaner am 6. Dezember 1941 in Pearl Harbour gegen sie geführt hatten.

Die Flüchtlingsfrage erhöhte weiter die Spannungen. Im April nahm man in Haifa die siebenhundertfünfzig mit der ›Darien‹ eingetroffenen Flüchtlinge fest und internierte sie in Athlit, wo sie auf den Abtransport nach Mauritius warteten. »Sie werden gut behandelt und untergebracht werden«, bemerkte Moyne in einer Kabinettsvorlage.[17] Aber die nach Mauritius Deportierten, die ihre Abschiebung aus Palästina an sich schon als Unrecht betrachteten, berichteten das Gegenteil. Das Klima sei schädlich für Europäer, Ehepaare würden getrennt, die Postzustellung sei schleppend, und die Menschen stürben am Typhus. In der britischen Botschaft in Washington hagelte es Beschwerden. Auch die amerikanische Presse ging auf diese Zustände sehr kritisch ein.[18]

Deshalb beauftragte man vielbeschäftigte Beamte des Außenministeriums, die normalerweise den Beschwerden unbekannter Einzelner wenig Aufmerksamkeit widmeten, wegen des starken politischen Einflusses des amerikanischen Judentums ausführliche und detaillierte Erwiderungen vorzubereiten. Anthony Eden meinte in Washington gegenüber Halifax, wenn man die Passagiere der ›Darien‹ einreisen ließe, würde dies seiner Meinung nach »schwere Zweifel bei den Arabern« auslösen, »würde unsere Position im Nahen Osten schaden«. Churchill entdeckte dieses Telegramm zufällig und kritzelte auf den Rand: »Alles Quatsch«.[19] Aber er unternahm weiter nichts in dieser Angelegenheit und versuchte nicht, die Grundannahmen des Außenministeriums umzukehren. Zwar war er als Gegner des Weißbuchs von 1939 bekannt, dennoch hielt er es für notwendig, die Durchführung seiner Einzelvorschläge zu leiten.

Amerikaner, die nach dem Schicksal der nach Mauritius Deportierten fragten, erhielten beruhigende Antworten. Man teilte ihnen mit, das jüdische Lager in Beau Bassin auf Mauritius sei einer der schönsten Flecken der Insel, umgeben von sechzig Acres Gärten und Parks. Es gebe Sportplätze, Werkstätten, Bibliotheken, eine Volkshochschule und Schwimmbäder. Einige Flüchtlinge seien an Krankheiten zugrunde gegangen, aber nur wegen des schlechten Gesundheitszustandes, den sie aus Europa mitgebracht hatten.

Wie auch immer die Lebensbedingungen in Beau Bassin ausgesehen haben mögen, die amerikanischen und palästinensischen Juden hielten sie für sehr schlecht und beschwerten sich entsprechend. Ein Brief an Lord Halifax, der ein großes Echo auslöste, enthält die Beschuldigung des »Sadismus« gegen die britischen Behörden und wirft ihnen vor, »ein Flüchtlingslager wie ein Gefängnis zu leiten«. Die britischen Verantwortlichen reagierten auf derartige Anschuldigungen mit wachsendem Zorn, sie betrachteten sie als Anzeichen krasser Undankbarkeit von Menschen, die auf britischem Territorium vor der nationalsozialistischen Verfolgung Zuflucht gefunden hatten und die man auf britische Kosten auf einer tropischen Insel verpflegt und untergebracht hatte, die mehr einem Feriengebiet als einem Gefängnis glich.

Kurzum, die britischen Beamten begannen, in den Juden einen ernsthaften außenpolitischen Gegner zu sehen. Immer wieder taten sie Äußerungen, die den Kriegsanstrengungen möglicherweise schadeten. So sagte Weizmann beispielsweise am 28. März vor New Yorker Pressevertretern: »Jeder Jude hat das Recht, nach Palästina zu gehen.« Nach dem Krieg, sagte er, »können wir in fünfzehn Jahren zwei bis zweieinhalb Millionen Juden aufnehmen«.[20] Er wies den Gedanken zurück, Juden an »exotischen« Plätzen wie der Dominikanischen Republik, Madagaskar oder Britisch-Guayana anzusiedeln, wie er schon ein Jahr zuvor Roosevelts Idee ihrer Ansiedlung in Länder »wie Kolumbien« zurückgewiesen hatte.[21]

Die zionistischen Politiker glaubten, daß diese Länder den Juden nur eine vorübergehende Zuflucht, aber keine dauernde Bleibe bieten könnten. Ben Gurion schrieb im April 1941 in seinem Entwurf der zionistischen Politik, die jüdische Ansiedlung außerhalb Palästinas stelle eine falsche Lösung dar. Sie sei trügerisch und gefährlich, da sie nur die Diaspora verlängere und verschlimmere, in der die Juden langfristig keine Zukunft hätten. Die einzige wirkliche Lösung bestehe darin, die Juden in Palästina »in großer Zahl« und »als eine unabhängige Nation« anzusiedeln.

Ben Gurion führte aus, daß die Juden in allen Ländern, wo sie lebten, eine Minderheit darstellten. Auf der anderen Seite verfügten die Araber über viele eigene große und unterbesiedelte Länder. Das rapide Wachstum des Jischuw habe den Arabern keinen Schaden zugefügt. Im Gegenteil habe sich ihre Lage dadurch verbessert. »Das Recht der hebräischen Nation auf ihren eigenen unabhängigen Staat wie jede andere Nation« sei daher eine billige Forderung. Dieses Ziel würde man mit allen politischen Mitteln verfolgen, und die Haganah sei dabei hilfreich, sie sei »das Rückgrat des Jischuw, das Instrument des zionistischen Kampfes und eine Macht zur Erreichung der Ansiedlung«.

All dies klang für die Briten unerhört. Weizmanns Stellungnahmen und Ben Gurions vertrauliche Memoranden schienen dazu bestimmt, die Araber zu empören und den Kriegsanstrengungen zu schaden. Die Zionisten schienen ihre Prioritäten falsch zu setzen. Warum konnten sie nicht wenigstens für ein, zwei Jahre ihre Träume von einer massiven jüdischen Einwanderung nach Palästina vergessen? Erkannten sie nicht, wie gefährlich solche Bemerkungen waren, welchen Gebrauch nationalsozialistische Rundfunksendungen an die Araber von ihnen machten? Was war ihr Hauptziel, wenn sie von den Briten und Amerikanern die Rettung der verfolgten Juden Europas forderten? Ging es um Menschlichkeit – den Schutz der Unterdrückten – oder um Politik – die Schaffung einer jüdischen Mehrheit in Palästina?

Für den Hohen Kommissar MacMichael war die Antwort auf diese Frage klar. Er schrieb, das Hauptziel der zionistischen Kampagnen sei politisch. Zweifellos wollten sie ernsthaft gegen Deutschland kämpfen, aber ihre Priorität liege darin, »sicherzustellen, daß sie stark und einig genug würden, um ihren Willen der Regierung Seiner Majestät aufzudiktieren«. Wenn sie genug Soldaten ausrüsten können, gelingt es ihnen möglicherweise, einen Sitz auf der Friedenskonferenz nach Kriegsschluß zu erhalten, »und nichts außer einem jüdischen Staat in Palästina wird sie zufriedenstellen.«[22]

Man muß sich auch klar machen, daß die jüdischen Politiker auf den Druck und die Ängste ihrer Anhänger Rücksicht nehmen mußten. Die Lage der Juden in Europa war im Jahre 1941 so fürchterlich, daß Weizmann unmöglich sowohl den Jischuw als auch die Briten zufrieden stellen konnte. Der Plan, Millionen Juden im Sondergebiet um Lublin zusammenzufassen, war aufgegeben worden. Nach der Niederlage Frankreichs, als die nationalsozialistische Führung erwartete, daß die Briten zum Frieden bereit sein würden, spielte sie mit dem Gedanken, vier Millionen in die französische Kolonie Madagaskar zu befördern, sie sollten dort unter SS-Kontrolle als Geiseln für das Verhalten ihrer Mit-Juden in den Vereinigten Staaten leben.

Aber Großbritannien kapitulierte nicht. Deutschland gewann nicht die Kontrolle der Meere, die für solch ein umfangreiches Projekt notwendig gewesen wäre. Stattdessen verschob sich sein Interesse auf die Eroberung Rußlands, wo es die jüdische Frage mit »einfacheren Mitteln« löste. Am 27. Juni 1941, fünf Tage nach dem Einmarsch in die Sowjetunion, verbrannte man einige hundert Juden lebendig in der Hauptsynagoge von Bialystok. Ende Juni tötete man siebentausend Juden in Lemberg. Am 29. Oktober schaffte man alle zweitausend Juden von Taganrog in eine Schlucht nahe der Stadt und brachte sie dort um. Dies sind nur einige wahllose Beispiele von Massenmorden an Juden in den ersten Monaten der nationalsozialistischen Besetzung der Sowjetunion.

König Carol von Rumänien überließ sein Land im September 1940 der Herrschaft General Jon Antonescus, und im Januar 1941 begann die Eiserne Garde mit dem Terror gegen die Juden. Franklin Gunther, der amerikanische Botschafter in Bukarest, berichtete von Massenmorden. Leichen von Juden hängte man öffentlich an Fleischerhaken auf. Es mache ihn krank, berichtete er nach Washington, in einem Lande akkreditiert zu sein, wo »unwissende junge Wilde«[23] solche Handlungen begehen konnten. Im Februar befanden sich schließlich größere Mengen deutscher Truppen im Land, und Rumänien brach die Beziehung zu Großbritannien ab. Von da an behandelte Großbritannien die rumänischen Juden als feindliche Ausländer, und als solchen war ihnen die Einreise nach Palästina nicht gestattet. Dies geschah zum Zeitpunkt von Massenmorden an Juden in Rumänien, über die in der palästinensischen Presse berichtet wurde.[24]

So war die Lage, als die ›Struma‹, ein erbärmliches kleines Schiff, am 12. Dezember 1941 von Konstanza voll besetzt mit rumänischen Juden in See stach. Für die heutigen Israelis stellt diese Fahrt eine der berühmtesten Seereisen aller Zeiten dar. Auch wenn die vollständigen Einzelheiten bis heute nicht bekannt sind, erinnert man sich an ihr Schicksal als ein herausragendes Beispiel für die grausame Handlungsweise der britischen Behörden. Menachem Begin erwähnte die ›Struma‹-Passage bei seiner ersten Rede als Ministerpräsident vor der Knesset im Mai 1977. Im Yad Washem, der Jerusalemer Erinnerungsstätte der ermordeten sechs Millionen Juden, findet sich ihre Darstellung, und damit wird sie offiziell mit den Verbrechen des nationalsozialistischen Deutschland für vergleichbar erklärt.

Die siebenhundertneunundsechzig Passagiere der ›Struma‹, zur Hälfte Frauen und Kinder, mußten je zweihunderttausend rumänische Lei (über tausend Dollar) für einen Schiffsplatz bezahlen. Das Schiff war für höchstens hundert Passagiere eingerichtet. Kurz bevor es Konstanza verließ, beschlagnahmten rumänische Beamte alle Wertsachen der Passagiere und den größten Teil des Reiseproviants. Die Motoren funktionierten bereits kurz nach Reisebeginn nicht mehr ordnungsgemäß, und das Schiff mußte sich langsam an der Küste entlang schleichen und mehrmals für provisorische Reparaturen die Fahrt unterbrechen. Schließlich erreichte es Kavak, den Eingang vom Schwarzen Meer zum Bosporus. Ein türkischer Schlepper brachte es von dort in den Hafen von Istanbul, den es am Morgen des 16. Dezember erreichte. Für eine Reise von weniger als zweihundertfünfzig Meilen hatte es vier Tage benötigt.[25]

Für die türkische Regierung stellte die ›Struma‹ ein Problem dar. Offensichtlich war sie nicht seetüchtig, und die hygienischen Verhältnisse an Bord waren unzureichend. Wie britische Rechtsexperten mehrfach ausführten, hätte die Türkei daher dem Schiff aufgrund der Konvention von Montreux die Fahrt durch die Dardanellen verbieten können. Obwohl man in London sein Vorwärtskommen genau verfolgte, machte Botschafter Knatchbull-Huggessen diesen Vorschlag nicht, als er das Problem am 20. Dezember im türkischen Außenministerium diskutierte.

Ein türkischer Beamter teilte dem Botschafter mit, »er selbst neige dazu, sie ins Schwarze Meer zurückzuschicken«. Anderenfalls werde das Schiff möglicherweise im Marmarameer sinken, und die Überlebenden blieben in der Türkei, wie es im Falle der ›Salvador‹ geschehen sei. Deshalb bat er Großbritannien, diese Juden nach Palästina einreisen zu lassen. Der Botschafter erwiderte, sie könnten nicht nach Plalästina reisen, aber »aus humanitären Gründen gefiele mir sein Vorschlag nicht, das Schiff ins Schwarze Meer zurückzusenden«.

Er meinte, wenn sie Palästina erreichten, »würden sie trotz ihrer Illegalität human behandelt werden«.[26]

Im Kolonialministerium löste Knachtbull-Huggessens Telegramm großen Zorn aus. Stephen Luke bemerkte dazu, es sei zum ersten Mal geschehen, daß das türkische Außenministerium Anzeichen einer Bereitschaft gezeigt habe, dabei zu helfen, illegale Einwandererschiffe an der Weiterreise zu hindern: »Und da geht der Botschafter hin und zerstört aus absurden, falsch beurteilten humanitären Gründen die ganze Wirkung.« E. B. Boyd meinte, Knachtbull-Huggessen habe es versäumt, aus »einer vom Himmel gesandten

Gelegenheit, diese Leute in Istanbul festhalten zu lassen und sie nach Konstanza zurückzuschicken«, Nutzen zu ziehen.

Kolonialminister Lord Moyne folgte in einem kraftvollen Brief der Linie seiner Beamten, darin beschuldigte er den Botschafter, den illegalen Verkehr entschuldigen zu wollen. Er führte aus, die illegale jüdische Einwanderung bereite dem Hohen Kommissar schon große Schwierigkeiten. Die Passagiere der ›Darien‹ befanden sich noch in Athlit und erwarteten ihren Abtransport nach Mauritius. Die Ankunft von weiteren siebenhundert Flüchtlingen bedeutete zusätzliche Schwierigkeiten und »wird die bedauerliche Nebenwirkung haben, überall auf dem Balkan weitere Juden zur Abreise zu ermutigen«.

Moyne hatte Recht mit der Behauptung, daß Deutschland die Flüchtlingsschiffe ermutige. Wie ein amerikanischer Journalist schrieb, gehörte es zur nationalsozialistischen Strategie des »Flüchtlingskriegs«, »die Leute abzuschieben, die man nicht ernähren wollte; dabei quetschte man aus ihnen so viel als möglich heraus und schickte sie dahin, wo sie die größten Schwierigkeiten machten.[27] In den Jahren 1940 und 1941, als die Entscheidung, alle Juden umzubringen, noch nicht endgültig gefallen war, erschienen in vielen von Deutschland besetzten Ländern, darunter auch in Rumänien, Zeitungsanzeigen, in denen man Auswanderungsmöglichkeiten nach Palästina anbot; teils behauptete man, daß Großbritannien die Juden willkommen heiße, teils gab man offen zu, daß die Einwanderung nach palästinensischem Recht illegal sei.«

Falsch war allerdings Moynes Behauptung, daß dieser Kanal zur Einschleusung von feindlichen Agenten diene. Richard Catling, ehemals ein führender Beamter der palästinensischen Polizei und Spezialist für jüdische Angelegenheiten, bestätigt, daß man unter den Flüchtlingen der Kriegszeit nicht einen einzigen nationalsozialistischen Agenten entdeckt habe: »Ein feindlicher Agent wäre zu leicht aufgefallen. Die Juden hätten ihn selbst entlarvt.« Anfang 1941 kritisierte das Außenministerium das Kolonialministerium genau in dieser Angelegenheit: dieses habe jenes glauben machen wollen, auf den Transportschiffen befänden sich nationalsozialistische Agenten. Thomas Snow schrieb: »Ich habe einfach das Gefühl, daß wir mit einigen Telegrammen, die wir an die Vereinigten Staaten geschickt haben, zu vorschnell waren ... Weder in Palästina noch hier können die Verantwortlichen nachweisen, ob ein einziger nationalsozialistischer Agent eingereist ist ...«[28]

Moyne überging diese Tatsache in seinem Beschwerdebrief, der mit den Worten schloß: »Ich finde es schwierig, über diese Vorkommnisse mit Mäßigung zu schreiben. Es handelt sich um eine klare Mißachtung der erklärten Regierungspolitik. Ich würde mich sehr freuen, wenn man vielleicht jetzt noch versuchen könnte, den Schaden wiedergutzumachen, indem man darauf drängt, die türkischen Behörden zu bitten, das Schiff ins Schwarze Meer zurückzuschicken, wie sie es ursprünglich vorgeschlagen haben.«

Das Außenministerium leitete Moynes Vorschlag nicht nach Ankara weiter. Alec Randall schrieb auf den Rand von Moynes Brief: »Diese Angelegenheit der illegalen Einwanderung bereitet unserer Amerikapolitik große Schwierigkeiten. Wir riskieren ernsthafte Rückwirkungen, wenn die Türken behaupten können, wir hätten sie offiziell gebeten, diese unglücklichen Menschen zurückzuschicken.« Durch eine sorgfältigere Handlungsweise in dieser Angelegenheit könne die gleiche Wirkung erzielt werden. Knatchbull-Huggessen erhielt daher ein vorsichtiges Telegramm mit der Bitte, der Türkei klarzumachen, daß den Flüchtlingen die Einreise nach Palästina nicht gestattet würde, aber ihr nicht gleichzeitig irgendeine bestimmte Handlungsweise vorzuschlagen. Die Türken hatten vorgeschlagen, das Schiff zurückzuschicken, und vielleicht würden sie entsprechend handeln, solange der Botschafter nicht zu dieser Frage Stellung nahm.

Die ›Struma‹ bereitete jedermann nur Schwierigkeiten. Das Jüdische Hilfskomitee in Istanbul, das Türkische Rote Kreuz und andere Organisationen versorgten sie mit Nahrung und Wasser, aber die Passagiere froren, sie durften nicht an Land gehen und lebten unter gesundheitsgefährdenden Umständen. Türkische Beamte erklärten den Briten, sie würden alles in ihrer Macht Stehende tun. Sie hatten die ›Struma‹ zur Rückkehr aufgefordert, doch es stellte sich als unmöglich heraus, ihre Motoren zu reparieren; möglicherweise hatten die Passagiere sie selbst zerstört. Die Türken hatten zu verschiedenen Botschaften in Ankara Kontakt aufgenommen, um ein Land zu finden, das die Flüchtlinge aufnahm. Kein Land erklärte sich dazu bereit. Die rumänische Botschaft behauptete unrichtigerweise gegenüber den Türken, das Schiff habe Rumänien illegal verlassen und dürfe deshalb nicht wieder einreisen.

Moyne erklärte sich zu einem Zugeständnis bereit. Er überredete MacMichael, die unter sechzehnjährigen Kinder von der ›Struma‹ aufzunehmen, nicht aber ihre Eltern. Wenige Tage später erklärte der türkische Außenminister Sukru Saracoglu dem Botschafter, »da keine andere Lösung zu finden sei, bliebe ihm nichts anderes übrig, als das Schiff und seine Passagiere in die Richtung, aus der sie gekommen sind, zurückzuschicken.« Knatchbull-Huggessen, der aus London die Anweisung erhalten hatte, seinen Fauxpas nicht zu wiederholen, erwiderte: »Dies sei eine Angelegenheit, in der die Regierung Seiner Majestät unmöglich irgendeine Hilfe anbieten oder etwas unternehmen könne. Sie hätte dazu keine Möglichkeiten, und die Entscheidung müsse bei ihm [dem türkischen Außenminister] liegen.«[29]

Einen letzten verzweifelten Versuch, die Passagiere der ›Struma‹ zu retten, unternahm schließlich Anthony Edens Privatsekretär Oliver Harvey. Dies war ein sehr ungewöhnlicher Schritt, denn Sekretäre machen es sich in der Regel nicht zur Aufgabe, eine neue Politik zu initiieren, insbesondere wenn es sich um eine Linie handelt, die mit den Ansichten ihres Chefs nicht übereinstimmt. Aber Harvey war ein Diplomat ungewöhnlicher Art – er stand politisch links von der Mitte, war pro-zionistisch eingestellt, war freimütig und emotional. Was er am 11. Februar 1942 formulierte, gehörte nicht in eine Ministerialdenkschrift; es war ein Gemütsausbruch: »Kann man für diese unglücklichen Flüchtlinge nichts tun? Muß die Regierung Seiner Majestät solch eine unmenschliche Entscheidung fällen? Wenn sie zurückreisen, werden sie alle den Tod finden.«[30]

Die Reaktionen auf diesen Ausbruch waren – wie zu erwarten – von kühlem Realismus bestimmt. Alec Randall gab zu, daß die Flüchtlinge auf der Rückreise Schiffbruch erleiden könnten und daß sie in »sehr schwierige Lebensbedingungen« zurückkehrten. Aber dann zählte er die Probleme auf, die sich ergeben würden, wenn man das Schiff weiterreisen ließe. Es würde eine unmögliche Belastung für den Hohen Kommissar darstellen, wenn man sie nach Palästina einreisen ließe und, »was vielleicht das Schlimmste ist, sie hätten erfolgreich unserer Politik zuwider gehandelt.« Dies würde viele weitere Flüchtlingsschiffe und damit viele weitere Probleme zur Folge haben.

Die Internierung der Flüchtlinge in Athlit sei teuer und risikoreich. Ihr Transport nach Mauritius sei unmöglich. Man benötige alle Schiffe für den Krieg, nicht für den Abtransport der Flüchtlinge. Man könne vielleicht einige in anderen Teilen des Empires unterbringen. Jamaika beispielsweise hatte gerade zweihundert Juden aufgenommen, denen die Flucht aus Polen bis nach Portugal gelungen war. Britisch-Guayana und Zypern würden möglicherweise ebenfalls Flüchtlinge aufnehmen, solange die britische Regierung für ihren Unterhalt zahlte. Randall führte jedoch auch aus, man dürfe nicht vergessen, daß die Flüchtlinge alle feindliche Ausländer seien, ihr Schiff hätte seine Reise unter der Schirmherrschaft des Feindes begonnen und wenn man es durchließe, würden ihm viele weitere folgen.

Charles Baxter reagierte noch schärfer: »Wenn wir diese Leute aufnehmen, würde es in Zukunft immer mehr Schiffe mit unerwünschten Juden geben!« Aber Harvey blieb hartnäckig, unrichtigerweise deutete er Moynes Sekretär gegenüber an, daß Eden wegen der bevorstehenden Ereignisse tief erschüttert sei, und gleichzeitig deutete er Eden gegenüber der Wahrheit entsprechend an, »das Herz des Premierministers sei durch diese letzten Telegramme ebenfalls schwer aufgewühlt worden.« Er schlug vor, die ›Struma‹ nach Zypern zu geleiten, selbst wenn der Gouverneur nach seinen Erfahrungen mit der ›Atlantic‹ damit nichts zu tun haben wollte.

»Schließlich stehen diese Leute alle auf unserer Seite«, fügte Harvey am 12. Februar hinzu. Moynes Sekretär erwiderte, daß zumindest die Kinder nach Palästina hineingelassen würden. Churchills Sekretär habe dies erfahren. »Dies ist wenigstens etwas«, notierte Harvey. Aber seine Bemühungen, alle Schiffspassagiere zu retten, waren gescheitert. Ihr Schicksal lag nun in türkischen Händen. Großbritannien, so schien es, würde nur eingreifen, um die Kinder aufzunehmen. Aber dann kamen erneut Zweifel auf. Randall schrieb: »Es würde ein besonders qualvoller Prozeß sein, die Kinder auszusondern und ihren Eltern wegzunehmen. Wer sollte diese Aufgabe übernehmen?« Am 18. Februar ergab sich dann eine noch größere Schwierigkeit. Die britische Botschaft in Ankara berichtete, die Türkei werde den Kindern nicht erlauben, über Land nach Palästina zu reisen. Wenn ein britisches Schiff nach Istanbul komme, um sie abzuholen, könnten sie damit befördert werden. Anderenfalls müßten sie auf der ›Struma‹ bleiben. Für diese humanitäre Aufgabe gab es kein verfügbares britisches Schiff.

Es gibt die unrichtige Behauptung, die britische Entscheidung, die Kinder aufzunehmen, sei zu spät in Istanbul eingetroffen, um entsprechendes Handeln möglich zu machen. Tatsächlich erfuhr die Jewish Agency am 15. Februar von der Entscheidung und teilte sie am folgenden Tag den türkischen Behörden mit. Am 20. Februar schrieb Shertok an Chief Secretary J. S. Macpherson und dankte ihm für die Entscheidung bezüglich der Kinder, aber natürlich bat er darum, sie auf die übrigen Passagiere der ›Struma‹ oder wenigstens auf einen Teil von ihnen auszudehnen.[31] Einige britische Beamte stellten fest, daß die türkische Entscheidung, die Reisemöglichkeiten zu verweigern, unvernünftig war, und sie baten Knatchbull-Huggessen, um ihre Revision nachzusuchen, so daß die Kinder auf dem Landweg nach Palästina reisen konnten. Aber die Türken hatten inzwischen gegenüber der ›Struma‹ und den mit ihr verbundenen Problemen die Geduld verloren. Am 23. Februar 1942 teilten sie dem Botschafter mit, das Schiff werde ins Schwarze Meer zurückgeschleppt und man werde es außerhalb der türkischen Hoheitsgewässer davontreiben lassen.

Niemand weiß genau, was danach mit der ›Struma‹ geschah, ob sie torpediert wurde, ob sie auf eine Mine stieß oder ob eine Bombe an Bord war. Wir wissen nur folgendes: Kurz nachdem der türkische Schlepper sie am 24. Februar verließ und sie fünf Meilen vom Eingang zum Bosporus mit eigener Kraft weiterdampfte, gab es eine Explosion, und sie sank sehr schnell. Man schickte Rettungsboote, aber sie retteten nur einen jungen Mann und eine junge Frau – David Stoliar und Medea Salmovici. Diese beiden durften aufgrund eines »Gnadenakts« nach Palästina einreisen.[32] Die übrigen siebenhundertundsechzig Passagiere ertranken im Schwarzen Meer.

»Wir werden zweifellos von dieser erbärmlichen Affäre noch eine Menge zu hören bekommen«, schrieb Randall, als er von der Katastrophe erfuhr. Zwei Tage später erreichte die Nachricht die Juden Palästinas. Einige erfuhren die Nachricht aus einer Sendung der BBC, aber da sie geeignet war, Emotionen zu wecken, und außerdem unbestätigt war, sorgten die Zensoren dafür, daß die Presse sie nicht brachte. Zwei Tage lang gaben die hebräischen Zeitungen Hinweise, indem sie schwarzumrahmte Bibelzitate über Katastrophen auf dem Meer brachten. Schließlich wurde die Nachricht am 26. Februar bestätigt, und die gewählte jüdische Körperschaft, der Vaad Leumi, rief einen zwölfstündigen Streik aus.

In den Augen des Jischuw war Großbritannien für die Toten der ›Struma‹ genauso verantwortlich wie für die der ›Patria‹. Großbritannien hatte die Tore Palästinas zugeschlagen. Anderenfalls wären die Flüchtlinge zu retten gewesen. Der Jischuw hätte sie brüderlich willkommen geheißen. Sie hätten in Palästina arbeiten und helfen können, den Krieg zu gewinnen. Stattdessen hatte man sie in die Hölle des nationalsozialistisch beherrschten Europa zurückgeschickt, und sie waren auf dem Weg dorthin untergegangen. Was konnte Großbritannien zu solchen Handlungen veranlassen?

Eine Bombenattrappe wurde am Zaun des Government House, dem Sitz der Mandatsverwaltung angebracht. Flugblätter in Englisch und Hebräisch verurteilten die Grausamkeit der britischen Herrschaft. Das berühmteste Beispiel, ein Bild MacMichaels mit dem Text »Wegen Mordes gesucht«, ist in diesem Buch reproduziert. Andere Flugblätter forderten Großbritannien auf, das Mandat den Vereinigten Staaten zu übertragen. Dunkle Hinweise auf eine jüdische Rebellion drangen ans Ohr der Verwaltung, sie ließen in britischen Köpfen finstere Gedanken über die Zuverlässigkeit der zionistischen Loyalität gegenüber den Kriegsanstrengungen entstehen.

Am 1. März hielt eine Anzahl jüdischer Organisationen im New Yorker Capitol Hotel ein Treffen ab, um der Toten zu gedenken und die britische Politik anzuklagen, die nach ihren Worten jeden Grundsatz der Gerechtigkeit und Menschlichkeit verletzt hatte. Sie stellten fest, Großbritannien sei mitschuldig am Tod »jüdischer Märtyrer, die den ihnen zustehenden Platz in Palästina suchten«. Es hätte in der Macht der Briten gestanden, Hilfe zu leisten. Hohe britische Vertreter in Palästina wandten Methoden an, die man nur von Hitler und seinen Verbündeten erwartete. Die Resolution ging an Botschafter Halifax, der erwiderte, daß er mit ihrem Inhalt nicht einverstanden sei, sie aber nach London weiterleiten wolle.[33]

Die Affäre bestärkte die meisten Juden in der Auffassung, daß ihr Leben nur wenig galt, solange sie kein eigenes Land besaßen. Nur Eretz Israel war bereit gewesen, die Flüchtlinge der ›Struma‹ aufzunehmen. Alle anderen

Länder hatten abgelehnt, keines bot ihnen eine Zuflucht. Shertok schrieb an Macpherson: »Die Juden können sich nicht vorstellen, daß etwas derartiges hätte geschehen können, wenn diese Flüchtlinge einer Nation angehört hätten, die eine Regierung hat, und sei es auch nur eine Exilregierung, die für sie einsteht.«

In Großbritannien erregte dieses Ereignis Entsetzen, und nicht nur diplomatisches Entsetzen, weil es dem Ruf des Landes in den Vereinigten Staaten schadete, es gab auch echte Bestürzung. In der Presse erschienen ausführliche Berichte darüber, und es fanden Debatten im Parlament statt. Am 5. März entschied das Kabinett, Juden, die Palästina erreichten, »sollten mit Menschlichkeit behandelt werden«; dies bedeutete, daß man sie in Lagern hielt, bis man sie anderswohin schicken konnte. Harold Macmillan, ein Stellvertreter Lord Cranbornes, der am 22. Februar Nachfolger Moynes als Kolonialminister geworden war, versicherte am 11. März im Unterhaus, Großbritannien würde alles in seiner Macht Stehende tun, damit sich die ›Struma‹-Katastrophe nicht wiederhole.

Wieder war es Oliver Harvey, der sich dieser kritischen Frage am stärksten widmete. Er hatte erfahren, daß am 17. März ein weiteres rumänisches Schiff, die ›Mihai‹, mit eintausendvierhundert jüdischen Passagieren Instanbul erreicht hatte. Als erstes sprach er mit Cranbornes Ministerium und berichtete von Cranbornes »starkem Wunsch«[34], Eden möge die Türken bitten, das Schiff nicht ins Schwarze Meer zurückzuschleppen. Eden stimmte dem zögernd zu. Dann instruierte er telegrafisch Knatchbull-Huggessen, den Türken zu sagen, falls sie beabsichtigten, die ›Mihai‹ zurückzuschicken, »sollten sie mit einer solchen Aktion unbedingt warten«. Eden bemerkte, daß dieses Telegramm über das hinausging, was er zögernd gebilligt hatte. Aber nun war es geschehen.

Wie sich herausstellte, handelte es sich bei der ›Mihai‹ nur um eine kleine Yacht, die vierzehn Juden beförderte und nicht vierzehnhundert, daraufhin gestattete man ihr die Weiterreise nach Haifa. Ihre Passagiere und die eines anderen kleinen Schiffes, der ›Euxin‹, gesellten sich zu den in Athlit Internierten. MacMichael erfuhr aus London, die illegale Einwanderung sollte immer noch so stark als möglich erschwert werden, aber es sei entscheidend, eine Wiederholung der »Struma«-Katastrophe zu vermeiden. Er berichtete, die Lage sei sehr gespannt: »Ich bin der Ansicht, daß ein jüdischer Aufstand in Palästina recht wahrscheinlich ist, solange wir ihnen [den Juden] keine Konzessionen machen.«

Aber gab es überhaupt eine denkbare Konzession, die nicht zu einem Erdrutsch führen würde? Was sollte mit den Flüchtlingen geschehen? Wie lange konnte man sie noch in Athlit festhalten? Cranborne schlug vor, eine vorübergehende jüdische Zufluchtstätte in Eritrea zu schaffen, aber dieser Vorschlag wurde schnell fallengelassen. Er brachte zu viele politische Komplikationen mit sich, und es gab nicht genug Schiffe. Und so ging die Not der europäischen Juden weiter. Die Sorgen der amerikanischen Juden verwandelten sich in Zorn, der Zorn der palästinensischen Juden in zivilen Ungehorsam und Gewalt. Und Großbritannien galt für all dies als verantwortlich.

Die Araber hatten weiter das Gefühl, wie Bauern im großen Schachspiel behandelt zu werden. Sie wußten nur, daß sie schwach waren und daß mächtige Nationen miteinander im Krieg lagen; wenn sie sich dabei störend bemerkbar machten, würden sie hinweggefegt oder wie Ungeziefer zerdrückt werden. Das Weißbuch stellte eine Beruhigung dar, aber es waren starke Kräfte am Werk, es in ein weiteres gebrochenes Versprechen der Briten zu verwandeln. In ihren Augen kamen die jüdischen Flüchtlinge nicht, um eine Zuflucht zu finden, sie kamen, um ihnen ihre angestammten Rechte zu rauben. Jeder Neuankömmling stellte einen Nagel im Sarg eines unabhängigen arabischen Palästina dar. Und Großbritannien galt für all dies als verantwortlich.

Für die meisten britischen Minister und hohen Beamten stellten die jüdischen Flüchtlinge bloß einen Störfaktor dar. Wichtig schienen ihnen die Hilfsleistungen an Rußland, die Versenkung der beiden großen Schlachtschiffe ›Repulse‹ und ›Prince of Wales‹ durch japanische Flugzeuge, der Verlust Hongkongs, Malayas und Singapurs. Randall schrieb: »Möglicherweise stehen wir bald vor der Wahl, die jüdische Weltmeinung gegen uns aufzubringen oder Schwierigkeiten mit den Arabern zu bekommen.«

Es erschien alles so ungerecht. Großbritannien lag mit Deutschland und Japan im Kampf auf Leben und Tod. Warum sollte es sich mit anderen Verantwortlichkeiten belasten, warum sollte es wertvolle menschliche Energien und Schiffsraum für andere Zwecke als für das Kriegsziel einsetzen? Warum sollte es sich so in Verlegenheit bringen lassen, sich so beschimpfen lassen, weil es sich weigerte, gegenüber der Erpressung des deutschen »Flüchtlingskrieges« nachzugeben? Es kämpfte um sein Leben. Warum erwartete man von ihm, daß es rumänische Flüchtlinge ernährte und Lager für sie in Eritrea baute?

Oliver Harvey war für den Eritrea-Plan, doch als er diesmal am 28. März um Edens Unterstützung nachsuchte, erhielt er eine kalte Zurückweisung: »Nein! Ich meine, Lord Cranborne schafft uns ein neues großes Problem, und es wäre schließlich barmherziger, diese Schiffe zurückzuschicken.«[35]

Man muß es dem britischen Außenministerium als Verdienst anrechnen, daß dieser Vorschlag Anthony Edens, der auf der gleichen Linie lag wie seine Herangehensweise an das Problem der russischen Flüchtlinge 1944/45, auf allen Ebenen nur wenig Zustimmung fand. Aus der fürchterlichen Erfahrung des Dramas der ›Struma‹ zog man eine Lehre, so daß später kein jüdisches Flüchtlingsschiff mehr in den europäischen Machtbereich des Nationalsozialismus zurückgeschickt wurde.

Gegenüber der unbarmherzigen Ausnutzung jüdischer Flüchtlinge für politische und militärische Zwecke durch das nationalsozialistische Deutschland hatte Großbritannien, wie es in Kriegszeiten angemessen ist, eine ähnlich unbarmherzige Politik entwickelt, die jegliches Nachgeben gegenüber nationalsozialistischen Erpressungen verweigerte. Aber nun entdeckte es infolge der ›Struma‹-Katastrophe, daß es außerstande war, eine solch unbarmherzige Politik bis zu ihrer logischen Konsequenz durchzuhalten, daß sogar in Kriegszeiten in einem zivilisierten Land Unbarmherzigkeit ihre angemessenen Grenzen hatte und daß es eine Überschreitung dieser Grenzen bedeutete, wenn man ein Schiff mit jüdischen Flüchtlingen in ein vom Nationalsozialismus beherrschtes Land zurückschickte.

Teilungspläne und Terroraktionen

Die ›Struma‹-Affäre hatte eine ungeheure Steigerung des Zorns der Juden über Großbritannien zur Folge. Gleichzeitig erregten sich die Briten immer mehr über die in ihren Augen destruktive Politik der jüdischen Führer und die kriminellen Aktivitäten eines großen Teils des Jischuw. Die Briefe, die MacMichael 1941 nach London schrieb, stellen einen Ausdruck der wachsenden Spannung dar, die ihren Höhepunkt während der ›Struma‹-Krise erreichte. Und die Verantwortlichen im Außen- und Kolonialministerium, an die seine Briefe gerichtet waren, teilten diese Stimmungen.

Großbritannien befand sich in einem Krieg, dessen siegreiches Ende nicht sicher schien. Es war militärisch schwach, aber seine internationale Stellung war stark. Es beherrschte ein Empire. Es stand an der Spitze und war weitgehend der Sprecher einer großen Gemeinschaft von Dominions. Und es erfreute sich enger Verbindungen zu den Vereinigten Staaten. In anderen Weltteilen, so im Nahen und Mittleren Osten, war sein Einfluß bedeutend, ja oft beherrschend. Es spielte eine Hauptrolle auf der internationalen Bühne. Und, wie es bei Stars oft vorkommt, es nahm die Kritik der Nebendarsteller übel, insbesondere wenn diese sich in einer Weise verhielten, die ihrer bescheidenen Stellung nicht entsprach.

Den britischen Verantwortlichen, die zu einer solchen Haltung erzogen waren, erschienen die ständigen Beschwerden und Zänkereien der jüdischen Führer, die dabei anscheinend die Unterstützung ihrer amerikanischen und palästinensischen Anhänger hatten, als außerordentlich anmaßend und beleidigend. In den vielen von ihnen beherrschten Territorien erwarteten sie von den Bewohnern eine gewisse Ehrerbietung. In der Regel erhielten sie diese auch. Darum meinten sie auch, ein Recht darauf zu besitzen. Aber die Juden Palästinas erfüllten diese Erwartungen nie, ganz gleich, wie der Stand der Beziehungen zu ihnen gerade war.

David Hacohen faßt die Beziehungen zwischen dem Jischuw und seinen angeblichen britischen Herren so zusammen: »Als Direktor von Solel Boneh hatte ich viel Umgang mit den führenden britischen Beamten. Zweifellos waren sie mit wenigen Ausnahmen anständige Leute. Aber sie litten unter einem psychologischen Problem. Sie kamen aus verschiedenen Kolonien –

Indien, der Goldküste, Nigeria, Ceylon, Malaya –, und sie hatten nie Eingeborene unserer Art getroffen. Die besten Ärzte und Architekten im Land waren Juden. Ich erinnere mich, daß ich manchmal den Bauplan für ein Regierungsbauprojekt bekam. Ich schickte ihn gleich zurück mit dem Kommentar ›Euer Plan ist Murks‹. Und am nächsten Tag schickte ich die Verbesserungen hinterher, die unsere Architekten ausgearbeitet hatten.

Wir bezahlten Steuern, aber wir besuchten nicht die von der Regierung unterhaltenen Schulen. Wir besaßen unsere eigenen, von den Juden selbst finanzierten Schulen. Das Weizmann-Institut und die Universität gehörten uns. Es war unser Land. In unseren Häusern fand man mehr englische Bücher als in den ihren. Die Angehörigen der britischen Verwaltung lasen keine ernsthaften Bücher. Sie lasen Krimis.

Es gab einen sehr exklusiven britischen Club in Haifa. Ich erinnere mich, wie der Chefingenieur der palästinensischen Eisenbahnen, ein gewisser Scrivener, zu mir sagte: ›Sehen Sie, Hacohen, wir wollen einige Juden und Araber in den Club aufnehmen, und man schlägt Sie vor!‹ Ich antwortete: ›Warum zum Teufel soll ich in den Club wollen?‹ Er entgegnete: ›Wir treffen uns jeden Mittwoch zu einem Lunch im Club.‹ Ich sagte: ›Meine Frau kocht mittwochs nicht schlechter als sonst.‹ Ich war einfach nicht daran interessiert, seinem Club beizutreten.

All dies setzte sie unter Druck. Sie kamen mit uns nicht zurecht. Ich will damit nicht sagen, daß es nicht auch in Indien Leute gab, die sich so verhielten, aber in Palästina tat dies die Masse der jüdischen ›Chalutzim‹, der jungen Pioniere, die von guten europäischen Schulen und Universitäten ins Land gekommen waren, nachdem sie sich bewußt dafür entschieden hatten, das Land mit ihrer Hände Arbeit aufzubauen.«

Im Oktober 1941 stellte Robert Scott, ein leitender politischer Beamter des Sekretariats, eine Liste britischer Beschwerden in einem eindrucksvollen Dokument zusammen. Er ging davon aus, daß der Jischuw zwar offiziell der britischen Herrschaft unterstand, sich aber so verhielt, als sei er eine unabhängige Nation. Die Jewish Agency sollte eigentlich eine rein beratende Körperschaft sein: »Die Agency ist durch Mandatsbestimmungen verpflichtet, ... mit der Verwaltung zusammenzuarbeiten. Tatsächlich widersetzt sie sich ihr.«[1]

Scott erinnert sich beispielsweise an Ben Gurions Presseerklärung vom 12. Mai 1939: »Wir gehorchen einem höheren moralischen Gesetz; wenn Großbritannien dagegen verstößt, erkennen wir seine Autorität nicht an.« Die jüdischen Führer geben zu, daß die Haganah illegal ist und in gesetzwidriger Weise Waffen trägt. Sie bestreiten die Gesetzwidrigkeit der nicht genehmigten jüdischen Einwanderung. Nach ihrer Auslegung der Mandatsbestimmungen besitzt jeder Jude das Recht, nach Palästina einzureisen, und die britischen Einwanderungsgesetze sind daher rechtswidrig. Aber all dies sind letztlich nur »technische« Fragen. Sie berufen sich auf ein höheres Recht. Das Recht zur Selbstverteidigung und das Recht, jedem verfolgten Juden Zuflucht im Land Israel zu gewähren, sind ihrer Meinung nach keine Angelegenheiten der britischen Gesetzgebung.

Tatsächlich, schrieb Scott, werde der Jischuw nicht von Großbritannien regiert, sondern von einem Netzwerk teils offener und etablierter, teils geheimer und illegaler jüdischer Organisationen. »Durch eine geschickte Streikpolitik, durch die sie den Unternehmern ihren Willen aufzwingt, und durch Gewalttätigkeiten gegen die Arbeiter anderer Organisationen« habe die Histadrut ein faktisches Monopol auf dem Arbeitsmarkt erlangt. Ihre Wohlfahrtsleistungen schließen sowohl die Krankenversorgung als auch Wohnungs-, Bank- und Versicherungsprogramme ein. Die bewundernswerten Züge dieses Werks »dürfen die Tatsache nicht verwischen, daß der Arbeiter für sein Wohlergehen völlig in Abhängigkeit von der Histadrut gerät«.

Strenge jüdische Disziplin herrsche ebenfalls bei der Erhebung inoffizieller Steuern. Die Beiträge zu den beiden wichtigsten jüdischen Fonds, Kofer Hayishav und Mas Heirum, seien einst freiwillig gewesen, aber nun werde das Vermögen jedes Juden durch ein lokales Komitee eingeschätzt, und man verlange die Zahlung regelmäßiger Summen. Manchmal habe die Haganah als Steuereinnehmer gewirkt und strenge Maßnahmen gegen »Verweigerer« ergriffen. Diese begännen mit ökonomischem Boykott und sozialer Ächtung und endeten mit Zerstörung von Eigentum und Todesdrohungen. Ein jüdischer Wirtschaftsverband beschwerte sich: »Im November und Dezember 1940 erhielten fünf vermögende Juden in Haifa den Besuch von Leuten, die sich als Sammler des Mas Heirum vorstellten. Keiner der fünf zahlte den geforderten Betrag, und am 11. Januar explodierte vor der Tür eines jeden von ihnen eine Bombe.«

Die Haganah, der ungefähr hunderttausend Männer und Frauen angehörten, habe sich im allgemeinen nicht zu »gemeinem und mörderischem Terrorismus« herabgelassen, aber »sie bleibe eine Geheimarmee, deren Führer in der Lage sind, durch Gewaltandrohungen die Politik und die privaten Meinungen zu beherrschen«. Auch sei sie nicht immer imstande, ihren extremistischen Flügel zu kontrollieren. So tötete beispielsweise im Februar 1940 die Hatkouma, eine ihrer Nebenorganisationen, achtunddreißig Araber, und obwohl die verantwortlichen jüdischen Führer solche Vergeltungsaktionen ablehnten, verurteilten sie sie nicht öffentlich. Obgleich man zwar einige Gesichtspunkte zugunsten der Haganah vorbringen kann, »erlaubt« ihre allgemeine Haltung »nicht die geringste Rechtfertigung ihrer Existenz«.

Bei den inoffiziellen Gruppen handelte es sich natürlich um etwas anderes. Die Irgun verschwieg nie ihre Ziele und Handlungen. Sie ließ sich von der Stelle des Buches ›Exodus‹ inspirieren, wo Moses einen Ägypter erschlägt und im Sand vergräbt. Männer wie Yaakov Raz, der den Tod fand, als er versuchte, »eine besonders abscheuliche Zeitbombe« zu legen, und Ben Yosef, der hingerichtet wurde, weil er auf einen arabischen Bus geschossen hatte, gelten als ihre Märtyrer. Ihre Propagandaschriften prahlen mit rücksichtslosen Morden an Arabern, sie führen Erfolgslisten darüber und behaupten weiterhin, die Mörder seien »diejenigen, die die Ehre Israels retteten«, ihre Taten »seien Kampfschritte von Leuten, die glauben, daß das jüdische Königreich durch Gewalt errichtet werde, nachdem man den arabischen Feind im Kampf besiegt habe«.

Man kann die Irgun nicht einfach als kriminelle Bande abtun. Als Erben einer großen Tradition hielten sie sich für prädestiniert, das Königreich Gottes in Israel zu schaffen: »Sie berufen sich darauf, daß Josua fünf Könige an fünf Bäumen aufhängte, daß Absalom Amnon ermordete, weil er seine Schwester Tamar vergewaltigt hatte. Sie erinnern sich an Judith, die Holofernes enthauptete, und an Esther, die Haman, den Feind der Juden hängen ließ.« Auf diesen aufdringlichen Anspruch, die jüdische Vergangenheit zu repräsentieren, fallen die meisten der fünf- bis achttausend Mitglieder der Irgun herein, er verschafft ihr auch die Loyalität einer Minderheit des Jischuw, besonders unter den jungen Leuten, die die maßvolle Realpolitik des orthodoxen Zionismus langweilig finden, und den unwilligen Respekt vieler anderer, die sie dennoch wegen ihrer brutalen Methoden ablehnen.

MacMichael ließ Moyne Scotts oben zusammengefaßten Bericht zukommen, um seiner Ansicht Nachdruck zu verleihen, daß Großbritannien »eine ebenso große Gefahr jüdischer Gewalttätigkeiten [drohe], wie sie die arabischen je dargestellt hatten«. Er wies warnend darauf hin, daß man mit einer solchen Rebellion nicht durch »Unterdrückungsmethoden« fertig werden könne, wie man sie gegen die Araber in den späten dreißiger Jahren angewandt habe. Dies vor allem, weil die Juden Palästinas im Gegensatz zu den Arabern – sich großer moralischer und politischer Unterstützung in Großbritannien und den Vereinigten Staaten erfreuten. Dann aber auch, weil die jüdischen Rebellen ein schrecklicherer Gegner sein würden, als es die Araber je gewesen seien. Sie seien großenteils bewaffnet und militärisch ausgebildet. Sie seien diszipliniert und höchst engagiert. Und schließlich seien sie von der Gerechtigkeit ihrer Sache überzeugt.

MacMichael fuhr fort, daß die jüdische Disziplin die Gemeinschaft in eine »geschlossene Oligarchie« verwandelt habe. Wenn auch eine solche bürgerliche Loyalität von einem gewissen Standpunkt bewundernswert erscheinen möge, so gebe es doch einen Punkt, wo die nationale Disziplin das in der demokratischen Welt geltende Maß überschreite und dem des totalitären Gegners entspreche: »Die Leiter der zionistischen Politik ignorieren alles, was nicht ihren eigenen Idealen und Plänen entspricht. Und um diese Ideale und Pläne zu verwirklichen, greifen sie zu gefährlichen Methoden und Maßnahmen. Wie die Dinge jetzt stehen, scheint es unvermeidlich, daß der zionistische Moloch, geschaffen durch die ungeheure Sehnsucht nach einem jüdischen Nationalstaat, die Ursache sehr ernsthafter Schwierigkeiten im Nahen Osten sein wird.«

Seit 1938 war es ein Axiom der britischen Politik, daß die Juden nie rebellieren würden. Großbritannien war ihr Hauptverbündeter, seit Mitte 1940 sogar ihr einziger Verbündeter im Kampf um Leben und Tod gegen Hitler. Natürlich verabscheuten sie die britische Palästinapolitik. Sie mochten sich bei den Verantwortlichen in Whitehall und bei der Mandatsverwaltung in Jerusalem beschweren. Sie mochten zügellose Reden auf ihren verschiedenen Versammlungen halten und ihre Zeitungen mit emotional geladenen Hetzartikeln füllen. Sie mochten ein, zwei Tage streiken. Sie mochten auf den Straßen protestieren, aber mit einem Minimum an Gewalttätigkeit. Und schließlich mochten sie – das allein fürchteten die Briten wirklich – unter den amerikanischen Juden Propaganda machen.

Aber der Gedanke, daß die Juden gewaltsam gegen die britischen Behörden vorgehen könnten, schien absurd. Weizmann hatte erklärt, diese Vorstellung sei dem Jischuw zuwider, und Großbritannien berücksichtigte sie überhaupt nicht bei der Festlegung seiner Politik. Jetzt aber, Ende 1941, wies der Hohe Kommissar MacMichael London darauf hin, daß die Aussicht auf jüdische Gewalttätigkeit eine »große Gefahr« darstelle.

Zwar unterstützten die Haganah und der Palmach die britischen Kriegsanstrengungen auf unterschiedliche Weise, aber auf britischen Wunsch blieb diese Hilfe inoffiziell, ja fast geheim. Die Haganah spielte dieses Doppelspiel mit. Während sie den Briten half, verweigerte sie ihnen gleichzeitig den Gehorsam, indem sie mehr Kämpfer als erlaubt militärisch ausbildete und indem sie – was wichtiger war – sich Waffen verschaffte, teils unter Duldung der SOE und der »inoffiziellen« britischen Militärs, teils einfach durch Diebstahl aus britischen Depots oder »Kauf« von britischen Soldaten. Kurzum, die Haganah war gleichzeitig ein Partner, soweit es den Krieg betraf, und ein Störfaktor und eine potentielle Bedrohung der nahöstlichen Politik Großbritanniens.

Die Irgun verhielt sich ruhig. David Raziel hatte sich für die Unterstützung der Briten entschieden, und nahezu alle seine Anhänger folgten dieser Linie. Sie setzten ihre Propaganda fort. In Verfolgung ihrer Politik des Ge-

genterrors setzten sie gegen Araber weiterhin Gewalt ein, gelegentlich auch gegen Juden, um Geld abzupressen, gegen die Briten setzten sie dieses Mittel nicht ein. Die einzige Gruppe, die in dieser Periode dazu bereit war, war eine kleine Abspaltung der Irgun, die Lohamei Herut Israel (die Kämpfer für die Freiheit Israels), unter Führung von Abraham Stern.

Dieser kurz Lehi oder Stern-Gruppe genannten Organisation gehörten hundert bis zweihundert junge Menschen an, die meisten stammten aus Osteuropa und waren Kenner der russischen Geschichte; für sie stellte der Terror gegen Personen ein wirksames und moralisch gerechtfertigtes Kampfmittel zur Erreichung eines politischen Zieles dar; sie bewunderten insbesondere Gruppen wie den russischen »Volkswillen«, eine Bewegung, die 1881 den Zaren Alexander II. ermordete, und die Irische Republikanische Armee.

Nathan Yalin-Mor, der im Januar 1941 aus Litauen nach Palästina kam und bald zur Führung der Lehi gehörte, erklärt, warum in diesen Kreisen der Haß auf Großbritannien sogar größer war als auf das nationalsozialistische Deutschland: »Wir mußten zwischen einem Feind und einem Erzfeind unterscheiden. Im Buch Esther ist von Haman die Rede, der alle Juden Persiens ermorden wollte. Er war ein Feind, weil er unser Volk tötete. Aber der römische Kaiser Titus war ein Erzfeind, weil er die jüdische Souveränität zerstörte. Wir waren der Ansicht, daß Großbritannien in unserer Zeit die Rolle des Titus spiele. Wir sahen auch, daß Großbritannien in Schwierigkeiten steckte, und wie die irischen Republikaner sahen wir darin unsere Chance. Daher war es von überragender Wichtigkeit, gegen Großbritannien zu kämpfen und ihm unsere Forderungen aufzuzwingen.«

Aus diesen Gründen kam Stern auf die phantastische Idee mit dem Feind, Deutschland und Italien, gegen den Erzfeind zusammenzuarbeiten. Er sandte Naftali Lubentchik als seinen Vertreter nach Beirut und ließ dort deutschen Agenten einen Plan unterbreiten, Schiffe mit Juden von Italien nach Palästina zu schicken. Itzhak Shamir erinnert sich: »Ich war gegen Annäherungsversuche an Italien. Ich erwartete mir davon nichts Gutes. Aber Stern erinnerte sich gut an seine Tätigkeit in Polen vor dem Krieg. Er hatte vielen Juden die Ausreise nach Palästina ermöglicht, indem er den Antisemitismus der polnischen Beamten ausnutzte. Er nahm an, die gleiche Methode würde auch in Italien Erfolg bringen. Zumindest glaubte er, den Versuch machen zu müssen.« Stern nahm an, sein Plan würde den Nationalsozialisten gefallen. Er würde sie von ihrem »Judenproblem« befreien und gleichzeitig Großbritannien Schaden zufügen.

Sterns ehrgeiziger Plan verärgerte nahezu den gesamten Jischuw. Lubentchik wurde verhaftet, vermutlich aufgrund eines Hinweises von Israel Pritzkiev, einem Doppelagenten der Irgun. Richard Catling bestätigt, daß er 1941 und 1942 von verschiedenen Irgun-Leuten Informationen über die Lehi erhielt. Yalin-Mor meint dazu: »Nach unserer Abspaltung von der Irgun kamen Haßgefühle auf. Und Haßgefühle zwischen Waffenkameraden können schlimmer sein als zwischen Feinden.« Auch er wurde 1942 von der britischen Militärmission in Syrien festgenommen, als er sich gerade auf der Durchreise befand, um Sterns Plan mit »verschiedenen Kontakten auf dem Balkan« zu diskutieren.

Zum moralischen Niveau der Lehi schrieb Robert Scott, es sei derart gewesen, daß sie einfach »umlegten, ausradierten und sofort draufschlugen«. In Wirklichkeit handelte es sich trotz der Unlauterkeit und der nackten Gewalttätigkeit ihrer Unternehmungen nicht um Kriminelle, sondern um eine hochmotivierte Gesinnungsgruppe. Sie kämpften mit Waffen, aber auch mit Ideen, und diese teilten sie in Flugblättern oder Zeitungen dem weitgehend skeptischen Jischuw mit. Geula Cohen, heute eine bekannte Abgeordnete der Knesset, war damals ein Teenager: »Gewöhnlich ging ich zur Tarnung in Begleitung eines jungen Mannes, so daß wir wie ein Pärchen aussahen. Wir hatten die Aufgabe, Plakate anzubringen und Flugblätter zu verteilen.« Die Plakate forderten die Juden auf, den Erzfeind zu bekämpfen und von einer Beteiligung am »imperialistischen Krieg« Abstand zu nehmen. In ihrer Propaganda standen sie der Linie nahe, die die Kommunistische Partei vor der deutschen Invasion Rußlands im Juni 1941 einnahm.

Am 9. Januar 1942 wurden zwei Angehörige der Lehi, Yehoshua Becker und Nissim Reuven, verhaftet, nachdem sie eine Bank beraubt und zwei jüdische Kassierer erschossen hatten. Am 20. Januar fanden zwei jüdische Polizisten, Solomon Schiff und Nahum Goldmann, in der Yael Straße in Tel Aviv durch eine Bombe der Lehi den Tod. Bobby Lustig berichtet: »Danach gab es unter den jüdischen Polizisten eine Menge Unwillen gegen die Stern-Gruppe, und möglicherweise gaben einige von ihnen Informationen über sie an die Briten.« Nach einem solchen Hinweis führte der verantwortliche britische Polizeioffizier, Geoffrey Morton, in der Dizengoff Straße 30 eine Razzia durch, dabei wurden vier Lehi-Führer entdeckt. Avraham Amper und Zelig Jaques wurden erschossen. Man verhaftete Moshe Svorai und den technischen Experten der Lehi, Yaakov Levstein. Svorai, nachdem Morton ihn bei dem Versuch, durch ein Toilettenfenster und an einem Abwasserrohr herunter zu fliehen, angeschossen hatte.

Am 21. Januar begann die deutsche Invasion Libyens. Am 28. Januar eroberten die deutschen Truppen Bengasi zurück. Morton erinnert sich: »Es war ein sehr kritischer Abschnitt des Krieges. Wir kämpften mit dem Rücken zur Wand, nicht nur um uns selbst und die strategische Position Großbritanniens zu verteidigen, sondern auch um das Leben der Juden Palästinas zu retten. Der Terrorismus der Lehi und die ständigen Waffendiebstähle der Haganah hatten zur Folge, daß tausende britischer Soldaten in Palästina gebunden waren, während man sie besser im Kampf gegen die Deutschen in Nordafrika eingesetzt hätte.«

Der gesamte Jischuw wäre mit Mortons Verurteilung der Waffenbeschaffungsmethoden der Haganah nicht einverstanden gewesen. Er sah darin eine Grundlage seiner Selbstverteidigung. Aber die Lehi lehnte er Anfang 1942 genauso entschieden ab, wie es die Briten taten. Am 30. Januar rief die der Jewish Agency nahestehende ›Palestine Post‹ die gesamte Bevölkerung auf, solchen Verbrechen ein Ende zu bereiten. Für die Ergreifung Sterns setzten die Behörden eine Belohnung von tausend Pfund aus. Sein Foto erschien an den Mauern und in den Zeitungen. Niemand war mehr bereit, ihm Unterschlupf zu gewähren. Schließlich versteckte er sich trotz des offensichtlichen Risikos in Tel Aviv, Mizrachi B Straße 8, in einer Mansarde, die Moshe und Tova Svorai gehörte.

Der offizielle britische Bericht lautet: »Informationen, die zur Festnahme Sterns führten, verschaffte sich die Polizei geschickterweise, indem sie Einblick in Kassiber nahm, die zwei verwundete Mitglieder der Bande aus dem Gefängnis von Jaffa schmuggelten.«[2] Lustig berichtet, daß Svorai einen britischen Polizisten, Sergeant Stow, dazu veranlaßte, seiner Frau einen Brief zu bringen, der die Andeutung enthielt, daß sich eine weitere Person in der Wohnung aufhielt. Morton schreibt, den wirklichen Aufenthaltsort von Svorai und Stern habe Moshe Svorai Levsteins Mutter bei einem Besuch im Krankenhaus zugeflüstert, dabei habe ihn ein Wärter an der Tür mitgehört.

Über die darauffolgenden Ereignisse gab es große Auseinandersetzungen und mehrere Prozesse. Alle Seiten stimmen darin überein, daß eine Gruppe britischer und jüdischer Polizisten – darunter Geoffrey Morton, Tom Wilkin, Bobby Lustig, Bernard Stamp und Alec Ternent – in die Wohnung eindrangen und Tova Svorai verhafteten, daß sie dann die Wohnung durchsuchten und Stern in einem Schrank versteckt fanden. Lustig schickte man weg, um eine Gefängniswärterin zu suchen. Wilkin ging fort, um einen jüdischen Freund, Itzhak Berman, zu treffen. Vier Männer blieben im Raum: Stern, Morton, Ternent und Stamp.

Morton schreibt darüber: »Er [Stern] sollte abgeführt werden, und während er sich bückte, um seine Schuhriemen zu binden, bevor man ihn ins Hauptquartier schaffte, tauchte er unter dem Pistolenlauf des ihn in Schach haltenden Polizisten vorbei und machte einen wahnsinnigen Sprung in Richtung auf das offene Fenster, das zum Flachdach führte ... Stern konnte unmöglich entkommen, denn das Haus war umzingelt, und er wußte dies. Aber was war dann sein Ziel? Ich konnte nur annehmen, daß er irgendwo eine

Höllenmaschine zusammengebastelt hatte, und daß er den verzweifelten Versucht machte, zu ihr hin zu gelangen. Keiner der Polizisten im Zimmer war in der Lage, vor ihm das Fenster zu erreichen. So erschoß ich ihn, um weiteres Blutvergießen zu verhindern.«[3]

Spätere Untersuchungen ergaben, daß es sich im Fall Sterns und der beiden in der Dizengoff Straße 30 erschossenen Männer um gerechtfertigte Tötungen handelte. Der britische Untersuchungsbericht stellt fest, daß Stern »bei einem Fluchtversuch erschossen« wurde.[4] Morton meint dazu: »Mir gefällt der Ausdruck ›bei einem Fluchtversuch erschossen‹ nicht, einerseits ist er hinsichtlich der Tötung Sterns nicht korrekt, andererseits mißfallen mir seine gefühlsmäßigen und an die Nazis erinnernden Nebenbedeutungen.« Er behauptet, daß Stern in der Vergangenheit immer gedroht habe, falls er je gefaßt werden sollte, werde er vorher sich und die Polizei in die Luft sprengen. »Deshalb erschoß ich ihn, als er versuchte, das Fenster zu erreichen. Das ist alles.« Er hat drei Beleidigungsprozesse gegen Verleger von Büchern gewonnen, die andersgeartete Behauptungen enthielten.

Was immer in Wahrheit geschah, die Tatsache, daß Stern den Tod fand, während er sich in Gewahrsam der Polizei befand, verschaffte ihm die Sympathie vieler Juden, die ihn zuvor abgelehnt hatten, und sie förderte die schon weit verbreiteten Gerüchte über das willkürliche Verhalten der Polizei. Sie half, einen Mythos um Stern zu schaffen, ihn zu einem Helden zu erklären, der im Kampf für sein Land den Tod fand.

Auch heute teilen nicht alle Israelis dieses Glanzbild des Lehi-Führers. Bernard Joseph meint: »Sterns Ideen waren total verrückt. Es stimmt, er war ein Idealist, aber ein verrückter Idealist. Hätte man ihn als Mörder verurteilt und nach einem ordnungsgemäßen Gerichtsverfahren hingerichtet, er würde heute nicht als Märtyrer gelten. Er verdankt seinen Ruf hauptsächlich der Art seines Todes.« Efraim Dekel, der Leiter der Spionageorganisation der Haganah (Shai), sagt dazu: »Es war nicht sehr beeindruckend für einen Guerillaführer, den Tod zu finden, als man ihn aus einem Schrank zog. Er hätte sich zumindest den Fluchtweg freischießen, dabei einen Polizisten als Geisel nehmen und wie ein Held sterben können. Er war mehr ein Dichter als ein Kämpfer.«

Aber frühere Mitglieder der Irgun und der Lehi, von denen viele 1977 in die israelische Regierung eintraten, sehen in Stern ein Vorbild der Untergrundkämpfer, die schließlich die Briten aus Palästina vertrieben, einen Märtyrer im Kampf für den jüdischen Nationalstaat.

Die Lehi schwor Rache für den Tod ihres Führers. Morton konnte nur noch in Begleitung von drei Leibwächtern, die alle Scharfschützen waren, ausgehen. Als er am 1. Mai mit seiner Frau von seinem Haus in Sarona nach

Jaffa fuhr, explodierte eine ferngezündete Landmine in der Nähe seines Wagens. Morton sagt dazu: »Sie müssen sie eine oder zwei Sekunden zu früh gezündet haben. Meine Frau und ich wurden nicht schwer verletzt. Sie waren sich so sicher, daß sie uns töten würden, daß sie auf dem Friedhof auf dem Berg Zion zwei weitere Landminen gelegt hatten – als Vorbereitung für unsere Beerdigung, die sicher eine große Angelegenheit geworden wäre mit einer Menge höherer britischer Beamter.«

Am 17. Februar berichtete MacMichael, die wichtigsten Mitglieder der Bande, etwa achtzig Leute, seien verhaftet. Aber was sollte mit ihnen geschehen? Steven Luke, ein Beamter der Mandatsverwaltung, schrieb, daß man keine ordentlichen Gerichtsverfahren durchführen könne. Es gäbe nicht genug Beweise, um sie wegen Verschwörung zum Mord zu verurteilen, und es werde keine jüdischen Zeugen geben, die bei derartigen Untersuchungen helfen würden. Die einzige Alternative bestehe darin, sie in den Lagern Masra und Latrum festzuhalten, wo immer Fluchtgefahr bestand, wodurch sie wieder zur öffentlichen Bedrohung würden.

Yehoshua Becker und Nissim Reuven wurden wegen Mordes zum Tode verurteilt. Selbst sie begnadigte man zum großen Abscheu Mortons, der beobachtete, daß sie die Sympathie des Jischuw gewannen, sobald sie zum Tode verurteilt waren: »Damals stand auf den Besitz von Schußwaffen die Todesstrafe, selbst wenn man niemanden tötete. Aber hier handelte es sich um Mord im Rahmen eines größeren Verbrechens. Hätte es sich um Araber gehandelt, hätte man sie selbstverständlich aufgehängt, so wie man dutzende Araber während des Aufstandes aufgehängt hatte. Aber die jüdische Gemeinschaft wandte politischen Druck an. Dies machte uns Polizisten sehr zornig.«

Die Lehi war mit einem Wirbel der Gewalttätigkeit aufgetaucht, scheinbar hatte sie sich nur selbst diskreditiert, ihre Kämpfer waren in Gefangenschaft geraten oder hatten den Tod gefunden. Aber ihre Anhänger glauben, daß diese Ereignisse, besonders der Tod von Stern, ihre ideologische Entschlossenheit gestärkt habe. Yalin-Mor meint dazu: »Morton half uns auf eine gewisse Art. Er zerstörte unsere Illusionen. Er veranlaßte uns, den Rubikon zu überschreiten, brachte uns zu der Einsicht, daß die Würfel gefallen waren.« Diese Ereignisse hatten der jüdischen Gemeinschaft erstmals die Wirksamkeit der Stadtguerilla gezeigt.

Es war ein Vorgeschmack dessen, was der von MacMichael vorhergesagte Aufstand für Großbritannien bedeuten sollte. Am 23. Februar schrieb Steven Luke: »Die Grundeinstellung der jüdischen Gemeinschaft in Palästina hat sich in den letzten Jahren infolge der Unruhen von 1936 – 1939 und der Veröffentlichung des Weißbuchs tiefgehend verändert. Zweifellos gibt es sogar unter den friedfertigsten und liberalsten Juden eine Tendenz zu dem Gefühl, daß die Hoffnung vergeblich ist, die Ziele der zionistischen Politik durch evolutionäre, konstitutionelle Mittel erreichen zu können. Sie argumentieren (wie falsch auch immer), der Übergang der Araber zum bewaffneten Kampf 1936–1939 habe die britische Regierung veranlaßt, ihren Forderungen nachzugeben und dadurch sei der Entschluß der Juden zum direkten Handeln schließlich notwendig geworden.«[5]

Als Rommels Truppen durch die Wüste vorstießen, sah sich Großbritannien einer neuen Krise in Ägypten gegenüber. Wie ein Jahr zuvor im Irak untergrub der militärische Erfolg der Deutschen die Stellung der pro-britischen politischen Führer, hinzu kamen die natürlichen Ressentiments, die entstehen, wenn das Schicksal eines Landes weitgehend unter ausländischer Kontrolle steht. Botschafter Miles Lampson, der prominenteste Vertreter des pro-arabischen Flügels auf britischer Seite, hatte ein schlechtes Verhältnis zu dem zweiundzwanzigjährigen König Faruk, der sich seiner Behauptung nach mit einer Gruppe von »Palastitalienern« umgeben hatte, die alle Gegner des anglo-ägyptischen Vertrags von 1936 waren, der ein weiteres Beispiel der ungleichen Verträge darstellte, auf die sich die britische Macht im Nahen Osten gründete.

Die Dinge spitzten sich zu, als Lampson am 26. Januar 1942 entdeckte, daß Faruk beabsichtigte, den britenfreundlichen Außenminister Salib Samy zu entlassen. Großbritannien gewann den Eindruck, daß sich Faruk auf die Ankunft des Feindes vorbereitete. Ständig kam es zu antibritischen Studentenkrawallen, ohne daß der König etwas dagegen unternahm. Zweifellos würde das nächste Opfer der Premierminister Hussein Sirri selbst sein. Großbritannien kam zu dem Schluß, daß sein Prestige und seine Stellung in Ägypten es nicht zuließen, einen solch wichtigen Freund wie Salib Samy aufzugeben, daß seine Entlassung gegen den Artikel 5 des Bündnisvertrages verstieß, der eine Zusammenarbeit mit den Gegnern des jeweiligen Vertragspartners untersagte. Wenn es jetzt nicht handelte, würde seine Position untergraben und seine Basis für die Kriegsführung gegen Rommel geschwächt.

Deshalb entschied sich Großbritannien dafür, das Problem durch schnelles militärisches Handeln zu beseitigen, so wie es im vorhergehenden Sommer die unfreundlichen Regierungen Syriens, des Irak und des Iran beseitigt hatte. Nach Lampsons Ansicht brauchte Großbritannien in diesem Fall nicht wirklich Gewalt anzuwenden, es mußte nur seine Bereitschaft dazu demonstrieren. Eilig bereitete er ein Meisterstück der Einschüchterungsdiplomatie vor.

Am 4. Februar schickte Lampson ein Ultimatum an Faruk, das von ihm verlangte, Hussein Sirri durch Nahas Pasha zu ersetzen, der den Vertrag von 1936 in London unterzeichnet hatte. Er kündigte an, falls er von Faruk bis achtzehn Uhr des gleichen Tages keine befriedigende Antwort erhalten habe, würde er auf einer Audienz um zwanzig Uhr bestehen, bei der er von seinem Oberkommandierenden Generalleutnant Robert Stone begleitet würde und »inzwischen würden die notwendigen militärischen Vorbereitungen getroffen«. Faruk erhielt das Ultimatum, zog seine Berater zu Rate und schickte Lampson eine Antwort, in der er es als »einen schweren Verstoß gegen den anglo-ägyptischen Vertrag und die Unabhängigkeit des Landes« zurückwies.

Lampsons Audienz beim König fand, wie er berichtet, unter den allerdramatischsten Umständen statt: »Um einundzwanzig Uhr kam ich begleitet von General Stone und einem beeindruckenden Aufgebot besonders ausgewählter strammer bis an die Zähne bewaffneter Offiziere im Palast an. Auf dem Weg dorthin passierten wir Kolonnen von Militärfahrzeugen, die schattenhaft durch die dunklen Straßen zogen, um ihre Stellungen rund um den Palast einzunehmen. Am erschreckten Gesichtsausdruck des Hofkammerherrn, der mich am Palasteingang empfing, konnte ich erkennen, daß diese imposante Ankunft eine unmittelbare Wirkung hatte. Während wir im oberen Stockwerk warteten, konnte ich das Rattern der Panzer und gepanzerten Fahrzeuge hören, die ihre Positionen rund um den Palast einnahmen.«

Lampson ging in Begleitung von General Stone ins Audienzzimmer des Königs und kam gleich zur Sache, laut verlas er eines der erstaunlichsten Dokumente, das je ein Botschafter einem regierenden Monarchen überbracht hat: »Es ist schon lange klar, daß Eure Majestät unter dem Einfluß von Beratern steht, die gegenüber dem Bündnis mit Großbritannien nicht nur treulos sind, sondern aktiv dagegen arbeiten und damit dem Feind helfen ... Darüber hinaus haben Eure Majestät leichtfertiger- und überflüssigerweise eine Krise provoziert ... Schließlich haben Eure Majestät keine Koalitionsregierung eingesetzt und sich damit geweigert, die führende politische Partei mit den Regierungsgeschäften zu betrauen ... Eine derartige Leichtsinnigkeit und Unverantwortlichkeit des Souveräns gefährdet die Sicherheit Ägyptens und der alliierten Streitkräfte. Sie machen deutlich, daß Eure Majestät nicht länger imstande sind, Ihren herrscherlichen Pflichten nachzukommen.«

Daraufhin überreichte Lampson Faruk eine Abdankungsurkunde und sagte dazu, falls er nicht unterzeichne, habe er »ihn mit etwas anderem zu konfrontieren«. Völlig eingeschüchtert bat Faruk, man möge ihm noch eine Chance geben. Er wolle Nahas Pasha sofort zu sich rufen lassen und ihn beauftragen, eine Regierung seiner Wahl zu bilden. Da dies der ursprünglichen britischen Forderung entsprach, wußte Lampson, daß er schließlich zustimmen mußte, aber er hielt inne, täuschte Zögern vor und genoß seiner eigenen Darstellung nach die Demütigung des Königs. Schließlich stimmte er zu und zog sich im Triumph zurück.

Als er wieder in der Botschaft war, erhielt Lampson bald telefonisch die tragisch-komische Beschwerde eines Kammerherrn, daß Panzer Nahas Weg zum Palast blockierten. Huldvoll ließ der Botschafter den Weg freimachen, und wenige Minuten darauf stellte sich Nahas dem König auf dessen Bitten als Premierminister vor, er versprach »die üblen Elemente im Palast und außerhalb«[6] loszuwerden und eine pro-britische Regierung zu bilden, danach sei ein ernsthaftes Gespräch angebracht.

Damit waren der Triumph des Botschafters und die Niederlage des Königs vollständig. Das im schweren Kampf ums Überleben stehende Großbritannien hatte durch entschiedenes Handeln einen weiteren abbröckelnden Eckstein seiner nahöstlichen Festung gerettet. Aber die Art, in der dies geschah, weckte wie im Iran nicht nur den Groll des Königs und seiner achsenfreundlichen Umgebung, sondern auch vieler gewöhnlicher Bürger, die die Demütigung ihres Landes empfanden.

Die zionistischen Politiker waren erfreut darüber, wie leicht Lampson mit König Faruk fertig wurde. Dies erschien ihnen als Bestätigung ihrer alten Ansicht, daß Großbritannien nichts von der arabischen Feindschaft zu fürchten hatte, daß die arabische Rebellion eine Fata Morgana sei und daß die arabische Militärmacht eine bloße Fassade sei. Golda Meir stellt sich die Frage, was geschehen wäre, wenn Großbritannien den Arabern erklärt hätte, daß das Weißbuch bis zum Kriegsende suspendiert sei. Die arabischen Führer würden dann Drohreden gehalten haben. Es hätte Protestdemonstrationen gegeben, aber ansonsten wäre nicht viel geschehen. Samuel Katz, einer der wichtigsten Berater Menachem Begins, hält die britischen Befürchtungen vor arabischen Gewalttätigkeiten im Jahre 1942 für »dummes Zeug« und »ein gutes Märchen für den Kindergarten«.[7]

Churchill stimmte im großen Ganzen mit dieser Ansicht überein, er brachte sie auch immer wieder in persönlichen Memoranden zum Ausdruck, aber er war noch nicht bereit, die Hauptrichtung der britischen Politik zu revidieren, die eine Reaktion auf den arabischen Aufstand war und im Weißbuch festgelegt war. Die herrschende Ansicht ging immer noch dahin, daß die britischen Streitkräfte ihre Position nicht auf sich allein gestellt aufrechterhalten konnten. Man benötige ein gewisses Maß an Unterstützung durch »gemäßigte« arabische Führer. Und diese Führer hatten wiederholt erklärt, daß sie ohne das Weißbuch hinweggefegt würden. Anti-britische Stimmungen würden sich in Haß verwandeln und, was immer die britische Armee unternähme, Gewalttätigkeiten in Stadt und Land würden zu einer ständigen Bedrohung ihrer Basen.

Inzwischen erfolgte die Massenvernichtung der Juden Europas immer systematischer. Zum Zeitpunkt seines Einmarsches nach Rußland im Juni 1941 bestimmte Hitler, daß Juden ebenso wie kommunistische Funktionäre sofort vernichtet werden sollten. Der durch Rußland vorstoßenden Wehrmacht folgten Einsatzgruppen, deren Aufgabe es war, die Angehörigen dieser beiden Gruppen ausfindig zu machen und zu töten. Neuere jüdische Untersuchungen dieser Ereignisse betonen die schrecklich Tatsache, daß diese Mordkommandos meist Helfer unter der örtlichen Bevölkerung fanden, die gegen Belohnung denunzierten. Es gibt darüber keine genauen Zahlen – die Sowjetregierung verhindert jede Diskussion der besonderen Leidensgeschichte der Juden während des Krieges – aber einige Quellen legen die Vermutung nahe, daß bis zu neunzig Prozent der Juden in den besetzten sowjetischen Städten schon im Winter 1941/42 deportiert waren oder den Tod gefunden hatten.[8]

Einer der berüchtigsten Vorfälle dieser Art, der heute in Rußland eine Art Legende darstellt, ereignete sich in Babi Yar, einem Steinbruch bei Kiew, wo die Einsatzgruppen Ende September 1941 vierunddreißigtausend Juden ermordeten. Aber diese quasi-militärische Art der Vernichtung erwies sich als ineffizient. Um ein Getto einzukreisen und seine Bewohner umzubringen oder um einige tausend Juden beider Geschlechter und jeden Alters aus der Stadt auf ein geeignetes Feld oder in einen Schacht zu treiben, sie zu erschießen, sie in Gruben zu begraben, wie es in Smolensk, Winnitsa, Witebsk, Poltava und zahllosen anderen Städten geschah, benötigte man größere Truppenkontingente.

Ende des Jahres 1941 sperrte man in einem Lager in der Nähe von Chelmo Juden im Laderaum von Lastkraftwagen ein und vergaste sie durch die kohlenmonoxydhaltigen Auspuffgase. Aber diese Methode bedeutete für die beteiligten Truppen, die die Lastautos entladen und die Körper wegschaffen mußten, eine ekelerregende Arbeit. Dagegen weckte die »konventionelle Methode« den Unmut der regulären Wehrmachtseinheiten, die die Einsatzgruppen oft mit Abscheu und Furcht betrachteten.

Am 20. Januar 1942 führte Reinhard Heydrich auf Anordnung Hermann Görings die sogenannte Wannsee-Konferenz durch. Hier wurde das Programm zur endgültigen Vernichtung des europäischen Judentums entwickelt. Vor einer Gruppe höherer SS-Führer erklärte er, daß nun die Zeit der Endlösung der Judenfrage gekommen sei. Von den zweihundertfünfundsiebzigtausend 1939 in Deutschland lebenden Juden sei die Hälfte tot, aber es gebe noch immer mindestens elf Millionen Juden in Europa: fünf Millionen in Rußland, drei Millionen in der Ukraine, zweieinviertel Millionen in Polen, eine Dreiviertelmillion in Frankreich und eine Drittelmillion in Großbritannien.

»Unter entsprechender Leitung sollen im Zuge der Endlösung die Juden in geeigneter Weise im Osten zum Arbeitseinsatz kommen. In großen Arbeitskolonnen, unter Trennung der Geschlechter, werden die arbeitsfähigen Juden straßenbauend in diese Gebiete geführt, wobei zweifellos ein Großteil durch natürliche Verminderung ausfallen wird. – Der allfällig endlich verbleibende Restbestand wird, da es sich bei diesen zweifellos um die widerstandsfähigsten Teile handelt, entsprechend behandelt werden müssen, da dieser, eine natürliche Auslese darstellend, bei Freilassung als Keimzelle eines neuen jüdischen Aufbaues anzusprechen ist. (Siehe die Erfahrung der Geschichte.) – Im Zuge der praktischen Durchführung der Endlösung wird Europa von Westen nach Osten durchgekämmt. Das Reichsgebiet einschließlich Protektorat Böhmen und Mähren wird, allein schon aus Gründen der Wohnungsfrage und sonstiger sozialpolitischen Notwendigkeiten, vorweggenommen werden müssen. – Die evakuierten Juden werden zunächst Zug um Zug in sogenannte Durchgangsgettos verbracht, um von dort aus weiter nach dem Osten transportiert zu werden.«[9]

Für diese Riesenaufgabe müsse man schnellere und wirksamere Methoden entwickeln als die gegenwärtig angewandten.

Schon seit Juni 1941 wurde das Lager Auschwitz mit Vergasungsanlagen großen Stils ausgestattet, um die Juden physisch zu vernichten. Diese Methode wurde ab Dezember 1941 im Lager Chelmno und dann seit 1942 auch in Belcec bei Lublin, Sobibor, Treblinka und Maidanek angewendet. Während des Frühlings 1942 fanden allein in Belcec eine halbe Million polnische Juden den Tod.[10]

Andere Autoren haben diese teuflischen Vernichtungsmaßnahmen detailliert beschrieben. Für den Zweck unseres Buches genügt es, darauf hinzuweisen, daß, während die drei großen Alliierten mit den großen militärischen Ereignissen des Jahres 1942 beschäftigt waren – im Mai mit Rommels Offensive in Libyen, im Juni und Juli mit dem Vordringen der deutschen Wehrmacht durch die Ukraine bis nach Rostow, mit der Eroberung Burmas durch die Japaner –, den Juden Palästinas die Nachrichten über die Vernichtung der Juden Europas die größeren Sorgen machten. Von dieser Stimmung beherrscht, verabschiedete am 11. April eine Zionistenkonferenz im Biltmore-Hotel in New York eine Resolution, die die Errichtung eines jüdischen Staates in Gesamtpalästina verlangte.

Auf der anderen Seite hielten es britische Verantwortliche für höchst gefährlich und unangemessen, wenn jüdische Körperschaften zu solch einer Zeit übertriebene Forderungen nach Souveränität erhoben.

Am 30. Juni erreichte Rommel el-Alamein, das gut zweihundert Kilometer von Kairo und etwa hundert Kilometer von Alexandrien entfernt liegt. Von dort betrug die Entfernung bis Tel Aviv noch etwa achthundert Straßenkilometer. Damals, als die deutschen Truppen Palästina in einer riesigen Zangenbewegung von der Sahara und der Ukraine her bedrohten, gewann Abba Ebans Arbeit als Verbindungsoffizier zwischen der Haganah und den »inoffiziellen« Briten eine neue und schreckliche Bedeutung, beide Seiten mußten einen Plan für den Fall des Verlustes Ägyptens und der Eroberung Palästinas aufstellen. Die britische Stellung war schwach, die Juden standen am Rande des Untergangs. Für einen kurzen historischen Augenblick benötigten beide Seiten einander wieder.

Hammond sagt dazu: »Wir nahmen an, wenn Palästina verloren ginge, würden die Araber möglicherweise die Deutschen aktiv unterstützen. Sie liebten uns nicht besonders, und natürlich teilten sie die anti-jüdische Einstellung der Deutschen. Besonders in Syrien gab es starke anti-britische Stimmungen. Als wir im vorangegangenen Frühling in Syrien eindrangen, nahmen sie [die Syrer] an, wir seien gekommen, um sie von den Franzosen zu befreien, aber das einzige, was wir taten, war eine neue französische Verwaltung unter General Catroux, einem Gaullisten, zu errichten.«

Gut informierte Briten erwarteten nach den Erfahrungen der letzten Monate von den Bevölkerungen Ägyptens und des Irak ähnliche Reaktionen. Die Aussichten waren wirklich erschreckend – die Beherrschung des Nahen Ostens durch die Streitkräfte des Feindes, der zumindest zu Beginn auf die Unterstützung der arabischen Bevölkerung zählen konnte, selbst wenn es sich bei dieser nach der nationalsozialistischen Ideologie um Untermenschen handelte. Die feindlichen Streitkräfte würden die britischen Verkehrs- und Nachrichtenverbindungen nach dem Fernen Osten abschneiden und dann von Süden her nach Rußland eindringen.

Aufgrund derartiger Befürchtungen bildeten Hammond und seine bunt zusammengewürfelten SOE-Kollegen immer mehr Haganah-Leute militärisch aus. Eban erinnert sich: »Da gab es einen hervorragenden Scharfschützen namens Grant Taylor. Oft saß er auf einem Stuhl in seinem Zimmer in Talbiya und schoß eine Glühbirne aus dem Kronleuchter, um seine Geschicklichkeit zu beweisen. Er bot jedem an, ihm eine Zigarette aus dem Mund zu schießen, aber keiner nahm das Angebot an.« Die Briten bereiteten die Juden auf den Fall der schlimmsten Katastrophe vor. Falls Palästina verloren ging, sollten sie sich nach Norden zurückziehen und von den Libanon-Bergen her ein Nachhutgefecht liefern. Was den Jischuw betraf, so konnte man im günstigsten Fall einen Teil seiner Angehörigen im Tal beim Berg Karmel versammeln und von Haifa aus evakuieren, während die anderen dableiben und kämpfen würden wie ihre Vorfahren vor fast neunzehnhundert Jahren in Masada.

Außerhalb des Libanongebirges würden Briten und Juden gemeinsam einen Guerillakrieg führen. Gemeinsam bestimmten SOE und Haganah Yigal

Allon zum Kommandanten einer arabisch sprechenden Untergrundeinheit in Syrien. »Wir verkleideten uns als Araber und Araberinnen. Wir lebten wie Familien, arbeiteten als Händler, Bürogehilfen oder Handwerker. Aber wir waren ausgebildet als Scharfschützen, Saboteure, Spione und Funker.« Die Einheit sollte mit ihrer Arbeit beginnen, sobald Syrien unter deutsche Kontrolle geriet.

Abba Eban war entscheidend an der Planung für Palästina beteiligt: »Wenn es in Alamein zur Katastrophe gekommen wäre, hätten wir uns in verschiedene Höhlen und Verstecke in der Gegend des Toten Meeres und von Haifa begeben. Professor Ratna vom Techneon hatte einen Plan vorbereitet. Wer arabisch sprechen konnte, sollte in der Bevölkerung untertauchen. Es ging darum, die Besetzung so teuer und uneinträglich wie möglich zu machen. Bezüglich dessen, was die Deutschen der jüdischen Bevölkerung antun würden, konnten wir nur das Schlimmste erwarten, obwohl die Nachrichten von der Wannsee-Konferenz noch nicht durchgesickert waren. Wir würden leben wie die Guerillas in Jugoslawien, aber wir nahmen an, daß unser Dasein dadurch nicht bedeutend verlängert werden würde.«

Allmählich begann jedoch die Schreckensnachricht bekannt zu werden. Am 1. Juli veröffentlichte die polnische Exilregierung in London ein Dokument, das die Zahlen der in den verschiedenen polnischen Städten ermordeten Juden enthielt, ihre Gesamtzahl wurde auf siebenhunderttausend geschätzt. Am 1. August erhielt der Vertreter des jüdischen Weltkongresses in der Schweiz Gerhart Riegner, von einem deutschen Kontaktmann eine erstaunlich korrekte Zusammenfassung der Ergebnisse der Wannsee-Konferenz vom Januar. In einem zusammenfassenden Telegramm teilte er mit, alle Juden »sollten nach deportation und konzentration im osten auf einen schlag vernichtet werden um judenfrage in europa endgültig zu lösen stop aktion für den herbst geplant diskutierte methoden schließen blausäure ein . . .«[11]

Arthur Morse beschreibt in seinem Buch »Die Wasser teilten sich nicht«, daß Riegners ursprüngliche Enthüllung während des ersten Halbjahrs 1942 durch zahlreiche amerikanische und britische Quellen so eindeutig bestätigt wurde, daß kein Zweifel mehr möglich war. Der amerikanische Geschäftsträger in Bern Leland Harrison berichtete, daß die »Gettos größerer Städte wie Warschau geräumt würden und die Juden habe man von dort mit unbekanntem Ziel nach Osten verschickt«. Ernest Frischer, ein führender tschechoslowakischer Exilpolitiker, schrieb in einer Denkschrift für das Weiße Haus: »In der gesamten jüdischen Geschichte gibt es kein Beispiel eines solchen organisierten Massenmordes . . .«

Am 7. Dezember veröffentlichte die Londoner ›Times‹ die Tatsachen und benutzte dabei den inzwischen bekannten Ausdruck »Endlösung der Judenfrage«. Zehn Tage später bestätigte Anthony Eden in Erwiderung einer Anfrage von Sidney Silverman im Unterhaus, daß seine Regierung jetzt verläßliche Berichte über den nationalsozialistischen Plan habe, alle Juden nach dem Osten zu deportieren und dort umzubringen. Daraufhin forderte ein Abgeordneter die Parlamentarier auf, sich zu erheben und zwei Minuten lang zu schweigen.

Wie sollten die Regierungen der Vereinigten Staaten und Großbritanniens auf die Bestätigung der Schreckensnachrichten reagieren? Nach einigem Zögern hatten die Regierungen die Geschehnisse bestätigt und öffentlich bekanntgemacht. Jahrelang hatte man Hitlers Drohungen nicht völlig ernstgenommen. Die anti-jüdische Einstellung seines Regimes war bekannt. Man wußte von der grausamen Behandlung der Juden, ihrer Enteignung und ihrer Zwangszusammenfassung in Lagern. Man wußte von vielen Morden an Juden. Aber jetzt, Ende 1942, stand fest, daß Hitler die Juden, mehrere Millionen Menschen, ausrotten wollte. Die alliierten Regierungen wußten dies, und auch den Juden in den Vereinigten Staaten und Palästina war es bekannt.

Am 1. März 1943 sagte Chaim Weizmann bei einer Massenversammlung im New Yorker Madison Square Garden: »Die Demokratien haben eine eindeutige Pflicht. Sie sollen mit Deutschland unter Vermittlung neutraler Länder über die Freilassung der Juden verhandeln ... Sie sollen die Tore Palästinas öffnen ...« Ständig wuchs der Druck auf die Alliierten, sich über neutrale Länder und das Rote Kreuz an Deutschland zu wenden, eine Rettungsaktion vorzuschlagen, durch die, entweder die Juden aus dem nationalsozialistischen Herrschaftsbereich herausgeführt und anderswo angesiedelt würden oder wenn dies nicht möglich wäre, ihnen Nahrungsmittel und Medikamente in die Konzentrationslager geschickt würden.

Großbritannien und die Vereinigten Staaten hatten sich gegen die Vernichtungsmaßnahmen an den Juden geäußert. Sie hatten eine Kommission zur Feststellung von Kriegsverbrechen gegründet und dabei deutlich gemacht, daß jeder, der sich an Greueltaten beteiligte, nach dem Sieg der Alliierten ein Gerichtsverfahren zu erwarten hatte.[12] Ob sie bereit waren, darüber hinausgehende Maßnahmen zu ergreifen, sollte sich bald an einem Testfall erweisen. Im Februar bot die rumänische Regierung, eine Satellitenregierung der Nationalsozialisten, den »Verkauf« von siebzigtausend Juden an. Die Alliierten sollten hundertsiebzigtausend Dollar auf ein Sperrkonto in der Schweiz einzahlen. Daraufhin würde man die Juden ausreisen lassen.

Zahllose Einwände im amerikanischen und britischen Außenministerium führten zum schnellen Scheitern dieses Vorschlags. Alle Pläne, die verfolgten Juden zu retten oder ihnen zu helfen, hatten Konsequenzen, die eine Unterstützung des Feindes darstellten oder den alliierten Kriegsanstrengungen schadeten. Nach Meinung von Richard Law, dem leitenden britischen Delegierten auf der Konferenz über Flüchtlingsfragen auf den Bermudas im April jenes Jahres, gab es nur eine Lösung des Flüchtlingsproblems – den Sieg. Die Juden und andere Verfolgte sollten sich keiner Illusion hingeben: »In der Tat können wir ihnen nicht sofort helfen.«[13]

Verschiedene britische Beamte bezeichneten den rumänischen Vorschlag als ein »schamloses Beispiel von Erpressung«.[14] Alec Randall war der Ansicht, Großbritannien und seine Verbündeten sollten alles mögliche unternehmen, um den Flüchtlingen zu helfen, aber diese Bemühungen seien den übergeordneten Notwendigkeiten der Kriegsführung unterzuordnen. Jedes Nachgeben gegenüber »Erpressung und Sklavenhandel« bedeute eine Schädigung der Kriegsanstrengungen: »Es ist ganz einfach eine Tatsache, daß all die menschlichen Probleme, die eine Folge der gegenwärtigen Beherrschung Europas durch die Deutschen sind, unter denen die Judenfrage zwar einen wichtigen, aber nicht den einzigen Aspekt darstellt, nur vollständig durch einen alliierten Sieg zu lösen sind . . .«.[15]

Mrs. K. M. Crump vom Ministerium für Kriegswirtschaft notierte: »Man kann unmöglich einen Vorschlag unterstützen, der es Deutschland und seinen Satelliten ermöglicht, ihre unerwünschten Staatsangehörigen gegen Bezahlung den Alliierten aufzubürden.«[16] Wohin sollten die nirgends erwünschten Juden auswandern? Man konnte sie nur in Palästina unterbringen und das würde Großbritannien nicht gestatten. Der amerikanische Außenminister Cordell Hull sagte dazu: »Natürlich kann man den Vorschlag bestimmter Interessengruppen nicht ernstnehmen, für einen unbekannten Preis eine unbestimmte Anzahl von Personen von einem geheim gehaltenen Ort zu einem nicht bekannten Ziel zu transportieren.«

Breckinridge Long, ein leitender Beamter des amerikanischen Außenministeriums und Freund Roosevelts, befürchtete, jede besondere Bemühung zugunsten der Juden könnte »den Vorwürfen Hitlers Glaubwürdigkeit verleihen, wir führten diesen Krieg unserer jüdischen Bürger wegen und auf deren Betreiben«.[17] Ein solcher Eindruck sei bereits in Spanien, der Türkei und der gesamten islamischen Welt weit verbreitet, und er sei außerordentlich schädlich. Andere amerikanische Regierungsbeamte führten aus, daß ein solcher Menschenhandel grundsätzlich unerwünscht sei. Es bringe Probleme mit sich, eine Rasse für besondere Hilfe auszuwählen. H. S. Gregory, ein britischer Beamter, dessen Aufgabe es war, den Handel mit Feindstaaten zu verhindern, vertrat die Auffassung, die Vorstellung siebzigtausend Juden für hundertsiebzigtausend Dollar zu kaufen – »also für zwölf Shilling pro Kopf« – sei unglaublich. Er war erstaunt, daß überhaupt jemand ernsthaft darüber nachdachte.

Zur gleichen Zeit schickte der Mufti von Jerusalem von seinem Büro in Berlin aus unnachgiebige Briefe an Ribbentrop. Am 10. Juni schrieb er, es berühre ihn schmerzlich, daß Deutschlands Verbündete Rumänien und Bulgarien die jüdisch-britischen Pläne förderten, indem sie den Juden ihrer Länder die Ausreise nach Palästina erlaubten. Zwar würde ihr Verschwinden »den Balkan von ihrem üblen Einfluß befreien«, aber ihre Anwesenheit in Palästina würde für das nationalsozialistische Deutschland noch schädlichere Folgen haben. Deshalb sollte man sie »in Europa selbst unter strenger Bewachung unterbringen«.[18] Er bat Ribbentrop, alles Notwendige zu tun, um die Ausreise der bulgarischen und rumänischen Juden zu vermeiden.

So scheiterte der Vorschlag. Randall legte dar, daß die Bitten der rumänischen Juden um einen Akt der Menschlichkeit seitens der Alliierten möglicherweise weitere Forderungen größeren Ausmaßes nach sich ziehen würden: »Wenn wir einmal unsere Tore für männliche erwachsene Juden aus feindlichen Gebieten öffnen, kann das zu einer Flut führen, mit der wir nicht fertig werden. Hitler will dies möglicherweise fördern.«[19] Ian Henderson sah darin nur ein Problem der politischen Berechnung. Was war wichtiger im britischen Nationalinteresse: der amerikanischen Regierung in einem Wahljahr gegenüber dem Druck der jüdischen Interessen zu helfen oder den antizionistischen Forderungen der arabischen Herrscher nachzugeben, von deren Wohlwollen die britische Position im Nahen Osten angeblich abhing?

Die Notlage der Juden in Europa spielte bei diesen Überlegungen keine eigenständige Rolle, sie interessierte nur insoweit, als sie öffentlichen Druck, hauptsächlich aus jüdischen Kreisen, auslöste. Es war einfach so, daß die zur Ausrottung bestimmten Juden zwar einflußreiche Freunde und Brüder in Großbritannien und Amerika hatten, daß sie aber selbst keine politische oder strategische Bedeutung besaßen. Die britische und die amerikanische Regierung sahen keinen militärischen Nutzen darin, die Juden zu retten oder zu verpflegen – ganz im Gegenteil. Deshalb gaben sie sie auf.

Die Juden in aller Welt mußten daraus ihre Schlußfolgerungen ziehen. Die Juden waren nicht die einzige verfolgte Gruppe im nationalsozialistischen Europa. Auch Polen und Russen wurden zu Millionen umgebracht. Aber die Juden kamen immer mehr zu der Erkenntnis, daß sie unter einer besonderen Benachteiligung litten. Sie hatten kein Land, kein eigenes Territorium, keine Regierung, keine Diplomaten, keine Streitkräfte. Niemand schützte sie. Niemand kümmerte sich um sie.

Ein Russe, der unter nationalsozialistischer Herrschaft lebte, konnte, wenn er Glück hatte, über die Kampflinien ins Sowjetgebiet, in sein Heimatland fliehen. Gelang es einem Polen, in ein anderes Land zu fliehen, so fand er dort eine Botschaft seiner Exilregierung in London. Diese versorgte ihn mit den notwendigen Ausweisen und half ihm bei der Eingliederung in die polnische Emigrantengemeinde. Aber wer vertrat die Juden aus Rumänien oder aus Deutschland? Was wäre geschehen, wenn die siebzigtausend Flüchtlinge Briten oder Amerikaner gewesen wären? Hätte man dann nicht vielleicht ein wenig mehr Energie auf ihre Rettung verwandt?

Und so geschah es, daß, als der Krieg andauerte, als die Qualen der europäischen Juden immer bekannter wurden, sich immer mehr Juden von dem zionistischen Gedanken überzeugen ließen, daß das Schicksal ihres Volkes nicht durch Assimilation gelöst werden könnte, daß der Antisemitismus im Schatten selbst der tolerantesten Gesellschaften lauerte, daß die einzige Garantie ihres Überlebens in Absonderung, Selbstregierung und Selbstverteidigung bestand und daß letzten Endes der einzige Weg zur Erreichung all dieser Ziele zur Gründung eines jüdischen Staates im Lande Israel führte.

Nachdem Montgomerys Streitkräfte im Oktober 1942 die Schlacht von el-Alamein gewonnen hatten, war für Großbritannien die unmittelbare Bedrohung Palästinas überstanden, und es konnte die Katastrophenpläne für den Untergrundkrieg gegen die deutsche Besatzungsmacht zu den Akten legen. Daraufhin verhärtete sich im Jahre 1943 seine Haltung gegenüber der Haganah wieder. Über ein Jahr lang hatten die britischen Streitkräfte gegenüber den illegalen jüdischen Einheiten eine tolerante Haltung eingenommen. Wäre Rommel von Ägypten her eingefallen, hätte man die Juden als Verbündete gebraucht, was immer die Araber dazu sagen mochten. Aber nachdem die Gefahr einmal vorüber war, fielen die jüdischen Streitkräfte wieder in ihren früheren Status der Illegalität und Unerwünschtheit zurück, sie galten wieder als Pfahl im Fleisch der Weißbuch-Politik und als Kern einer möglichen Rebellion.

Aus diesen Gründen zog Großbritannien seine SOE-»Irregulären« zurück, löste den Palmach auf und kontrollierte die Haganah wieder streng. Es handelte sich dabei schließlich, obwohl sie den Kampf gegen das nationalsozialistische Deutschland unterstützte, um den militärischen Zweig einer politischen Organisation, die in unverrückbarem Gegensatz zu einem wichtigen Bestandteil der britischen Außenpolitik stand. Man würde sie daher in den Griff bekommen müssen, wenn man sie nicht zerstörte, mußte man sie zumindest direkter unter britisches Gesetz und britische Verwaltung stellen.

Die Haganah reagierte entsprechend. Konnte sie sich nicht mit britischer Hilfe bewaffnen und ausbilden, so würde sie es ohne diese tun, ganz gleich, was die Gesetze dazu sagten. Der Palmach weigerte sich, die ihm »geliehenen« Waffen zurückzugeben. Yigal Allon erinnert sich, wie die britischen Streitkräfte beim Bruch der Zusammenarbeit Waffen des Palmach in ein Lager beim Berg Karmel abtransportierten. »Dies war eine Angelegenheit, die wir nicht hinnehmen konnten. Zwei oder drei Nächte darauf überfielen wir das Lager, nahmen die Waffen mit und warnten sie: ›Rührt nie wieder Waffen der Haganah an!‹«. Waffenbeschaffung, ja sogar Waffendiebstahl galten als überlebenswichtig und daher moralisch gerechtfertigt.

Im Mai 1943 berichtete Generalmajor Douglas McConnel, der Oberkommandierende der britischen Armee in Palästina, dem britischen Nachrichtendienst (M I 2) von der Existenz einer »hervorragend organisierten Schieberbande«, zu der zumindest ein Mitglied der Jewish Agency gehörte, die systematisch Waffen für die Haganah stahl. Jüdische Wachsoldaten des »Palestine Regiment« hatten bei Diebstählen aus britischen Waffendepots ein Auge zugedrückt. Eine kleine Anzahl britischer Soldaten handelte ebenso: »Eine der angewandten Methoden besteht darin, zu Deserteuren Kontakt aufzunehmen, sich mit ihnen anzufreunden und sie schließlich zu bestechen, damit sie für die Bande arbeiten. Juden besorgen dann alle notwendigen gefälschten Dokumente und sogar Militärfahrzeuge und geben die Befehle für einen bestimmten Diebstahl. Beim erfolgreichen Abschluß einer Aktion erhält der Deserteur bis zu vierhundert Pfund.«[20]

Ein vom amerikanischen Geheimdienst (Office of Strategic Services) zusammengestellter Bericht erwähnte Diebstähle in großem Ausmaß aus alliierten Waffendepots in Palästina und Ägypten: »Gewöhnliche Diebe, vielfach Araber, arbeiten Hand in Hand mit korrupten Wachsoldaten beim Diebstahl unterschiedlicher Mengen an Waffen und Munition, die sie später mit ungeheuren Profiten auf dem jüdischen Markt verkaufen.«[21] Nach einer verläßlichen amerikanischen Quelle betrug die Beute einmal bei einer einzigen Gelegenheit sechshundert Gewehre, zweiundzwanzig Maschinengewehre, zwei Tonnen Sprengstoff und achttausend Zündkapseln.

Nach dem Fall Syriens hatten sich auch jüdische Siedlungen illegal Waffen beschafft. Am 10. Februar fand man zehntausend Schuß französischer Gewehrmunition auf einem jüdischen Lastwagen. Monatlich produzierte man zwanzig gepanzerte Karosserien, die man in fünfundvierzig Minuten auf einen Lastwagen montieren konnte. Der Bericht schätzte etwas übertrieben, daß die Haganah insgesamt mehr als fünfunddreißigtausend Waffen verschiedenster Typen besaß: Gewehre, Maschinengewehre und Pistolen aus britischer, deutscher, italienischer, französischer und polnischer Produktion.

Dies war, wie das britische Außenministerium bemerkte, »ein höchst unbefriedigender Stand der Dinge«. Aber es gab eine Möglichkeit, die Lage zugunsten der britischen Politik zu wenden. Die polizeilichen Ermittlungen waren weit fortgeschritten. Sie konnten sehr bald zur Verhaftung eines »hohen Tiers in der Jewish Agency« führen, danach würde es für die britischen Streitkräfte leichter sein, die Haganah unter ihre Kontrolle zu bringen. Robin

Hankey schrieb: »Dies könnte für uns auch einen Punkt darstellen, von dem aus wir die öffentliche Meinung gegen jüdische Aktivitäten, die den Kriegsanstrengungen schadeten, mobilisieren konnten, wenn man nur die richtige Öffentlichkeitsarbeit betrieb.« Der stellvertretende Superintendent Tom Wilkin war möglicherweise der qualifizierteste Polizist in Palästina, er gehörte zu den wenigen, die gut hebräisch sprachen. Er bekam den Befehl, seine Bemühungen um die Entdeckung der Waffenschieber zu verdoppeln.

Es stimmt, daß auch die Araber auf illegale Weise Waffen beschafften. Auch sie hatten Waffendepots der Vichy-Franzosen geplündert und die zahlreichen Lager der Neunten Britischen Armee bestohlen. Bis 1943 war fast ein Drittel der achttausend Araber in britischer Uniform, siebentausend Palästinenser und tausend andere, mit ihren Waffen desertiert. Dies geschah hauptsächlich während Rommels Vormarsch im vorangegangenen Sommer. Es gab vermutlich doppelt so viele Waffen in arabischen Händen als in jüdischen. Das OSS berichtete, »ungefähr vierzigtausend mit leichten Waffen ausgerüstete palästinensische Araber könnten bei einem zukünftigen Aufstand mobilisiert werden.«

Aber die britischen Behörden nahmen diese arabischen Aktivitäten nicht so ernst. Die illegal vorhandenen arabischen Waffen, die sie hin und wieder entdeckten – auf dem Gelände von Moscheen, in Orangen- und Olivenhainen, Höhlen, Getreidespeichern oder Ölgefäßen – waren sehr häufig schadhaft oder rostig. Normalerweise lagerte man sie nicht aus irgendeinem politischen Grund, sondern zur Selbstverteidigung oder aus Prahlerei. Entweder hatten einzelne sie sich zur persönlichen Benutzung verschafft, oder berufsmäßige Diebe hatten sie gestohlen, um am überlieferten Wunsch jedes Arabers, eine Waffe zu besitzen, viel Geld verdienten.

Die Araber Palästinas waren politisch ruhig. Ihr Aufstand war gescheitert. Ihr wichtigster Führer, der Mufti, hatte sich politisch schwer verrechnet, schmählich hatte er von Land zu Land fliehen müssen und hielt sich nun isoliert und unglaubwürdig in Berlin auf. Und während er nicht länger mehr die palästinensischen Hoffnungen auf einen arabischen Staat verkörpern konnte, waren seine Kontrahenten der Nashashibi-Klan und die Defence Party dazu ebenfalls nicht imstande. Verborgene Treuegefühle gegenüber dem Mufti und die von den Husseini kontrollierten Mordkommandos waren immer noch stark genug, um eine Übernahme der Führung durch gemäßigte Kreise zu verhindern. Außerdem erschien die Politik des Weißbuchs den Arabern verwirrend. Bedeutete sie, daß sie schließlich die Unabhängigkeit mit britischer Hilfe gewinnen würden? In diesem Falle brauchten sie nur ruhig abzuwarten. All dies zusammen führte dazu, daß es 1943 keine fest gefügte arabische politische Organisation gab.

Bei den Juden stand die Sache anders. Wenn die Briten ein jüdisches Waffenversteck entdeckten, fanden sie gut geölte und sorgfältig gelagerte Waffen. Gewöhnlich hatte man sie nicht wahllos gestohlen wie die Waffen der Araber, ihr Diebstahl war das Werk wirksam und klug organisierter militärischer Gruppen, die auf Befehl der Haganah und der Jewish Agency handelten. Dies geschah teils aus Gründen der Selbstverteidigung (ein legitimes Ziel), aber auch im Hinblick auf die (in britischen Augen) unzulässigen politischen Ziele, die in der Biltmore-Resolution niedergelegt waren.

Die Briten entschieden sich für die Durchführung eines Schauprozesses, der nach den Worten des OSS den Zweck hatte, »die ganze Angelegenheit der zionistischen Beteiligung am illegalen Waffenverkehr öffentlich zur Schau zu stellen«. Damit wollten die Briten den Arabern ihre guten Absichten demonstrieren, den Ruf der Jewish Agency in den Vereinigten Staaten schädigen und von zukünftigen Waffendiebstählen abschrecken. Im Sommer 1943 waren die polizeilichen Untersuchungen beendet. Ein Militärgericht in Jerusalem verhandelte gegen zwei britische Soldaten, Stoner und Harris, und gegen zwei palästinensische Juden, Leib Sirkin und Abraham Rachlin. Dabei waren viele eingeladene Journalisten anwesend.

Man verurteilte die vier Angeklagten, und, obwohl die jüdische Presse die Urteile anzweifelte, waren sie möglicherweise schuldig, aber den wichtigsten Teil des Prozesses stellten die Versuche des Militärstaatsanwalts Major J. L. Baxter dar, die Haganah als Diebesbande zu entlarven und die Jewish Agency oder wenigstens die Anhänger Ben Gurions als Komplizen hinzustellen. Der Ankläger behauptete am 25. September, Sirkin und Rachlin seien Angehörige einer »mächtigen und finsteren Organisation«, die »ein Krebsgeschwür für die Kriegsanstrengungen im Nahen und Mittleren Osten sei« und »scheinbar nationalsozialistische Macht« über ihre Mitglieder ausübe.[22] Er zog eine Verbindung zwischen der Haganah und den Anhängern Sterns, indem er vor Gericht Flugblätter der Lehi verlas und auf den Mord vom 3. September an Israel Pritzkier, einem Nachrichtenoffizier der Irgun, der Informationen über die Lehi an die britische Polizei weitergegeben hatte, hinwies. Daran zeige sich, so behauptete er, »das Vorhandensein von Verbrechern schlimmster Art in diesem Lande, von Terroristen, die Zeugen daran hinderten, sich zu offenbaren«.

Er verhörte auch Goldie Meyerson (Golda Meir), die einen höheren Posten in der Histadrut innehatte, und verspottete sie, als sie protestierend ausführte: »Wir haben ein Interesse an diesem Krieg und am Sieg der britischen Streitkräfte, und die Armee zu bestehlen, stellt in unseren Augen ein Verbrechen dar.«[23] Nach britischer Ansicht war Golda Meir hier unglaubwürdig. Wer eine so hohe Stellung wie sie bekleidete, mußte über die Haganah und ihre Methoden der Waffenbeschaffung Bescheid wissen. Sie antwortete auf solche Vorhaltungen, ohne jüdische Selbstverteidigung hätten arabische Gewalttätigkeiten den Jischuw längst zerstört. Vor der gewählten Versammlung der Juden verglich Ben Gurion am 4. Oktober den Prozeß mit der klassischen antisemitischen Geschichtsfälschung, den »Protokollen der Weisen von Zion«, und sagte darüber hinaus: »Unter den Augen der britischen Behörden wurden 1929 in Hebron und Safed hilflose Juden umgebracht, weil sie noch keine Haganah hatten.«[24]

Für britische offizielle Kreise schien der Prozeß ein weiteres Beispiel der Heuchelei und Engstirnigkeit der Jewish Agency darzustellen. Jeder wußte, daß die Haganah Waffen stahl. Wie konnten offizielle jüdische Körperschaften und bekannte jüdische Politiker wie Ben Gurion und Golda Meir solche illegalen Handlungen entschuldigen und gleichzeitig leugnen, was geschah. Dies konnte nur daran liegen, daß ihnen das Streben nach einem jüdischen Staat wichtiger war als die Kriegsanstrengungen insgesamt. Und warum reagierten sie mit britenfeindlichen Beschimpfungen, mit heftigen Anschuldigungen des Antisemitismus, wenn man überführte Diebe zu Gefängnisstrafen verurteilte?

In jüdischen Augen stellten die Prozesse bloß eine Hexenjagd, ein abgekartetes politisches Spiel dar. Es ging nicht darum, Tatsachen über die Angeklagten festzustellen, sondern darum, die Jewish Agency zu verunglimpfen und dem Jischuw das Recht auf Selbstverteidigung abzusprechen. War es für die Briten unverständlich, was es für eine jüdische Gemeinschaft bedeutete, sich unbewaffnet von feindlichen Kräften eingekreist zu finden? Ein unbewaffnetes jüdisches Siedlungsunternehmen war hilflos großen Gefahren ausgesetzt. Die britischen Streitkräfte hatten nicht den Willen und offensichtlich auch nicht die Mittel, es zu schützen. Deshalb mußte die jüdische Gemeinschaft sich selbst verteidigen. Das Recht auf Selbstverteidigung war wichtiger als alle Gesetze.

Die übertriebene jüdische Reaktion auf die Waffenschieberprozesse muß wiederum vor dem Hintergrund der Ereignisse in Europa gesehen werden. Fünf Monate zuvor, am 19. April, griffen zweitausend Angehörige der deutschen Wehrmacht und der Waffen-SS unter Generalmajor Jürgen Stroop das Warschauer Getto an, in dem sich sechzigtausend Überlebende einer ursprünglich vierhunderttausend Menschen umfassenden Gemeinschaft befanden. Hungernde und nur mit ein paar Dutzend geschmuggelten Waffen ausgerüstete jüdische Männer und Frauen kämpften gegen Soldaten, sie bombardierten ihre gepanzerten Fahrzeuge mit petroleumgefüllten Flaschen und selbstgebauten Granaten. Schließlich brannten die Eindringlinge das kleine Gebiet von etwa neunhundert mal dreihundert Metern mit Hilfe von Geschützfeuer und Flammenwerfern vollständig nieder, sie zwangen die Juden aus ihren Verteidigungsstellungen, den Kellern und Kanälen des Gettos. Einige dutzend Juden entkamen durch unterirdische Tunnel.[25] Der Rest fiel im Kampf, wurde auf der Flucht erschossen oder ins Vernichtungslager Treblinka gebracht.

Chaim Weizmann, der Architekt der Balfour-Deklaration und jahrzehntelang die Haupttriebkraft der zionistischen Hoffnungen, hatte eine Reihe persönlicher Krisen durchzustehen. Im Februar 1942 fand sein geliebter Sohn Michael als Flieger der Royal Air Force über der Nordsee den Tod. Im Mai stimmte er dem Biltmore-Programm zu, dies geschah aber ohne Begeisterung, und besonders Ben Gurion kritisierte ihn ständig wegen seiner zu wenig kämpferischen Haltung. Sein Gesundheitszustand verschlechterte sich. Ihn quälte der Gedanke, daß der Jischuw seine Vorstellungen aufgab und sich auf extremistische Positionen zu bewegte. Seine Politik der engen Zusammenarbeit mit Großbritannien war in Frage gestellt. Was hatte Großbritannien denn seit 1917 für den Zionismus getan? Warum sollte sein Führer so aufrichtig fortfahren, Großbritannien zu unterstützen?

Weizmann mußte seine eigene Haltung überprüfen, um seinen Anhängern in Palästina und anderswo zu zeigen, daß seine Politik sinnvoll war. Deshalb machte er Anfang 1943 unmittelbar nach den siegreichen Schlachten von El-Alamein und Stalingrad, die die Kriegslage entscheidend zugunsten der Alliierten wendeten, einige neue Schritte in Richtung auf sein Ziel eines jüdischen Staates in Palästina nach dem Kriege. Am 19. Januar legte er gemeinsam mit dem amerikanischen jüdischen Politiker Nahum Goldmann seine Vorstellungen der nah-östlichen Abteilung des US-Außenministeriums dar, dessen Mitarbeiter – Wallace Murray, Paul Alling, Gordon Merriam u. a. – meist ebenso antizionistisch eingestellt waren wie ihre britischen Kollegen.

Weizmann sagte den Amerikanern, es sei »eine Mißdeutung wirklicher Demokratie«, wenn man »eine dynamische Gruppe« von ungefähr einem Drittel der palästinensischen Bevölkerung »einer rückständigen Mehrheit« unterwerfe.[26] Er glaube nicht, daß die legitimen Rechte der Araber durch das zionistische Programm verletzt würden. Es sei nur notwendig, daß die westlichen Alliierten den Arabern dies klar machten. Dann würden sie sich wohl damit abfinden. Dann erwähnte er den Plan, den er im März 1941 mit Winston Churchill diskutiert hatte, sich um die Hilfe von König Abd ul-Aziz Ibn Saud von Saudi-Arabien zu bemühen, damit dieser die Araber dazu überredete, die zionistischen Ziele zu akzeptieren. Damals hatte der Premierminister zu ihm gesagt: »Ich denke an eine gütliche Einigung zwischen ihnen und den Arabern nach dem Krieg. Der Mann, mit dem sie Übereinstimmung herstellen sollten, ist Ibn Saud. Er wird der Herr der arabischen Länder sein.«[27]

Der Urheber dieses seltsamen Planes war der bekannte Arabist und Entdeckungsreisende Harold St. John Philby, der zum Islam konvertiert war und mit Ibn Saud und seiner Umgebung gut bekannt war. Ende 1939 erzählte er Sumner Welles, einem Sympathisanten des Zionismus, daß Ibn Saud einem jüdischen Staat westlich des Jordans zustimmen würde, wenn alle anderen arabischen Länder die Unabhängigkeit erhielten und er selbst eine persönliche »Entschädigung« von zwanzig Millionen Pfund bekäme. Ungefähr zur selben Zeit, am 6. Oktober, wiederholte Philby seine Gedanken bei einem Lunch mit Weizmann, Shertok und Namier. Seiner Darstellung zufolge diskutierte er den Plan im darauffolgenden Januar mit Ibn Saud, der dazu sagte, »daß ein derartiges Arrangement unter passenden zukünftigen Umständen möglich sein könnte«, daß »er die Angelegenheit im Gedächtnis behalten wolle«.[28]

Drei Jahre später reagierte das britische Außenministerium bestürzt auf die Nachricht, daß derartige Vorstellungen in Washington umliefen und durch die Erwähnung von Churchills Namen Respektabilität erhielten. »Ich weiß nicht, wie weit Dr. Weizmann ermächtigt ist, in Ihrem Namen zu sprechen, aber ich bin etwas besorgt über die Gefahr der Verwirrung, die möglicherweise in Washington entstehen kann«, schrieb Eden am 3. März 1943 in einem respektvollen, aber vorsichtig tadelnden Brief an seinen Premierminister. Die britische Politik gegenüber Palästina war vom Parlament gebilligt und weder dort noch im Kabinett revidiert worden. Nach Edens Ansicht war es sehr unwahrscheinlich, daß Ibn Saud Weizmann empfangen oder gar seinen Plan ernsthaft in Betracht ziehen würde.

Churchill gab sechs Tage später folgende Antwort: »Dr. Weizmann ist nicht ermächtigt, in meinem Namen zu sprechen. Allerdings habe ich diese Ansichten ihm gegenüber zum Ausdruck gebracht, als ich vor einiger Zeit mit ihm zusammentraf, und Sie haben sie oft von mir selbst gehört ... Wie Sie wissen, bin ich unwiderruflich gegen das Weißbuch, das habe ich im Parlament bezeugt, ich halte es für den Bruch eines feierlichen Versprechens, an dem ich beteiligt war.« Am 18. April schrieb er Eden und Cranborne, der jetzt im Außenministerium als Lordsiegelbewahrer tätig war: »Ich bin sicher, daß die Mehrheit des gegenwärtigen Kriegskabinetts niemals einer wirklichen Durchführung des Weißbuchs zustimmen würde. Es gilt solange, bis man es ersetzt.«[29]

Am 27. April brachte er deutlich zum Ausdruck: »Das gegenwärtige Kabinett hat das Weißbuch immer nur als modus vivendi bis zu einer neuen Deklaration akzeptiert.« In ähnlicher Weise schrieb David Lloyd George, der Premierminister zur Zeit der Balfour-Deklaration, im März in einem weit verbreiteten Brief: »Die empörende Behandlung der Juden durch die Nationalsozialisten hat jede andere Lösung außer einem jüdischen Staat in Palästina undenkbar gemacht.« Ähnliche pro-zionistische Stellungnahmen gaben Sumner Welles, Henry Stimson (Kriegsminister), Wendell Willkie (der republikanische Präsidentschaftskandidat von 1940) und viele andere führende Amerikaner ab.

All dies löste bei den Nahostexperten höchsten Alarm aus. Der irakische Premierminister Nuri es-Said beschwerte sich beim britischen Botschafter Kinahan Cornwallis, Lloyd George »genieße verdientermaßen den Ruf eines erfahrenen Staatsmannes« und sein Brief »würde vom feindlichen Rundfunk wollüstig aufgenommen«.[30] Aus allen arabischen Hauptstädten drangen heftige Beschwerden nach London. Gemäßigte und den Alliierten freundlich gesonnene arabische Führer erklärten, die Zionisten seien dabei, ihren Rückhalt in der Bevölkerung zu zerstören. Das Biltmore-Programm verletze die 1941 von Churchill und Roosevelt verkündete Atlantik-Charta, die allen Ländern das Selbstbestimmungsrecht garantiere. Es sei sinnlos, die Alliierten zu unterstützen, wenn sie beabsichtigten, Palästina den Juden zu übereignen.

In beiden alliierten Außenministerien herrschte Verwirrung. Sie waren auf eine araberfreundliche Politik eingestellt, aber der politische Widerstand gegen diese Tradition wuchs ständig. Wie sollten sie sich nun verhalten? Wie konnten britische Beamte eine Politik ausführen, die nach Ansicht ihres Premierministers einen schweren Vertrauensbruch darstellte? Wie konnten amerikanische Beamte eine Politik durchführen, die vollständig den öffentlichen Stellungnahmen der einflußreichsten politischen Persönlichkeiten Amerikas zuwider lief?

Die Freunde des Zionismus in Amerika waren besonders verwirrt. Halifax' Stellvertreter, Ronald Campbell, berichtete aus Washington: »Man ist natürlich darum besorgt, die jüdischen Wähler zu beruhigen, aber das geht nicht so weit, daß man die jüdische Einwanderung in dieses Land unterstützt, was offensichtliche Schwierigkeiten mit sich bringt. Daher konzentriert man sich auf die palästinensische Lösung.«[31]

Es wuchs das Gefühl, daß die Zeit wieder reif sei, sich mit der Palästinafrage auseinanderzusetzen, sich wieder einmal für eine Politik und eine Lösung zu entscheiden. Ende April kamen Churchill und Eden, die Führer der pro-zionistischen und der pro-arabischen Strömung in der britischen Politik überein, die Auseinandersetzung im Kabinett auszutragen. Am 27. April sandte Churchill seinen Kollegen eine Kopie seiner berühmten Rede über das Weißbuch vom Mai 1939 und betonte, daß er seine Meinung in dieser Angelegenheit nicht geändert habe. Er könne den Gedanken eines arabischen Vetos gegen die jüdische Einwanderung unter gar keinen Umständen ins Auge fassen.

Churchill schrieb, daß Großbritannien die Araber sehr großzügig behandelt habe, insbesondere indem es die Unabhängigkeit Saudi-Arabiens, des Irak, Syriens und Transjordaniens gesichert und aufrechterhalten habe. »Mit Ausnahme von Ibn Saud und Emir Abdullah, die unsere guten und treuen Gefolgsleute sind, waren die Araber bis jetzt im gegenwärtigen Krieg für uns völlig nutzlos.«[32] Großbritannien und den Vereinigten Staaten stehe es daher frei, die Lage in Palästina neu einzuschätzen. Es bestünde beispielsweise die Möglichkeit, Eritrea und Tripolitanien als jüdische Kolonien der nationalen Heimstätte anzugliedern.

Cranborne stellte in ungewöhnlich offener Kritik seines Vorgesetzten fest, daß diese zuletzt dargestellte Idee einen neuen beunruhigenden Faktor ins Spiel brachte: »Ich wage die Vermutung, daß der Premierminister wieder einmal nach Palästina als einem jüdischen Staat verlangt.« – »Ja«, lautete Edens Randbemerkung dazu. Cranborne selbst war, wie er schrieb, für einen jüdischen Staat in Afrika, aber keineswegs aus Liebe zu den Juden: »Nur so können wir die wohlhabenden Juden in Amerika beruhigen, die diese Agitatoren finanzieren, ohne im geringsten die Absicht zu haben, ihre amerikanische Staatsbürgerschaft zu opfern. Und nur so werden wir fähig sein, einen Teil der Juden in diesem Land loszuwerden, hier gibt es schon bei weitem zu viele davon.«[33]

Aber die Zionisten warnten vor derartigen Diskussionen, sie waren nicht bereit, sich von Palästina in ein anderes Land umleiten zu lassen, das die Briten für sie beschafften. Shertok sagte am 17. März 1943, jede derartige Vorstellung sei wie eine »Aufforderung an Kinder, ihre Mutter zu vergessen, obwohl sie wissen, daß sie lebt und nach ihnen verlangt«. Die Juden seien nicht bereit, die Araber untertänigst um eine Eintrittserlaubnis zu bitten: »Der Jude fühlt, daß er sich in Palästina behaupten muß oder untergehen wird. Er kann niemand auf der Welt für sein Dasein in Palästina verantwortlich machen. Dafür ist nur der jüdische Gott verantwortlich ... Die Geschichte hat ein und für alle mal ein Land für die Juden ausgewählt. Das kann man nicht aus der Welt schaffen.«[34]

Auf weniger gefühlsgeladene Art brachte Weizmann dieselbe Ansicht zum Ausdruck. In einem melancholischen Gespräch mit Isaiah Berlin am 18. Mai 1943 in Washington erinnerte er an den Fehlschlag der Gründung einer jüdischen Kolonie durch Baron Hirsch in Argentinien und an das Scheitern der Sowjetregierung beim gleichen Versuch in Birobidzhan an der Grenze zur Mandschurei. Wenn nur die Briten ihre Unterstützung einer jüdischen nationalen Heimstätte in Palästina deutlich machen würden, so zweifelte er nicht daran, daß sich die Araber beruhigen würden. Er äußerte gegenüber Halifax, daß er immer noch hoffe, eine derartige Einigung mit Hilfe Ibn Sauds zu erreichen, und er war sich mit ihm über den Schaden einig, den »Fanatiker« wie Ben Gurion den Kriegsanstrengungen und der jüdischen Sache zufügten.[35]

Verschiedene Minister und Regierungsbeamte versuchten ihr Bestes, um Churchills Begeisterung für einen jüdischen Staat zu zügeln. Am 1. Mai setzte sich Cranborne wieder mit ihm auseinander. Seiner Ansicht nach gehe es nicht darum, ob Großbritannien den Arabern gegenüber eine Dankesschuld wegen deren Unterstützung im Krieg habe, sondern es gehe um seine bedeutenden Interessen in der arabischen Welt, über die sich alle britischen Militärs und Diplomaten einig seien. Am 10. Juni bekräftigte das Kriegsministerium die Bedeutung der irakischen und iranischen Ölfelder für Großbritannien und betonte ihre Empfindlichkeit gegenüber Sabotageakten im Fall gewalttätiger arabischer Unmutsäußerungen: »Wie günstig die Stellung der Juden in Haifa auch immer sein mag, diese Anlagen werden wertlos, wenn man den Arabern gestattet, gegen die Pipelines vorzugehen, die dorthin führen.«

Oliver Lyttleton, der Minister für Produktion, schrieb von der »permanenten strategischen Bedeutung des Nahen Ostens für das Britische Empire«, um derentwillen Großbritannien die Kontrolle Palästinas »für einen unbegrenzten Zeitraum« behalten müsse. Robin Hankey bemerkte: »Wir können nicht noch viel mehr Leute nach Palästina hereinlassen, ohne unsere Beziehungen zu den Arabern auf die Dauer zu belasten.« Charles Baxter vermutete, ein kleiner jüdischer Staat sei genauso gefährlich wie ein großer. Er würde bald von Einwanderern überfüllt sein und nach »Lebensraum« zu verlangen beginnen und das Recht fordern, sich »in den Rest Palästinas hinein und vielleicht nach Transjordanien« auszudehnen.[36]

Clement Attlee, der Stellvertretende Premierminister, dessen Labour-Party offiziell pro-zionistisch eingestellt war, schrieb am 23. Juni, die Bewegung scheine unter die Kontrolle von rücksichtslosen Fanatikern gefallen zu sein: »Nur ein Phantast kann sich vorstellen, daß Palästina alle aufnehmen kann, selbst wenn sie dorthin gehen wollten. Millionen werden in nichtjüdischen Ländern leben wollen und müssen, in Europa, Amerika und anderen Kontinenten.« Nicht weniger als zehn Minister verfaßten Denkschriften für die Kabinettssitzung am 2. Juli, bei der Palästina auf der Tagesordnung stand.

Das Protokoll dieser Sitzung zeigt, daß das Sperrfeuer der anti-zionistischen Memoranden nur leichte Auswirkungen auf Churchill hatte. Unter den sechs Ministern, die sich an der Diskussion beteiligten, gab es drei – Attlee, Amery und Sinclair –, die seine zionistenfreundlichen Ansichten teilten. Eden wies nachdrücklich auf die Entscheidung von 1940 hin, das Weißbuch nicht öffentlich zu widerrufen. Churchill hob die Bedeutung der Balfour-Deklaration hervor und legte seine Einstellung dazu dar: »Seiner Ansicht nach wäre es zum angemessenen Zeitpunkt unsere Pflicht, unsere Bereitschaft zu zeigen, uns nicht von einem feierlichen Versprechen, dem wir zugestimmt haben, forttreiben zu lassen.«

Man gelangte zu einem Kompromiß, kurzfristig sollte nichts geschehen, langfristig sollte eine Lösung gefunden werden. Bis zum Kriegsende wollte Großbritannien möglichst wenig bezüglich Palästinas sagen und tun, aber man wollte einen Kabinettsausschuß bilden, der schnellstens eine endgültige politische Linie ausarbeiten sollte. Sobald der Krieg siegreich beendet war, könnte man die fertige Entscheidung verkünden und in Palästina durchsetzen. Der Premierminister ernannte die Mitglieder des Kabinettsausschusses. Ihm gehörten Cranborne, Law und Moyne sowie die alten Freunde des Zionismus, Sinclair und Amery, an.

Die erste Handlung des Vorsitzenden des neugebildeten Ausschusses, des Innenministers Herbert Morrison, bestand in der Anordnung, seine Existenz geheimzuhalten. Er fürchtete, die jüdischen Organisationen würden ihren Druck verdoppeln, sobald sie erfuhren, daß eine neue politische Linie zur Debatte stand. Aber die Geheimhaltung erwies sich als schwer durchsetzbar. Nachdem Chaim Weizmann im Juni von Washington nach London zurückgekehrt war, konnte er seinem Freund Amery bald einen Hinweis auf die neue Initiative entlocken. Ende August traf er dann den Kolonialminister Oliver Stanley, der »in einem großzügigeren Sinne über Teilung sprach, als es die Peel-Kommission getan hatte«. Weizmann stellte fest, »daß irgendeine neue Palästinapolitik in Betracht gezogen werde«, daß »sich etwas zusammenbraue«.[37]

Weizmann besprach mit Stanley auch den Ibn Saud-»Plan«. Er sagte dem Kolonialminister, Churchill hätte ihn zuerst auf diesen Gedanken gebracht.[38] (Tatsächlich hatte er ihn schon im Oktober 1939 mit Philby diskutiert.) Stanley versuchte, Weizmann von der Unbrauchbarkeit des Planes zu überzeugen, aber dieser widersprach. Seine Auseinandersetzungen mit den militanten Zionistenführern verschärften sich ständig und sowohl der Plan als auch das, was er von der neuen britischen Initiative wußte, bestärkten ihn in dem Glauben, daß die zionistischen Ziele mit britischer Hilfe auf dem Verhandlungswege erreichbar seien. Wenn er so Fortschritte erzielen konnte, würde er dadurch Ben Gurions extreme Forderungen eindämmen können.

Großbritannien war es unverständlich, warum Weizmann so von Philbys Idee eingenommen war. Am 3. Mai erhielt das Außenministerium einen Bericht von Thomas Wikeley, seinem Vertreter in Saudi-Arabien, der klarmachte, daß Ibn Saud keineswegs in der erwarteten Weise handeln würde. Nach Wikeley bestimmten drei Grundmotive das Leben des Königs – sein islamischer Glaube, sein Arabertum und seine Freundschaft zu Großbritannien –

und zwar in dieser Reihenfolge. Aber seine Religion sei das bei weitem wichtigste Motiv: »Daher bin ich überzeugt, daß er eine Lösung des Palästinaproblems nach zionistischen Vorstellungen weder hinnehmen noch gar unterstützen würde. Palästina ist für ihn ein heiliges Land und er würde es niemals billigen, wenn heilige Stätten der Moslems auch nur indirekt in jüdische Hände gelangten ... Der Vorschlag, der so unbekümmert in aller Munde ist, daß Weizmann mit dem König zusammentreffen solle, erfüllt mich mit Bestürzung. Ich bin sicher, Ibn Saud würde sich weigern, mit ihm zusammenzutreffen ...«[39]

So war es in der Tat. Oberstleutnant Harold Hoskins, ein Nahostexperte des OSS, besuchte Ibn Saud mit einer Botschaft Roosevelts und stellte dem König den Plan direkt dar, worauf dieser sogleich zornig reagierte. In einer mündlichen Anwort, die er am 20. August schriftlich zusammenfaßte, versicherte Ibn Saud Präsident Roosevelt, daß er seine Besucher freundlich empfange, ganz gleich, welche Religion die ihre sei: »Aber zu den Juden haben wir ein besonderes Verhältnis. Der ehrenwerte Präsident weiß, welche Feindschaft zwischen ihnen und uns seit altersher besteht. Diese Feindschaft ist wohlbekannt, sie wird in den Büchern behandelt, die wir besitzen, und sie ist von Anfang an tief in uns eingewurzelt. Daher fühlen wir uns vor jüdischem Verrat nicht sicher und können mit ihnen weder diskutieren noch ihren Versprechungen glauben ...

Was den erwähnten Dr. Chaim Weizmann betrifft, so ist er mein besonderer Feind, denn er besaß die ungeheuerliche Frechheit, mich unter allen Arabern und Moslems auszuwählen und die niederträchtige Forderung an mich zu stellen, ich solle zum Verräter meines Glaubens und meines Landes werden. Durch diese Handlung hat er meinen Haß für ihn und alle seine Anhänger vergrößert.« Ibn Saud rief in Erinnerung, daß Weizmann 1940 »einen gewissen Europäer« (Philby) mit einem Angebot von zwanzig Millionen Pfund für seine Hilfe in der Palästinafrage zu ihm geschickt habe: »Kann es eine größere Unverschämtheit und Gemeinheit geben? Kann es ein größeres Verbrechen geben als das jenes Mannes, der es gewagt hat, dieses Ansinnen an mich zu stellen und den ehrenwerten Präsidenten zum Garanten einer so ehrlosen Tat zu machen?«[40]

Erstaunlicherweise fuhr Weizmann selbst nach jener blumigen Zurückweisung, deren Hauptpunkte man ihm mitgeteilt hatte, mit der Verfolgung seines Planes fort. Dabei stützte er sich auf die zweifelhafte Versicherung Philbys, Ibn Saud habe nur aus taktischen Gründen so zornig reagiert. Sobald ihm der Plan taktvoll von Roosevelt oder Churchill dargelegt würde und nicht bloß von einem Vermittler, werde er empfänglicher reagieren. Am 13. Dezember schrieb er an Sumner Welles: »Daher glaube ich, daß trotz Oberst

Hoskins negativem Bericht Philbys Plan einen Ansatz darstellt, den man nicht ohne weitere Erkundungen fallen lassen sollte.« Robin Hankey brachte die Reaktion des britischen Außenministeriums zu diesem Brief zum Ausdruck: »Wer weiterhin glaubt, daß Ibn Saud, nach dem, was er gesagt hat, diesen haarsträubenden Plan ernst nehmen wird, der muß ziemlich verrückt sein. Dieser Briefwechsel schadet dem Ruf Dr. Weizmanns.«[41]

Weizmann griff nach einem Strohhalm. Nach jahrzehntelangen Bemühungen war er dem Ziel nicht nähergekommen, die Araber zur Hinnahme einer zionistischen Lösung zu bewegen. Er schrieb an Sumner Welles: »Unser Erbe in Palästina wurde durch die Abtrennung Transjordaniens im Jahr 1922 bis aufs Skelett ausgenommen.« Aber selbst Ibn Saud, der gemäßigste und britenfreundlichste arabische Herrscher, wollte das Recht auf dieses Erbe nicht anerkennen: »Wir wünschen nur, daß die eindeutigen Rechte der Araber, die klar wie das Licht der Sonne sind, nicht durch Geschichtsfälschungen und soziale und ökonomische Theoretisiererei der zionistischen Juden erstickt werden, denn Gott hat ihnen kein Recht dazu verliehen.« Die Einwände der anderen arabischen Politiker, insbesondere der Palästinenser, waren natürlich noch nachdrücklicher.

Aber wenn er auch die Araber nicht überzeugen konnte, schien Weizmann doch bei den Briten größere Erfolge mit seinen Überzeugungsversuchen zu haben. Nach einem Lunch mit Churchill und Attlee am 25. Oktober 1943 konnte er berichten, beide Parteiführer seien immer noch treue Freunde des Zionismus, Churchill habe ihm versprochen, den Zionisten bald ein echtes Geschenk zu machen.[42] Ein paar Tage später teilte ihm Amery mit, der Ausschuß habe seine Entscheidung gefaßt.[43] Er sagte Weizmann nichts Genaues darüber, vertrat aber die Ansicht, die Juden täten gut daran, sie zu akzeptieren, durch Halsstarrigkeit könnten sie sonst alles verlieren. Er machte deutlich, daß Großbritannien einen neuen Teilungsplan veröffentlichen werde. Ende 1943 schrieb Weizmann an Meyer Weisgal: »Es gibt alle möglichen Gerüchte über Teilungsabsichten.«[44]

Das Außenministerium reagierte wütend. Hankey schrieb: »Viele vertrauliche Bemerkungen des Premierministers und Oberst Stanleys gegenüber Dr. Weizmann kursieren in Washington als Klatsch . . . Ich bin sicher, die öffentliche Benutzung der Ermutigung des Premierministers für Dr. Weizmann steht im Gegensatz zum britischen Kriegsinteresse.« Freya Stark, der bekannten Autorin über nahöstliche Angelegenheiten, kamen die Gerüchte zu Ohren, und sie beschwerte sich, daß derartige Leckstellen in den Ministerien »eine Sabotierung der eigenen Seite« darstellten. Sie versuchte, Harold Hoskins zu trösten, indem sie sagte: »Normalerweise siegt die Beamtenschaft langfristig über das Kabinett.«[45]

Verschiedene Mitglieder des Ausschusses brachten ihre persönlichen Ansichten zum Ausdruck. Richard Law lehnte als einziger einen jüdischen Staat völlig ab, statt dessen schlug er halbautonome jüdische Gebiete in einem Groß-Syrien vor. Amery, Stanley und sogar Moyne, den viele Juden wegen seiner anti-zionistischen Reden und seiner Rolle in der ›Struma‹-Tragödie haßten, schlugen einen jüdischen Staat von unterschiedlich großem Gebiet vor. Amerys Vorschlag ging am weitesten und schloß sogar die Negevwüste ein. Moyne schlug vor, den Negev zu Transjordanien zu schlagen, aber dem jüdischen Staat zu gestatten, Teile davon unter dem Schutz einer konzessionierten Gesellschaft zu entwickeln.[46]

In ihrem Bericht vom 20. November akzeptierten die Stabschefs endlich, daß sich Großbritannien zur Errichtung einer jüdischen nationalen Heimstätte verpflichtet hatte. Ihr Ratschlag ging natürlich von den strategischen Interessen des Britischen Empire aus, von dem sie annahmen, daß es auf absehbare Zukunft die wichtigste Macht im Nahen und Mittleren Osten bleiben würde: »Wir werden immer eine starke Garnison im Nahen Osten aufrechterhalten müssen, da er der Angelpunkt der See- und Luftwege unseres Weltreiches ist.« Daneben betonten sie wieder einmal die Bedeutung des iranischen und irakischen Öls. Aber angesichts der britischen Versprechungen in der Vergangenheit gab es keinen Ausweg: »Wo auch immer wir die Juden unterbringen, wie werden dort eine militärische Verpflichtung haben.« Diese Verpflichtungen könne man daher in Palästina genausogut eingehen wie überall sonst, insbesondere da eine Garnison dort für die Verbindungswege des Empire nützlich sei. Am 20. Dezember empfahl der Ausschuß die Teilung Palästinas auf der Grundlage des Peel-Berichtes von 1937 und ließ vorläufig die Frage des Besitzes des Negev offen.

Am 9. Januar 1944 – zu einem sehr ungünstigen Zeitpunkt – traf eine Beschwerde Halifax' über die zionistische Einflußnahme in Washington ein. Er empfahl eine Denkschrift von Freya Stark, in der sie das Weißbuch als »eine Verkörperung des Prinzips der Regierung durch Konsensus«[47] beschrieb. Ermutigt durch den Ausschußbericht reagierte Churchill wütend gegen den pro-arabischen Standpunkt, den er so lange geduldet hatte: »Wir wollen doch sicher nicht selbst in Amerika Ärger machen und die Aussichten des Präsidenten auf Wiederwahl behindern für diesen letzten Lebenshauch einer defätistischen Stunde?« Er teilte Eden mit, er wolle persönlich solche Standpunkte wie den von Freya Stark anprangern: »Sie sollten Halifax warnen, der wieder einmal schwankt.« Immerhin konnte er jetzt seine eigene Position klar vertreten: »Die einzige Lösung liegt in irgendeiner Art von Teilung.«[48]

Hier gab es nun endlich einen wirklichen Erfolg, zu dem Weizmann persönlich beigetragen hatte und auf den er stolz sein konnte. »Mr. Churchill trifft nicht gerne mit mir zusammen, weil er mir nichts zu sagen hat«, hatte er einmal bemerkt. Aber trotz dieses mangelnden persönlichen Kontakts seit 1940 waren seine Ideen für den Premierminister immer noch bedeutsam, und nun schienen sie sogar die Anerkennung des Kabinetts gefunden zu haben. Der Gedanke, daß die britischen Interessen die Bildung eines jüdischen Staates nicht erlaubten, hatte seit 1938 vorgeherrscht, aber nun lag er im Sterben.

Im November 1943 legte Ben Gurion den Vorsitz der Zionistischen Exekutive nieder: Er war nicht über den Ibn Saud-Plan informiert und als er zufällig davon erfuhr, war er wütend auf Weizmann, weil dieser solche Ideen hinter seinem Rücken diskutierte. Er warf Weizmann vor, daß er die zionistische Bewegung lieber von London als von Jerusalem aus leite. Und natürlich war Weizmann in seinen Augen zu versöhnlich gegenüber den Briten gestimmt.[49] Weizmann war jedoch von der Richtigkeit seiner maßvollen Politik überzeugt, und die Entscheidung des Ausschusses im Dezember schien ihm Recht zu geben. In London und Washington war die Mäßigung im Begriff, den Extremismus zu besiegen.

In Palästina dagegen war die Stimmung völlig anders. Das gegenseitige Mißtrauen zwischen Juden und Briten war angesichts der Waffenprozesse im September gestiegen. Am 16. November trug eine Großrazzia in der Siedlung Ramat Hakovesh zu seiner Verschärfung bei. Es kam zu einem Handgemenge, ein Siedler fand den Tod, mehrere andere Beteiligte, Juden und Briten, erlitten Verletzungen. Die Jewish Agency behauptete, Polizisten und Soldaten hätten sich brutal wie die Nationalsozialisten benommen. MacMichael erwiderte darauf, sie hätten »angesichts schwerer Provokationen mit bewundernswerter Zurückhaltung« gehandelt.[50]

Ein anderes Ereignis in Palästina, wichtiger noch als Ben Gurions Rücktritt war Yaakov Meridors Rückzug aus der Führung der Irgun. Der Waffenstillstand mit Großbritannien, der seit Ausbruch des Krieges andauerte, schien für die Irgun keinem nützlichen Zweck mehr zu dienen. Man hatte die deutschen und italienischen Streitkräfte aus Afrika vertrieben. Es herrschte nicht länger Furcht, ein Kampf gegen Großbritannien würde die Sicherheit Palästinas gefährden.

Die Irgun war des Nichtstuns überdrüssig und wütend über die weiterhin araberfreundliche Politik der Briten. Seit Mitte 1942 war die Organisation durch Juden aus Polen verstärkt worden, die mit den Streitkräften von General Anders aus der Sowjetunion gekommen waren. Darunter befanden sich viele Anhänger von Jabotinskys Betar-Bewegung, Kämpfer aus Verzweiflung, die genau wußten, was mit ihren Angehörigen und Freunden in Auschwitz und Treblinka geschah. Sie waren gestählt durch jahrelangen Untergrundkampf oder durch den Aufenthalt in Stalins Lagern. Sie wollten sofort handeln.

Das Undenkbare sollte geschehen, das von Weizmann immer als das für den Jischuw unmöglich bezeichnete. Die Irgun plante bewaffnete Aktionen gegen Großbritannien unter ihrem neuen Befehlshaber, dem gerade aus Polen gekommenen Menachem Begin.

Der Aufstieg der »Irgun«

Der Mann, der 1977 israelischer Ministerpräsident werden sollte, kam am 16. August 1913 in Brest-Litowsk, der heutigen polnisch-sowjetischen Grenzstadt, zur Welt. Er stammte aus einer Familie von Holzhändlern. Von seinem vierzehnten Lebensjahr an besuchte er eine staatliche polnische Schule und erwarb dort nach den Worten seines Biographen Eitan Haber »die würdevolle polnisch-aristokratische Etikette«. Aber schon in jungen Jahren beschloß er, sich hauptsächlich mit seinen jüdischen Ursprüngen und nicht mit Polen zu identifizieren. Er begeisterte sich für die Ideen Vladimir Jabotinskys und war davon überzeugt, daß die über die ganze Welt verstreuten jüdischen Gemeinschaften nach Jerusalem und dem Land Israel zurückkehren mußten und darauf ein historisches Anrecht besaßen.

Begin reagierte scharf auf die antisemitischen Ausbrüche von Teilen der polnischen Bevölkerung: »Als ich Student war, zwang man uns, bei Vorlesungen auf der linken Seite des Raums zu sitzen. Antisemitische Studenten haben uns oft verprügelt. Aber wir waren keine verängstigten Juden, die sich mißhandeln ließen. Wir waren gewohnt, uns zu rächen. Ich erinnere mich an regelrechte Schlachten mit diesen Studenten. Wir waren stolze Juden, stolz auf unsere Tradition. Aber wenn wir das Studium abgeschlossen hatten, kannten wir keine Zukunft. Man ließ uns nicht als Rechtsanwälte zu, wir fanden keine Betätigung.«

Bei Kriegsausbruch 1939 begab sich Begin mit seiner Frau Aliza nach Lwow (Lemberg) im sowjetisch besetzten Teil Polens und von dort weiter nach Wilna in Litauen. Im September 1940, kurz nach der Annexion Litauens durch die Sowjetunion, verhaftete man ihn und er wurde von NKWD-Offizieren verhört, die ihn erfolglos davon zu überzeugen suchten, daß der Zionismus eine Filiale des britischen Imperialismus sei. Man verurteilte ihn als »gesellschaftsgefährdendes Element« zu acht Jahren Gefängnis. Er verbrachte einige Monate im Lukishki-Gefängnis in Wilna und kam dann in ein Arbeitslager am Pechora-Fluß im nördlichen Rußland. Nach dem deutschen Überfall auf Rußland im Juni 1941 ließ man ihn frei, und er schloß sich der polnischen Armee des Generals Wladyslaw Anders auf russischem Boden an. Anders entzweite sich bald mit Stalin und erreichte, daß er mit seiner Armee unter britischem Kommando im Westen zum Einsatz kam. Begin befand sich unter den tausenden polnischen Soldaten, Juden und Nichtjuden, die man über das Kaspische Meer in den Iran und dann auf dem Landweg nach Palästina brachte, wo er im Mai 1942 ankam.

Immer noch ein polnischer Soldat, verbrachte Begin das folgende Jahr in Qual und Zorn bei dem Gedanken an das, was mit jenen geschah, die er in Polen zurückgelassen hatte. Die Nationalsozialisten ermordeten seine Eltern, seine Verwandten und zahllose Freunde. Nach Eitan Habers Darstellung schien für ihn die Schuld Großbritanniens, der des nationalsozialistischen Deutschland gleichzukommen. Begin sagt heute: »Man muß sich klarmachen, was geschah. Man hatte unserem Volk eine nationale Heimstätte in Palästina versprochen. Ich will nicht in die Einzelheiten der Interpretation und Fehlinterpretation gehen, aber in den dreißiger Jahren stand unser Volk unter Vernichtungsgefahr, und wir brauchten dieses Land. Mein Vorbild und Lehrer Jabotinsky sagte 1937 vor der Peel-Kommission: ›Ein jüdischer Staat ist heute zu unserer Rettung notwendig. Unser Volk lebt auf einem Vulkan.‹«

Die antiarabischen Vergeltungsschläge (oder der Gegenterror) der Irgun, die während der dreißiger Jahre ständig erfolgten, gingen während des Krieges weiter und wurden 1943 noch häufiger. Flugblätter klebten an den Mauern und gingen in den Städten Palästinas von Hand zu Hand, die den revisionistischen Glauben zum Ausdruck brachten, daß Palästina das Land Israels sei und daß ein jüdischer Staat, wenn nötig gewaltsam, errichtet werden müsse. »Man muß die Araber zur Unterwerfung zwingen ... Sie müssen als politischer Faktor beseitigt werden«,[1] stand in einem Flugblatt der Irgun, welches ein OSS-Bericht vom August 1943 zitierte.

Begin selbst verfaßte das folgende Flugblatt in seinem Untergrundhauptquartier im Savoy-Hotel in Tel Aviv: »Auf dem Weg zur jüdischen Herrschaft im Land Israel müssen wir uns vor Kompromissen hüten ... Herrschaft bedeutet wirkliche Herrschaft – eine jüdische Regierung und nicht ein wenig religiöse, kulturelle oder städtische Selbstverwaltung unter einem ausländischen Herrscher. Das Land Israel umfaßt nicht nur das Gebiet in seinen historischen Grenzen, sondern auch die natürlichen und strategischen Grenzen der Region ...« Im Wappen der Irgun waren ganz Palästina und Transjordanien abgebildet, darüber war eine Hand gezeichnet, die ein Gewehr hielt und die Parole: »Der einzige Weg!«[2]

Ende 1943 lebte Begin erst seit achtzehn Monaten in Palästina. Aber es erschien ihm völlig natürlich, Palästina als sein Land zu betrachten. Dies war das Land Israel, es gehörte allen Juden der Welt, wo immer sie geboren sein mochten. Und es waren die Juden – und nicht die arabische Bevölkerungsmehrheit – die das Recht besaßen, das Land zu regieren. Daher bestand die

Aufgabe der Irgun darin, für dieses Recht gegen die Araber und Briten, die es leugneten, zu kämpfen. Wie Begin schrieb, erreichte sie ein erstes Ziel schon in den ersten Tagen des Aufstands: »Es gelang uns, den örtlichen arabischen Faktor auszuschalten.«[3]

Deshalb war Begin entschlossen, sich auf den Kampf gegen die Briten zu konzentrieren. Er betrachtete Großbritannien nicht als den Verbündeten der Juden im Kampf gegen Hitler, sondern als den Feind, der den Juden die Zuflucht in ihrem eigenen Land verweigerte. Einige Wochen zuvor hatte man in London dem amerikanischen Botschafter John Winant mitgeteilt: »Das britische Außenministerium ist besorgt über die Schwierigkeiten der Unterbringung einer größeren Anzahl von Juden, falls die Rettung gelingen sollte.« Dieser Satz ist in dem Exemplar von Arthur Morses Buch, das Begin dem Verfasser zeigte, dick unterstrichen, um seine Ansicht zu unterstützen, daß Großbritannien und die Vereinigten Staaten Komplizen bei Hitlers Ausrottung der europäischen Juden waren: »In den vierziger Jahren hätte Großbritannien einige hunderttausend Juden retten können. Es war ein schrecklich dekadentes Verhalten, nicht einmal den Versuch zu ihrer Rettung zu unternehmen.«[4]

Nach Begins Ansicht gründete sich die antizionistische Politik der Briten ausschließlich auf kalten, berechnenden Egoismus. In seinem Buch ›The Revolt‹ schreibt er: »Die Araber wurden manchmal offen ermutigt, Angriffe auf die Juden zu organisieren.«[5] Er äußert die kuriose Vorstellung, die Briten hätten die Rebellion von 1936 bewußt angestiftet, um einen Vorwand für die Einschränkung der jüdischen Einwanderung zu erhalten. Sein Freund Samuel Katz, der politische Berater im Oberkommando der Irgun, schreibt sogar, man habe den Mufti und seine Anhänger zum Kampf ermutigt, um den wachsenden jüdischen Einfluß in Palästina einzudämmen und die britische Herrschaft zu verewigen.[6]

Aber die britische und amerikanische Reaktion – oder besser der Mangel an Aktion – angesichts von Hitlers Massenvernichtung – erregt die bittersten Gefühle bei Begin: »Zuerst nahm er die Juden gefangen, und er bemerkte die Gleichgültigkeit der Welt. Dann ließ er sie hungern, und die Welt unternahm nichts. Dann packte er sie mit seinen Klauen und fletschte seine Zähne. Die Welt erhob nicht einmal eine Augenbraue.«

Die Motive der Verantwortlichen für die britische Politik gegenüber den jüdischen Politikern waren nicht von Willensmangel, Gleichgültigkeit oder überragenden Prioritäten der Kriegsführung bestimmt, sondern von etwas viel Finstererem und Böserem: »Man kann nicht behaupten, daß die damals für die britische Nahostpolitik Verantwortlichen, die Juden nicht retten wollten. Es wäre richtiger zu sagen, daß sie dringend wünschten, daß die Juden nicht gerettet wurden ... Sie waren außerordentlich daran interessiert, daß die Zahl der Juden möglichst stark reduziert wurde, die möglicherweise Einlaß ins Land Israel verlangen würden.« Er glaubt, daß die Taten des nationalsozialistischen Deutschlands dabei halfen, »die grundlegenden britischen Absichten für das Land Israel« durchzusetzen.[7]

Am 1. Februar 1944 ließ Begin eine Kriegserklärung gegen Großbritannien verbreiten. Nachdem er seine Ansicht über die Entwicklung des Krieges dargestellt hatte – er wies auf die Unterstützung der Juden für die Alliierten und die Feindseligkeit der Araber hin – kündigte er an, nun habe der Krieg seine Schlußphase erreicht, und es stehe die Entscheidung über das Schicksal künftiger Generationen an. Die Zeit sei gekommen, gegen die Briten vorzugehen. »Es [Großbritannien] hat die blutigen Kapitel in der Geschichte der jüdischen Heimstätte verfaßt – ›Patria‹, ›Mauritius‹ und ›Struma‹ ... Seine Agenten verübten Morde in Stadt und Land. Seine Richter sprachen üble Verleumdungen aus und taten alles, um die Juden der Welt zu entehren ... Der Waffenstillstand zwischen der jüdischen Jugend und der britischen Verwaltung im Land Israel, die unsere Brüder Hitler überläßt, besteht nicht länger.«

Begin entschied, daß die Irgun einen selektiven Kampf gegen Großbritannien führen sollte. Solange sich Großbritannien im Krieg mit dem nationalsozialistischen Deutschland befand, wollte sie das britische Militär schonen. Aber die britische Polizei und bestimmte Verwaltungseinrichtungen wollte man angreifen. Begin sagt: »Wir entschieden, daß wir keine Dienststelle dulden wollten, die Juden aus Palästina fernhielt, während unsere Brüder in Europa massenweise ermordet wurden. Und wir wollten an eine Regierung, die derartiges tat, keine Steuern zahlen.« Am 12. Februar sprengten sie die Einwanderungsbehörden in Jerusalem, Haifa und Tel Aviv, am 27. Februar die Finanzämter in den gleichen Städten. Dabei gab es keine Toten und Verwundeten.

Erst am 23. März erreichte die Tätigkeit der Irgun eine wirklich neue Dimension mit Bombenangriffen auf Polizeireviere in Jerusalem, Jaffa und Haifa. Bei dieser zeitlich koordinierten Maßnahme, dem ersten Angriff der Irgun auf die britische Polizei seit der Ermordnung von Carius und Barker im August 1939, kamen sechs britische Polizisten zu Tode. Drei von ihnen starben in ihren Betten im dritten Stock des CID-Hauptquartiers in Haifa. Dort brachte eine im Erdgeschoß angebrachte hochexplosive Mine eine ganze Ecke des vierstöckigen Gebäudes zum Einsturz.[8]

In der gleichen Nacht entdeckte Assistant Superintendent John Scott im Russischen Viertel von Jerusalem drei Irgunkämpfer in Polizeiuniform, als sie mit einer Leiter ins Hauptgebäude des CID kletterten. Als er das Feuer eröffnete, schossen sie zurück und töteten ihn. Man faßte einen verdächtigen Juden und brachte ihn zu Arthur Giles, einem höheren Polizeioffizier. Richard Catling sagt dazu: »John Scott war ein guter Freund von mir. Als man ihn ermordete, war ich außer mir vor Trauer und Zorn. Wir hatten diesen unglücklichen Verdächtigen in Giles Büro und ich verprügelte ihn fürchterlich. Das gebe ich offen zu. Dann explodierte die Bombe und schleuderte uns durch den Raum. Der Putz regnete auf uns herab.«

Der Gebrauch des Wortes Mord in diesem Zusammenhang stört Begin außerordentlich: »Es handelte sich nicht um Mord. John Scott fiel im Kampf, in einem fairen Kampf. Auch einer unserer Leute fand den Tod, ein junger Mann namens Asher Benjamin. Sie fielen im Kampf.« Für ihn gibt es einen deutlichen Unterschied zwischen den Methoden der Irgun und denen der Lehi: »Wir griffen niemals einzelne Personen an, weder Polizisten noch Soldaten. Einen Mann auf der Straße erblicken, einen Polizisten, und auf ihn schießen – dies taten die Kämpfer der Irgun nie. Dies war die Methode der Stern-Gruppe und sie war von den russischen sozialistischen Revolutionären übernommen, die glaubten, sie könnten das Regime in Furcht versetzen, indem sie einzelne töteten. Wir vertraten die Ansicht, wenn man einen einzelnen tötet, tritt ein anderer an seine Stelle. Deshalb wandten wir diese Methode nie an.« MacMichael verkündete sofort ein neuntägiges Ausgehverbot in Jerusalem, Haifa und Tel Aviv. Die arabische Presse in Palästina beschuldigte die jüdische Gemeinschaft »mit der linken Hand die weiße Fahne hochzuhalten und mit der rechten zu schießen«.[9] Sie stellte die naheliegende Frage: »Nützt es den Kriegszielen, wenn wir Großbritannien von hinten erdolchen?«[10] Aber die wichtigsten jüdischen Zeitungen urteilten ebenso streng, sie bezeichneten die Irgun-Leute als »kriminelle Wahnsinnige«, die »von jedem Mitglied der jüdischen Gemeinschaft zutiefst abgelehnt« würden.

Der Haganahführer Eliahu Golomb und der Vaad Leumi (Nationalrat) forderten den Jischuw auf, die Irgun zu isolieren. Die Jewish Agency erklärte: »Die tödliche Hand, die diese Verbrechen anleitete, hilft bewußt oder unbewußt den Feinden des jüdischen Volkes.« Aber trotz dieser Äußerungen ihres Schocks und ihres Abscheus forderten die offiziellen jüdischen Körperschaften den Jischuw nicht auf, mit der britischen Polizei zusammenzuarbeiten, um die für die Sprengstoffanschläge Verantwortlichen zu finden.

Von diesem Zeitpunkt an bis zu ihrem Abzug aus Palästina vier Jahre später war dies der Hauptgegenstand der Beschwerden der Briten gegenüber der Jewish Agency und ihren Nebenorganisationen. Wenn man sie fragte, ob sie wirklich ernsthaft gegen den jüdischen Terrorismus waren, so bejahten sie dies und wiesen darauf hin, daß sie diese Ablehnung ständig öffentlich zum Ausdruck gebracht hätten. Fragte man sie, ob sie ernsthaft die Ausrottung des Terrorismus wollten, so bejahten sie dies. Aber sie weigerten sich, die daraus offensichtlich folgende Konsequenz zu ziehen und ihr Volk aufzufordern, die Terroristen bei der Polizei zu denunzieren. Im Lauf der Jahre gaben jüdische Politiker verschiedene Erklärungen für diese Weigerung, die Briten fanden sie alle nicht im geringsten überzeugend.

Bernard Joseph meint dazu: »Die Juden haben ein tägliches Gebet. Es heißt ›Die achtzehn Segnungen‹. Eine davon enthält den Satz: ›Es wird keine Hoffnung für den Verräter geben‹. Dies hat sich tief ins Bewußtsein der Juden eingewurzelt. Jahrhundertelang waren sie Opfer von Verfolgungen durch Regierungen. Ein jüdischer Verräter war unter diesen Umständen eine große Gefahr für die ganze Gemeinschaft. So wurde es ein Teil unseres moralischen Bewußtseins, daß es eine böse Tat war, einer Regierung Informationen über einen Juden zu geben.«

Am 9. März 1944 setzte sich Bernard Joseph anderthalb Stunden lang über diese Frage mit Generalinspekteur John Rymer-Jones und am 27. März mit Chief Secretary John Shaw auseinander. Joseph erklärte, die Verwaltung habe sich gegenüber der Sache der Juden unfreundlich verhalten. Rymer-Jones antwortete, als Polizist gehe es ihm darum, den Terrorismus auszurotten, es gehe ihm nicht um politische Beurteilungen, und er erwarte von der jüdischen Öffentlichkeit, daß sie sich an der Verfolgung von Mördern beteilige. Joseph antwortete, der Terrorismus existiere nicht in einem luftleeren Raum.

Rymer-Jones stellte ihm dann eine bestimmte Frage: »Wäre die Jewish Agency bereit, herauszufinden und ihm mitzuteilen, wo sich das führende Mitglied der Stern-Gruppe Friedmann-Yellin (Yalin-Mor) versteckt hielt?« (Vier Monate zuvor war er mit zwanzig anderen führenden Lehi-Leuten durch einen selbstgegrabenen Tunnel aus dem Lager Latrun entkommen.) Joseph war außerstande, dem Polizeichef eine derartige Zusage zu geben. Gegenüber Shaw äußerte er, die britische Polizei genieße in Palästina nicht das gleiche Vertrauen der Öffentlichkeit wie in Großbritannien. Shaw sagte ihm mit Nachdruck, öffentliche ablehnende Stellungnahmen seien schön und gut, aber sie reichten nicht aus: »Wenn die Öffentlichkeit der Regierung nicht hilft, diese Kriminellen zu fassen, dann wird die Regierung andere Wege zu diesem Ziel finden müssen, diese können möglicherweise für die Öffentlichkeit nachteilige Folgen haben.«[11]

Dennoch verschafften die Sprengstoffanschläge vom 23. März der Polizei die beste Chance, die Führung der Irgun zu fassen. Yaakov Chylewicz, ein Werber der Revisionistischen Partei mit vielen Verbindungen zur Irgun, nahm Kontakt zu Catling auf und bat ihn um eine Unterredung. Catling erinnert sich, wie er ihn irgendwann während des neuntägigen Ausgangsverbots in Jersualem mit seinem Wagen abholte: »Wir fuhren umher und besprachen die Angelegenheit. Er vertrat mit Nachdruck den Standpunkt, daß die Aktionen vom 23. März unangebracht waren und der jüdischen Sache schadeten. Er sagte, er wolle uns alles mitteilen, was er über die Irgun wisse, wenn wir ihm die Ausreise garantierten und ihm genug Geld gäben, damit er sich in den Vereinigten Staaten eine Existenz aufbauen könne.«

Catling setzte sich sofort mit dem US-Generalkonsul Lowell Pinkerton in Verbindung. Dieser telegrafierte am 28. März nach Washington: »Chilevicius [sic!] bereit, Namen und Aufenthaltsorte der Führer der Terrorgruppen zu nennen, aber wenn er das tut, muß er Palästina sofort verlassen, um Racheakten zu entgehen.«[12] Das Außenministerium gab Chylewicz, einem Polen aus Wilna, schnellstens einen Vorzugsplatz auf der Liste für Einwanderer litauischer Nationalität für April und wies sein Konsulat in Kairo an, ihm ein amerikanisches Visum zu erteilen. Catling sorgte dafür, daß er eine Geldsumme von ungefähr zweitausend Pfund erhielt.

In Begins Buch erscheint Chylewicz in einem anderen Licht und unter einem anderen Namen: »Tsorros war eine Spielernatur, und er liebte es, sich gut zu kleiden. Er war knapp an Geld und anscheinend war er auch ein Feigling. Nachdem er einmal ins Rutschen gekommen war, ging es bergab mit ihm.« Begin erinnert sich lebhaft daran, wie Chylewicz ihn in Jerusalem besuchte: »Ich erinnere mich, wie er an der Wiege unseres einjährigen Sohnes stand und ihm ein Geschenk gab. Er hatte, in der Absicht meine Adresse herauszufinden und sie Mr. Catling mitzuteilen, um eine direkte Unterredung mit mir gebeten. Er war also, wenn Sie gestatten, ein besonders gemeiner Kerl, nicht nur, weil er uns verriet, sondern auch, weil er einen Vater mit einem Geschenk für sein Kind besuchte und dann fortging und Schritte unternahm, um dieses Kind vaterlos zu machen. Ich vermute, wenn die britische Polizei mich damals gefaßt hätte, hätte es nicht einmal einen Prozeß gegeben. Sie hätten einfach drauflos geschossen, nehme ich an.«[13]

Begin und der Leiter seines Nachrichtendienstes Eli Tavin sagen, sie hätten schon lange vermutet, daß Chylewicz ein Informant sei. Einer ihrer Agenten innerhalb der Polizei habe ihnen die Kopie einer Liste gegeben, die fast die gesamte Kommandospitze der Irgun enthielt. Begin sagt: »Meine Freunde setzten sich mit mir zusammen und entwickelten eine ganz simple Ansicht. Dies sei das Gesetz des Untergrundkampfs, wir müßten ihn töten, weil er uns verraten hatte und möglicherweise wieder verraten würde. Ich stimmte dem nicht zu, denn es wäre gegen die Moral der Irgun gewesen.« Seiner Aussage nach tat Begin nur eines, er sandte Chylewicz einen Brief mit der Aufforderung, vor einem Gericht der Irgun zu erscheinen. Er weigerte sich zu kommen. Nach Tavins Worten geschah dann folgendes: »Ich ging zu ihm, um mit ihm zu sprechen, ihn aufzufordern, seine Handlungen zu erklären und möglicherweise einzusehen, daß er vor Gericht zu erscheinen habe. Aber er hatte seine Wohnung ein paar Minuten zuvor verlassen.«

Catling berichtet eine andere Version dieser Ereignisse. Er tut Begins Vorstellung, daß ihn die Polizei auf der Stelle erschossen hätte, als absurd ab. Bei keiner Gelegenheit hätten seine Leute in Jerusalem ohne gute Gründe das Feuer eröffnet, was auch immer in Sterns Fall in Tel Aviv vorgefallen sein mag. Er weist auch die Theorie zurück, daß Chylewicz' Plan der Irgun von vornherein bekannt gewesen sei: »Ich habe die Liste selbst erst in letzter Minute bekommen. Ich erinnere mich, wie Chylewicz mir in Beersheba beim Verlassen des Landes etwa dreißig oder vierzig Namen und Adressen diktierte. Ich kehrte nach Jerusalem zurück und unser Einsatz ging in jener Nacht weiter. Ich glaube wohl, daß Tavin und seine Freunde Chylewicz ›interviewen‹ wollten, aber bei dieser Gelegenheit kamen sie ein bißchen zu spät. Es ist Unsinn zu vermuten, daß Chylewicz' Liste in die Hände der Irgun gelangte, bevor wir zupackten, weil praktisch der einzige Name darauf, den wir in jener Nacht nicht hochgehen ließen, Begin war.«

Begin konnte nur entkommen, weil er ganz zufällig seine Jerusalemer Wohnung ein paar Stunden nach Chylewicz' Besuch verließ: »Meine Frau sagte: ›Bleibe über den Sabbat.‹« Aber ich entgegnete, daß ich einiges in Tel Aviv zu erledigen hätte. Ich reiste sehr früh am Freitagmorgen (31. März 1944) ab, und später an jenem Tag kam die Polizei in unsere Wohnung. Meine Frau sagte ihnen die Wahrheit, daß sie nicht wisse, wo ich sei. Sie hatte eine schwierige Zeit durchzustehen, da die Polizei täglich kam, um nach mir zu suchen. Aber ich hatte eine Warnung erhalten, nicht dorthin zurückzugehen. Ich blieb im Savoy-Hotel in Tel Aviv.«

MacMichael konnte daher berichten: »Teilweise aufgrund von Informationen, die die Polizei vorher gesammelt hatte, teilweise aufgrund von erhaltenen Informationen am 31. März durch ein Irgunmitglied, das zum Informanten geworden war, konnte in den wichtigsten Städten am 31. März und 1. April eine intensive Polizeiaktion durchgeführt werden.«[14]

Bis zum 2. April hatte man fünfzig Verhaftungen vorgenommen, unter den Verhafteten befand sich das Mitglied des Oberkommandos der Irgun, Arieh Ben-Eliezer. Dies war der größte Erfolg, den Catling je gegen die Irgun errang.

Chylewicz erreichte Amerika sicher. Die Irgun spürte ihn bald auf, und Begin glaubt, daß er immer noch in den Vereinigten Staaten lebt: »Aber wir kümmern uns jetzt nicht mehr um ihn. Wir haben ihn vergessen.« Tavin sagt, die Irgun habe die Entscheidung gefällt, ihn nicht zu töten, weil er Kontakte zum FBI hatte und sein gewaltsamer Tod ein Risiko für die politischen Aktivitäten der Irgun in den USA bedeutet hätte. Ihr Vertreter Peter Bergson (Hillel Cook) hatte verschiedene prominente Amerikaner – die Kongreßabgeordneten Will Rogers und Andrew Somers, Bischof Edward Demby von Ohio, den Schriftsteller Ben Hecht – für eine »Front«organisation der Irgun, die »American League for a Free Palestine«, gewonnen.«[15]

Die wichtigsten amerikanischen zionistischen Organisationen ächteten die »League«. Am 21. Mai sagte Senator Robert Wagner zu Will Rogers, daß sie »keinem nützlichen Zweck diene«. Auf eine Anfrage hin bestätigte der stellvertretende Außenminister Edward Stettinius, daß sie nach offizieller Ansicht nicht für die jüdische öffentliche Meinung repräsentativ sei. Aber sie gewann einigen Rückhalt unter amerikanischen Juden, die das Gefühl hatten, daß die offiziellen Körperschaften eine zu weiche Linie gegenüber den Briten vertraten. Die Organisation verkündete folgende Ziele: Öffnung Palästinas für freie jüdische Einwanderung, Bildung einer jüdischen Armee, die auf alliierter Seite kämpfen sollte, Rettung der europäischen Juden. Sie sammelte Geld für die Irgun und half ihr beim Erwerb von Waffen und Ausrüstungen.

Nachdem ihre Führer aus Latrun geflohen waren, trat auch die Lehi wieder in Aktion. Die Anhänger Abraham Sterns lebten ein ungewöhnliches Leben, sie waren nur ein paar hundert Leute, sie hielten sich in den wenigen Häusern, wo sie Zuflucht fanden, versteckt oder lebten als Geächtete in den Höhlen und Sanddünen von Holon bei Tel Aviv. »Wir verlegten ständig unser Hauptquartier. Wo wir uns einmal getroffen hatten, trafen wir uns nicht ein zweites Mal«, erinnert sich Itzhak Shamir. Yalin-Mor meint, er hätte noch fünfzig weitere Lehikämpfer durch den Tunnel aus Latrun herausschleusen können, aber man hätte sie nirgends verstecken können: »Wir waren wirklich eine gejagte Gruppe. Jeder jagte uns – die Briten, die Haganah und sogar die Irgun. Nur in den Gefängnissen stellten wir eine Mehrheit dar.«

Yalin-Mor teilte Begins Ansichten über die Moral des Untergrundkampfes nicht: »Die Irgun griff nur Gebäude an. Und wir lachten über sie. Wir sagten, die Briten würden die Gebäude einfach von unserem Geld wieder aufbauen. Wir hielten es für wirkungsvoller, den Briten das Leben zu nehmen.« Shamir glaubt, die Taktik der Lehi, der Terror gegen Personen, sei humaner gewesen als die halb-militärische Kampfweise der Irgun. Er legt dar, daß der Frontalangriff auf ein Armeelager oder die Sprengung eines Polizei-Reviers Menschen nach dem Zufallsprinzip tötet, dagegen suchte die Lehi ihre Ziele genau aus, tötete bestimmte Individuen, jeweils aus einem besonderen politischen oder taktischen Grund.

Anders als die der Irgun, waren die Kämpfer der Lehi stets bewaffnet und widersetzten sich der Verhaftung. Yalin-Mor sagt: »Unsere Parole war, ›Töte oder werde getötet, aber laß dich nie verhaften‹. Gefangenschaft hätte unsere Bewegung zerstören können. Die Zustände in den Militärgefängnissen waren nicht so übel, und dies zerstörte die Kampfmoral vieler Gefangener. Sie entwickelten eine neutrale Haltung. Und ich muß zugeben, daß 1944 die meisten Juden mit der britischen Herrschaft in Palästina ganz zufrieden waren. Sie betrieben ihre Geschäfte, es ging ihnen ganz gut. Hätte man sie befragt, so hätten achtzig oder neunzig Prozent von ihnen eine gute Meinung über die Briten zum Ausdruck gebracht. Aber dies war nicht der entscheidende Punkt. Sie waren eine ausländische Macht, und wir mußten sie bekämpfen, um unsere Freiheit zu erringen, ganz gleich ob sie liberal oder inhuman waren.«

Als daher am 14. Februar zwei Lehileute beim Plakatekleben von zwei britischen Polizisten überrascht wurden, reagierten sie sofort, zogen ihre Pistolen und erschossen die Polizisten. Am 24. Februar ließ die Lehi wieder das Auto von Geoffrey Morton, ihrem wichtigsten Ziel, hochgehen, und wieder gelang es nicht, ihn umzubringen. Während am 23. März die Irgun Explosionen in drei Polizeirevieren auslöste, schossen Scharfschützen der Lehi auf den Straßen von Tel Aviv drei Polizisten nieder und töteten dabei einen. Der Stadtrat von Tel Aviv und Bürgermeister Israel Rokach verurteilten die Terroristen sogleich, weil sie »jeder Spur von Menschlichkeit und jüdischem Bewußtsein« entbehrten.[16]

Yalin-Mor traf mehrmals mit dem Haganahführer Eliahu Golomb zusammen, dabei erklärte er, warum die Lehi solche grausamen Methoden anwandte: »Das politische Ergebnis eines Terroraktes resultiert aus der Multiplikation zweier Faktoren: der zahlenmäßigen Stärke der Terroristengruppe und der Intensität ihrer Taten.« Die Haganah sei zahlenmäßig stark, daher könne sie sich Zurückhaltung leisten, meinte er gegenüber Golomb. Ohne Erfolg versuchte der Haganahführer Yalin-Mor zu überreden, seine Scharfschützen zurückzuziehen. Sie verletzten ständig die Disziplin der jüdischen Gemeinschaft. Yalin-Mor sei sich anscheinend gar nicht im klaren über die politischen Auswirkungen der Angelegenheit, es gehe um den internationalen Status der Jewish Agency, um die Versprechen, die Weizmann kürzlich von Roosevelt und Churchill bezüglich eines jüdischen Staates nach Kriegsende erhalten habe. Das üble Verhalten der Lehi bedeute eine Gefährdung all dessen.

Yalin-Mor antwortete, seine Organisation werde ihre Politik nicht ändern. Großbritannien werde niemals einer zionistischen Lösung zustimmen: »Ich sagte ihm, früher oder später werde auch er beginnen müssen, gegen die Briten zu kämpfen, anderenfalls werde die Jewish Agency die Kontrolle über die

Bevölkerung hier verlieren. Wenn er auch nur im geringsten die Möglichkeit in Betracht ziehe, eines Tages gegen die Briten kämpfen zu müssen, dann solle er sich mit der Irgun und uns einigen.«

1944 erschien dies den Zionisten in London wie die Äußerung eines Wahnsinnigen. Endlich hatten sie nach Jahren der Verhandlungen und des Kampfes das britische Kabinett zur Wiederaufnahme des Teilungsplans veranlaßt – diese Politik war für Weizmann und alle gemäßigten zionistischen Kräfte akzeptabel. Abba Eban meint in diesem Zusammenhang: »1944 schien es fast sicher, daß der Teilungsplan durchgeführt würde. Nicht nur die Freunde des Zionismus unterstützten ihn, sondern auch Stanley, MacMichael, Moyne und andere. Dies waren sehr starke Vorzeichen.«

Arthur Koestler traf regelmäßig mit Weizmann zusammen und sprach mit ihm über seine Hoffnungen: »Er hielt es für richtig, maximalen Druck für Minimalforderungen einzusetzen. Er glaubte, daß die Briten Palästina teilen wollten. Wenn die auferlegten Grenzen unannehmbar sein würden, werde es später durch Gewalt oder durch Verhandlungen zu Grenzberichtigungen kommen.« Die Anhänger Jabotinskys einschließlich der Irgun und der Lehi nahmen das genaue Gegenteil an, sie meinten, die Zionisten sollten Maximalforderungen stellen – sofort einen jüdischen Staat zu beiden Seiten des Jordans – und möglicherweise bereit sein, diese Forderungen später zu reduzieren. Weizmann hielt es für wahrscheinlich, daß eine solche Taktik den Zionismus isolieren und ihn in Gegensatz zu mächtigen Freunden, besonders Roosevelt und Churchill, setzen würde.

Harold MacMichael, der bei den Zionisten als der Verantwortliche für die ›Struma‹-Tragödie und zahllose andere Verbrechen galt, wandelte sich zum geheimen Verbündeten der gemäßigten Zionisten. Am 3. Januar 1944 gratulierte er Stanley zum Arbeitsergebnis des Kabinettsausschusses: »Ein endgültiger Erfolg scheint in Sicht, wenn die Regierung Seiner Majestät bei der Beschlußfassung und deren Ausführung ganz stark und entschlossen bleibt ... Die ›Teilung‹ liegt zu sehr in der Luft, um die Angelegenheit noch länger unentschieden lassen zu können.«[17] Sechs Monate später, in seinem Abschiedstelegramm aus Palästina, sollte er seine gewandelte Ansicht von der Erwünschtheit eines jüdischen Staates bestätigen.[18]

MacMichael machte sich Sorgen über die Folgen, die jede Ankündigung auf die arabischen Truppen unter britischem Kommando haben konnte. Er glaubte, die in Sarafand stationierten Einheiten der arabischen Legion würden in Jaffa randalieren. Aber andere arabische Einheiten würden ruhig bleiben, besonders wenn man sie von vornherein zeitweise aus dem Nahen Osten abzog. Was die benachbarten arabischen Staaten betraf, so würden sie zwar den Plan ablehnen, aber kaum ernsthafte Schwierigkeiten machen, sondern statt dessen ihre Aufmerksamkeit auf die »Vorteile [richten], die sie sich selbst durch das fait accompli sichern könnten«.

Einen anderen ermutigenden Gesichtspunkt, berichtete MacMichael, stelle die Haltung Taufiq Abu Al Hudas, des Premierministers von Transjordanien, dar. Taufiq sagte zu Alec Kirkbride, dem Stellvertreter MacMichaels in Amman, »er sehe in der Tat keine Alternative zur Teilung«. Es hänge jedoch viel davon ab, um welche Art von Teilung es sich handele. Natürlich werde kein Araber, auch er selbst nicht, der Teilung öffentlich zustimmen, aber wenn Großbritannien sie durchsetze, würden die Araber sie schließlich hinnehmen.

Kirkbride fragte dann diplomatisch, ob er es denn nicht für eine gute Idee halte, wenn Transjordanien den Teil Palästinas übernähme, der den Arabern zugeteilt werde. Taufiq erwiderte: »Sie [die palästinensischen Araber] wären nicht begeistert, aber wenn man ihnen einfach mitteilte, daß sie Untertanen des Emirs [Abdullah] würden, müßten sie diese Stellung akzeptieren. Es wäre jedoch ein großer Fehler, wenn man sie vorher fragen würde.«

MacMichael vertrat die Ansicht, um den religiös motivierten Einwänden der Juden und Araber zu begegnen, sei es das Beste, Jerusalem unter Mandatsverwaltung zu lassen. Dies käme auch den strategischen Bedürfnissen Großbritanniens entgegen. Es werde die alte jüdische Gegnerschaft gegen die Teilung mildern (– »Kann es einen Zionismus ohne Zion geben?« –), die die Juden in der Antwort auf die Vorschläge der Peel-Kommission von 1937 betont hatten. Insbesondere die amerikanischen Zionisten könnten es für eine annehmbare zweitbeste Lösung halten, wenn eine christliche Macht Zion im Auftrage der ganzen Menschheit verwaltete und gegen jeden möglichen Angreifer schützte und gleichzeitig den Juden den Zugang zu den heiligen Stätten garantierte.

Inmitten dieser fast einstimmigen Bejahung der Teilung kamen die einzigen ernsthaften Einwände auf britischer Seite aus Diplomatenkreisen, besonders von so bekannten Araberfreunden wie Lampson in Kairo und Cornwallis in Bagdad. Douglas Harris, einer der führenden Bewässerungs- und Wirtschaftsexperten in Palästina, erinnert sich, daß die beiden Botschafter bei einem Treffen unter Moynes Vorsitz am 6. April in Kairo mit Zähnen und Klauen am Weißbuch festhalten wollten: »Als man ihnen am Ende nachdrücklich klar machte, daß es nicht die geringste Hoffnung für seine Durchführung gab, zogen sie sich darauf zurück, Schreckensbilder der Lage zu entwerfen, die bei der Ankündigung der Teilung entstehen würde.«

Ihre düsteren Voraussagen erinnerten Harris an den dicken Jungen in den ›Pickwick Papers‹: »Ich will euch eine Gänsehaut verschaffen.« Die Ägypter würden die Zusammenarbeit einstellen und mit der Sabotage britischer Schiffe in Alexandrien beginnen. Im Irak würden die wilden Stämme rebellieren. Man werde die gesamte arabische Welt auf unbestimmte Zeit gewaltsam niederhalten müssen. Das Treffen erschien ihm als Wettstreit zwischen »botschafterlichen Klischees« und den »begründeten Argumenten« Moynes und MacMichaels zugunsten der Teilung.

Zu dieser Zeit, Anfang 1944, trat ein vierter Teilnehmer in die Auseinandersetzung zwischen Juden, Arabern und Briten ein. Die Vereinigten Staaten konnten eine direkte Einmischung nicht länger vermeiden. Halifax berichtete aus Washington: »Hier entwickelt sich jetzt eine gigantische Kampagne, um die amerikanische öffentliche Meinung durch Reden, Versammlungen, Artikel, bezahlte Anzeigen und politischen Druck zugunsten des Zionismus zu beeinflussen.« Anfang Februar diskutierte der Ausschuß für auswärtige Angelegenheiten des Repräsentantenhauses eine Entschließung, die einen jüdischen Staat befürwortete. Zum großen Entsetzen der britischen Botschaft verlas man im Ausschuß einige der pro-zionistischen Reden und Stellungnahmen Churchills aus der Vorkriegszeit.

Das Kriegsministerium ließ dem Ausschuß mitteilen, jede derartige Entschließung würde den Kriegsanstrengungen schaden und Verpflichtungen für die amerikanischen Truppen nach dem Ende des Krieges gegen Deutschland und Japan zur Folge haben. In jenen Wochen erreichten die Vorbereitungen der alliierten Invasion in Europa ihren Höhepunkt. Der Einsatz hunderttausender britischer und amerikanischer Soldaten stand bevor. Der Gedanke, Truppen nach Kriegsende in weitere Konflikte in Übersee zu verwickeln, gefiel der amerikanischen öffentlichen Meinung nicht.

Das britische Außenministerium nahm solch ein »unverantwortliches und unausgewogenes Geschrei« sehr ernst, das »bereits genug Verzweiflung und Sorge in den arabischen Ländern ausgelöst hat«. Jede pro-zionistische Resolution des Kongresses würde in den Vorstellungen der Araber in Verbindung zu einer britischen Teilungserklärung stehen, von der sie annahmen, daß sie unmittelbar bevorstehe. Eine solche Kongreßentschließung würde nach Halifax' Bericht »zu einer neuen Magna Charta für den Zionismus«. Sie würde aufhetzende Folgen haben.

Ende Februar protestierten Syrien, der Irak und Ägypten offiziell bei den Vereinigten Staaten gegen die vorgeschlagene Resolution. Aber bei der Stimmungslage von 1944 nahm zwar die Nahostabteilung des amerikanischen Außenministeriums solche arabischen Beschwerden ernst, sie beeindruckten aber den Kongreß nur wenig oder gar nicht. Der Abgeordnete Celler aus New York erklärte, arabische Proteste seien bloß das Ergebnis britischer Machenschaften. Wenige Amerikaner nahmen die Araber in irgendeiner Weise militärisch oder politisch ernst.

Am 9. März 1944 hielten bei einer ganztägigen zionistischen Konferenz in Washington Vizepräsident Henry Wallace, Senator Robert Taft, Senator Robert Wagner, Wendell Willkie und verschiedene Vertreter von Kirchen und Arbeiterorganisationen Ansprachen. Die meisten Redner äußerten sich begeistert zugunsten des offiziellen zionistischen Programms. Vor Beginn der Konferenz suchten Stephen Wise und Abba Hillel Silver das Weiße Haus auf und baten um Unterstützung durch den Präsidenten. Roosevelt mußte berücksichtigen, daß acht Monate später Präsidentenwahlen stattfinden sollten und daß er durch seine Haltung einige Millionen jüdische Wähler beeinflußte.

Aber bei dieser Gelegenheit ließ sich der Präsident auch von der Haltung des Außen- und Kriegsministeriums, der britischen Regierung und vielleicht sogar von den arabischen Protesten beeinflussen, die alle darauf hinwiesen, daß der jüdische Druck den Kriegsanstrengungen schadete. Seine Stellungnahme vom 9. März bekräftigte, daß die Vereinigten Staaten niemals dem Weißbuch von 1939 zugestimmt hätten, sie versprach, jenen Gerechtigkeit widerfahren zu lassen, »die eine jüdische nationale Heimstätte anstreben«, und wies auf »hunderttausende heimatloser jüdischer Flüchtlinge« hin. Aber sie forderte weder einen jüdischen Staat in Palästina noch uneingeschränkte Einwanderung. Halifax notierte, das Pendel scheine sich von den Zionisten fortzubewegen. Im Juni riet Isaiah Berlin, der sich immer noch in Washington aufhielt, dem britischen Außenministerium, man könne noch vieles tun, um den Schaden zu mindern, den der amerikanische Zionismus Großbritannien zufüge: »Es handelt sich um eine Auseinandersetzung zwischen der Mehrzahl der amerikanischen Juden und der Regierung Seiner Majestät und nicht zwischen der amerikanischen und britischen Öffentlichkeit.« Das Außen- und das Kriegsministerium der USA seien gegen den Zionismus eingestellt, aber der Präsident und der Kongreß seien von ihm beeinflußt, teils aus Wahlrücksichten, teils weil sie sich regelmäßig von »einer Anzahl einflußreicher Juden mit unterschiedlichen Graden an Quasi-Zionismus« beraten ließen. Berlin vermutete, durch vorsichtige Arbeit unter diesen Personen könne man die britische Position verbessern.

Eine Minderheit der amerikanischen Juden, darunter der ständige Berater aller Präsidenten, Bernard Baruch, sehe im Zionismus nur ein Hindernis für die Assimilation und sei grundsätzlich gegen ihn eingestellt. Zahlreicher seien aber die begeisterten Befürworter des Biltmore-Programms oder sogar die Anhänger des Irgun-Plans wie Ben Hecht, die für eine Wiederherstellung des Landes Israel zu beiden Seiten des Jordans einträten. Aber eine weitere bedeutende Anzahl von Leuten, darunter viele der einflußreichsten jüdischen Bürger, stünde zwischen diesen beiden Kategorien.

Henry Morgenthau, der Bankier Eugene Meyer, der ehemalige Gouverneur von New York, Herbert H. Lehman, und Roosevelts Freund Felix Frankfurter gehörten zu den oben von Berlin erwähnten möglichen Konvertiten zu Großbritanniens kurzlebiger »quasi-zionistischer« Politik von 1944. Die vom Kabinett im Januar befürwortete Teilungsabsicht hatte bereits die Einheitlichkeit des arabischen Widerstandes zerstört. Sie konnte auch, wenn man sie sorgfältig propagierte, zur Neutralisierung der amerikanischen Judenheit führen, die die Bedrohung der britischen Führungsposition im Nahen Osten von der anderen Seite der Durchfahrt zwischen Scylla und Charybdis her darstellte.

Aber Mitte 1944 galt das Hauptinteresse der beiden Allierten nicht Palästina, sondern der Landung ihrer Truppen in der Normandie. Auf Initiative Anthony Edens hin hatte das Kabinett eine Beratungsperiode über den Teilungsplan beschlossen. Es war ein mühsamer Prozeß, der viele Monate in Anspruch nahm. Solange sich die amerikanische und britische Öffentlichkeit in erster Linie für den Tag der Landung und die Kämpfe in Frankreich interessierte, übte das Kabinett auf die zuständigen Ministerien keinen Druck aus, zu einem schnellen Entschluß zu gelangen, sie hatten daher jede Möglichkeit, die Durchführung einer Entscheidung zu verzögern, die sie zutiefst ablehnten.

Churchill, der seine Aufmerksamkeit lebenswichtigeren Angelegenheiten widmen mußte, entschied sich, die Dinge nicht durch die Veröffentlichung des Kabinettsbeschlusses zur Entscheidung zu treiben. Nach einer Notiz Edens vom 10. Juni war sich das Kabinett in dem einen Punkt einig, daß das Weißbuch nach dem Krieg nicht mehr gelten sollte. Mehrheitlich hatte sich das Kabinett für eine Teilung Palästinas entschieden. Aber trotz dieser Tatsache und abgesehen von der unbedeutenden Zusatzentscheidung, daß unbenutzte Einwanderungsgenehmigungen – etwa ein Drittel der Gesamtzahl von fünfundsiebzigtausend – nach dem offiziellen Schlußtermin vom 31. März weiter gelten sollten, blieb das Weißbuch die Grundlage der britischen Politik im Jahr 1944. Noch gab es keine Basis für Diskussionen oder Verhandlungen mit »halb-zionistischen« amerikanischen Juden, obwohl Churchill zuversichtlich erwartete, daß der Tag dafür bald kommen werde.

Aber wie immer die britische Entscheidung über den Tag der Landung in der Normandie aussehen mochte, das amerikanische Volk hatte seinen Präsidenten zu wählen, und die beiden großen Parteien mußten Stellung zu allen wahlbeeinflussenden politischen Fragen, auch zu Palästina, darlegen. Am 27. Juni erklärte die Republikanische Partei, die freie jüdische Einwanderung nach Palästina sei durch die Balfour-Deklaration und die Mandatsbestimmungen garantiert. Sie forderte die Wiederherstellung dieses Rechts und verurteilte Roosevelts Unfähigkeit, dies mit Nachdruck gegenüber Großbritannien durchzusetzen. Einen Monat später forderte die Demokratische Partei die gleiche Einwanderungspolitik und fügte hinzu, das Endergebnis werde »ein freies und demokratisches jüdisches Gemeinwesen« sein. Die beiden Parteien versuchten, einander zu übertreffen.

Dieser Druck zwang Roosevelt schließlich, die neutrale Haltung aufzugeben, die er im März eingenommen hatte. Drei Wochen vor den Präsidentschaftswahlen, am 15. Oktober, gab er in einem Brief an Senator Wagner seine Zustimmung zu der Aussage über Palästina im Demokratischen Wahlprogramm bekannt: »Ich weiß, wie lange und wie heftig das jüdische Volk für die Errichtung eines freien und demokratischen jüdischen Gemeinwesens in Palästina gearbeitet und gebetet hat. Ich bin davon überzeugt, daß das amerikanische Volk dieses Ziel unterstützt und im Falle meiner Wiederwahl werde ich mich für seine Verwirklichung einsetzen.«

Und so kam es dazu, daß in einem Augenblick besonders enger militärischer Zusammenarbeit zwischen Großbritannien und den USA ein ernsthafter politischer Spalt zwischen den beiden Verbündeten über Palästina entstand. Anthony Eden hatte im Juni gemeint, das wichtigste Ziel der Palästinapolitik sei es, zu verhindern, daß diese Angelegenheit den Kriegsanstrengungen des Britischen Empire, seinen Ölinteressen und Kommunikationslinien schade. Eden brachte die Befürchtung zum Ausdruck, Großbritannien könne seine Stellung im Nahen Osten verlieren. Er habe keine Zweifel daran, schrieb er, daß die Amerikaner mit dem Gedanken spielten, ihn »sich anzueignen«.[19]

Natürlich teilten die Vereinigten Staaten die britischen Kriegsziele ganz und gar. Aber die meisten führenden amerikanischen Politiker teilten weder Edens Interesse, die britische Kontrolle über das nahöstliche Öl und die dortigen Verkehrswege zu sichern, noch seine stillschweigende Voraussetzung, Großbritannien habe ein größeres Recht auf eine solche Stellung als die Vereinigten Staaten. Im großen und ganzen betrachteten sie das britische Weltreich als überflüssig und sahen wenig Grund, warum sich Amerika für seine Erhaltung einsetzen sollte. Auf der anderen Seite waren ihnen die Rechte der Juden in Palästina nicht gleichgültig. Die Zahl der jüdischen Wählerstimmen war groß genug, und der jüdische politische Einfluß war stark genug, um diese in Amerika zu einer politisch wichtigen Angelegenheit zu machen.

Aber Roosevelts eindeutig pro-zionistische Stellungnahme vom 15. Oktober schien vielen in Großbritannien, darunter auch Eden, mehr als ein politischer Schachzug zu sein. Ihnen dämmerte der Verdacht, es könne sich um den ersten Schritt zu einem amerikanischen Vormachtanspruch im Nahen Osten handeln. Es schien sich um ein vollständiges Nachgeben gegenüber dem zionistischen »Credo« zu handeln, um eine Geste, die weit über die Wahlinteressen des Präsidenten hinausging. Es tauchten bereits Vorschläge auf, da Großbritannien die Mandatsbestimmungen verletzt habe, indem es die jüdische Einwanderung einschränkte, sollte man es zwingen, das Mandat aufzugeben. In diesem Fall besäße keine Macht, außer den Vereinigten Staaten, die Mittel und die Neigung, es zu übernehmen. Auf jeden Fall würden sie fortfahren, ihre jüdischen Bürger zu benutzen, um eine Brücke zum Jischuw zu bauen und eine amerikanische Basis in Palästina zu errichten, die eher amerikanischen als britischen Interessen dienen würde.

Inzwischen sahen sich die beiden Verbündeten einem neuen Dilemma gegenüber, das den Konflikt zwischen normalem menschlichem Empfinden auf der einen Seite und den Erfordernissen der Politik und der Militärstrategie auf der anderen beleuchtete. Ende Mai 1944 tauchten der Vertreter der Zionisten in Ungarn, Joel Brand, und ein Gestapoagent namens Bandi Grosz in Istanbul auf. Sie übermittelten einen erstaunlichen Vorschlag, der angeblich von Adolf Eichmann, dem Organisator der Massenvernichtungslager, stammte. Nach Brands Aussagen hatte Eichmann versprochen, das Lager Auschwitz zu schließen und eine Million Juden aus Europa ausreisen zu lassen im Austausch gegen zwei Millionen Stück Seife, zweihundert Tonnen Kakao, achthundert Tonnen Kaffee, zweihundert Tonnen Tee und zehntausend Lastkraftwagen. Er hatte zu Brand gesagt: »Blut für Geld, Geld für Blut.«[20] Weiterhin hatte er versprochen, daß die Lkws nur an der Ostfront eingesetzt würden.

Das britische Flüchtlingskomitee unter dem Vorsitz von Oliver Stanley diskutierte die Angelegenheit am 31. Mai. Seine Haltung war von Anfang an ablehnend, wie schon 1943 bei der Angelegenheit der rumänischen Juden. Alec Randell sagte, es gebe »wichtige Gründe, sich auf die Vorschläge, wie sie im Augenblick bestünden, nicht einzulassen«. Er sorgte sich, die Idee könnte »in Washington mehr Sympathien gewinnen, als sie verdiene«. Wie er meinte, machte sich die amerikanische Behörde für die Kriegsflüchtlinge »teilweise aus Wahlgründen« für die Rettung von Juden stark.[21]

Das Komitee war sich darin einig, daß die Evakuierung einer großen Zahl von Menschen in die Türkei militärische Risiken bedeuten würde und daß die politischen Risiken besonders erheblich sein würden, da es sich um Juden handelte. Die allgemeine Ansicht ging dahin, daß »die notwendigen Schritte nicht unternommen werden könnten, ohne die Art der Kriegsführung zu ändern«. Es war auch völlig undenkbar, Geschäfte mit der Gestapo zu machen, sie mit Waren, ja sogar mit Kriegsmaterial zu versorgen.

Ein weiteres Problem lag in Eichmanns listiger Zusicherung, daß die Lastwagen nur gegen die Rote Armee eingesetzt würden und nicht gegen die West-Alliierten. In jenen ersten Junitagen hatte der Westen gute Gründe zur Dankbarkeit gegenüber Stalin. Loyal hatte er eine mächtige Offensive an der

Ostfront in Gang gesetzt, die mit der amerikanisch-britischen Landung im Westen am 6. Juni einhergehen sollte. Im Falle des Erfolgs dieser Invasion wären Hitlers Tage offensichtlich gezählt gewesen.

Das einzige, was möglicherweise den alliierten Enderfolg zerstören konnte, waren innere Auseinandersetzungen oder gegenseitige Verdächtigungen. Deshalb übermittelte man Brands Vorschlag sofort der Sowjetregierung. Und innerhalb weniger Tage (am 19. Juni) erklärte deren stellvertretender Außenminister Andrej Wyschinski dem amerikanischen Botschafter Averell Harrimann, nach Ansicht seiner Regierung seien keinerlei Gespräche mit Deutschland zulässig.[22]

Aber die Jewish Agency konnte in ihrer verzweifelten Lage die Angelegenheit nicht einfach fallen lassen. Nach ihren Informationen hatten die Nationalsozialisten in Europa im Jahre 1943 anderthalb Millionen Juden ermordet. Täglich vergaste man Tausende in Birkenau und Auschwitz. In Budapest lebten immer noch dreihunderttausend Juden, die ihrem Untergang entgegensahen, sie erwarteten, daß man sie in wenigen Tagen nach Polen bringen würde.[23] Es mußte etwas geschehen. Es war unmöglich, das Angebot einfach unbeachtet zu lassen. Deshalb schlug die Agency vor, britische und amerikanische Verantwortliche sollten nach Istanbul reisen und dort mit nationalsozialistischen Vertretern über die Rettungsaktion verhandeln, gleichzeitig kehrten Brand und Grosz nach Budapest zurück. Sie baten die alliierten und neutralen Länder, jüdische Flüchtlinge in all ihre Territorien einreisen zu lassen. Sie wünschten, daß die britische und amerikanische Luftwaffe die Todeslager und die dorthin führenden Eisenbahnstrecken bombardierten.

Bei einer Diskussion mit Eden über diese Angelegenheit am 6. Juli drängten Weizmann und Shertok nicht darauf, Lastkraftwagen an das nationalsozialistische Deutschland zu liefern. Sie wußten, daß die Alliierten niemals Deutschland mit Kriegsmaterial versorgen und niemals einen Bruch mit der Sowjetunion riskieren würden. Statt dessen schlugen sie eine vorsichtige aber positive Reaktion auf das nationalsozialistische Angebot vor: »Es könnte sich um eine Falle handeln. Er [Shertok] sei bereit, dieses Risiko einzugehen. Andererseits könnte sich möglicherweise herausstellen, daß es nur um Geld ging. Sie glaubten, daß man in diesem Falle das Lösegeld zahlen sollte.«

Eden war keineswegs begeistert: »Man könne keiner Handlungsweise zustimmen, die den Eindruck von Verhandlungen mit dem Feind erwecke.« Er versprach, mit Churchill über eine mögliche Warnung an die ungarischen Komplizen der Massenvernichtung zu sprechen und den Gedanken einer Bombardierung der Eisenbahnstrecken zu erörtern. Weizmann betonte, daß solche Bombenangriffe »weitgehende moralische Auswirkungen haben würden«[24] und die von den Nationalsozialisten und anderen oft gemachten Andeutungen Lügen strafen würden, die Alliierten fänden den Massenmord an den Juden gar nicht so unerfreulich.

Man verhaftete Brand als feindlichen Ausländer, sobald er Aleppo in Syrien erreichte. Moshe Shertok befragte ihn und war von seinem Mut und seinem Kampfgeist tief beeindruckt, dann brachte man ihn nach Kairo, wo Ira Hirschmann von der amerikanischen Flüchtlingsbehörde mit ihm sprach, der gerade einen Brief von Roosevelt an Moyne überbrachte. Auch Hirschmann hielt Brand für glaubwürdig und von dem echten Wunsch geleitet, seinen Mitjuden zu helfen. Er empfahl, Brand nach Budapest zurückzuschicken, um zu sehen, was er erreichen könnte.[25]

Zu diesem Zeitpunkt kam es zu dem berühmten Treffen zwischen Brand und einem britischen Beamten im Garten des britisch-ägyptischen Clubs in Kairo. Er erwähnte Eichmanns Angebot, worauf der Beamte erwiderte: »Was stellen Sie sich überhaupt vor, Mr. Brand? Was sollen wir mit einer Million Juden anfangen? Wo sollen wir sie hinschicken?«[26] Brand schreibt, möglicherweise sei Moyne sein Gesprächspartner gewesen, aber er ist sich nicht sicher.

In einer Notiz an Eden vom 11. Juli 1944 bezeichnete Churchill den Massenmord an den Juden als »möglicherweise das größte und schrecklichste Verbrechen, das je in der Weltgeschichte verübt wurde«, er versprach, alle Beteiligten, die in britische Hände fielen, hätten die Todesstrafe zu erwarten. Aber etwa zur gleichen Zeit verfügte er in einer anderen Notiz: »Man sollte keinerlei Verhandlungen irgendwelcher Art beginnen.«[27] Brands Mission war daher zum Fehlschlag verurteilt und er blieb – unter ehrenhaften Bedingungen – ein Gefangener in Kairo.

Es gibt viele Bücher über diese Ereignisse, aber keines kann vollständig klären, warum Churchill und Roosevelt im Juli 1944 alle Pläne zur Rettung der Reste der europäischen Judenheit fallen ließen. Man kann jedoch vermuten, daß die sowjetische Abneigung dabei eine bedeutende Rolle spielte. Sie drückte sich in einer Unterstützung der üblichen Einwände der beiden westlichen Außenministerien aus. Das britische Außenministerium hatte scheinbar die geheime Information erhalten, das Hauptziel von Eichmanns Angebot bestehe darin, die Vereinigten Staaten und Großbritannien in schwierige Diskussionen zu verwickeln und so einen Keil zwischen sie und die Sowjetunion zu treiben.

Diese Information sowie Andrej Wyschinskis glatte Ablehnung vom 19. Juni können durchaus Roosevelt dazu veranlaßt haben, Hirschmanns Rat, die Rettungsversuche mit oder ohne britische Hilfe fortzusetzen, nicht zu folgen. Auf der anderen Seite wies Eden darauf hin, daß Roosevelt befürchtete, bei Nichthandeln die Wahlen im Staat New York zu verlieren. Man muß jedoch in aller Fairness hinzufügen, daß ihm die Rettung von Menschenleben sehr wichtig war.[28] Das gleiche gilt für Churchill, obwohl das britische Außenministerium nur die damit verbundenen politischen Schwierigkeiten sah. Andererseits hatten beide Staatsmänner den Hinweis erhalten, daß das Angebot möglicherweise eine Falle der Gestapo war. Wenn sie darauf reinfielen, konnte dies den Krieg zu ihren Ungunsten entscheiden.

Die Vorschläge, die Maschinerie der Massenausrottung durch Bomben zu zerstören, verliefen möglicherweise aus dem gleichen Grund ebenfalls im Sande. Am 4. Juli schrieb der Stellvertretende Kriegsminister John McCloy, solche Operationen würden den Abzug von Teilen der Luftstreitkräfte aus lebenswichtigen Einsätzen erfordern, sie seien vermutlich wirkungslos und sowieso kaum durchführbar. Am 1. September schrieb Richard Law im Namen des britischen Außenministeriums an Weizmann, um ihm mitzuteilen, »angesichts der großen technischen Schwierigkeiten« werde es keine Bombeneinsätze geben. Weizmann beschwerte sich darüber beim Premierminister, und dessen Sekretär John Martin erwiderte knapp: »Wir haben diese Angelegenheit mit den Sowjets diskutiert, und das ist alles.«

Aber der ehemalige Irgun-Führer Samuel Katz vertritt wie sein Freund Menachem Begin die Ansicht, daß die Briten weit finsterere Motive hatten: »Ich ziehe eine ganz grausame Schlußfolgerung, weil die Tatsachen grausam sind. Ich behaupte nicht, daß ein Mitglied der britischen Regierung einen Finger bewegt hätte, um einen Juden zu ermorden. Aber man war auch nicht bereit, einen Finger zu rühren, um der Massentötung von Juden im nationalsozialistischen Europa ein Ende zu bereiten, weil man wußte, am Ende dieses Prozesses würde es weniger Juden geben, die in Palästina Schwierigkeiten machen konnten. Eden schickte sich an, ein Bündnis mit den Arabern zu schließen. Er war ja schließlich der Gründer der Arabischen Liga. Ich sehe eine Beziehung zwischen seiner Weigerung, bei der Rettung der Juden zu helfen und seiner Absicht, zu einer Vereinbarung mit den Arabern zu gelangen, sie zu veranlassen, das Weißbuch von 1939 zu akzeptieren, das der Sarg des Zionismus werden sollte.«

Katz glaubt, die britische (und vermutlich auch amerikanische) Entscheidung, alle Rettungsversuche aufzugeben, sei das Ergebnis kalter Berechnung auf der Grundlage des Plans für ein arabisches Palästina und die Erhaltung der britischen Position in jenem Gebiet nach dem Krieg. Tatsächlich enthalten britische Dokumente von 1944 Hinweise auf eine gewisse Gleichgültigkeit gegenüber den Leiden der europäischen Juden. Verzweifelte jüdische Appelle, die das volle Ausmaß des Geschehens darstellten, erregten nicht die erschütterte Betroffenheit und das hilfsbereite Verständnis, das man mit

Recht von jedem normal empfindenden Menschen erwarten würde. Statt dessen hatten sie nur Verärgerung und Ablehnung gegenüber einer mächtigen Interessengruppe zur Folge, die immer wieder nachdrücklich und wortgewandt ihr beschränktes Eigeninteressse in den Vordergrund stellte und die weitergehenden Anforderungen der Kriegsführung völlig außer acht ließ.

Eine Notiz, die Armine Dew am 1. September im britischen Außenministerium schrieb, macht dieses Gefühl deutlich: »Meiner Ansicht nach verschwendet man in diesem Ministerium eine unangemessene Menge an Zeit für die wehklagenden Juden.«[29] In den Akten findet sich kein weiterer derart ekelerregender Ausbruch, aber es ist doch ungeheuerlich, daß irgendein menschliches Wesen imstande war, solche Worte im Zusammenhang mit dem zu schreiben, was zu jener Zeit an den Juden Europas geschah und was im Außenministerium durchaus bekannt war. Aber wenn auch dieses grobe und grausame Beispiel bürokratischen Denkens eine Ausnahme darstellte, so stimmte es doch völlig mit den übrigen ordentlich formulierten Ratschlägen überein, die die Minister zu jener Zeit erhielten. Es spiegelte den allgemeinen Mangel an Sympathie für zionistische Ziele und jüdische Bitten unter britischen Ministerialbeamten wider. Sie hielten diese für grundsätzlich nicht gerechtfertigt, sondern für schädlich gegenüber den Kriegsanstrengungen und den britischen Nachkriegsinteressen. Darum schlossen sie ihre Augen vor den dringlichsten humanitären Gesichtspunkten.

Diese allgemeine Haltung, diese Gleichgültigkeit gegenüber dem Massenmord, diese Weigerung, das anzuerkennen, was für die meisten Juden die zionistische Sache offensichtlich rechtfertigte – all dies drang tief ins Bewußtsein des Jischuw ein und erhöhte seine Abneigung gegen die Briten, die sich erst als Freunde darstellten und dann als Verräter erwiesen. Diese Haltung fand ihren typischsten Ausdruck in der Moyne zugeschriebenen Bemerkung: »Was soll ich mit einer Million Juden anfangen?«[30], die man im Herbst 1944 im Jischuw von Mund zu Mund verbreitete und die die Anregung für eine weitere Serie von Mordanschlägen der Lehi darstellte.

»Wir versuchten mehrmals, den Hohen Kommissar MacMichael umzubringen«, berichtete Yalin-Mor, »aber leider blieben wir dabei ohne Erfolg. Wir kamen ihm am nächsten bei unserem Angriff auf seinen Wagen am 8. August 1944. Diesen hatte das aus drei Leuten bestehende Zentralkomitee der Lehi angeordnet, dem ich angehörte.« MacMichael berichtet: »An jenem Nachmittag fuhr ich mit meiner Frau zu einer Abschiedsfeier, da schoß man aus dem Hinterhalt bei Kilometer 4 der Straße von Jerusalem nach Jaffa auf meinen fahrenden Wagen. Es handelte sich vermutlich um Mitglieder der Irgun oder der Stern-Bande. Mein Adjutant Nicholl erlitt einen Lungendurchschuß und eine ernsthafte Halsverletzung. Ich war nur leicht an der

Hand und am Oberschenkel verletzt. Meine Frau blieb unverletzt.« Sein Fahrer war am Hals getroffen und verlor die Kontrolle über den Wagen, aber der Leibwächter Micky Hills zog den Fuß des Fahrers vom Gaspedal und brachte den Wagen an einer geschützten Stelle abseits der Straße zum Stehen.

Yalin-Mor meint dazu: »Sagen Sie bitte Mr. Hills, daß ich seinen Mut sehr bewundere, er hat die Lage richtig erkannt und wählte die beste Lösung.« Der Fahrer und der Adjutant waren ernsthaft verletzt, aber Hills schoß zurück, bis sich die Lehi-Leute entfernten, dann rief er Verstärkungen herbei, die bald mit Polizeihunden erschienen und der Spur der Angreifer bis zum Dorf Givat Shaul folgten. Wie üblich, war niemand im Dorf bereit, bei der weiteren Verfolgung zu helfen. Alle behaupteten, keine verdächtigen Beobachtungen gemacht zu haben. Deshalb erlegten die Behörden dem Dorf Givat Shaul eine Kollektivstrafe von fünfhundert Pfund auf.

Sogleich kritisierte Reginald Sorensen im Unterhaus diese Handlungsweise, er führte aus, es handele sich um ein unbilliges Vorgehen gegen Unschuldige und erinnerte an die Methoden der Feinde Großbritanniens. Oliver Stanley erwiderte darauf: »Hier handelt es sich um ein kleines Dorf, wo die potentiellen Mörder bekannt gewesen sein müssen. Nicht ein Einwohner stellte sich auf die Seite des Gesetzes und half, diese Verbrecher der Gerechtigkeit zuzuführen.« Dies sollte immer häufiger die Grundlage der britischen Anschuldigungen gegen die jüdische Gemeinschaft darstellen.

Die palästinensischen Araber hatten das Gefühl, daß fünfhundert Pfund eine absurd geringe Strafe darstellten. Der britische Polizeibeamte E. P. Horne erklärt: »Während des Araberaufstandes genügte der Verdacht, daß jemand einen Rebellen beherbergte oder ihm geholfen hatte, und das Haus des Betreffenden wurde gesprengt und dem Erdboden gleichgemacht. Dies war die traditionelle Methode. Man wandte sie in Indien an, man wandte sie in Afrika an. Es genügte eine Verwaltungsanordnung. Es gab eine andere Anordnung, eine Nahrungsmittelkontrollbestimmung, danach erhielt jeder eine Strafe von fünfhundert Pfund, der mehr als eine Tonne Zucker hortete. Im August 1944 nahmen die Araber dies zum Anlaß für einen Witz. Sie fragten uns, was mehr wert sei, eine Tonne Zucker oder das Leben des Hohen Kommissars.«

Die Briten in Palästina teilten im allgemeinen diese Ansicht, daß ihre Politiker die Armee- und Polizeistreitkräfte zurückhielten; hätte man ihnen strenge Vergeltungsmaßnahmen wie während des arabischen Aufstandes gestattet, wären sie leicht in der Lage gewesen, dem jüdischen Terrorismus den Garaus zu machen. In dieser Hinsicht neigten sie zur Unterschätzung des Geschicks und der Motivierung ihrer Gegner. Viele Mitglieder der Irgun und der Lehi waren hervorragend qualifiziert und im Waffengebrauch ausgebildet. Sie hatten zu Beginn der nationalsozialistischen Besetzung Polens Erfahrungen im Untergrundkampf gesammelt. Diese Qualitäten gemeinsam mit dem Mut der Verzweiflung und einer starken zionistischen Überzeugung schufen eine Guerillabewegung, die die der Araber in den dreißiger Jahren an Kraft übertraf und die bis heute kaum übertroffen wurde.

Die britische Polizei war nicht in vergleichbarer Weise ausgebildet oder motiviert. Ihre Beamten kamen aus Großbritannien oder verschiedenen Teilen des Empire nach Palästina und fanden sich tief in einen Konflikt hineingezogen, der sie nicht betraf. Außerdem waren sie nicht dazu ausgebildet, mit Guerillataktiken fertig zu werden. Zwar befanden sich unter ihnen Veteranen der Royal Irish Constabulary, die man nach der Gründung des irischen Freistaates 1919 aufgelöst hatte. Sie hatten die Feinde der britischen Herrschaft bekämpft und waren bei den Iren als »black and tans« für ihre rauhen Methoden und ihre Schnelljustiz gegen Rebellen bekannt. Aber sie hatten keine Erfahrungen mit Verschwörungen und Rebellionen in Städten, dies war ein osteuropäisches Phänomen und unter britischer Herrschaft bisher nie vorgekommen. Sie studierten weder die jüdische Geschichte, noch die zionistische Politik, noch die hebräische Sprache. Sie verstanden ihren Feind nicht.

Tom Wilkin war eine Ausnahme. Begin schreibt über ihn: »Wilkin war schlau wie ein Fuchs und eines der wenigen fähigen Mitglieder der britischen Kriminalpolizei. Er war aus dem Mannschaftsstand aufgestiegen, beherrschte die hebräische Sprache und besaß psychologisches Geschick.«[31] Er lebte mit Susanna Borochov, der hübschen jungen Tochter Ber Borochovs, zusammen, der für seine ideologischen Schriften bekannt war, die den Zionismus mit dem Sozialismus verbanden. Yalin-Mor berichtet: »Wilkin war für uns ein sehr gefährlicher Mann. Er hatte Verbindungen innerhalb der jüdischen Gemeinschaft und besaß Freunde in der Irgun. Er pflegte in den Cafés zu sitzen, sich mit den Gästen auf hebräisch zu unterhalten und den Klatsch aufzuschnappen. Er sammelte massenhaft Informationen, die meisten behielt er für sich. Wir beschlossen deshalb, ihn loszuwerden.«

Yalin-Mor nimmt an, daß persönlicher Ehrgeiz Wilkin veranlaßte, sein Wissen nicht den Akten anzuvertrauen. Dafür gab es jedoch gute Gründe. Ein anderer Polizeibeamter, C. A. Wade, erklärt: »Wir waren auf jüdische Polizeibeamte angewiesen, und wir mußten versuchen, die jüdische Gemeinschaft zu infiltrieren, aber damit gaben wir ihnen auch die Möglichkeit, bei uns einzudringen. Wilkin arbeitete mit einem jüdischen Inspektor zusammen, der ein hundertprozentiger Anhänger der Haganah war. Viele der Informationen Wilkins wären in den Akten gefährdet gewesen. Sie wären sofort an die Haganah und Gott-weiß-wohin gemeldet worden.«

Am frühen Morgen des 29. Septembers befand sich Wilkin auf dem Weg zum Polizeipräsidium in Jerusalem, als ihm Yaakov Banai und »Eli« Sobol entgegentraten, ihre Pistolen zogen und elf Kugeln in seinen Körper jagten. Horne sagt dazu: »Dies zeigt, wie tief der Haß der Stern-Bande ging. Bei der Obduktion stellte man fest, daß schon der erste oder zweite Schuß tödlich war. Sie feuerten noch neun Schüsse auf ihn ab, als er schon tot war. Sie müssen über ihm gestanden und die Schüsse in ihn hineingepumpt haben.«

Catling meint dazu: »Daran kann man wohl erkennen, daß wir 1944 die terroristische Bedrohung nicht ernst genug nahmen. Wilkin war mit Gold nicht zu bezahlen. Wir hätten ihn Tag und Nacht bewachen lassen sollen. Ihn zu verlieren, bedeutete den Verlust eines guten Teils unseres Informationssystems.« Dies bestätigen viele Veteranen der Lehi, die sich selbst nach fünfunddreißig Jahren an Wilkin noch mit einer Mischung aus Furcht und Haß, durchsetzt von Bewunderung, erinnern.

Geula Cohen meint: »Wilkin besaß jüdische Augen und einen jüdischen Verstand. Wir vertrauten darauf, daß der durchschnittliche britische Polizist ohne größeres Engagement seine beruflichen Pflichten erfüllte, aber Wilkin brachte seine Gefühle in den Kampf gegen uns ein. Seine jüdischen Freunde liebten ihn und versorgten ihn oft unwillentlich mit Informationen. Dies konnte für die Lehi-Leute Verhaftung oder Erschießung aus dem Hinterhalt zur Folge haben. Deshalb mußten wir ihn loswerden. Wir wußten, solange er lebte, würde dies vielen der unseren das Leben kosten. Ich vergesse nie unseren gemeinsamen Seufzer der Erleichterung, als wir hörten, daß unsere Jungs ihn umgelegt hatten.«

Die Irgun war ebenfalls aktiv. Zwei Tage vor Wilkins Tod (27. September) war Jom Kippur, das jüdische Versöhnungsfest, an dem man nach altem Brauch ein Widderhorn (Schofar) an der Klagemauer, dem letzten Überrest des jüdischen Tempels, bläst. Der symbolische Zweck dieses Blasens liegt darin, den Juden an diesem allerheiligsten Tage für ihre Gebete einen Weg zum Himmel freizufegen. Jahrelang hatten die britischen Behörden das Blasen des Schofars verboten, denn die arabische Gemeinschaft war ja 1928 wegen des angeblichen Eindringens der Juden nach Haram esh-sharif in Aufruhr geraten. Begin entschied, nun sei die Zeit gekommen, gegen dieses Verbot vorzugehen. Er ließ überall in Jerusalem Plakate anbringen mit der Ankündigung, wer die Zeremonie störe, werde als Verbrecher behandelt und bestraft.

Tatsächlich griff die britische Polizei nicht ein, und die Irgun unternahm nichts gegen einzelne Beamte, die die Mauer aus der Ferne bewachten, nachdem sie vorsichtshalber ihre Identifizierungsmarken abgelegt hatten. Statt dessen griff man vier Polizeireviere an, verursachte beträchtlichen Sachschaden, tötete vier arabische Polizisten und eignete sich massenhaft britische Waffen an. »Wir taten unsere Pflicht. Wir verteidigten die Würde und Unverletzlichkeit unserer Nation«, schrieb Begin erklärend dazu. Die Jewish Agency veröffentlichte ihre üblichen Distanzierungen, aber viele Juden bemerkten, daß die Polizei nachgab, als sie wegen des Schofars herausgefordert wurde. Darüber hinaus reagierte sie nicht, wie in jüdischen Führungskreisen vielfach befürchtet, mit scharfen Vergeltungsmaßnahmen gegen den gesamten Jischuw.

Auf britischer Seite war dieses Verhalten höchst umstritten. Wie sollten die Behörden auf die terroristischen Ausschreitungen reagieren? Scheinbar beschränkten sie sich auf Durchsuchungen und Ausgehverbote, die nur ein paar Tage dauerten und die Bevölkerung bloß ein wenig störten. Ausnahmsweise verhängten sie nach dem Anschlag auf das Leben MacMichaels eine kollektive Geldstrafe, aber sie betrug nur 500 Pfund und war Wochen später noch nicht eingezogen. Moyne berichtete, in Kairo sei man überrascht angesichts der schwächlichen britischen Reaktion. Die Araber erinnerten sich an die »sofortigen und strengen« Maßnahmen nach dem Mord an Yelland Andrews 1937. In offensichtlicher Anspielung auf die militanteren Mitglieder der Jewish Agency betonte Moyne, man werde Großbritannien mißverstehen, wenn es Maßnahmen gegen die verschiedenen Personen versäumte, die den Jischuw aufhetzten.[32]

»Ich fühle mich verpflichtet, die Aufmerksamkeit meiner Kollegen auf die sich verschlechternde Situation in Palästina zu lenken«, bemerkte Oliver Stanley am 7. Oktober 1944 gegenüber dem Kriegskabinett. Er zitierte Bemerkungen John Shaws, der nach MacMichaels Ausscheiden amtierender Hoher Kommissar war und der gemeint hatte, die letzten gewaltsamen Zwischenfälle deuteten auf das Bestehen einer »bedeutenden Organisation« und nicht bloß einer kleinen Bande hin. An den Angriffen auf die Polizeireviere seien hundertfünfzig Bewaffnete beteiligt gewesen. Britische Schätzungen gingen dahin, daß die gemeinsame Kampfstärke von Irgun und Lehi über fünftausend Mann betrug, dagegen gab es nur dreitausend britische Polizisten zum Kampf gegen sie.

Was also konnte Großbritannien tun, wenn es Strafen gegen die gesamte jüdische Gemeinschaft nach nationalsozialistischer oder sowjetischer Art vermeiden wollte? Es gab den Vorschlag, solange die Gewalttätigkeiten anhielten, die Einwanderung ganz oder zumindest für erwachsene Männer zu verbieten. Andere schlugen Zwangsausweisungen vor. Am 29. September schrieb John Shaw: »Das Lager Latrun ist eine Quelle ständiger Besorgnis. Es gibt immer die Möglichkeit eines konzentrierten Angriffs ... mit dem Ziel, die jüdischen Gefangenen zu befreien.« Stanley berichtete, es gebe zweihundertsechsundsiebzig jüdische Männer und sechsundzwanzig jüdische Frauen in Latrun, alle standen unter dem Verdacht des Terrorismus, außerdem gebe es zwölf »besonders gefährliche Menschen« im Gefängnis von Akko. Er habe Gründe zu der Annahme, daß ein Befreiungsüberfall geplant sei und der kommandierende General und die Polizei könnten nicht mit Sicherheit garantieren, daß er fehlschlagen werde.

Daher hatte Stanley dem Vorschlag Shaws zugestimmt, daß die Verdächtigen »unverzüglich aus Palästina entfernt und in einem Land interniert werden sollten, das die Regierung Seiner Majestät dazu bestimmen möge«. Diese Maßnahme würde schwierig durchführbar sein, aber diese Schwierigkeiten seien nicht unüberwindlich, »obwohl ich denke, daß man die Frauen besser nicht deportiert«.[33] Diesem Vorschlag folgend, flog man zweihunderteinundfünfzig Internierte aus dem Lager Latrun und dem Gefängnis in Akko nach Eritrea. Die jüdischen Körperschaften protestierten sofort mit Nachdruck. Sie hatten eine tiefe Abneigung gegen die Vorstellung, daß man irgendeinen Juden, selbst einen Terroristen, gewaltsam aus der nationalen Heimstätte entfernte.

Aber gut informierten britischen Beamten war klar, daß Ausgangssperren, Razzien und Strafen allein nicht genügten, um solche klugen und entschlossenen Verschwörer zu vernichten. In Palästina wie in allen ähnlichen Situationen war ein guter Nachrichtendienst der Schlüssel zum Sicherheitsproblem. Und bis jetzt fehlte genau dies den Behörden wegen der Opposition des Jischuw gegen die britische Politik und seiner tiefgehenden Abneigung, Informationen über Mitjuden zu verraten.

Am 12. Oktober drückten John Shaw und sein Oberkommandierender, General Sir Bernard Paget, ihre Forderung in deutlicher Weise aus: »Verbale Verurteilung der Greueltaten auf der Tribüne und in der Presse können ihre Wirkung haben, aber sie genügen für sich selbst nicht. Notwendig ist die wirkliche Zusammenarbeit mit den Kräften von Gesetz und Ordnung, insbesondere die Mitteilung von Informationen, die zur Ergreifung der Mörder und ihrer Komplizen führen.«[34]

»Die Behörden können sicher sein, daß der gesamte Jischuw seine eigenen Rechnungen mit den Terroristen zu begleichen hat«, schrieb die ›Palestine Post‹. Der Jischuw werde sich mit den Unbequemlichkeiten der Suchaktionen abfinden und die Polizei stärker unterstützen »im Wissen, daß er dabei hilft, ein gefährliches Krebsgeschwür auszurotten«. Eine gemeinsame Flugschrift von Lehi und Irgun vom 15. Oktober kündigte an, daß der Kampf weitergehen werde und forderte den Jischuw auf, den britischen Appell zu ignorieren. Aber diesmal war sein Samen auf fruchtbaren Grund gefallen. Der Assistant Inspector-General der Polizei, Arthur Giles, bemerkte in seinem Bericht: »Die Juden scheinen verstanden zu haben, daß die Terrorkampagne einen Punkt erreicht hat, wo sie ernsthaft der zionistischen Sache im Ausland zu schaden beginnt.«

Weizmann und seine Freunde hatten eine richtige Vorstellung von dem, was sich im Oktober jenes Jahres in Whitehall abspielen sollte. Hauptsächlich durch Staatsminister Richard Law kämpfte das Außenministerium immer noch gegen den Kabinettsausschuß und die neuen in Einzelheiten gehenden Teilungsvorschläge, zu denen auch eine Landkarte gehörte. Danach sollte der jüdische Staat größer sein als der von Lord Peel vorgeschlagene, aber lange und komplizierte Grenzen haben. Er sollte nun um einen Korridor erweitert werden, der östlich von Haifa begann, sich bis Metulla im Norden erstreckte und die Seen Genezareth und Huleh einschloß. Der Hauptteil Galiläas sollte eine vom südlichen Syrien abgeschnittene arabische »Insel« bilden. Zum britisch kontrollierten Staat Jerusalem sollten Bethlehem, der Flughafen Lydda und der Rundfunksender Ramallah gehören.

Nach Ansicht von Law stellte der östliche Teil des jüdischen Staates einen »überflüssigen Auswuchs« dar, der endlose Schwierigkeiten verursachen werde. Der Negev, der vorläufig ein Teil des britischen Staates von Jersualem bleiben sollte, würde zum ewigen Zankapfel, zu einer Einladung an den jüdischen Expansionsdrang. Und sobald Juden in größerer Zahl in ihren Staat einreisten, würde dieser Drang gewaltig anwachsen. Der Plan schien nur die alte Ansicht des Außenministeriums zu bestätigen, die da lautete: »Es ist unmöglich, irgendeinen befriedigenden oder praktikablen Teilungsplan zu entwickeln.«[35]

Dennoch blieb der überarbeitete Bericht des Ausschusses vom 16. Oktober fest und unverändert: »Die Teilung sollte durchgeführt werden, welche Widerstände es auch immer geben wird ... Wenn die Zeit reif ist, sollte die Regierung Seiner Majestät ohne Zögern handeln.« Der Ausschuß war sich einig, daß er es vorziehen würde, diese Entscheidung erst bei Kriegsende bekanntzugeben, es könne jedoch notwendig sein, früher zu handeln, wenn Großbritannien dazu gezwungen würde. Weitere Verhandlungen mit Juden oder Arabern hielt man für überflüssig. Sie würden zu keiner Einigung führen und nur Unklarheiten zur Folge haben. Die einzige Lösung liege in einem schnellen und deutlichen Salomonischen Urteil, danach gebe es zumindest die Möglichkeit, »daß beide Hälften des Babies überleben und ein fröhliches Eigenleben führen«.

Hieraus wird deutlich, daß sich Mitte Oktober 1944 die britische Regierung entschieden auf die Teilung Palästinas zu bewegte. Höchstwahrscheinlich hätte Großbritannien den Plan des Ausschusses durchgeführt, wenn die Ereignisse einen anderen Verlauf genommen hätten. Richard Law beharrte als einziges Ausschußmitglied auf seiner Opposition. Churchill und Roosevelt unterstützten das Ergebnis der Ausschußarbeit.

Am 8. Oktober kam es zu einer dramatischen Unterredung zwischen Moshe Sneh und Begin. Der Führer der Haganah trug folgende Argumente vor: Die offiziellen Körperschaften seien durch Wahlen legitimiert. Begin und sein Oberkommando dagegen seien selbsternannt. Die Jewish Agency genoß aufgrund der Mandatsbestimmungen internationale Rechte und hatte Zugang zu den höchsten Entscheidungsträgern. Sie konnte legitimerweise im Namen des Jischuw verhandeln. Sie stand kurz vor einem wichtigen politischen Durchbruch, über dessen Einzelheiten Begin nichts wissen konnte. Wieso fühlte sich Begin berechtigt zu entscheiden, was für die Juden Palästinas richtig war? War er überhaupt dazu imstande? Er hatte noch nicht einmal die dafür notwendigen Informationen. Und er besaß keine demokratische Autorität.

Begin erwiderte Sneh, seinem alten Freund aus Polen, die Irgun müsse fortfahren, gegen die britische Herrschaft zu kämpfen. Durch den Aufstand habe die Sache der Juden Würde und Begeisterungskraft gewonnen. Großbritannien müsse nun den kämpfenden Juden, ein neues Phänomen in der modernen Geschichte, berücksichtigen. Mit ihrem Weißbuch hätten die Briten versucht, den politischen Zionismus zu zerschlagen, und aus selbstsüchtigen und gemeinen Gründen hätten sie Hitler bei seinen Ausrottungsmaßnahmen unterstützt: »Sie verdienen die Peitsche, die wir nun über ihnen schwingen.«

Sneh betonte, daß Begins Handlungen sowohl den Operationen der Haganah als auch der Außenpolitik der Jewish Agency schadeten. Es könne beispielsweise vorkommen, daß die Irgun eine Fabrik angreife, ohne zu wissen, daß es sich um ein Waffenversteck der Haganah handelt. Die gegenwärtige »Mini-Rebellion« der Irgun gefährde also die Erfolgschancen eines zukünftigen Aufstands des gesamten Jischuw, der notwendig werden könnte, wenn die Briten, den Voraussagen Begins entsprechend, zu einer eindeutig anti-zionistischen Politik zurückkehrten. Wenn die Irgun ihren Kampf jetzt nicht einstellte, würde jeder derartige Aufstand seine Kraft und sein politisches Gewicht verlieren. Wie konnte man erwarten, daß ausländische Regierungen die gewählten Körperschaften der Juden Palästinas anerkannten, wenn die Juden selbst sich über sie hinwegsetzten und ihnen den Gehorsam verweigerten?

Der Palmachführer Yigal Allon sagt dazu: »Wir dachten wie eine Untergrundregierung und wir hielten es für überflüssig zu warten, bis das Britische Empire unsere Regierung anerkannte. Wenn ich wirklich einmal Herrn Begin wegen der Vergangenheit ärgern will – wir haben beide unsere eigenen

Gründe, auf unsere Vergangenheit stolz zu sein – dann sage ich zu ihm: ›Nun, wir haben die jüdische Regierung schon Jahre vor den Amerikanern und Russen anerkannt. Ihr habt sie erst anerkannt, als die übrige Welt dies schon getan hatte‹.« Am 20. Oktober begannen unter Allons Leitung Sonderkurse für hundertsiebzig Palmach-Mitglieder, die an Aktionen gegen die Abweichler teilnehmen sollten.[36]

Am 18. Oktober kritisierte der gerade aus London zurückgekehrte Haganahführer Eliahu Golomb auf einer Pressekonferenz in Tel Aviv die Terroristen. Am 22. Oktober riet Moshe Shertok der Jewish Agency: »Der Jischuw und insbesondere die Haganah müssen jetzt beginnen, mit den Behörden und der Polizei zusammenzuarbeiten.« Aber vielen jüdischen Führern erschien dieser Gedanke noch unvorstellbar. Das Mitglied der Exekutive der Jewish Agency Rabbi Yehuda Leib Fishman sagte: »Wenn man diesen Vorschlag annimmt – ich hoffe, dies wird nicht geschehen – manövrieren wir uns selbst in die Position von Verleumdern unserer eigenen Leute, die zwar verrückt oder bloß dumm seien mögen, aber dennoch unsere Brüder sind ... Habt ihr so schnell den berühmten Waffenprozeß und die Beleidigungen vergessen, mit denen man uns damals überhäufte? Sollen wir jenen die Hände lecken, die uns damals getreten haben?«[37]

Da die Exekutive der Agency zu keiner Einigung in diesem Punkt gelangte, behandelte man ihn am folgenden Tag im Nationalen Rat (Vaad Leumi), wo Eliahu Golomb eine eindrucksvolle Rede über die Konsequenzen des Terrorismus für die Londoner Verhandlungen hielt: »Wenn der Jischuw nicht politischen Selbstmord begehen wolle, müsse er sich die Tatsache klarmachen, daß etwas genau unter seiner Nase einen üblen Geruch verbreite.« Die Diskussionen gingen einen ganzen Tag lang weiter, danach entschied sich der Vaad Leumi für Maßnahmen gegen Abweichler, die aber unabhängig von den Briten erfolgen sollten.[38]

Die Zusammenfassung dieser Debatte in Davar vom 26. Oktober 1944 vermied jede Erwähnung der heißen Debatten, die stattgefunden hatten, und kündigte nur an, man sei zu der »einmütigen Entscheidung« gelangt, »der Jischuw werde alles in seiner Macht Stehende tun, um [dem Terror] ein Ende zu bereiten.« Es unterblieb jedoch die genaue Darstellung der Maßnahmen, die der Jischuw ergreifen wollte. Viele jüdische Politiker sprachen sich immer noch voller Zorn gegen jeden Gedanken an eine Zusammenarbeit mit den Briten aus, sie betrachteten sie immer noch in erster Linie als die Schuldigen am Untergang der ›Struma‹ und an den Gewalttaten in Ramat Hakovesh, die Autoren des berüchtigten Weißbuchs, als diejenigen, die gerade zweihunderteinundfünfzig Juden aus ihrem Heimatland exiliert hatten.

Am 31. Oktober unternahm Sneh einen weiteren erfolglosen Versuch,

Begin zu überzeugen; diesmal fand ein Vierergespräch unter Beteiligung von Golomb und Begins Mitarbeiter Eliahu Lankin statt. Aber Begin interessierte sich nicht für britische Pläne, in Palästina einen jüdischen Staat zu errichten. Für ihn war eine »gütliche Einigung über die Teilung« unvorstellbar. Er sagte zu Sneh: »Das Heimatland stellt eine Einheit dar und kann nicht zerschnitten werden.« Es fand sich kein Weg, ihn zu veranlassen, seinen Aufstand wegen eines britischen Plans abzubrechen, der zwar für Weizmann, Shertok, Golomb und sogar Ben Gurion aber niemals für ihn annehmbar gewesen sein mag. Er glaubte nicht daran, daß die Briten irgendeinen jüdischen Staat schaffen würden. Selbst wenn man ihn vom Gegenteil überzeugt hätte, würde er die Zusammenarbeit verweigert haben, da er prinzipiell gegen die Teilung des Landes Israel war.

Golomb und Sneh wußten nicht, wie weit der Teilungsplan fortgeschritten war, aber sie kannten ihn in seinen Grundzügen. Am 4. November erhielt Weizmann bei einem Treffen mit Churchill und dessen Sohn Randolph nähere Informationen darüber. Der Premierminister sagte ihm, ein Kabinettsausschuß habe die Angelegenheit untersucht, es gebe jetzt einen Plan, er habe dessen Einzelheiten noch nicht studiert und habe sich offiziell noch nicht festgelegt. Aber er unterstütze die Teilungsabsichten und glaube, der Negev solle an die Juden gehen. In John Martins Gesprächsnotiz heißt es, man habe Weizmann erklärt, daß jeder von Churchill unterstützte Plan das Maximum dessen darstelle, was die Zionisten erreichen könnten, Churchill müsse zu seiner Durchsetzung beträchtliche Opposition überwinden, besonders in der Konservativen Partei und in der Armee. Bei der Labour- und der Liberalen Partei genieße der Zionismus größere Unterstützung. Nichts würde geschehen, um den Plan vor Kriegsende zu realisieren, und wahrscheinlich würde er bis nach den allgemeinen Wahlen aufgeschoben.

Weizmann übermittelte Abba Hillel Silver eine sehr unvollständige Darstellung dieses Treffens: »Es gibt einiges Gerede über Teilungsabsichten, aber bis jetzt hat man noch kein territoriales Projekt formuliert.« Er teilte dem führenden amerikanischen Juden nicht mit, daß es bereits einen derartigen Plan gab oder daß Churchill eine Teilung bei jüdischer Kontrolle des Negev bevorzugte. Statt dessen betonte er Churchills politische Schwierigkeiten in dieser Angelegenheit und Churchills Besorgnis über den jüdischen Terrorismus: »Ich versuchte nach besten Kräften, alles zu erklären. Aber dies war nicht gerade leicht, wie Sie verstehen werden.« Er wiederholte jedoch Churchills beruhigendste Bemerkung, die viele als den Schlüssel zu dem sich entwickelnden Konflikt über die Entstehung des jüdischen Staates ansahen: »Wenn Roosevelt und ich am Konferenztisch zusammenkommen, können wir alles, was wir wünschen, durchbringen.«[39]

Churchill hatte endlich eine Möglichkeit gefunden, die Bildung einer jüdischen Brigade zu genehmigen: »Angesichts der Leiden, die das jüdische Volk im Augenblick durchmache, gebe es starke Argumente dafür, Projekte, die sich auf dieses beziehen, mit Sympathie zu betrachten«, sagte er am 3. Juli im Kriegskabinett. Er hatte sich persönlich stark für die Beratungen des Palästinaausschusses interessiert, und obwohl er sich in jenem Herbst hauptsächlich um den Fortschritt der britischen und amerikanischen Streitkräfte in Europa sorgte, hatte er nie seine Bindung an den Zionismus oder seine Sympathie für die zionistischen Ziele vergessen.

Im Unterschied zu seinem Außenministerium vertrat er die Ansicht, daß es eine Übereinstimmung zwischen den britischen und den zionistischen Interessen gab, daß ein jüdischer Staat in Palästina für die Briten ein verläßlicherer und stärkerer Verbündeter sein würde als die Araber, für die er wenig übrig hatte. Es kann keinen Zweifel daran geben, daß er beabsichtigte, mit Roosevelts und Weizmanns Unterstützung, diesen Staat in Palästina entsprechend den Vorschlägen vom 16. Oktober zu errichten, und daß er dieses Ziel trotz des Widerspruchs seines Außenministeriums durchgesetzt hätte. Aber als er gemeinsam mit Weizmann an jenem Sonnabend in Chequers den Lunch einnahm, konnte er die alles zerstörende Tatsache nicht ins Kalkül ziehen, daß die Führer der Lehi ein paar Tage zuvor zwei Männer nach Kairo geschickt hatten, um den alten und teuren Freund des Premiers Walter Moyne zu ermorden.

Moyne hatte den besonderen Zorn der jüdischen Extremisten auf sich gezogen. Er hatte das Amt des Kolonialministers inne, als die unglückliche ›Struma‹ Istanbul erreichte, und er stand unter dem berechtigten Verdacht, die Türken gedrängt zu haben, das Schiff ins Schwarze Meer zurückzuschaffen. Während er kurze Zeit nicht der Regierung angehörte, hatte er am 9. Juni 1942 dem Oberhaus gesagt: »Der zionistische Anspruch hat zwei Hauptprobleme aufgeworfen: erstens die Forderung nach Masseneinwanderung in ein schon überbevölkertes Land, zweitens die rassische Vorherrschaft der Neuankömmlinge über die ursprünglichen Einwohner.« Er fügte hinzu, die meisten aschkenasischen Juden seien rassisch gemischt und die jüdische Masseneinwanderung nach Palästina sei ein unverwirklichbarer Traum. Die Zionisten faßten diese Worte als schwere Beleidigung auf. Sie schrieben ihm auch die persönliche Verantwortung dafür zu, daß Großbritannien die europäischen Juden nicht rettete und hatten seine angebliche Bemerkung »Was soll ich mit einer Million Juden anfangen?« nicht vergessen. In der heutigen israelischen Literatur wird er durchgängig als Kriegsverbrecher und Antisemit dargestellt.

Yalin-Mor erklärte jedoch, die persönlichen Auseinandersetzungen der

Zionisten mit Lord Moyne seien nicht das Hauptmotiv der Tötungsabsicht der Lehi gewesen: »Diese Taten Lord Moynes waren für uns wirklich ohne Bedeutung. Sie waren nur von propagandistischem Nutzen, weil sie es uns erlaubten, dem Volk zu erklären, warum wir ihn getötet hatten. Wichtig für uns war, daß er das Britische Empire in Kairo repräsentierte. Wir waren noch nicht in der Lage, den Versuch zu machen, Churchill in London umzubringen, so war es logischerweise das zweitbeste Ziel, Lord Moyne in Kairo zu erledigen.«

Am 6. November 1944 kurz nach dreizehn Uhr fuhr ein Wagen, in dem sich Lord Moyne, sein Adjutant Hauptmann Andrew Hughes-Onslow, seine Sekretärin Dorothy Osmond und sein Fahrer Gefreiter Arthur Fuller befanden, die Auffahrt des Hauses des Ministerpräsidenten in der Galabiya Straße 4 im vornehmen Kairoer Vorort Ghezira hinab. Hughes-Onslow hatte den Wagen verlassen und ging die Stufen zur Haustür hinauf, als Eliahu Hakim und Eliahu Bet-Tsouri mit gezogenen Pistolen die Auffahrt heraufkamen.[40]

Bet-Tsouri richtete seine Pistole auf Hughes-Onslow und befahl ihm stillzustehn. Moyne öffnete die Hintertür des Wagens und wollte aussteigen, als Hakim von hinten auf ihn zutrat und durch die offene Tür drei Schüsse auf ihn abfeuerte. Nach Aussagen Hughes-Onslows und des britischen Polizeiberichts richtete gleichzeitig Bet-Tsouri seine Waffe auf Fuller, der vom Fahrersitz um die Rückseite des Wagens herum auf dem Weg war, um Moynes Tür zu öffnen. Wie alle anderen war er unbewaffnet, aber Bet-Tsouri schoß ihn durch die Brust. Er war auf der Stelle tot.

Die beiden Täter rannten die Auffahrt zurück, bestiegen Fahrräder und rasten weg, dabei passierten sie die nahegelegene Residenz König Georgs von Griechenland, wo sie ein Wachsoldat sah, und die Zamalek-Brücke, die das Boulac-Viertel mit dem Zentrum Kairos verbindet. Inzwischen rannte Hughes-Onslow zum Polizeirevier von Ghezira und berichtete, was vorgefallen war. Die Polizei schickte einen Wagen zur Verfolgung der Täter, der Polizist El-Amin Mohammed Abdullah mit seinem Motorrad nahm ebenfalls die Verfolgung auf.

Der Letztgenannte entdeckte die Flüchtigen bei der Boulac-Brücke und holte sie ein, als sie die Brücke zu drei Vierteln überquert hatten. Bet-Tsouri wandte sich um und feuerte auf ihn. (Im Prozeß sagte er aus, er habe den Befehl gehabt, keinen Ägypter zu töten, deshalb habe er nicht scharf gezielt.) Abdullah schoß zurück und verletzte Bet-Tsouri durch einen Brustschuß. Dann fuhr er mit dem Motorrad auf Hakim zu und drängte ihn gegen eine Wand. Eine wütende Menschenmenge fand sich ein, die gegen die beiden Pistolenschützen tätlich zu werden drohte, dann traf Polizeiverstärkung ein und führte die beiden ab. Am Abend jenes Tages um zwanzig Uhr vierzig starb Moyne.

Churchill berichtete seinen Kabinettskollegen in London schon am Nachmittag dieses Tages von dem Vorfall und bat Oliver Stanley, ein ernstes Gespräch mit Weizmann zu führen. Stanley schickte sofort einen Wagen, um Weizmann von seinem Hotel ins Kolonialministerium bringen zu lassen. Das Gespräch der beiden war geladen von Spannung und Zorn. Nach dem Bericht Abba Ebans hat Weizmann Stanley die brutale Art nie verziehen, in der er die Nachricht mitteilte. Dennoch stimmte er Stanley zu, daß man Schritte unternehmen müsse, um der Irgun und der Lehi den Garaus zu bereiten, und daß sich die Jewish Agency und ihre Unterorganisationen nicht länger nur halbherzig daran beteiligen dürften.

Die Jewish Agency und der Vaad Leumi unternahmen sofort Schritte in dieser Richtung. Der Haganah-Führer Israel Galili bestätigt, daß Moynes Tod seine Organisation zutiefst schockierte und zu entschiedenem Handeln veranlaßte. Am gleichen Nachmittag trafen die beiden genannten Körperschaften zusammen und forderten den Jischuw auf, sich von den Irgun- und Lehi-Mitgliedern in seiner Mitte zu säubern, ihnen die Zuflucht zu verweigern, ihren Drohungen zu widerstehen und den Behörden alle erforderliche Hilfe zu ihrer Vernichtung zu gewähren. Informationen über ihren Aufenthalt sollte man den verantwortlichen jüdischen Körperschaften oder direkt der Polizei geben.[41] Die jüdische Presse veröffentlichte diese Aufforderung am 8. November.

Churchill gedachte am 17. November seines toten Freundes mit tiefer Anteilnahme. Aber er warnte auch düster: »Wenn unsere Träume für den Zionismus sich im Revolverrauch von Mördern auflösen sollten und wenn unsere Bemühungen um seine Zukunft eine neue Welle des Banditentums hervorrufen sollten, die an das nationalsozialistische Deutschland erinnert, werden ich und viele andere die Position überprüfen müssen, die wir so lange nachdrücklich eingenommen haben.« Seine Worte machten einen tiefen Eindruck auf Weizmann, der zwei Tage vorher in Palästina angekommen war. Bedeuteten sie, daß die ermutigenden Worte und Versicherungen Churchills vom 4. November damit zurückgezogen waren, daß sein jahrzehntelanges Vertrauen in Großbritannien, seine sorgfältige Verhandlungspolitik umsonst waren?

Die meisten Zionistenführer krochen vor Churchills Worten zu Kreuze, sie sahen darin eher die Bitte eines alten Freundes um Hilfe als eine Zurechtweisung. Rabbi Fishman war am 19. November das einzige Mitglied der Exekutive der Jewish Agency, das sich den Maßnahmen gegen den Terrorismus widersetzte, für die man bald den Namen ›Jagdsaison‹ oder ›Saison‹

prägte. Er fand am gleichen Tag Unterstützung bei Peretz Bernstein, der behauptete, der Terrorismus sei das Ergebnis der Gleichgültigkeit der Nichtjuden gegenüber der Massenvernichtung; zöge man das Weißbuch zurück, so verschwände der Terrorismus über Nacht.[42]

Aber der Druck zum Handeln war stärker als solche Minderheitsmeinungen. Moshe Sneh sagte: »Es lohnt sich nicht [den Briten] in den Unterleib zu treten, wenn man glaubt, am Vorabend weitreichender Konzessionen zu unseren Gunsten zu stehen. In vielfacher Hinsicht ist es für uns günstiger, wenn wir der Regierung die Adressen der Terroristen übergeben. In solchen Fällen wird man uns keine lästigen Fragen danach stellen, woher wir diese Adressen haben.« Einige Redner behaupteten, die Irgun und die Lehi seien für die zionistischen Institutionen eine genauso große Bedrohung wie für die Briten. Sie hatten das Gefühl, man müsse die Bestie erlegen, bevor dies über die eigenen Kräfte ging, und entsprechend stimmten sie ab.

Die britischen Behörden steckten nicht in einem solchen Dilemma. Oliver Stanley äußerte in einer Kabinettsvorlage: »Es gibt ein weitverbreitetes Gefühl im Nahen Osten, daß dieses schockierende Verbrechen nicht ohne nachdrückliche Reaktion der Regierung Seiner Majestät bleiben darf ...« Es könne zum Beispiel angebracht sein, die jüdische Einwanderung ganz einzustellen und gleichzeitig im ganzen Land eine wirkungsvolle Razzia auf illegale jüdische Waffen zu veranstalten. Andere schlugen eine erhebliche Kollektivstrafe für den gesamten Jischuw vor sowie eine Deportation seiner Führer, so wie es 1937 mit dem Arab Higher Committee geschehen war. Die Araberfreunde in London verfaßten zahllose Aktennotizen, in denen sie das britische Nichthandeln mit den drakonischen Maßnahmen nach dem Mord an Sir Lee Stack, dem britischen Generalgouverneur des Sudans, in Kairo 1924 verglichen.

Andererseits gingen die Beamten der Mandatsbehörden in Palästina einschließlich des neuen Hohen Kommissars Lord Gort von der Einschätzung aus, daß man den Terrorismus niemals ohne Mithilfe der jüdischen Organisationen ausrotten könne. Und diese Hilfe sei nur zu erwarten, wenn Großbritannien Geduld zeige. Offizielle jüdische Ankündigungen und gezielte Gerüchte unterstützten diese Ansicht, sie deuteten alle darauf hin, daß man diesmal zu ernsthaftem Handeln bereit sei.

In einer unerbittlichen Rede stellte Ben Gurion am 21. November dar, welche Maßnahmen gegen die Terroristen, nicht nur gegen die Bombenleger und Scharfschützen, sondern auch gegen die Flugblattverteiler unternommen werden sollten. Arbeitgeber sollten des Terrorismus Verdächtige entlassen. Wenn es sich um Studenten handelte, sollte man ihnen die Unterkunft kündigen: »Jeder Hausherr oder Wohnungsbesitzer muß trotz entgegenstehender

Bestimmungen jeden von seinem Eigentum entfernen, von dem er weiß, daß er Mitglied oder Sympathisant der Terrorgruppen ist, und darf ihm nicht Unterschlupf in seinem Eigentum gewähren. Wir müssen die lange Tradition der jüdischen Barmherzigkeit vergessen, wenn wir wollen, daß unser Volk in Zukunft barmherzig sein kann.«

Ben Gurion widmete einen besonderen Teil seiner Rede seinem letzten Vorschlag, von dem er zugab, daß sich dagegen mehr Kritik als gegen alle anderen erhoben hätte: dies war der Vorschlag einer Zusammenarbeit mit den britischen Behörden. »In der Diaspora bestand die Tradition, keine Einmischung von Nichtjuden in unsere inneren Angelegenheiten zuzulassen. Bis zu einem gewissen Punkt hat diese Tradition auch hier in Palästina ihren guten Sinn, und wir haben eine gewisse Selbstverwaltung errichtet. Aber in den Fällen, wo unsere Unabhängigkeit einfach nicht groß genug ist, und dies dazu führt, daß Terrorbanden am hellichten Tag Raub und Mord begehen, müssen wir uns von der Tradition trennen und die Nichtjuden um Hilfe bitten. Ich bin sicher, daß ich nicht übertreibe, wenn ich sage, daß die Terroristen eine viel größere Gefahr für uns als für die Behörden und die Polizei darstellen ... Wenn wir mit ihnen nicht zusammenarbeiten, dann wird es uns nicht gelingen, dieses Übel loszuwerden und alle, die die Kooperation verweigern, helfen den Terroristen.«

Am nächsten Tag berichtete Churchill dem Kriegskabinett, die Jewish Agency bereite sich darauf vor zu handeln: »Es sei Sache der Zionisten, uns zu überzeugen, daß sie wirksame Schritte vorschlagen. Wenn dies nicht geschehe, könnten wir, wie sehr wir auch zögern, dazu getrieben werden, die Einreisemöglichkeiten aufzuheben trotz der Argumente gegen eine solche Politik.« Zum ersten Mal, nachdem er jahrzehntelang die zionistische Politik unterstützt hatte, dachte Churchill an ein Verbot der jüdischen Einwanderung nach Palästina. Der Mord an seinem Freund hatte seine Freundschaft für den Zionismus zweifellos geschwächt.

Großbritannien führte keine der von Oliver Stanley vorgeschlagenen Vergeltungsmaßnahmen durch – die arabischen Führer und ihre britischen Helfer nahmen diese Tatsache mit Zorn und Empörung zur Kenntnis. Miles Lampson telegrafierte aus Kairo: »Es mußte erst einer unserer bekanntesten Staatsmänner ermordet werden, damit wir uns unserer Verantwortung und der direkten Folgen unserer übertriebenen Geduld bewußt wurden.« Darauf antwortete Eden: »Ich habe volles Verständnis für Ihren Wunsch nach dramatischen Aktionen, die eine politische Geste darstellen. Aber worauf es wirklich ankommt, ist die Ergreifung der Terroristen.« Großbritannien hatte sich entschlossen, die Versicherungen der Jewish Agency zu akzeptieren. Man war bereit, die Differenzen zu begraben und gegen den gemeinsamen Feind zusammenzuarbeiten auf der Grundlage der Annahme, daß sich die britische Politik mit amerikanischer Hilfe unwiderruflich in Richtung auf die Schaffung eines lebensfähigen jüdischen Staates bewegte.

Ende Oktober 1944 hatten die zionistischen Führer guten Grund zu der Annahme, daß dies geschah. Ihre Gespräche mit Roosevelt, Churchill und anderen alliierten Staatsmännern bestätigten sie in dem Glauben, daß sie bald ihren eigenen Staat haben würden. Wenn er auch aufpaßte, an wen er diese Information weitergab, so wußte Weizmann doch, daß es bereits einen Teilungsplan gab und daß Roosevelt und Churchill ihn unterstützen würden. Nach seinem Treffen mit Churchill am 4. November muß er geglaubt haben, daß seine Politik des maximalen Drucks für minimale Ziele letztendlich erfolgreich gewesen sei.

Aber der Mord an Lord Moyne änderte dies alles. Der Jischuw empfing Weizmann in Palästina so feierlich, wie es normalerweise Staatsoberhäuptern vorbehalten ist. Aber, wie Begin schreibt, es »lag der Schatten des Bürgerkrieges in der Luft«. Begin hatte auf Vergeltungsakte verzichtet, Yalin-Mor war niedergekämpft, aber es bestand immer die Möglichkeit, daß irgend ein Hitzkopf die gemäßigten jüdischen Führer anzugreifen beginnen würde. Weizmanns Freund I. J. Linton erinnert sich, daß sie in einem kugelsicheren Wagen durch Palästina reisten, aber schließlich veranlaßte die Hitze sie doch zum Öffnen der Wagenfenster. Weizmann wußte, daß viele Mitglieder des Jischuw seinen »guten Teilungsplan« genau so feindselig betrachteten wie das britische Außenministerium.

Aber die historische Bedeutung des Todes von Moyne lag in seiner Wirkung auf Churchill persönlich. Der Vorsitzende des Kabinettsausschusses zur Palästinafrage, Herbert Morrison, berichtet, Churchill habe ursprünglich angeordnet, die Vorschläge vom 16. Oktober sollten im Kabinett behandelt werden. Aber nach dem Mord an Moyne vergingen dann vier Monate, ohne daß irgend etwas geschah. Am 26. Februar erinnerte ihn Morrison daran. Er berichtet über Churchills Reaktion: »Man hatte das Gefühl, daß es unmöglich war, mit ihm Pläne über die Zukunft Palästinas zu besprechen, solange diese Ausschreitungen anhielten und [ich] ordnete an, daß die Diskussion über den Bericht vertagt werden sollte.«[43] Viele glauben, daß in jenen entscheidenden Monaten Churchills Begeisterung für den Zionismus erlosch, daß der Teilungsplan seine Triebkraft verlor und dadurch seine Gegner im Außenministerium und in der Armee die Möglichkeit erhielten, ihre Kräfte für einen Gegenangriff zu sammeln.

Frühere Mitglieder der Irgun und der Lehi weisen diese Deutung zurück und betonen mit Nachdruck, daß Großbritannien niemals bereit oder fähig war, einen jüdischen Staat zu schaffen. Die einzige angemessene Handlungsweise habe daher darin bestanden, es gewaltsam aus dem Land Israel zu vertreiben. Und obwohl die Irgun im voraus nichts über das Attentat auf Lord Moyne wußte und wegen dieser Nicht-Information eine Zeitlang ihre Beziehungen zur Lehi abbrach, gelangte sie bald zu der Ansicht, daß es sich um eine patriotische Heldentat gehandelt habe.

»Ich bin völlig ruhig, und mein Gewissen ist gut, weil ich das Gefühl habe, meine Pflicht getan zu haben«,[44] schrieb Hakim aus dem Kairoer Zentralgefängnis an seine Eltern. Beim Prozeß im Januar 1945 zeigten die beiden Angeklagten keine Furcht vor dem drohenden Galgen, sie ergriffen jede Chance, den Prozeß in eine Anklage gegen den britischen Verrat an der Sache des Zionismus umzuwandeln: »Unsere Tat entstammt unseren Motiven, und unsere Motive entstammen unseren Idealen. Und wenn wir nachweisen, daß unsere Ideale gut und gerecht waren, dann war auch unsere Tat gut und gerecht.«

Derartige offene Schuldbekenntnisse sowie die Zeugenaussagen von Hughes-Onslow und Dorothy Osmond waren für eine Verurteilung wegen Mordes mehr als ausreichend. Am 18. Januar 1945 übergab man die Akten ihres Falles dem Büro des Mufti von Kairo, der einzigen ägyptischen Autorität, die die Todesstrafe verhängen durfte. Churchill warnte vor den Schwierigkeiten, die es geben würde, wenn die beiden nicht »mit der angemessenen Eile« hingerichtet würden: »Ich meine, Sie [Eden] sollten Killearn [Miles Lampson] warnen, daß er die Gefahr, von der ich spreche, nicht unterschätzen sollte. Er ist sehr schlau.«[45]

Yalin-Mor erinnert sich, wie er am Nachmittag des 6. November 1944 Radio hörte. Die Nachrichtensendungen beschäftigten sich hauptsächlich mit der Wiederwahl Präsident Roosevelts: »Plötzlich meldete die BBC den Mordversuch an Lord Moyne, und von dem Augenblick an verschwand alles über Roosevelt.« Er glaubt, daß diese Tat viel dazu beitrug, die Sache der Zionisten in der Welt bekannt zu machen, deutlich zu machen, daß die Briten eine ausländische Besatzungsmacht waren und nicht ein unparteiischer Vermittler zwischen zwei feindlichen Stämmen in Palästina. Das Attentat stärkte die Sache des Zionismus, daher war es gerechtfertigt und richtig. Yalin-Mor glaubt auch, daß die Erschießung von Arthur Fuller, Moynes unbewaffnetem Chauffeur, notwendig war: »Bet-Tsouri erschoß ihn, weil er auf Hakim zuging. Er gefährdete die Operation.«

Die Mörder fanden in den Vereinigten Staaten mehr Unterstützung als in Palästina. Besonders in New York sprach man vielfach die Ansicht aus, daß Großbritannien sich selbst die Schuld für den Mord an einem seiner wichtigsten Staatsmänner zuzuschreiben habe. ›The Answer‹, eine in New York erscheinende, Irgun-freundliche Wochenzeitung, zitierte Moynes berühmte Rede vom 19. Juni 1942 und zog den Schluß: »Das Attentat auf Lord Moyne kann in uns keine stärkere Gefühlsregung als Bedauern hervorrufen.«[46] Andrew Somers, ein New Yorker Kongreßabgeordneter und Stellvertretender Vorsitzender des Komitees von Peter Bergson, äußerte am 10. November, Großbritannien sei für die Tötung der Juden genauso verantwortlich wie Deutschland und bezeichnete das Kolonialministerium als »Partner der bestialischen Nazis«.

Diese Ansicht fand in Palästina wenig oder gar keine Zustimmung, nicht einmal von seiten der Irgun, die den Preis zu zahlen hatte für die Unbesonnenheit der Lehi und das Versagen ihrer Koordinationsmaßnahmen. Begin schreibt, er sei »sehr zornig«[47] über die Lehi gewesen, da ihre Tat das Startsignal für die ›Saison‹ darstellte. Am 12. Dezember schrieb Weizmann in einem von der britischen Zensur abgefangenen Brief: »Ich warne Sie, daß ich meine politische Arbeit nicht fortsetzen kann, wenn der Terrorismus nicht unterdrückt wird. Dies muß geschehen, um Mr. Churchill zu beweisen, daß wir verdienen, was uns gegeben wird.«[48] Am 16. Dezember teilte Rabbiner Stephen Wise einem britischen Beamten in Washington mit, »es sei besser, die Attentäter zu vernichten und sie loszuwerden«.

Die jüdischen Politiker unternahmen nichts ernsthaftes, um eine Begnadigung von Hakim und Bet-Tsouri zu erreichen. Ein paar Wochen lang hatte es den Anschein, daß die beiden Männer aufgrund der Unschlüssigkeit des ägyptischen Premierministers Ahmed Maher gerettet würden, aber am 24. Februar fiel auch er einem Anschlag zum Opfer, nachdem er einige Minuten vorher Deutschland den Krieg erklärt hatte, und wenig später unterzeichnete sein Nachfolger Nokrashi Pasha den Hinrichtungsbefehl. Am 22. März wurden die Mörder Lord Moynes gehängt, der Jischuw wies ihre Tat und ihre Methoden fast ausnahmslos zurück.

In Israel änderten sich die Einstellungen dazu im Lauf der Jahre. In der kalten Brutalität des Doppelmordes sah man zunehmend nur eine Kleinigkeit, im Vergleich zu dem riesigen Leid der Juden schien sie bedeutungslos. Die Bewunderung für den Idealismus und die Tapferkeit der beiden Männer stieg an. Im Juni 1975 bettete man sie in Anwesenheit israelischer Minister auf den Berg Herzl um. Im April 1977 übernahm Itzhak Shamir, einer der drei Lehi-Führer, die den Mord angeordnet hatten, das Amt des Parlamentspräsidenten. Aber dennoch bleibt die Ansicht noch immer weit verbreitet, daß die beiden Morde, insbesondere der an dem unschuldigen und unbewaffneten Arthur Fuller, der Sache der Zionisten moralisch schadeten, Churchill abstießen und den Erfolg des Teilungsplanes verhinderten.

Viele sind der Ansicht, daß dieser Plan sehr wohl die Zustimmung der Jewish Agency hätte gewinnen können, in diesem Fall hätte er von den Briten mit Waffengewalt durchgesetzt werden können als Teil einer schnellen Lösung ähnlicher Auseinandersetzungen bei Kriegsende. Unter solchen Umständen hätten die Araber vielleicht Ruhe bewahrt. Israel wäre dann heute zwar kleiner, lebte aber im Frieden mit seinen Nachbarn.

Einige Wochen nach Moynes Tod trafen sich Yalin-Mor und Golomb erneut und sprachen über die neue Politik der Zusammenarbeit der Haganah mit der britischen Polizei. Yalin-Mor sah darin das größte aller Verbrechen – den Verrat an der jüdischen Nation: »Ich könnte einen Mann verstehen, der Notzucht begeht, aber keinen, der seine eigene Schwester vergewaltigt.« Er erinnert sich an Golombs Antwort: »Ihr Eindruck ist falsch. Nicht wir helfen den Briten, sondern die Briten helfen uns. Wir können die Leute nicht unterbringen, die wir im Untergrund festnehmen. Wir können sie eine Weile lang in einen Keller oder einen Kibbuz einsperren, können sie verhören, uns Informationen von ihnen beschaffen, aber was sollen wir danach mit ihnen anfangen? Die Briten haben Gefängnisse und Lager, die sie durch unsere Steuern finanzieren. Sie sollen sich ruhig um diese Leute kümmern.«

Ein Ergebnis dieses Gesprächs bestand darin, daß die Haganah in der ›Saison‹ nicht gegen die Lehi vorging. Die Ursache dafür sieht Yalin-Mor darin, daß er Golomb sagte: »Ich werde nicht wie Begin sagen, daß es keinen Bürgerkrieg, keinen Bruderkampf geben wird. Wenn ihr uns bekämpft, werden wir euch nicht den Briten ausliefern, denn wir haben keine Beziehungen zu ihnen. Wir verfügen über keine Kibbuzzim, um Menschen gefangenzuhalten und zu foltern. Wir verlassen uns nur auf unsere Waffen. Wir werden euch Mann für Mann töten.« Die meisten Israelis glauben jedoch, man habe die Lehi in der ›Saison‹ nicht verfolgt, weil sie versprach, sich ruhig zu verhalten – ihre Operationen zeitweilig einzustellen. Nachweislich entwickelte die Lehi einige Monate lang keinerlei Aktivitäten, und ihre Führer lebten unbehelligt in von der Haganah kontrollierten Kibbuzzim.

Aber die Irgun hatte eine schwere Zeit durchzustehen. Yigal Allon berichtet: »Ich wurde Leiter der wichtigsten Operationen gegen die Abweichler. Wir mußten uns Informationen über die Leute verschaffen, die wir versuchen wollten, zu fangen, dann mußten wir sie fangen, ohne selbst von ihnen oder von den Briten gefangen zu werden. Wir arbeiteten wie die souveräne Armee einer souveränen Untergrundregierung. Es war eine sehr schwierige und undankbare Aufgabe, und die illegalen Bedingungen machten sie noch schwieriger.« Er beteiligte sich an der Saison nur während der wenigen Wochen, in denen der Palmach die Irgun allein, ohne Zusammenarbeit mit den Briten, bekämpfte. Nach Ben Gurions Anweisung, »die Hilfe der Nicht-Juden zu suchen«, beteiligten sich Allon und einige andere Palmach-Offiziere nicht mehr an der Saison: »Ich konnte es nicht mehr aushalten«, sagte er dazu.

Teddy Kollek, der heutige Bürgermeister von Jerusalem, war Verbindungsmann zwischen der Jewish Agency und den Briten. Reuven Shiloach arbeitete für den Spionagedienst der Haganah (›Shai‹). Kollek berichtet: »Ich erstattete den Briten unregelmäßige Besuche. Wir nahmen jüdische Abweichler fest, verhörten sie und ließen sie dann frei oder übergaben sie dem CID.« Der israelische Historiker Yaakov Shavit schreibt, es habe fast tägliche Kontakte zwischen den Verbindungsoffizieren und dem CID gegeben, diese Haganah-Offiziere wirkten oft bei Polizeimaßnahmen mit, um Verdächtige zu identifizieren und die unbeabsichtigte Verhaftung von Haganah-Leuten zu verhindern.[49] Shai versorgte die Polizei mit sorgfältig ausgewählten Auszügen aus Berichten. Ungefähr zweihundertfünfzig Palmach-Kämpfer unter dem Kommando von Allons Stellvertreter Shimon Avidam führten Aktionen in Gruppen von vier oder fünf Männern, die zusammenlebten, durch, sie benutzten Informationsmaterial von Shai, um Verdächtige aufzuspüren, zu verfolgen und festzunehmen.

So konnte Lord Gort am 28. November 1944 nach London telegrafieren, die Polizei habe in jenem Monat hundertneunzehn des Terrorismus Verdächtige verhaftet. Eine einzige Razzia in Haifa führte zur Entdeckung von dreizehn Irgun-Leuten, man fand eine Liste wohlhabender örtlicher Juden und ihrer Vermögenswerte, eine Liste der Beträge, die solche Leute an die Irgun zahlten, gefälschte Personalausweise und illegale Zeitungen.[50] Am 22. Dezember berichtete John Shaw, die Jewish Agency habe das CID mit den Namen von fünfhunderteinundsechzig Verdächtigen versorgt, davon habe man zweihundertvierundachtzig aufgespürt und verhaftet. Außerdem verhalf sie der Polizei zur Entdeckung von Waffen und einer Druckerei.[51]

Ein Telegramm Weizmanns an Churchill vom 18. Dezember bestätigte dies: »Unsere Zusammenarbeit mit den Behörden bei der Ausrottung des Terrorismus geht zufriedenstellend voran. Die Polizei hat bereits die Namen von fünfhundert verdächtigen Personen erhalten, dies führte bereits zur Verhaftung von über zweihundertfünfzig derselben ... Der Mord an Lord Moyne hat Entsetzen und entschiedene Zurückweisung in allen Teilen der jüdischen Öffentlichkeit hervorgerufen, man hilft beim Aufspüren der Verdächtigen, widersteht Erpressungen und isoliert die Terroristengruppe moralisch.«[52]

Selbst heute handelt es sich hier vom israelischen Standpunkt noch um ein äußerst schwieriges Problem. Galili bemerkt dazu: »Es fällt uns sehr schwer, diese Angelegenheit zu erklären, da die Menschen sich nur unter großen Schwierigkeiten in die tragischen Umstände jener Tage versetzen können und weil es außerdem eine traditionelle, ererbte Abneigung gegen das Informantentum gibt.« Junge Israelis finden es schwer verständlich, daß ihre gewählten Führer je das traditionelle Gesetz durchbrachen, indem sie mit den Briten gegen die Irgun kooperierten. Sie sind in dem Glauben erzogen, daß diese Organisation einen wichtigen Anteil an der Errichtung ihres Staates hatte.

Begin persönlich vertritt offen die Ansicht, die Saison sei ein schändlicher Betrug am jüdischen Befreiungskrieg gewesen. Ende 1944 benutzte er jede Schattierung seiner ausdrucksstarken Kommandosprache, um die Haganah und die offiziellen jüdischen Körperschaften zu geißeln, er verglich sie mit Kain, der seinen Bruder Abel ermordete: »Du bist tollwütig, Kain. Tausende Deiner Agenten strömen durch die Straßen Jerusalems und Tel Avivs, die Städte und die Siedlungen, um zu denunzieren und nicht zu schützen, um zu spionieren und nicht zu arbeiten, sie führen einen Bruderkrieg und keinen Befreiungskrieg ...

Du hast Deinen Verbündeten gewählt, Kain, Die Regierung, die unser Heimatland unterdrückt und die nazi-britische Geheimpolizei sind Deine Verbündeten. Du dienst ihnen Tag und Nacht, lieferst Männer in ihre Hände, die vom Blut der Millionen befleckt sind, die sie von den Küsten des Heimatlandes in die Öfen von Maidanek zurückgeworfen haben, Deine eigenen Brüder ... Manchmal durch Tücke, manchmal in aller Heimlichkeit, aber immer brutal schleppst Du die Verdächtigen zu unbekannten Zielen hin, spielst die Opfer Deinem Verbündeten, der nazi-britischen Polizei, zu weiteren Folterungen und zur Deportation nach Eritrea in die Hände ...«[53]

In seinem zuerst 1951 veröffentlichten Buch ›The Revolt‹ schreibt Begin nüchterner, aber mit dem gleichen Gefühl: »Die Polizei war erfreut. Listen von Männern, nach denen sie lange suchte, trafen ununterbrochen ein. Material, das mit Gold nicht zu bezahlen war – Namen, Adressen, Beschreibungen, Aufgabenverteilungen, Ränge – alles floß in die Akten von Giles und Catling.«[54]

Aber in Wirklichkeit waren die Briten gar nicht so erfreut, wie Begin es sich vorstellte. John Shaw schrieb: »Im großen und ganzen war der Wert der gelieferten Informationen gering, und es kann sein, daß dabei eine Menge politischer Rechnungen beglichen wurde.« Anfang Dezember protestierten die Briten bei dem Verbindungsoffizier der Haganah, Reuven Shiloach, daß man ihnen nur die unbedeutenden Terroristen liefere. Er erwiderte, die Jewish Agency wisse nicht, wer die wichtigen seien. Die Polizei gab ihm eine Liste mit sechsundfünfzig Namen, die sie für die »Elite« der Irgun und der Lehi hielt. Aber drei Wochen später berichtete Shaw, nur einer dieser sechsundfünfzig, Eliahu Lankin, sei von der Haganah ausgeliefert worden.

Die Briten beschwerten sich, daß die Jewish Agency ihnen die Namen von Männern lieferte, mit denen sie Auseinandersetzungen habe, die aber keine

Verbindung zum Terrorismus hätten. Man müsse wertvolle Zeit aufwenden, um die Schafe von den Böcken zu scheiden. Und statt eroberte Irgun-Dokumente im Original zu liefern, »bearbeitete« die Haganah sie und lieferte dann ausgewählte Auszüge. Und über die Lehi liefere sie überhaupt keine Informationen.

Ihre »Kooperation« erfolge nur halbherzig und gründe sich auf eigene politische Interessen. Der gleiche Grundsatz galt für die Festnahme der wichtigsten Offiziere der Irgun. Anstatt sie alle dem CID zu übergeben, behielt die Haganah die interessantesten in eigenem Gewahrsam. Zwölf Fälle von derartigem »Kidnapping« gelangten der Polizei zwischen Dezember und Februar zur Kenntnis. Gort schrieb: »Entführte Personen sind alle sicher zurückgekehrt, aber in schlechtem Zustand.«[55] Gelegentlich wandte die Haganah die Folter an.

Am 27. Februar 1945 entdeckte man beispielsweise Eli Tavin, den Geheimdienstchef der Irgun, im Stadtzentrum von Tel Aviv, schaffte ihn gefesselt im Auto in ein Kibbuz in Ain Herod und kettete ihn dort an ein Bett. Mitglieder der Haganah verhörten ihn, warfen ihm vor, Geld erpreßt und Irgun-»Militärgerichte« geleitet zu haben. Sie fragten ihn nach den Namen von Agenten der Irgun in der Leitung ihrer Organisation. »Sie beschuldigten mich zu versuchen, ihre Unternehmungen zu zerstören, ein Verräter zu sein.«

Man behandelte Tavin von Woche zu Woche schlechter. Einmal schaffte man ihn in einen Orangenhain bei Petah Tiqva, dort inszenierte man einen Scheinprozeß und eine Scheinhinrichtung.[56] Danach fühlte die Haganah sich außerstande, ihn zu entlassen. Sie fürchtete die Vergeltung der Irgun, wenn diese erfuhr, was ihrem Geheimdienstchef passiert war. Sie fühlte sich auch außerstande, ihn den Briten auszuliefern, aus Furcht, er könne aus Rache Informationen ausplaudern. Deshalb hielt sie ihn monatelang fest und entließ ihn erst Ende August, als sein Zustand schon sehr ernst war.

Am 12. Februar verhaftete man den stellvertretenden Kommandanten der Irgun, Yaakov Meridor, und deportierte ihn neun Tage später nach Eritrea. »Die Zusammenarbeit geht weiter und in mancher Hinsicht hat sie sich qualitativ verbessert«, notierte Gort am 1. März.[57] Bis dahin war die Zahl der denunzierten Verdächtigen auf achthundertfünfzig gestiegen, davon spürte man dreihundertsiebenundfünfzig auf und hielt zweihunderteinundvierzig auf Grund von Notverordnungen fest. Golomb schrieb dazu: »Der organisierte Jischuw hat die terroristische Tätigkeit zum Stillstand gebracht.«[58]

Weizmann schickte seinen Freund Arthur Koestler, der für seine Kontakte zur Revisionistischen Bewegung bekannt war, als Bevollmächtigten zu Begin, um mit ihm vernünftig zu reden. Koestler erinnert sich, daß Weizmann zu ihm sagte: »Warum gehen Sie nicht nach Palästina und bringen diesen ›Meschuggenen‹ Vernunft bei?« Man verschaffte ihm rechtzeitig einen Platz auf dem Dampfer ›Exeter‹, und er kam Ende 1944 in Palästina an, dort traf er Yalin-Mor und verbrachte einige Wochen damit, ein ähnliches Treffen mit Begin zustande zu bringen. Die Irgun wußte nicht, daß er auf Weizmanns Anregung hin reiste, und Koestler war auch nicht befugt, dies mitzuteilen.

Schließlich erklärte sich Begin im Frühjahr 1945 bereit, Koestler zu empfangen: »Gegenüber der Irgun empfand ich eine Mischung aus Bewunderung und Furcht. Auf der einen Seite zeigten einige ihrer Mitglieder einen Fanatismus, den ich ablehnte. Auf der anderen Seite erkannte ich in ihnen das kämpferischste Element in der jüdischen Gesellschaft.« Das Treffen war »ein Räuber-und-Gendarm-Spiel«. Nach mehrmaligem Wechsel des Wagens brachte man ihn in einen völlig dunklen Raum und ließ ihn in einem Sessel Platz nehmen. Als er versuchte, sich eine Zigarette anzuzünden, schlug man ihm die Streichhölzer aus der Hand. Begin, der offensichtlich annahm, daß Koestler nur Kolorit für ein Buch suchte, schreibt, daß dieser besonders lange Züge aus seiner Zigarette inhalierte, um einen Eindruck vom Gesicht des Irgun-Führers zu gewinnen.

Koestler berichtet: »Ich sagte, was ich zu sagen hatte, aber ich hatte keinen Erfolg, als ich versuchte, zugunsten der Teilung zu argumentieren. Wir fanden kein Verhältnis zueinander.« Begin sagte ihm, er glaube nicht, daß es britische Kreise gäbe, die »freundlich gegenüber dem Zionismus« eingestellt seien.[59] Und dies war von seinem Standpunkt richtig. Begins Plan für einen jüdischen Staat beiderseits des Jordans lag meilenweit selbst von den zionistenfreundlichsten Plänen entfernt, die damals in London zur Debatte standen.

All dies schien die Absurdität und Destruktivität des Kampfes der Irgun zu bestätigen. Wie Koestler hatte auch Weizmann gute Freunde in der britischen sozialistischen Bewegung, die bei kommenden Wahlen die Alternative zu Churchills Konservativen darstellte. Sie schienen genau so, wenn nicht noch mehr als Churchill einer zionistischen Lösung des Palästina-Problems verpflichtet. Ein Dokument der Labour-Party vom Dezember 1944 stellte fest, es sei offensichtlich, daß man den Juden gestatten müsse, in Palästina eine Mehrheit zu werden – »ermutigt die Araber zur Ausreise, während die Juden einreisen« – und außerdem schlug es sogar eine Ausdehnung der Grenzen des Landes vor. Im April 1945 bekräftigte das Exekutivkomitee der Partei sein Bekenntnis zum Zionismus. Wer immer die britischen Wahlen gewinnen würde, ein jüdischer Staat schien sicher.

Die Anhänger der Teilung – die britischen Schöpfer der Vorschläge vom Oktober 1944 und ihre gemäßigten zionistischen Freunde – glaubten, daß das Kriegsende eine einmalige Gelegenheit zur Durchführung dieser Lösung darstellen würde. Es war sicher, daß die Vereinigten Staaten ihr zustimmen würden, es war wahrscheinlich, daß die Sowjetunion ihr zustimmen würde. Die palästinensischen Araber würden nicht imstande sein, den britischen Truppen bei Ihrer Durchführung Widerstand zu leisten. Ihr Führer Haj Amin hatte von Berlin aus deutsche Rundfunkpropaganda verbreitet und den Deutschen geholfen, Moslems für ihre Streitkräfte zu rekrutieren. Sie hatten keine Alternative zu ihm und waren daher politisch hilflos.

Die Palästinenser hatten auch nicht viel Hilfe von ihren arabischen Nachbarn zu erwarten. Transjordanien war kaum unabhängig, offiziell stellte es immer noch einen Teil des britischen Mandatsgebietes dar. Der Irak, Syrien und Ägypten waren halb-unabhängig und litten immer noch unter der Schmach der britischen oder französischen Besetzung. Tatsächlich beherrschte Großbritannien die Lage, und besonders mit Unterstützung der Haganah war es fähig, alle seine Wünsche durchzusetzen. Für einen kurzen Augenblick schien es bereit, die Vorteile der Nachkriegsverwirrung zu nutzen und dem Vorschlag des Kabinettsausschusses folgend ohne Zögern und ohne weitere Verhandlungen zu handeln. Natürlich würde es den gegenüber Weizmann am 4. November dargelegten Plan weiter entwickeln müssen. Es mußte ihn immer noch zu einem Dokument verarbeiten, das man der Friedenskonferenz vorlegen und vor aller Welt vertreten konnte. Aber die Fähigkeit Großbritanniens, solch ein Ergebnis zu erzielen, bezweifelten nur wenige. Niemand war in der Lage, dagegen aufzutreten.

Unter solchen Umständen, da die britischen Streitkräfte beabsichtigten, mit der Haganah zusammenzuarbeiten, gab es im politischen Gesamtbild keinen Platz mehr für die Irgun oder die Lehi, deren Handlungen nur der Einheit des Zionismus und seinen Beziehungen zu Großbritannien schadeten. Die gewählten jüdischen Körperschaften, die überzeugt waren, daß sich die britische Politik in ihrem Sinne entwickelte, entschieden sich deshalb, die rivalisierenden Gruppen mit allen Mitteln, auch durch Denunziation und Folter, auszuschalten.

Es ist sicher, daß sie dies nicht getan hätten, wenn sie gewußt hätten, daß Churchill wegen des Mordes an Moyne alle Diskussionen über den Plan vom Oktober 1944 »eingefroren« hatte, daß er also nicht länger seinen persönlichen Einfluß zu ihren Gunsten einsetzte. Die ›Saison‹ dauerte einige Monate, sie riß grausame Wunden innerhalb des Jischuw auf und endete, sobald deutlich wurde, daß die britische Politik auf all diese Bemühungen nicht reagierte. Tatsächlich war diese im Begriff, zur Linie des Außenministeriums zurückzukehren, die grundsätzlich die Entstehung eines jüdischen Staates ausschloß.

Von Churchill zu Bevin

Musa el-Alami stellte unter den palästinensisch-arabischen Politikern eine Ausnahme dar. Er hatte die amerikanische Schule in Jerusalem besucht und an der Universität Cambridge Jura studiert. Er hatte gelernt, emotional geladene Themen mit Mäßigung zu diskutieren und war daher imstande, mit Menschen aus dem Westen einen Dialog zu führen. Obwohl er durch die Ehe seiner Schwester Naamity mit Jamal al-Husseini, dem Mufti, in Beziehung stand, trat er niemals einer palästinensischen politischen Partei bei und nahm eine strikt neutrale Haltung ein. Dadurch genoß er große kulturelle und politische Vorteile. Er war ein Verwandter des Mufti, des einzigen wirklichen Führers der Palästinenser, aber er war nicht mit dem Odium der Vorkriegsverbrechen seines Schwagers und dessen Zusammenarbeit mit Hitler im Krieg belastet. Er besaß keine eigene Machtbasis und trat nie als Rivale der Führer der verschiedenen Gruppen auf, daher konnte er ihr Vertrauen gewinnen. Seine kulturelle Annehmbarkeit für Europäer machte ihn besonders geeignet, gelegentlich als Sprecher für die Sache der Palästinenser aufzutreten. Im November 1938 wählte ihn Malcolm MacDonald als den einzigen möglichen Vermittler. Im September 1944 nahm er an der pan-arabischen Konferenz in Alexandrien teil, dort erkannten ihn König Faruk und andere arabische Führer als Repräsentanten seines Volkes an.

Im Januar 1945 beriet er sich mit König Ibn Saud in Mekka und bei der Rückreise legte er seine Ansichten einem amerikanischen Beamten dar: »Unsere Lösung ist großzügig und gerecht. Ich kann es mit wenigen Worten ausdrücken. Wir stehen zum britischen Weißbuch.«[1] Er erläuterte, wie die jüdische Bevölkerung in Palästina von fünfundfünfzigtausend im Jahr 1919 auf vierhunderttausend im Jahr 1945 gewachsen sei. Alle Immigranten sollten in Palästina bleiben dürfen, sagte Musa el-Alami, aber nur unter der Voraussetzung, daß weitere nicht ohne arabische Zustimmung kommen würden. In der Zukunft könne man vielleicht mehr jüdische Einwanderer zulassen, aber es sei ihre Angelegenheit, diese Notwendigkeit zu beweisen. In der Zwischenzeit müßten sie ihre Rolle als Angehörige des neuen palästinensischen Staatens spielen, den, wie es nur angemessen war, die gewählte arabische Mehrheit regieren würde.

Musa el-Alami erklärte, die Zionisten versuchten, den jüdischen Bevölkerungsanteil Palästinas zu erhöhen, bis er den der arabischen Bevölkerung überträfe. Die Judenverfolgung sei ihr Vorwand. Ihre Motive seien aber nicht humanitärer sondern politischer Natur. Das sei die Ursache der arabischen Entschiedenheit, keine zahlenmäßige Mehrheit der Juden zuzulassen. Einige Monate später fragte Musa el-Alami den amerikanischen Senator Claude Pepper, warum man ausgerechnet Palästina als Zufluchtsstätte für die Juden auswählte. Pepper wies auf die politische und religiöse Verbindung der Juden zu diesem Land hin. Darauf erwiderte el-Alami, da Pepper die religiöse Seite der Angelegenheit erwähnt habe, müsse er darauf hinweisen, daß jeder Zoll palästinensischen Bodens für jeden Araber als geheiligt gelte und daß sie niemals ihr heiliges Land den Juden geben würden.[2]

Pepper erwähnte, daß die Juden großen Wohlstand nach Palästina gebracht hätten. Der Araber antwortete: »Da Senator Pepper ein reicherer Mann als er sei, könne er zweifellos das Haus el-Alamis verschönern und die Kinder el-Alamis mit besserer Kleidung ausstatten, der Senator würde aber sicher zustimmen, daß dies kein Grund für el-Alami sei, sein Haus und seine Kinder dem verehrten Senator zu überlassen.«

Dennoch schienen sich im November 1944 einige gemäßigte arabische Politiker mit dem Gedanken an eine Teilung abzufinden. Taufiq Abu el-Huda aus Transjordanien sagte John Glubb, dem Kommandanten der Arabischen Legion, die arabischen Führer würden sich ihre Meinung zu dieser Lösung vorbehalten. Würde sie aufgezwungen, würden sie ihre Hände in Unschuld waschen und abwarten, wie sich die Dinge entwickelten. Nuri es-Said sprach gegenüber Kirkbride von »der Beschränkung der Juden auf die Gebiete, wo sie eine Mehrheit darstellten«, um den Zionismus in ständigen Grenzen zu halten. Seine Hauptbefürchtung hinsichtlich der Teilung, die viele arabische Führer und ihre britischen Freunde teilten, war, daß »wenn einmal der jüdische Staat Wirklichkeit geworden sei und er internationale Anerkennung gewonnen habe, die Juden ihren mächtigen Einfluß in Großbritannien und den Vereinigten Staaten nutzen würden, um eine Revision der Grenzen zu Ungunsten der arabischen Nachbarn durchzusetzen.«[3]

Aber im Dezember hatte sich Nuris Einstellung schon verhärtet. Er teilte Cornwallis mit, er sei »tief verzweifelt« wegen der Gerüchte über den Teilungsplan. Sollte er zwangsweise durchgeführt werden, so hätten die arabischen Länder schon entschieden, wie sie darauf politisch reagieren würden. »Es wird [eine Politik] des vollständigen Boykotts sein. Es wird keine Anerkennung oder Freundschaft gegenüber dem jüdischen Teilungsstaat geben. Es wird keinerlei Wirtschaftsbeziehungen geben. Keine ausländischen Juden werden arabische Länder betreten dürfen.«

Der Hohe Kommissar Gort gelangte nach einem Besuch in Bagdad im Januar 1945 zu ähnlichen Schlußfolgerungen. Seiner Überzeugung nach würde die Teilung zu ständiger Unordnung und Gewalttätigkeit führen, daher unterstütze Nuri zu Recht einen bi-nationalen palästinensischen Staat, der zu zwei Dritteln arabisch und zu einem Drittel jüdisch sein würde. Bei einer solchen Lösung konnte eine jüdische Einwanderungsquote von fünfzehnhundert bis zweitausend für einige Monate gesichert sein, aber sie würde niemals eine jüdische Mehrheit gestatten. Gort teilte dem US-Generalkonsul Pinkerton mit, warum er die Teilung ablehne: »Er [Gort] verglich diese Abmachung mit einem Brückenkopf, der ausgedehnt oder vernichtet werden müsse. Er sagte, jeder jüdische Staat, der in Palästina ohne Einigung mit den Arabern errichtet würde, werde ernsthafte und ständige Schwierigkeiten haben, sich gegen arabische Angriffe und Boykotte zu wehren.«[4]

Die Erosion des britischen Teilungsplans ging weiter, als die drei Führer der Alliierten – Stalin, Roosevelt und Churchill – im Februar zur Konferenz von Jalta zusammentrafen. Die westlichen Armeen hatten während des Winters geringe Fortschritte gemacht. Sie hatten gerade die letzte deutsche Offensive dieses Krieges, die Ardennenschlacht, siegreich überstanden. Im Osten hatte die Rote Armee am 19. Januar Warschau erobert und stieß in schnellem Tempo über die zentraleuropäische Ebene vor. Der Westen fühlte sich in einer schwachen Position. Er unterzeichnete Vereinbarungen, die Polen der kommunistischen Herrschaft überantwortete und die zwangsweise Repatriierung einiger Millionen Sowjetbürger bestimmten, was für sie Tod oder jahrelangen Aufenthalt in Arbeitslagern bedeutete. In Jalta entschied man wichtige und komplizierte Fragen, die durch den unmittelbar bevorstehenden Sieg aufgeworfen wurden. Das Palästina-Problem war vergleichsweise bedeutungslos und wurde daher kaum erwähnt.

Auf seiner Rückreise traf Roosevelt am 14. Februar die beiden arabischen Könige Faruk und Ibn Saud auf einem amerikanischen Schiff im Bittersee südlich des Suezkanals. Am 16. März berichtete er Stephen Wise: »Jedesmal, wenn ich die Juden erwähnte, wollte er [Ibn Saud] sich zurückziehen.« Und als Roosevelt von der jüdischen Landurbarmachung sprach, erwiderte Ibn Saud: »Mein Volk liebt keine Bäume. Wir sind Wüstenbewohner.«[5]

Drei Tage darauf hatte Churchill Ibn Saud in der Auberge du Lac in der Oase Fayoum, fünfzig Meilen südlich von Kairo, zum Lunch eingeladen. Sein farbiger Bericht über dieses Zusammentreffen macht deutlich, wie tief er sich von dem legendären Herrscher beeindrucken ließ. Durch die Gastgeschenke des Königs, wunderbare Seiden und Juwelen, in Verlegenheit gebracht, verpflichtete er spontan den britischen Steuerzahler, diese durch

Malcolm MacDonald, britischer Kolonialminister 1938-1940, Verfasser des ›Weißbuchs‹ von 1939

2 Abd ul-Aziz ibn Saud, König von Arabien (König des Hidschaz) seit 1926, durch Vereinigung der Reiche in Nord- und Mittelarabien König von Saudi-Arabien 1932-1953

3 Chaim Weizmann, Initiator und Mitverfasser der ›Balfour-Deklaration‹ von 1917, Präsident der Jewish Agency seit 1929 und erster Staatspräsident von Israel 1948-1963

4 Haj Amin al-Husseini, Mufti von Jerusalem und Führer der palästinensischen Araber, im Gespräch mit Heinrich Himmler während eines Besuchs in Deutschland 1943

5 Walter Edward Guinness Lord Moyne, britischer Kolonialminister 1941/42 und Minister für den Mittleren Osten (Sitz in Kairo) 1942 bis 1944

רצח!

סיר הארולד מק מייכל,

הידוע כנציב העליון לפלשתינה (א״י),

מבוקש עבור רצח

800 פליטים יהודים במימי הים השחור באניה ״סטרומ

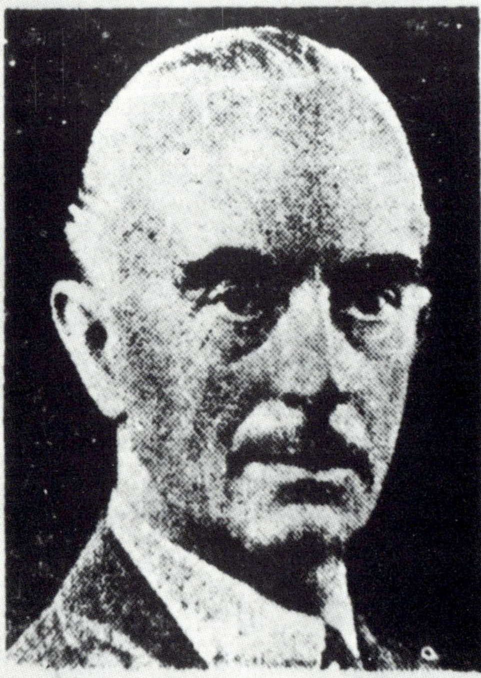

MURDER!

SIR HAROLD MAC MICHAEL

Known as High Commissioner for Palestine

WANTED for MURDER

OF 800 REFUGEES DROWNED IN THE

Ein Fahndungsplakat aus dem jüdischen Untergrund: der Hohe Kommissar Harold MacMichael für Palästina als »Mörder an achthundert Flüchtlingen gesucht, die beim Untergang der ›Struma‹ im Schwarzen Meer, Februar 1942, ertrunken sind« (links)

Ein jüdisches Einwandererschiff im Hafen von Haifa

Spendenaufruf der Stern-Gruppe, Anzeige in der New Yorker Monatsschrift ›Jewish Forum‹, März 1946

Eine Gruppe an Land gehender jüdischer Einwanderer, bewacht von einem mit Schlagstock bewehrten britischen Matrosen

10 Der Südwest-Flügel des King David Hotels nach der Sprengung durch jüdische Terroristen, im Hintergrund die Altstadt von Jerusalem

11 Nathan Friedmann-Yellin (später: Yalin-Mor), Fahndungsfoto des britischen Nachrichtendienstes CID (links oben)

12 Fahndungsfoto des britischen Nachrichtendienstes CID mit Personenbeschreibung von Menachem Begin; Kommentar Begins: »Dieses Foto war ein Ausdruck der Gefühle derer, die es drucken ließen.« (rechts oben)

13 Ein jugendliches Mitglied der Terrororganisation ›Irgun‹ beim Befestigen einer Bekanntmachung an einer Mauer

14 Flugblatt der ›Irgun‹ vom Dezember 1946 mit einem Text von Menachem Begin: »Warnung! Der Feind hat einen hebräischen Soldaten festgenommen, und ein illegaler britischer Militär-›Gerichtshof‹ verurteilte ihn zu der entehrenden Prügelstrafe.
Wir warnen die Besatzungsregierung vor der Anwendung dieser Strafe, die gegen die Gesetze der soldatischen Ehre verstößt. Wenn sie angewandt wird – dann muß sich jeder Offizier der britischen Besatzungsarmee im Land Israel auf die gleiche Strafe gefaßt machen: auf achtzehn Peitschenhiebe.«

רק כך

אזהרה!

חייל עברי, שנפל בשבי האויב, „נידון" ע"י „בית־דין" של צבא הכבוש הבריטי למלקות.

אנו מזהירים את ממשלת הדכוי מפני הוצאה לפועל של עונש משפיל זה.

אם הוא יוצא אל הפועל, יוטל אותו עונש על קציני הצבא הבריטי. כל אחד מהם יהיה עלול ללקות 18 מלקות.

הארגון הצבאי הלאומי
בארץ־ישראל

כסלו תש"ז

WARNING!

A Hebrew soldier, taken prisoner by the enemy, was sentenced by an illegal British Military "Court" to the humiliating punishment of flogging.

We warn the occupation Government not to carry out this punishment, wich is contrary to the laws of soldiers honour. If it is put into effect — every officer of the British occupation army in Eretz-Israel will be liable t0 be punished in the same way: t0 get 18 whips.

HAIRGUN HAZVAI HALEUMI (N. M. O.)
b'Eretz-Israel

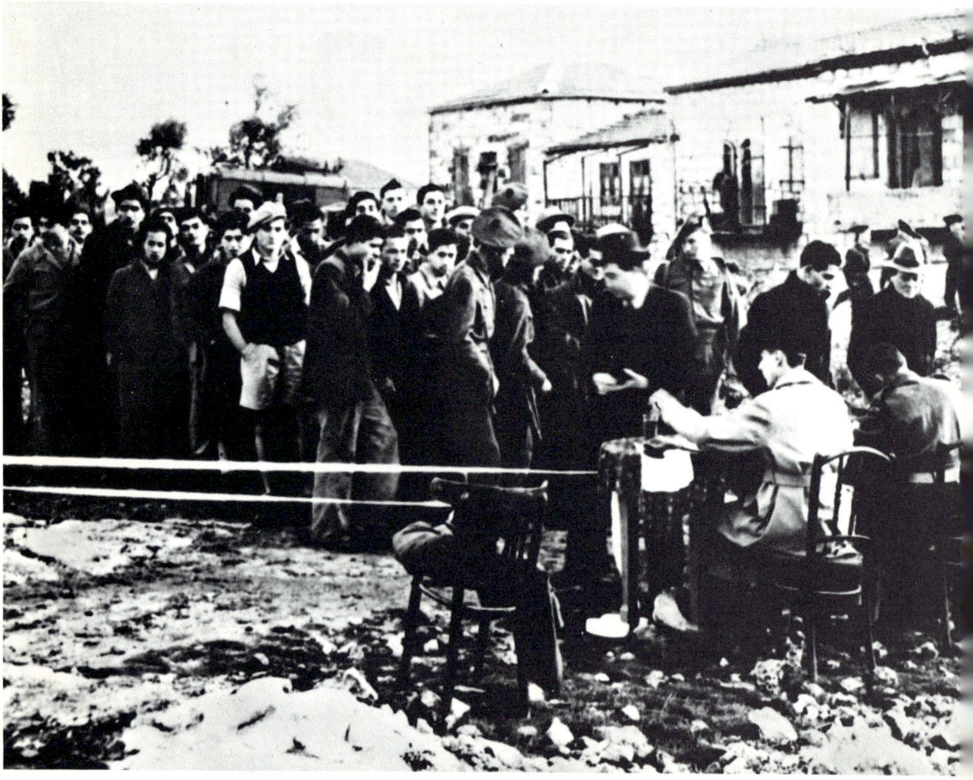

15 Ein Unteroffizier vom Regiment ›Irish Fusiliers‹ bei der Durchsuchung eines orthodoxen Juden

16 Orthodoxe Juden aus dem Montefiore-Viertel Jerusalems bei der Überprüfung durch die Polizei, Juni 1947

17 Ein Mörser der ›Irgun‹ montiert auf einen Lastwagen für den Angriff auf ein Polizeilager in Jerusalem im Oktober 1947

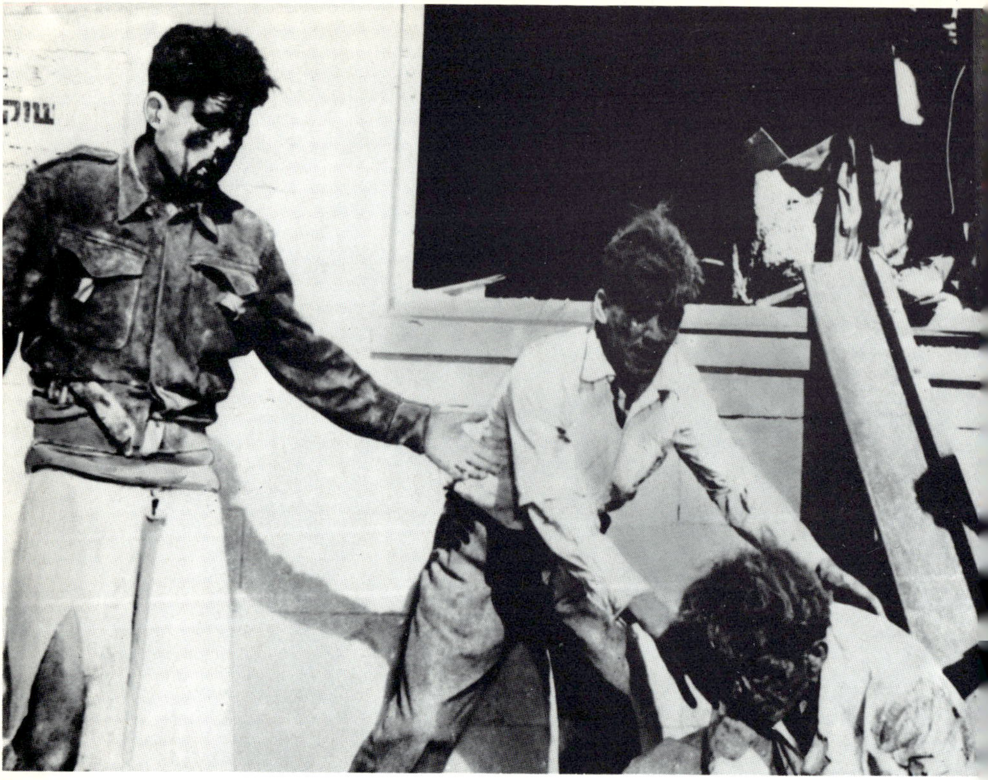

18 Kurz nach einer Explosion im ›Goldsmith Officers' Club‹ in Jerusalem am 1. März 1947: Elf Menschen kamen ums Leben und vierzehn erlitten Verletzungen

19 Brigadegeneral George Johnson, der Leiter der ›Operation Polly‹, bei der Evakuierung Familienangehöriger der britischen Beamten und Soldaten im Februar 1947

20 Jüdische Flüchtlinge von der ›President Warfield‹ nach ihrer Rückkehr aus Palästina auf einem Hamburger Bahnhof

1 Das Ende des Mandats: »Das Ende eines dreißigjährigen Mandats, das Großbritannien heftige Kritik im Ausland einbrachte – dessen Abschluß jedoch sofort zum Ausbruch jüdisch-arabischer Feindseligkeiten führte: General Cunningham beim Fahnengruß, während er zum letzten Mal das Government House in Jerusalem verläßt.« (›Illustrated London News‹, Mai 1948)

2 Abdel Rahman Azzam Pasha, erster Generalsekretär der ›Arabischen Liga‹, gegründet März 1945 (rechts)

3 David Ben Gurion, erster Ministerpräsident von Israel 1948/49

24 Harry S. Truman, Präsident der USA 1945-1953

25 Ernest Bevin, britischer Außenminister 1945-1951

ein teures Automobil zu erwidern.[6] Wie Roosevelt fand er jedoch nur starre Feindseligkeit gegenüber den zionistischen Bestrebungen; der König zeigte keine Spur der versöhnlichen Haltung, an deren Existenz Churchill früher aufgrund der Informationen von Weizmann und Philby geglaubt hatte.

Zehn Tage später dankte Churchill im Unterhaus begeistert Ibn Saud für »seine standfeste, unerschütterliche und entschlossene Loyalität gegenüber unserem Land.« Er schloß mit der allzu optimistischen Maxime: »Alle legitimen Interessen befinden sich in Harmonie.« In einem Schreiben an den König versprach er, keine Lösung der Palästinafrage zu unterbreiten, »die jene Regeln der Gerechtigkeit und Billigkeit verletzt, die die Grundlage jeder wahren Freundschaft darstellen.« Dieses Versprechen war auf den ersten Blick recht unklar, es ermöglichte viele Mißverständnisse. Britische Vertreter in Dschidda berichteten: »Ibn Saud nimmt an, daß die Regierung Seiner Majestät an den Vorschlägen ihres Weißbuchs von 1939 festhalten wird. Diese Überzeugung stellt die Grundlage seines Eintretens für die britische Politik dar.«[7]

Dies führte vermutlich auch dazu, daß Ibn Saud in einem Schreiben an Roosevelt vom 10. März zum Ausdruck brachte, Palästina habe bereits mehr als seinen angemessenen Anteil zur Lösung des jüdischen Problems beigetragen. »Der Kern der Angelegenheit besteht darin, daß die Bildung eines jüdischen Staates in Palästina ein tödlicher Schlag gegen die Araber und eine ständige Bedrohung des Friedens sein wird.« Auch Roosevelt hatte ihm zuvor versichert, daß die Vereinigten Staaten ihn vor jeder Entscheidung zu Rate ziehen würden, und das vage Versprechen hinzugefügt, daß die Entscheidung nicht gegen die Interessen des arabischen Volkes ausfallen würde. Aber gleichzeitig versicherte er – wenig logisch – Wise und Silver, er stehe zu dem Versprechen, das er Senator Wagner kurz vor seiner Wiederwahl gegeben habe: er wolle versuchen, an der Schaffung eines jüdischen Gemeinwesens mitzuarbeiten.

Es wurde immer unwahrscheinlicher, daß Großbritannien sich an diesem Projekt beteiligen würde. Freundlich gesonnene arabische Führer verurteilten es ganz offen, und die führenden westlichen Staatsmänner hörten zumindestens ihre Stimmen. Churchill schien sich von der Angelegenheit ganz zurückgezogen zu haben, er hinterließ ein Einflußvakuum, das die araberfreundlichen Experten eifrig mit ihren Memoranden auffüllten. Am 22. März unternahmen die arabischen Länder einen weiteren politischen Vorstoß, damals unterzeichneten sieben von ihnen in Kairo den Vertrag über die Arabische Liga, der die Ernennung eines palästinensischen Delegierten vorsah, der sein Volk repräsentieren sollte, »bis jenes Land sich wirklicher Unabhängigkeit erfreut«.

Der letzte Nagel zum Sarg des Plans entstand aus einem Personalwechsel: Die Anhänger der Teilung Moyne und MacMichael wurden durch Edward Grigg und Lord Gort ersetzt; beide waren nach kurzer Anwesenheit im Nahen Osten überzeugt, daß ein jüdischer Staat gleich welcher Art eine Katastrophe bedeuten würde. »Ich fühle mich verpflichtet, meine Überzeugung mitzuteilen, daß eine Teilung keine wirkliche Lösung darstellt,« schrieb Grigg am 4. April an das Kriegskabinett. Privat wies er Anthony Eden darauf hin, daß die »Teilung sehr wahrscheinlich zur Entstehung eines jüdischen Nazi-Staats von bitter unbefriedigtem und daher aggressivem Charakter führen würde.«[8] Statt dessen befürwortete er die Fortsetzung des britischen Mandats, dabei sollte eine internationale Institution mit britischen, französischen, arabischen, jüdischen, amerikanischen und sowjetischen Mitgliedern über die zukünftige jüdische Einwanderung entscheiden, endliches Ziel sollte »ein friedlicher zweirassiger Staat« sein.

Einige Tage darauf lieferte Eden dem Kriegskabinett weitere eindrucksvolle Expertenmeinungen. Das Kriegsende, schrieb er, würde Veränderungen mit sich bringen, die für Großbritannien, das fünfundzwanzig Jahre lang die vorherrschende Macht in der arabischen Welt gewesen sei, nicht alle erfreulich sein würden. Nun interessierten sich sowohl die Vereinigten Staaten als auch Rußland für diesen Teil der Welt. Die Amerikaner hätten sich die Ölkonzessionen von Dhahran am Golf gesichert und Ibn Saud, der vorher von den Briten abhängig gewesen sei, »drückten sie ihre verschwenderischen Wohltaten« auf: »Wenn wir den Goodwill der Araber verlieren, werden die Amerikaner und Russen da sein und von unseren Fehlern profitieren.«

Eden zählte die bekannten britischen Interessen am Öl und den Verkehrswegen des Nahen Ostens auf. Allein im Irak verfügte Großbritannien über die Luftstützpunkte Shaiba und Habbaniya, kontrollierte die Schiffahrt auf dem Shatt el-Arab-Fluß und die Ölfelder von Kirkuk. Dies sei für Großbritannien während des Krieges lebenswichtig gewesen und werde auch nach dem Kriege immer noch sehr wichtig sein. Wenn Großbritannien durch eine pro-zionistische Politik in Palästina den Ärger der Araber erregte, dann würden all diese Anlagen schwer zu verteidigen und nur unter großen Kosten zu erhalten sein. Man würde große Garnisonen benötigen, um Aufstände zu unterdrücken und pro-britische Regierungen an der Macht zu halten.

Eden beschäftigte sich nicht mit der moralischen Seite der Angelegenheit. Ihm ging es um praktisch anwendbare Politik. Er unternahm keinen Versuch zu beweisen, daß das Recht der Araber Palästina zu regieren größer sei als das der Juden. Noch weniger stellte er das Recht Großbritanniens in Frage, in Ländern, die anderen gehörten, Kommunikationswege zu kontrollieren und Rohmaterialien herauszuholen. Er erwähnte nur nebenbei die beiden Völkern in der Vergangenheit gemachten Versprechen und seine Hoffnung auf ihren zukünftigen Wohlstand. Sein überragendes Interesse bestand in der Förderung der Macht und des Wohlstands des Britischen Empire. Und gleich ihm gelangten immer mehr einflußreiche Briten zu der Ansicht, daß dieses Interesse mit dem Zionismus unvereinbar war.

Roosevelt starb am 12. April. Möglicherweise veranlaßte Churchill dieser sehr schmerzhafte, schwere Schlag endgültig dazu, all diesem Druck gegenüber nachzugeben und seinen Plan aufzugeben, sofort nach Beendigung des Krieges gegen Deutschland den Teilungsplan durchzuführen. Nun konnte er nicht mehr auf Roosevelts Hilfe beim Kampf gegen die wachsenden britischen Widerstände gegen einen jüdischen Staat zählen.

Anfang März, nach vier Monaten der Ruhe in dieser Angelegenheit, einigte sich Churchill mit Herbert Morrison, den Ausschußbericht auf die Tagesordnung des Kabinetts zu setzen. Aber am 15. April, drei Tage nach dem Tod des Präsidenten, schrieb er: »Ich bin sicher, gegenwärtig ist es das Beste, ihn [den Ausschußbericht] liegen zu lassen.«[9] Und am 29. April hatte er sich zur Verschiebung der Angelegenheit entschlossen: »Es scheint mir unmöglich, daß das gegenwärtige Parlament diese Angelegenheit oder auch die anderer Mandatsgebiete behandelt. Die Frage wird bald vor die Friedenskonferenz kommen.«[10]

Am 8. Mai ging der Krieg in Europa zu Ende. Drei Tage danach sagte Moshe Shertok in einer mitreißenden Rede, die Gleichberechtigung und Staatlichkeit für die Juden forderte: »Der gegenwärtige Krieg wurde ausgetragen, um falsche Kompromisse zurückzuweisen, und er wurde gewonnen, weil England bereit war, alleine zu kämpfen ... Gesegnet seien die Waffen, denen wir unser Überleben verdanken. Gesegnet sei England, das ein ganzes Jahr lang allein kämpfte, als alles verloren schien.«[11]

Anfang März kehrte Weizmann voller Hoffnung nach London zurück, und er vereinbarte eine Zusammenkunft mit Churchill, die erste seit dem 4. November 1944. Ein paar Tage später wurde das Treffen verschoben. Die Monate der Ruhe erschienen nun allmählich verhängnisvoll. Schließlich schrieb er am 22. Mai an den Premier, daß die Lage der Juden in Europa und Palästina verzweifelt sei. Das gleiche galt für seine eigene Führerstellung: »Die Stunde ist gekommen, das Weißbuch aufzugeben, die Tore Palästinas zu öffnen und einen jüdischen Staat auszurufen.«[12]

Am 4. November schien es noch so, als seien die beiden Verhandlungspartner auf dem Weg zu einer Einigung. Aber nun lag das Problem in den Händen anderer, weniger begeisterter Verantwortlicher. Am 25. Mai teilte Oliver Stanley einer Gruppe von ihnen mit, »die Aussichten auf eine Teilung hätten sich verschlechtert.« Diese Politik fand immer weniger Unterstützung. John Shaw, der viele Jahre in Palästina Dienst getan hatte, äußerte die Ansicht, nun, da der Krieg vorbei sei, gebe es keinen »gefühlsmäßigen Druck« der Juden für die Einreise nach Palästina mehr, und er schlug die Auflösung der Jewish Agency vor: »Die Verwaltung sei fast unmöglich, solange es diese Parallelregierung gebe.«[13]

Zu diesem Zeitpunkt förderte ein Konflikt zwischen Frankreich und Syrien für kurze Zeit die britische Vormachtstellung im Nahen Osten. Es war zu Kämpfen zwischen beiden Ländern gekommen, Damaskus wurde beschossen, und es gab einige tausend Verwundete. Am 31. Mai bestand Churchill in einem Telegramm an de Gaulle auf einem Waffenstillstand, »um einen Konflikt zwischen britischen und französischen Streitkräften zu vermeiden.«[14] Das Ergebnis war eine Demütigung für Frankreich und ein Triumph für Großbritannien. Gort berichtete am 3. Juni, bei Gesprächen mit Shertok und Musa el-Alami habe er den Zwischenfall voll ausgenützt: »Unser Prestige ist ungeheuer groß, ja es war nie größer ... Es war eine wunderbare Gelegenheit, alle zu beeindrucken und zu klären, wer heute im Nahen Osten das Sagen hat.« Er hatte nur eine Beschwerde: »Ich habe seit einiger Zeit das Gefühl, daß es keine festgelegte Politik gibt, nach der ich mich richten kann.«

Aber Großbritannien zeigte keine Neigung, diesen Höhepunkt seines Einflusses zu nutzen, um eine schnelle und endgültige Lösung durchzusetzen, wie der Palästina-Ausschuß vorgeschlagen hatte. Statt dessen genoß es die willkommene und unerwartete Pause in der anti-britischen Agitation und Gewalttätigkeit. In Europa dagegen schien das Kriegsende die Schwierigkeiten der Briten vervielfacht zu haben. Millionen Flüchtlinge lebten auf Kosten der Briten und Amerikaner. Der Guerillakrieg ging in Griechenland, Polen und Jugoslawien weiter. Die Zweifel an den langfristigen Absichten der Sowjetunion wuchsen. Churchill erinnert sich: »Ich hatte ständig das Gefühl, daß vieles, für das wir in unserem langen Kampf in Europa gekämpft hatten, uns entschlüpfte und daß die Hoffnungen auf einen dauerhaften Frieden schwanden.«[15]

Oliver Stanley wies Gort darauf hin, daß es keine schnellen Entscheidungen geben würde. Edward Grigg hatte inzwischen einen neuen Plan ausgearbeitet, der genauso wie der des Palästina-Ausschusses zu berücksichtigen war. Er selbst zögerte, die Teilungsabsicht fallenzulassen, es schien auch keine Eile geboten: »Die Regierung scheint in diesem Augenblick nicht willens zu sein, sich zu irgendeiner langfristigen Politik zu verpflichten.« Als daher Weizmann, gealtert, kaum geheilt vom grünen Star und zeitweiliger Blindheit, zu ihm kam, konnte er ihm wenig Beruhigendes sagen. Weizmann bat ihn, die Dinge nicht einfach treiben zu lassen: »Wenn dies geschähe, würden gemäßigte Juden wie er bald ihren Einfluß verlieren, und ein ganz anders gearteter Typ würde mit mir oder meinem Nachfolger verhandeln.«[16]

Aber der wirklich zerstörende Schlag war Churchills Brief an Weizmann vom 9. Juni: »Ich habe Ihren Brief vom 22. Mai erhalten, der ein Memorandum im Auftrage der Jewish Agency for Palestine enthält. Ich befürchte, es gibt keine Möglichkeit, die Frage entscheidend zu behandeln, solange die siegreichen Alliierten nicht endgültig am Verhandlungstisch zusammenkommen.« Diese kurze, kalte Mitteilung bestätigte die Befürchtung der jüdischen Politiker, daß Churchill sich nach dem Mord an Moyne von der Angelegenheit zurückgezogen und seine jahrzehntelange Unterstützung des Zionismus aufgegeben hatte.

Welche Gründe auch immer Churchill für seinen Einstellungswandel hatte, für die Zionisten schien es sich nur um einen weiteren britischen Verrat an ihrer Sache zu handeln. Abba Eban fand den persönlichen Verrat an Weizmann besonders stark: »Und jetzt beendete er [Churchill] seine historische Amtszeit, ohne das Weißbuch beseitigt zu haben, ohne Verbindlichkeiten eingegangen zu sein, und Weizmann ist kaltgestellt, steht verächtlich behandelt vor dem jüdischen Volk, aufgebracht, zerstört und mit leeren Händen.«[17]

Am 15. Juni schrieb Weizmann einen Antwortbrief, in dem er seinen »großen Schock« zum Ausdruck brachte. Er sei immer davon ausgegangen, daß man über Palästina sprechen würde, sobald der Krieg gegen Deutschland vorbei sei, aber nun habe man dieses Thema auf »irgendein unbestimmtes Datum in der Zukunft« verschoben. Diese Verzögerung habe tragische Konsequenzen für das jüdische Volk: »Sie schließt die Tore Palästinas vor den überlebenden Resten der europäischen Juden. Und viele Flüchtlinge müßten ziellos umherziehen oder sterben, da sie nicht nach Palästina dürfen.«[18] Durch die Bestimmungen des Weißbuchs über den Landerwerb sei der Jischuw immer noch auf ein »territoriales Getto« von fünf Prozent der Gesamtfläche des Landes beschränkt. Schon während des Krieges habe dies zu großen Schwierigkeiten geführt. Nun sei es unerträglich. Er forderte Churchill auf, über all dies nachzudenken.

Aber für Churchill standen andere Dinge im Vordergrund: die Potsdamer Konferenz und die Unterhauswahlen. Er schien weder irgendein besonderes Interesse für Palästina noch Loyalität gegenüber Weizmann mehr zu empfinden. Seine letzte Kabinettsnotiz über die Angelegenheit vom 6. Juli zeigte die Handschrift eines müden und enttäuschten Mannes, dessen Begeisterung für die Sache sich in Angst vor einem weiteren unlösbaren Nachkriegskonflikt verwandelt hatte. Warum, so fragte er Stanley und die Stabschefs, sollte Großbritannien für »diesen sehr schwierigen Platz« Verantwortung tragen, während die Vereinigten Staaten im Hintergrund blieben und Kritik übten? Vielleicht sollten die Amerikaner das Problem übernehmen.

»Ich sehe nicht den geringsten Vorteil, der Großbritannien je aus dieser schmerzhaften und undankbaren Aufgabe erwachsen ist. Jemand anderes sollte sie jetzt übernehmen«, fuhr Churchill mit einer für ihn ganz untypischen Verzweiflungsgeste fort, die im Gegensatz zu seiner drei Jahrzehnte alten Freundschaft mit dem Zionismus stand. Vielleicht meinte er es nicht ernsthaft, aber in Whitehall nahm man es sehr ernst, faßte es, wie es dort der Brauch ist, vorsichtig als eine Handlungsanweisung auf.

Sollte Großbritannien Palästina den Vereinigten Staaten übergeben? Innerhalb weniger Tage erhob sich ein Protestchor offizieller Stimmen gegen diese Vorstellung. »Palästina ist der Schlüssel für die Sicherheit im Nahen und Mittleren Osten«, schrieb General Ismay. Das Außenministerium machte sich Harold Beeleys Ansicht zu eigen: »Eine Abdankung in Palästina würde im gesamten Orient als Anzeichen für unsere Abdankung als Großmacht aufgefaßt. Sie könnte einen Prozeß in Bewegung setzen, der zum Zerfall unseres Einflusses überall in dieser Region führen könnte.«

Churchill hätte bald eine Nachricht über die negative Reaktion Whitehalls auf seinen Vorschlag erhalten, aber einen Tag, nachdem er ihn dargelegt hatte, reiste er zu einem Urlaub in die Nähe von Bordeaux, und am 15. Juli flog er nach Berlin, um an der Potsdamer Konferenz teilzunehmen, auf der er zum ersten Mal Präsident Truman treffen sollte. Am 25. Juli kehrte er zur Auszählung des Ergebnisses der Unterhauswahlen nach London zurück. Nachdem der Sieg der Labour-Party feststand suchte er König Georg VI. auf und riet ihm, Clement Attlee zu seinem Nachfolger zu ernennen.

Der König ließ Attlee zu sich rufen und ernannte ihn zum Premierminister. Nach einer Tagebucheintragung des Königs vom 20. Juli führte er mit Attlee ein Gespräch, das für die Zukunft Palästinas wichtig sein sollte: »Ich sagte ihm, er müsse einen Außenminister ernennen und nach Berlin mitnehmen. Ich fragte ihn, wen er zum Außenminister machen wolle, und er schlug Hugh Dalton vor. Ich stimmte diesem Vorschlag nicht zu und sagte, die auswärtigen Angelegenheiten seien im Augenblick das wichtigste Gebiet, und ich würde hoffen, daß er es Ernest Bevin übertragen würde. Dem stimmte er zu.«[19] Harold Beeley, der später eng mit Ernest Bevin in der Palästinafrage zusammenarbeiten sollte, erinnert sich, daß Dalton 1945 der »Favorit« der Labour-Party für diesen Posten war: »Dies war sehr wichtig, weil Dalton den Zionisten sehr nahe stand. Bevin hatte in dieser Angelegenheit zum Zeitpunkt seiner Ernennung überhaupt keine Vorstellungen, weder in der einen, noch in der anderen Richtung.«

In Berlin erhielt Bevin von Truman eine Aufzeichnung, die ursprünglich am 24. Juli an Churchill gegangen war, darin war vom »großen Interesse« der Amerikaner an der Palästina-Problematik die Rede und von ihrem »leidenschaftlichen Protest« gegen die durch das Weißbuch der jüdischen Einwanderung auferlegten »drastischen Einschränkungen«. Truman forderte die Aufhebung dieser Einschränkungen, so daß die Juden in das Land einreisen konnten, »welches für viele von ihnen die einzige Hoffnung des Überlebens darstellt«.

Diese Vorstellung, daß Palästina die einzige Überlebenshoffnung für die Reste der europäischen Juden darstellte, wies das britische Außenministerium nachdrücklich zurück. Dies sei eine Vorstellung, »bei deren Verbreitung die Juden beklagenswert erfolgreich waren«, notierte Beeley. Aber zu diesem Zeitpunkt bildete sich Bevin noch kein Urteil. Am fünften Tag seiner Amtszeit als Außenminister schrieb er in Berlin: »Ich halte die Palästinafrage für dringend und wenn ich nach London zurückkehre, beabsichtige ich, die gesamte Problematik unter Berücksichtigung der Auswirkungen im Nahen Osten und in den USA zu untersuchen.« Am 31. Juli teilte Attlee Truman nur mit, daß man seine Bitte sorgfältig und schnell erwägen wolle.

Im August erhielt Bevin eine Anzahl von Memoranden des Außenministeriums über Palästina, und bald darauf machte er sich die Ansichten zu eigen, die sein Ministerium schon seit Jahren vertreten hatte. Beeley meint dazu: »Er erlangte plötzlich Zugang zu vielen Informationen, die ihm vorher nicht bekannt waren, und es ereignete sich ein Vorgang, den man als ›Absorption‹ eines Ministers durch sein Ministerium bezeichnen kann. Er las unser Material und innerhalb weniger Wochen gelangte er, wie ich meine, rein auf Grund intellektueller Überzeugung, zu dem Schluß, daß die traditionelle Politik der Labour-Party falsch war. Es stimmt nicht, daß Bevin vom Außenministerium ›in den Griff genommen‹ wurde. Aber nur als verantwortlicher Minister konnte er voll informiert werden.«

Aber inzwischen befanden sich die jüdischen Führer, die nicht wußten, was wirklich geschah, in einem Freudentaumel über den Sieg der Labour-Party. Pinkerton berichtete aus Jerusalem: »Einzelne Juden zeigen überschwengliche Freude, während die arabische Presse schweigt und die Araber nicht wissen, was sie tun sollen.«[20] Wie andere hebräische Publikationen erinnerte die Tageszeitung ›Haboker‹ ihre Leser daran, daß Labour »offiziell und uneingeschränkt zur Unterstützung der zionistischen Ansprüche verpflichtet sei«. Churchills gespenstische Weigerung, seine Versprechen vom 4. März zu erfüllen, hatte jede Bedeutung verloren. Die Labour-Party war dem Zionismus immer freundlicher gesonnen als ihre Gegenspielerin. Man konnte sich darauf verlassen, daß sie nun die richtige Politik treiben würde.

Bernard Joseph befand sich in ähnlichem Überschwang, als er am 27. August bei der Rückkehr von einer zionistischen Konferenz in London John Shaw um ein Treffen bat. (Gort unterzog sich gerade in London einer ärztlichen Behandlung.) Joseph sagte zu Shaw, es würde sicher bald ein jüdischer Staat, möglicherweise in ganz Palästina, gegründet: »Joseph ging sorglos über einen möglichen arabischen Widerstand mit der Bemerkung hinweg, ein paar Schüsse über ihre Köpfe hinweg oder vielleicht auch in die Menge hinein würden ausreichen . . .«[21] Er teilte Shaw mit, daß er sehr froh sei, weil der Jischuw nun nicht gezwungen sein würde, gegen Großbritannien zu kämpfen.

Die jüdischen Politiker bemerkten nicht das Ausmaß und die Tiefenwirkung des »Absorptionsprozesses« im Außenministerium. Ihnen blieb die Wirksamkeit der Argumente verborgen, denen Bevin damals ausgesetzt war. Das Kernargument drückte der libanesische Präsident Khalil el-Khoury kurz und bündig so aus: »Der Zionismus liege nicht im britischen Interesse. Andererseits habe Großbritannien ein vitales Interesse an der Arabischen Liga, die dem Zionismus unversöhnlich gegenüberstehe.«[22] Bekräftigungen dieser Ansicht trafen aus aller Welt in London ein, beispielsweise von Lord Wavell, der nun Vizekönig von Indien war. Er berichtete, jede gegen die arabischen Interessen gerichtete Lösung »würde wahrscheinlich ernsthafte Unruhen im Pandschab« auslösen, denen möglicherweise »große feindselige Demonstrationen in Peschawar« folgen würden.[23]

In der entscheidenden Frage der jüdischen Einwanderung erinnerte man Bevin an die einfachen und eindeutigen Versicherungen, die man den Arabern auf der Konferenz von 1939 gegeben hatte. Malcolm MacDonald hatte Jamal Husseini versprochen: »Nach fünf Jahren könne keine weitere jüdische Einwanderung stattfinden, wenn die Araber damit nicht einverstanden seien, ganz gleich, welche Ansichten die Briten oder die Juden dazu hätten.« Gemäßigte arabische Herrscher, die sich bemühten, mit Großbritannien zusamsammenzuarbeiten, sahen das Weißbuch immer noch als verpflichtend an, als ein klares Versprechen, daß Großbritannien es jüdischen Neuankömmlingen aus Europa nicht erlauben würde, die Araber Palästinas zu »überschwemmen«.

Dieses Versprechen war bereits gebrochen. Das Ausschlußdatum für die Einwanderung war über den März 1944 hinaus verlängert worden. Auch hatte man die tausendvierhundert Flüchtlinge, die man 1940 nach Mauritius gebracht hatte, im August 1945 nach Palästina zurück gelassen, obwohl MacMichael versichert hatte, daß ihnen Palästina für alle Zeiten verschlossen bliebe. Gemäßigte Araber mochten darin aufgrund der besonderen Umstände verständliche kleinere Abweichungen vom Weißbuch sehen. Sie mochten sogar zustimmen, daß Palästina »einen Beitrag« zum Flüchtlingsproblem leistete, indem es eine weitere begrenzte Anzahl europäischer Juden aufnahm, wenn die USA und andere Staaten das gleiche taten. Aber sie konnten niemals einer Masseneinwanderung zustimmen, die mit der sofortigen Einreise von hunderttausend Immigranten begann, wie die Jewish Agency anscheinend mit Unterstützung des amerikanischen Präsidenten forderte.

Nuri es-Said und Abdul-Ilah, der Regent des Irak, legten diese Haltung Bevin gegenüber am 27. August in London dar. Auch Ibn Saud beobachtete die Entwicklung sorgfältig und erwartete von der neuen Regierung die Erfüllung der Versprechen ihrer Vorgänger. Nuri wiederholte Shaws falsche Voraussage, daß nun, da Hitler geschlagen war, die jüdische Bereitschaft, ins Gelobte Land einzuwandern, nachlassen würde. Möglicherweise würden sogar Juden aus Palästina nach Europa zurückkehren wollen.[24] Auch Bevins Gedanken entwickelten sich in diese Richtung. Beeley erinnert sich an seine Äußerung: »Warum haben wir in diesem Krieg gekämpft, wenn nicht, um Europa für die Juden sicher zu machen.« Der Krieg war vorüber und der Zionismus schien ihm nicht länger notwendig.

Bevin war überzeugt, daß ein Großteil des zionistischen Impetus von britischen und amerikanischen Antisemiten stammte, die die Juden in ihrer Mitte loswerden wollten und sie in den Orient wünschten. Sein früherer Kollege Cranborne hatte die Ansicht geäußert, daß es »viel zu viele« Juden in Großbritannien gebe, daß man einen anderen Aufenthaltsort für sie finden müsse. Am 19. Dezember 1944 endete ein Artikel der ›New York Post‹ mit den Worten: »Es wäre besser für die Vereinigten Staaten, wenn Palästina wieder für die Juden geöffnet würde, als wenn nach dem Krieg Millionen von ihnen als unassimilierte Flüchtlinge hierher kämen.« Halifax berichtete: »Der Durchschnittsbürger wünscht sie [die Juden] nicht in den Vereinigten Staaten, und er beruhigt sein Gewissen, indem er für ihre freie Einreise nach Palästina eintritt.«[25]

Golda Meir schreibt in ihren Erinnerungen: »Ich weiß nicht, (und jetzt ist es ja auch gleichgültig), ob Bevin ein bißchen verrückt war oder einfach antisemitisch oder beides.«[26] Aber seine ehemaligen Mitarbeiter vertreten im Gegensatz dazu die Auffassung, daß er annahm, Zionismus und Antisemitismus seien zwei Seiten der gleichen Medaille. Und diese Ansicht war nicht das Ergebnis irgendeines irrationalen Vorurteils, sondern der Expertenratschläge, die er bei seinem Amtsantritt erhielt, sie führten ihn (zu Recht oder zu Unrecht) zu der entschiedenen Schlußfolgerung, daß die zionistischen Forderungen grundsätzlich nicht berechtigt und dem britischen Nationalinteresse entgegengesetzt waren.

Das neue Komitee, dem Bevin angehörte, berichtete daher am 8. September: »Der Nahe Osten ist für Großbritannien und sein Empire eine Region von lebenswichtiger Bedeutung. Er stellt den Knotenpunkt des Verkehrssystems dar, das Großbritannien mit Indien, Australien und dem Fernen Osten verbindet. Dort befindet sich außerdem das wichtigste Erdöllager des Empire ... Die Durchsetzung solch einer [zionistischen] Politik, besonders wenn sie uns dem Vorwurf des Vertrauensbruchs aussetzt, bedeutet eine ernsthafte Schädigung unserer Position ...«[27]

Aber in jenen Wochen füllte die grauenhafte Wahrheit über das Hitlersystem die Zeitungen und Kinoleinwände der westlichen Welt; die britischen und amerikanischen Streitkräfte, die die Konzentrationslager wie Dachau und Bergen-Belsen befreit hatten, kehrten mit unerträglichen Augenzeugenberichten heim. Die Rote Armee lud Berichterstatter in die Vernichtungslager im südlichen Polen – Maidanek, Treblinka und Auschwitz – ein. Der Westen erfuhr jetzt, daß die Gerüchte der Kriegszeit über die nationalsozialistischen Bestialitäten keine Übertreibungen darstellten. Im Gegenteil, die Wahrheit war noch viel schrecklicher.

Den Jischuw und die jüdische Diaspora packte das Entsetzen, als sie das volle Ausmaß der Massenvernichtung erkannten. Zwischen einem Drittel und der Hälfte ihres Volkes waren tot, kaltblütig ermordet von Leuten mit einer niedrigen und brutalen Gesinnung. Die Vereinigten Staaten und Großbritannien hatten spätestens seit Ende 1942 von dem Geschehen gewußt und hatten keine besondere Rettungsaktion unternommen. Zehn Millionen Juden lebten nun in Sicherheit, aber für wie lange? Früher oder später würden neue Hitlers auftauchen und, wo immer sie auch herrschten, die hilfslose jüdische Minderheit dahinmorden. Jetzt mußte die Welt doch einsehen, daß die Juden ein Recht auf ihren eigenen Staat besaßen, wo sie ihr eigenes Sicherheitssystem aufbauen konnten und sich vor dem eingewurzelten Antisemitismus der Nichtjuden schützen konnten, ohne sich auf deren gelegentlichen Schutz zu verlassen.

Diese Stimmung war besonders in den Vereinigten Staaten verbreitet, wo nun die Hälfte der noch existierenden Juden lebte. Halifax berichtete: »In einflußreichen liberalen Kreisen herrscht das Gefühl, wenn die Regierung Seiner Majestät vor dem Krieg mehr Juden nach Palästina hereingelassen hätte, wären mehr Juden der nationalsozialistischen Verfolgung entgangen, man hätte mehr tun können, damit während des Krieges Juden von Europa nach Palästina gelangen konnten, Palästina sei der natürliche Zufluchtsort für viele Juden, von denen man nun annehmen mußte, daß sie Europa verlassen wollten.«[28]

Im Juli in Berlin hatte sich Präsident Truman sogar für die freie jüdische Einwanderung nach Palästina ausgesprochen. Bei einer Pressekonferenz am 16. August drückte er sich vorsichtiger aus. Eine Lösung der Frage eines jüdischen Staates sei gemeinsam mit den Briten und Arabern auszuarbeiten. Er wünschte, daß so viele Juden nach Palästina einreisen durften, wie das Land aufnehmen konnte, ohne daß bürgerkriegsartige Auseinandersetzungen die Folge waren. Aber es gehe nicht an, eine amerikanische Streitmacht von beispielsweise einer halben Million Mann dorthin zu schicken, um den Frieden aufrechtzuerhalten.[29]

Beeley bemerkte sofort die »neue und wichtige Einschränkung des Präsidenten im Hinblick auf den inneren Frieden«.[30] Aber in der arabischen Welt mißbilligte man seine Ausführungen als offene Unterstützung des Zionismus. Der syrische Ministerpräsident Saadullah Jabri kündigte an, sechzig Millionen Araber seien sich einig, Palästinas »Amputation« aus der arabischen Welt und seine Auslieferung in die Hände von »Fremden« nicht zuzulassen. Die britische Botschaft in Bagdad berichtete: »Heute brachten fünf hiesige Zeitungen anscheinend offiziell angeregte Artikel, die heftig gegen die vorgebliche Unterstützung eines jüdischen Staates durch den Präsidenten protestierten.«[31]

Solche Berichte, die sich in den Memoranden des britischen Außenministeriums häuften, beeindruckten Präsident Truman kaum. Abgesehen von ihrer neuerworbenen Ölkonzession in Dharan, die zu Zahlungen an Ibn Saud verpflichtete, besaßen die Amerikaner kaum Interessen in der arabischen Welt und wünschten auch nicht, den Status quo der britischen Vorherrschaft aufrechtzuerhalten. Andererseits hatten sie direkt mit dem Zionismus zu tun, nicht nur wegen des Drucks ihrer jüdischen Bürger, sondern auch wegen ihrer neuen Rolle als Besatzungsmacht in Europa. Amerikanische Soldaten und Beamte waren mit der Lösung des riesigen Flüchtlingsproblems beschäftigt. Und vielen Amerikanern erschien der jüdische Aspekt dieses Problems als der allertragischste, der ihre Hilfsbereitschaft verdiente.

Daher gelangte Truman, hauptsächlich aufgrund eines Berichtes seines Bevollmächtigten Earl Harrison zu der Schlußfolgerung, daß ein großer Teil der jüdischen Flüchtlinge in Europa als »nichtrepatriierbar« und »staatenlos« zu betrachten sei. Diese Juden, es handelte sich hier um eine halbe Million Menschen, hatten ihre Familien und ihre Existenz verloren. Sie wollten nicht in ihre zerstörten Städte und Dörfer in Polen, der Tschechoslowakei und Rumänien zurückkehren. Den gleichen Eindruck gewann der britische Parlamentarier Richard Crossman, der ebenfalls die Flüchtlingslager bereist hatte: »Mir wird jetzt klar, daß Hitler in diesem Sinne gesiegt hat. Er hat in Mittel- und Osteuropa ein heimatloses jüdisches Volk geschaffen. Dieses Volk muß auswandern.«[32]

Am 31. August wies Truman Attlee darauf hin, daß die Ausgabe von hunderttausend Einreisegenehmigungen nach Palästina »einen großen Beitrag«

zur Lösung des Flüchtlingsproblems darstellen würde: »Ich stimme mit Harrison in der Auffassung überein, daß für diejenigen, die jahrelang den Schrekken der Konzentrationslager ausgesetzt waren, nichts wichtiger ist als die zukünftigen Einwanderungsmöglichkeiten nach Palästina.« Das ganze amerikanische Volk glaube, daß »eine vernünftige Anzahl« schnellstmöglich »wieder angesiedelt« werden sollte.[33]

Es bestand eindeutig keine Möglichkeit, eine britisch-amerikanische Auseinandersetzung zu vermeiden. Attlee und Bevin akzeptierten Trumans Argumente nicht. Sie erhielten die Mitteilung, zionistische Vertreter seien in den Lagern tätig und drängten alle jüdischen Flüchtlinge nach Palästina zu gehen, sie rieten ihnen gleichzeitig davon ab, in den Vereinigten Staaten Zuflucht zu suchen. Sie gelangten zu der Ansicht, die meisten Juden – hätten sie die freie Entscheidung – würden nach Hause zurückkehren, andere würden ein neues Leben in den Ländern der westlichen Demokratien suchen, aber nur sehr wenige würden sich für die Ungewißheiten eines jüdischen Palästina entscheiden.

Im Mai 1939 hatte Herbert Morrison das Weißbuch als »diesen bedauerlichen Vertrauensbruch, diese Schädigung der britischen Ehre« bezeichnet. Aber im September 1945, nachdem er zwei Jahre lang Vorsitzender des Regierungsausschusses zu Palästina gewesen war, hatte er seine Ansicht völlig geändert. Das Dokument, das er am 8. September unterzeichnete, stellte eindeutig fest, daß die von den Zionisten geforderte und von Truman unterstützte Masseneinwanderung zumindest kurzfristig unmöglich war. Das neue Komitee einigte sich auf eine Höchstzahl, »die das äußerste darstellte, was man sich vorstellen konnte, ohne die langfristige Politik von vornherein zu belasten«.[34] Und diese Höchstzahl betrug tausendfünfhundert jüdische Einwanderer monatlich.

Einige Tage darauf, am 14. September, erzählte der US-Außenminister James Byrnes Bevin in aller Einfalt, Truman habe die Absicht, seinen Brief an Attlee vom 31. August, der seine Bitte um Einreiseerlaubnis für hunderttausend Flüchtlinge enthielt, zu veröffentlichen. Er nehme an, daß Großbritannien nichts gegen eine solche Veröffentlichung habe. Bevin entgegnete sogleich, eine solche öffentliche Stellungnahme könne »den britisch-amerikanischen Beziehungen nur schaden«. Byrnes erklärte sich bereit, den Präsidenten zu bitten, eine derartige Stellungnahme zu unterlassen. Am gleichen Tag unterstrich Attlee in einem Telegramm an Truman, »schwerer Schaden« würde die Folge sein, wenn die Vereinigten Staaten öffentlich zionistische Forderungen unterstützten: »Die Lage im Nahen Osten steckt bereits voller Gefahren und Schwierigkeiten, und ich fürchte, ein derartiger Schritt, würde er erfolgen, würde eine schwere Krise heraufbeschwören . . .«[35]

Zwei Tage darauf schrieb Attlee erneut an Truman. Er wies darauf hin, daß in den nationalsozialistischen Konzentrationslagern Menschen aller Rassen Europas gewesen seien und »daß es kaum Unterschiede in der Methode der Folter und Quälereien gegeben habe«. Daher lehne er es ab, die jüdischen Flüchtlinge »als eine besondere rassische Kategorie an der Spitze der Schlange« zu plazieren. Großbritannien müsse auch die Gefühle der neunzig Millionen indischen Moslems berücksichtigen. Er habe viel Verständnis für Harrisons Bericht, aber es gebe auch starke Gegenargumente, die man berücksichtigen müsse. Sowohl Roosevelt als auch britische Staatsmänner seien gegenüber den Arabern und den Juden Verpflichtungen eingegangen: »Es würde sehr unklug sein, diese feierlichen Versprechen zu brechen und so den gesamten Nahen Osten in Brand zu setzen«. Truman antwortete am folgenden Tag mit dem Versprechen, vor Byrnes Rückkehr nach Washington nichts zu unternehmen: »Ich bin mir der Komplikationen des Problems von Ihrem Standpunkt aus bewußt. Auch wir haben Schwierigkeiten damit.«

Etwa um diese Zeit, Mitte September 1945, erkannten die jüdischen Führer, daß ihre Hoffnungen in die neue Regierung unangebracht waren. Seit dem 26. Juli hatten sie die neuen Minister mit Denkschriften und Bitten um Gespräche bombardiert, aber sie bekamen immer wieder nur zu hören, man widme sich intensiv der Angelegenheit, und man werde sie informieren, sobald man zu einer Entscheidung gelangt sei. Aber Wochen verstrichen, und das Schweigen erschien immer verhängnisvoller. Möglicherweise erfuhren Weizmann und Shertok, die sich in London aufhielten, von engen Freunden, die über Kabinettsentscheidungen informiert waren, was bevorstand. Vielleicht erfuhren sie auch aus irgendeiner amerikanischen Quelle die Kernpunkte von Trumans beiden Briefen an Attlee. Jedenfalls erkannten sie zu diesem Zeitpunkt, daß ihre Euphorie völlig unangebracht gewesen war. Golda Meir meint dazu: »Wir hörten immer wieder das Argument: ›Die Araber können so viele Schwierigkeiten bereiten, deshalb müßt ihr nachgeben.‹ So beschlossen wir schließlich, selber Schwierigkeiten zu machen.«

Die ›Saison‹ hatte der Irgun Wunden geschlagen, sie aber nicht vernichtet. Am 14. Mai 1945 tauchte sie wieder auf und verteilte in Jerusalem Propagandaschriften. Hauptmann J. F. Whitefield bemerkte dazu: »Die Flugblätter waren gut gedruckt und der Text erschien in den drei offiziellen Sprachen.« Sie forderten die »Regierung der Unterdrückung« auf, alle Menschen, Offizielle und Zivilisten, aus allen britischbesetzten Gebäuden in Palästina zu evakuieren: »Die Zivilbevölkerung – Hebräer, Araber und andere – bitten wir in ihrem eigenen Interesse von sofort an, bis diese Warnung zurückgezogen wird, keine Regierungsämter aufzusuchen oder sich ihnen zu nähern. Ihr seid gewarnt!«

Es handelte sich nicht um eine leere Drohung. Am gleichen Tag fand man drei in der Erde vergrabene geladene Granatwerfer, sie waren zündfertig und auf das nahegelegene Polizeilager Sarona gerichtet. Am 16. Mai explodierten vier vierpfündige Granaten in der Nähe des gleichen Lagers und zwei weitere in der Nähe eines Polizeireviers in Jaffa. Sie verursachten nur Sachschäden. Außerdem jagte man fünfunddreißig Telegrafenmasten in die Luft, und ungefähr zweihundert weitere waren für die Zerstörung vorbereitet. Whitefield bemerkte, es sei zwar nur zu leichten Schäden gekommen, dies liege aber nicht an mangelnden Bemühungen der Irgun. Es war unmöglich, daß Zivilisten alle Gebäude im Eigentum der Regierung räumten. Sie hatten gar keine anderen Wohnungen. Einige Granaten waren in der Nähe der Wohnungen von verheirateten Polizisten des Lagers Sarona niedergegangen.[36]

Am 22. Mai warnte der amtierende Chief Secretary Robert Scott Shertok, man würde »sehr drastische Maßnahmen« ergreifen, wenn es zum erneuten Ausbruch des Terrors käme. Shertok erwiderte, Großbritannien tue wenig oder nichts, um den überlebenden europäischen Juden zu helfen.[37] Die Irgun setzte weiter ihre selbstgebauten Granatwerfer ein, und es gab ständig nächtliche Explosionen. Die Briten nannten diese Waffe die »V 3«, nach den deutschen »V 1«- und »V 2«-Raketen, die im Vorjahr über London niedergegangen waren. Koestler erwähnte dies gegenüber Begin bei ihrer geheimen Zusammenkunft, und dieser war sehr zornig darüber.

E. P. Horne erinnert sich: »Diese Granatwerfer waren sehr erfolgreich. Normalerweise rief die Irgun ein Polizeirevier an und teilte mit: ›Es ist ein Granatwerfer auf Euch gerichtet, und er wird heute nacht losgehen.‹ Unser Stolz gestattete uns nicht, das Revier zu verlassen. Wir hatten das Gefühl, die ganze Last des Union Jack auf unseren Schultern zu tragen. So saßen wir die ganze Nacht da, fluchten, spielten Karten und warteten auf die Granaten.«

»Manchmal hatten wir das Gefühl, Russisches Roulette zu spielen. Es machte uns reizbar und ging uns auf die Nerven, was für ein kleines Polizeirevier recht gefährlich ist. Einmal fanden wir bei einer Routine-Inspektion zwei Granatwerfer auf ein Podium gerichtet, auf dem Lord Gort Orden verleihen sollte. Aber es gab sicher andere, die wir nicht gefunden haben. Natürlich warnten wir ihn, aber er sagte bloß: ›Wir sind alle entbehrlich, meine Herren!‹ Die Zeremonie mußte weitergehen. Die israelische Literatur erwähnt diese Sache mit den Granatwerfern fast nie, aber nur sie hatte einen ernstlich demoralisierenden Effekt.«

Am 13. Juli beschoß die Irgun aus dem Hinterhalt einen mit Munition beladenen Lastkraftwagen, sie tötete den Polizeibeamten G. Wilde, der den Transport begleitete, sie entführte den Wagen und entließ später den jüdischen Fahrer. Am 25. Juli sprengte sie eine Brücke der Eisenbahn von Haifa nach Kantara. Aber dann machte sie eine Pause und wartete die Handlungen der neuen britischen Regierung ab. Es stellte sich heraus, daß Begins Vorhersage richtig war, die Briten waren nicht zur Hilfe bereit, und zu seiner Freude empfing er Friedensangebote der Haganahführer, die noch vor einigen Monaten versucht hatten, seine Organisation zu vernichten. Das neue Angebot, einer Einheitsfront des jüdischen Widerstandes beizutreten, galt für alle Gruppen, sogar für die Lehi, die alle verantwortlichen jüdischen Führer als Mörderbande bezeichneten.

Spätestens Mitte September war Weizmann der britische Vorschlag bekannt, nur tausendfünfhundert Juden monatlich die Einreise nach Palästina zu gestatten. Attlee hatte Truman mitgeteilt, das nationalsozialistische Deutschland habe die Juden nicht viel schlechter behandelt als seine übrigen Gefangenen. Die Juden sollten daher wie alle anderen Gefangenen behandelt werden und abwarten, bis man irgendein Land gefunden hatte, wo man sie ansiedeln konnte. Sie konnten keine bevorzugte Behandlung erwarten. Dies hätte nämlich bedeutet, einen rassischen Gesichtspunkt bei der Behandlung der Flüchtlingsfrage zu berücksichtigen und hätte schließlich ein Ergebnis gezeitigt, das das Gegenteil des beabsichtigten darstellte: ein Wiederaufleben des Antisemitismus.

Die Zionistenführer wiesen diese Argumente zurück. Die Vorstellung, die Juden hätten nicht schlimmer gelitten als die Nichtjuden im besetzten Europa, erschien ihnen absurd und beleidigend. Am 21. September hielt Weizmann den Zeitpunkt für gekommen, Attlee einen warnenden Brief zu schicken: »Es scheint, daß Diskussionen stattfinden und Entscheidungen bevorstehen, die die Zukunft Palästinas berühren. Wir erhalten höchst beunruhigende Berichte.« Falls Entscheidungen wirklich unmittelbar bevorstanden, hatte die Jewish Agency seiner Ansicht nach das gute Recht, konsultiert zu werden: »Wenn das, was uns zu Ohren kommt, wahr ist, dann bedeutet dies, daß dem jüdischen Volk eine neue Tragödie bevorsteht, dann könnte es zu einer ernsthaften Auseinandersetzung kommen, die wir alle bedauern würden.«[38]

In Palästina gingen die Gespräche zwischen den drei jüdischen Kampforganisationen weiter. Am 22. September machten sich Mitglieder der Irgun an den Inhaber eines Cafés in Tel Aviv heran, sie warfen ihm vor, daß er Araber beschäftige und verlangten dreihundert Pfund. Er weigerte sich, und daraufhin brach am Abend eine von vier jungen Männern geführte gewalttätige Menge in das Café ein und zerstörte es. Am 28. September lauerte eine andere Gruppe, die der Irgun oder der Lehi angehörte, einem Postbeamten auf, der viertausendsiebenhundertsechzig Pfund vom Postamt in Tel Aviv zur Barcleys Bank transportierte, sie erschoß den Polizisten J. G. Barry, der den Geldtransport begleitete, und verschwand mit dem Geld.[39]

Die Haganah führte niemals derartige Aktionen durch, aber Ende September war sie bereit, sich mit den beiden Gruppen zu verbünden, die davor nicht zurückschreckten, damit wollte sie die Rückkehr der Briten zu einer anti-zionistischen Politik verhindern oder erschweren. Am 23. September telegrafierte der Haganahführer Moshe Sneh dem Londoner Büro der Jewish Agency und schlug vor, es solle »einen ernsthaften Zwischenfall« verursachen, um dadurch Großbritannien zu warnen und die Moral des Jischuw zu heben. Sneh riet London: »Die Stern-Gruppe [Lehi] hat sich bereit erklärt, sich auf der Grundlage unseres Aktionsprogramms völlig mit uns zu verschmelzen ... Wir nehmen an, daß wir sogar unabhängige Aktionen der IZL [Irgun] verhindern können.«[40]

Sneh und seinen Kollegen im Londoner Büro war allerdings nicht bekannt, daß der britische Geheimdienst bereits den Chiffrierkode der Jewish Agency »geknackt« hatte und daß die gesamte Kommunikation zwischen Jerusalem und London für die Sicherheitsbehörden kein Geheimnis war. Daher war ihnen bereits am 23. September das bevorstehende Bündnis bekannt. Wahrscheinlich informierten sie sofort Attlee und Bevin. Diese Tatsache und der drängende, fast drohende Ton von Weizmanns Brief mögen Attlee zu einer besonders kalten und entmutigenden Antwort veranlaßt haben: »Wenn wir annehmen würden, daß augenblicklich weitere Beratungen notwendig wären und einem nützlichen Zweck dienten, würden wir sie sicherlich organisieren. Aber zum gegenwärtigen Zeitpunkt ist dies nicht der Fall.«[41]

Daher kann man sich den Zorn Attlees und Bevins vorstellen, als einige Tage später eine vollständige Zusammenfassung ihrer Korrespondenz mit Truman in der amerikanischen Presse erschien. Am 30. September veröffentlichte die ›New York Herald Tribune‹ die Tatsache, daß »Truman direkt an die britische Regierung appelliert hatte, die Tore für jüdische Flüchtlinge vor dem Nationalsozialismus zu öffnen, die sich dort ansiedeln wollten.« Dann folgte in dem Bericht die falsche Behauptung, für die das Weiße Haus als Quelle angegeben wurde, nach mehr als einem Monat sei der Appell des Präsidenten noch immer nicht beantwortet. Attlee fühlte sich verpflichtet, dies sofort richtigzustellen und die Tatsache öffentlich bekannt zu machen, daß er geantwortet hatte. Daraufhin enthüllte Edwin Johnson am 2. Oktober in einer Senatsdebatte den Inhalt der Antwort – es handelte sich um eine Zurückweisung.

Die ›New York Times‹ berichtete über die Debatte: »Senatoren beider Seiten schienen über die Art der Vorschläge des Präsidenten vollständig informiert zu sein.« Robert Taft betonte seine »entschiedene Zustimmung und die ... der Mehrheit der Senatoren« für den Gedanken, hunderttausend Juden nach Palästina einreisen zu lassen. Er sah darin »ein wenig Buße für unser

Versagen während des Krieges«. Die arabischen Zeitungen erwiderten darauf sofort, wenn die Vereinigten Staaten und Großbritannien ihr Versäumnis, die europäischen Juden während des Krieges zu retten, wieder gut machen wollten, dann könnten sie dies am besten tun, indem sie die Überlebenden in ihre eigenen Länder aufnähmen und sie nicht in ein arabisches Land wie Palästina schickten.

Die führenden britischen Politiker waren höchst verärgert. Attlee hatte Trumans Brief beantwortet, und man hatte ihm versichert, daß man nichts veröffentlichen würde. Er fühlte sich nun getäuscht und teilte dies so höflich wie möglich dem Präsidenten mit.[42] Es ergab sich auch keine Entspannung der Lage, als bekannt wurde, daß Ex-Senator Guy Gillette die undichte Stelle darstellte. Er hatte das Problem am 14. September mit Truman diskutiert[43] und war ein Führer der Irgun-freundlichen American League for a Free Palestine.

Deshalb entschied Bevin am 4. Oktober, daß sich die Vereinigten Staaten nicht länger aus der Sache heraushalten konnten. Er griff nicht Churchills Gedanken wieder auf, ihnen das Mandat zu übertragen, aber er war entschlossen, ihnen einen formellen Status bei der Lösung des Problems zu geben. Sechs Tage darauf hatte Morrisons Ausschuß einen Vorschlag ausgearbeitet, daß eine anglo-amerikanische Kommission die Probleme der palästinensischen und europäischen Juden untersuchen sollte. Morrison schrieb, die langfristige Politik Großbritanniens sollte sich in ihren Grundzügen auf die Empfehlungen der Kommission gründen. Diese Vorstellung war in Whitehall nicht überall populär. Eine Einbeziehung der Amerikaner galt als Schritt in die zionistische Richtung, der als solcher von der arabischen Welt abgelehnt werden würde. Der Verdacht war weit verbreitet, daß die Vereinigten Staaten die nahöstliche Stellung der Briten übernehmen wollten. Aber das Argument, daß in der Palästinafrage wie in anderen Fragen britisch-amerikanische Zusammenarbeit von grundlegender Bedeutung war, erledigte diese Einwände.

In dem Maße, wie die Grundzüge dieser Politik deutlich wurden, verschlechterte sich die Sicherheitslage in Palästina. Am 8. Oktober verabschiedete der zionistische Generalrat eine Resolution: »Der Rat begrüßt jeden Versuch, die jüdische Einwanderung trotz der ungesetzlichen und unmoralischen Einschränkungen des Weißbuchs zu erhöhen.« Die Briten betrachteten diese Stellungnahme nicht nur als Ausdruck des Widerstandes, sondern auch als Aufreizung zur Rebellion. Ihre juristische Interpretation ging dahin, daß das Weißbuch nach internationalem Recht legal war, selbst wenn sich die Ständige Mandatskommission 1939 dagegen ausgesprochen hatte. Diese Kommission war eine beratende und keine legislative Körperschaft, deshalb konnte sie sich nicht über die Gesetze Palästinas hinwegsetzen. Es schien völlig unzulässig, daß verantwortliche jüdische Körperschaften zu eindeutigen Verletzungen dieser Gesetze aufforderten.

Zwei Tage darauf überfiel eine große Gruppe von Haganahkämpfern, scheinbar infolge dieser Aufforderung, das Lager für illegale Einwanderer in Athlit, durchschnitt seine Drahtumzäunung und ließ zweihundertacht Insassen frei. Einen Polizeilastwagen, der Verstärkungen dorthin transportierte, überfiel man aus dem Hinterhalt, der Polizeibeamte B. Hill fand durch Schußverletzungen den Tod, und einige andere Polizisten erlitten Verletzungen.

Gort ließ sofort Bernard Joseph und zwei andere führende Funktionäre der Agency, Kaplan und Ben Zvi, zu sich rufen und teilte ihnen seine Beschwerden mit. Die hebräische Presse verhalte sich unverantwortlich und aufrührerisch, sagte er. Britische Polizisten würden ermordet, und bewaffnete Banden führten überall im Land Überfälle durch. Er habe den Eindruck, daß »es eine leitende Hand hinter all diesen jüngsten Ereignissen geben müsse«. Er könne sich nichts schädlicheres für die Sache des Zionismus vorstellen, als den Eindruck, daß der Jischuw gewaltsam seine Ziele durchsetzen wolle. Aber, obwohl er diesen Verweis mit scharfen Worten vorbrachte, übermittelte er einen pessimistischen Bericht über dieses Treffen an den Kolonialminister George Hall. Er schrieb, die Führer des Jischuw hätten ihm zwar aufmerksam zugehört, aber er glaube nicht, sie stark beeindruckt zu haben. Es schien ihm vielmehr, als hätten sie sich bereits entschieden, ihren eigenen Weg zu gehen, als sei die wirkliche Führung des Jischuw bereits aus den Händen Weizmanns in die des »unversöhnlichen und unberechenbaren« Ben Gurion übergegangen.[44]

Am 10. Oktober traf sich Bevin zum ersten Mal mit Weizmann, der ihm sagte, das Weißbuch sei in Sünde geboren und müsse abgeschafft werden. Bevin fühlte sich nicht wohl und sagte wenig, aber er erklärte sich dagegen, sofort weiteren hunderttausend Einwanderern die Einreise zu erlauben. Statt dessen diskutierte man die sich bereits in Bevins Kopf herauskristallisierende Vorstellung eines bi-nationalen Palästinas, das die Juden und Araber nach außen vertreten sollte, während im Inneren beide Seiten nach dem Muster der schweizerischen Kantonalverfassung unabhängig sein sollten.[45] Attlee fühlte sich berechtigt, Truman mitzuteilen, es sei ein sehr gutes Gespräch gewesen, dann fuhr er aber im Tonfall vorsätzlichen Ärgers fort: »Wir denken intensiv über die Möglichkeiten nach, den Juden in Europa zu helfen und die Palästinafrage zu lösen. Die beiden Probleme sind nicht notwendigerweise identisch.«[46]

Attlees kurzgefaßte Mitteilung stellte einen Hinweis auf die wachsende Abneigung dar, die er und Bevin gegenüber Trumans Haltung zu Palästina empfanden. Byrnes hatte ganz offen erklärt, daß die Demokratische Partei unbedingt die Bürgermeisterwahl in New York gewinnen müßte, die am 30. Oktober stattfinden sollte. Dies war der wahre Grund der halböffentlichen Stellungnahmen des Präsidenten und der Verwirrung im Weißen Haus. Truman konnte es sich einfach nicht leisten, die jüdischen Wähler in New York zu verletzen, die ein Drittel der Wählerschaft darstellten und die dem Zionismus mehr oder weniger nahestanden.

Am 12. Oktober hatte sich Bevin so weit erholt, daß er seine Abneigung in einem Telegramm an Halifax offen aussprechen konnte: »Ich habe den Eindruck, die Vereinigten Staaten sind beim Umgang mit diesem Problem völlig unehrlich. Das Spiel mit rassischen Gefühlen, um Wahlen zu gewinnen, macht eine Farce aus ihrem Bestehen auf freien Wahlen in anderen Ländern.« Er nahm an, Truman und andere hätten die Leiden der Juden »für ihre eigenen Zwecke ausgebeutet«. War es wirklich unbedingt notwendig, daß alle überlebenden Juden Deutschland verließen? Bevin bezweifelte dies ganz entschieden: »Es stimmt, daß sie die schrecklichsten Massaker und Verfolgungen überstanden haben, aber sie haben sie eben überstanden und eine Anzahl hat überlebt. Nun sollte man ihnen Beistand und Hilfe anbieten, um sich wieder in Deutschland niederzulassen, und ihnen helfen, die Ängste und Befürchtungen zu überwinden, die Folge dieser Mißhandlungen sind.«[47]

Bevin war über die verzweifelte Lage der Juden in Europa eindeutig fehlinformiert. Seiner sanftmütigen Schlußfolgerung, daß »sie es überstanden haben und eine Anzahl überlebt hat«, stand die unvorstellbare Tatsache gegenüber, daß neunzig Prozent von ihnen ermordet worden waren, daß sie fast alle ihren gesamten Besitz und ihre Familien verloren hatten und daß der durch die nationalsozialistische Propaganda jahrelang angeheizte Antisemitismus immer noch in den Köpfen großer Teile der Bevölkerung lauerte. Noch glaubte Bevin, die meisten Überlebenden wollten bleiben und sich am Wiederaufbau ihrer Ursprungsländer beteiligen. Er sah in dem von Crossman und anderen beobachteten Drang zur Flucht nach Palästina nur ein Ergebnis der zionistischen Einschüchterung. Er glaubte den Behauptungen Nuri es-Saids und des irakischen Regenten, daß ohne eine solche Einschüchterung viele der palästinensischen Juden nach Europa zurückgehen würden.

Auch glaubte Bevin nicht, daß Palästina imstande sein würde, eine größere Zahl weiterer Immigranten aufzunehmen: »Man hat mir Zahlen mitgeteilt, die ganz unglaublich scheinen.« Bevin nahm an, die Neuankömmlinge würden nicht Wüstengebiete urbar machen und entwickeln, sondern unvermeidlicherweise arabische Bauern von ihrem Land verdrängen. Er teilte die Ansicht, daß man mehr Informationen über die Lage der Juden in Europa benötigte. Die neue Kommission sollte sie beschaffen, außerdem sollte sie das von Roosevelt und Churchill gemachte Versprechen erfüllen, beide Seiten zu konsultieren. Großbritannien habe ein schreckliches Vermächtnis übernommen, lautete Bevins Schlußfolgerung. Gegenwärtig stelle ein bi-nationaler Staat seine bevorzugte Lösung dar: »Offensichtlich müssen wir irgendwo eine Konferenz mit Juden und Arabern im gleichen Raum durchführen.« Dieser Plan könne scheitern, aber Großbritannien müsse weiter eine gerechte Lösung suchen, ohne sich von amerikanischem Druck und »der Propaganda in New York« einschüchtern zu lassen.

Das gleiche Zorngefühl kam bei Weizmanns Treffen mit George Hall am 19. Oktober auf. Hall legte dar, daß solche Zwischenfälle wie der Überfall auf das Lager Athlit auf eine »weitverbreitete Organisation« innerhalb des Jischuw hindeuteten. Er gab zu, daß die Frage der Einwanderung für die Juden sehr wichtig sei, aber dies könne keine Entschuldigung für eine Revolte gegen die Regierung darstellen. Er deutete Weizmann dann an, dem britischen Nachrichtendienst sei die Tatsache bereits bekannt, daß die Führer der Jewish Agency – oder zumindest einige von ihnen – die Gewalttätigkeiten insgeheim duldeten oder sogar organisierten.

Weizmann erwiderte: »Er wolle nachdrücklich versichern, daß weder er noch seine in London tätigen Kollegen der Jewish Agency irgendeine Verantwortung für die von dem Staatssekretär erwähnten Zwischenfälle hätten. Sie hätten nichts darüber gewußt, bis sie es aus den Zeitungen erfuhren. Er selber habe alle herausgehenden Nachrichten gesehen, so daß er informiert sei.«[48] Diese Versicherung war natürlich nicht korrekt, wie Snehs Botschaft an London vom 23. September beweist.

Weizmann fuhr dann fort und erklärte, daß Blutvergießen unvermeidbar sei, solange es keine klare Palästinapolitik und keine jüdische Einwanderung gebe: »Er verteidige dies nicht, aber er glaube nicht, es verhindern zu können. Dennoch wolle er sein Möglichstes tun.« Persönlich sei er gegen die Anwendung von Gewalt. Aber die Briten wußten, daß er ihnen nur einen Teil der Wahrheit sagte. Er sagte ihnen nicht, daß die Haganah unter Leitung Ben Gurions und anderer politischer Führer die Befreiungsaktion in Athlit durchgeführt hatte, daß sie mit der Irgun und der Lehi verhandelte und daß sie alle gemeinsam einen »ernsthaften Zwischenfall« als Warnung an die Briten planten – aber all dies war den Briten aus den dechiffrierten Telegrammen bekannt.

Allerdings beschränkten sich die Gewalttätigkeiten der Haganah auf die Erreichung von zwei Zielen: jüdische Einwanderung und Waffenbeschaffung. Die Haganah verübte keine Banküberfälle und griff keine Polizeireviere an. Sie erschoß keine britischen Einzelpersonen, um dadurch ihren Widerstand gegen die Fremdherrschaft zu demonstrieren. Sie schlug immer mit einer bestimmten politischen Absicht gegen ein Ziel zu, sie zog immer die Möglichkeit von menschlichen Opfern auf beiden Seiten in Betracht, aber sie versuchte nicht wie die Lehi, Briten einfach umzubringen. Im Gegensatz zur Irgun tat sie das Äußerste, um dies zu vermeiden. Ihr weiter bestehender Glaube an »Zurückhaltung« und »Reinheit der Waffen« hielt ihren Waffengebrauch unter vorsichtiger Kontrolle.

Dennoch setzte sie für ein politisches Ziel Gewalt ein und erwog, sich mit den beiden weniger skrupelhaften Organisationen zu verbünden. Die Briten sahen darin für eine unter den Mandatsbestimmungen legal verankerte Organisation eine nicht zu duldende Heuchelei; sie war schließlich verpflichtet, die Verwaltung »zu beraten« und mit ihr »zusammenzuarbeiten«.

Man schrieb das Jahr 1946. In der westlichen Welt war der Terrorismus noch kein Phänomen mit dem einst fast alle Demokratien konfrontiert werden sollten. Daher kochte das Blut der führenden britischen Politiker, die die chiffrierten Nachrichten zwischen London und Jerusalem gelesen hatten, bei den Beteuerungen der Unwissenheit und der Unschuld von seiten der Agency. Und nach der Nacht des 31. Oktober, als der versprochene ernsthafte Zwischenfall geschah, erreichte ihr Zorn einen Höhepunkt.

In einer koordinierten Aktion löste die Haganah überall in Palästina einige hundert Explosionen aus. Sie verursachten zweihundertzweiundvierzig Unterbrechungen des Eisenbahnverkehrs; der Palmach zerstörte zwei Polizeiboote im Hafen von Haifa und eines vor Jaffa; die Irgun überfiel den Personen- und den Güterbahnhof von Lydda; sie zerstörte dabei einen Zug und drei Lokomotiven; und die Lehi versuchte erfolglos, die Ölraffinerien von Haifa zu sprengen. Drei Palästinenser kamen bei dem erfolglosen Angriff der Lehi ums Leben. Abgefangene Telegramme bewiesen den Briten, daß die Haganah dem Überfall der Irgun zugestimmt hatte, daß die Leitung der Jewish Agency die Angriffe auf Polizeiboote und die Eisenbahn gebilligt hatte. Es war ebenfalls deutlich, daß trotz der Einwände einiger Führer der Agency »ein praktisches Abkommen« mit der Irgun und der Lehi bestand. Die Lehi-Publikation ›Hamaas‹ legte dar, daß die Jüdische Widerstandsbewegung (Tennat Hameri Ha'ivri) von nun an »von einer einzigen Autorität geleitet [würde], die den gemeinsamen Kampf anleiten würde«.

Am 2. November ließ Bevin Weizmann und Shertok zu sich kommen. Zuerst verlas er ihnen einen telegrafischen Bericht, den er aus Palästina erhalten hatte. Shertok schreibt darüber: »Er redete mit großem Zorn und unter höchster Spannung, ein Muskel seitlich seines Mundes gab ein Warnsignal, und seine Augen schossen Blitze gegen mich.« Bevin betonte die Schlußfolgerung des Berichts, daß die drei bewaffneten Kampforganisationen zusammengearbeitet haben, um die Nacht der Gewalttätigkeit zu veranstalten. Er betrachtete dies deshalb als Kriegserklärung des Jischuw gegen Großbritannien. Wenn diese Entscheidung gefallen sei, dann sollte man sie auch öffentlich bekanntmachen, daraufhin würde Großbritannien seine Bemühungen einstellen, zu einer Gesamtlösung zu gelangen. Es sei nicht bereit, unter Gewaltandrohungen zu verhandeln.

Weizmann versuchte, das Geschehene zu erklären. Früher habe es nur sehr wenige Anhänger der Gewalt gegeben. Aber nun habe sich ihre Zahl aufgrund der britischen Politik vervielfacht. Bevin fragte, wie denn die Jewish Agency dazu stehe. Weizmann erwiderte, sie habe am Abend zuvor eine Stellungnahme abgegeben, die die Gewalttätigkeit verurteilte. Gemeinsam las man dann den Wortlaut dieser Stellungnahme im ›Daily Telegraph‹ nach: »Die Agency lehnt die Hinwendung zur Gewalt ab, aber ihre Möglichkeit, sie einzudämmen, ist stark erschwert durch eine Politik, die den Juden für ihre Zukunft verhängnisvoll erscheint.«

Bevin las dies vor und urteilte: »Dies ist keine Ablehnung. Es ist eine Entschuldigung.« Dann legte er dar, mit welcher Sorgfalt die Operation geplant war. Man hatte Haftminen an Polizeibooten angebracht. Fünfhundert Sprengkörper hatte man vorbereitet. All dies erforderte umfangreiche organisatorische Vorarbeiten. Dafür müsse die Jewish Agency als Führung des Jischuw die Verantwortung übernehmen.

Shertok erinnert sich an einige weitere Bemerkungen Bevins: »Ich kann es nicht vertragen, wenn englische Tommies getötet werden. Sie sind unschuldig.« Weizmann bemerkte dazu, man habe Millionen Juden getötet, und immer noch gebe es Todesopfer in den Flüchtlingslagern. Bevin fuhr fort: »Ich will auch nicht, daß Juden sterben, aber ich liebe die britischen Soldaten. Sie gehören meiner Klasse an. Sie sind arbeitende Menschen ... Ich habe niemals mein Wort gebrochen. Das Problem ist unerträglich schwierig, vielleicht unlösbar. Es wäre schwierig gewesen, wenn die Balfour-Deklaration klarer formuliert wäre, wenn man nicht versucht hätte, gleichzeitig auf zwei Pferden zu reiten. Es ist eine sehr schwierige Angelegenheit, aber wir suchen ernsthaft nach einem Ausweg. Überall stehen wir vor schrecklichen Problemen. Die Welt befindet sich in Aufruhr. Die Vereinigten Staaten machen uns riesige Schwierigkeiten.«[49] Shertok bemerkte dazu: »Sein Zorn und seine Wut gegen die Vereinigten Staaten sind unvorstellbar.«

Offen, vielleicht sogar taktlos, erklärte Bevin seine Abneigung gegen die »unehrliche« Herangehensweise der Amerikaner an das Problem: »Ich halte es für eine Katastrophe für die Sache der Juden, wenn die US-Regierung aus wahltaktischen Gründen die Forderung nach sofortiger Einreise von hunderttausend Juden nach Palästina erhebt – dem Präsidenten und jedem anderen Sachkundigen sei bekannt, daß eine solche Politik heute nicht durchführbar ist.« Shertok sah in ihm einen aufrichtigen, beunruhigten, der Angelegenheit fernstehenden und einfach unwissenden Mann: »Er gerät natürlich in außerordentlichen Zorn, aber er ist auch erschüttert – erschüttert und niedergeschmettert.«

Unter den palästinensischen Juden gab es große Diskussionen. Was würde die Folge dieser klaren Herausforderung des Britischen Empire sein? Würde Großbritannien so dazu veranlaßt, ihre Sache ernster zu nehmen oder würde es im Gegenteil, wie Weizmann befürchtete, die Zerstörung des Jischuw bedeuten? Er stellte schließlich nur eine Gemeinschaft von einigen hunderttausend Menschen dar, dem nicht nur die Staatsgewalt, sondern auch eine doppelt so zahlreiche einheimische Bevölkerung gegenüberstand. War er wirklich militärisch stark genug, um gleichzeitig den Briten und den Arabern zu widerstehen?

Am 1. November telegraphierte die Jewish Agency nach London, sie befürchte ernsthaft einen Frontalangriff der Briten gegen die Haganah.[50] Wie hart würde die britische Reaktion sein? Sicher würde sie nicht den Erfahrungen entsprechen, die Aufständische gegen die nationalsozialistische oder die sowjetische Herrschaft gemacht hatten. Aber sie würde doch erheblich sein. Die Sechste Luftlandedivision, die ein Jahr zuvor in der Ardennen-Schlacht gegen die Deutschen gekämpft hatte, wurde nach Palästina verlegt, um die dort stationierten Truppen zu verstärken. Dies war eine Elitetruppe mit großer Kampferfahrung, die scharf auf Guerilla-Angriffe reagieren würde.

Auf der anderen Seite hatten die Angriffsoperationen ohne Zweifel die jüdische Moral gehoben, sie überzeugten den Jischuw, daß seine Führung bereit sei, für die Interessen der Juden im Lande und in Europa zu kämpfen. Und wenn es zum Kampf gegen die britische Armee kam, wie sollte sie die Terroristen besiegen können, ohne den Gegenterror auf die gesamte jüdische Bevölkerung auszudehnen? Sogar das nationalsozialistische Deutschland war trotz Anwendung der brutalsten Unterdrückungsmethoden außerstande, die polnische Widerstandsbewegung zu besiegen, die nahezu von der gesamten Bevölkerung unterstützt wurde. Die Kampfbereitschaft des Jischuw war vergleichbar, und man konnte davon ausgehen, daß die Briten keine nationalsozialistischen Methoden anwenden würden.

Der britische Nachrichtenoffizier Martin Charteris gab in den ersten Wochen des Aufstandes eine militärisch genaue Einschätzung der Möglichkeiten beider Seiten: Unsere Gegner »haben enorme Vorteile gegenüber den Kräften des Gesetzes, sie sind völlig rücksichtslos, auch gegenüber dem menschlichen Leben, verfügen über eine Unzahl von möglichen Zielen, haben die Initiative, können an Ort und Stelle Erkundungen einziehen und genießen vor allem den Schutz der örtlichen Bevölkerung, die Angst hat, sie zu verraten, und im schlimmsten Fall völlig hinter ihnen steht«.[51]

Die Mehrheitsmeinung der Führung der Jewish Agency ging daher dahin, daß begrenzter Gewalteinsatz eine legitime Erweiterung des politischen Kampfes darstelle. Berl Lockers persönliche Ansicht wurde in London bekannt: »Die Operation der letzten Woche hatte gute Ergebnisse, aber im Augenblick müssen wir uns ruhig verhalten. Man sollte nichts Ähnliches ohne vorherige öffentliche Ankündigung wiederholen. Ben Gurion vertritt möglicherweise eine andere Ansicht, aber selbst er meint, man solle derartiges nicht täglich wiederholen.«[52]

Aber selbst ein so ernsthafter Zwischenfall wie der vom 31. Oktober reichte nicht aus, um Bevin von seiner Ansicht abzubringen, die sich nach drei Monaten »Absorbierung« durch das Außenministerium bei ihm festgesetzt hatte. Er war fest davon überzeugt, daß der Zionismus, so wie er sich Ende 1945 darstellte, völlig ungerechtfertigt und überflüssig und darüber hinaus gegen das britische Nationalinteresse gerichtet sei. Er hatte Trumans Zustimmung zu seinem Vorschlag einer anglo-amerikanischen Kommission erlangt und gab dies am 13. November in einer Unterhausrede bekannt, die keinerlei ungerechtfertigten Optimismus ausströmte: »Die Araber verhalten sich mir gegenüber hervorragend, und ich danke ihnen dafür. Auch die Juden sind sehr ansprechbar, wenn man von einem kleinen Teil absieht, und nicht alle Juden sind Zionisten.«

Tatsächlich hatte er bereits die Mehrheit der Juden der Welt gegen sich aufgebracht. Und er brachte sie noch mehr auf durch die dreisten Bemerkungen, die er an jenem Abend in leichtfertiger Stimmung vor siebzig Journalisten aus Großbritannien und den Dominions machte. Er teilte ihnen mit, nichts würde ihn mehr erfreuen, als wenn alle Juden in Abrahams Schoß zurückkehrten, aber man sollte einen Unterschied zwischen dem Zionismus und dem Judentum machen, man solle nicht einfach rücksichtslos über die Meinung der Araber und Moslems hinweggehen und solle den Koran genauso aufmerksam lesen wie die Bibel. Dann wiederholte er Attlees Bemerkung vom 16. September: Die jüdischen Flüchtlinge in Europa sollten nicht versuchen, sich an die Spitze der Schlange der Wartenden vorzudrängeln, eine Äußerung, die heute noch in Israel als Beispiel von eindeutigem Antisemitismus gilt. Großbritannien habe nie die Schaffung eines jüdischen Staates versprochen, sondern nur eine jüdische Heimstätte in Palästina. Und dies sei immer noch erreichbar, »solange man anerkenne, daß die tragische Aufgabe, das jüdische Volk zu retten, nicht von Palästina allein getragen werden könne«.[53]

Am gleichen Tag suchte Bernard Joseph mit elf anderen führenden jüdischen Politikern John Shaws Amtssitz in Jerusalem auf, wo er ihnen eine Kopie der Stellungnahme verlas. Als Sprecher der Delegation gab Joseph die kürzeste der vorher in Erwägung gezogenen Antworten: »Wir sind tief enttäuscht. Der Jischuw wird sich dem nicht unterwerfen.« An Shertok in London schrieb er: »Es ist schwierig darzustellen, welch erschreckenden Eindruck die Stellungnahme hier machte.« Er sah darin »einen bewußten Versuch, den Zionismus und die Balfour-Deklaration zu liquidieren«.[54] Ähnliche Berichte erreichten London von britischen Vertretern in den Vereinigten Staaten. Besonderen Zorn rief die Bemerkung über das Vordrängeln in der Schlange hervor, man interpretierte sie als rassistische Beschimpfung, als Vorwurf, daß alle Juden zu aggressivem und unmoralischem Verhalten neigten.

In Palästina erklärte der Vaad Leumi den Generalstreik und das Oberrabbinat forderte zu einem Fasttag auf. Am 14. November versammelten sich dreißigtausend Menschen am Stadtrand von Tel Aviv, darunter befanden sich auch einige Randalierer und Plünderer, sie griffen ein Postamt, ein Finanzamt und andere Regierungsgebäude an. Truppen der neu ins Land gebrachten Sechsten Luftlandedivision erschienen in der Stadt. Die Menge bewarf sie mit Steinen. Mehrere Aufforderungen zur Auflösung der Zusammenrottung blieben unbeachtet. Die Steinwürfe gingen weiter.

Die verantwortlichen Offiziere befanden sich in einem Dilemma. Jahrelang hatte man sie nicht eingesetzt, um die Zivilbehörden bei der Eindämmung großer Demonstrationen zu unterstützen. Ihren Dienstanweisungen entsprechend, waren sie nur mit militärischen Waffen, Gewehren und Bajonetten, ausgerüstet. Sie trugen keinerlei Polizeiwaffen, wie Knüppel oder Schlagstöcke, bei sich. Ihre Anweisungen besagten, sie sollten auf Angriffe, etwa auf Steinwürfe, nur mit Feuerwaffen antworten. Es war ihnen nicht gestattet, Warnschüsse in die Luft abzugeben. Oberstleutnant R. J. Kaulback berichtet: »Nach den Buchstaben des Gesetzes mußte das Feuer auf eine bestimmte Person gerichtet werden, und es durfte nicht über die Köpfe der Menge hinweggeschossen werden.«[55]

Major Dare Wilson schreibt, nachdem etwa ein bis zwei Dutzend britische Soldaten durch Steinwürfe Verletzungen erlitten hatten und einige Warnungen verbreitet worden waren, eröffneten die Truppen an jenem Abend schließlich das Feuer. Dies geschah den Dienstanweisungen entsprechend: »Unter direktem Befehl eines Offiziers soll eine kleine Salve auf eine bestimmte Zahl von Personen abgefeuert werden.«[56] Nach britischer Praxis bedeutete dies, einzelne Schüsse auf Rädelsführer abzugeben. Diese Methode nahm zivile Verletzte und Todesopfer als unvermeidlich in Kauf, aber die Erfahrung hatte in Indien und anderswo gezeigt, daß die Ausschaltung eines Rädelsführers ein besseres und schnelleres Abschreckungsmittel gegen Gewalttätigkeiten des Mobs war, als demonstrative Schüsse in die Luft. Im letzteren Fall, hieß es, könne man die Schüsse als Großtuerei mißverstehen, und weit entfernte, unbeteiligte Personen könnten verletzt werden.

Und so geschah es, daß während der zweitägigen Unruhen in Tel Aviv sechs Juden getötet und sechzig verletzt wurden. Hauptsächlich durch Steinwürfe wurden zweiundvierzig britische Soldaten, zwölf davon schwer, verletzt.[57] Viele der jüdischen Opfer waren jung, einige waren Kinder. Das provozierte die Zeitung ›Davar‹, eine Karikatur zu drucken, auf der ein Chirurg im Operationssaal zu sehen war. Die Bildunterschrift lautete: »Gute Scharfschützen, diese Engländer, sie treffen sogar winzige Ziele.«[58] John Shaw verbot das Erscheinen von ›Davar‹ und warf der gesamten hebräischen Presse vor, die öffentliche Meinung aufzuhetzen. Die Briten hatten die Beobachtung gemacht, daß ein vierzehnjähriger Junge bei einem Aufruhr eine gefährliche Bedrohung darstellen kann. Dare Wilson meint, das »feste Durchgreifen« der Truppen habe zur Folge gehabt, daß es in Tel Aviv nie wieder zu derart gewalttätigen Massendemonstrationen gekommen sei. Er bemerkte allerdings kritisch, man hätte das Feuer früher eröffnen sollen, dadurch hätte man den Aufruhr im Keim erstickt und die Zahl der Opfer verringert.

Bevin bestimmte schnell sechs britische Mitglieder, die die Hälfte seiner gemischten Kommission bilden sollten, darunter befanden sich zwei Parlamentsmitglieder und zwei ehemalige Parlamentarier. Er hatte beabsichtigt, ein oder zwei Frauen in die Kommission zu berufen, wie er Byrnes erzählte, nahm er allerdings davon Abstand, nachdem man ihn darauf hingewiesen hatte, daß dies möglicherweise »unerwünschte Reaktionen der islamischen öffentliche Meinung auslösen« könnte.[59] Er bat seinen amerikanischen Amtskollegen, niemanden zu berufen, der bereits öffentlich die arabische oder die jüdische Seite unterstützt hatte. Dies hatte zur Folge, daß keine Kongreßabgeordneten in Frage kamen, da deren Haltung zu der anstehenden Frage fast ausnahmslos bekannt war, sie hatten im Parlament dazu Stellung genommen oder zumindest für oder gegen eine zionistenfreundliche Resolution gestimmt. Wie Byrnes berichtete, ging die allgemeine Ansicht des Kongresses dahin, »daß die Einsetzung eines Untersuchungsausschusses eine Methode darstellte, ein Problem auf die lange Bank zu schieben«,[60] er sei jedoch dafür, eine »starke Mannschaft« zu berufen, darunter einen ehemaligen Präsidentschaftskandidaten.

Aber zehn Tage später hatte Byrnes seine Mannschaft immer noch nicht zusammengestellt. Halifax schrieb am 30. November: »Obwohl er in den letzten Tagen fast die Hälfte seiner Zeit damit zubrachte, geeignete Personen zur Übernahme der Aufgabe zu veranlassen, erklärte sich zu seinem großen Ärger niemand zu einer definitiven Antwort bereit. Natürlich will [diese Aufgabe] hier niemand übernehmen.«[61] Erst nach einer weiteren Woche hatte er seine sechs Leute beisammen, darunter befanden sich ein Richter aus Texas und ein Botschafter im Ruhestand, aber keine politische Persönlichkeit. Die Kommission erhielt den Auftrag, innerhalb von hundertzwanzig Tagen einen Bericht zu erstellen.

Die britische Regierung war dennoch erfreut über die Aussicht auf eine amerikanische Beteiligung. In der Zusammenarbeit mit den Vereinigten Staaten sah man den Schlüssel zum Überleben Großbritanniens als Weltmacht angesichts der Nachkriegsnot. Hinzu kam, daß Truman nun, da er der Teilnahme an einer unparteilichen Untersuchung zugestimmt hatte, nicht mehr dem Untersuchungsergebnis vorgreifen konnte, indem er offen die zionistische Sache unterstützte. Als Kandidat für die Vizepräsidentschaft im Jahre 1944 hatte er Roosevelts Brief an Senator Wagner unterstützt, der sich für ein jüdisches Gemeinwesen in Palästina aussprach. Am 30. November 1945 weigerte er sich, eine ähnlich formulierte Senatsentschließung zu unterstützen. Er sagte, die Umstände hätten sich geändert, und die amerikanische Auffassung würde in der Kommission vertreten werden.[62] Am 5. Dezember teilte er David Stern, einem Mitglied von Bergsons Komitee, mit, er sei gegen einen jüdischen Staat, er teilte nun Bevins Bedenken gegen jede Art von Regierung, die sich auf Rasse oder Religion gründet.

Attlee erhielt ein Telegramm von Mohamed Ali Jinnah, der Truman wegen seiner Einmischung scharf kritisierte: »Es ist meine Pflicht, Ihnen mitzuteilen, daß jedes Nachgeben zugunsten der Juden und zu Lasten der Araber von der islamischen Welt und vom islamischen Indien zutiefst abgelehnt und bekämpft werden wird.«[63] In New York überfluteten Anhänger der Irgun (Bergson-Komitee) das britische Generalkonsulat mit Briefen und ständigen Telefonanrufen.

Bevin empfing führende Anhänger Bergsons im Außenministerium, er erinnerte sie daran, daß Großbritannien das erste Land der Welt war, in dem die Juden volle staatsbürgerliche Rechte erhielten, er forderte die Juden auf, die Staatsbürgerschaft der Länder, in denen sie jeweils lebten, zu akzeptieren.[64] Die sechs britischen Mitglieder seiner Kommission und ihr Sekretär Harold Beeley, ein entschiedener Freund der Araber, reisten zu den ersten Sitzungen nach Washington. Die Arabische Liga gab eine vorsichtige Antwort auf Bevins Stellungnahme vom 13. November, sie begrüßte seine Ablehnung eines jüdischen Staates und betonte die Notwendigkeit einer demokratischen Lösung des jüdischen Problems. Sie legte dar, daß es undemokratisch sein würde, die Mehrheit der Palästinenser der Herrschaft der jüdischen Neuankömmlinge zu unterwerfen.[65] Zu diesem Zeitpunkt schien seine Absicht erfolgversprechend, die Vereinigten Staaten umzustimmen und die zionistische Springflut einzudämmen.

Aber die Haganah und ihre neuen Verbündeten beabsichtigten nicht, dies geschehen zu lassen. Am 25. November 1945 griffen fünfzig Kämpfer der

Haganah die Station der Küstenwache in Sidna Ali an, die einen Teil des Wachsystems gegen illegale Einwandererschiffe darstellte, und sprengten sie. Polizeihunde spürten den Rückzugsweg der Angreifer auf, er führte nach Hogla und Givat Haim, zwei Ansiedlungen in der Nähe von Nathaniya, aber die Siedler weigerten sich, die Polizei hereinzulassen und die Angreifer zu identifizieren. Daraufhin umzingelten Truppen die Ansiedlungen, um ein Entkommen unmöglich zu machen. Jüdische Verstärkungen griffen daraufhin diese Truppen an. Sie erwiderten das Feuer, töteten sechs Juden, und die jüdische Presse klagte sie des Mordes an unbewaffneten Zivilisten an.

Aber der neue Hohe Kommissar Generalleutnant Sir Alan Cunningham schickte einen nachdrücklichen Protest nach London: »Ich habe die Pflicht festzustellen, daß die Hetze der örtlichen Presse und der Politiker das Ziel verfolgt, im jüdischen Mob die Bereitschaft zu wecken, das Leben zu opfern zu dem einzigen Zweck, uns ins Unrecht zu setzen.«[66] Einer seiner militärischen Untergebenen beschrieb die Lage noch ungehobelter: »Die Politik der Regierung Seiner Majestät hat große Aufregung im arabischen und im jüdischen Taubenschlag verursacht. Und wie immer kreischen die jüdischen Vögel lauter.«[67] Zur Frage der Einwanderung und der Waffenbeschaffung meinte er, der Jischuw sei sich einig im Widerstand gegen die Briten. Britische Offiziere seien nicht mehr wie früher willkommene Gäste in jüdischen Häusern. Auf beiden Seiten herrschte eine bis zum äußersten gereizte Stimmung.

Die Einwanderungsquote des Weißbuchs von fünfundsiebzigtausend war erreicht; damit hörte die legale jüdische Einwanderung auf. Man verhandelte noch mit den Arabern über die Erhöhung der Quote von tausendfünfhundert im Monat. Die jüdische Antwort war ganz eindeutig: eine Steigerung der illegalen Einwanderung. In der Weihnachtsnacht gingen in der Nähe von Naharia zweihundertfünfzig Juden von der ›Marie‹ an Land. Der kleine Dampfer setzte auf dem Strand auf.[68] Seine Ankunft demonstrierte nach Shertoks Worten »das unerschütterliche Recht jedes Juden, ungehindert sein Heimatland zu betreten«. Zur selben Zeit brachte man im irakischen Parlament in Bagdad ein Gesetz ein, das eine offensichtliche Parodie auf die Balfour-Deklaration darstellte, es forderte die Errichtung einer nationalen Heimstätte für das arabische Volk in Kalifornien.

General Sir Frederick Morgan entließ man aus seiner Stellung als oberster britischer Vertreter bei der Flüchtlingshilfe der Vereinten Nation in Deutschland. Er hatte die Behauptung aufgestellt, tausende wohlgenährter polnischer Juden reisten mit Taschen voller Geld in sein Gebiet ein und hätten »einen gut vorbereiteten, sicheren Plan zum Verlassen Europas.« Er befürchte einen »zweiten Exodus« von Europa nach Palästina.[69] Seine Worte bewiesen eine gewisse Taktlosigkeit und einen Mangel an Sympathie, aber jüdische Politiker sahen in ihnen den Beweis eines brutalen und pathologischen Antisemitismus. Der Präsident des Jüdischen Weltkongresses Stephen Wise meinte, diese Äußerung »schmecke nach schlimmstem Nazismus«.[70] Die New Yorker Tageszeitung ›P. M.‹ kam zu dem Schluß, es gebe kaum einen Unterschied zwischen Morgan und Heinrich Himmler.

Cunningham wies London darauf hin, daß man die herausfordernde Haltung der Jewish Agency nicht mehr länger ignorieren könne. Er hatte Ben Gurion und Shertok nach den Gewalttätigkeiten des 17. Dezember zu sich rufen lassen und bekam von ihnen nur zu hören, es sei »sinnlos«[71], wenn die Agency interveniere: »Jeder Appell an die Juden zu gesetzestreuem Verhalten werde auf taube Ohren stoßen, solange die palästinensische Regierung selbst ständig gegen das Grundgesetz des Landes verstoße.«[72] Deshalb schlug er vor, die Gebäude der Agency zu beschlagnahmen und die Mitglieder ihrer Exekutive unter Polizeiaufsicht zu stellen. Er habe auch Kollektivstrafen und eine allgemeine Waffensuche in Erwägung gezogen, sei aber unter Abwägung aller Gründe gegen diese Maßnahmen. George Hall stimmte der Ansicht zu, daß es genügend Gründe gebe, gegen die Agency vorzugehen, er kam aber zu dem Schluß, dies müsse unterbleiben, weil es die Erfolgsaussichten der anglo-amerikanischen Kommission zerstören könne. Der einzig mögliche britische Gegenstoß bestehe darin, »jeden unangebrachten offiziellen Umgang mit der Agency zu vermeiden«, solange diese »illegale Aktivitäten insgeheim dulde und öffentlich entschuldige.«[73]

In Washington begannen die Anhörungen der Kommission. Richard Crossman schreibt darüber: »Sie begannen mit der Darlegung des jüdischen Standpunktes, einer monumentalen Anklage gegen Großbritannien. Es gab Augenblicke, da fühlte ich mich eher wie ein Gefangener auf der Anklagebank und nicht wie ein Mitglied einer Untersuchungskommission.«[74] Der Zionismus stellte eindeutig die dominierende Überzeugung unter den amerikanischen Juden dar – bei einer Meinungsumfrage erklärten sich 80,1 Prozent für und 10,5 Prozent gegen einen jüdischen Staat[75] – eine lange Zeugenreihe bewies seine Stärke: alle erklärten, ihre Ansprüche gründeten sich auf historische Tatsachen und auf die Balfour-Deklaration, für die Araber sei die jüdische Einwanderung von Vorteil gewesen, und ein jüdischer Staat würde ihnen noch größere Vorteile bringen.

Die Zeugen machten deutlich, daß nur britische Bosheit und Sturheit dieses Ergebnis verhinderten: »Wir waren hier, um bestraft zu werden, und wir wurden es. . . . Jedes britische Kommissionsmitglied verspürte das Gefühl, persönlich für den Tod von sechs Millionen Juden verantwortlich gemacht zu werden.«[76] Ende Januar 1946 reisten die Kommissionsmitglieder nach London, um dort ihre Arbeit fortzusetzen.

Großbritannien begrüßte ihre Entscheidung, Transjordanien in die Unabhängigkeit zu entlassen. Die Zionisten waren empört. Transjordanien sei ein Teil der nationalen Heimstätte, ein Teil des Mandatsgebiets, und Großbritannien habe es illegalerweise abgetrennt. Dieser Vorschlag stelle einen weiteren Bruch der Versprechungen Balfours dar. Martin Charteris berichtete: Es handelt sich um eine Angelegenheit, die »den Herzen des Jischuw teuer [ist], die ihm Gelegenheit gibt, die Araber zu verhöhnen und die Bibel zu zitieren.« Transjordanien erhalte nun das Recht, den Vereinten Nationen beizutreten, und es stelle einen Grund für große Besorgnis und bittere Enttäuschung dar, wenn feindliche, politisch unreife Nationen dort Mitglied werden könnten, die wenig getan hätten, um den Nationalsozialismus zu besiegen, »während wir mit unseren Einsteins und Laskis weiter die Zigeuner und Herumlungerer in der Lobby darstellen werden.«[77]

Ein Brief aus Eritrea brachte das nächste Problem für Cunningham: »Am 17. Januar 1946 um 9 Uhr früh geschah ein schreckliches, kaltblütiges Verbrechen im jüdischen Internierungslager bei Asmara. Ohne jeden Grund, ohne jede Provokation wurde konzentriertes Maschinengewehr- und Gewehrfeuer gegen das Lager gerichtet. Zwei Internierte fanden den Tod, zwölf erlitten ernsthafte Verletzungen.«[78] Eine jüdische Delegation teilte ihm mit, die sudanesischen Wachsoldaten seien Amok gelaufen, und die Nachrichten über das Massaker verbreiteten sich in Palästina wie ein Lauffeuer.

Die vorgeschlagene Einwandererquote von tausenfünfhundert im Monat war für die Arabische Liga genauso unannehmbar wie für die Jewish Agency. Scheinbar sollte das Weißbuch zu einem weiteren gebrochenen Versprechen der Briten werden. »Wir wissen nicht, woran wir mit ihnen sind. Wenn wir dem zustimmen, wird es ihre letzte Forderung sein?« fragte Ibn Saud am 6. Januar 1946. Er teilte dem britischen Vertreter Lawrence Grafftey-Smith mit, ihn beunruhige nicht die Quote der jüdischen Einwanderung, sondern die Tatsache, daß es keinen sicheren Schlußtermin gebe. Dazu schreibt Grafftey-Smith: »Ibn Sauds Unterstützung unserer Sache während des Krieges und seine ständigen Ratschläge an die Araber zur Mäßigung und zum Vertrauen in die Versicherungen der Regierung Seiner Majestät scheinen ihm nun betrogen und verraten.« Charles Baxter drückte die Ansicht des gesamten britischen Außenministeriums aus: »Es gibt keine Hoffnung auf Beruhigung und Zusammenarbeit der beiden Gemeinschaften, solange sich die jüdische nationale Heimstätte ständig ausdehnt.«[79]

Aber angesichts des Drucks der Amerikaner und des Jischuw konnte man diese Position nicht länger aufrechterhalten. Cunningham schrieb: »Selbst wenn die Arabische Liga die neuesten Vorschläge für eine vorläufige Quote zurückweist, hoffe ich, daß die Regierung Seiner Majestät eine solche festsetzen wird.«[80] Die Liga hatte einen Boykott gegen zionistische Produkte erklärt. In den europäischen Flüchtlingslagern herrschte gärende Unzufriedenheit. Ein Ende der jüdischen Einwanderung war zu einem solchen Zeitpunkt undenkbar. Es hätte zu einer Explosion führen können. Halls Stellvertreter Arthur Creech-Jones wies Bevin darauf hin, die Nichtexistenz einer Einwanderungsquote sei gefährlich und möglicherweise gesetzwidrig. Trotz scharfer Proteste britischer Vertreter in verschiedenen Teilen der arabischen Welt kam Bevin am 26. Januar zu dem Schluß, es gebe »keine Alternative« zur Fortdauer einer Quote von tausendfünfhundert Menschen.[81]

Inzwischen setzte die Kommission ihre Anhörungen in London fort. Die britischen Zionisten trugen ihre Sache mit weniger Aggressivität aber mit derselben Überzeugungskraft vor. Der ehemalige Hohe Kommissar Lord Samuel sprach zugunsten eines Kantonalsystems. Der syrische Vertreter Faris el-Khoury fragte den amerikanischen Mitvorsitzenden Richter Joseph Hutcheson: »Warum geben Sie nicht den Juden einen Teil von Texas?«[82] Andere arabische Zeugen sprachen mit offensichtlichem Mitgefühl von den Leiden der Juden, sie wiesen jedoch darauf hin, daß es nicht sie, sondern Europäer waren, die diese Leiden verursacht hatten. Bevin gab im Dorchester Hotel einen Lunch für die Kommission. Nach Crossmans Darlegung versprach er dabei, falls ihr Bericht einstimmig erfolge, werde er alles tun, um seine Empfehlungen durchzusetzen.[83]

Die Kommissionsmitglieder reisten in verschiedene Teile Europas, um die Lage der Flüchtlinge zu studieren. Crossman, der diese Reise wegen einer Erkrankung zehn Tage später antrat, fand seine Kollegen tief bewegt und verändert: »Sie hatten den einzigartigen und unvergeßlichen Geruch zusammengepferchter, heimatloser Menschen zu spüren bekommen. Sie hatten mit ihren Augen und Ohren gesehen und gehört, was es bedeutet, der einzige Überlebende einer Familie zu sein, die die Deutschen in ein Konzentrationslager oder zur Sklavenarbeit verschleppt hatten. Die abstrakten Auseinandersetzungen über den Zionismus und den jüdischen Staat schienen nach dieser Erfahrung menschlicher Erniedrigung seltsam fernliegend.«

Die jüdischen Überlebenden waren sich in ihren Forderungen fast völlig einig. Palästina bedeutete für sie die erste und einzige Niederlassungsmöglichkeit. Sie erklärten, zwar hätten die amerikanischen Juden ihnen Geld geschickt, aber die palästinensischen Juden böten ihnen ein Heimatland. Als sie auf ihren Antragsformularen ein zweites mögliches Einwanderungsziel angeben sollten, schrieben viele einfach das Wort: »Krematorium«. Palästina bot ihnen eine Hoffnung, Europa stellte für sie nur ein Gräberfeld dar.[84]

Dies alles verstieß gegen Bevins Annahme, die meisten Juden wollten – hätten sie freie Wahl – in Europa bleiben oder sich jenseits des Atlantiks niederlassen. In London betrachteten dies manche nur als Ergebnis zionistischen Drucks in den Flüchtlingslagern. Großbritannien besaß Geheiminformationen, daß Vertreter des Palmach und der Haganah die Flüchtlinge bevormundeten und sie instruierten, wie sie vor der Kommission auszusagen hatten. Die polnische und die rumänische Regierung gestatteten allen Juden, in britische oder amerikanische Gebiete auszuwandern. Das Joint Distribution Committee (Flüchtlingshilfskomitee) gab angeblich Unterstützungszahlungen von bis zu dreihundertfünfzig Dollar pro Familie.[85] Aber nach Ansicht der Delegierten schien ihr Drang, Europa in Richtung Palästina zu verlassen, echt und unwiderstehlich.

Ende Februar flogen sie von Wien nach Kairo, um weitere Vertreter der arabischen Seite anzuhören. Ihr geschicktester Vertreter war der Sekretär der Arabischen Liga Azzam Pasha, dessen Worte sich in der folgenden berühmten Stelle aus Arthur Koestlers Roman über die Irgun ›Diebe in der Nacht‹ wiederfinden: »Ihr müßt verstehen, daß dies unser Land ist. Wir wollen keine fremden Wohltäter. Wir wollen keine gönnerhafte Behandlung. Wir wollen auf unsere Art leben, ohne fremde Lehrer, fremdes Geld, fremde Sitten, wir wollen kein herablassendes Lächeln, kein Schulterklopfen, keine Arroganz, wir wollen nicht, daß Eure schamlosen Weiber ihre Hüften an den heiligen Stätten schwingen. Wir wollen weder Euren Honig noch Euren Stachel. Macht Euch das klar – weder Euren Honig, noch Euren Stachel.«[86]

In Kairo ging Azzam mit ähnlichen Formulierungen auf Behauptungen ein, daß die Araber von der zionistischen Bewegung profitieren würden: »Die Araber sagen einfach ›Nein‹! Wir sind nicht reaktionär und wir sind nicht zurückgeblieben. Selbst wenn wir unwissend sein sollten – der Unterschied zwischen Unwissen und Wissen beträgt zehn Schuljahre. Wir sind eine lebendige, sehr lebenskräftige Nation. Wir erleben unsere Renaissance; wir produzieren so viele Kinder wie jede andere Nation der Welt. Wir besitzen immer noch unseren Verstand. Wir besitzen ein großes Erbe an Zivilisation und Kultur. Wir wollen nicht zulassen, daß wir von irgendwelchen großen oder kleinen oder verstreuten Nationen beherrscht werden.«

Aber in britischen und amerikanischen Augen trugen die palästinensischen Araber die schwere Last der Verantwortung für die eindeutige Zusammenarbeit ihres einzigen wirklichen Führers Haj Amin al-Husseini mit dem nationalsozialistischen Deutschland. Seit 1941 war er der Leiter der Rundfunkprogramme in arabischer Sprache aus Berlin, Athen und Rom. 1942 gratulierte er Mussolini zu seinen Siegen in Nordafrika, er rief die Ägypter auf, die deutschen und italienischen Truppen zu unterstützen und die britischen Unterdrücker zu bestrafen. Nach dem japanischen Überfall auf Pearl Harbour sandte er eine Botschaft an Kaiser Hirohito und versicherte ihm, daß die Araber für den japanischen Sieg beten würden. Er protestierte gegen bulgarische Pläne, jüdische Kinder nach Palästina reisen zu lassen.[87] 1944 reiste er nach Jugoslawien, er forderte die dortigen Moslems auf, gegen Marschall Tito zu kämpfen, es gibt Fotos auf denen er in Bosnien moslemische Truppen in deutscher Uniform inspiziert.[88] All dies ist verbürgt.

Es gab weitere, noch ernsthaftere Vorwürfe – er habe die Araber aufgehetzt, den Jischuw physisch zu vernichten, und sich an der Ausrottung der europäischen Juden beteiligt. Rudolf Kastner, ein Mitarbeiter der Jüdischen Hilfsorganisation in Budapest, behauptet von Dieter Wisliceny, einem engen Mitarbeiter Eichmanns, erfahren zu haben, daß der Mufti an der nationalsozialistischen Entscheidung beteiligt war, alle Juden im deutschen Herrschaftsbereich zu töten: »Er [der Mufti] war einer der besten Freunde Eichmanns, er hat ihn ständig aufgehetzt, die Ausrottungsmaßnahmen zu beschleunigen. Ich habe gehört, daß er incognito in Begleitung Eichmanns die Gaskammern von Auschwitz besucht hat.«[89]

Arabische Zeugen erklärten der Kommission, daß sie den Mufti nicht einfach als Kriegsverbrecher oder Verräter ansähen. Anwar Nusseibeh meint dazu: »Ich glaube nicht, daß sich Haj Amin an der Massenvernichtung beteiligt hat oder ihr jemals zugestimmt hätte. Sein einziges Ziel bestand darin, die Eroberung Palästinas durch die Zionisten zu verhindern. Wir billigten nicht, daß er nach Deutschland ging, aber wir konnten verstehen, daß er keine andere Möglichkeit sah.« Diese ambivalente Haltung stieß damals in London auf Verständnis. George Hall schrieb: »Der Mufti genießt immer noch die Achtung der arabischen und islamischen Völker in vielen Teilen der Welt, und als religiöser Führer behält er in ihren Augen eine bestimmte Würde.«[90] Aber in den Vereinigten Staaten, die kaum Verbindungen zur arabischen Welt besaßen, stieß diese Ansicht nicht auf Verständnis und setzte alle palästinensischen Araber in ein schlechtes Licht.

Im Mai 1945 war der Mufti in französische Hände gefallen, und man hielt ihn in der Nähe von Paris unter Hausarrest. Zunächst versuchten die Briten, seine Auslieferung zu erreichen, aber bald kamen sie, wie schon so oft in der Vergangenheit, zu dem Schluß, lieber dem Problem, was mit ihm geschehen solle, auszuweichen. Sie meinten, daß es »unvorteilhaft sei, diesen palästinensischen Verrätern den Prozeß zu machen.«[91] Im Februar 1946 forderte die Jewish Agency Großbritannien offiziell auf, gegen ihn einen Kriegsverbrecherprozeß anzustrengen, und als daraufhin nichts geschah, erhob sie den Vorwurf, Großbritannien dulde seine Flucht.

Am 13. Februar verschärfte Shertok den Propagandakrieg durch eine scharfe Rede vor dem Vaad Leumi. Er führte aus, die britische Armee verübe schamlose Morde an friedlichen jüdischen Bürgern, und die offiziellen

Erklärungen verschleierten die blutigen Tatsachen: »Gewaltsam aus ihrem Heimatland entführte Juden, die man in ausländische Verbannung geschickt hat, sind dort den Mordtaten menschlicher Bestien ausgesetzt, die ihre Bewacher sind.«[92] Cunnigham erhielt dann den Freispruch des eritreischen Untersuchungsgerichts übersandt. Es gelangte zu dem Schluß, die sudanesischen Wachsoldaten hätten das Feuer erst eröffnet, nachdem ein Internierter einen Stein nach ihnen geworfen habe und fünfundzwanzig andere versucht hätten, durch das Tor zu entkommen. Die Wachen seien keineswegs Bestien in Menschengestalt, sondern hätten völlig richtig gehandelt.[93]

Cunnigham stellte London Shertoks Rede als ein gutes Beispiel dessen dar, was er in Palästina zu ertragen habe. Ein wichtiger Vertreter der Jewish Agency, der wiederholt seine Ablehnung des Terrorismus zum Ausdruck gebracht hatte, reizte in Wirklichkeit zu Terrorakten auf: »Meine Rechtsberater weisen mich darauf hin, daß diese Rede zweifellos staatsgefährdend ist und selbst wenn aus Beweismangel keine Strafverfolgung ratsam sei, so sei doch eine Internierung nach Artikel 143 (1) der Verteidigungs(not)verordnungen von 1945 statthaft.« Aber wie schon zuvor kam er zu dem Schluß: »Nach gründlicher Erwägung habe ich mit einigem Zweifel beschlossen, unmittelbar nichts zu unternehmen.«[94]

Am 6. Februar tauchten auf den Straßen Flugblätter der Lehi auf, die mit weiteren Angriffen und Morden drohten. Am gleichen Tag griff die Lehi eine Bank an und tötete dabei zwei Juden, am 15. Februar unternahm sie einen weiteren Anschlag gegen das Leben von Superintendent R. O. Cafferata, den man als den Verantwortlichen für das Massaker an den Juden von Hebron im Jahre 1929 ansah. Drei Tage später verhaftete man acht Männer der Irgun und eine Frau, Geula Cohen, bei illegalen Radiosendungen vom Dachgeschoß eines Hauses in Tel Aviv aus. Charteris berichtet darüber: »Während der Sender seine üblichen Beschimpfungen gegen die Regierung ausstrahlte, umzingelten Polizei und Militär das Haus und führten eine Suchaktionen durch.« Man konnte im Radio hören, wie die Polizei in das »Studio« eindrang und Geula Cohen fragte: »Was ist los?«

Am 20. Februar zerstörte der Palmach die Radarstation auf dem Berg Karmel. »Die Operation wurde erfolgreich durchgeführt, sie beruhte auf guter Planung und genauester Orstkenntnis,« meint Charteris dazu. Am folgenden Tag ereigneten sich Überfälle auf Polizeireviere in Shafa Amr, Kefar Vitkin und Sarona. Die Aktion in Sarona schlug fehl, da die Polizei gewarnt war und den Angriff erwartete. Vier Angehörige des Palmach kamen ums Leben.[95]

Den größten Schock verursachte jedoch die Reaktion der jüdischen Führer auf diese Todesfälle. Eine Menge von fünfzigtausend Menschen säumte die

Beerdigungsprozession am 24. Februar. Der Oberrabbiner von Jerusalem hatte den Gottesdienst übernommen, und viele Führer des Jischuw, darunter der Vorsitzende des Vaad Leumi David Remez, nahmen teil. Jüdische Polizisten und Soldaten marschierten im Begräbniszug mit. Kol Israel, der Sender der Haganah, verkündete: »Sie haben ihr Blut nicht sinnlos vergossen, kein Tropfen ihres heiligen und unschuldigen Blutes floß umsonst. Es wird nicht auf den Boden treffen, bevor es nicht durch die Mauern der Sklaverei gesickert ist und die Ketten zerfressen hat, die generationenlang Heil und Licht gefesselt haben.«

Cunnigham berichtete: »Sie können sich die Konsequenzen einer Situation vorstellen, bei der am Tag der Ankunft Dr. Weizmanns in Palästina jüdische Terroristen des Palmach als nationale Helden beerdigt wurden, die man auf frischer Tat erschossen hatte, als sie Polizeieinrichtungen mit Waffen- und Sprengladungen angriffen.«[96] Martin Charteris bemerkte in seiner vierzehntäglichen Nachrichtenzusammenfassung: »Es wäre eine vergleichbare Situation, wenn der Sprecher des Unterhauses und die Führer der Gewerkschaften mit größtem Respekt am Begräbnis von vier Männern teilnähmen, die von der Polizei bei einem erfolglosen Bombenangriff auf Scotland Yard erschossen worden sind.«[97]

Am nächsten Tag überfielen drei Irgungruppen unter dem Kommando von Amihai Paglin die Flugplätze der britischen Luftwaffe in Qastina, Patah Tiqva und Lydda und beschossen eine Anzahl Flugzeuge. Es gab keine Opfer unter den Briten, aber insgesamt zweiundzwanzig Flugzeuge wurden schwer beschädigt oder zerstört. In weniger als einer Stunde zerstörte die Irgun britisches Eigentum im Werte von fast einer Million Pfund. Wie ein Beamter feststellte, übertraf dies das geplante Erziehungsbudget der palästinensischen Regierung für das kommende Jahr.

Am 8. März kam die Kommission in Palästina an, um die letzte Anhörungsserie durchzuführen. Man befragte Ben Gurion, Shertok und Frau Meyerson nach der Kontrolle der Exekutive der Jewish Agency über die Haganah: »Sie alle sagten aus, daß ihnen keine Einzelheiten bekannt seien und daß sie von keiner Kontrolle wüßten, aber es kann sehr wenig Zweifel geben, daß sie die Wahrheit vermieden,« schrieb Charteris. Ben Gurion wiederholte, daß es »sinnlos« sein würde, wenn die Agency versuchte, den Terrorismus zu unterdrücken. Crossmans Kommentar dazu lautete: »Er möchte beides zugleich, als Vorsitzender der Agency will er dem Gesetz treu bleiben, aber er will auch den Terror tolerieren, um dadurch Druck auf die Verwaltung auszuüben. Dies ist eine fragwürdige Politik.«[98]

Golda Meyerson sagte vor der Kommission: »Meine Herren, die sie das große Glück haben, zu den beiden großen demokratischen Nationen, der britischen und der amerikanischen, zu gehören, wie sollten sie selbst mit dem besten Willen unsere Probleme verstehen können, verstehen, was es heißt, einem Volk anzugehören, dessen Daseinsrecht man ständig in Frage stellt.«[99] Sie selbst konnte den Wandel der britischen Politik überhaupt nicht verstehen. Heute meint sie: »Hier ging es um die Briten, von denen wir annahmen und immer noch annehmen, daß sie mehr als alle anderen für die Niederlage des Nationalsozialismus und Hitlers getan haben. Wir bewunderten die Briten außerordentlich. Aber dann, als sie die Nazis besiegt hatten, schien es, als müßten sie nun uns besiegen. Sie schickten Zerstörer, um die Juden daran zu hindern, in dieses Land zu kommen, die gleichen Zerstörer, die gegen die nationalsozialistischen Unterseeboote gekämpft hatten. Es schien eine verrückte Welt zu sein.«

Am 12. März erhöhte Jamal Husseini ohne Zweifel die Verwirrung der Kommissionsmitglieder, als er ihnen offen sagte, sein Schwager Haj Amin sei immer noch der einzige, der wirklich fähig sei, für die arabischen Palästinenser zu sprechen. In Jamals Augen hatte der Mufti während seiner Berliner Jahre nichts anstößiges getan. Er hatte nur jede Hilfe angenommen, die er im Kampf gegen die zionistischen Agression finden konnte. Wenige Tage darauf sagte er zu Crossmann bei einem von Katie Antonius berühmten Empfängen: »Ich liebe englische Bücher, und ich las sie im Internierungslager. Aber ich habe die meiste Zeit meines Lebens damit verbracht, gegen die Briten zu kämpfen, und es sieht so aus, als würde ich dies bald wieder tun.«[100] Palästina sei ein arabisches Land und daher sei es völlig gerechtfertigt, Gewalt einzusetzen, um andere daran zu hindern, es zu rauben.

Die Kommissionsmitglieder reisten zwei Wochen lang durch Palästina, sie besuchten arabische Dörfer, Kibbuzzim, Plantagen und Fabriken und vertieften sich in das Problem. In der Nacht zum 26. März gab es große Unruhe, als die Haganah versuchte, erneut ein Einwandererschiff anlegen zu lassen, daß sie in ›Orde Wingate‹ umgetauft hatte. Sie besetzte einen Strandabschnitt nördlich von Tel Aviv, unternahm eine Anzahl Ablenkungsangriffe in diesem Gebiet, verminte die Straßen oder blockierte sie mit beschlagnahmten Lastkraftwagen. Gruppen von Zivilisten waren an Ort und Stelle, um den Einwanderern an Land zu helfen, sowie eine Menge Busse, in denen sie sich mit der einheimischen Bevölkerung vermischen konnten.

Aber vier Meilen vor Tel Aviv näherte sich ein britischer Zerstörer, die HMS ›Chevron‹, der ›Orde Wingate‹, sie befahl ihr zu stoppen und als sie sich weigerte, feuerte sie mit Maschinengewehren auf ihren Bug und ihr Takelwerk. Daraufhin ergab sie sich und wurde nach Haifa eskortiert, wo hundertachtundfünfzig Männer und neunzig Frauen an Land gingen, dort internierte man sie, und sie mußten abwarten, bis sie im Rahmen der Einwandererquote freigelassen wurden. Der Geheimdienstoffizier David Barthall berichtete: »Dieser Haufen von Illegalen sah besonders finster drein, besonders unter den Männern befanden sich offensichtlich viele für die Irgun und die Stern-Gruppe.«[101]

Am 28. März flog die Kommission in die Schweiz, im Beau Rivage Hotel bei Lausanne sollte sie versuchen, das Ergebnis von drei Monaten intensiver Untersuchungen in einem möglichst einstimmigen Bericht zusammenzufassen. Einige Tage später schrieb Charteris: »Während sich das anglo-amerikanische Komitee in Lausanne aufhält und versucht, eine praktikable Lösung des Palästinaproblems zu finden, halten fünfzehn jüdische Führer, die man aufgrund ihres hervorragenden Gesundheitszustandes ausgewählt hat, im Gebäude der Jewish Agency einen Hungerstreik ab und erschweren damit zusätzlich die Lösung des Problems.«[102] Dann wurde bekannt, daß die italienischen Behörden am 4. April einen Konvoi von siebenunddreißig britischen Lastkraftwagen nahe ihrer nord-westlichen Küste gestoppt hatten und herausfanden, daß diese tausendzweihundert junge Juden nach dem Hafen La Spezia transportierten, von wo aus zwei Schoner, die ›Fede‹ und die ›Fenice‹, sie nach Palästina bringen sollten.

Man brachte sie unter Bewachung auf der ›Fede‹ unter. Nach Tagen gerieten sie allmählich in eine verzweifelte Stimmung. Sie drohten damit, daß täglich zehn von ihnen Selbstmord begehen würden und daß sie ihr Schiff im Hafen versenken würden. Der polnisch sprechende britische Major Denis Hills sollte mit ihnen ein Gespräch führen. Er berichtet: »Sie stießen mich herum und nannten mich einen ›englischen Sadisten‹.« Die örtlichen italienischen Behörden sahen keinen Grund, gegen bemitleidenswerte jüdische Flüchtlinge scharfe Maßnahmen zu ergreifen. Die Hafenarbeiter drohten mit einem Sympathiestreik. Schließlich besuchte der britische Labour-Führer Harold Laski den Schauplatz der Ereignisse. Der britische Hohe Kommissar Noel Charles berichtete: »Die Leute befanden sich in einer häßlichen Stimmung, unter anderem beschuldigten sie die Briten, für den Mord an vier Millionen Juden verantwortlich zu sein. Mr. Laski führte aus, ohne die Briten würde möglicherweise keiner von ihnen heute mehr unter den Lebenden weilen.«[103] Er erklärte sich jedoch bereit, ihre Sache gegenüber Ernest Bevin zu vertreten.

Thomas Wikely sah in dem Vorfall »eine besonders schamlose Verhöhnung« der britischen Autorität. Er schrieb an Bevin: »Die Gruppe reiste ursprünglich illegal nach Italien ein. Man transportierte sie unrechtmäßig mit achtunddreißig der britischen Armee gehörenden Fahrzeugen nach Spezia. Drei jüdische Unteroffiziere leiteten den Konvoi illegal. Die Gruppe besaß illegal britische Armeerationen, die für zehn Tage ausreichten. Nun hat man sie gefangen, und sie weigern sich, Fragen zu beantworten, sie nehmen eine

Trotzhaltung ein und haben sogar damit gedroht, den britischen Offizier zu erschießen, der sich um sie kümmern sollte.«[104] Generalmajor C. S. Sugden teilte dem Außenministerium seine Ansicht mit: »Mir ist völlig klar, daß es beträchtliche politische Schwierigkeiten mit sich bringt, wenn man sie nach Polen zurückbefördert, aber die einzige Alternative scheint darin zu bestehen, sie in Italien freizulassen, dann werden sie die erste sich bietende Gelegenheit zur illegalen Auswanderung ergreifen.«[105]

Aber die übrige demokratische Welt teilte diese gleichgültige Haltung nicht, sie betrachtete die Flüchtlinge nicht als Kriminelle sondern als Opfer, die Unterstützung verdienten. Am 11. April hielt der Vaad Leumi eine Sondersitzung ab. Drei Tage später legte der gesamte Jischuw die Arbeit nieder, und seine Führer begannen ihren Hungerstreik, sie nahmen nur noch ungesüßten Tee und Zigaretten zu sich. Golda Meyerson warnte die Briten davor, der tragischen Flotte der ›Patria‹ und der ›Struma‹ ein weiteres Schiff hinzuzufügen. George Hall schrieb an Attlee: »Der Hungerstreik soll ein politisches Druckmittel gegen uns darstellen.« Die Regierung stand vor einer schwierigen Entscheidung, entweder gab sie gegenüber dem moralischen Druck nach und ermutigte damit zu weiteren illegalen Handlungen, oder sie blieb fest und riskierte damit einen Skandal, wenn irgendein Flüchtling oder ein im Hungerstreik befindlicher jüdischer Führer zu Schaden kam.

Am 18. April traf Laski, wie versprochen, mit Bevin zusammen, er konnte den Außenminister so weit erweichen, daß er sich entschied, die Flüchtlinge der ›Fede‹ »tropfenweise, sagen wir jeweils hundert« außerhalb der Quote einreisen zu lassen.[106] Ende Mai befanden sie sich alle in Palästina. Dies steigerte das Prestige der Jewish Agency bedeutend, die dringend einen Erfolg benötigte, um zu zeigen, daß sie der britischen Politik genauso wirkungsvoll entgegentreten konnte wie die Irgun.

In Lausanne hatte die Kommission große Schwierigkeiten, zu einstimmigen Schlüssen zu gelangen. Nach zwei Wochen, eine Woche bevor der Text fertig sein mußte, hatte es den Anschein, als würde es zwei oder gar drei Schlußberichte geben. Alle stimmten darin überein, daß Palästina weder ein jüdischer noch ein arabischer Staat werden sollte, aber zu den anderen Punkten gingen die Meinungen auseinander, dies galt besonders für das Problem der hunderttausend Flüchtlinge. Richter Hutcheson und drei weitere Amerikaner wollten sie bedingungslos ins Land lassen. Der Mitvorsitzende John Singleton wollte ihre Einreise von der vorherigen Auflösung der jüdischen Streitkräfte abhängig machen. Crossman und zwei Amerikaner, Bartley Crum und James McDonald, befürworteten die Teilung.[107]

Trumans öffentliche Stellungnahmen und der jüdische Druck beeinflußten die amerikanischen Kommissionsmitglieder stark, die britischen dagegen standen unter dem Einfluß ihrer araberfreundlichen Berater und der bekanntermaßen antizionistischen Ansichten ihres Außenministers. Singleton stand den Ansichten der Regierung, die ihn ernannt hatte, besonders nahe. Andererseits zeigten sich alle vom schweren Schicksal der jüdischen Flüchtlinge tief bewegt. Sie konnten Bevins Ansicht nicht teilen, daß die Juden insgesamt ihre Erfahrungen während der Kriegszeit »überstanden« hatten. Neun Zehntel hatten sie keineswegs überstanden und das überlebende Zehntel war von schweren Narben gezeichnet.

Ein weiterer schwacher Punkt der offiziellen britischen Position lag darin, daß man als Symbol der zukünftigen allgemeinen anglo-amerikanischen Zusammenarbeit dringend nach Einmütigkeit strebte. Großbritannien war nicht mehr der gleichwertige Partner der Kriegsallianz. Es spielte nun die Rolle des müden Kriegers, des armen Verwandten, und es benötigte eine bedeutende amerikanische Anleihe, um seine Wirtschaft wieder aufzubauen. Bartley Crum, der inzwischen ein entschiedener Anhänger des Zionismus geworden war, verglich die Haltung der Briten mit der eines alten Schauspielers, der seinen Nachfolger auf die Übernahme seiner Hauptrolle auf der Weltbühne vorbereitet.[108]

Aber wie die meisten Amerikaner sah Crum keinen Grund, warum man den Wohlstand seines Landes benutzen sollte, um das sterbende britische Empire zu stützen, und er fand, daß seine britischen Kollegen, insbesondere Beeley, unter einer unvernünftigen Furcht vor der Sowjetunion litten. Wenn ein Konflikt zwischen dem britischen Empire und der Sowjetunion bestand, ergab sich seiner Ansicht nach daraus kein Grund und keine Notwendigkeit für einen gleichartigen Konflikt zwischen Rußland und den Vereinigten Staaten: »Wenn wir auch auf verschiedenen Straßen reisen, so kann doch jeder viel vom anderen lernen.«[105]

Weil die Briten die Einmütigkeit so sehr benötigten, befanden sie sich in einer entsprechend schwachen Position, als es zu einer Diskussion über die Einreise der hunderttausend kam. Crossman schreibt darüber: »Dies war der bei weitem schwierigste Punkt der gesamten Auseinandersetzung. Wir gelangten schließlich zu einer Einigung, indem wir in den Lagebericht eine vollständige und objektive Darstellung der Tatsachen über die illegale Armee aufnahmen.«[110] Anstatt, wie es Singleton wünschte, die Einreise der hunderttausend von der Entwaffnung der Juden abhängig zu machen, nahm man in den Bericht eine Beschreibung der verschiedenen jüdischen Kampfgruppen, einschließlich der Haganah, auf, sowie einen Appell an die Jewish Agency, bei der Unterdrückung des Terrorismus mit den Briten zusammenzuarbeiten.

Dennoch hatte die britische Regierung gute Gründe zur Zufriedenheit mit dem Text, den man am 20. April in Lausanne veröffentlichte. Die Kommission erreichte Einstimmigkeit und wies die zionistischen Argumente zurück, die so beredt in Washington, London, Palästina und in den Flüchtlingslagern vorgebracht worden waren. In gewissen wichtigen Aspekten stellte das Dokument ein Echo der Worte Ernest Bevins dar, der gesagt hatte, Palästina könne das jüdische Flüchtlingsproblem nicht allein lösen, und Palästina solle weder ein jüdischer noch ein arabischer Staat werden. Aber bald wurde deutlich, daß nach Ansicht Bevins und des Außenministeriums die Empfehlung für die Einreise der hunderttausend scharf gegen die Linie der britischen Politik verstieß. Aus diesem Grunde stellte der Bericht eine Enttäuschung dar.

Crossmans privater Bericht vom 22. April rief einen verletzenden Kommentar von Harold Beeley hervor: »Man hat den allgemeinen Eindruck, daß Mr. Crossman zu der Ansicht gelangt ist, die Juden stellten – ganz abgesehen von den amerikanischen Reaktionen – eine größere militärische Gefahr als die Araber dar. Dies stimmt nicht mit der Ansicht der militärischen Berater der Regierung Seiner Majestät überein.« Attlee stellte den noch unveröffentlichten Text des Berichts sofort seinen Stabschefs und den führenden Beamten des Außenministeriums, des Kolonialministeriums, des India Office und des Schatzamtes zu. Crossman schrieb: »Im Nahen Osten hatten wir uns ein Urteil gebildet, indem wir die widersprüchlichen Ansichten, auch die der britischen Beamten, gegeneinander abwogen. Nun, im Augenblick der Entscheidung, gaben die Beamten ihr Urteil über unser Urteil ab.«[111]

Inzwischen überfiel die Irgun am 23. April das Polizeirevier von Ramat Gan. Ein jüdischer Telefonist gab eine Alarmmeldung durch, und Polizeiverstärkungen aus Petah Tiqva kamen gerade in dem Augenblick an, als sich die Angreifer mit Beutewaffen und -munition zurückzogen. Es kam zu einem Schußwechsel, bei dem ein arabischer Polizist und ein Mitglied der Irgun den Tod fanden. Ein anderer Irgunkämpfer, Dov Gruner, wurde ernsthaft verletzt und gefangengenommen. Am 25. April kam es dann zur skrupellosesten aller Aktionen der Lehi, zu einem Ereignis, das die britische öffentliche Meinung empörte, Soldaten bis an den Rand der Meuterei reizte, und, da es fünf Tage nach Abschluß des Berichts und fünf Tage vor seiner Veröffentlichung geschah, führte es zweifellos zur Verstärkung von Bevins Widerstand gegen eine zukünftige jüdische Masseneinwanderung.

Generalmajor James Cassels berichtet: »Zwei Monate nachdem ich das Amt des Divisionskommandanten übernommen hatte, ermordete die Stern-Bande vorsätzlich sieben meiner Soldaten in Tel Aviv. Es ist völlig klar, daß es sich nicht um einen Kampf, sondern um einen Mord handelte.« Nach den britischen Kriegstagebüchern betraten an jenem Abend um 20.30 Uhr fünfundzwanzig bis dreißig männliche und weibliche Angehörige der Irgun ein Haus, von dem aus man die Wachzelte des Parkplatzes der Sechsten Luftlandedivision übersehen konnte, sie hielten die Bewohner auf und errichteten Feuerstellungen. So konnten sie der Angriffsgruppe Feuerschutz geben, die vierzig Minuten später durch das Tor eindrang und einen Wachsoldaten erschoß. Dann gingen vier Lehileute zu dem Wachzelt, in dem Sergeant Peat und zwei Soldaten wohnten.

Peat berichtete: »Ich machte sofort das Licht aus und ging zum Gestell mit den Gewehren, um sie schußbereit zu machen. Während ich dies tat, betraten vier bewaffnete Männer das Zelt. Ich, MacKay und Gilliard lagen auf dem Boden und die Eindringlinge leuchteten uns mit Fackeln an. Sie leuchteten MacKay an, gaben einen Feuerstoß auf ihn ab, dann wandten sie ihre Aufmerksmakeit Gilliard zu und taten mit ihm das Gleiche. Sie benutzten ›Tommy‹-Maschinenpistolen. Dann wandten sie sich mir zu, schossen auf mich, aber daneben. Ich täuschte eine Verwundung vor. Dann nahmen sie zwölf Gewehre aus dem Zelt mit.«[112]

Die Lehileute betraten ein weiteres Zelt und töteten zwei Anwesende, die Soldaten Knight und Hope. Der britische Bericht fährt fort: »Es ist unbekannt, was in dem dritten Zelt geschah, da beide Anwesende den Tod fanden. Sie waren jedoch unbewaffnet.« Zwei weitere unbewaffnete Soldaten, die nicht zur Wache gehörten, wurden noch auf dem Platz getötet, dann ertönte das Warnsignal, die Lehi-Gruppe zog sich mit zwölf Beutegewehren zurück, dies waren die einzigen Waffen dort, abgesehen von zwei oder drei leichten Maschinengewehren der Wachen. Die von einem Sergeanten geleitete Wache von fünfzehn Mann hatte nur die Aufgabe, den Diebstahl der Autos der Soldaten zu verhindern.[113]

Geula Cohen berichtet, das Ziel der Aktion sei die Erbeutung von Waffen gewesen: »Wir wollten einfach Gewehre und Ausrüstungen stehlen, ohne Aufmerksamkeit zu erregen.« Aber dies läßt sich kaum mit den Augenzeugenberichten über die Aktion der Lehi vereinbaren, die alle die folgende Schlußfolgerung des MI 6-Offiziers Gyles Isham bekräftigen: »In erster Linie schien es das Ziel zu sein zu töten, und in zweiter Linie ging es um die Eroberung aller in der Nähe zu findenden Waffen.«[114]

Sergeant A. Bruce vom Fünften Fallschirmjägerbataillon erinnert sich an den niederschmetternden Eindruck dieses Vorfalls auf die jungen britischen Soldaten: »Meine Leute standen kurz vor der Meuterei. Es gab eine geheime Zusammenkunft. Die jeweiligen Redner blieben unsichtbar, damit man sie nicht identifizieren und später bestrafen konnte. Wir standen am Rande der Raserei, und allgemein herrschte das Gefühl, daß wir zurückschlagen sollten. Die Frage war nur, gegen wen sollten wir losschlagen?« Schließlich unternahmen sie gar nichts. Die Offiziere merkten, was vorging, und sorgten für eine Entspannung der Lage, indem sie alle Waffen des Bataillons wegschlossen.

Zwei oder drei Dutzend Soldaten rotteten sich in Nathaniya zusammen, zerschlugen Fensterscheiben und verletzten zwei jüdische Zivilisten leicht. In der Siedlung Beer Tuvya, fünfzig Meilen südlich von Tel Aviv, zerbrachen ungefähr dreihundert Angehörige der in Qastina stationierten Dritten Fallschirmjägerbrigade Fensterscheiben, demolierten ein Haus und verletzten zwei Siedler schwer, dann wurden sie von der Militärpolizei zerstreut und abtransportiert.[115] Cassels suchte dann mit seinem Oberkommandierenden Generalleutnant John D'Arcy den Hohen Kommissar auf: »Ich teilte ihm mit, daß ich eine sehr schneidige Fallschirmjägerdivision kommandierte, wenn ich nichts unternähme, könnte es leicht zu einer Meuterei kommen. Ich wollte einen sehr nachdrücklichen Schritt unternehmen, aber ich fand überhaupt keine Unterstützung. Er sagte, wenn es zu einer Meuterei käme, würde er einen neuen Divisionschef finden. Von da an schätzte ich ihn nicht besonders.«

Cassels und D'Arcy forderten Cunningham auf, der Bevölkerung von Tel Aviv eine Geldstrafe von einer Million Pfund aufzuerlegen, Häuserblocks in der Stadt für die Benutzung durch Truppen zu beschlagnahmen und der Stadtverwaltung eine Frist zu setzen, innerhalb der sie die Mörder ausliefern sollte, anderenfalls sollte man eine Anzahl öffentlicher Gebäude sprengen und alle Restaurants und alle Unterhaltungsstätten sollten um 20.00 Uhr schließen müssen. Außer dem letztgenannten wies Cunningham all diese Vorschläge zurück.[116]

Cassels faßte seine Ohnmachtsgefühle in den folgenden Worten an den amtierenden Bürgermeister von Tel Aviv zusammen: »Mr. Perelson, ich habe Ihr Kondolenzschreiben erhalten, aber ich habe Sie heute kommen lassen, um Ihnen zu sagen, wie entsetzt und angeekelt ich angesichts des Verbrechens bin, das Juden in der Nacht des 25. April verübten ... Daraufhin habe ich beschlossen, über die gesamte jüdische Gemeinschaft einige Restriktionen zu verhängen ... Ich bin völlig sicher, wenn Sie als Vertreter der Gemeinde Tel Aviv es wollten, könnten Sie die Informationen beibringen, die zur Verhaftung der Verbrecher führen würden.«

Whitehall frohlockte inzwischen keineswegs über die Zurückweisung der meisten zionistischen Forderungen durch die Kommission, sondern es reagierte erzürnt auf den Vorschlag, hunderttausend jüdischen Flüchtlingen die Einreise zu erlauben und die Einschränkungen für den jüdischen Landerwerb aufzuheben. Man wandte ein, die Araber würden die hunderttausend als ersten Schub einer zu erwartenden halben Million ansehen. Der zweite Vorschlag würde die Schaffung einer verbitterten landlosen arabischen Bauernschaft zur Folge haben. Bevins Beamtenkomitee unter Norman Brook benötigte nur eine Woche, um zu einer Anzahl alarmierender Schlußfolgerungen zu gelangen: »Die erste Reaktion der palästinensischen Araber wird möglicherweise die Form von Demonstrationen und Streiks annehmen, später wird es möglicherweise zu Aufständen und Angriffen auf einsam gelegene jüdische Kolonien kommen.«

Die britischen Streitkräfte im Lande konnten diese ersten Ausbrüche vielleicht eindämmen. Aber es würde wirklich ernsthafte Schwierigkeiten geben, wenn Großbritannien versuchte, die Empfehlungen des Berichts zu verwirklichen: »Ein allgemeiner arabischer Aufstand würde [dann] möglicherweise folgen ... Zwei Vertreter Seiner Majestät im Nahen Osten bezeichnen den Bericht als eine Katastrophe für unsere Interessen und unser Prestige ... Die Durchführung des Berichts würde eine lange Periode der Unruhe in der gesamten arabischen Welt auslösen.«[117] Im Irak würde es zu ernsthaften Unruhen kommen, die sich gegen dort ansässige Briten richten könnten, und in Bagdad sei ein Pogrom zu befürchten. Ibn Saud und andere führende Araber würden in dem Bericht einen Vertrauensbruch und die Fortsetzung einer unerträglichen Ungerechtigkeit sehen.

Die britischen Stabschefs sagten ebenfalls einen allgemeinen arabischen Aufstand voraus, gegen den man unmöglich indische oder andere Kolonialstreitkräfte würde einsetzen können, die vielleicht selbst meutern würden. Verstärkungen durch britische Truppen waren augenblicklich unmöglich. Es gab in der Tat nur einen Weg, die Folgen der Einreiseerlaubnis für die hunderttausend zu entschärfen – er bestand darin, vorher die illegalen jüdischen Organisationen, einschließlich der Haganah, zu entwaffnen und aufzulösen. Wenn man die Jewish Agency dazu veranlassen konnte, bei dieser Aufgabe zu helfen, war dies in Ordnung: »Wenn diese friedliche Methode aber erfolglos bleibt, dann halten es die Stabschefs für notwendig, die jüdischen Führer zu verhaften und ihre illegalen Organisation gewaltsam zu unterdrücken.«

Dies teilte Bevin bereits am 26. April Byrnes auf der Friedenskonferenz in Paris mit, vier Tage vor Veröffentlichung des Berichts: »Wir sind bereit, die Zahl von hunderttausend jüdischen Flüchtlingen zu akzeptieren, aber nur unter bestimmten Bedingungen. Vor allem muß deutlich sein, daß die Einwanderung nicht beginnen wird, solange keine Entwaffnung der Juden stattgefunden hat.«[118] Bevin sagte seinem amerikanischen Kollegen dann, viele der Neuankömmlinge in Palästina seien überhaupt keine Flüchtlinge. Die Jewish Agency stelle eine wirkliche Bedrohung für den Frieden dar. Heute gehöre sie zu den Kräften auf der Welt, die kriegerische und aggressive Absichten hätten. Byrnes müsse doch verstehen, wie sehr es Großbritannien zuwider sei, wegen dieser undankbaren Aufgabe vier Divisionen in Palästina zu unterhalten. Großbritannien trage sich ernsthaft mit dem Gedanken, die ganze Angelegenheit einfach aufzugeben.

Aber Trumans Stellungnahme, in der er die am 30. April erfolgte Veröffentlichung des Berichts begrüßte, nahm keine Notiz von den Ansichten des britischen Außenministers. Wiederum betonte der Präsident vor allem die Notwendigkeit der hunderttausend Einreisegenehmigungen. Nur eine der zehn Empfehlungen des Berichts erwähnte er besonders: »Die Überführung dieser unglücklichen Menschen sollte nun schnellstens stattfinden.« Zu den übrigen Empfehlungen der Kommission bemerkte er nur, sie verdienten ein sorgfältiges Studium, und er werde sie sich durch den Kopf gehen lassen.

Vom britischen Standpunkt stellte dies eine sehr unangemessene Stellungnahme dar, sie war sogar schlimmer als die »Leckstellen« in der gleichen Angelegenheit gegenüber der Presse vom vorangegangenen September. Die Vereinigten Staaten hatten sich bereit erklärt, in der Palästinafrage mit Großbritannien zusammenzuarbeiten. Wie konnte da ihr Präsident öffentlich und ohne jede Diskussion Forderungen an Großbritannien stellen, von denen er wußte, daß es nicht willens war, sie zu erfüllen? Sofort schrieb Bevin verärgert an Byrnes: »Ich muß bekennen, die unverabredete Stellungnahme zu Palästina, deren Text sie mir gestern abend schickten, scheint große Schwierigkeiten auszulösen. Ich muß sie daran erinnern, daß die bewaffneten Organisationen der Juden in Palästina britische Soldaten auf ekelhafte Weise ermordet haben.«[119]

Das britische Volk, fuhr Bevin fort, werde eine derartige Situation nicht länger hinnehmen. Die Auflösung der Privatarmeen sei die Voraussetzung sowohl für die Einreise der hunderttausend, »der die US-Stellungnahme so große Wichtigkeit beimißt«, als auch für die Verhinderung des Einsturzes jeglicher Stabilität im Nahen Osten. Die Vereinigten Staaten müßten diese Notwendigkeit einsehen. Am 1. Mai bekräftigte Attlee öffentlich im Unterhaus, daß die Entwaffnung der jüdischen Streitkräfte und die Übergabe der jüdischen Waffen Vorbedingungen für die Einreise der Flüchtlinge seien. Da es nicht wahrscheinlich war, daß der Jischuw bereit war, in das erstere einzuwilligen, war es unwahrscheinlich, daß die Briten das letztere gestatteten. Die Zurückweisung der Forderung Trumans schien nahezu gewiß.

Dennoch nahmen sowohl die Juden als auch die Araber zu diesem Zeitpunkt an, daß man die Einreise der hunderttausend gestatten würde. Und dies stellte einen Trost für die Juden dar, es war eine Erleichterung angesichts ihrer Enttäuschung über die allgemeine Ablehnung der zionistischen Argumente durch die Kommission. Bald würden sie hunderttausend neue Bürger haben. Und nach einem angemessenen Zeitraum, so nahmen die meisten an, würden sie noch mehr Einwanderer willkommen heißen können. Hier ging es um den ersten Schub einer großen »Aliya«, der Rückkehr der Juden der Diaspora in das Land Israel. Es handelte sich um einen Teil einer langen Entwicklung, um den ersten Schritt eines Weges, der unvermeidlich zu einer jüdischen Mehrheit und einem unabhängigen jüdischen Staat führen würde.

Attlees Feststellung, daß die Juden vor einer Masseneinwanderung ihre Waffen übergeben müßten, beeindruckte sie zu diesem Zeitpunkt wenig. Es schien sich um eine unmögliche Vorstellung zu handeln. Jüdische Siedlungen mußten bewaffnet sein, um das Leben der Siedler gegen arabische Angriffe zu schützen. Die Briten erkannten doch sicher diese Gefahr und akzeptierten das Recht der Juden auf Selbstverteidigung? Zwar betrieb die Haganah jetzt die »Aliya B«, die illegale Einwanderung unter Umgehung der britischen Autorität, aber dieser Konflikt würde beendet sein, sobald man anfing, die hunderttausend ins Land zu lassen. Die Jewish Agency würde dann mit der Mandatsmacht zusammenarbeiten müssen, um die Einwanderer friedlich und reibungslos aufnehmen zu können. Auf jeden Fall wurde Trumans ursprüngliches Verlangen nach hunderttausend Einwanderungsgenehmigungen jetzt durch den Ruf zwölf prominenter und unparteiischer Briten und Amerikaner unterstützt. Die britische Regierung würde es nun erfüllen müssen.

Der entsprechende Zorn der Araber spiegelte die jüdischen Hoffnungen wider. Jamal Husseini teilte der Presse mit, die Araber wollten den Bericht mit allen ihnen zur Verfügung stehenden Mitteln bekämpfen.[120] ›Ad-Difa'a‹ beschuldigte Großbritannien und die Vereinigten Staaten, »ihre Häupter vor jüdischem Einfluß und Geld zu entblößen«.[121] Der irakische Regent Abd ul-Ilah sandte ein Protesttelegramm an Truman und der irakische Konsul in Jerusalem sagte den Empfang zu König Feisals Geburtstag am 2. Mai ab. Der libanesische Präsident Khalil el-Khoury warnte Truman, die Empfehlungen »erfüllen vollständig die zionistischen Hoffnungen und bedeuten einen tödlichen Schlag gegen die Rechte der Araber«.[122] Am 3. Mai führten die palästinensischen Araber einen Generalstreik durch. König Ibn Saud drängte erneut Großbritannien und die Vereinigten Staaten, ihre Versprechen gegenüber den Arabern zu erfüllen: »Ich fürchte, man hat uns schwer getäuscht.«

Auch die Irgun und die Lehi waren beunruhigt, da der Bericht die Unterstützung der gemäßigten Juden zu finden schien, und wenn dies geschah, wenn Großbritannien einmal die Grundlage für die Übereinstimmung mit einem beträchtlichen Teil des Jischuw fand – wie unsicher diese auch sein möge – dann würde man die Irgun und die Lehi nicht mehr benötigen. Yalin-Mor erinnert sich: »Es war für uns ein sehr schwieriger Augenblick, als die Kommission diese Empfehlungen machte. Wenn Bevin sie akzeptiert hätte, hätten wir, solange die Einwanderung andauerte, alle Aktionen einstellen müssen. Die große Mehrheit des Jischuw hätte dann gemeint: ›Wir wollen zuerst die hunderttausend Einwanderer unterbringen und dann weitersehen.‹«

Heute stimmen die meisten Israelis der Ansicht zu, wenn Großbritannien damals den Bericht akzeptiert hätte und darüber hinaus beispielsweise fünfundzwanzigtausend jüdische Flüchtlinge aus Europa im eigenen Land aufgenommen hätte, wäre die maximalistische Forderung nach einem sofortigen jüdischen Staat erledigt gewesen. Die gemäßigte Position hätte sich wieder durchgesetzt, und der Terrorismus wäre am Ende gewesen. Dies hätte auch die Amerikaner dazu veranlaßt, sich näher mit dem Problem zu beschäftigen. Wenn Großbritannien sich bereit erklärte, fünfundzwanzigtausend Juden aus Europa aufzunehmen, dann wären die Amerikaner verpflichtet gewesen, fünfzigtausend, wenn nicht mehr, zu akzeptieren, und die Araber hätten nicht mehr länger mit einiger Berechtigung behaupten können, die beiden Demokratien würden ihnen ein Problem aufbürden, das selbst auf sich zu nehmen sie nicht willens seien. Dies würde Weizmanns Behauptung Lügen strafen, daß die Welt in zwei Zonen eingeteilt sei, in den Ländern der einen könnten Juden nicht leben, in die Länder der anderen könnten sie nicht einreisen.

Yalin-Mor erinnert in diesem Zusammenhang an das Wort Mao Tse-Tungs: »Die Guerillas und die Massen sind wie der Fisch und das Wasser. Wenn das Wasser sauber ist, wenn die Massen freundlich gesonnen sind, können der Fisch oder die Guerillas sich frei bewegen. Wenn aber das Wasser schmutzig ist, wenn die Massen feindlich gesonnen sind, dann werden die Fische oder die Guerillas sterben.« Die Irgun und die Lehi stellten einen sehr kleinen Teil des Jischuw dar. Sie konnten nur überleben und unbehelligt operieren, weil der Jischuw und seine gewählten Körperschaften dies mit Einschränkungen und stillschweigend hinnahmen. Ständig drohte ihnen die Gefahr, daß die Briten eines Tages die richtige Stelle finden würden, von der aus sie den politischen Keil treiben könnten, der sie vom Jischuw isolieren würde. Dann würden sie wieder von der Haganah verfolgt und bei der britischen Polizei denunziert werden.

Aber Großbritannien war nicht in der Lage, diesen Keil zu treiben. Nach Ansicht Attlees und Bevins war der Preis von hunderttausend zu hoch. Ihre Berater hatten sie unwiderruflich davon überzeugt, daß dieser Teil des Berichts ungerecht gegenüber den Arabern war, daß seine Durchführung den Nahen Osten in Flammen setzen und die britische Stellung in diesem Gebiet zerstören würde. Und sie nahmen diese Drohung so ernst, daß sie bereit waren, die Schwierigkeiten, die aus der Alternative, einer antizionistischen Politik, resultierten, in Kauf zu nehmen: eine ernsthafte Meinungsverschiedenheit mit der amerikanischen Regierung, den bitteren Zorn der Juden der Welt und wachsenden Terror in Palästina.

Sie unterschätzten die Stärke der bewaffneten Kräfte des Jischuw und seine tiefe Durchdrungenheit von den zionistischen Zielen. Sie nahmen an, die Gesetzesbrecher, nicht nur die Irgun und die Lehi, sondern auch Ben Gurion und die Kämpfer der Haganah stellten eine extremistische und nicht repräsentative Minderheit dar, die die Massen des Jischuw durch Einschüchterung zur Unterstützung veranlaßte, während sie im Grunde eine gemäßigte und gesetzestreue Gemeinschaft bildeten, die loyal zu Weizmann stand und gegen jede Form von Gewalttätigkeit eingestellt war. Kurzfristig konnte man dieses Problem daher am besten mit militärischen Mitteln lösen, durch eine gezielte Aktion der Armee gegen die Haganah und die beiden anderen Gruppen. Danach würde sich der Jischuw weniger radikale Führer suchen und sich mit der britischen Politik abfinden. Sie waren wütend über die amerikanische Regierung und bemerkten möglicherweise nicht, daß die Vereinigten Staaten sich durch das britische Verhalten schwer provoziert fühlten. Auf dringende Bitten der Briten hin hatten sich die Vereinigten Staaten bereit erklärt, bei der Lösung dieser Frage mitzuarbeiten und sich an der Kommission zu beteiligen. Bevin hatte versprochen, alles in seiner Macht Stehende zu tun, um die Empfehlungen eines einstimmigen Berichts zu verwirklichen. Als sich dann herausstellte, daß der Bericht nicht vollständig den Wünschen der britischen Regierung entsprach, stellte diese Bedingungen für seine Verwirklichung, die nicht im Bericht enthalten waren, und von denen jeder wußte, daß sie unerfüllbar waren.

Die amerikanische Regierung wußte, was in Lausanne geschehen war. Nur drei britische Mitglieder der Kommission, Singleton, Manningham-Buller und Crick, hatten eine jüdische Abrüstung als Vorbedingung für den Einlaß der hunderttausend befürwortet. Die anderen neun Mitglieder, darunter alle sechs Amerikaner, hatten die Ansicht vertreten, daß diese Bedingung unmöglich war, daß sie, wie es Crossman ausdrückte, eine echte Kriegserklärung gegen die Juden darstellen würde. Schließlich lehnte die Kommission diese Vorbedingungen ausdrücklich und einstimmig ab. Dennoch ließ die britische Regierung sie wieder aufleben und machte sie zur Grundlage der Stellungnahme Attlees vom 1. Mai.

In Washington betrachtete man Attlees Stellungnahme daher als Schlag ins Gesicht der amerikanischen Kommissionsmitglieder und der amerikanischen Regierung. Die britische Regierung hatte den Bericht scheinbar akzeptiert. Aber in Wirklichkeit hatte sie die Absicht, ihn durch eine unakzeptable Vorbedingung zum Scheitern zu bringen. Die britische Regierung hatte der Welt zu verstehen gegeben, daß die Kommission ein Entscheidungsgremium darstellte. Nun stellte sich das Ganze als ein Hinhaltemanöver heraus, für das zwölf bedeutende Männer ihre Zeit vertan hatten.

Wenn die amerikanische Regierung zornig war, dann war der Jischuw außer sich vor Zorn, als deutlich wurde, daß man den hunderttausend Flüchtlingen möglicherweise niemals die Einreise nach Palästina gestatten würde. »Bevin half uns sehr. Er war so unbeweglich. Er brachte jeden hier in Wut«, erinnert sich Yalin-Mor. Seine Leute hatten gerade sieben britische Soldaten auf einem Parkplatz in Tel Aviv getötet. Der Jischuw war schockiert. Aber dieser Schock verschwand nach Attlees Ankündigung in der darauffolgenden Woche. Der Tod von sieben Soldaten schien nur ein Nadelstich zu sein angesichts der offenen Wunden der europäischen Judenheit, die zu neun Zehnteln ermordet war und zu Hunderttausenden in den Lagern nach britischen Einwanderungsgenehmigungen schmachtete.

Genauso stark fühlten die Araber – wie groß auch die Leiden der jüdischen Flüchtlinge sein mochten, so stellte es den Gipfel des Zynismus und der Ungerechtigkeit von seiten der jüdischen Führer dar, sie als Bauern in einer politischen Schachpartie einzusetzen, deren eindeutiges Ziel die Verwandlung eines arabischen Landes in ein jüdisches war. Als anständige Menschen empfanden sie Mitleid für die wirklichen Flüchtlinge, aber sie hatten Grund zu der Annahme, daß die Jewish Agency die Einwanderer eher nach militärischen Maßstäben auswählte als nach humanitären. (Martin Charteris berichtete, bei den tausendvierzehn mit der ›Fede‹ und der ›Fenice‹ gekommenen Einwanderern habe es sich um gesunde junge Leute im Alter von fünfzehn bis fünfunddreißig Jahren gehandelt.) Sie fühlten keine Schuld oder Verantwortung für das, was den Juden während des Krieges angetan worden war. Diese Schuld lag eindeutig auf europäischen Schultern, genauso wie in früheren Jahrhunderten, als die Juden im christlichen Europa immer wieder unter Verfolgungen zu leiden hatten, während sie unter dem Schutz des Islam meist in Sicherheit und Wohlstand leben konnten.

Der dritte Eckpunkt des Konfliktdreiecks, die Briten, suchte weiter nach dem Unmöglichen – nach einem Weg aus der Wirrnis, der für Juden und Araber gleichzeitig attraktiv war und außerdem die britischen Interessen wahrte. Sie verstanden weder die Undankbarkeit der Araber, die sie 1917 von der Türkenherrschaft befreit und vor den rassistischen Verheerungen der Nationalsozialisten bewahrt hatten, noch die Undankbarkeit der Juden, die alle ihr Überleben der britischen Standhaftigkeit im Jahre 1940 verdankten.

Die Kommission hatte versagt. Mäßigung und Kompromißbereitschaft blieben ergebnislos. Die jüdischen Führer hatten beschlossen, sich für den Kampf zu bewaffnen, die illegale Einwanderung zu steigern und einen wohlüberlegten Terror zu dulden. Die palästinensischen Araber, die immer noch schwach und ohne politische Führung waren, wußten dennoch, daß ihre Sache ein Symbol der arabischen Einheit und Entschlossenheit war, das niemals aufgegeben würde. Sie waren zum Kampf bereit. Die Briten in Palästina standen nun unter dem Befehl eines neuen Oberkommandierenden, des Generalleutnants Evelyn Barker, eines zähen Soldaten, der sich nicht durch Gewalttäter erpressen oder zu etwas zwingen ließ. Unter seinem Kommando würden sie die illegalen Organisationen zerschlagen. Die Bestandteile eines tragisch-hochexplosiven Gemischs kamen zusammen, sie brodelten und kochten einer ungeheuren Explosion entgegen.

Der Terroranschlag auf das King David Hotel

»Ich war von März 1946 bis zum Jahresende in Palästina, zehn höllische Monate lang,« erinnert sich Feldmarschall Sir James Cassels, der damalige Kommandant der Sechsten Luftlandedivision: »Ich erhielt schrecklich grobe, persönliche Briefe aus Amerika, es hieß darin, ich sei viel schlimmer als Hitler. Wir bekamen fast jedesmal einen Anfall, wenn wir eine Zeitung lasen. Allgemein hieß es, wir seien antisemitische Bestien und Mörder. Ich denke, daß den Autoren nicht bekannt war, daß viele meiner Leute im Juni 1944 über der Normandie abgesprungen waren. Viele fanden den Tod oder wurden verwundet beim Vernichtungskampf gegen Hitler.«

»Die Stimmung im britischen Außenministerium ist kriegerisch«, schrieb Ruth Gruber in der ›New York Post‹ vom 20. Mai 1946. Am nächsten Tag fuhr sie in der gleichen Stimmung fort, als sie über die palästinensische Polizei schrieb: »Diese Männer, die den Gedanken verabscheuten, gegen ihre Freunde, die Nazis, zu kämpfen, nahmen die Vorstellung, gegen die Juden zu kämpfen, mit Leidenschaft auf. Sie zogen durch die Straßen Jerusalems und Tel Avivs, der von den Juden erbauten Stadt, und sangen das Horst-Wessel-Lied. Sie marschierten mit dem Hitlergruß auf einen überfüllten Marktplatz.«

Wenn britische Soldaten eine jüdische Siedlung betraten, spuckte man auf sie und beschimpfte sie mit Ausdrücken wie »Gestapo« oder »Nazi-Sadist« oder »englischer Bastard«. Die Fallschirmjäger nannte man auf Hebräisch »Kalanioth« oder »Klatschmohn« wegen ihrer besonderen roten Baskenmützen, ein Spottlied bezeichnete sie als »roten Klatschmohn mit dem schwarzen Herzen«. Die angebliche Ähnlichkeit zwischen dem nationalsozialistischen Deutschland und Großbritannien war damals ein Hauptthema der jüdischen politischen Literatur. Der Leiter des Nachrichtendienstes der Haganah Efraim Dekel schreibt über das Internierungslager Athlit: »Das Lager selbst unterschied sich nicht sehr von den vielen hundert Konzentrationslagern im nationalsozialistischen Deutschland, wo man hilflose Juden und Nichtjuden unter den grausamsten Bedingungen einpferchte.«[1]

Major Dare Wilson schreibt, daß der durchschnittliche britische Soldat durch diese Haltung der palästinensischen Juden »tief verwirrt« war: »Wenn er erwartet hatte, eine Atmosphäre der Freundlichkeit und Gastfreundschaft anzutreffen, dann wurde er enttäuscht. Ja, sein Empfang war von solcher Art, daß er sich fragte, wofür er während der letzten fünf Jahre gekämpft hatte.«[2]

Über die politische Seite der Angelegenheit wußten die Soldaten wenig oder nichts. Viele von ihnen hatten die Not der Juden Europas mit eigenen Augen gesehen. Generalleutnant Barker war beispielsweise der Kommandant jener Einheit gewesen, die das Konzentrationslager Belsen befreit hatte. Aber sie waren sich nicht über das Ausmaß der Massenmorde und über ihre psychischen und bewußtseinsmäßigen Folgen für die Juden im klaren. Sie verstanden nicht die Tiefe der jüdischen Verstimmung über die britische Politik und damit auch über die Soldaten, die die Aufgabe hatten, sie durchzusetzen. Sie hatten das Gefühl, daß sie unparteiisch gegenüber Arabern und Juden das Gesetz vertraten. Und wenn ihre allgemeine Haltung gegenüber den Juden aggressiver und mißtrauischer war als gegenüber den Arabern, dann war das nur auf die Tatsache zurückzuführen, daß bewaffnete jüdische Kampfgruppen britische Gebäude angriffen und Soldaten erschossen, während die Araber sich ruhig verhielten.

Nach seiner Rückkehr teilte Generalleutnant D'Arcy seinen Stabschefs in London mit: »Unsere Streitkräfte stünden unter äußerster Spannung. Sie seien Veteranen der europäischen Schlachten des letzten Krieges. Sie hätten gelernt zu töten und nun stünden sie unter verwirrenden Restriktionen.« Sein Vorgesetzter im Nahen Osten General Bernard Paget stimmte mit ihm über die Folgen der Tötungen auf dem Parkplatz in Tel Aviv überein: »Wenn nichts geschieht, besteht das Risiko, daß die Truppen das Gesetz in ihre eigenen Hände nehmen.« D'Arcy äußerte eine ähnliche Warnung: »Wenn es zu ähnlichen jüdischen Angriffen käme, dann glaube er nicht, daß es möglich sein würde, unsere Truppen zurückzuhalten, da sie jetzt bereits den Siedepunkt erreicht hätten. Als Oberkommandierender könne er solche Handlungen nicht entschuldigen, aber er verstehe ihre Gefühle.«[3]

Zur gleichen Zeit beschwerte sich Weizmanns Ehefrau Vera wie viele andere Juden über Soldaten, die mit »Heil Hitler«-Rufen in Siedlungen eindrangen und Hakenkreuze oder antisemitische Sprüche an die Wände schmierten. Cunnigham erwiderte auf diese Beschwerde, daß britische Soldaten und Polizisten »ständig von Juden provozierende Sprüche zu hören bekämen, bei denen sie mit den Nazis verglichen würden« und daß sie ständig einer »unbarmherzigen und bösartigen Propaganda« ausgesetzt seien.[4] Er gab zu, daß einige Soldaten oder Polizisten durchaus in der behaupteten Weise reagiert haben könnten. Aber wie alle seine Kollegen war er über die Tatsache empört, daß es immer wieder zu diesem ekelhaften Vergleich kam.

Sergeant A. Bruce berichtet: »Ich ging ohne jedes antijüdische Gefühl dorthin [nach Palästina], aber ich gebe zu, nach einigen Monaten waren wir alle außerordentlich zornig über die Juden.« Ein Teil seiner Aufgaben bestand darin, bei der ständigen Suche nach Terroristen und illegalen Einwanderern die Personaldokumente zu überprüfen: »Es galt als unsere allgemeine Regel, daß jeder Mann zwischen achtzehn und fünfunddreißig verdächtig war, wenn er sich grob verhielt. Dies war ein wenig dumm, da sich die wirklichen Terroristen möglichst freundlich verhielten. Aber dadurch hatten wir wenigstens die Chance heimzuzahlen, was man uns angetan hatte.«

Eines späten Abends gingen Hauptmann Davidson und Leutnant Benjamin Woodworth auf ihrem Heimweg vom Offiziersclub durch die Ben Yehuda Straße in Tel Aviv. Dabei passierten sie auf dem Bürgersteig eine Gruppe Juden. Dem britischen Wochenbericht zufolge rempelte einer der Juden Davidson an: »Seit einiger Zeit haben es sich die Einwohner Tel Avivs angewöhnt, britisches Militärpersonal auf der Straße zu belästigen.«[5] Nach der jüdischen Darstellung boxte sich Woodworth seinen Weg durch die Gruppe frei, während sich Davidson das jüdische Gruppenmitglied Avram Rosenberg herausgriff, ihn als »jüdischen Bastard« beschimpfte und versuchte, ihn zu Fall zu bringen. Auf jeden Fall kam es schließlich so weit, daß Woodworth seinen Revolver zog und Rosenberg totschoß.[6] Man klagte ihn wegen der Tötung an und, nachdem er einen Nervenzusammenbruch erlitten hatte, wurde er aus Palästina weggebracht.

Solche Zwischenfälle zeigten den hohen Spannungsgrad an, sie wiesen auf das tiefe gegenseitige Mißtrauen zwischen der Armee und dem Jischuw hin. Im Mai ließ die Gewalttätigkeit nach, alle Welt wartete auf die Entscheidung, ob sich Großbritannien bereit finden würde, die hunderttausend ins Land zu lassen. Dies erschien dem Jischuw als naheliegender erster Schritt. Er sah keinen Grund, warum dieser verweigert werden könnte. Auf Cunninghams Einwand, daß dies zu gewalttätigen Reaktionen der unabhängigen arabischen Länder führen könnte, erwiderte Bernard Joseph ätzend: »Sie mögen ein großes Geschrei machen und vielleicht die arabischen Palästinenser mit Geld unterstützen, und es ein paar hundert Terroristen gestatten, die Grenze nach Palästina zu überschreiten, aber wir erwarten nicht, daß sie ihre Armeen in Palästina in den Kampf schicken. Aber auch davor fürchten wir uns nicht.«[7] Joseph erklärte, er kenne die Araber seit achtundzwanzig Jahren und habe psychologisches Verständnis für sie. Wenn die Araber einmal mit einer Tatsache konfrontiert würden, dann akzeptierten sie sie, teilte er dem Hohen Kommissar mit.

Ohne sich von Attlees entmutigender Stellungnahme vom 1. Mai abschrecken zu lassen, übten die Vereinigten Staaten wegen der jüdischen Einwanderung ständig Druck auf Großbritannien aus. Am 8. Mai wies Truman den Premierminister darauf hin, daß der Bericht eine Basis für Gespräche zwischen Juden und Arabern darstelle. Er wies auf die »Dringlichkeit« der vorgeschlagenen Einwanderung der hunderttausend hin. Attlee erwiderte mit einer Spur Ironie: »Vielen Dank für Ihre gestrige Botschaft über Palästina und für die Freundlichkeit, mich zu Rate zu ziehen.«

Am 27. Mai schickte Attlee ein weiteres Telegramm, das mehrere Seiten lang war, darin erwähnte er zahllose administrative und finanzielle Probleme, die sich aus zu großen Einwanderungsbewegungen ergeben. Truman versprach in seiner Antwort, daß die USA den Transport der hunderttausend nach Palästina übernehmen würden, daß sie für ihre vorläufigen Unterkünfte sorgen und möglicherweise weitere langfristige Hilfe zur Verfügung stellen würden. Erneut wies er auf »die Dringlichkeit des Problems der hundertausend Juden« hin.[8] Am 10. Juni schickte Attlee ein weiteres Telegramm, er betonte erneut die britische Position, daß man den Bericht als Ganzes betrachten müsse und führte hinsichtlich der hunderttausend Einwanderer aus: »Es ist notwendig, nicht nur die damit zusammenhängenden materiellen Probleme zu berücksichtigen, sondern auch die politischen Reaktionen und die möglichen militärischen Konsequenzen.«[9]

Aber in seiner Antwort meinte Truman, seiner Ansicht nach seien die mit der Einreise der hunderttausend, »deren Lage so dringende Aufmerksamkeit erfordert«, zusammenhängenden Probleme »rein technischer Art«. Der neue britische Botschafter Lord Inverchapel (Archie Clark Kerr) teilte Bevin am 13. Juni mit: »Ich hatte gestern ein kurzes Gespräch mit Byrnes über Palästina, und es war ganz deutlich, daß er, trotz allem was wir gesagt haben, die Einreise der hunderttausend für selbstverständlich und sofort durchführbar hält. ... Er war sich unserer Schwierigkeiten bewußt, aber möchte Sie auf den starken Druck von innerhalb und außerhalb des Kongresses hinweisen, unter dem er steht.«[10]

So hatte sich Ende Mai die Strömung wieder gegen die Zionisten gewendet. Der Kommandant der Arabischen Legion John Glubb erklärte in einem Artikel in der ›Daily Mail‹, daß Palästina für die Araber von überragender Bedeutung sei, daß ein zionistischer Sieg Mord, Sabotage, gestörte Verbindungswege, Angriffe auf Transporte und Pogrome zur Folge haben würde.[11] Vielen Zionisten schien es kein Zufall zu sein, daß solche Ansichten zu diesem Zeitpunkt in einer führenden Londoner Tageszeitung erschienen.

Dann tauchte der Mufti, den man in französischer Gefangenschaft in der Nähe von Paris vermutete, in Damaskus auf. Martin Charteris schrieb: »Die langdauernden Festlichkeiten in Palästina, die auf die Nachricht von seiner Flucht aus Frankreich am 9. Juni hin folgten, sind ein Beweis seiner Popularität. Während der dreitägigen Feiern zu seiner Ehre schmückte man die arabischen Städte und Gebiete mit Fahnen und seinem Bild.«[12] Zehn Tage später floh er nach Ägypten, wo ihn Premierminister Sidky als großen arabischen Führer willkommen hieß, ihn jedoch öffentlich bat, sich von politischen Aktivitäten fernzuhalten. Teile der jüdischen Presse und die US-Kongreßabgeordneten John McCormack und Thomas Lane behaupteten sofort, Ernest Bevin habe die fünfte erstaunliche Flucht Haj Amins ermöglicht, um die jüdische Einwanderung zu verhindern.

Am 12. Juni goß Bevin mit einer weiteren taktlosen Rede Öl in die Flammen. Er sagte vor dem Parteitag der Labour-Party in Brighton, wenn man sofort hunderttausend Juden nach Palästina hineinließe, müsse er eine weitere Division britischer Truppen dorthin schicken, um den Frieden zu sichern, und dazu sei er nicht bereit. Auch nahm er die Gelegenheit wahr, seinem Zorn über die Vereinigten Staaten Luft zu machen: »Ich hoffe, man wird mich in Amerika nicht mißverstehen, wenn ich sage, daß dies aus den reinsten Motiven vorgeschlagen wurde. Sie wünschen ja auch nicht zu viele Juden in New York.«

Diese barsche Bemerkung wirkte überall in Amerika verheerend. Am folgenden Tag schickte Inverchapel seinem Chef ein Telegramm, in dem er eine möglichst diplomatische Ausdrucksweise wählte: »Ihre Kritik an New York hat natürlich nicht nur den Nagel auf den Kopf getroffen, sondern ihn auch ungeheuer tief in die Wunde getrieben.«[13] Sie hatte außerdem, wie der Botschafter erklärte, zu Beginn gemeinsamer Expertengespräche britisch-amerikanische Meinungsverschiedenheiten offenbart und den Präsidenten als Narren erscheinen lassen. Bevin zeigte keinerlei Reue: »Es scheint deutlich, daß man sich aufgrund einiger aus dem Zusammenhang gerissener Sätze aus meiner Rede ein Urteil gebildet hat,« erwiderte er Inverchapel und bat darum, den Kongreßmitgliedern, die über eine Anleihe an Großbritannien abstimmen mußten, den vollen Text der Rede zuzuschicken.

Aber der Schaden war so leicht nicht wiedergutzumachen. Bürgermeister William O'Dwyer von New York antwortete auf die Frage, ob er Bevins Bemerkungen gelesen habe: »Natürlich habe ich das getan, und ich bin äußerst überrascht. Was gibt ihm das Recht zu sagen, was die Stadt New York von den Juden hält?«[14] Stephen Wise sprach von Bevins »beleidigender Gemeinheit«. Der Rabbiner Louis Newman sagte in einem Gedenkgottesdienst: »Jeder Knüppel, selbst wenn er mit Antisemitismus beschmiert ist, erscheint dem Sprecher der unfähigen britischen Labourregierung gut genug, um auf die bereits gepeinigten jüdischen Überlebenden in Europa loszuschlagen.«

In einem Versuch, die Lage abzukühlen, bat Inverchapel Bevin, zumindest

Washington und Truman persönlich, da es um das Prestige des Präsidenten gehe, zu versichern, daß Großbritannien hinsichtlich der Frage der Einreise der hunderttausend noch keine Vorentscheidung gefällt habe. Aber Bevin erwiderte: »Ich bin mir nicht sicher, daß dies ein kluger Schritt wäre. Ich habe genug von dieser jüdischen Agitation. Wir haben unsere Haltung eindeutig dargelegt.«

In Palästina spitzte sich am 13. Juni erneut eine Krise zu, als ein Militärgericht Yosef Shimshon und Itzhak Ashbel, die man während eines Irgun-Angriffs auf das Militärlager Sarafand am 6. März festgenommen hatte, zum Tod verurteilte. Sie sollten die ersten Irgunleute sein, die man nach der Exekution Ben Yosefs im Jahr 1938 hinrichtete. Die Irgun war zum Handeln bereit. Begin berichtet: »Ich suchte meine Kollegen von der Haganah und der Lehi auf und teilte ihnen mit, daß wir keine Hinrichtung unserer Leute hinnehmen würden. Wir betrachteten unsere Leute als Kämpfer für die Freiheit unseres Volkes und nicht als Kriminelle. Wenn man sie gefangennahm, gehörten sie in ein Lager oder ein Gefängnis. Wir erkannten die Notstandsregelungen nicht an. Wir erkannten die britische Herrschaft in unserem Lande nicht an. Wir machten dies bereits 1944 deutlich und wir sagten, daß wir zurückschlagen würden, wenn man unsere Leute hinrichtete.«

Bei den britischen Behörden trafen Gnadengesuche von Weizmann und anderen ein. Aber bei dem Überfall in Sarafand hatten ein jüdischer Wächter und die britische Kantinenarbeiterin Jean Marjoribanks ernsthafte Verletzungen erlitten.[15] General Barkers Standpunkt ist einfach und aufrichtig: »Ich befürworte die Todesstrafe für Mord, ganz gleich ob er politisch oder anders motiviert ist. Wir hatten ein einziges strenges Gesetz, und dies verbot das Tragen von Waffen. Und es ist nicht gut, ein derartiges Gesetz zu haben, wenn man es nicht anwendet. Wenn man also einen Bewaffneten entdeckte, so kam er vors Kriegsgericht, er konnte sich dort verteidigen, aber, wenn man ihn für schuldig befand, dann war die Sache erledigt. Und mit Alan Cunninghams Zustimmung war ich bereit, die Todesstrafe zu bestätigen.« Es blieb abzuwarten, wie die Antwort der Irgun aussehen würde.

Die Situation verschärfte sich dann noch weiter, da die Haganah genaue britische Befehle an die Polizei und die Armee entdeckte, die die Entwaffnung der jüdischen Gemeinschaft und die Verhaftung der auf einer »schwarzen Liste« aufgeführten entscheidenden Leute der Haganah vorsahen. Israel Galili behauptet, ein nichtjüdischer britischer Offizier im Lager Sarafand habe die Befehle gelesen und ihren Inhalt seiner jüdischen Freundin ausgeplaudert, die wie damals viele Freundinnen britischer Soldaten der Haganah angehörte. Daraufhin bemühte sich die Haganah, das Lager noch tiefer zu unterwandern. Schließlich gelang es ihr, die Dokumente aus dem Panzerschrank zu entwenden, sie zu fotografieren und sie schließlich wieder an ihrem alten Aufbewahrungsort zu plazieren.

Den britischen Behörden war davon nichts bekannt, bis der Text plötzlich überall in Tel Aviv auf Plakaten auftauchte und ihn der Rundfunksender der Haganah verbreitete. Seine Bekanntgabe durch den Sender ›Kol Israel‹ am 15. Juni schloß mit den Worten: »Das Dokument ist nun öffentliches Eigentum. Der Jischuw, die Diaspora und die ganze Welt sollen wissen, was Bevin, Attlee und ihre Handlanger uns antun wollen. Und die Welt soll wissen, daß wir zum Kampf bereit sind.«[16] Galili, der kurz darauf die Leitung der Haganah übernehmen sollte, erklärt, man sei so vorgegangen, um die zu erwartenden Maßnahmen wenigstens wirkungslos zu machen, wenn man sie schon nicht verhindern konnte. Inzwischen suchten seine wichtigsten Leute Verstecke auf und verbesserten ihre Tarnung. Weizmann teilte Cunningham am 19. Juni mit, wie sehr ihn die Enthüllung eines derartigen Planes schockiert habe. Er sei sicher, daß die Einzelheiten in den Vereinigten Staaten bekannt und Großbritannien dort schaden würden.

Diese fünf Ereignisse – die zwei Todesurteile, Bevins Rede in Bournemoth, Glubbs Artikel in der ›Daily Mail‹, die Entdeckung der Dokumente und die Flucht des Mufti – veranlaßten die jüdische Widerstandsbewegung zur Beendigung ihres teilweisen Waffenstillstandes. Nun war sie wieder zu schweren Schlägen gegen die Briten bereit. Am 10. Juni brachte die Irgun an einer vorbereiteten Stelle drei Züge zum Stillstand, indem sie die Notbremse zog, befahl den Reisenden auszusteigen und zerstörte die Züge, indem sie sie über verminte Geleise rollen ließ.[17]

Während der Nacht vom 16. zum 17. Juni stellte die Haganah demonstrativ ihre Kampfkraft unter Beweis, dies war insofern ungewöhnlich, als es nicht im Zusammenhang mit der illegalen Einwanderung geschah, vielmehr zerstörte oder beschädigte sie acht Brücken an den Grenzen Palästinas zu Transjordanien, Syrien und dem Libanon. Ungefähr dreißig Haganahleute griffen die Allenby-Brücke an, vertrieben die Arabische Legion auf der transjordanischen Seite und sprengten die Brücke. »Die Brücke ist unpassierbar und ihre Reparatur wird einige Wochen in Anspruch nehmen,« berichtete Gyles Isham. Nur bei der Az-Zib-Eisenbahnbrücke schlug der Plan der Haganah fehl. Yigal Yadin erklärt: »Bei der Planung unserer Aktionen mußten wir die Notwendigkeit berücksichtigen, Verletzungen und Todesopfer unter den Briten zu vermeiden. Diese Einschränkung hatte teils ethische, teils praktische Gründe. Wir hatten erkannt, daß von der Haganah verursachte britische Opfer den Briten einen legitimen Grund liefern würden, gegen den gesamten Jischuw oder zumindest seine Führer vorzugehen. Die Zib-Eisenbahnbrücke wurde beispielsweise von britischen Wachen geschützt. Aber anstatt sie einfach zu erschießen, was leicht möglich gewesen wäre, versuchte die Haganahgruppe sich anzuschleichen und sie zu überwältigen. Dabei wurden ihre Mitglieder erspäht und getötet.« Dem britischen Bericht zufolge eröffnete der britische Polizeiposten das Feuer auf die Haganahkampfgruppe, die Sprengkörper unter der Brücke anbrigen wollte, dies führte zu einer Explosion, bei der vier Kämpfer den Tod fanden, zwei weitere wurden von Gewehrschüssen tödlich getroffen.

Der Angriff der Lehi auf die Kishon-Eisenbahnwerkstatt am 17. Juni stellte einen schweren Fehlschlag dar. Eine Gruppe von fünfunddreißig Leuten kam mit einem Lastwagen an, eröffnete das Feuer und erkämpfte sich den Weg durch das Tor. Im Inneren löste sie zahlreiche Explosionen aus, zerstörte eine Lokomotive, einige kleine Gebäude und ein Feuerlöschfahrzeug, sie tötete auch zwei ihrer eigenen Leute. Die Armee war wachsam und errichtete Straßensperren. Eine Stunde vor Mitternacht geriet ein Lastwagen der Lehi bei Kfar Atar in eine solche Straßensperre. Der Fahrer versuchte sie zu durchbrechen, man zwang ihn aber zum Halten. Am Straßengraben in Bereitschaft gehaltene Soldaten eröffneten sofort das Feuer, töteten sieben Lehi-Leute und verletzten elf, darunter drei Frauen. Die sechsundzwanzig Überlebenden gerieten alle in Gefangenschaft.[18]

Die Irgun, die vorgeblich immer noch mit der Haganah und der Lehi verbündet war, beschäftigte sich in erster Linie mit dem Schicksal ihrer beiden verurteilten Kameraden. Begin berichtet: »Ich befahl unseren Leuten, möglichst viele britische Offiziere gefangen zu nehmen. Es ging uns besonders um Offiziere, da wir glaubten, so unseren Leuten das Leben retten zu können. Übrigens nahmen wir nie zivile oder militärische Geiseln, um unsere Leute zu befreien. Wir taten dies nur, um ihr Leben zu retten«.

Dementsprechend erschienen gegen die Mittagszeit des 18. Juni zwölf Irgunleute vor dem Offiziersclub im Yarkon Hotel in Tel Aviv. Sieben hielten draußen Wache, während fünf mit Maschinenpistolen in den Speisesaal eindrangen. Alle Offiziere hatten ihre Revolver bei der Garderobe am Eingang abgegeben, sie waren also unbewaffnet und hilflos. Die Eindringlinge trieben sie in einer Ecke zusammen und wählten vier ranghohe Offiziere aus, einen von ihnen, Hauptmann D. T. Rae, verprügelten sie mit einem Stück Bleirohr. Den britischen Fliegerleutnant Thomas Russell entführten sie ebenfalls, nachdem er versuchte hatte, über einen Korridor zu entkommen und Alarm zu schlagen. Man schaffte die Festgenommenen in einen Lastwagen, unter dessen Boden sargähnliche Zellen angebracht waren. So konnte man mit den Häftlingen unentdeckt durch die Straßenkontrollen fahren und sie in ein Kellergefängnis befördern.

Man behandelte Russell und Rae korrekt. Drei oder vier mit Pistolen ausgerüstete Männer bewachten sie Tag und Nacht, ihre Hände und Füße hatte man angekettet, aber die Verpflegung war gut – sie erhielten Hähnchen, Melonen und Bier – und sie durften auf Strohsäcken schlafen. Rae, der der Plymouth-Bruderschaft angehörte, erhielt eine Bibel und Ersatz für sein blutverschmiertes Hemd. Mehrmals besuchte sie ein Irgunführer, dessen Gesicht mit einer Kapuze verdeckt war, er erklärte ihnen, daß man sie freilassen werde, sobald die Todesurteile aufgehoben würden. Wenn aber die Urteile ausgeführt würden, hätten sie die Konsequenzen zu tragen.

Russell berichtet: »Die Wachen waren sehr diszipliniert. Ihre Wachsamkeit ließ niemals nach und wenn ihr Vorgesetzter kam – ich glaube, es muß sich um Menachem Begin gehandelt haben – erhoben sie sich und grüßten schneidig. Sie schienen einen offen Kampf zwischen Briten und Juden zu erwarten. Einer von ihnen fragte mich: ›Wann wird die RAF anfangen, uns zu bombardieren?‹ Ich riet ihm zur Vernunft, die RAF werde niemals Tel Aviv bombardieren, aber er glaubte mir nicht, er wollte mir nicht glauben. Einige meiner Soldaten verloren im Kampf gegen die Irgun ihr Leben, deshalb schätze ich sie nicht besonders, aber ich will doch sagen – sie waren tapfer und hingebungsvoll.«

Am 21. Juni teilte Weizmann Cunningham mit, wie sehr ihn die Entführungen schockierten. Er stimmte mit ihm darin überein, daß die Anschläge der Haganah gegen die Brücken »eine sinnlose und nutzlose Angelegenheit seien.«[19] Cunningham versuchte darzulegen, daß die ständigen Gewalttätigkeiten ein politisches Problem zu einem rein militärischen machten. Wollten die Juden, daß all ihre Errungenschaften in Palästina in einer Woge von Blutvergießen und Verwüstung untergingen? Weizmann wies darauf hin, daß man die Juden in den letzten Wochen fünfmal provoziert habe. Er wolle sein Möglichstes zur Beruhigung der Lage tun. Aber Cunningham notierte: »Ich fürchte, daß sein Einfluß auf die Extremisten gering ist, und ich glaube, daß er von den meisten Vorgängen gar nichts weiß, obwohl es natürlich möglich ist, daß er dies absichtlich vermeidet.«

Am 22. Juni überbrachte der Irgunführer Rae und Russell wieder gute Nachrichten: »Er richtete einige aufmunternde Worte an uns, erklärte erneut, warum man uns entführt hatte, und bat uns, unseren Vorgesetzten eine Botschaft zu überbringen. Dann steckte er jedem von uns eine Pfundnote in die Hemdtasche mit der Bemerkung, dies sei Ersatz für die Schäden an unserer Uniform. Wir versuchten abzulehnen, aber er drängte sie uns auf und unter den gegebenen Umständen hielten wir ein Nachgeben für angebracht.« Raes Bericht zufolge versprach der Irgunführer, den Mann, der ihn geschlagen hatte, disziplinarisch zu belangen. Als man sich trennte, brachte er die Hoffnung auf eine Wiederbegegnung – in einem Cafe oder auf dem Schlachtfeld –

zum Ausdruck. Dann verband man ihnen die Augen, fuhr zwanzig Minuten mit ihnen umher und entließ sie irgendwo in Tel Aviv.[20]

Als neuer Leiter des Imperial General Staff kehrte Bernard Montgomery im Juni von seiner Palästinareise höchst beunruhigt zurück: »Der Hohe Kommissar schien mir nicht fähig zu sein, sich zu entscheiden. Überall – von Whitehall bis in die untersten Instanzen – herrschten Unentschiedenheit und Zögern. Der palästinensischen Polizei fehlten fünfzig Prozent ihrer Mannschaftsstärke...« Seiner Ansicht nach stellte eine »harte« Politik die richtige Linie dar, und er war ohne Einschränkung bereit zu »einem Krieg gegen einen fanatischen und verschlagenen Feind, der bereit ist, mit den Waffen der Entführung, des Mordes und der Sabotage zu kämpfen.«[21]

Am 20. Juni nahm er an einer Kabinettssitzung teil und vertrat die Ansicht, nun sei der Zeitpunkt gekommen, alle illegalen Organisationen zu zerschlagen. Bevin, der sich noch in Paris befand, riet dem Kabinett telegrafisch: »Wir sollten deutlich machen, daß nichts geschehen kann, um ihn [den Bericht] hinsichtlich der hunderttausend zu verwirklichen, solange der Terror nicht aufhört. Die Regierung Seiner Majestät wird gegenüber dem Terrorismus nicht nachgeben.«[22] Auch er befürwortete Montgomerys Plan und wollte ihn von einer Propagandakampagne begleitet sehen, die der amerikanischen und britischen Öffentlichkeit seine Notwendigkeit deutlich machte. Das Kabinett erklärte sich grundsätzlich einverstanden: »Wir können nicht länger eine Haltung einnehmen, die die Autorität der Regierung in den Wind schlägt.« Cunningham war anwesend, und man beauftragte ihn, die »extremeren Elemente« zu zerschlagen, die nach britischer Ansicht die Kontrolle über die Jewish Agency gewonnen hatten und durch die Haganah den Terror leiteten.

Am 23. Juni teilte Barker seinen Divisionskommandeuren mit, daß die Operation am folgenden Sonnabend dem 29. Juni um 4.15 Uhr beginnen sollte. Man unternahm große Anstrengungen, um diese Tatsache geheim zu halten. Alle Besprechungen fanden außerhalb des Armeehauptquartiers statt, und die teilnehmenden höheren Offiziere entfernten ihre Rangabzeichen, um nicht den Eindruck einer wichtigen Geschäftigkeit zu verbreiten. Man verschickte alle die Operation betreffenden Briefe in einem äußeren Umschlag, der ein Kodewort enthielt, aus dem genau hervorging, wer sie öffnen durfte. Die amerikanische Regierung, die ganz sicherlich eine potentielle Informationsquelle für die Zionisten darstellte, wollte man erst im letzten Augenblick informieren. Das für den 28. und 29. Juni geplante Reitturnier in Jersualem sollte normal weitergehen.[23]

Dare Wilson schreibt, diese Maßnahmen »ermöglichten eine vollständige taktische Überraschung.« Aber dies stellt kaum die ganze Wahrheit dar.

Die Haganah kannte bereits den Originalplan, aber nicht das Einsatzdatum, und so konnte sie sich vorbereiten, indem sie ihre Verstecke verbesserte und Schrott in die Siedlungen schaffte, um die britischen Metallsuchgeräte wertlos zu machen. Außerdem arbeiteten zahlreiche jüdische Angestellte im Dienste der Regierung, und viele von ihnen gaben Informationen an die Haganah weiter. Nach Efraim Dekels Erinnerung gab es einen gesteigerten Postverkehr, jüdische Firmen erhielten Aufträge für Proviantpakete, und es wurden Busse bestellt. All dies deutete darauf hin, daß die Armee etwas Wichtiges vorbereitete, und es war leicht zu erraten, um was es sich handelte.

Erst am 29. Juni um 1.15 Uhr früh telegrafierte Attlee an Truman: »Angesichts des Anhaltens der terroristischen Aktivitäten in Palästina, die in der kürzlichen Entführung von sechs britischen Offizieren, ihren Höhepunkt fanden, ist die Regierung Seiner Majestät zu dem Schluß gelangt, daß drastische Maßnahmen nicht länger vertagt werden dürfen.«[24] Drei Stunden später besetzten etwa hunderttausend Soldaten und zehntausend Polizisten die Zentrale der Jewish Agency in Jerusalem sowie einige offizielle jüdische Gebäude und etwa fünfundzwanzig jüdische Siedlungen. Am Ende des ersten Tages hatte man zweitausendsechshundertneunundfünfzig Männer und neunundfünfzig Frauen verhaftet. Shertok, Joseph, Hacohen, Remez, Fishman und einige andere prominente Juden internierte man in einem Sonderlager in Athlit. Golda Meyerson wurde nicht verhaftet – eine seltsame Unterlassung der Briten, die Ben Gurions Frau Paula dazu veranlaßte, sie mehrmals anzurufen, um ihre Überraschung zum Ausdruck zu bringen. Frau Meir schreibt, daß einige Leute später unfreundlich bemerkten, dies sei das Schlimmste, was die Mandatsmacht ihr je angetan habe.[25]

Die Truppen trafen auf weitverbreiteten passiven Widerstand der Siedler. Diese verschlossen die Tore ihrer Farmen, blockierten die Eingänge mit Traktoren und mit ihren eigenen Körpern, verweigerten die Identifizierung und die Abnahme von Fingerabdrücken, fluchten und schleuderten gelegentlich Geschosse gegen die Soldaten. Nach Aussagen jüdischer Zeugen reagierten einige Soldaten, indem sie Naziparolen brüllten, plünderten und unnötige Gewalt anwendeten. Efraim Dekel schreibt, die Soldaten und Polizisten hätten sich brutal verhalten und ein wahres Pogrom veranstaltet, aber dies ist, wenn man die gesamten Ereignisse betrachtet, eine übertriebene Vereinfachung. Die britischen Vergeltungsmaßnahmen waren von unterschiedlicher Intensität, aber im allgemeinen waren sie maßvoll, das gleiche gilt von der Erregung der Juden.[26]

Meshek Yagur in der Nähe von Haifa, das britische Berichte als »trotzige Siedlung« beschreiben, stellt ein gutes Beispiel für die Ereignisse jenes Tages dar. Um 9.30 Uhr kamen ein Bataillon und eine Kompanie der ersten Infanteriedivision an und fanden alle Eingänge versperrt. Die Soldaten setzten Tränengas ein, das die Siedler sofort mit heißem Sand und Düngersäcken wirkungslos machten. Mit mehr Erfolg kam dann ein Wasserwerfer zum Einsatz, der die Blockade aus Menschenleibern vertrieb. Männer, Frauen und Kinder versammelten sich dann um das Hauptgebäude und verweigerten jedes Zurückweichen. Schließlich gelangten die Soldaten in den Speisesaal, dort bewarfen die Frauen sie mit Geschirr und spritzten mit kochendem Wasser. Um 11.00 Uhr hatte man fünfundsiebzig Männer, achtzehn Frauen und elf Kinder verhaftet.[27]

Um 14.00 Uhr war die Zahl der verhafteten Männer auf zweihundertfünfzig gestiegen, und die Soldaten konnten nun mit der Waffensuche beginnen. Der Divisionskommandeur Richard Gale berichtet: »Ich sah einen Teil einer landwirtschaftlichen Maschine und fragte ›Was ist das?‹ Sie sagten, es sei ein nicht mehr benutzter Traktor. Ich sagte: ›Ihr spinnt, da kommt ein Rohr aus dem Erdboden!‹ Wir gruben an der Stelle nach und stießen auf ein Tunnelsystem, das sich über eine halbe Meile ausdehnte. Es gab da ein unterirdisches Waffenlager und eine Fabrik zur Herstellung von Gewehren und Granatwerfern.«

Golda Meir berichtet: »Was sie im Gebäude der Histadrut anstellten, war schrecklich. Sie verletzten niemand, weil an einem Sonnabend kein Mensch da war. Aber sie hätten die Türen der Räume öffnen können, anstatt sie zu zertrümmern. Dies taten sie überall. Sie führten sich auf, als brächen sie in feindliches Gebiet ein.« Sie behauptet auch, daß die Truppen in den Siedlungen »böswillige Zerstörungen« anrichteten und daß sie in Meshek Yagur »den ganzen Kibbuz zerstörten.«[28] Der Grund lag in der großen Menge der dort versteckten Waffen. Nach Dare Wilsons Bericht fand man in Meshek Yagur dreiunddreißig – hauptsächlich unterirdische – Waffenverstecke.[29] Dabei entdeckte man insgesamt dreihundertfünfundzwanzig Gewehre, vierundneunzig Granatwerfer, achthundert Pfund Sprengstoff und fast eine halbe Million Schuß Munition.[30]

Die übriggebliebenen Mitglieder der Führung der Jewish Agency gaben bei einer Pressekonferenz eine Reihe von Beschwerden bekannt und faßten sie in einer Denkschrift zusammen. Während der Ereignisse dieses Tages wurden drei Juden getötet und viele verletzt. Der wahrscheinlich emotional erregendste Vorfall war die Verhaftung des neunundsechzigjährigen Rabbiners Yehuda Fishman. David Hacohen meint dazu: »Diese Bastarde zwangen ihn, im Auto zu fahren, dabei ist er so fromm.« Weizmann behauptete in einem Brief an John Shaw, ein Soldat habe den alten Rabbiner ins Gesicht geschlagen, weil er sich weigerte, das Sabbatgebot zu verletzen.[31] Eine amtliche Stellungnahme widersprach dem und erklärte, man habe ein Mindestmaß an Zwang angewendet, um ihn vom Stuhl zu heben und zu einem Fahrzeug zu tragen. Aber dies dämpfte in keiner Weise den Zorn der Juden darüber, daß die Aktion am Sabbat stattfand und besonders, daß man dabei einen alten Mann zwang, die Gesetze seiner Religion zu verletzen.

In seinem Telegramm an Truman schrieb Attlee: »Es ist vorgesehen, eine Razzia auf die Jewish Agency durchzuführen und ihre Zentrale so lange zu besetzen, wie es für die Suche nach Beweisdokumenten notwendig erscheint.«[32] Am 29. Juni drang die Polizei in Jerusalem in das leere Gebäude ein und beschlagnahmte jeden Fetzen Papier. Aber dann stand sie vor einem Problem – die meisten Dokumente waren in Hebräisch abgefaßt. Richard Catling berichtet: »Dies war eines der Hauptprobleme unserer Arbeit, das Problem der hebräischen Sprache. Ich kann mich nur an fünf Leute in der britischen Kriminalpolizei erinnern, die sie sprachen.« Die Kenntnis des Arabischen galt immer als Vorteil für einen guten Polizisten, und während des arabischen Aufstandes haben es viele gelernt. Aber kaum jemand lernte Hebräisch. Fast der gesamte Jischuw beherrschte das Englische, und jahrzehntelang geriet fast keiner seiner Angehörigen mit britischen Gesetzen in Konflikt. Die Kenntnis des Hebräischen schien daher überflüssig.

Catling führt das Folgende als Beispiel für die laienhafte Herangehensweise der Briten an das Problem des jüdischen Terrorismus an: »Wir benutzten Mikrofone, um die Gespräche der Gefangenen mitzuhören. Es war niederschmetternd. Erstens gab es so viele Störungen und Hintergrundgeräusche, und zweitens verstand kaum jemand Hebräisch.« Man konnte natürlich jüdische Polizisten übersetzen lassen, aber diese konnten die Übersetzungen absichtlich verfälschen und dann noch eine Kopie an die Haganah gelangen lassen. C. A. Wade erinnert sich, daß einige Polizisten, Briten und Juden, unter den Einfluß der Haganah gerieten: »Sie benutzten Geld, Alkohol, Frauen – was immer sie für den schwachen Punkt eines Mannes hielten.«

Der Umfang der aus der Jewish Agency entwendeten hebräischen Dokumente war so groß, daß qualifizierte britische Polizisten einige Jahre gebraucht hätten, um sie alle auszuwerten. Der verantwortliche Offizier John Cockett bildete daher eine Arbeitsgruppe von sieben jüdischen Polizisten, darunter befand sich auch Bobby Lustig, der berichtet: »Da sie niemand anderen hatten, mußten sie Leute wie mich, die zur Haganah hielten, zur Arbeit gegen die Haganah einsetzen. Wir überflogen alle Papiere, wenn wir etwas fanden, was die Jewish Agency belasten oder ihr schaden konnte, so warfen wir es in die Toilette. Nach drei Tagen waren alle Abflußrohre in der Zentrale des CID völlig verstopft.«

Generalkonsul Pinkerton teilte Washington mit, man habe in den jüdischen Akten sechs geheime Dokumente gefunden, darunter einen Brief Trumans an

Eisenhower über Harrisons Bericht und ein höchst geheimes amerikanisches Dokument über das nahöstliche Öl. Es fand sich auch eine Menge ägyptischen Materials, das auf die Tätigkeit zionistischer Spione im ägyptischen Außenministerium hindeutete – diese Tatsache hielt man aus Furcht vor antisemitischen Reaktionen geheim. Aber Pinkerton berichtete: »Die Briten äußern sich überrascht, daß so wenig von der bekanntlich weitverbreiteten Aktivität jüdischer Agenten zum Vorschein kam.«[33] Catling berichtet: »Wir fanden fast nichts. Die Suchaktion war eine Pleite, ein Fehlschlag.«

Daher gab die Polizei das Gebäude zurück und konzentrierte ihre Anstrengungen auf das, was ihr bereits aus dem dechiffrierten Schriftwechsel bekannt war. Schon am 20. Juni hatte Cunnhingham George Hall mitgeteilt: »Wir haben mehr als reichliche Beweise, um ein gerichtliches Vorgehen gegen sie zu rechtfertigen.«[34] Aus dem Schriftwechsel gingen eindeutig Verbindungen zwischen Shertok und Joseph und der Haganah und zwischen der Haganah und den Terrorgruppen hervor. Zwar hatten die Behörden gehofft, weiteres Material in den Akten der Jewish Agency zu finden, um ihre Enthüllungen dramatischer zu gestalten, aber das vorliegende Material reichte bereits aus.

Am 1. Juli antwortete Premierminister Attlee auf einen Angriff der zionistenfreundlichen Parlamentsmitglieder Richard Crossman, Sidney Silverman, Robert Boothby, Michael Foot, Barbara Ayrton Gould und Barnett Janner: »Wir haben Beweise – ich werde sie zu einem angemessenen Zeitpunkt veröffentlichen – für eine sehr enge Verbindung zwischen der Jewish Agency und der Haganah . . . Wir haben außerdem Beweise für die enge Verbindung zwischen der Haganah und der Irgun . . . Die Jewish Agency darf nicht als Deckorganisation für illegale Aktionen einer illegalen Armee dienen.«

Dare Wilson schreibt, die Operation unter dem Decknamen »Agatha« habe all ihre Ziele erreicht.[35] Aber dies ist Wunschdenken. Sie brachte kaum zusätzliche Erkenntnisse über die Zusammenarbeit der jüdischen Führer mit den illegalen Kampfgruppen. Sie führte zur Verhaftung dieser politischen Führer – eine leichte Aufgabe – aber nicht zur Verhaftung der Führer der Haganah wie Israel Galili, Itzhak Sadeh oder Moshe Sneh, die sich versteckt hielten oder nie identifiziert wurden. Galili meint: »Ich war einer der Leute, die von den Briten übersehen wurden.« Einem britischen Bericht nach verhaftete man die Hälfte der aktiven Mitglieder des Palmach, etwa achthundert Leute, und versetzte ihm so einen »schweren Schlag«.[36] Bald zeigte sich, daß die Schlagkraft der Haganah kaum Schaden genommen hatte. Ihre meisten Waffenlager blieben unentdeckt. Meshek Yagur bildete einen Ausnahmefall. Der Auftrag des britischen Kabinetts vom 20. Juni, »alle illegalen Organisationen zu vernichten«, blieb unerfüllt.

Die Aktion fand keine amerikanische Unterstützung, eher war das Gegenteil der Fall. Am 3. Juli teilte Truman Vertretern der Jewish Agency in Washington mit, er bedauere, was geschehen sei, er sei nicht im voraus konsultiert worden, und er hoffe, die verhafteten Führer würden bald freigelassen. Im Unterhaus kam es zu einer peinlichen Dringlichkeitsdebatte, die tiefe Meinungsverschiedenheiten in dieser Frage innerhalb der Regierungspartei deutlich machte.

Die größte Bedeutung kam schließlich der Tatsache zu, daß es nicht gelang, einen Keil zwischen die »illegalen Organisationen« und die »gesetzestreue große Mehrheit« der jüdischen Gemeinschaft zu treiben. In London sah man beispielsweise in Ben Gurions Bereitschaft, begrenzte Gewalt anzuwenden, um eine weitere illegale Einwanderung voranzutreiben und die jüdische Bewaffnung aufrechtzuerhalten, den Ausdruck des äußersten Extremismus. In Wirklichkeit stellte diese Einstellung einen Grundkonsensus des Jischuw dar. Cunninghams Bekanntmachung, die Aktion sei nur gegen »die wenigen« gerichtet, die aktiv an der Terrorkampagne teilnahmen und nicht gegen die Gesamtheit des Jischuw, war bedeutungslos, denn die Mehrheit des Jischuw befürwortete – innerhalb gewisser Grenzen – den Einsatz von Gewalt. Die prinzipiellen Gegner der Gewalttätigkeit, die selbst den begrenzten Gewalteinsatz der Haganah ablehnten, waren völlig unbedeutend. Der Kabinettsbefehl, die illegalen Armeen zu zerschlagen, bedeutete in Wirklichkeit den Befehl, den gesamten Jischuw zu zerschlagen.

Im Nachhinein erscheint es daher unvermeidlich, daß die britischen Streitkräfte die Haganah nur zerstören konnten, indem sie nationalsozialistische oder sowjetische Methoden gegen die gesamte jüdische Gemeinschaft anwandten. Richard Gale erinnert sich, daß er zu seinem Oberkommandierenden Miles Dempsey sagte: »Wenn Sie von mir verlangen, morgen gegen alle Juden Palästinas Krieg zu führen, dann kann ich das tun, ich kann sie alle ins Mittelmeer fegen. Ich verfüge über die notwendige Streitmacht, wenn Sie das wollen. Wenn Sie das nicht wollen, dann kann die Antwort nur in einer politischen Lösung bestehen, in der Zusammenarbeit mit ihnen.« Galili unterstützt diese Ansicht: »Um die Haganah zu zerstören, hätten sie in großem Ausmaß schwere Gewalt anwenden müssen, dazu waren sie aufgrund des Wesens der britischen Demokratie nicht in der Lage.«

Golda Meyerson, die eine der wenigen führenden Persönlichkeiten war, die sich noch in Freiheit befanden, erinnert sich an die Reaktionen auf den »schwarzen Sonnabend«: »Wir hatten alle das Gefühl, daß etwas geschehen mußte. Man hatte tausende Juden verhaftet. Die Haganah hatte befohlen, keine Fingerabdrücke zu geben, und viele unserer Männer schlug man, als sie sich weigerten. Ich wies Weizmann darauf hin, daß der Jischuw dies nicht einfach hinnehmen würde. Ich schlug eine Kampagne des zivilen Ungehorsams vor. Ich sagte ihm, wenn wir nichts unternähmen, würden die Irgun und die Lehi etwas viel Ernsthafteres tun.«

Zu diesem Zeitpunkt legte die Irgun den von Amihai Paglin entwickelten Plan vor, einen Sprengstoffanschlag gegen das Hauptquartier der Armee und der Mandatsverwaltung im King David Hotel in Jerusalem durchzuführen. Galili erinnert sich, daß er und der Haganah-Kommandant Sneh die Angelegenheit mit den beiden Kommandanten der Abweichlergruppen, Begin und Yalin-Mor, diskutiert haben und daß man dabei zu dem Schluß kam, hier handele es sich um eine angemessene Vergeltungsmaßnahme für die Razzien vom 29. Juni. Nebenbei könnte es dabei gelingen, einige aus dem Gebäude der Jewish Agency entwendete gefährliche Dokumente zu vernichten. Am 1. Juli trugen sie den Vorschlag dem Komitee X der Haganah vor, das über alle Vorschläge des Vereinigten Widerstands entscheiden mußte, und es stimmte einem Irgunanschlag auf nicht näher bestimmte »Regierungsgebäude« zu.

Begin erhielt daraufhin eine schriftliche Genehmigung zum Handeln. Die offizielle Geschichte der Haganah betont jedoch, es habe die übliche Regel gegolten, daß alle Vorkehrungen gegen den Verlust von Menschenleben zu treffen seien.[37] Und Galili zufolge wies der Haganah-Kommandant Sneh eindeutig darauf hin, daß die Explosion außerhalb der Bürozeiten stattzufinden habe.[38]

Aber dann wurde der Plan aufgrund des persönlichen Eingreifens von Chaim Weizmann aufgeschoben. Am 6. Juli empfing er in seinem Haus in Rehovot etwa dreißig noch in Freiheit befindliche führende Juden, darunter befanden sich Golda Meyerson, der Bürgermeister von Tel Aviv Israel Rokach, der Herausgeber der ›Palestine Post‹ Gershon Agronsky und die Mitglieder der Exekutive der Jewish Agency Dobkin und Schmorak. Er bat sie um einen Aufschub aller Aktivitäten der Haganah bis zur Tagung der Jewish Agency im August in Paris. Er betonte, eine Fortsetzung des bewaffneten Kampfes stelle eine Kriegserklärung an Großbritannien dar und würde den Untergang des Zionismus zur Folge haben. Dann argumentierte er nach den Worten der Geschichte der Haganah: »In allen Staaten ist es üblich, daß der Präsident das Oberkommando über die Streitkräfte innehat. Ich habe diese Autorität nie benötigt und nie in Erwägung gezogen, mich in Ihre Angelegenheiten einzumischen. Aber dieses eine Mal beanspruche ich dieses Recht und fordere, daß Sie alle Aktivitäten einstellen.«[39] Nach Golda Meirs Darstellung stimmte er jedoch ihrem Vorschlag für eine Kampagne des zivilen Ungehorsams zu.

Meyer Weisgal erhielt den Auftrag, Sneh in seinem Versteck zu informieren, er erklärte, falls die Forderung zurückgewiesen würde, wolle Weizmann die Präsidentschaft niederlegen und die Gründe für seinen Rücktritt bekanntmachen. Sneh leitete dieses Ultimatium dann an das Komitee X weiter, und nach einiger Diskussion stimmte dieses mehrheitlich zu. Das Komitee sagte eine Parallelaktion der Haganah, einen geplanten Überfall auf das britische Waffenlager in Bet-Galim, ab und befahl Sneh, mit Hilfe der Gremien der vereinigten Bewegung für die Verschiebung der Aktion gegen das King David Hotel zu sorgen.

Es ist bis heute umstritten, auf welche Weise man die Irgun davon benachrichtigte. Begin schreibt, er habe nur eine Reihe von Bitten um Vertagung erhalten, die alle sehr gefährlich gewesen seien, da die Befehle bereits erteilt und die Aufgaben verteilt waren, und schließlich habe man sich auf den 22. Juli als dem Tag der Aktion geeinigt.[40] Shay schreibt, Snehs Bitte um Vertagung sei undeutlich formuliert gewesen und zu spät gekommen. Galili berichtet, Sneh habe Begin zweimal gebeten, die Aktion abzusagen. Begin schreibt, nach Snehs letzter Bitte vom 19. Juni, die Aktion zu vertagen, habe sich die Irgun entschieden, nun allein den Anschlag auf das King David Hotel durchzuführen. Jedenfalls geht aus Galilis Aussage klar hervor, daß diese Entscheidung der Irgun, die Aktion am 23. Juli auf eigene Faust durchzuführen, für die Haganah eine Überraschung und einen Schock darstellte, dies gilt ebenfalls für ihren Entschluß, während der Bürostunden zuzuschlagen. Galili stellt eindeutig fest, daß dies gegen Anordnungen der Haganah verstieß.

Inzwischen erregte sich die jüdische öffentliche Meinung über eines der schrecklichsten Ereignisse des Jahres 1946. Am 5. Juli fand in der Kleinstadt Kielce, zweihundert Kilometer südlich von Warschau, ein Pogrom statt. In der Stadt fand das Gerücht Verbreitung, die Juden töteten nicht-jüdische Kinder und benutzten ihr Blut zu rituellen Zwecken. (Diese Greuelpropaganda über jüdische religiöse Bräuche, die als »Ritualmordbeschuldigung« bekannt ist, fand einstmals in primitiven Gegenden Osteuropas weithin Glauben.) Ein Mob erregter Polen, durch bewußte Fälschungen zu mörderischer Wut erregt, belagerte die Gebäude der jüdischen Gemeinde und erschlug dann unter Duldung verschiedener Armee- und Polizeioffiziere etwa vierzig polnische Juden.

Es wäre eine Übertreibung, wollte man behaupten, daß der Jischuw die Briten direkt für diese Greueltaten verantwortlich machte. Aber viele Juden zogen den Schluß, wenn Großbritannien die Tore Palästinas für das überlebende Zehntel der polnischen Juden geöffnet hätte, würden die vierzig Ermordeten Kielce längst verlassen und überlebt haben. Gerald Keith von der US-Botschaft in Warschau erklärte, daß es in Polen trotz des Zusammenbruchs der nationalsozialistischen Herrschaft noch immer einen bösartigen Antisemitismus gebe.[41]

ten und ihr Eigentum zurückforderten. Noch größer war der Unwille gegen-

Es gab Ressentiments gegen die Juden, die aus der Deportation zurückkehr-
über solchen Juden, die eine bedeutende Rolle in der neuen kommunistischen Verwaltung Polens spielten. »Da die Juden in der Regierung durch ihre Position mit dem russischen Einfluß in Verbindung gebracht werden, der fraglos von mindestens fünfundachtzig Prozent der polnischen Bevölkerung abgelehnt wird, überrascht es nicht, daß die ablehnenden Gefühle gegenüber den Juden in vielen Bevölkerungskreisen außerordentlich stark sind.« Keith gelangte zu der Schlußfolgerung, es gebe keinen Zweifel, daß fast alle Juden Polen verlassen wollten. Bevins Ansicht, die Juden Europas sollten beim Wiederaufbau ihrer Ursprungsländer mitarbeiten, wurde erneut ernsthaft in Frage gestellt.

Am 7. Juli gab Weizmann John Shaw eine umfassende Darstellung des Treffens vom Vortage und fügte sein »Ehrenwort« hinzu, daß es keine Verbindung zwischen der Haganah und den Terroristen gebe, wenn man von gelegentlichen Versuchen zur Durchsetzung einer zurückhaltenden Politik absieht. (Dies stimmte für jenen Zeitpunkt, aber nicht für die vorangegangenen Monate.) Shaw erwiderte, Weizmann werde von seinen Beratern irre geführt. Es habe Kontakte in verbrecherischer Absicht gegeben.[42] Weizmann bemühte sich zu betonen, daß er als entschiedener Freund Großbritanniens spreche. Am 29. Juni sagte er zu Cunningham, Großbritannien habe durch seine Handlungen in der letzten Zeit nicht nur den Kampf gegen den Jischuw, sondern gegen alle Juden der Welt einschließlich der fünf Millionen in den Vereinigten Staaten aufgenommen. Seiner Ansicht nach würde das britische Empire einen solchen Krieg nicht durchhalten können.

Als sich der amerikanische Kongreß mit der Frage einer Anleihe von dreidreiviertel Milliarden Dollar an Großbritannien beschäftigen mußte, hatte es den Anschein, daß Weizmann Recht haben könnte. Bei der am 8. Juli im Repräsentantenhaus begonnenen Debatte gaben mehrere Abgeordnete bekannt, daß sie wegen der britischen Palästinapolitik gegen den Kredit stimmen würden. Der Abgeordnete Adolf Sabath riet Großbritannien, Geld durch den Verkauf seiner Investitionen in Übersee aufzubringen. Er sagte, die Vereinigten Staaten hätten Großbritannien zweimal gerettet, und was habe Großbritannien jemals als Gegenleistung für Amerika getan? Die Presse brachte Anzeigen von der Irgun nahestehenden Komitees unter dem Motto »Tod der Anleihe!« Am 11. Juli herrschte der Eindruck, die Anleihe sei ernsthaft in Gefahr.

Wäre sie gescheitert, hätte dies für Großbritannien den wirtschaftlichen

Zusammenbruch und eine Hungerkatastrophe bedeuten können. Butter, Zukker, Fleisch, Benzin und Bekleidung waren immer noch so streng wie während des Krieges rationiert, Eier waren kaum erhältlich, und man entwickelte Pläne zur Einführung der Brotrationierung. Nahrungsmittel aus den Mittelmeerländern und den Tropen wie Zitrusfrüchte und Reis gab es nicht mehr, und die Vorräte der meisten Rohstoffe einschließlich des Erdöls waren krisenhaft verknappt. Die britische Industrie und die britischen Arbeitskräfte waren nach sechs Kriegsjahren erschöpft und verbraucht.

Einige führende amerikanische Juden unternahmen dann eine Rettungsaktion. Rabbiner Stephan Wise sagte in einer Stellungnahme, die am 9. Juli im Repräsentantenhaus verlesen wurde: »Ich werde es nicht zulassen, daß meine mehr als gerechtfertigte Empörung über die palästinensische Regierung und ihre gesetzlosen Handlungen die Tatsache verändert, daß ich als Amerikaner die britische Anleihe unterstütze.« Der Vorsitzende des außenpolitischen Ausschusses des Repräsentantenhauses Sol Bloom versprach ebenfalls seine Unterstützung trotz Bevins »dummer, lächerlicher und eselhafter« Stellungnahmen zum jüdischen Problem, und obwohl dies (wie er sagte) vielen Leuten mißfallen würde, die England haßten. Am 13. Juli billigte das Haus die Anleihe mit zweihundertneunzehn gegen einhundertfünfundfünfzig Stimmen.[43]

Dieser knappe Ausgang beeindruckte die britischen Stabschefs kaum, die am 10. Juli, während der Kongreß noch debattierte, ein Papier unterzeichneten, das ihre Ansicht wiederholte, daß gute Beziehungen zu den Arabern ein wichtigeres britisches Interesse seien. Die Durchführung der Empfehlungen des Berichts würde eine Katastrophe auslösen: »Es wird einen allgemeinen arabischen Aufstand in Palästina geben, der ernsthafter und weitverbreiteter sein wird als 1936 und 1938/39.«[44] Man würde massive Truppenverstärkungen benötigen, um mit dieser Lage fertig zu werden.

John Glubb schrieb, wenn man die hunderttausend ins Land ließe, würden Syrien und der Irak Verträge mit Rußland abschließen. Und ein derartiger russischer Erfolg würde das Rückgrat des Empires gefährden.[45] Die Sowjetpresse blies bereits zum Angriff und beschuldigte Großbritannien, Öl in die Flammen der nationalen Auseinandersetzungen zu gießen.[46] Der britische Botschafter Stonehewer-Bird telegrafierte aus Bagdad, jede derartige Entscheidung würde außerordentliche Gewalttätigkeiten zur Folge haben, zur Kündigung des britisch-irakischen Vertrages und zum Abbruch der diplomatischen Beziehungen führen. Man würde alle britischen und amerikanischen Staatsbürger evakuieren müssen, und Großbritannien werde militärisch eingreifen müssen.[47] Aber auch die Juden würden ihre Rebellion nicht einstellen, die Experten erwarteten, daß Großbritannien einen Zweifrontenkrieg würde führen müssen.

Diese Gutachten überzeugten Attlee, wie er in einem Brief an Winston Churchill schrieb, daß der Bericht eindeutig »eine Belastung [bedeutet], die wir nicht allein tragen können«.[48] Die beiden rivalisierenden Parteiführer stimmten bereits zu diesem frühen Zeitpunkt darin überein, daß es am Schluß wahrscheinlich zu einer Teilungslösung kommen würde. Aber augenblicklich war die britische Regierung in Übereinstimmung mit den Amerikanern entschlossen, möglichst viel von ihrer Mandatsverantwortlichkeit zu behalten. Die Mitglieder von Trumans Kabinettsausschuß, der Außen-, der Schatz- und der Kriegsminister, befanden sich auf dem Weg nach London, um ein derartiges Übereinkommen zu erzielen.

Am 10. Juli erklärte Bevin Norman Brook und Harold Beeley, daß er sich keineswegs endgültig gegen die Einreise der hunderttausend entschieden habe. Im Gegenteil, er fühle sich außerstande, dagegen aufzutreten. Jetzt erwähnte er nicht mehr die jüdische Abrüstung als Vorbedingung. Aber Großbritannien werde eine vollständige Zusammenarbeit mit den Amerikanern benötigen und den Arabern ernsthafte Gegenleistungen bieten müssen. Beispielsweise wünschte er, daß die Vereinigten Staaten eine weitere bedeutende Anzahl Flüchtlinge aufnähmen. (Er sagte, Großbritannien könne keine weiteren Flüchtlinge aufnehmen, da es verpflichtet sei, zehntausende Polen unterzubringen, die nicht ins kommunistische Polen zurückkehren wollten.) Außerdem müßten die Araber regionale Autonomie erhalten, und ihr Lebensstandard solle durch amerikanische Hilfsleistungen gehoben werden.[49]

Am 11. Juli kam Botschafter Henry F. Grady mit den amerikanischen Ausschußmitgliedern in London an. Während der nächsten zwei Wochen erreichten sie mit der britischen Verhandlungsdelegation unter Herbert Morrison Übereinstimmung über den Plan eines palästinensischen Bundesstaates mit autonomen Provinzen, der in Gebiete der Zionisten, der Araber und der Zentralregierung aufgeteilt sein sollte – dies stellte eine Variante des Teilungsplanes von 1944 dar. Die hunderttausend sollten in das zionistische Gebiet einreisen dürfen, dies würde aber nur tausendfünfhundert Quadratmeilen umfassen und letzten Endes weiter unter britischer Kontrolle stehen. Die Vereinigten Staaten sollten eine Subvention von fünfzig Millionen Dollar zur Entwicklung des arabischen Gebietes zur Verfügung stellen.

Inzwischen bereiteten Menachem Begin und seine Organisationen, die von diesen politischen Entwicklungen nichts wußten, ihren Anschlag auf das King David Hotel vor. Begin berichtet: »Wir führten diese sehr schwierige Operation auf Bitten der Haganah aus. Das Hotel glich in jenen Tagen einer von Stacheldraht und Maschinengewehren umgebenen Festung. Das wichtigste Ziel der Haganah bestand darin, die bei der Jewish Agency entwendeten Dokumente zu zerstören. Die Briten hatten Dokumente gefunden, die bewiesen, daß die Jewish Agency über die Operationen der Haganah Bescheid wußte. Sie fanden einen Bericht des damaligen Leiters der politischen Abteilung Shertok, aus dem hervorging, daß er über die Zerstörung der Eisenbahnen Bescheid wußte. Sie fürchteten, daß die Briten die Jewish Agency für illegal erklären würden.«

Andere Irgun-Quellen, darunter der Einsatzleiter Amihai Paglin und der Historiker Abraham Shay, bestätigen, daß dies der Hauptzweck des Einsatzes war. Aus diesem Grunde habe der Palmach-Kommandeur Itzhak Sadeh Paglin gedrängt, die Sprengstoffmenge zu erhöhen und die Warnzeit zu verkürzen, um sicherzugehen, daß die Dokumente zerstört wurden.[50] Aber Israel Galili, der in die Rolle der Haganah eingeweiht war, stellt fest, daß die Ereignisse des 29. Juni zwar die Operation unmittelbar auslösten, daß aber die grundsätzliche Entscheidung, das Hotel zu zerstören, Wochen vorher von der Haganah aus rein politischen Gründen gefällt worden war: »Es ist eine unsinnige Vorstellung, daß man durch eine Explosion bestimmte Dokumente zerstören kann. Es ist eine unsinnige Annahme, daß man von diesen Dokumenten jeweils nur eine Kopie aufbewahrte. Es ging nur ganz nebenbei um die Dokumente.« Er bezeichnet Paglins Darstellung als »lächerlich«.[51]

Begin fährt fort: »Wir wollten kein Menschenleben vernichten. Die Moral der Irgun verlangte, jede mögliche Vorkehrung zu treffen, um zivile Opfer zu vermeiden.« Deshalb erhielt eine junge Frau, die der Irgun angehörte, Adina Hay-Nissan, den Befehl, dreißig Minuten vor Auslösung der Explosion dem Hotel telefonisch eine Warnung bekanntzugeben, dieser Warnungszeitraum stellte einen Kompromiß zwischen Paglin und Sadeh dar, der erstere hatte ursprünglich fünfundvierzig Minuten für die Räumung des Hotels vorgesehen.

Es liegen bereits mehrere dutzend Darstellungen der Ereignisse im King David Hotel am 22. Juli 1946 vor, aber sie zeichnen alle ein unvollständiges Bild, da sie sich nicht auf die britischen Dokumente über dieses Ereignis stützen, dies gilt besonders hinsichtlich zweier 1978 freigegebener Dokumente, dem militärischen Untersuchungsbericht und dem von Assistant Inspector-General J. P. I. Fforde unterzeichneten Polizeibericht. Für die Irgun begann der Tag der Aktion um 5.30 Uhr früh mit dem Diebstahl eines Taxis und eines Lastwagens in Tel Aviv. Man brachte beide Fahrzeuge nach Jerusalem, wo man gegen 11.00 Uhr einen weiteren Lastwagen stahl. Man lud sieben mit Sprengkörpern beladene Milchfässer auf diesen Lastwagen, und der Stoßtrupp führte sie dann mit sich. Seine Mitglieder waren als Araber verkleidet und mit Maschinengewehren und -pistolen bewaffnet. Sie fuhren über eine tiefliegende Zufahrt zum Lieferanteneingang des Hotels und den Küchen des Café Regence.[52]

Die Irgun hatte den schwächsten Punkt der dürftigen Verteidigungsmaßnahmen des Hotels herausgefunden, von denen britische Zeugen behaupten, daß sie nicht dem von Begin und anderen gezeichneten Bild einer bewaffneten Festung entsprachen. Der Haupteingang des Gebäudes wurde nicht bewacht. Dies mußte so sein, denn es diente immer noch als Hotel und Restaurant, als wichtigstes gesellschaftliches Zentrum Jerusalems. Der Eingang zum Sekretariat im südwestlichen Flügel stand unter leichter Bewachung, aber er war offen für den Publikumsverkehr und oft kamen Bürger, um mit Sekretariatsangehörigen über gewöhnliche Verwaltungsangelegenheiten zu sprechen. Der Lieferanteneingang des Regence war völlig unbewacht.

Um 11.45 Uhr überfielen drei Irgunleute den Portier und zwangen ihn in ein Büro, dann nahmen sie die übrigen Beschäftigten im Erdgeschoß fest und hielten sie in den Küchen unter Bewachung. Andere Irgunleute luden die Milchkannen vom Lastwagen und trugen sie über den Flur in das Café, das sich unter den Sekretariatsbüros befand. Der Führer der Gruppe, Israel Levi, begann, die Zünder mit den Auslöseuhren und einer Sprengfalle (zur Verhinderung von Entschärfungsversuchen) zu verbinden; dann brachte er Warnschilder mit der Aufschrift »Minen – nicht berühren« an.

Begin berichtet: »Es gab einen regelrechten Kampf, denn unsere Männer mußten in den Keller eindringen, wo sich bewaffnete britische Soldaten befanden. Sie sahen möglicherweise etwas Verdächtiges. Es gab eine Schießerei.« Auch hierzu äußern sich britische Zeugen anders. John Shaw, der während der Abwesenheit Cunninghams die Aufgaben des Hohen Kommissars wahrnahm, berichtet: »Was passierte, war, daß die Irgun von einem Fernmeldeoffizier herausgefordert wurde, und sie erschossen ihn. Er war das einzige Opfer. Es gab keinen offenen Kampf.«

Der diesen Vorfall genau beschreibende Polizeibericht legt dar, daß die einzigen britischen Soldaten im Kellergeschoß zum Zeitpunkt des Eindringens der Irgun Frauen waren, die die Telefonvermittlung bedienten, die ein Stück vom Café entfernt am Flur lag. Gegen Mittag hielten sich Leutnant H. B. Chambers und Hauptmann A. D. Mackintosh oben in der Zentrale der Fernmelder auf, als der letztere beschloß, einen Kontrollgang zur Vermittlung im Kellergeschoß zu unternehmen. Einige Minuten später rief Sergeant Brown, die die Vermittlung leitete, Chambers an, um ihm mitzuteilen, auf dem Flur hätten bewaffnete Araber eine Auseinandersetzung mit Mackintosh. Später sagte sie aus, der Kampf habe einige Minuten gedauert, dabei hätten zwei Irgunleute versucht, Mackintosh zu den anderen Gefangenen in der Küche zu schaffen. Mackintosh sei schließlich bis zur Lieferantentreppe, die zur Haupthalle führte, gelangt, da schoß ihm einer der Irgunleute aus kürzestem Abstand in den Bauch.

Mackintosh gelang es, bis zur Mitte der Treppe hochzustolpern, dort fand ihn ein Hotelportier, der ihn zur Damengarderobe im Kellergeschoß brachte. Der Portier informierte dann den Hoteldirektor Hamburger, der daraufhin der Sicherheitswache Bescheid gab. Der Sergeant der Militärpolizei S. Petty schreibt: »Ich ging über die Treppen jenseits der Herrengarderobe ins Kellergeschoß hinunter. Der diensthabende Offizier [Hauptmann Payne] begleitete mich bis zur Garderobe, aber dann ging er fort, um zu telefonieren. Viele Menschen eilten umher. Der Offizier lag auf dem Fußboden. Sein Hemd war zerrissen. Er hatte ein Loch an der rechten Seite seines Bauches. Ich fragte ihn, was los sei. Er sagte bloß, es seien einige Araber dagewesen, er habe einen von ihnen festnehmen wollen, dieser habe auf ihn geschossen.«

Zu diesem Zeitpunkt, gegen 12.10 Uhr, wußte die Sicherheitswache nur, daß man einen Offizier angegriffen hatte und daß sich einige Araber im Kellergeschoß verdächtig verhielten. Chambers und zwei weitere Soldaten, die Brown gewarnt hatte, daß sich zwei bewaffnete Männer im Kellerflur aufhielten, gingen außen um das Hotel herum und kletterten durch ein Fenster in die Telefonvermittlung. Chambers schreibt dazu: »Ich blickte durch den Grillraum, von dem aus man den Regence-Korridor überblicken kann, und sofort richteten zwei Männer, die die Kopfbedeckung der Arabischen Legion trugen, ihre Maschinenpistolen auf mich. Ich zog mich zurück.«

Sergeant Petty kehrte zur Hotelhalle zurück, um Hauptmann Payne und den Sicherheitsoffizier Major Nicholls anzurufen, dann kehrte er in Begleitung eines weiteren Soldaten in den Kellerflur zurück. Er ging ein Stück den Korridor entlang. Sobald er um die Ecke bog und in Sichtweite des Lieferanteneingangs gelangte, schoß man auf ihn: »Ich sah einen Mann in einer weißblau karierten Gallabia [Araberkittel] mit einer Maschinenpistole in der Einfahrt stehen. Er rief: ›Halt! Halt!‹ Ich sprang um die Ecke zurück. Es folgten keine weiteren Schüsse. Ich ging zum Eingang zurück. Ich sah einen Lastwagen, hinter den der Mann, der auf mich geschossen hatte, kroch. Er erhob sich und schoß erneut auf mich.« Ungefähr zu dieser Zeit, gegen 12.15 Uhr, als sich das Irgun-Kommando zurückzog, drückte ein Angestellter im Kellergeschoß den Alarmknopf und alarmierte damit das Jerusalemer Polizeipräsidium am Jaffa-Tor. Daraufhin machten sich sofort einige Polizisten unter Superintendent K. P. Haddingham mit dem Auto auf den Weg zum King David Hotel.

Die Kampfgruppe der Irgun ließ ihren Lastkraftwagen zurück, der unter Beschuß stand, und entfernte sich zu Fuß durch den Hotelgarten zu ihrem schwarzen Fluchttaxi, das etwa zweihundert Meter nordöstlich des Hotels auf der Straße stand, die von der King David Straße zum französischen Konsulat führt. Der Kanonier C. Buckle sah sie und beschoß sie mit seiner Maschinenpistole. Einer der »Araber« stürzte, kam wieder auf die Füße und rannte weiter. Es stellte sich später heraus, daß zwei Männer, Aharon Avrahami und Itzhak Tsadok, Verletzungen erlitten hatten. Avrahami und etwa sechs weitere Irgunleute gelangten in das Taxi und ließen sich wegfahren. Andere rannten das Tal hinunter und entkamen quer durch das Judenviertel der Altstadt. Am nächsten Morgen fand die Polizei Avrahami und Tsadok, der erstere war bereits an seinen Verletzungen gestorben.

Zwischen 12.20 Uhr und 12.25 Uhr explodierte eine kleine Bombe, die eine andere Irgungruppe vorher an einer Handkarre angebracht hatte, die ein paar Meter südlich vom Hotel vor dem Automobilgeschäft des christlichen Arabers Homsi Salameh stand. Begin sagt dazu: »Die Sprengung sollte großen Lärm verursachen und die Leute vertreiben. Wir erreichten dieses Ziel. Die Passanten zerstreuten sich, ohne daß jemand verletzt wurde.« Der Polizeibericht schildert jedoch, daß diese Bombe Fenster zerstörte und einen vorbeifahrenden Bus der Linie 4 beschädigte, man brachte verletzte arabische Passagiere dieses Busses in die Räume des Sekretariats, wo sie Erste Hilfe erhielten. Viele der im Hotel Beschäftigen liefen zu den Fenstern und Balkonen in der südwestlichen Ecke des Gebäudes, um zu sehen, was auf der Straße geschah, dadurch begaben sie sich genau über das Café und die Kannen mit den Explosivladungen.

Adina Hay-Nissan berichtet: »Die Bombe war für mich das ›Stichwort‹, die Warnungen durchzutelefonieren. Mein Chef Itzhuk Avinoam hatte mir befohlen, drei Warnungen durchzugeben – an das Hotel, ans französische Konsulat und an die ›Palestine Post‹ – und er ließ mich die drei Telefonnummern auswendig lernen. Ich sollte an einer Telefonzelle warten und, sobald ich die Explosion hörte, das King David [Hotel] anrufen. Ich telefonierte von einer Apotheke aus, die einem Armenier gehörte und genau gegenüber dem Hotel hinter der YMCA lag. Ich sagte: ›Hier spricht die Jüdische Widerstandsbewegung! Wir haben im Hotel Bomben gelegt. Räumen Sie es bitte sofort. Sie sind gewarnt.‹ Ich wiederholte dies auf Hebräisch und legte auf.«

Adina Hay-Nissan berichtet, daß sie danach zu einer Telefonzelle in der King George Street lief, das französische Konsulat anrief und ihm dieselbe Nachricht, aber nur auf Englisch, übermittelte, sie forderte dazu auf, die Fenster zu öffnen, damit sie nicht zerstört würden. Dann lief sie in ein Hotel in der Jaffa Road und übermittelte von dort aus die Nachricht – nur auf Hebräisch – an die ›Palestine Post‹. Sie schätzt, daß sie diesen dritten Anruf zehn Minuten nach der Explosion machte. Sie weiß jedoch nicht, für welche der drei Vermittlungen im Hotel – die des Sekretariats, die der Armee, die des Hotels selbst – die Telefonnummer galt, die sie erhalten hatte: »Ich weiß nicht, mit wem ich wirklich im King David [Hotel] sprach. Ich weiß nicht, ob es ein Mann oder eine Frau, ein Engländer oder ein Jude war. Ich war derjenige, der sprach. Ich war an keinem Gespräch interessiert. Ich hatte einen Befehl erhalten und den führte ich aus.«

Die erste Explosion, die genau in dem Augenblick geschah, als die alarmierte Polizei ankam, löste das im Krieg errichtete Warnungssystem gegen Fliegerangriffe aus. In ganz Jerusalem heulten die Sirenen, der Verkehr kam zum Stillstand, und die Leute zogen sich in die Häuser zurück, weil damit ein automatisches Ausgehverbot verbunden war. Für die meisten Leute im Hotel stellte dies den ersten Hinweis dar, daß etwas Außergewöhnliches im Gange war. Richard Catling und sein Freund Robert Musgrave traten auf einen Balkon, von dem aus man die Straße übersehen konnte: »Wir sahen eine Menge Leute auf der Straße herumrennen, und ich sagte zu Musgrave: ›Ich gehe mal runter und sehe, was los ist.‹« Auch John Shaw ging hinüber, um zu sehen, was passierte, dann ging er zurück in sein Büro in der südöstlichen Ecke des Hotels, das Aussicht auf die Altstadt gewährte. Haddingham und seine Leute begannen, die Ursache der Explosion zu untersuchen.

Bald entdeckten sie eine zweite Bombe auf einem weiteren arabischen Handkarren in der nördlich des Hotels gelegenen Straße vor dem Laden des indischen Schneiders Deen. Der Polizeibericht macht deutlich, daß die Bomben nicht so harmlos waren, wie es Begin behauptet, daß sie nicht nur dazu dienten, Passanten von der Straße fernzuhalten: »Diese Handkarren waren offensichtlich so präpariert, daß sie Brandbomben trugen, die der Aufgabe dienten, Polizei und Militär vom Betreten der Umgebung des King David abzuhalten. Die Bombe vor dem Laden Homsi Salamehs explodierte, ohne auf der Straße ein Feuer zu verursachen. Die Bombe vor dem Laden des indischen Schneiders explodierte nicht, aber bei der polizeilichen Untersuchung stellte sich heraus, daß sie TNT und leicht entzündliches Material enthielt. Über dem Sprengkörper entdeckte man vier Büchsen Benzin und das entzündliche Material.«

Die Frauen, die in der Telefonvermittlung der Armee arbeiteten, wußten nichts über die Schießerei im Keller und über die erste Bombe. Jetzt gingen sie hinaus in den Garten. Die Polizei, die mit ihren Untersuchungen begann, wußte nur von der Bombe, was sonst vorgefallen war, war ihr nicht bekannt. Nach einigen Minuten gelangte sie zu dem Schluß, daß die Bombe nur unbedeutenden Schaden angerichtet hatte und gab das Entwarnungssignal; dies war ein anderer Sirenenton, der anzeigte, daß das normale Leben weitergehen konnte. Diese Entwarnung ertönte um 12.31 Uhr. Die Frauen gingen wieder in die Telefonvermittlung zurück. Die Beschäftigten im Erdgeschoß, die nicht mitbekommen hatten, daß sich der Irguntrupp vor über zehn Minuten zurückgezogen hatte, verließen ängstlich ihr Küchengefängnis.

Haddingham führte einige ergebnislose Untersuchungen durch, dann ging er zum Haupteingang des Hotels: »Hamburger, der Schweizer Hoteldirektor, kam heraus und unterhielt sich mit mir. Alle waren verwirrt. Dann, als wir gerade durch die Haupttür hineingegangen waren, kamen einige Angehörige des Küchenpersonals die Kellertreppe hoch in die Halle gerannt, sie teilten uns mit, daß sie von jüdischen Terroristen aufgehalten worden seien und daß sich Milchkannen im Kellergeschoß befänden. Ich rannte die Treppe herunter und als ich den halben Weg entlang des Flures zurückgelegt hatte, ging alles in die Luft. Ich wurde etwa zehn Meter weit den Flur zurückgeschleudert.« Der Zeitpunkt dieser Explosion, 12.37 Uhr, ist genau bekannt, denn alle elektrischen Uhren im Haus blieben stehen.

Die Explosion legte die gesamte südwestliche Ecke des Hotels in Schutt und Asche. Auf einen Schlag war ein Gebäudeteil von achtundzwanzig Räumen und sechs Stockwerken dem Erdboden gleich. Das Gebäude sah wie ein Kuchen, aus dem man ein Stück herausgeschnitten hatte, aus. Robert Newton, ein Mitglied des Politischen Sekretariats, arbeitete gerade an der Schreibmaschine, als die Decke herabfiel und herabstürzende Steine seinen Schreibtisch zertrümmerten: »Statt einer Mauer befand sich hinter meinem Stuhl ein fünf Stockwerke hohes Loch. Der Fahrstuhlschacht und die Treppe gegenüber der zerstörten Wand waren verschwunden und damit auch der Raum der Schreibkräfte, den ich gerade besucht hatte, und der angrenzende Raum eines meiner Kollegen, der in meinem Hause mit wohnte, da unsere Ehefrauen abwesend waren. Er lag natürlich tot irgendwo unter den Trümmern und mit ihm die treuen und fröhlichen Mädels, die für uns gearbeitet hatten.«

John Shaw empfand zuerst einen dumpfen Schlag und eine Reihe von Erschütterungen: »Die Deckenlampe stürzte auf meinen Schreibtisch und der Raum füllte sich mit Staub und Rauch. Ich ging hinaus in den Flur, und er war völlig von schwarzem Ruß bedeckt. Man konnte die Hand nicht vor dem Gesicht sehen. Ich ging den Flur entlang und versuchte, mich mit einer Hand tastend zu orientieren, da sah ich plötzlich einen gähnenden Abgrund zu meinen Füßen, er reichte vom vierten Stock bis zum Boden und umfaßte nahezu die gesamte Tiefe des Gebäudes.«

Insgesamt hatten einundneunzig Menschen den Tod gefunden – einundvierzig Araber, achtundzwanzig Briten, siebzehn Juden und fünf sonstige. Dem Polizeibericht zufolge führte die erste Explosion zur Erhöhung der Zahl der Toten, da sie die Leute veranlaßte, in den Südwestteil des Gebäudes zu gehen, um zu sehen, was los war, außerdem hatte sie zur Folge, daß man eine Anzahl Araber aus dem beschädigten Bus zur Ersten Hilfe in das Sekretariat brachte. Haddingham erinnert sich, als man ihn verletzt aus dem Hotel trug, die Silhouetten seiner Freunde, Assistant Secretary E. W. Keys und Generalpostmeister G. D. Kennedy, in Blut fünf Meter hoch über der Erde an die Wand des YMCA-Gebäudes gezeichnet gesehen zu haben. Sie hatten am Eingang des Sekretariats, fast genau über den Milchkannen gestanden.

Es scheint daher so, daß erst in den letzten Minuten der Laufzeit von Israel Levis Zünduhr, zwischen der »Entwarnung« um 12.31 Uhr und der Explosion um 12.37 Uhr irgendein britischer Soldat oder Beamter von den Sprengkörpern im Keller und der damit verbundenen tödlichen Gefahr im südwestlichen Gebäudeteil erfuhr. Darum dreht sich seit mehr als dreißig Jahren eine Auseinandersetzung, bei der Menachem Begin und andere Führer der Irgun mit Nachdruck behaupten, daß sie zuständige Beamte des Sekretariats hinreichend früh vor der bevorstehenden Sprengung warnten, es habe sich um eine Warnzeit von vollen dreißig Minuten gehandelt, diese sei mehr als ausreichend gewesen, um das Gebäude zu räumen und Todesfälle zu vermeiden.

Die Darstellung der Irgun stützt sich auf die direkte Zeugenaussage von Adina Hay-Nissan, die genau erklärt hat, wie sie die drei Telefongespräche durchführte. Außerdem gibt es Gerüchte, die in vielen Darstellungen dieses Ereignisses auftauchen, daß ihre telefonische Warnung John Shaw persönlich rechtzeitig mitgeteilt wurde. Begin sagt dazu: »Ein Polizeibeamter rief Shaw an und sagte ihm: ›Die Juden sagen, sie hätten im King David eine Bombe gelegt.‹ Und die Antwort lautete: ›Ich bin hier, um den Juden zu befehlen und nicht, um ihnen zu gehorchen.‹« Begin behauptet, dies von Israel Galili bei einem Treffen der beiden Führer am 23. Juli, dem Tag nach der Explosion, erfahren zu haben.

Auch ein 1947 veröffentlichtes ›Schwarzbuch‹ der Irgun behauptet, es habe dreißig Minuten im voraus eine Warnung gegeben: »Aus Gründen, die er selbst am besten kennt, weigerte sich der Chief Secretary der Besatzungsverwaltung Shaw, die Warnung zu beachten. Damit verbot er allen anderen Beschäftigten, das Gebäude zu verlassen, dies führte zum Tod einiger seiner Mitarbeiter, während er sich davonschlich, bis die Explosion vorüber war ... Damit schickte Shaw fast hundert Menschen in den Tod, darunter auch Hebräer, darunter auch Freunde unseres Kampfes.«[53] In Jerusalem am Tage nach der Sprengung verbreitete Plakate der Irgun behaupteten: »Diese Tragödie kam durch das Versagen der britischen Tyrannen zustande, die mit Menschenleben spielten.«

Diese Interpretation findet in der offenkundigen Tatsache eine Stütze, daß die hohe Zahl der Todesopfer der Irgun politisch schadete. Es entsprach auch nicht der üblichen Kampfweise der Irgun, in diesem Umfang und in dieser Weise Menschenleben zu vernichten. Die Irgun nahm immer Opfer bei den

Briten und bei sich selbst in Kauf, wenn sie die Armee oder die Polizei angriff. Aber nach der Hitze des Gefechtes, nachdem sie ihre Bomben angebracht hatte, gab sie üblicherweise den in der Gefahrenzone befindlichen Zivilisten und Soldaten eine Chance zum Rückzug.

Andererseits widersprachen 1948 John Shaw und seine Sekretärin Majorie King unter Eid der oben dargestellten Anschuldigung, nachdem eine Londoner Zeitung diese wiederholt hatte, und es daraufhin zu einem Beleidigungsprozeß gekommen war. Die Zeitung zog die eidlichen Aussagen nicht in Zweifel und entschuldigte sich ohne Einschränkungen bei Shaw. Dazu meint Shaw: »Begin behauptete immer wieder, ich hätte die Warnung erhalten und hätte mich auf Kosten des Lebens meiner Kollegen und Freunde in Sicherheit gebracht. Das ist ungefähr das Schlimmste, was man über einen Mann sagen kann. Ich leugne dies mit aller Bestimmtheit. Und ich leugne ebenso, daß ich gesagt habe: ›Ich bin hier, um den Juden zu befehlen!‹ Ich würde niemals eine derartige Behauptung gemacht haben, und niemand, der mich kennt, würde dies für möglich halten. Ich würde niemals in dieser Weise von den Juden gesprochen haben.«

Alle britischen Zeugen, die sich zur Zeit der Explosion im Hotel oder seiner Nähe befanden, bestätigen Shaws Widerspruch. Keiner von ihnen hat irgend etwas von einer Warnung erfahren, die so rechtzeitig kam, daß noch eine Evakuierung möglich gewesen wäre. Niemand macht Shaw Vorwürfe, daß er nicht gehandelt habe. Alle stimmen darin überein, daß er, wie sie auch, nichts von den Milchkannen im Keller gewußt habe, daß die Anschuldigung völlig unberechtigt ist, er habe rücksichtslos und zynisch das Leben seiner Kollegen aufs Spiel gesetzt. Manchmal taucht allerdings die Kritik auf, daß Shaw Wochen vorher eine Fehlentscheidung gefällt habe, als er anordnete, das Café nicht zu schließen und keine Wache am Lieferanteneingang aufzustellen. Rückblickend gibt Shaw zu, daß dies ein Fehler war. Aber es sei eine schwierige Entscheidung gewesen. Es gab den Befehl, in Palästina den Anschein der Normalität aufrechtzuerhalten. Das gesellschaftliche Leben sollte weitergehen. Und niemand konnte sich jemals vorstellen, daß die Irgun das gesamte Sekretariat bedrohen würde, in dem viele Juden beschäftigt waren.

So weit gehen die bisher bekannten Aussagen und Beweise, sie sind großenteils zufällig, unvollständig und ungenau, so blieben über dreißig Jahre lang in diesem Zusammenhang viele Fragen offen. Wer war schuld am Verlust von Menschenleben, die Irgun oder das Sekretariat? Hatte man die Briten im Hotel ausreichend gewarnt, so daß ihre Evakuierung möglich war?

Der geheime Polizeibericht gibt in drei Absätzen, die direkt auf die Behauptungen der Irgun eingehen, eine endgültige und überzeugende Antwort:

»Der Telefonist des King David Hotels wurde befragt und er behauptet, daß er die Warnung zwei Minuten vor der Hauptexplosion empfing und daß er diese Warnung sofort an Herrn Hamburger, den Direktor des King David Hotels, weiterleitete. Herr Hamburger bestätigte dies, er behauptet, die Explosion fand statt, als man ihn gerade informierte.«

»Der Telefonist des französischen Konsulats behauptet, die Warnung fünf Minuten nach der Hauptexplosion empfangen zu haben. Er gab sie an den Sekretär des französischen Konsulats weiter, der seine Darstellung bestätigt.«

»Aus Befragungen in den Büros der ›Palestine Post‹ ergibt sich der Eindruck, daß eine junge Frau die ›Palestine Post‹ anrief und im Namen der ›Jüdischen Befreiungsbewegung‹ mitteilte, daß im King David Hotel Bomben gelegt worden seien. Nach Aussage des Herausgebers erhielt man diesen Anruf erst nach der zweiten Explosion. Dies bestätigt der diensthabende Offizier des Polizeipräsidiums, an den die ›Palestine Post‹ die Information weiterleitete, er sagt, daß er diesen Anruf erst um 12.50 Uhr erhielt.«

Darüber hinaus widersprach der Oberkommandierende Miles Dempsey sofort den Behauptungen der Irgun vom 23. Juli. Er telegrafierte am folgenden Tag an das Kriegsministerium, daß die Erklärung der Irgun irreführend sei: »Man behauptet, telefonisch eine zur Räumung des Hotels ausreichende Warnung gegeben zu haben, aber in Wirklichkeit kam keine offizielle Warnung an.«[54] Fünf Monate später, nach dem Abschluß aller Untersuchungen, erläuterte Cunningham, warum in dem Zeitraum von zweiundfünfzig Minuten zwischen der Ankunft der Irgun und der Hauptexplosion nichts geschah, um das Hotel zu räumen oder die Explosionsladungen zu entschärfen. Die Erschießung Mackintoshs und die Verkleidung der Eindringlinge als Araber führten seiner Meinung nach die für die Sicherheit Verantwortlichen irre, sie glaubten nicht, daß das Gebäude von jüdischen Terroristen angegriffen würde.[55] Diese Verwirrung vergrößerte sich noch durch den Zeitpunkt des Angriffs – Montagmittag. Die Irgun hatte ihn gewählt, weil der Lieferanteneingang dann offen und das Café leer sein würde, es war die geschäftigste Stunde des geschäftigsten Wochentages.

Hinzu kam, daß die erste Explosion in dem Augenblick passierte, als die Polizei ankam, sie lenkte die Aufmerksamkeit der Briten auf die Straße vor dem Hotel und damit weg von dem Kellergeschoß. Die Folge war, daß bis zum letzten Augenblick kein Verantwortlicher wußte, wo sich die Bomben befanden. Und dann war es zu spät für eine Räumung. Wenn man auf die Warnung hin, die das Hotel zwei Minuten vor der Hauptexplosion telefonisch erreichte, sofort gehandelt hätte, dann wäre die Zahl der Todesopfer noch höher gewesen, denn alle Bediensteten des Sekretariats wären zu der Treppe im südwestlichen Gebäudeteil geeilt, die zertrümmert wurde.

Es scheint daher bewiesen, daß die Irgun nicht die einundneunzig Todesopfer verursachen wollte, die es an jenem Nachmittag im King David Hotel gab. Politisch und militärisch konnte ihr solch ein für ihre Kampfweise untypischer Akt des bewußten Massenmordes keine Vorteile bringen. Eher gilt das Gegenteil, und es scheint keinen Grund zu geben, dem Hauptinhalt der Aussage von Adina Hay-Nissan nicht zu glauben. Die Irgun verursachte normalerweise nicht so große Verluste an Menschenleben. Menachem Begin sagt zweifellos die Wahrheit, wenn er behauptet, daß er keine einzige Menschenseele verletzen oder töten wollte.

Andererseits muß man es als erwiesen ansehen, daß die Irgun bis zwei Minuten vor der Explosion keinem Verantwortlichen erfolgreich ihre Warnung übermittelte. Begins oft wiederholte Behauptung, daß John Shaw die Todesopfer verursachte, weil er eine klare Warnung in den Wind schlug, muß genauer untersucht werden. Israel Galili bestätigt, daß er diese Worte gegenüber Begin am 23. Juli 1946 wiederholte. Aber 1978 enthüllte Galili, daß er sich auf Informationen aus dritter oder vielleicht vierter Hand stützte, die man nur als Beweise vom Hörensagen beurteilen kann. Sein direkter Informant war Boris Guriel, ein höherer Geheimdienstoffizier der Haganah, der sich auf den Korrespondenten Carter Davidson von Associated Press berief. Aber warum Davidson, ein 1958 gestorbener amerikanischer Journalist, in Gespräche eingeweiht sein sollte, die an jenem Morgen im Büro des Chief Secretary stattfanden, wird in keiner Weise erklärt. Angesichts der eidlichen Aussagen von Marjorie King und John Shaw, die durch viele Begleitumstände erhärtet werden, handelt es sich in der Tat um einen sehr dürftigen Beweis. Man kann diese Theorie guten Gewissens als Mythos abtun.

Warum die rechtzeitige Warnung nicht ankam, muß Gegenstand von Spekulationen bleiben. Der Polizeibericht erklärt, daß es drei Telefonanrufe gab, daß sie aber alle zu spät ankamen, um noch etwas zu bewirken. Es ist denkbar, daß es andere Warnungen gab, die aber der Telefonist nicht ernst nahm und nicht an seine Vorgesetzten weitergab. Robert Newton, der immer mit dem Schutz des Sekretariats zu tun hatte, sagt: »Ich akzeptiere die Aussage der Dame, die sagt, daß es eine Warnung gab, aber eindeutig ist, daß man nicht versuchte, dafür zu sorgen, daß sie [die Warnung] wirksam war.« Die Irgun benutzte kein Kennwort, durch das man ernsthafte Warnungen von Falschmeldungen unterscheiden kann, wie es die IRA und andere Terrororganisationen heute benutzen.

Begin führt aus: »Dieses tragische Ereignis mit seinen vielen Opfern stellt einen zusätzlichen Beweis unserer Moral dar. Wir verhielten uns in allen Dingen unserer Moral entsprechend. Wir trafen jede menschenmögliche Vorsichtsmaßnahme, um zivile Opfer zu vermeiden.« Über dreißig Jahre lang haben sich die Irgun und er geweigert, irgendeine moralische Verantwortung für die vernichteten Menschenleben zu übernehmen und haben die Schuld anderen zugeschoben. Aber die neuen Beweise erweisen John Shaws Unschuld. Sie zeigen, daß die Irgun zwei ernsthafte Brandbomben in der King David Straße scharf machte und so die Zahl der Toten erhöhte, daß es ihr darüber hinaus nicht gelang, ihre Warnung in wirksamer Form zu übermitteln. Dies sollte sie nun veranlassen, den Vorfall neu zu beurteilen und zuzugeben, daß sie in diesem Falle die selbstauferlegten Grenzen ihres Kampfes überschritt. Sie führte ihre Operation tolldreist durch, es war kein bewußter Akt des Massenmordes, aber die scheußliche Kombination von Wirksamkeit und Nachlässigkeit stellt eindeutig den Hauptgrund für die Todesfälle dar.

Heereskommandeur Barker hat viele Gründe, sich an den 22. Juli zu erinnern: »Mein Büro lag in der Mitte des Gebäudes, oberhalb der Altstadt. Als ich die Explosion gehört hatte, eilte ich zum Treppenabsatz und konnte nur Staub sehen. Als ich herausfand, was geschehen war, ging ich sofort in mein Büro und schrieb einen Befehl an die Truppen, in dem ich alle jüdischen Einrichtungen für ungesetzlich erklärte. Es war ein miserabler Brief, ohne Überlegung geschrieben. Ich hätte mich ein oder zwei Stunden zurückhalten sollen, ehe ich zur Feder griff.«

In der Tat handelte es sich um das peinlichste Dokument, das je eine höhere britische Stelle in Palästina veröffentlichte. »Die jüdische Gemeinschaft in Palästina kann von der langen Reihe von Greueltaten nicht freigesprochen werden«, begann er seine Anschuldigungen und fuhr dann fort mit dem Hinweis, die »allgemeine jüdische Öffentlichkeit« habe eine Mitschuld an den Terrorakten zu tragen, denn ohne ihre aktive oder passive Unterstützung würden die Banden nicht handlungsfähig sein. »Ich verlange, dafür zu sorgen, daß man sie bestraft und daß man ihnen die Verachtung und den Abscheu klarmacht, mit denen wir ihr Verhalten betrachten«, fuhr Barker fort. Daher sollte es britischen Soldaten nicht mehr erlaubt sein, sozialen oder geschäftlichen Umgang mit Juden zu pflegen: »Ich sehe ein, daß diese Maßnahme den Soldaten einiges Ungemach bereiten wird, aber ich bin sicher, wenn man ihnen meine Gründe vollständig darlegt, werden sie Einsicht zeigen und die Juden auf eine Art bestrafen, die sie wie jeder andere nicht schätzen werden: indem sie ihren Geldbeutel treffen und ihnen unsere Verachtung zeigen.«

Zwar hatte der General Gründe für seinen Zorn, als er diesen Brief schrieb, aber in vielen Büchern wird seine Formulierung noch verschärft, indem man im letzten Satz »wie jeder andere« durch »am meisten« ersetzt.[56] Sein Stabsbrigadier, Walter Sale, machte einen Fehler, indem er den Brief mit der niedrigsten Geheimhaltungsstufe – »Nur für den Dienstgebrauch« – verbreitete, und Barker gibt heute offen zu, daß dieser Brief besser ungeschrieben geblieben wäre.[57] Aber dies mildert einen politischen Fehler nur wenig, der für die Juden überall auf der Welt eine ernsthafte persönliche Beleidigung bedeutete und Großbritannien in einer Entscheidungssituation großen politischen Schaden bereitete. Innerhalb weniger Stunden befand sich dieser Text in den Händen der Irgun und sie plakatierte ihn auf Englisch und Hebräisch in den Städten Palästinas – er war nun ein lebendiger Beweis für die Behauptungen der Irgun über den bösartigen Charakter der britischen Herrschaft.

Auf Abba Eban, der damals am britischen Institut für Arabistik in Jerusalem lehrte, wirkte dieser Brief wie ein katalysierender Schock: »Natürlich ließen sich die britischen Soldaten nicht gerne beschießen und sie entwickelten eine Abneigung gegenüber den Leuten, die auf sie schossen. Und die Leute, die auf sie schossen, waren Juden. Diese Abneigung wuchs sich daher manchmal unvermeidlich zum Antisemitismus aus. Dies fand in Barkers Brief mit seinen Hinweisen auf ›Rasse‹ und ›ihren Geldbeutel treffen‹ Ausdruck. Es stellte auch eine Prüfung für meinen Identitätskonflikt dar. In diesem Augenblick gelangte ich zu der Entscheidung, daß ich diesen Konflikt auflösen mußte und nicht länger in britischen Diensten arbeiten konnte.« Er gab seine Stellung auf und begann für die Jewish Agency zu arbeiten.

In den Vereinigten Staaten verursachte der Brief für Großbritannien noch mehr Schaden. Ein Leitartikel der ›Washington Post‹ sah eine nationalsozialistische Argumentationsweise darin, die gesamte jüdische Rasse wegen des Verbrechens im King David Hotel zu beschuldigen: »Dieser ganze Mischmasch von Beschimpfungen und Beleidigungen ist übelgelaunt und boshaft verfaßt worden, er war eher das Werk eines Schwächlings als eines starken Mannes.« Die gleiche Ansicht fand sich in anderen amerikanischen Zeitungen und in Briefen an die britische Botschaft. Botschafter Inverchapel berichtet: »In vielen dieser Kommentare, die manchmal General Barkers Bemerkungen mit Herrn Bevins Behauptungen verbinden, daß Juden in New York nicht erwünscht seien, steckt implizit die Vorstellung, daß die britische Regierung wirklich antisemitisch eingestellt sei.«[58]

Der Brief vereitelte Ernest Bevins Hoffnung vom Tag der Explosion, daß sie zumindest eine Reaktion gegen die jüdische Propaganda in den Vereinigten Staaten auslösen könnte.[59] Am Ende des Monats stellte sich die Reaktion insgesamt als anti-britisch heraus, und dafür war Barkers Brief verantwortlich. Er führte zu scharfen Auseinandersetzungen im britischen Kabinett, einige Minister forderten die sofortige Entlassung Barkers. Auch Randolph Churchill forderte die Versetzung Barkers an einen anderen Ort, »wo seine Pflichten ihn nicht zu Kontakten mit einer Rasse zwingen, deren Eigenart er so wenig schätzt«.

Aber trotz des Schadens, den er Großbritannien zufügte, und der vielleicht größer war als der, den die Sprengung im King David Hotel der Sache des Zionismus zufügte, fühlte sich die Regierung verpflichtet, Barker im Amt zu halten, ihn zwar inoffiziell zu tadeln, aber öffentlich zu verteidigen. Es wäre für die britische öffentliche Meinung und besonders für die Moral in Palästina unmöglich gewesen, den Chef der britischen Streitkräfte zu demütigen, die sich mit einem unerbittlichen Feind in einer Auseinandersetzung auf Leben und Tod befanden.

Der britische Prestigeverlust stellt Cunnighams Hauptsorge dar, und er bat London, eine »schnelle und wirksame Aktion« unternehmen zu dürfen, um die britische Kampfmoral zu stützen und die Araber zu befriedigen, »die sich jetzt in einer besonders bösen Stimmung befinden«. Er wollte eine Kollektivstrafe von 500 000 Pfund über die jüdische Gemeinschaft verhängen und die jüdische Einwanderung sofort vollständig einstellen. »Es ist lebenswichtig, sofort etwas Drastisches zu unternehmen«,[60] schrieb er und fügte allerdings hinzu, daß es seiner Ansicht nach nur eine politische Lösung geben könne und daß diese möglicherweise die Teilung sein müsse.

Die britische Regierung unternahm einiges. Sie verlegte das Veröffentlichungsdatum der Broschüre über die Verbindungen einiger Führer der Jewish Agency mit dem Terrorismus vor. Martin Charteris erinnert sich, daß man ihn mit einem in Meshek Yagur ausgegrabenen Granatwerfer der Haganah nach London schickte, den er Lordkanzler William Jowitt vorführen sollte, um ihn von der militärischen Stärke der Haganah zu überzeugen. Die mit besonderer Eile gedruckte Schrift stellte für viele eine Enttäuschung dar, weil sich die Hoffnung auf dramatische Enthüllungen aus den beschlagnahmten Dokumenten der Jewish Agency nicht erfüllte. Gleichzeitig erhielt Cunningham die Erlaubnis zur Durchführung der »Operation Haifisch«, einer großangelegten Durchsuchungsaktion in Tel Aviv. Aber seine weiteren Bitten lehnte man ab. Hall teilte ihm am 24. Juli mit, daß die Verhandlungen mit der amerikanischen Delegation gut liefen. Man erwartete eine baldige offizielle Übereinkunft, deshalb konnte man nichts Durchgreifendes unternehmen.[61]

Am 26. Juli schickte Botschafter Grady ein optimistisches Telegramm über den vereinbarten Plan an Byrnes. Er berichtete, daß er wieder mit Norman Brook gesprochen habe und daß es keinen Zweifel daran gebe, daß Großbritannien die hunderttausend ins Land lassen werde. Man erwartete nicht die formale Zustimmung der Araber oder der Juden zu dem Plan, wohl aber »ein gewisses Maß an stillschweigender Hinnahme«. Am 29. Juli schickte Byrnes Truman eine Aufstellung der Vorzüge, die der Plan, abgesehen von der Einreisegenehmigung für die hunderttausend, hatte. Er würde die Gebiete, wo den Juden der Landkauf gestattet war, fast verdreifachen. Der jüdische Landesteil würde das beste Land Palästinas, fünfundachtzig Prozent des Zitrusanbaugebiets, die wichtigsten Wasserversorgungsanlagen, den größten Teil der Küste und den einzigen Hochseehafen umfassen. Weiterhin behauptete Byrnes, da zweiundachtzig Prozent der palästinensischen Juden in einem Gebiet von neunzig Quadratmeilen lebten, würde die vorgesehene Provinz von fünfzehnhundert Quadratmeilen ihnen große Ausdehnungsmöglichkeiten geben. Um den Plan zu fördern, erwähnte er nur die Faktoren, die seiner Ansicht nach die Juden bevorzugten.[62]

Es bestand die Absicht, daß Herbert Morrison, der am 31. Juli in einer wichtigen Unterhausdebatte für die Regierung sprechen sollte, diesen diplomatischen Erfolg benutzte, um die starke Erregung der Parlamentarier über die Explosion im King David Hotel zu dämpfen. Aber am 28. Juli waren die Grundzüge des Plans bereits durchgesickert, und Weizmann wies ihn zurück, weil er schlimmer sei als Lord Peels Plan von 1937, während Abba Hillel Silver ihn einen »gewissenlosen Akt des Verrats« nannte. Am 30. Juni griff man den Plan im US-Senat als Verrat am jüdischen Heimatland an, als Versuch, den Jischuw zu erwürgen, indem man ihn auf ein wirtschaftlich nicht lebensfähiges Getto beschränkte.

Deshalb entschied sich Truman am 30. Juli zur Zurückweisung des Plans, obwohl seine Verhandlungsdelegation daran mitgearbeitet und ihm zugestimmt hatte. Nach den Worten Botschafter Inverchapels vom gleichen Abend handelte es sich hier um ein erbärmliches Zeichen von Schwäche, das nur aus innenpolitischen Gründen erklärlich sei.[63] Der Mitarbeiter des Außenministeriums Loy Henderson erklärte dem Botschafter, die beiden wichtigsten jüdischen Führer der Vereinigten Staaten, Wise und Silver, gehörten verschiedenen politischen Parteien an, der eine der Demokratischen, und der andere der Republikanischen, und daher würde keiner von beiden aus den Kongreßwahlen im November Nutzen ziehen können. Im übrigen beinhalte der Plan nichts, was für die Vereinigten Staaten nicht akzeptabel sei.

Truman erklärte Attlee, in Amerika habe sich eine so starke Opposition gegen den Plan gebildet, daß es aussichtslos sei, eine wirksame Unterstützungskampagne zu organisieren. Attlee erwiderte darauf: »Ich fühle mich verpflichtet, meine große Enttäuschung darüber zum Ausdruck zu bringen, daß Sie nicht imstande gewesen sind, den Plan zu akzeptieren, der mit so viel gutem Willen von amerikanischen und britischen Vertretern als beste Lösung dieser sehr schwierigen Frage ausgearbeitet worden ist.«[64] Er machte dem Präsidenten deutlich, daß die Einreisegenehmigung für die hunderttausend zurückgezogen würde, wenn der Plan scheiterte. Das Angebot dieser Genehmigung gelte nur als Teil einer Gesamtlösung und nicht für sich allein. Wieder einmal waren die Meinungsverschiedenheiten zwischen Briten und Amerikanern in dieser Angelegenheit offen zutage getreten, wieder einmal lehnte man den dringendsten Wunsch der jüdischen Flüchtlinge in Europa im scheinbar letzten Augenblick ab.

Währenddessen hielt sich der Kommandeur der Sechsten Luftlandedivision James Cassels zur Teilnahme an einem Manöver in Kairo auf. Eines Nachmittags weckte ihn ein Anruf seines Oberkommandierenden aus seiner Siesta im Shepheard's Hotel: »Es war ›Bimbo‹ Dempsey. Er sagte: ›Nimm sofort gemeinsam mit General Barker ein Flugzeug und komm zurück nach Palästina.‹ Ich bestieg das Flugzeug und erhielt meine Befehle von ›Bubbles‹ Barker. Er sagte: ›Jim, du sollst eine Durchsuchungsaktion in Tel Aviv durchführen, jeden Raum, jedes Dachgeschoß, jeden Keller untersuchen. Ist das klar?‹ Ich schluckte ein wenig und er sagte: ›Irgendwelche Fragen?‹ Nun, das war die ›Operation Haifisch‹.«

Man nahm an, daß ein Dodge-Lastwagen mit dem Kennzeichen M 543, den man am frühen Morgen des 22. Juli in Tel Aviv gestohlen hatte, die Sprengbomben und die Terror-Gruppe nach Jerusalem gebracht hatte. Den Fluchtwagen der Irgun, ein schwarzes sechssitziges Plymouth-Taxi mit dem Kennzeichen 1493, hatte man ebenfalls in Tel Aviv gestohlen und nach Jerusalem gebracht, dort hielt ihn dreizehn Minuten nach der Explosion ein Verkehrspolizist in der Jaffa Road an, der Fahrer verschwand. Bei der Durchsuchung fand man acht Pistolen, vier Granaten, eine Maschinenpistole, arabische Kleidungsstücke, einen Koffer mit ärztlichen Instrumenten und verschiedene Dokumente, die dem Besitzer des Autos, Isaac Sandler aus der Achael Straße in Tel Aviv, gehörten. All dies deutete darauf hin, daß die Aktion von Tel Aviv und nicht von Jerusalem aus geplant und durchgeführt worden war. Cassels meint dazu: »Wir wußten, daß die Burschen aus dem King David sich nach Tel Aviv davon gemacht hatten, und es war unsere Aufgabe, sie zu finden.«

Aber es war wie die Suche nach ein paar Nadeln in einem Heuhaufen von hundertsiebzigtausend Menschen. In den frühen Morgenstunden des 30. Juli legten zwanzigtausend Soldaten und Polizisten einen äußeren Sicherheitsgürtel rund um die Stadt. Dann forderte man die Einwohner auf, in den Häusern zu bleiben, während die Armee Tel Aviv mit Hilfe von Stacheldraht und Wachposten in Sektoren aufteilte. Vier Tage lang galt die Ausgangssperre, nur an jeweils zwei Abendstunden durfte man das Haus verlassen, um die notwendigsten Einkäufe zu erledigen, während dieser Tage durchsuchte die Armee jedes Haus und brachte jeden Einwohner zu improvisierten Identifizierungsbüros. Die mit Gewehren und Fotoalben ausgestattete Polizei befragte jede einzelne Person, danach markierte sie jede Stirn mit einer Spezialfarbe, um anzuzeigen, ob sie »sauber« war. Es gab ungefähr achthundert Verhaftungen, die Festgenommenen brachte man ins Internierungslager Rafah.[65]

Den Stellvertretenden Leiter der Lehi (und heutigen Präsidenten der Knesset) Itzhak Shamir (Yernitzky) brachte man zur Identifizierung in eine Schule, zu seinem Schreck erkannte er dort Sergeant T. G. Martin, einen besonders scharfsinnigen Kriminalbeamten, dessen Foto er in den Akten der Lehi gesehen hatte: »Ich wußte sofort, daß ich in Schwierigkeiten steckte. Ich trug einen Bart und war als Rabbiner verkleidet, aber Martin hatte eine besondere Begabung, Leute zu erkennen. Mehrmals hatte er Lehileute auf der Straße erkannt und verhaftet. Als ich an sein Pult trat, prüfte er seine Unterlagen und sagte: ›Sie sind Yernitzky‹.« Den aufgrund seiner auffallenden Augenbrauen erkannten und verhafteten Lehiführer sperrte man zwei Wochen lang ein, dann flog man ihn in ein Internierungslager in Eritrea.

Aber dies war der einzige bedeutende Erfolg. Unter hunderten von Verhafteteten identifizierte die Polizei nur einige unbedeutende Irgunleute. Die Armee entdeckte mehrere geheime Waffenlager der Haganah, eines davon befand sich in der Hauptsynagoge von Tel Aviv,[66] aber der größte Erfolg blieb ihnen versagt, es gelang ihnen nicht, Menachem Begin zu verhaften, der die Tage und Nächte der Verfolgung ohne Nahrung und Wasser in einem geheimen Versteck in seinem eigenen Haus verbrachte, während ein Gefreiter und drei Soldaten in seinem Garten kampierten und nicht entdeckten, was in ihrer Reichweite lag.

Barker berichtet: »Wir hätten ihn fangen müssen, aber diese Leute durchsuchten sein Haus nicht ordnungsgemäß. Es handelt sich hier um eine der Schwierigkeiten bei Suchaktionen. Man muß sich auf sehr rangniedere Leute verlassen, und wenn sie einen Fehler machen, kann die gesamte Aktion daran scheitern.« Ende August waren fast alle Verhafteten bereits wieder freigelassen. Dies ärgerte Cassels und einige andere Offiziere sehr, sie hatten, wie üblich, den Eindruck, daß die schwächlichen Politiker ihre erfolgreiche militärische Herangehensweise an das Problem des Terrorismus sabotierten.

Da die Aussicht auf die hunderttausend Einwanderungsgenehmigungen dahinschwand, steigerte die Jewish Agency ihre Bemühungen, Juden auf illegale Weise nach Palästina zu bringen. Ende Juli, nachdem die ›Haganah‹ mit zweitausendsechshundertachtundsiebzig und die ›Hathayal aieri‹ mit fünfhundertfünzig Einwanderern unter Geleitschutz nach Haifa gebracht worden waren, spitzte sich die Lage krisenhaft zu. In Athlit befanden sich bereits zweitausendzweihundertzweiundfünfzig Internierte und warteten auf ihre Einreisegenehmigung, es war bekannt, daß sich noch etwa dreitausend weitere Flüchtlinge auf dem Seeweg befanden. Cunningham berichtete am 29. Juli: »Wir sind augenblicklich nicht in der Lage, die Einreise weiterer illegaler

Einwanderer in dieses Land zu verhindern. Ich fordere dringend, jedes weitere auf See befindliche Schiff umzuleiten. Im anderen Fall kann die Situation hier völlig unerträglich werden.«[67]

Am 30. Juli diskutierte das britische Kabinett die Angelegenheit erneut »und war tief besorgt wegen der Gefahr ernsthafter arabischer Reaktionen gegen eine fortgesetzte illegale Einwanderung«. Während der ganzen Woche hatten Trauerzeremonien für die einundvierzig im King David Hotel getöteten Araber stattgefunden. Diese Trauerstimmung in der arabischen Bevölkerung steigerte die Spannung. Miles Dempsey berichtete, die Araber gäben den Briten die Schuld an der Tragödie, da sie die Juden »mit Glacéhandschuhen«[68] angefaßt hätten, insbesondere im Vergleich zu ihrem Verhalten während der arabischen Revolte. Am 1. August malte Cunningham wieder die Gefahr an die Wand, daß es zu einem Zweifrontenkrieg kommen könnte, wenn man die weitere Einwanderung zuließe. Am 2. August gestattete man fünfhundert Kindern und einhundertsiebzig schwangeren Frauen von den beiden Schiffen, im Hafen von Haifa an Land zu gehen.[69] In London beschäftigte man sich gründlich mit Cunninghams Bitte, alle weiteren Neuankömmlinge nach Zypern umzuleiten.

Cunningham räumte zwar ein, daß die Durchführung dieses Vorschlags »ohne Frage eine sofortige hysterische jüdische Reaktion zur Folge haben würde«[70], und auch Attlee legte seine Befürchtungen dar, »daß dies zu Zwischenfällen führen würde, die der Regierung ernsthaft schadeten.«[71] Aber am 3. August teilte der Heereschef Bernard Montgomery dem Premierminister in einfachen Worten mit: »Wenn das Kabinett entsprechend entscheidet, können und werden die Streitkräfte im Nahen Osten die illegale Einwanderung verhindern.«[72]

Der Generalstabschef legte dar, daß man sofort zweitausend Menschen auf Zypern unterbringen könnte, das würde kurzfristig das Problem der beiden im Hafen von Haifa liegenden Schiffe lösen, und bald würde man weitere Unterbringungsmöglichkeiten zur Verfügung stellen können. In Haifa würde es bei der Umschiffung zu unerfreulichen Szenen und kleineren Verletzungen kommen, aber alles würde auf möglichst humane Weise geschehen und ernsthafte Schäden könnte man wahrscheinlich vermeiden: »Zweifellos wird es scharfe jüdische Reaktionen geben. Damit kann und wird man fertig werden ... Ich bin bereit, diesen Plan durchzuführen, sobald es die Regierung Seiner Majestät mir befiehlt. Angesichts der Dringlichkeit der Angelegenheit werden Sie möglicherweise nicht bis zur Kabinettssitzung am nächsten Mittwoch warten wollen.«

Am 7. August erklärte das Kabinett grundsätzlich, daß Montgomerys Plan, »die einzig wirksame Methode zur Unterbindung der illegalen Einwanderung sei.«[73] Daher stimmte man ihm zu. Einige Tage lang liefen Gerüchte in Palästina um, und zwei weitere Einwandererschiffe kamen an, die ›Yagur‹ mit siebenhundertachtundfünfzig und die ›Henrietta Szold‹ mit vierhundertfünfzig Menschen an Bord. Am 12. August lief ein drittes Schiff ein, die ›Katriel Yaffe‹ mit sechshundertfünfzehn Einwanderern, und am späten Abend jenes Tages rückten Einheiten der Ersten Infanteriedivision insgeheim in das Hafengebiet ein.[74]

Am frühen Morgen geleitete oder trug man die Passagiere der ›Yagur‹ und der ›Henrietta Szold‹ auf zwei britische Schiffe, deren Rümpfe mit Stacheldraht abgesperrt waren, und verschiffte sie zu einem eilig vorbereitetem Lager bei Famagusta. An jenem Morgen verbreitete der Rundfunk die offizielle Ankündigung, daß man zwar die dreitausend Passagiere der beiden im Juli angekommenen Schiffe ins Lager Athlit bringen würde, aber alle übrigen und zukünftigen Ankömmlinge über die monatliche Höchstgrenze von fünfzehnhundert hinaus würden nach Zypern deportiert. Unmittelbar darauf rotteten sich trotz der Ausgangssperre Demonstranten auf den Straßen zusammen und griffen die Soldaten an, die den Hafen bewachten. Während der darauf folgenden Tumulte wurden drei Juden erschossen.

Dies stellte eine ernsthafte Verschärfung des Konflikts dar. Natürlich fanden die jüdischen Behörden es unvorstellbar, daß Juden aus Palästina deportiert werden sollten. Die Passagiere der »Yagur« und der »Henrietta Szold« hatten der Zwangsdeportation nur passiven Widerstand entgegengesetzt. Aber, nachdem man sich über die Konsequenzen der neuen britischen Anordnung im klaren war, entwickelte man eine neue Taktik. In Zukunft sollten jüdische Flüchtlinge unter Führung ihrer Haganah-Begleitmannschaften den eindringenden britischen Marineangehörigen Widerstand leisten und innerhalb gewisser Grenzen Gewalt anwenden, um zu verhindern, daß ihre Schiffe von der Küste Palästinas weggeleitet wurden.

Yigal Allon hatte inzwischen von Sadeh das Kommando über den Palmach übernommen: »Ich gab den Befehl, daß die Einwanderer den britischen Entermannschaften Widerstand leisten und die Umschiffung verweigern sollten. Dies sollte die ganze Angelegenheit für die Briten schmerzlicher und schädlicher machen, es sollte sie als grausame Menschen entlarven, die so mit den Opfern der Massenvernichtung umgingen, die so tapfer gegen Hitler gekämpft hatten. Es gab einigen Widerstand gegen diesen Befehl. Einige meinten: ›Dies sind bedauernswerte Menschen. Warum sollten sie kämpfen müssen? Wir sollten dies tun.‹ Aber ich wußte, daß die moralische Wirkung um mehr als fünfzig Prozent sinken würde, wenn sie sich widerstandslos wegbringen ließen.«

Um den moralischen Druck zu erhöhen, entschied man, daß Männer und Frauen gleichermaßen kämpfen sollten, nicht mit tödlichen Waffen, sondern mit Fäusten, Flaschen, Fingernägeln, Knien, Stöcken und anderen »Waffen«, die sie sich verschaffen konnten. Die Haganah-Mannschaften versuchten ihr möglichstes, um ihre Schiffe gegen den Willen der britischen Marine ans Ziel zu bringen, es den Flüchtlingen zu ermöglichen, an Land zu waten und sich unter die örtliche Bevölkerung zu mischen. Wenn ihnen dies nicht gelang, wollten sie das Entern und Umschiffen für die Briten möglichst schwierig und unangenehm machen.

Eines der ersten Schiffe, dessen Mannschaft die neue Taktik anwenden sollte, war die ›Fede II‹, die man in ›Four Freedoms‹ umbenannt hatte. Britische Flugzeuge sichteten sie am 2. September in der Nähe der palästinensischen Hoheitsgewässer. Der Kapitän des Zerstörers ›Childers‹ Lieutenant-Commander Tony Bailey erhielt den Befehl, ihr den Weg abzuschneiden und sie innerhalb der Dreimeilenzone aufzubringen. Aber er durfte die Bordwaffen seines Schiffes nur zur Selbstverteidigung benutzen. In der Marinegeschichte gibt es kaum Präzedenzfälle für eine derartige Operation. Es wäre falsch gewesen, der ›Fede II‹, unter der Drohung sie anderenfalls zu versenken, das Ankern zu befehlen. Die Flüchtlinge hätten erkannt, daß dies eine leere Drohung war und hätten sie nicht beachtet. Bailey und seine Offiziere zogen verschiedene andere Verhaltensweisen in Betracht – man konnte beispielsweise die Schiffschraube der ›Fede II‹ mit Seilen und Trossen verwickeln oder konnte mit Seilen und Stangen eine Entermannschaft auf sie herablassen. Schließlich entschied man sich für die altbewährte Methode, die ›Childers‹ so nahe neben die ›Fede II‹ zu manövrieren, daß die Entermannschaft imstande war, an Bord zu springen.

Um 15.30 Uhr entdeckte Bailey die ›Fede II‹ auf seinem Radar, sie bewegte sich mit einem Tempo von nur acht Knoten vorwärts, und eine halbe Stunde später hatte sich die ›Childers‹ ihr bis auf ein paar Meter genähert: »Als das Schiff den 500-Tonnen-Motor-Segler einholte, begannen seine tausend Passagiere ›John Brown's Body‹ und andere weniger bekannte Klagelieder zu singen. Der Davidsstern flatterte am Masttop. Auf Deck hatte man Transparente angebracht, auf denen es hieß: ›Haltet uns nicht an – Wir sind unbewaffnet.‹ ›Wir sind tausend jüdische Flüchtlinge, die den Frieden suchen.‹ ›Wenn ihr uns anhalten wollt, müssen wir das Schiff versenken – Wollt ihr das? Wir haben keine Rettungsgeräte!‹ ›Wir wollen nur friedlich in unserer Heimat Palästina leben.‹«

Bailey berichtete, die Decks der ›Fede II‹ hätten wie der Strand von Brighton an einem Feiertag ausgesehen. Männer und Frauen lagen enggedrängt Schulter an Schulter da, und einige trugen sogar Badeanzüge und Rettungsringe und waren bereit, an Land zu schwimmen. Sofort warnte man sie per Lautsprecher, daß man im Notfall Wasserbomben einsetzen würde, um sie »abzuschrecken«. Gegen 18.00 Uhr erreichte Baileys Schiff die Dreimeilenzone. Er zündete eine Wasserbombe, feuerte mit seinen Kanonen über den Bug des anderen Schiffes hinweg und manövrierte die ›Childers‹ längsseits; mit Hilfe seiner Hochdruckfeuerschläuche machte er nun den Weg für seine Entermannschaft von einundzwanzig Mann frei.

Die Schläuche lösten nur zu Anfang einen Schock aus. Nachdem die Juden einmal gründlich durchnäßt waren, ignorierten sie sie einfach. So schlug der erste Angriff, den Leutnant A. Stein und seine Gruppe unternahmen, fehl. Ein Soldat wurde ohnmächtig geschlagen, zwei weitere erlitten Verletzungen, einige andere bekamen blaue Flecken oder Kratzer ab, oder man tat ihnen die Schmach an, daß man ihre Waffen über Bord warf. Die übrigen kämpften sich den Weg zum Heck frei, aber es gelang ihnen nicht, die entscheidende Position, das Ruderhaus, zu erobern, das zwei kräftige junge Männer mit Eisenstangen bewachten.

Bailey berichtete, sie seien »schwer mißhandelt und unter Zwang hinausgeworfen« worden. Eine weitere Gruppe von elf Mann gelangte an Bord der ›Fede II‹ und unternahm einen zweiten ebenfalls erfolglosen Angriff auf das Ruderhaus.

Stein berichtete, daß sich seine Leute verlegen und zögernd gegenüber dem Einsatz äußerster Gewalt, insbesondere gegen Frauen, verhielten. Bailey forderte auf dem Funkwege Verstärkungen an, und um 18.33 Uhr teilte er mit: »Schiff hat angehalten. Haben Trosse an seinem Heck angebracht. Unsere Männer hinten, aber Juden sehr gehässig. Es ist ein Höllentheater«. Die Lage beruhigte sich erst, nachdem die ›Childers‹ ihr Seil befestigt hatte und begann, die ›Fede II‹ achtern voraus vom Gelobten Land wegzuschleppen. In diesem Augenblick höchster Spannung sprangen elf Flüchtlinge über Bord, sie wurden bald von britischen Barkassen aufgegriffen.

Die britischen Matrosen hatten das Ruderhaus und das Heck der ›Fede II‹ immer noch nicht unter Kontrolle. Stein und seine Leute waren erschüttert über die Gewalttätigkeit, mit der man sie empfangen hatte, sie wußten nicht, wie sie mit den ungewöhnlichen Schwierigkeiten fertig werden sollten und errangen keine Erfolge gegen die Flüchtlinge. Deshalb setzte Bailey jetzt die Cricket- und die Hockey-Mannschaft des Schiffes ein: »Sie enterten die ›Fede II‹ achtern und gingen buchstäblich über die Masse der jüdischen Körper hinweg, sie benutzten ihre Schultern als Stufen. Wer Widerstand leistete, erhielt einen Schlag mit einem Stock oder Schläger.«

Damals schrieb er in seinem Bericht: »Unter dem ermutigenden Gebrüll der Mannschaften beider Schiffe griffen die Entermannschaften um 20.25

Uhr erneut an. Sie schlugen unterschiedslos auf Männer und Frauen ein, räumten das Heck und hatten nach einer Viertelstunde das Schiff unter Kontrolle. Die beiden Zerstörer ›Childers‹ und ›Chivalrous‹ geleiteten dann die ›Fede II‹ an einen Platz außerhalb von Haifa, wo man am Nachmittag des 3. September die neunhundertfünfundachtzig Flüchtlinge – zur Hälfte Frauen und Kinder – unter Szenen der Düsterkeit und gelegentlichen Ausbrüchen gewalttätiger Hysterie auf die ›Empire Heywood‹ brachte und nach Zypern verschiffte.

Die britischen Marineoffiziere der »Haifa-Patrouille« untersuchten den Vorfall genau und zogen ihre Schlüsse daraus. Sie erkannten beispielweise, daß die ›Fede II‹-Operation in einer bestimmten Phase gefährdet war, weil die Soldaten zögerten, gewaltsam gegen Frauen vorzugehen. Bailey berichtet: »Danach mußten wir mit ihnen über diese Schwierigkeiten sprechen, sie sozusagen indoktrinieren und ihnen klarmachen, daß jede Frau, die versuchte Widerstand zu leisten, genauso zu behandeln war wie ein Mann.«

Baileys Stellvertreter Leutnant G. A. Kitchen sagt: »Wir empfanden Mitleid mit den Flüchtlingen, besonders mit den Frauen. Man lebte noch nicht im Zeitalter der ›Frauenbewegung‹ und zögerte sehr, Gewalt gegen sie anzuwenden. Aber wenn eine stramme junge Frau oder eine Frau mittleren Alters ihnen mit einer Flasche auf den Kopf schlägt oder in die Rippen tritt, dann empfinden sie in diesem Augenblick kein Mitleid mit ihr. Später mögen sie Mitleid empfinden, aber nicht in diesem Augenblick.«

Bailey war von der Richtigkeit der britischen Politik überzeugt. Er berichtet, daß er in den späten dreißiger Jahren in Palästina gewesen ist und von dem gewalttätigen arabischen Widerstand gegen die jüdischen Einwanderung beeindruckt war. Andere Marineoffiziere unterstützten die jüdische Seite und verabscheuten die ihnen zugewiesene Aufgabe. Aber die Mehrheit wußte von der politischen Seite der Angelegenheit nichts oder stand ihr gleichgültig gegenüber. Sie ließen sich von den Notwendigkeiten des Augenblicks bestimmen, besonders davon, daß man der Spezialausbildung und der Moral der Truppe besondere Aufmerksamkeit widmen mußte, wenn die »Haifa-Patrouille« ihre Aufgabe erfüllen sollte. Sie waren Berufssoldaten, denen es darum ging, die ihnen zugewiesenen Aufgaben wirkungsvoll und mit möglichst wenig Aufregung zu erfüllen.

Als Speerspitze des Kampfes gegen die illegale Einwanderung stellte die britische Marine nun das Hauptangriffsziel der Haganah dar. Yigal Allon berichtet: »Ich sehnte mich danach, einen britischen Zerstörer zu sprengen. In jenen Tagen war dies mein schönster Traum.« Im August erlitten zwei Schiffe, mit denen man Flüchtlinge abtransportierte, die ›Empire Heywood‹ und die ›Empire Rival‹ Beschädigungen, bei der letzteren hatten Froschmänner eine Haftmine am Rumpf angebracht. Die Schiffe mußten sich von der palästinensischen Küste fernhalten, sie durften nur für die kürzestmögliche Zeit den Hafen von Haifa aufsuchen, um Brennstoff oder Personen an Bord zu nehmen. Die Zerstörer näherten sich fast nie dem Hafen und die Matrosen erhielten keinen Landurlaub. Ein Versuch, einen Zerstörer beim Auftanken mit einer Mine zu versehen, wurde durch die Wachsamkeit von Lieutenant-Commander Lionel Crabb vereitelt, der im April 1956 verschwand, als er den Bug des Sowjetkreuzers ›Ordzhonikidze‹ im Hafen von Portsmouth untersuchte.

Selbst wenn sie in der Bucht von Haifa ankerten, waren sie gefährdet und mußten unbequeme, nervenaufreibende Vorsichtsmaßnahmen beachten. Ständig hielten Wachen auf dem Oberdeck nach Luftblasen und Tauchern Ausschau. Matrosen umkreisten die Schiffe in kleinen Booten und beobachteten den unter Wasser gelegenen Teil des Rumpfes mit Spezialgeräten. Beim geringsten Verdacht setzte man langsam die Schiffsschrauben rückwärts in Bewegung, um unter dem Rumpf eine Strömung zu erzeugen, die Froschmänner hinwegtreiben sollte. Nachts waren die Schiffe hell erleuchtet, es gab besondere Unterwasserscheinwerfer, und zwei- oder dreimal stündlich zündete man unter Wasser Sprengladungen, die stark genug waren, jeden in der Nähe befindlichen Froschmann zu töten oder taub zu machen. William Jones, ein Funker der ›Brissenden‹, meint dazu: »Dies machte die Nächte sehr unbequem für uns, denn bei jeder Explosion hatte man das Gefühl, daß jemand mit einem Vorschlaghammer gegen die Wand des Schiffes schlug. Wir konnten kaum schlafen.«

In Ghain Tuffieha auf Malta gründete man eine Spezialschule für die Ausbildung der ›Haifa-Patrouille‹. Durch Angriffsschulungen und Instruktionsgespräche förderte man die Kampffähigkeit der Entermannschaften und bereitete sie körperlich und moralisch auf ihre Aufgabe vor. Kitchin berichtet: »Man benötigte eine Menge psychischer Stärke, um mitten in der Nacht über einen gähnenden Abgrund zu springen, während unter einem das Wasser rauschte und man in der Gefahr schwebte, zwischen den beiden Schiffen zermalmt zu werden, und wenn man gleichzeitig wußte, daß einen auf der anderen Seite zu Gewalttaten bereite Männer und Frauen erwarteten.« In den Kursen lernte man auch das Vermeiden von Ängstlichkeit, ein selbstbewußtes und bedrohliches Aussehen, ein allgemeines Auftreten, das forsch genug war, um die verzweifelte Entschlossenheit der Flüchtlinge und ihrer Haganah-Lotsen zu zerstören.

»Unter uns herrschte ein großer Korpsgeist. Dies hatte nichts mit einer antijüdischen Einstellung zu tun. Es war einfach so, daß wir eine Aufgabe zu erfüllen hatten und dies gut tun wollten,« sagt Bailey. Er und andere Offiziere stellten die Entermannschaften zusammen und organisierten jede Woche Sportwettkämpfe zwischen ihnen. Jede Mannschaft wollte die beste sein. Nach dem Zwischenfall mit der ›Fede II‹ berichtete Bailey, seine Matrosen »schienen Spaß an der Keilerei gehabt zu haben und freuten sich schon auf die nächste.« Er glaubt, es sei notwendig gewesen, diesen Konkurrenzgeist und diesen Wettbewerb zwischen Gruppen zustande zu bringen, da sonst die Kampfmoral seiner Matrosen durch den Stimmungsumschwung aufgrund des Friedens zusammengebrochen wäre.

Am 16. August 1946 verurteilte ein Militärgericht sechzehn Lehileute zum Tode, die zwei Monate zuvor bei einem erfolglosen Angriff auf die Eisenbahnreparaturwerkstatt in Haifa in Gefangenschaft geraten waren. Eleanor Roosevelt schrieb an Lady Reading, einem Mitglied einer berühmten britisch-jüdischen Familie: »Ich hoffe und bete, daß man das Todesurteil gegen diese jungen Terroristen nicht wirklich vollstrecken wird.«[75] Wenige Tage darauf begnadigte man sie alle – zum großen Zorn der Soldaten, die sie verhaftet hatten.

Am 9. September rächte sich die Lehi an Sergeant T. G. Martin, der während der »Operation Haifisch« Shamir verhaftet hatte, indem sie ihn auf einem Tennisplatz in Haifa umbrachte. Shamir berichtet: »Natürlich fiel die Entscheidung, Martin zu töten, ohne mein Wissen. Aber wenn man mich gefragt hätte, ich hätte zugestimmt. Martin war einer der tüchtigsten CID-Leute, er führte den Kampf gegen uns mit großer Gefühlsbeteiligung. Die Zeitungen behaupteten sogar, daß Martin mich erkannt hätte. Vom moralischen Gesichtspunkt war es außerordentlich wichtig für uns, hier etwas zu unternehmen, vor dem jüdischen Volk eine Demonstration zu veranstalten. Man könnte behaupten, daß er sein eigenes Todesurteil unterzeichnete.«

Auch heute noch verteidigt Shamir, der jetzt israelischer Parlamentspräsident ist, nachdrücklich die von der Lehi angewandte Taktik des individuellen Tötens: »Manche bezeichnen die Tötung Martins als Terrorakt, dagegen sehen sie im Angriff auf eine Kaserne Guerillakriegsführung und im Bombenabwurf auf Zivilisten soldatisches Handeln. Aber in meinen Augen besteht zwischen all dem moralisch kein Unterschied. Ist es besser, eine Atombombe auf eine Stadt zu werfen, als ein paar Zivilisten zu töten? Ich sehe das nicht so. Aber niemand bezeichnet den Präsidenten Truman als Terroristen. Alle, gegen die wir individuell vorgingen – Wilkin, Martin, MacMichael und andere – waren persönlich am Erfolg des Kampfes gegen uns interessiert.«

»Deshalb erschien es wirkungsvoller und moralischer, gegen ausgewählte Ziele vorzugehen. Außerdem kam für uns gar keine andere Vorgehensweise in Frage, dafür war unsere Gruppe zu klein. Für uns ging es nicht um die Berufsehre des Soldaten, es ging um eine Idee, um ein Ziel, das erreicht werden mußte. Wir hatten ein politisches Ziel. Für unsere Taten gab es zahllose biblische Beispiele – Gideon und Samson etwa. Dies beeinflußte unsere Denkweise. Wir lernten auch aus der Geschichte anderer Völker, die für ihre Freiheit kämpften – von den russischen und irischen Revolutionären, von Garibaldi und Tito.«

Am 9. September begann die Palästina-Konferenz in London. Es nahmen keine palästinensischen Delegierten – weder Araber noch Juden – daran teil. Die Jewish Agency hatte in Paris entschieden, den Morrison-Grady-Plan abzulehnen und sich an keinen offiziellen Verhandlungen zu beteiligen, solange ihre Führer in Latrun interniert waren. Die arabischen Palästinenser blieben fern, weil sich die Briten weigerten, Haj Amin el-Husseini zu empfangen. Nur drei Vertreter arabischer Staaten waren anwesend: Hafez Ramadan aus Ägypten, Faris el-Khoury aus Syrien und Nuri es-Said aus dem Irak. Azzam Pasha vertrat die Arabische Liga.

Bevin legte den britisch-amerikanischen Plan dar, aber es gelang ihm nicht, die arabischen Vertreter zu überzeugen. Diese wandten sämtlich ein, das vorgeschlagene System autonomer Provinzen müsse unvermeidlicherweise zur Teilung führen, denn sobald es einmal einen jüdischen Staat in Palästina gebe, und sei er auch noch so klein, würde dieser einen Brückenkopf für die politische und wirtschaftliche Durchdringung des gesamten Gebietes darstellen. Die Juden würden ihren Staat mit Emigranten aus Europa füllen, bis sie die Grundlage für eine Rechtfertigung der Forderung nach mehr Lebensraum geschaffen hätten, und dann würden sie ihren Staat gewaltsam ausdehnen. Statt dessen schlugen sie die Errichtung eines einheitlichen palästinensischen Staates mit einer von allen Bürgern gewählten Gesetzgebungskörperschaft vor, in der die jüdische Vertretung höchstens ein Drittel betragen sollte. Die gesamte jüdische Einwanderung sollte aufhören und die Einschränkungen des Landerwerbs sollten weiter bestehen. Aufgrund eines Vertrages sollte Großbritannien weiterhin militärische Einrichtungen im Lande unterhalten dürfen.[76]

Inzwischen hatte die Jewish Agency die Briten inoffiziell wissen lassen, daß sie mit einer Lösung einverstanden sein würde, die einen lebensfähigen jüdischen Staat in einem angemessenen Teil Palästinas bedeutete. Am 15. September 1946 schlug Weizmann brieflich Ben Gurion vor, der Londoner Konferenz einen derartigen Plan zu unterbreiten, aber eine Mehrheit war weiterhin gegen eine Teilung, solange ihre führenden Politiker interniert waren. Außerdem führte sie aus, daß wenig zu erreichen sei, solange General Barker, den Weizmann in Briefen nach Whitehall als »Feind unseres Volkes – seinem eigenen Eingeständnis nach« bezeichnete, Heereschef blieb. Die britischen Vertreter verbrachten den Rest des Monats September mit dem

Versuch, den Arabern die Teilung schmackhaft zu machen, und die Juden zu drängen, noch in Freiheit befindliche Politiker wie Weizmann, Kaplan und Meir als Vertreter zu senden.[77] Es überrascht nicht, daß sie beide Ziele nicht erreichten (obwohl Cunningham aus verläßlicher Quelle erfuhr, daß König Abdullah zumindest privat für die Teilung war). Die arabischen Vertreter reisten dann nach New York ab, und man vertagte die Konferenz bis zum 16. Dezember. Bevin und Hall erkannten, daß die Juden so lange keine Vertreter zu der Konferenz schicken würden, wie Großbritannien nicht sämtliche Politiker in Latrun frei ließ.

John Shaw wurde von seinem Posten abberufen und übernahm das Amt des Gouverneurs von Trinidad. Mit Ausnahme einer kurzen Unterbrechung während des Krieges war er seit 1935 in Palästina gewesen: »Es handelte sich wirklich nicht um eine Beförderung. Unter uns ging damals das Wort um: ›Es gibt keine Beförderung von Palästina weg.‹ Wenn man einmal dort gewesen ist, will man wirklich nirgendwo anders mehr hin.« Er erinnert sich, daß ihm Cunningham und der Polizeichef Nicol Gray Ende September zu seiner Überraschung mitteilten, daß er sofort nach London abreisen müsse: »Ich wandte mich an Nicol Gray, der einer meiner Untergebenen war, und fragte ihn, was er da für Geschichten erzähle. Er antwortete, man habe stichhaltige Informationen, daß ich auf der Todesliste der Terroristen stehe.« Wie Pinkerton telegrafisch nach Washington berichtete, lag der wahre Grund darin, daß der Chief Secretary nach dem King David-Zwischenfall mit den Nerven fertig war.[78] Seine plötzliche Abreise verstärkte die bösartigen Gerüchte über seine Verantwortlichkeit für die Katastrophe.[79]

Das Scheitern des Plans führte zu einer weiteren Verschlechterung der britisch-amerikanischen Beziehungen. Die amerikanische Presse brachte Anzeigen der Irgun und übte grelle Kritik an Großbritannien. Die ›New York Herald Tribune‹ nannte die palästinensische Verwaltung »absolut tyrannisch« und »eines der perfektesten Beispiele eines absoluten Polizeistaates, das man irgendwo auf der Welt findet«.[80] Die ›New York Post‹ druckte die Stellungnahme der Irgun zum Tod eines jüdischen Flüchtlings bei einer Enteraktion gegen das Haganah-Schiff ›Palmach‹ am 22. September: »Die Tatsache, daß die Matrosen, die scharf auf die Flüchtlinge schossen, dem Union Jack und nicht dem Hakenkreuz salutieren, ändert nichts an der Tatsache, daß man wieder einen Hebräer getötet hat, nur weil er ein Hebräer ist.« Es folgte die Aufforderung an die Leser, Geld zur Unterstützung »der heldenhaften hebräischen Kämpfer in Palästina« zu spenden. Die britische Botschaft beschwerte sich laufend über diese Anzeigen, sie wies darauf hin, daß die American League for a Free Palestine als Wohltätigkeitsorganisation anerkannt sei und beträchtliche Steuererleichterungen genieße,[81] während sie in Wirklichkeit Mittel für die gewaltsame Bekämpfung der Verwaltungsbehörden einer befreundeten Macht sammelte. Das amerikanische Außenministerium hatte Verständnis für diese Argumente, konnte aber nichts unternehmen.[82]

Am 15. Oktober berichtete der Londoner ›Evening Standard‹: »Vierundvierzigtausendachthundert Menschen strömten bereits in ein Broadway-Theater, um das feindseligste anti-britische Stück zu sehen, das je in den USA aufgeführt wurde. Jeder Besucher erhielt am Eingang mit dem Programm einen Blanko-Scheck.« Es handelte sich um das Schauspiel von Ben Hecht ›A Flag is Born‹, das die Bemühungen einer Gruppe von Überlebenden des Vernichtungslagers Treblinka zeigt, trotz britischer Behinderungen Zuflucht in Palästina zu finden. Die Hauptfigur Tevya sagt: »Die Engländer haben einen Zaun um das Heilige Land errichtet. Aber drei Dinge können sie nicht draußen halten: den Wind, den Regen und die Juden.«

Der Präsident der Hebräischen Universität in Jerusalem Judah Magnes schrieb an Eleanor Roosevelt und protestierte gegen ihre Schirmherrschaft über das Schauspiel, dabei wies er besonders auf die Schlußszene hin, in der eine Gruppe bewaffneter junger palästinensischer Juden auftritt und offen zu Spenden für den Kauf solcher Waffen aufgefordert wird. Magnes stellte Eleanor Roosevelt die Frage: »Sind Sie dafür, die Terroristen mit Waffen und Geld zu versorgen, die hier Menschenleben vernichten und viele Errungenschaften der jüdischen Pioniere zerstören, die den Verstand und die Seele der jüngeren Generation vergiften?«[83]

Alle Briten waren empört über diese Schmähungen ihres Landes in New York. Aber einige wenige Engländer, unter denen General Barker besonders bedeutend war, schienen kein Verständnis oder Gefühl für die Folgen ihrer Taten aufzubringen und ermutigten so weiterhin derartige Kritik. Martin Charteris meint dazu: »Ich erhob nicht so sehr gegen unser Handeln Einspruch wie gegen unsere Haltung. Es gab eine Menge antisemitisches Partygerede unter Offizieren.« Dabei dachte er besonders an die abendlichen Tanzveranstaltungen bei Katie Antonius, an denen Barker regelmäßig teilnahm.

Ein grobes Beispiel dieser »Haltung« gab es am 24. Oktober, nachdem Terroristen in einem britischen Wohngebiet in Jerusalem und seiner Umgebung Bomben gelegt hatten, und es zu Explosionen kam, bei denen zwei Soldaten des First Battallion der Argyll and Sutherland Highlanders getötet und zehn weitere verletzt wurden. Der Kommandant dieses Truppenteils Oberleutnant Richard Webb ließ sofort dreizehn Journalisten verschiedener Nationalitäten zu sich rufen und verlas ihnen eine antijüdische Hetzrede. »Diese verdammten Juden – wir haben ihnen in Alamein und anderswo die Haut gerettet, und nun tun sie uns das an«,[84] sagte er und drückte damit ein in den britischen Streitkräften weitverbreitetes Gefühl aus, das normalerweise zumindest in der Öffentlichkeit nicht so ungeschminkt zum Ausdruck kam.

Dann teilte der Oberst den Journalisten, die sich alle eifrig Notizen machten, mit, als Vergeltungsmaßnahme für die Bombenanschläge habe er tausend Juden aus ihren Betten holen lassen, und er werde sie die ganze Nacht in Reih und Glied stehen lassen, bis man sie identifiziert habe. Das Ziel dieser Unternehmung liege darin, den Juden so viel Schwierigkeiten zu bereiten, daß sie sich gegen die Stern-Gruppe wendeten. Nach wiederholten Hinweisen darauf, daß es sich bei den Juden um eine »jämmerliche Rasse« handle, deren Männer zu viele Karpfen äßen und deren Frauen ihre Rundungen immer an den falschen Stellen hätten, teilte Webb seiner erstaunten Zuhörerschaft bombastisch mit: »Drucken Sie alles, was ich gesagt habe. Nennen Sie meinen Namen. Es macht mir nichts aus, wenn ich morgen die Armee verlassen muß.«[85] George Cassidy von der ›New York Post‹ erfüllte diese Bitte und es kam zu einem großen Skandal, der viele Amerikaner von dem unheilbaren Antisemitismus der britischen Armee und Verwaltung überzeugte.[86] Viele andere Amerikaner fanden die Vorstellung abscheulich, daß sich ein höherer britischer Offizier in dieser Weise verhielt, ganz gleich, wie die Provokation ausgesehen haben mochte. Webb wurde seines Kommandos enthoben.

Diese Stimmung des Zorns und des gegenseitigen Mißtrauens verbreitete sich schließlich bis zur höchsten Ebene, bis zu den Regierungschefs. Am 3. Oktober stimmte Truman einer Stellungnahme zu, die die Vertagung der Londoner Konferenz bis zum 16. Dezember bedauerte, er bestand zum wiederholten Male auf der sofortigen Einreise von hunderttausend Flüchtlingen und stimmte dem Teilungsplan der Jewish Agency im Prinzip zu. Am Abend jenes Tages überbrachte Unterstaatssekretär Dean Acheson Inverchapel ein Exemplar jener Stellungnahme und erklärte, daß ihr Ziel darin liege, einem Angriff zu begegnen, den sämtliche für die Wahlen vom 5. November in New York nominierten Republikanischen Kandidaten gegen ihn vorbereiteten. »Ich fürchte, wir müssen uns hier auf eine Art Orkan gefaßt machen«, berichtete der Botschafter.[87]

Gegen Mitternacht (Londoner Zeit) brachte ein Angehöriger der amerikanischen Botschaft den Text nach 10 Downing Street. Der Premierminister las ihn und schrieb sofort eine Antwort: »Sehr geehrter Herr Präsident. Ich habe von Mr. Gallman eine Kopie Ihrer beabsichtigten Stellungnahme zu Palästina erhalten. Der Außenminister hält sich in Paris auf, und ich möchte genügend Zeit haben, ihn zu konsultieren. Es ist Ihnen sicher bekannt, daß wir uns gegenwärtig mit Mitgliedern der Jewish Agency beraten. Deshalb möchte ich Sie ernstlich bitten, Ihre Stellungnahme zumindest solange zu verschieben, bis ich mit Mr. Bevin Rücksprache genommen habe.«[88] Diese

Antwort ging sofort telegrafisch nach Washington und kam um 21.35 Uhr im Weißen Haus an.

Am frühen Morgen des 4. Oktober erbat Attlee telegrafisch Bevins Rat, wie man am besten eine Veränderung oder Verzögerung der Stellungnahme Trumans erreichen könnte. Er schrieb, daß er nicht annehme, man könne dem Präsidenten erfolgreich von einer Stellungnahme abraten, aber man könne zumindest die »unglücklichen Folgen« darlegen, die eine jede derartige Stellungnahme auf die bevorstehenden Verhandlungen haben müsse. Man stehe kurz vor der Aufnahme von Verhandlungen mit Vertretern der Jewish Agency. Die Stellungnahme würde britische Konzessionen in der Frage der jüdischen Einwanderung vorwegnehmen und den Zorn der Araber erregen, die bereits das Recht der Vereinigten Staaten in Frage gestellt hätten, in dieser Angelegenheit überhaupt mitzureden. Möglicherweise konnte man Truman dazu veranlassen, seine Äußerungen wenigstens zu mildern.

Am 1. Oktober empfingen Bevin und Hall tatsächlich Weizmann, Fishman, Goldman und vier weitere jüdische Politiker im Außenministerium. Die Begegnung verlief in freundlicher Atmosphäre, obwohl Fishman Bevin daran erinnerte, daß Palästina den Juden von Gott gegeben worden sei und daß Großbritannien daher in dieser Angelegenheit als Bevollmächtigter Gottes zu betrachten sei, worauf Bevin erwiderte, Gottes Wege seien geheimnisvoll.[89] Für die folgenden Wochen plante man weitere derartige Zusammenkünfte. Bevin und Attlee hatten den Eindruck, an einem entscheidenden Punkt der Gespräche zu stehen. Deshalb erschien es den britischen Politikern als Höhepunkt der Verantwortungslosigkeit und der Unfreundlichkeit, als Truman die dringende Bitte des Premierministers vom Vorabend völlig ignorierte und am 4. Oktober seine Stellungnahme verbreitete.

Attlee sandte dem Präsidenten eines der wütendsten Schreiben, die je von London nach Washington gegangen sind: »Ich habe mit großem Bedauern Ihren Brief empfangen, der dem Premierminister des Landes, das die wirkliche Verantwortung für die Regierung Palästinas hat, ein paar Stunden Aufschub verweigert, damit er Sie mit der wirklichen Lage und den möglichen Folgen Ihres Handelns bekannt macht. Dies kann sehr wohl zu einer Vereitelung der geduldigen Versuche führen, zu einer Einigung zu gelangen, und den Verlust von weiteren Menschenleben in Palästina zur Folge haben ... Ich möchte gerne die zwingenden Gründe für Ihre Eile kennenlernen.«[90]

Truman antwortete, er bedauere es, wenn seine Stellungnahme Attlee derart in Schwierigkeiten gebracht habe, aber die Vertagung der Konferenz habe bei den jüdischen Flüchtlingen in Europa und ihren amerikanischen Freunden eine solche Niedergeschlagenheit ausgelöst, daß er nicht einmal einen einzigen weiteren Tag mit seiner Stellungnahme warten konnte. Er erinnerte

Attlee daran, daß die Juden am 5. Oktober Jom Kippur, den Versöhnungstag, feierten und daß es dann bei ihnen üblich sei, über das Schicksal ihres Volkes nachzudenken. Er drückte seine Überzeugung aus, daß die Entwicklung der jüdischen nationalen Heimstätte eine Hauptaufgabe der britischen Mandatsherrschaft sei und daß diese Aufgabe ohne jüdische Einwanderung und Landbesiedlung nicht erfüllbar sei.[91] Deshalb sollte es eine »sofortige und umfangreiche« jüdische Einwanderung geben, und es sei unvorstellbar, die Flüchtlinge zu zwingen, einen weiteren Winter ohne klare Vorstellungen über ihre Zukunft in Europa zu verbringen.

Die führenden britischen Politiker erkannten zwar Trumans echte Sorge um die Flüchtlinge an, sie sahen aber dennoch in seinen Bemerkungen eine gewisse Überheblichkeit. Auf der Grundlage dessen, was Acheson Inverchapel mitgeteilt hatte, vermuteten sie, daß der Zeitpunkt der Stellungnahme nicht vom Versöhnungsfest am 5. Oktober diktiert wurde, sondern von einer Rede, die der zukünftige Präsidentschaftskandidat und gegenwärtige Gouverneur von New York Thomas Dewey am 6. Oktober halten wollte. Tatsächlich kritisierte Dewey scharf die Palästinapolitik der Truman-Regierung, er forderte eine jüdische Einwanderung »nicht von hunderttausend, sondern von mehreren hunderttausend«. Der republikanische Kandidat für ein Senatorenamt von New York Irving M. Ives forderte, Palästina solle eine Zufluchtstätte für »Millionen« notleidender Juden werden.[92] Trumans Stellungnahme schien hauptsächlich den Zweck zu haben, solchen Reden zu begegnen und die Aussichten seiner Partei bei den Wahlen vom 5. November zu verbessern.

Am 8. Oktober berichtete Pinkerton aus Jerusalem: »Die hebräische Presse begrüßt einstimmig die Stellungnahme des Präsidenten, die arabische Presse lehnt sie ebenso einstimmig ab.«[93] Die Zeitung ›Al Yaum‹ in Bagdad schrieb: »Die Araber müssen sich auf den bewaffneten Widerstand gegen Trumans Pläne vorbereiten.« Der arabisch-palästinensische Historiker Walid Khalidi meint, diese Stellungnahme hätte die zionistischen Führer zusätzlich in der Überzeugung bestärkt, für ihre Maximalziele zu kämpfen.[94] Am 24. Oktober sagte Goldman, »als ein großes Opfer für die Sache des Friedens« würde die Jewish Agency einen Staat in den von Lord Peel vorgeschlagenen Grenzen plus dem Negev akzeptieren.

Am 28. Oktober legte Ben Gurion in einem ausführlichen Brief an Weizmann seine Ansicht dar: »Ich wäre bereit, einen jüdischen Staat in einem ausreichend großen Teil des Landes anstelle des britischen Mandats und Rechten auf dem Papier im gesamten Land zu akzeptieren.« Die Zionisten sollten daher gegenüber den Briten entweder einen Staat oder im anderen Fall die Rückkehr zu dem Zustand von vor 1939 fordern, bei dem die Einwanderung nur durch die wirtschaftliche Aufnahmefähigkeit Palästinas begrenzt war. Im Lichte der früheren Versprechungen Großbritanniens und der Labour-Party sei die Position der Attlee-Regierung »in jeder Hinsicht illegal.«[95] Das Ansehen der Juden war durch den Kampf gegen diesen Verrat selbst in den Augen der Araber gestiegen. Und wenn es zur Gründung eines jüdischen Staates käme, würden die Araber seine besten Freunde sein.

Eine Grundannahme der zionistischen Einschätzung der Lage bestand in dem Glauben, daß die Araber nicht kämpfen würden, wenn die Briten ihnen gegenüber eine feste Haltung einnähmen, denn von Natur aus neigten sie dazu, die gegebenen Tatsachen hinzunehmen und von außen auferlegte Lösungen zu akzeptieren. Am 14. November äußerte Silver gegenüber Bevin, man benötige keine Truppen, um eine Lösung durchzusetzen, bei der Großbritannien und die Vereinigten Staaten übereinstimmten, und daß die militärische Schlagkraft der Armee »illusorisch und eine reine Propagandaangelegenheit« sei. Bei einem zweiten Treffen am 20. November sagte er zu Bevin, »die Araber würden zustimmen, daß die Regierung Seiner Majestät und die US-Regierung die Teilung unterstützen.«[96]

Dean Acheson teilte am 26. November Inverchapel mit, die Vereinigten Staaten würden einen britischen Teilungsvorschlag »mit unterstützen«. Er sei sicher, daß sich auch die Vorstellungen des Präsidenten in dieser Richtung bewegten.[97] Daher hofften die Zionisten und die Amerikaner, daß Großbritannien bei der nächsten Sitzung der Londoner Konferenz am 21. Januar einen entsprechenden Vorschlag machen würde. (Man hatte die Sitzung verschoben, da am 9. Dezember der Zionistische Weltkongreß in Basel beginnen sollte.) Unter der Voraussetzung, daß Großbritannien eine Geste zugunsten der Teilung machte, wollte die Jewish Agency an der Konferenz teilnehmen. Im anderen Fall würde sie möglicherweise nicht teilnehmen, aber die endgültige Entscheidung würde der Kongreß fällen müssen. Auf diese Weise gab man den Briten zu verstehen, welchen Preis man sie zu zahlen bitten würde – ihre Zustimmung zu einer auferlegten Teilung. Sollten sie zustimmen, wäre ihnen die Unterstützung der Zionisten und der Amerikaner sicher. Im anderen Falle würden sie die Konsequenzen zu tragen haben.

Großbritannien stand daher vor einer eindeutigen Entscheidung, sollte es dem Druck nachgeben und seine Politik erneut ändern, oder sollte es dies nicht tun? Das britische Außenministerium gab zu dieser Frage wieder seine traditionelle Antwort. Die Teilung war den Palästinensern und der gesamten Arabischen Liga verhaßt. Einige wenige arabische Führer wie Nuri es-Said und König Abdullah hatten in privaten Gesprächen mit dem Gedanken an eine Teilung geliebäugelt, aber sie wußten genau, daß ihre öffentliche Unterstützung politischen und vielleicht sogar körperlichen Selbstmord bedeutet hätte.

In gleicher Weise fühlte sich der frühere ägyptische Premierminister Mustafa Nahas, der Haj Amin al-Husseini auf das schärfste ablehnte, verpflichtet, ihn in der Öffentlichkeit zu unterstützen. Am 13. November bezeichnete er ihn als »Ägyptens geschätzten Gast« und erflehte Gottes Hilfe für »seinen ruhmreichen Kampf zum Besten Palästinas«.[98] Die arabischen Politiker fühlten die ständige Notwendigkeit, in der Palästinafrage, der einzigen Angelegenheit in der sie sich einig waren, die Reinheit ihres Patriotismus unter Beweis zu stellen. Keiner von ihnen hätte eine Kompromißhaltung in dieser Frage überlebt.

Das britische Außenministerium teilte die Ansicht nicht, daß die arabische Feindseligkeit gegenüber einem jüdischen Staat ein bloßes Hirngespinst sei, daß sie angesichts »höherer Gefahr« einfach verschwinden würde. Im Gegenteil sah es darin etwas sehr Reales, Unbändiges und Dauerhaftes. Man würde fünf britische Divisionen benötigen, um die dann emporschießenden Flammen zu löschen, und Großbritanniens wertvolle Verträge mit Ägypten und dem Irak würden vernichtet.

Die britischen Experten begannen auch damit, die sowjetische Reaktion in Erwägung zu ziehen. Am 22. September forderte die Moskauer Zeitung ›Trud‹, die Vereinten Nationen sollten sich mit der Palästinafrage beschäftigen: »Nur so kann Palästina vor dem vorgeschlagenen Teilungsplan gerettet werden.« Am 1. November nahm die ›Prawda‹ ebenfalls eine proarabische Haltung ein, sie zitierte mehrere zornige arabische Reaktionen auf Trumans Stellungnahme vom 4. Oktober und schloß mit den Worten: »Die kleinen arabischen Länder fordern Freiheit, Unabhängigkeit und die Unverletzlichkeit ihrer Grenzen. Sie wollen nicht, daß ohne ihre Beteiligung und gegen ihren Willen über ihr Schicksal entschieden wird.«

Harold Beeley erwähnte diesen Artikel in einem Gespräch, das er am 4. November mit Waldemar Gallman von der amerikanischen Botschaft hatte. Er hielt es für das Ziel dieses Artikels, den Weg für eine sowjetische Unterstützung der arabischen Sache zu bereiten, wenn das Palästinaproblem in die Hände der Vereinten Nationen gelegt würde. Denn immer häufiger äußerte Bevin in seinen Gesprächen mit den führenden Zionisten, sehr zu ihrem Unwillen, den Gedanken, Großbritannien könne zu der Erkenntnis gelangen, daß das Mandat eine zu schwere Bürde darstelle, und es daher möglicherweise an die Vereinten Nationen oder wahrscheinlicher an die Vereinigten Staaten abtreten.

In einer Notiz an Bevin faßte Robert Howe die Auffassung des Außenministeriums zusammen. Es gebe nur drei mögliche endgültige Lösungen: Teilung, Rückgabe des Mandats an die Vereinten Nationen oder Annahme der arabischen Vorschläge vom 30. September. Für welche Lösung sollte man sich entscheiden? Das Außenministerium kam zu dem Schluß, eine Teilung »würde die arabischen Staaten zum Widerstand veranlassen, so daß wir nicht mehr länger auf ihren guten Willen hoffen können, den wir bisher für so wichtig zur Aufrechterhaltung unserer Position im Nahen Osten gehalten haben.« Eine Übergabe an die Vereinten Nationen würde man dagegen für einen Hinweis darauf halten, daß sich Großbritannien zum Rückzug aus der arabischen Welt entschlossen habe: »Die Staaten des Nahen Ostens bekämen das Gefühl, daß sie sich nicht länger auf das britische Interesse und die britische Unterstützung verlassen könnten, und unser Einfluß würde schnell dahinschwinden.«[99]

In jenen Tagen betrachteten viele gebildete Menschen – und dies nicht nur in Großbritannien – das Empire als eine zur Ausbreitung der Zivilisation wichtige Macht, als eine gute Sache, die vielleicht noch Jahrhunderte bestehen würde. Ein lebhaftes Beispiel solchen Denkens findet sich in einem Brief des Kommandeurs der Arabischen Legion John Glubb an das Außenministerium vom Juli 1946: »Die Leiden von ein paar hunderttausend Juden [so sehr sie auch zu bedauern sind] wiegen gering gegenüber der Zukunft des Britischen Commonwealth mit seinen mehreren hundert Millionen Menschen ... Wenn aufgrund politischer Fehler unsererseits Rußland im Nahen Osten Fuß fassen sollte, kann dies innerhalb von ein oder zwei Generationen zum Zusammenbruch des Britischen Weltreichs führen.«[100]

Das Außenministerium bekräftigte daher seine ursprüngliche Ansicht, daß die Entscheidung für eine der ersten beiden Optionen »katastrophale Konsequenzen« haben würde und daß »die dritte politische Linie von Verhandlungen mit den Arabern auf der Grundlage ihrer Vorschläge zweifellos am aussichtsreichsten ist.«[101] Hier handelt es sich zwar nur um die Ansicht eines Ministeriums und nicht der Gesamtregierung, aber sie spielte doch eine wichtige Rolle im Entscheidungsprozeß.

Das Ministerium sorgte beispielsweise dafür, daß es nicht vor dem Zionistenkongreß zu einer Zustimmung zur Teilung kam. Am 28. November warnte Attlee Bevin, Silver oder Goldman keine derartige Zusage zu geben. Falls man sie gäbe, würde dies sicher nicht geheim bleiben, und die Araber gewännen den Eindruck britischer Doppelzüngigkeit.[102] Sie würden dann die Januarkonferenz boykottieren, in Palästina rebellieren, Nuris gemäßigte Regierung im Irak stürzen und überall gegen Großbritannien demonstrieren.

Abba Eban, der auf dem Weg nach Basel über London reiste und Weizmann bei der Vorbereitung seiner Reden half, gewann den Eindruck, daß die britische öffentliche Meinung gegen das Engagement in Palästina rebellierte. Man erlebte den kältesten Winter seit Menschengedenken und ständige Stromsperren zwangen die Leute bei Kerzenlicht im Mantel zu arbeiten. »Es gab ein wachsendes Gefühl der Empörung dagegen, daß man dort Monate und Jahre nach Kriegsende eine Truppenstärke von hunderttausend Mann aufrechterhielt. Und dann gab es dort Opfer. Fünf oder sechs Tote machen oft mehr Eindruck als fünf- oder sechstausend, besonders wenn sie zu den Rationierungen und Brennstoffverknappungen des Großbritannien der Nachkriegszeit hinzukommen.«

Der große Streitpunkt in Basel war die Frage der Teilnahme an der Londoner Konferenz. Großbritannien hatte den Zionisten einige wenige Konzessionen gewährt, man hatte General Barker abberufen, hatte die jüdischen Führer aus Latrun freigelassen, hatte einer Anzahl Flüchtlingen die Einreise von Zypern nach Palästina gestattet. Aber in der entscheidenden Frage der Teilung hatte sich die britische Haltung nicht verändert. Weizmann glaubte, daß dennoch eine jüdische Delegation an der Konferenz teilnehmen sollte, und er erklärte eine derartige Entscheidung zur Voraussetzung für seine erneute Kandidatur für die Präsidentschaft der zionistischen Organisation.

Ein anderes wichtiges Problem stellte der Terrorismus dar. Hier stand Weizmann kurz vor dem Ende seiner emotionalen Kräfte. Eban berichtet: »Weizmann billigte die Gewaltanwendung nur als kontrollierte Maßnahme zur Erreichung eines politischen Ziels. Er glaubte wahrscheinlich, daß die Haganah in diesem Punkt die richtige Politik verfolge. Er war gewiß überrascht und entsetzt, als er schließlich von ihrer Verbindung mit den beiden anderen Organisationen erfuhr. Er fürchtete, daß der Terrorismus außer Kontrolle geriet und eine Ideologie der Gewalttätigkeit schuf, die schließlich die liberalen und humanistischen Elemente im Zionismus zerstörte und so zu einem chauvinistischen Mangel an Realitätssinn führte.«

Der Kongreß verlief nicht im Sinne Weizmanns. Von Anfang an schien es eine Mehrheit gegen die Teilnahme an der Palästina-Konferenz zu geben. Blanche Dugdale schrieb darüber: »Aber ich glaube nicht, daß sie eine solch närrische Haltung wagen werden. Was soll im anderen Fall geschehen?« Am nächsten Tag sprach Abba Hillel Silver gegen die Teilung und für den »Widerstand«. Es klang wie ein Ruf nach erneuter Gewalttätigkeit der Haganah. Am 16. Dezember trat Weizmann diesen besonders aus den Vereinigten Staaten – fern von der Feuerlinie – kommenden Befürwortern des Aufstands entgegen: »Moralische und politische Unterstützung bedeuten sehr wenig, wenn man andere Leute auf die Barrikaden schickt, um gegen Panzer und Kanonen zu kämpfen.«

Schließlich brachte Emmanuel Neumann, einer seiner Opponenten in der Jewish Agency, Weizmanns legendäre Rhetorik auf den Höhepunkt, indem er dessen Rede durch Zwischenrufe unterbrach. Weizmann hielt inne, und, während sich der Schreck über das Ereignis im Saal ausbreitete, schleuderte er sein berühmtes Schlußwort heraus: »Jemand hat mich einen Demagogen genannt. Ich weiß nicht, wer es war. Ich hoffe, daß ich den Namen jenes Menschen nie erfahren werde. Ich – ein Demagoge! Ich, der ich alle Übel und Plagen dieser Bewegung ertragen habe. Die Person, die mir jenes Wort ins Gesicht schleuderte, sollte wissen, daß in jedem Haus und jedem Stall in Nahalal, in jeder kleinen Werkstatt in Tel Aviv oder Haifa ein Tropfen meines Blutes steckt ... Wenn man meint, die Wiederherstellung des Rechts durch unjüdische Methoden beschleunigen zu können, wenn man den Glauben an harte Arbeit und eine bessere Zukunft verliert, dann macht man sich des Götzendienstes schuldig und gefährdet, was wir aufgebaut haben. Hätte ich die Kraft der Propheten, ich würde Euch vor den Pfaden nach Babylon und Ägypten warnen. Zion soll in Gerechtigkeit wieder errichtet werden – und durch keine anderen Mittel.«

Diese bemerkenswerte Rede ist in die Geschichte eingegangen, aber im Dezember 1946 erreichte sie ihr Ziel nicht. Ihre Wucht ärgerte die Revisionisten, die Anhänger Silvers und die übrigen Gegner Weizmanns, sie stärkte ihre Entschlossenheit, die Reste seines politischen Einflusses zu zerstören. Golda Meyersons Vorschlag, die Teilnahme der Zionistischen Exekutive an der Konferenz zu gestatten, wurde mit knapper Mehrheit abgelehnt. Damit war Weizmanns Kandidatur die Grundlage entzogen.

Yalin-Mor und seine Leute, die nun weitgehend vom Einfluß der Haganah frei waren, beschlossen, die Anschläge auf das Leben britischer Soldaten zu intensivieren: »Nun, wir steckten in einem politischen Dilemma. Es kann durchaus vorteilhaft sein, einzelne ausgewählte Leute zu töten. Man beseitigt so einige der Verantwortlichen für die Politik, die man bekämpft. Aber der Kampf ging gegen ein großes Weltreich und diese Leute waren ersetzbar. Möglicherweise waren unsere Angriffe auf untergeordnete Leute, auf gewöhnliche Soldaten und Polizisten wirksamer.

Wir übernahmen die Vorgehensweise der Irischen Republikanischen Armee. In den zwanziger Jahren beispielsweise pflegte die IRA über Straßen, die britische Motorradfahrer benutzten, Drähte zu spannen. Die Fahrer konnten in der Nacht den Draht nicht sehen, und so wurde ihnen der Kopf abgeschnitten. Wir lernten daraus. Wir brachten als Meilensteine getarnte Minen zu beiden Seiten der Straße an und zündeten sie elektrisch, wenn britische Fahrzeuge passierten.

Später las ich, daß derartige Maßnahmen die Nerven der britischen Soldaten zerrütteten. Es bedeutete, daß anstelle einer Ausgangssperre von ihrer Seite gegen die Juden – wir ihnen eine Ausgangssperre auferlegten. Sie hatten Angst, ihre Kasernen zu verlassen, sie mußten monatelang ihre Nächte dort verbringen. Das schadete ihrer Kampfmoral außerordentlich. Und die Verluste verbreiteten Unruhe unter britischen Familien in England. Sie begannen, den Abzug der britischen Truppen zu fordern. Dies hatte eine politische Wirkung. Hierin lag unser Ziel.«

Ein britischer Vierteljahresbericht vom Oktober 1946 stellt dies so dar: »Die Moral der Offiziere und der Mannschaften ist besonders niedrig, der Grund liegt darin, daß in Tel Aviv seit beträchtlicher Zeit eine Ausgangssperre herrscht und die Stadt für Soldaten gesperrt ist. Und aufgrund zahlreicher Zwischenfälle dürfen sich die Soldaten nur in ihren Quartieren aufhalten.« Die Straßenmine, der ab September zahlreiche Soldaten zum Opfer fielen, bestand aus einem Päckchen Stahlnieten, das mit einem Gipsverband umhüllt oder zur Tarnung weiß angestrichen war. Man legte es neben die Straße mit der harten Seite der Umhüllung in Richtung Straßenrand und der weichen Seite zur Straße hin. Eine Sprengladung, die sich zwischen der Umhüllung und den Nieten befand, schleuderte letztere wie Maschinengewehrmunition auf die Straße.[2]

Leutnant D. J. Haslip erinnert sich, daß fünf oder sechs seiner Leute durch diese Minen den Tod fanden: »Keines unserer Fahrzeuge war dagegen sicher. Man konnte einen Sandsack unter dem Motor anbringen. Aber dies stellte eine ernsthafte Behinderung dar, ich habe das nie praktiziert. Ich vertraute einfach auf mein Glück und benutzte keine Straße regelmäßig zu einer festen Tageszeit.« Einige Fahrer fuhren immer mit hoher Geschwindigkeit und hofften so, dem Mann am Abzug seine Aufgabe zu erschweren, weil sie nur einen Sekundenbruchteil in der Gefahrenzone zubrachten. Andere Fahrer lehnten diese Methode ab, sie fürchteten die Stahlnieten weniger als den Verlust der Kontrolle über ihr Fahrzeug und damit das Risiko, in die stacheligen Kakteen am Straßenrand geschleudert zu werden.

Am 30. Oktober 1946 legte die Irgun auf einem Bahnhof in Jerusalem eine Kofferbombe ab. Die Polizei war durch einen Spitzel im voraus informiert und befand sich in Alarmbereitschaft. Der Polizist R. W. Smith trug den Koffer ins Freie und starb bei der Explosion. Die Polizei eröffnete das Feuer auf die Autos des Kommandos, sie verwundete einige Männer, verfolgte sie und nahm vier von ihnen fest. Am folgenden Tag zerstörte eine andere Irgungruppe unter dem Kommando von Eli Tavin die britische Botschaft in Rom wieder durch eine Kofferbombe. Der Vaad Leumi verabschiedete eine Resolution, die den Jischuw vor den »in solchen Wahnsinnsakten liegenden schweren Gefahren« warnte, weiter hieß es, daß diejenigen, die unschuldige Soldaten und Polizisten töten, »die Reinheit unseres Aufbauwerkes beschmutzen und die Legitimität unseres Kampfes zunichte machen.«[3]

Der Soldat T. C. Foley erinnert sich: »Wenn die Lage ruhig war, durften wir in Vierergruppen ausgehen. Wir trugen immer Gewehre und fünfzig Schuß Munition bei uns. Wenn wir nach Nathanya gingen, mußten wir Zehnergruppen bilden. Wir saßen dann beispielsweise in einem Straßencafé und zwei oder drei Leute hielten Wache, während wir unser Bier tranken. Wenn wir zum Strand gingen, geschah dies in einer Gruppe von dreißig Mann. Ein Teil paßte auf, während die übrigen badeten.« Ralph Capenerhurst, der als Militärbäcker in Haifa stationiert war, erzählt: »Im ganzen war es eine sehr bedrückende Zeit, da waren die Langeweile, die Hitze, zu wenig Post und das allgemeine Gefühl, daß es keinen Grund für unser Dortsein gab. Ich erinnere mich, daß ich ein Zigarettenetui aus Metall besaß. Ich brachte es zum Juwelier und ließ einen Davidsstern eingravieren. Ich nahm an, dies würde mir helfen, wenn mich einmal die Irgun oder die Sternbande kidnappen sollte.«

Vor allem dieser Zusammenbruch der Truppenmoral überzeugte die führenden Militärs, daß die Zeit reif war, »die Handschuhe auszuziehen« und wieder die Initiative gegen den Terrorismus zu ergreifen. Generalinspekteur Nicol Gray erinnert sich, daß man ihn ständig fragte: »Warum greifen wir nicht hart durch?« Er antwortete gewöhnlich, daß selbst Hitler nicht mit der Widerstandsbewegung in Polen und Frankreich fertiggeworden sei. Dennoch bemühten sich Bernard Montgomery und Miles Dempsey am 20. November um die Zustimmung des Kabinetts für die Anwendung härterer Maßnahmen, kollektiver Geldstrafen und Strafdurchsuchungen. Sie verbargen in keiner Weise ihre Ansicht, daß die sanfte Vorgehensweise des Hohen Kommissars einen entscheidenden Grund für die Verschlechterung der Lage darstellte. Am unverständlichsten fanden es die Armee und die Polizei, daß man keines der gegen jüdische Terroristen ausgesprochenen Todesurteile vollstreckte.

Dempsey telegrafierte an Kriegsminister Frederick Bellenger. »Wir wissen, daß Sie alle miteinander den Terrorismus stillschweigend dulden. Wäre dies nicht der Fall, so würden diese Mörder bald verhaftet. Das Volk muß deshalb die Folgen tragen.«[4] Montgomery teilte dem Verteidigungsausschuß mit, daß seit dem 1. Oktober sechsundsiebzig Soldaten und dreiundzwanzig Polizisten getötet oder verwundet worden seien.[5] Nachdem sie am 29. Juni 1946 die Initiative ergriffen habe, sei die Armee seinen Worten nach (vermutlich von Cunningham) inzwischen wieder zu einer defensiven Rolle gezwungen worden. Diese Tatsache und die Politik der Mandatsverwaltung, nur geringe Strafen zu verhängen und keine Todesurteile zu vollstrecken, bildeten die Ursachen für die schlechte Truppenmoral. Bellenger teilte die Ansicht, daß die Vollstreckung der Todesstrafe am nachdrücklichsten den Eindruck britischer Schwäche angesichts des Terrors beseitigen würde. Auf besonders starke Ablehnung traf die Begnadigung sämtlicher Lehimitglieder, die nach dem Überfall auf die Eisenbahnreparaturwerkstatt in Haifa am 11. Juni verhaftet worden waren.

Cunningham nahm mit Nachdruck gegen Dempseys Vorschläge Stellung: »Ich glaube nicht, daß sie im geringsten den Terrorismus eindämmen. Das Gegenteil kann die Folge sein. Ich muß sagen, daß ich aufgrund der Erfahrung in Irland und mit dem arabischen Aufstand grundsätzlich gegen Vergeltungsmaßnahmen bin.« Attlee erinnerte Montgomery daran, daß man dem Kabinett im Juni versichert habe, die »Operation Agatha« würde die illegalen Organisationen ernsthaft treffen: »Es schien jetzt sicher, daß die Aktion ihr Ziel nicht erreicht hatte, da sich die terroristischen Aktivitäten in Wirklichkeit steigerten.« Während er Forderungen nach kollektiven Strafen zurückwies, setzte er dennoch einen Prozeß in Gang, der es der Armee und den Militärgerichten erlauben sollte, härter gegen die Terroristen vorzugehen.

Im Dezember verurteilte man zwei sechzehnjährige Irgunangehörige, weil sie drei Monate zuvor bewaffnet an einem Banküberfall teilgenommen hatten, die beiden waren zu jung für ein Todesurteil und erhielten je achtzehn Jahre Gefängnis. Außerdem verurteilte man sie zu achtzehn Schlägen mit dem Rohrstock. Begin meint dazu: »Das konnten wir wieder auf keinen Fall hinnehmen. Unsere Leute waren Kämpfer, und dies stellte eine entehrende Strafe dar.«

Begin schreibt in seinem Buch ›The Revolt‹: »Gewisse Elemente des britischen Regierungsapparates scheinen eine besondere Neigung zum Gebrauch der Peitsche zu verspüren ... Sollte es einem Unterdrücker gestattet sein, uns jetzt in unserem eigenen Land auszupeitschen? Würden die Rebellen unserer Generation, die bereit und willens waren, ihr Leben für die Befreiung ihres Volkes zu opfern, diese neue Erniedrigung hinnehmen? Wollte uns das Regime demonstrieren, daß es uns als Eingeborene betrachtete, wollte es diesen unverschämten Juden in der herkömmlichen Art beibringen, wie sie sich gegenüber ihren wohlwollenden Herren zu benehmen hatten?«[6] Begin selbst schrieb den Text einer öffentlichen Warnung in englischer Sprache – die er durch Sendungen der BBC gelernt hatte – und ließ sie in Tel Aviv plakatieren: »Wenn dies durchgeführt wird – dann muß jeder Offizier der britischen Besatzungsarmee im Land Israel darauf gefaßt sein, daß man ihn in der gleichen Weise bestraft – durch achtzehn Peitschenhiebe.«[7] Dennoch erhielt Benjamin Kimchi am 27. Dezember die Schläge, zu denen er verurteilt war.

Zwei Tage darauf entführte man Major Brett von der Zweiten Fallschirmjägerbrigade aus der Halle des Hotels Metropol in Nathanya, wo er mit seiner Frau saß. Gefesselt transportierte man ihn mit einem Auto in eine ruhige Straße und dort erhielt er achtzehn Schläge, in anderen Teilen Palästinas erlitten in gleicher Weise drei Unteroffiziere Schmerz und Kränkung. Die ›Palestine Post‹ berichtet: »Bevor die Suchaktion richtig begonnen hatte, erschien eine Stunde, nachdem man ihn entführt hatte, der zerzauste und uniformlose Major wieder im Hotel.«[8] Sofort machte er sich mit Polizisten und Fährtenhunden auf, um die Stelle wiederzufinden, wo man ihn hingebracht hatte. Der District Commissioner W. V. Fuller berichtete: »Die Geschichte dieser Tracht Prügel ist berühmt, und ich muß sagen, daß sich Major Brett ganz hervorragend verhalten hat. Er verhielt sich während der ganzen Angelegenheit wie ein wirklicher Sportmann.«[9]

Aber Major Bretts sportliche Haltung genügte nicht, um die durch diesen Zwischenfall verursachte Erniedrigung der gesamten britischen Nation auszugleichen. Und als Cunningham die Prügelstrafe gegen den anderen jungen Irgun-Gefangenen erließ, schien dies die Dinge nur noch schlimmer zu machen. Dies war eine Art von Entscheidung, die alle Übel übertriebener Vorsicht aufwies, wie Churchill im Unterhaus sagte: »Dies ist der Weg zur verächtlichsten Niederlage. Und obwohl ich diese Auseinandersetzungen mit den Juden nicht liebe, hasse ich ihre grausamen Methoden, auch im Kampf sollte man sich wie ein Mensch verhalten.«[10] Für Begin handelte es sich um einen wichtigen moralischen Sieg: »Es gab keine Prügelstrafen in diesem Land mehr. Einige Wochen später wurde ein junger Araber zu einer Prügelstrafe verurteilt und der Armeebefehlshaber hob das Urteil auf. Wir sind froh, daß danach in diesem Land keine Juden und keine Araber mehr geprügelt wurden.«

Beeley meinte gegenüber Gallman, die Wirkung der Prügeleien auf die britische Öffentlichkeit sei sogar größer als die der Sprengung des King David Hotels, da sie »bis in die unteren Ränge hinunter« ging.[11] Er befürchtete ein allgemeines Anwachsen des Antisemitismus. In London kam es zum Einbruch und zur Schändung der Synagoge von Dollis Hill. Aber mitten in ihrem Triumph erlitt die Irgun einen Mißerfolg. Eines ihrer Autos geriet in eine Straßensperre bei Wilhelma an der Straße nach Lydda. Es gab eine Schießerei, ein Jude erlitt schwere Verletzungen und drei wurden verhaftet: Yechiel Drezner, Mordechai Alkochi und Eliezer Kashani. Im Auto fand man Gewehre und Lederpeitschen, was die britischen Soldaten davon überzeugte, zumindest einige der Schuldigen an der großen Demütigung gefaßt zu haben. Es heißt, daß sie sich, wütend über die Schmach ihrer Kameraden, an den jüdischen Gefangenen revanchiert hätten.[12]

Dieser widerwärtige Zwischenfall stellte ein schlechtes Vorzeichen für das neue Jahr dar, das alle Beteiligten für das Jahr der Entscheidung hielten. Die Befürchtungen, daß die Zionisten die Londoner Verhandlungen boykottieren würden, stellten sich als übertrieben heraus. Am 2. Januar 1947 erklärte Ben Gurion Arthur Creech-Jones, der am 4. Oktober 1946 die Nachfolge Halls als Kolonialminister übernommen hatte, die Baseler Resolution hindere ihn und seine Kollegen in keiner Weise, inoffiziell an der Konferenz teilzunehmen. In der Praxis unterschied sich dies kaum von einer offiziellen Teilnahme. Cunningham kam am folgenden Tag in London an, einerseits um die Bitte der Armee um einen größeren Handlungsspielraum im Kampf gegen den Terrorismus zu erörtern, andererseits um seine Ansichten über eine mögliche politische Lösung mitzuteilen.

Aber in diesem Stadium schienen Entscheidungen kaum möglich. Attlee und Bevin hatten sich entschlossen, den Ratschlägen des Außenministeriums zu folgen, die Robert Howe im Dezember 1946 dargelegt hatte, dies bedeutete die Durchsetzung einer Variante des Planes, den die Araber am 30. September 1946 unterbreitet hatten. Am 13. Januar 1947 teilte Montgomery ihnen mit, es sei »lebenswichtig, das Recht zur Stationierung von Truppen in

Palästina zu behalten«. Ägypten war mit Ausnahme der Kanalzone geräumt, und es gab kein anderes Gebiet, das die britischen Truppenreserven im Nahen Osten aufnehmen konnte. Diese Reserven waren notwendig, um Bedrohungen des Kanals, der Pipeline und der Ölproduktion abzuwehren. Und die Luftstützpunkte waren für die Verbindungswege innerhalb des Empires unersetzlich.

Der Stabschef der Luftwaffe, Lord Tedder, sagte dazu: »Unsere gesamte militärischen Position im Nahen Osten hängt von der Zusammenarbeit mit den arabischen Staaten ab.«[13] Zwei Tage später erklärte er im Kabinett, die Aufrechterhaltung des britischen Einflusses im Nahen Osten sei einer der drei Hauptpfeiler der Verteidigung des britischen Empire. Alle seine Teile seien voneinander abhängig. Wenn eines verlorenginge, dann sei seine Gesamtstruktur gefährdet. Attlee erinnerte an das Versprechen der palästinensischen Araber, daß sie Großbritannien militärische Anlagen zur Verfügung stellen würden, sobald man sie den Weg zur Unabhängigkeit und zur Mehrheitsherrschaft beschreiten ließe. Dies schien der einzige Weg zur Erfüllung der militärischen Erfordernisse.

Bei einer Sitzung des Verteidungsausschusses am 1. Januar 1947 gab Bevin den vielleicht deutlichsten Hinweis auf seine Prioritäten. In Übereinstimmung mit der Behauptung, daß Palästina für die britische Position im Nahen Osten lebenswichtig sei, teilte er dem Premierminister und den Chefs der Streitkräfte mit: »Ohne den Nahen Osten, sein Öl und seine anderen möglichen Rohstoffquellen, sehe er keine Hoffnung, daß wir imstande sein würden, den Lebensstandard zu erreichen, den wir in Großbritannien anstreben.«[14]

Am 14. Januar hatte Bevin seine Gedanken in einer Kabinettsvorlage zusammengefaßt. Und sein Hauptinteresse bestand darin, den Gedanken an eine Teilung endgültig zurückzuweisen. Er habe Rechtsgutachten anfertigen lassen, die feststellten, daß Großbritannien eine Teilung nur mit Zustimmung der Vereinten Nationen durchsetzen könne. Der Völkerbund, der Großbritannien das Mandat über Palästina verliehen hatte, existierte seit April 1946 nicht mehr, aber die Kontrolle über die Mandate war auf die neue internationale Körperschaft übergegangen. Daher setzte jede grundsätzliche Abweichung von den ursprünglichen Mandatsbestimmungen die Zustimmung der Vereinten Nationen voraus. Die gesamte arabische Staatengruppe würde jeden britischen Vorschlag einer Teilung Palästinas ablehnen. Und Bevin war überzeugt: »Es kann wenig Zweifel daran geben, daß sich in diesem Fall der Sowjetblock mit dem arabischen zusammentun würde.« Beeley meint dazu: »Im Außenministerium herrschte die einhellige Auffassung, selbst wenn wir die Teilung wünschten, würden die Vereinten Nationen ihr nie zustimmen.«[15]

Deshalb schlug Bevin vor, die britischen und arabischen Vorschläge von

1946 in einem Plan zusammenzufassen, der der arabischen Mehrheit die Unabhängigkeit gewähren würde. Aber die Araber würden einen Preis dafür zahlen müssen. Sie würden »eine beträchtliche Zahl von Einwanderungsgenehmigungen [für Juden]« zur Verfügung stellen müssen. Es würde dann ein System örtlicher Selbstverwaltung entstehen mit einer Anzahl von jüdischen Kantonen. Aber nach diesem letzten Schub sollte es keine weitere jüdische Einwanderung ohne arabische Zustimmung mehr geben.

Er sagte voraus, daß die Ankündigung dieser Politik zu »einer größeren Rebellion« unter den Juden Palästinas führen würde. Diese würde sich einiger Sympathie bei der Regierung der Vereinigten Staaten erfreuen und zu Beschimpfungen Großbritanniens in der amerikanischen Presse führen: »Es ist jedoch zu bezweifeln, ob die amerikanischen Feindseligkeiten gegen uns wegen dieser Angelegenheit weitverbreitet oder langdauernd sein würden.« Ein weiterer Vorteil liege darin, daß es während der Übergangsperiode zur arabischen Mehrheitsherrschaft zu dieser jüdischen Rebellion kommen würde, während Großbritannien immer noch die Verantwortung für die Aufrechterhaltung von Recht und Ordnung trüge. Die britische Armee würde Herr der Lage bleiben.

Die Kabinettsmitglieder erhielten dieses Papier erst wenige Minuten vor der Kabinettssitzung am 15. Januar. Vielleicht waren sie deshalb so erzürnt, denn Bevins Vorstellungen trafen auf ungewöhnlich starken Widerstand. Der Schatzkanzler Hugh Dalton, der Gesundheitsminister Aneurin Bevan und der Brennstoffminister Emmanuel Shinwell drangen gemeinsam mit Creech-Jones auf die Rückkehr zu einer Teilungslösung.[16] Die Sitzung ging ohne eine Entscheidung zu Ende.

Am nächsten Tag legte Creech-Jones eine mit Leidenschaft verfaßte Kabinettsvorlage vor, in der er seine Ansichten im einzelnen darlegte. Er gab zu, daß der arabische Plan normalen demokratischen Grundsätzen entspreche und auch mit Artikel 76 der Charta der Vereinten Nationen übereinstimme, die für jedes Land die Selbstregierung »entsprechend den frei ausgedrückten Wünschen des betreffenden Volkes« fordert. Seiner Ansicht nach gab es durchaus theoretische Argumente zugunsten des arabischen Plans, aber es bestand nicht die geringste Hoffnung auf seine praktische Durchführbarkeit.

Es war einfach eine Tatsache, daß selbst die gemäßigten Juden in Palästina diesen Plan bis aufs Messer bekämpfen würden: »Er würde das Ende der Einwanderung bedeuten, sowie eine Behinderung der jüdischen Entwicklung in Palästina und die ständige Unterordnung der nationalen Heimstätte mit ihrer hochentwickelten europäischen Bevölkerung unter eine rückständige arabische Wählerschaft, die großenteils aus Analphabeten besteht und ihrem weiteren Fortschritt gegenüber ausgesprochen feindselig eingestellt ist.«[17]

Creech-Jones betrachtete es als einen schweren Verrat an den Versprechungen der britischen Regierung und der Labour Party hinsichtlich der nationalen Heimstätte, wenn man die Juden auf Gnade und Ungnade einem von Arabern regierten Staat überantwortete, dessen Oberhaupt möglicherweise Haj Amin al-Husseini sein würde. Dies würde in einem für Großbritannien unvorstellbaren Ausmaß zu Unruhe und Blutvergießen führen. Er fügte eine Notiz Cunninghams bei, die die von ihm und anderen Kabinettsministern vertretene Ansicht unterstützte, daß die Teilung der einzige Ausweg sei: »In dieser Lösung steckt ein Element der Endgültigkeit, das anderswo fehlt.«

Ende Januar teilte Dean Acheson Inverchapel mit, daß seine Regierung weiterhin an Trumans Stellungnahme vom 4. Oktober 1946 festhielt: »Aus innenpolitischen und anderen Gründen würde die amerikanische Regierung es leichter finden, in den Vereinten Nationen und anderswo eine Lösung des Palästinaproblems zu unterstützen, die auf der Teilung und der Errichtung eines lebensfähigen jüdischen Staates beruht...«[18] Bei mehreren Gesprächen im Kolonialministerium, die am 29. Januar begannen, boten auch Vertreter der Jewish Agency eine Unterstützung dieses Gedankens an.[19]

Die Teilungsabsicht stellte nun die offizielle Politik der zionistischen Mehrheit dar. Aber sie sah darin eine Konzession, einen vernünftig begründeten Rückzug von ihrer (gerechtfertigten) Grundforderung nach einem jüdischen Staat in Gesamtpalästina. Eine Minderheit unter den Zionisten dagegen, darunter die gesamte Revisionistische Partei, hielt diese Konzession für ganz unvernünftig. Mit äußerster Schärfe führte Menachem Begin dazu im Geheimsender der Irgun aus: »Wir werden diese Pläne auch dann bekämpfen, wenn die Mehrheit der Jewish Agency darin eine Lösung der Palästinafrage sieht. Wir werden die Teilung unseres Heimatlandes niemals hinnehmen.«[20]

Natürlich stellten die palästinensischen Araber die Vorhut im Kampfe gegen einen jüdischen Staat gleich welcher Größe dar. Ihr Delegationsführer Jamal Husseini vertrat am 27. Januar bei seiner Eröffnungsansprache auf der Londoner Konferenz die Ansicht, eine Teilung sei aussichtslos, ungerecht und undurchführbar. Gegenwärtig sei die arabische Welt ethnisch homogen und territorial zusammenhängend: »Die Schaffung eines fremden, jüdischen Staats in Palästina bedeutet die Zerstörung dieses territorialen Zusammenhangs und dieser nationalen Homogenität und die Schaffung einer eiternden Wunde, die ohne Zweifel eine ständige Quelle von Schwierigkeiten im Nahen Osten darstellen wird.«[21]

Dennoch entstand für kurze Zeit der Eindruck, als habe Creech-Jones genügend Unterstützung für den Teilungsplan gewonnen. Generalmajor »Windy« Gale erinnert sich: »Weizmann besuchte mich Anfang Februar kurz nach seiner Rückkehr aus London und sagte: ›General, das ist der bedeutendste Tag meines Lebens. Creech-Jones hat versprochen, daß wir die Teilung erreichen werden.‹ Er war gekommen, um mir diese frohe Nachricht mitzuteilen.« Beeley dementierte eifrig Berichte in der New Yorker Presse über eine Spaltung in der britischen Regierung. »Ihm sind keine Meinungsverschiedenheiten im Kabinett bekannt,[22] berichtete Gallmann am 23. Februar 1947.

Bevin versuchte energisch, beide Seiten für seine Politik zu gewinnen. Die Araber empfing er im Lancaster House, die Juden im Kolonialministerium, aber, wie nicht anders zu erwarten, wurde bald deutlich, daß beide Pläne keine Verwirklichungsaussichten besaßen. Eine Teilung würde zu einem arabischen Aufstand, der Plan des Außenministeriums zu einer jüdischen Rebellion führen. Doch inzwischen bemühte er sich gar nicht mehr um eine Lösung, die die Zustimmung beider Seiten finden konnte. Eine solche Erwartung ging einfach zu weit. Aber er hatte immer noch nicht die Hoffnung auf ein Ergebnis aufgegeben, das beide Seiten hinnehmen konnten, dies würde zögernd und vielleicht zornig geschehen, aber ohne Gewaltanwendung, und es würde nebenbei den Widerstand, der sich um Creech-Jones scharte, neutralisieren. Er wollte einen letzten Versuch in dieser Richtung unternehmen. Beeley berichtet: »Ich erinnere mich an die Entstehung dieses letzten Plans. Ich schrieb ihn auf der Grundlage von Bevins Vorstellungen. Ich erinnere mich, daß er mich Anfang Februar eines Morgens zu sich rufen ließ. Er sagte, er habe seit fünf Uhr früh wachgelegen und über Palästina nachgedacht, er gab mir eine Liste mit wahllos aneinandergereihten Stichworten und sagte mir, ich sollte sehen, was ich damit anfangen könnte. Ich arbeitete ausschließlich innerhalb des mir von ihm gesetzten Rahmens.«

Das Ergebnis war der »Bevin-Plan«, der zwei Jahre lang monatlich viertausend jüdische Einwanderer zuließ, was ingesamt fast hunderttausend Immigranten bedeutet hätte, danach sollte eine weitere Einwanderung nur mit Zustimmung der Araber oder – bei deren Ablehnung – aufgrund eines Schiedsspruchs der Vereinten Nationen möglich sein. Weiterhin sah der Plan eine sofortige örtliche Selbstverwaltung unter britischer Treuhandverwaltung und nach fünf Jahren die Unabhängigkeit mit bestimmten Sicherheitsgarantien für die jüdische Minderheit vor.[23] Bevin besprach diesen Plan mit Creech-Jones, es liegt zwar kein Bericht über dieses Gespräch vor, aber es ist sicher, daß Creech-Jones beeindruckt war. Nach Beeleys Erinnerung lag das entscheidende Argument in der festen Überzeugung Bevins und des Außenministeriums, daß die Vereinten Nationen einer Teilung nie zustimmen würden, da der Sowjetblock gemeinsam mit den Arabern dagegen Front machen würde. Wie üblich, setzte Bevin seine Absichten gegenüber Creech-Jones durch. Creech-Jones gab seine leidenschaftliche Befürwortung des Teilungsplans auf und schloß sich Bevin an, indem er den »Plan« unterschrieb, den man am 6. Februar als Kabinettsvorlage einbrachte.

Creech-Jones stimmte nun mit Bevin darin überein, daß die Teilung »nachweislich unfair gegenüber den Arabern« sein würde, daß sie »geringe Aussichten habe, die erforderliche Zweidrittelmehrheit zu finden« und daß sie »uns mit einer schweren militärischen Verpflichtung belaste«. Er hatte den Gedanken an einen jüdischen Staat vollständig aufgegeben. Außerdem stimmte er mit Bevin darin überein, daß man im Falle des Scheiterns dieses Plans die Drohung verwirklichen sollte, die Bevin gegenüber den Zionisten am 29. Januar ausgesprochen hatte.[24] Er drohte damals, das Problem ohne jede Empfehlung den Vereinten Nationen vorzulegen.

Man legte den neuen Plan am 10. Februar den Zionisten und am 12. Februar den Arabern vor. Beide lehnten ihn vollständig ab. Da das Ziel einer Teilungslösung unerreichbar schien, zogen sich die Zionisten auf ihre zweite Option zurück, die zuerst von Ben Gurion in Betracht gezogene Rückkehr zu dem Mandatszustand von vor 1939. Die Araber – oder zumindest einige von ihnen – forderten von Großbritannien die sofortige Räumung Palästinas. Sie erwarteten in den sich daraus ergebenden Kämpfen, das Problem endgültig lösen zu können. Das Kabinett wies die zionistische Absicht zurück, weil es von dieser Lösung eine allmähliche, aber unvermeidliche jüdische Machtübernahme erwartete, ebenso wies es die arabische Absicht zurück, die Bevin und Creech-Jones als »diesen demütigenden Kurs« bezeichnet hatten.[25]

Die Zionisten unternahmen einen letzten Versuch, um abzuwenden, was sie befürchteten. Bei einer von dem britisch-jüdischen Geschäftsmann Simon Marks am 19. Februar arrangierten Begegnung versuchte Ben Gurion drei Stunden lang, Lordkanzler Jowitt zu veranlassen, die Situation offen zu halten, das Mandat selbst bei einigen Beschränkungen der jüdischen Einwanderung fortzusetzen.

Ben Gurion legte dar, daß er die in Bevins Plan vorgesehene Begrenzung auf viertausend Einwanderer im Monat akzeptieren würde, wenn man nach zwei Jahren zu dem Grundsatz der wirtschaftlichen Aufnahmefähigkeit zurückkehrte. Er sei auch bereit, den britischen Hohen Kommissar als Schiedsrichter anzuerkennen. Denn unter der Bedingung, daß man auch die Einschränkungen des Landkaufs aufhöbe, würde der Jischuw seiner Aufforderung zur Einstellung des Terrors und der illegalen Einwanderung folgen.[26]

Aber es war bereits zu spät. Bevin hatte sich entschieden. Am nächsten

Morgen legte er dem Kabinett eine von der Jewish Agency angefertige Landkarte vor, die den Juden seiner Ansicht nach ein weit größeres Gebiet zuteilte, als es Großbritannien je – selbst wenn man die Teilung zugestand – in Erwägung ziehen konnte. Als Jowitt über sein Gespräch am vorangegangenen Abend berichtete, erwiderte Bevin, wenn Ben Gurion einen derartigen Plan vorlege, habe er zweifellos das Ziel, es den Juden zu ermöglichen, unter britischem Schutz in Palästina eine Mehrheitsposition zu erreichen. Jede derartige Politik müsse die aktive Feindschaft der Araber hervorrufen.[27]

Der einzige mögliche Ausweg bestand daher, wie Churchill es am 31. Juli und nochmals am 12. November 1946 vorgeschlagen hatte, darin, Palästina wieder an seinen ursprünglichen Schutzherrn – die Vereinten Nationen als Nachfolger des Völkerbunds – zurückzugeben. Am 18. Februar teilte Bevin dem Unterhaus mit, daß dies geschehen werde. Er hoffte, daß diese Ankündigung »sie [Juden und Araber] in eine vernünftigere Gemütsverfassung versetzen würde«. Großbritannien wollte versuchen, das Verfahren innerhalb der Vereinten Nationen zu beschleunigen, so daß die Vollversammlung im September über die Angelegenheit entscheiden konnte, in der Zwischenzeit wollte es weiter nach einer Lösung suchen. Falls sich eine solche fand, konnte es die Angelegenheit von der Tagesordnung der Vereinten Nationen zurückziehen.

Inzwischen verschlechterte sich die Sicherheitslage in Palästina weiter. Bewaffnete Zusammenstöße mit Juden (einschließlich der Explosion im King David Hotel) hatten 1946 den Tod von zweihundertundzwölf Menschen zur Folge: sechzig Araber, achtundvierzig britische Soldaten, siebenundreißig unbewaffnete Juden, neunundzwanzig britische Polizisten, sechsundzwanzig bewaffnete Juden, vierzehn britische Zivilisten und eine weitere Person.[28] Nach dem Angriff der Irgun auf das Citrus House, das militärische Hauptquartier von Tel Aviv, am 7. Januar trieben Soldaten der Sechsten Luftlandedivision etwa sechzig bis siebzig Männer aus dem Montefiore-Stadtbezirk zusammen, brachten sie zum Polizeilager Sarona und ließen sie zwischen Soldaten und Polizisten, die sie mit Knüppel und Gewehrkolben schlugen, Spießruten laufen. Am folgenden Tag las Inverchapel die genauen Darstellungen dieses Zwischenfalls in den New Yorker Zeitungen, ein Artikel enthielt die Behauptung, es seien neunundzwanzig Männer verletzt worden, davon sieben so schwer, daß sie ins Krankenhaus mußten.[29] Er bat um Klarstellung, und Cunningham mußte mitteilen, daß die Berichte auf Tatsachen beruhten.[30]

Die Geschichte des Dov Gruner ging ebenfalls ihrem Höhepunkt entgegen. Man hatte ihn bei dem Überfall auf das Polizeigebäude von Ramat Gan am 23. April 1946 festgenommen, er war so schwer verletzt, daß man zunächst keinen Prozeß gegen ihn durchführen konnte, am 2. Januar 1947 verurteilte man ihn dann zum Tode. Sofort trafen in der britischen Botschaft in Washington Telegramme und Telefonate ein, die eine Begnadigung des Irgunkämpfers verlangten, sie erwähnten besonders seine langjährige Dienstzeit in der britischen Armee im Kampf gegen Hitler. Senator Robert Taft teilte Inverchapel mit, Gruner habe sich nur in der Nähe des Vorfalls befunden, da er bei einem Elektriker in der Nähe um eine Arbeitsstelle nachsuchen wollte.[31] Inverchapel fragte in London an, wie er auf derartige Einwände antworten solle: »Seine Hinrichtung wird ohne Zweifel einen Aufschrei unter den Zionisten und ihren Freunden auslösen.«[32]

Barker meint dazu: »Hier handelte es sich um eine vorbereitete Angelegenheit. Man hatte Gruner auf frischer Tat ertappt, er war bewaffnet und schoß auf britische Soldaten. Seine politischen Ansichten hatten nichts mit der Angelegenheit zu tun. Daß er ein Kriegsgefangener sei, stellte eine unsinnige Behauptung dar. Es gab keinen Krieg. Selbst wenn es ihn gegeben hätte, so hielt sich die Irgun doch nicht an die Regeln der Kriegsführung. Er war ein Krimineller, ein Mörder. Deshalb trug ich die Angelegenheit Alan Cunningham vor und sagte: ›Dies ist ein völlig klarer Fall des Waffentragens, und ich schlage vor, das Todesurteil zu unterzeichnen. Stimmen Sie zu?‹ Er bejahte dies. Es handelte sich nicht um eine politische Angelegenheit. Man leitete sie nicht nach London zur Entscheidung weiter. Ich entschied an Ort und Stelle.« Barker bestätigte das Todesurteil am 24. Januar, und man setzte den 28. Januar als Hinrichtungstermin fest.

Henry Gurney, der Nachfolger Shaws als Chief Secretary, teilte Pinkerton mit, man habe Gruner mit einer automatischen Waffe in seinen Händen festgenommen.[33] Untersuchungen bewiesen, daß die Waffe benutzt worden war. Bei dem Überfall wurden ein arabischer Polizist getötet und zwei verletzt. Dies waren erschwerende Umstände. Außerdem hatte Gruner das Pech, daß sein Fall zu einem Zeitpunkt eine krisenhafte Zuspitzung erreichte, als sich die Stimmung der britischen Öffentlichkeit verschärft gegen den jüdischen Terrorismus wandte. Dies war insbesondere aufgrund der Prügeleien an Soldaten geschehen, nun forderte die Armee die Genehmigung, »ohne Handschuhe« zu kämpfen, die Presse und das Parlament kritisierten die Regierung wegen ihrer Halbherzigkeit, und gleichzeitig warfen die Araber ihr vor, die Todesstrafe ständig gegen arabische Terroristen und Kriminelle, aber nie gegen Juden anzuwenden. Im Parlament war zu erfahren, daß man während der Unruhen von 1936 bis 1939 hundertundsieben arabische Terroristen hingerichtet hatte, aber nur einen Juden, Ben Yosef. Seitdem hatte man in Palästina überhaupt keinen jüdischen Terroristen mehr hingerichtet.[34]

Hätte der Prozeß gegen Gruner sechs Monate früher stattgefunden, so hätte man ihn sicher zum Tode verurteilt und anschließend begnadigt, wie es mit allen jüdischen Terroristen in den Jahren 1939 bis 1946 selbst dann geschehen war, wenn man sie auf frischer Tat ertappte. Aber Ende 1946 hatte man bei einer Kabinettssitzung das britische Zögern, die Todesstrafe anzuwenden, als einen Grund für das Scheitern der Sicherheitskräfte angegeben. Wenn Barkers und Cunninghams Entscheidung auch unabhängig vom politischen Zentrum fiel, so stand sie dennoch unter dem Einfluß der Tatsache, daß die britische Öffentlichkeit kein Verständnis dafür aufbrächte, wenn man die Mörder ihrer Söhne nicht hinrichtete.

So hatte die Irgun wieder einmal Grund, nach Geiseln Ausschau zu halten. Aber Soldaten und Polizisten erwarteten diesen Schritt und waren auf der Hut. Daraufhin richtete die Irgun ihre Tätigkeit gegen Zivilisten. Ihr erstes Opfer war der pensionierte Offizier Major H. A. Collins, der später im Rundfunk darstellte, was am Sonnabend dem 26. Januar nachmittags mit ihm geschah: »Es war ein seltsames Erlebnis. Ich hatte gerade meinen Tee beendet. Da klopfte es an der Tür. Eine junge Frau verwickelte mich in ein Gespräch. Sie behauptete, eine Nachricht für mich zu haben. Im nächsten Augenblick richteten sich drei automatische Waffen auf mich. Danach mußte ich mich mit dem Gesicht zur Wand stellen, und man überschüttete mich mit Chloroform.« In diesem Moment drehte sich Collins um, nicht weil er Widerstand leisten wollte, sondern weil das Chloroform ihn versengte. Daraufhin schlugen seine Entführer ihm auf den Kopf, steckten ihn in einen Sack, trugen ihn in ein Auto, fuhren ihn eine Strecke weit und schlossen ihn dann in einem dunklen und feuchten Keller ein, den nur eine Kerze erleuchtete. Ein Arzt vernähte seine Kopfwunde und erklärte ihm, warum die Irgun ihm dies angetan hatte. Geknebelt und gefesselt verbrachte er die nächsten vierundzwanzig Stunden im Keller. Am Morgen des 27. Januar erfuhr das Kabinett in London von der Entführung. Wenn Gruner hingerichtet wurde, war Collins Leben bedroht. Man entschied: »Selbst angesichts solcher Drohungen sollte man Gruners Hinrichtung nicht aussetzen.«[35]

Am gleichen Morgen verhandelte Richter Ralph Windham im Gerichtshof in Tel Aviv einen »recht langweiligen Erbschaftsprozeß«. Er berichtet: »Ohne die geringste Warnung griffen mich plötzlich zwei junge Terroristen, die sich von hinten an mich herangeschlichen haben mußten, an den Ellenbogen und den Handgelenken. Da sie Revolver trugen, leistete ich keinen Widerstand. Sie stießen mich die Treppe hinab, und ich konnte die entsetzten Gesichter meiner Jusitzbeamten sehen, die mich hilflos anstarrten, als man mich aus dem Gebäude brachte, Pistolendrohungen hielten sie von jedem Versuch zu meiner Rettung ab.

Die Terroristen waren leise in das gesamte Gebäude eingedrungen und führten einen geschickten und perfekt koordinierten Plan durch. Alle Telefonleitungen hatten sie durchgeschnitten. Mit dem Kopf nach unten schleppte man mich über eine niedrige Mauer in der Nähe des Gerichts zu einem Auto, das in der Lilienblum Straße wartete. Ich trug immer noch meine Perücke und meinen Talar. Man zwang mich, in das Autoheck zu kriechen und man verdeckte dabei mein Gesicht mit einem Mantel, so daß ich nichts sehen konnte und niemand mich sehen konnte. Meine Entführer trugen schwarze Augenmasken wie Straßenräuber. Der Schreck und das Tempo der Ereignisse ließen mir keine Zeit zum Nachdenken oder Überlegen. Ich wurde einfach dahingetrieben, wie ein Zweig in einem Sturzbach.«

In halsbrecherischem Tempo brachte man Windham in einer halben Stunde in eine Siedlung bei Givat Shmuel, wo man ihn unter besseren Bedingungen als Collins gefangen hielt. Er erhielt gute kalte Verpflegung, die allerdings für seinen Geschmack ein wenig zuviel Knoblauch enthielt sowie ein Exemplar von Koestlers ›Thieves in the Night‹. Er schreibt, anders als in Begins Buch dargestellt, habe er keine Ahnung gehabt, wo er sich befand, und seine Entführer seien immer maskiert gewesen.

Am nächsten Tag, dem 28. Januar, dem für die Hinrichtung festgesetzten Datum las Windham »mit persönlichem Interesse« in der ›Palestine Post‹, daß man Gruner die Erlaubnis gegeben habe, beim Privy Council in London Berufung einzulegen. Nachdem das Kabinett an jenem Morgen seine Überraschung zum Ausdruck gebracht hatte, daß man einen britischen Richter scheinbar so einfach entführen konnte, erfuhr es von der Verschiebung der Hinrichtung, »da Gruner beabsichtige, um die Erlaubnis nachzusuchen, beim Privy Council Berufung einlegen zu dürfen.« In Wirklichkeit hatte er keine derartige Absicht geäußert.

Begin meint dazu: »Richter Windham zählte wirklich etwas, denn er war ein Mitglied Ihrer Klasse, Lord Bethell. Er war ein Aristokrat.« In seinem Buch schreibt er: »Windham gehört einer vornehmen alten englischen Familie an, und seine Abstammung war zweifellos der Anlaß für die britische Labour-Regierung, Dovs Hinrichtung zu verschieben.«[36] Die seltsame Tatsache dieses Entschlußwandels in letzter Minute, wenige Stunden, nachdem das Kabinett beschlossen hatte, nicht zugunsten von Collins einzugreifen, gibt Begins Theorie einiges Gewicht, allerdings war möglicherweise Windhams Stellung als Richter und nicht seine entfernte Verwandtschaft mit den Baronets Bowyer-Smyth für die palästinensischen Behörden der Grund für einen Aufschub. Aus den Akten geht hervor, daß sie davon erst nach dem für die Hinrichtung festgesetzten Zeitpunkt erfuhren.

Am gleichen Nachmittag, nachdem er Koestlers Buch zur Hälfte gelesen hatte, verband man Windham die Augen, führte ihn auf einen langen Spaziergang und ließ ihn am Straßenrand in der Nähe von Ramat Gan frei. Er wurde später Oberster Richter von Tansania und erhielt dort im Jahr 1963 einen Brief seines früheren leitenden Irgun-Bewachers Yesheyahu Zamir, der ihn einlud, als sein Gast nach Beersheba zu kommen. Collins hatte weniger Glück. Zwar ließ die Irgun auch ihn frei, aber seine Frau Irene Collins berichtet: »Kurz nach dem Vorfall begann er an einer Lungenkrankheit zu leiden. Mehrere Ärzte führten dies auf das Chloroform zurück, das er eingeatmet hatte, als man es über ihn schüttete. Schließlich litt er an einem Lungenemphysem. Er mußte immer wieder ins Krankenhaus und starb 1960.«

In Großbritannien hatten diese seltsamen Ereignisse zwei unterschiedliche Arten von gefühlsmäßigen Folgen. Erstens gab es eine unwillentliche Bewunderung für den Mut von Dov Gruner, der lieber den Henker in Kauf nahm, als die britische Autorität anzuerkennen. Churchill sagte dazu am 31. Januar: »Die Tapferkeit dieses Mannes darf das Haus nicht übersehen, auch wenn es sich um einen Kriminellen handelt.« Dare Wilson schrieb: »Obwohl man darin einen Ausdruck des Fanatismus sehen kann, war sein Verhalten während des Jahres seiner Gefangenschaft, von dem er vier Monate in der Todeszelle zubrachte, das eines sehr tapferen Mannes.«[37]

Die zweite gefühlsmäßige Reaktion bestand in dem Zorn über eine Regierung, die sich erneut der Erpressung und der Demütigung ausgesetzt hatte. Churchill warf der Regierung Feigheit vor. Er bezweifelte, ob Großbritannien den Krieg gegen Hitler hätte gewinnen können, wenn diese Haltung in den letzten Jahren immer geherrscht hätte. Zu welchem Zweck waren denn hunderttausend britische Soldaten in Palästina? Welchen Nutzen hatte Großbritannien davon? Schließlich bat er die Regierung, »uns einer Verpflichtung zu entledigen, die wir nicht erfüllen können und die uns ständig mit Blut und Schande bedeckt.«

»Regieren oder abziehen?« lautete die Schlagzeile eines Leitartikels des ›Sunday Express‹, der der Politik Churchills zustimmte und die unfreundliche Bemerkung enthielt, Creech-Jones sei nicht der richtige Mann, um Verantwortung zu tragen, während sein Land eine Feuerprobe zu bestehen habe: »Im Jahre 1946 wurden dreiundsiebzig britische Untertanen brutal ermordet. Wieviele Schuldige hatten die höchste Strafe zu ertragen? Keiner ... Hängt die Mörder. Seid stark. Tretet dem Verbrechen mit harter, erbarmungsloser Rechtlichkeit entgegen. Und vor allem, gebt nicht weiter nach!«[38] Die britischen Behörden zeigten sich von dieser Kritik sichtlich beeindruckt. Sie entschieden sich, nun so zu handeln, wie ihr Volk es eindeutig wünschte.

Ende Januar begannen sie daher mit der »Operation Polly«, der Evakuierung der etwa dreitausend britischen Zivilisten im Land. Cunningham erklärte Pinkerton, dies geschehe, »um freie Hand für vorbeugende Maßnahmen jeder Art zu erhalten, ohne daß es dabei durch Geiselnahmen zu Schwierigkeiten kommen könnte.«[39] Das Außenministerium teilte Washington mit, da man die Zivilisten nicht wirksam schützen könne, müsse man sie anderswo in Sicherheit bringen, damit »die Regierung jede Maßnahme [durchführen kann], die sie zur Durchsetzung des Gesetzes für notwendig hält.« Cunningham fügte hinzu, daß in seinem [Gruners] Fall nichts weiter unternommen würde, ehe die Evakuierungsmaßnahmen nicht beendet seien.«[40]

Aus dieser Entscheidung ergab sich der Anschein einer würdelosen Jagd nach Sicherheit, die selbst bei den Zivilisten auf Kritik stieß. Cunningham erwiderte darauf: »Was die Anschuldigungen von Panik betrifft, so sind sie vermutlich ein Ergebnis der Tatsache, daß wir schnell handelten. Sie verstehen sicher, daß dies aufgrund des Wunsches geschah, den Fall Gruner möglichst schnell aus der Welt zu schaffen. Es war damals nicht klar, daß die Angelegenheit durch gerichtliche Schritte so verzögert werden konnte, wie es dann geschah.« Zwei Revisionsanträge an den Privy Council verzögerten die Hinrichtung nochmals, einer stammte von der Stadtverwaltung von Tel Aviv, der andere von Frank Gruner, dem amerikanischen Onkel des Verurteilten. Cunningham notierte: »Es ist etwas schwierig, dies der Presse zu erklären.«[41]

Henry Gurney forderte dann die Jewish Agency auf, »eindeutig und sofort« zu erklären, ob sie bereit sei, innerhalb von sieben Tagen eine Zusammenarbeit mit den Briten bei der Bekämpfung des Terrorismus zu beginnen. Man bestimmte gewisse Bezirke Jerusalems zu Sicherheitszonen, dies bedeutete die Evakuierung von jüdischen Familien, um sichere Unterbringungsmöglichkeiten für britische Truppen zu schaffen. Die ›New York Herald Tribune‹ sah darin »den Beginn einer Serie von Kollektivstrafen gegen die jüdische Gemeinschaft.«[42] Golda Meyerson sagte bei einer Versammlung, es sei nicht die Aufgabe des Jischuw, Spione zu stellen, jeden Freund, jeden Arbeitskollegen oder Nachbarn zu beobachten.[43] Am 7. Februar wies die Jewish Agency Gurneys Ultimatum zurück.

Am 10. Februar verurteilte man Drezner, Alkochi und Kashani zum Tode, die man in der Nacht, als britische Soldaten verprügelt wurden, verhaftet hatte. In Palästina waren Gerüchte im Umlauf, daß dies nur der Anfang einer Reihe von Hinrichtungen sei und daß die Briten ein Massaker vorbereiteten. Barker sollte auf einer Party bei Katie Antonius geprahlt haben: »Ich werde hundert Juden aufhängen, und dann herrscht Frieden in Palästina.« Er bestreitet, jemals eine derartige Bemerkung gemacht zu haben, aber seine generell positive Haltung zur Anwendung der Todesstrafe in dieser Situation zeigt sich daran, daß er die letzten drei Urteile am Tage seiner Abreise, zwei Tage nach den Urteilssprüchen, bestätigte. Die ›Palestine Post‹ bezeichnete diese Handlungsweise als angemessenen Abschluß von Barkers Dienstzeit in Palästina.[44]

Am gleichen Tag, dem 12. Februar, unterbreitete Assistant Inspector-General Bernard Fergusson seinen Plan einer neuen Polizeitaktik. Nach diesem Konzept der Bandenbekämpfung sollten besondere Gruppen von Polizisten mit den Terrorgruppen in Kontakt kommen, indem sie ihre Gemeinschaft infiltrierten, um eine Situation zu schaffen, in der es leicht zu bewaffneten Zusammenstößen kommen konnte. Wenn dieser Plan funktioniert hätte, so würde er bedeutende Auswirkungen auf die britische Kampfmoral gehabt haben. Anstatt in ihren belagerten Garnisonen auf den nächsten Angriff zu warten, sollten Polizei und Armee in die Offensive gehen und den Feind aufspüren. Es handelte sich hier um eine Frühform einer heute bewährten und wirksamen Technik der Terrorbekämpfung.

Fergusson schreibt: »Es existiert in der Armee eine kleine Gruppe von Offizieren, die technische und psychologische Kenntnisse über den Terrorismus besitzen, da sie selbst im letzten Krieg in vom Feind besetzten Ländern sozusagen auf der Seite der Terroristen an ähnlichen Kämpfen teilgenommen haben.«[45] Heute meint er dazu: »Wir beabsichtigten ein unorthodoxes, aber kein illegales Vorgehen. Wir wollten Kontakte schaffen, nach Konfrontationen Ausschau halten, aber nicht den ersten Schuß abgeben. Die Behauptung ist unwahr, daß wir Hinrichtungskommandos aufstellten. Hätten wir Begin aufgespürt, so hätten wir ihn aufgehalten in der Hoffnung, daß er den ersten Schuß abgäbe, dem wären wir dann zuvorgekommen.«

Fergusson kannte mehrere junge Offiziere mit den entsprechenden Fähigkeiten, sie waren aus der Special Operations Executive und MI6 hervorgegangene Experten der Sabotage und Spionage: »Ray Antrim war bereit zu kommen, aber sein Gutsverwalter starb. Er hatte bei der SOE gedient. Ich bat David Smiley, der zweimal über Albanien und dann noch über Jugoslawien und Thailand abgesprungen war. Aber er hatte gerade geheiratet, und seine Frau wollte ihn nicht gehen lassen. Die beiden Leute, die ich schließlich bekam, waren Alistair MacGregor, ein früherer Berufssoldat, der eine Zeitlang bei MI6 gedient hatte, und Roy Farran, der hinter den Frontlinien im besetzten Frankreich hervorragend gekämpft hatte. Alistair und Roy hatten mit großem Erfolg hinter den feindlichen Linien gearbeitet, und ich nahm an, daß sie sich in die Denkweise der Terroristen versetzen konnten.«

Dies war ein kühner Plan. Farran sagt heute dazu: »Fergusson ging von der richtigen Grundannahme aus, daß man einen Untergrundkrieg nur mit

Anti-Terror-Einheiten führen kann, die bereit sind, im Milieu des Gegners tätig zu werden. Kleine Gruppen kann man nur mit anderen kleinen Gruppen bekämpfen.« Diese Technik wandten die Briten später mit einigem Erfolg in Malaya, Kenia und Nordirland an.

Aber Farran kritisiert, daß die britischen Behörden sich nicht darüber im klaren gewesen seien, ob sie eine begrenzte Polizeiaktion durchführen oder einen großen Aufstand der gesamten örtlichen Bevölkerung unterdrükken wollten. Von seinem heutigen Blickwinkel als einer politischen Persönlichkeit – er ist ein höherer Justizbeamter (Solicitor-General) der kanadischen Provinz Alberta – gelangt er zu der Schlußfolgerung, daß unorthodoxe Vorgehensweisen der Polizei mit Hinweisen auf das beabsichtigte politische Ziel verbunden sein müssen: »Trotz einiger kleiner Erfolge betrachte ich meine Tätigkeit als Fehlschlag. Ich hätte besser daran getan, den Versuch nicht zu unternehmen und einzusehen, daß die Umstände hoffnungslos waren.«

Überdies war Roy Farran 1947 ein junger Kriegsheld, ein hervorragend ausgebildeter Guerillakämpfer mit jahrelangen Erfahrungen im unbarmherzigen Kampf der Widerstandsbewegungen gegen das nationalsozialistische Deutschland. Damals war er kein Politiker, er war nicht imstande eine wichtige Rolle im schwierigen Balanceakt der britischen Palästinapolitik zu spielen. Fergusson hatte ihm und seinen Leuten befohlen, mit allen Mitteln die Auseinandersetzung zu suchen, aber nie als erste das Feuer zu eröffnen. Solche Befehle ließen die Kampfgruppen hart an die Grenze der Illegalität rücken, einigen ihrer Mitglieder schienen sie »grünes Licht« zu geben, sich ähnlicher Methoden zu bedienen wie ihr Feind. Und wenn es je zur Überschreitung dieser Grenzlinie kam, dann erschienen gespenstische Bilder in der wachsamen amerikanischen und der jüdischen Presse, die dem bereits angeschlagenen Ruf Großbritanniens weiteren Schaden zufügten.

Die Verhängung des Kriegsrechts über das gesamte Gebiet von Tel Aviv war eine abschließende Maßnahme, die man bereits im Januar beschlossen hatte und deren Einzelheiten man im Februar plante. Die angemessen als »Operation Elefant« bezeichnete Aktion war weit umfangreicher als die »Operation Haifisch« im vorangegangenen Sommer, sie beinhaltete die Absperrung eines dicht bebauten Gebietes von zehn mal fünf Meilen, wo dreihunderttausend Menschen, fast die Hälfte der palästinensischen Juden wohnten. Am 1. März führte die Irgun einige besonders zerstörerische Operationen durch, darunter einen Angriff auf den Offiziersklub in Jerusalem, bei dem zwanzig britische Soldaten starben.

Begin sagt heute: »Die Irgun hat nie beschlossen, Briten zu töten. Es gab einen Beschluß, die Briten zu bekämpfen. Natürlich gab es Opfer, aber immer nur während der Operationen. Dies macht den Unterschied aus zwischen dem, was man Terrorismus, und dem, was man Befreiungskrieg nennt.« Aber die Leute im Jerusalemer Offiziersklub wußten nur, daß die Irgun eine Bombe unter einen Teil des Gebäudes gelegt hatte. Sie verspürten keine Neigung, sich Begins feine Unterscheidung zu eigen zu machen.

Am nächsten Morgen wurde das Kriegsrecht proklamiert, und das gesamte Gebiet von Tel Aviv gelangte unter die Kontrolle von General Richard Gales Erster Infanteriedivision. Aber nach zwei Tagen mußte er die Ausgangssperre aufheben, weil er einfach nicht über genug Soldaten verfügte, um sie durchzusetzen. Man verhaftete zwar einige untergeordnete Verdächtige, aber Arbeitslosigkeit und Stillstand der Industrie von Tel Aviv waren die Hauptfolgen der Aktion. Die Tätigkeit der Irgun kam aber dadurch keineswegs zum Stillstand, sondern sie unternahm erneut einen erfolgreichen Angriff auf das »Citrus House«. Gale berichtete: »Die Arbeitseinstellung kann zu Demonstrationen und dann zu Unruhen führen. Dagegen kann man mit Anordnungen, Ausgangssperren und Gewalt vorgehen. Ich lehne eine solche Vorgehensweise ab, weil sie meiner Ansicht nach nur zu noch größerer Verbitterung führen kann. Man schadet damit nicht den richtigen Leuten. Und es ist der sicherste Weg, diejenigen, die zur Seite des Gesetzes und der Ordnung neigen, in die Reihen der gesetzlosen Elemente zu drängen.«

Am 13. März teilte Gale MacMillan mit, die Operation habe ihr Ziel erreicht, und man sollte sie nun abbrechen: »Man hat das ›Elefanten‹-Gebiet unter ungeheuren Kosten für die jüdische Gemeinschaft abgeriegelt. Das Geschäftsleben lag gelähmt danieder, Verträge konnten nicht eingehalten werden, schwierige Bankgeschäfte waren undurchführbar. Kleine und große Unternehmen stellten ihre Arbeit ein. Versicherungsunternehmen waren betroffen. Elf Tage lang erhielt niemand einen Brief von auswärts. Zweitausenddreihundert Postsäcke lagen ungeöffnet herum, und eine Menge wertvoller Pakete von insgesamt einer viertel Million Pfund Gewicht konnte man nicht ausliefern.«[46]

Gale gelangte zu dem Schluß, es sei nun eine wirksame Drohung, die Wiedereinführung des Kriegsrechts anzukündigen: »Sie wünschen keinen weiteren ›Elefanten‹. Wenn meine Einschätzung richtig ist, dann werden sie deshalb ihre Bemühungen fortsetzen, das Übel auszurotten«. Nach dem Ende der »Operation Elefant« am 17. März berichtete Creech-Jones im Kabinett: »Die jüdische Gemeinschaft hat eine Ahnung von den Folgen ihrer ständigen toleranten Haltung gegenüber dem Terrorismus zu spüren bekommen.«[47] Es hatte mehr als achtzig Verhaftungen gegeben, unter den Verhafteten befanden sich vierundzwanzig bekannte Mitglieder der Irgun und der Lehi.

Aber am 20. März entwickelte das Kabinett eine weniger optimistische Ansicht. Die meisten Minister fanden die Ergebnisse enttäuschend. Trotz der

Restriktionen hatte es weiter ernsthafte Gewalttätigkeiten gegeben, die unter anderem den Verlust von vierundzwanzig Menschenleben zur Folge hatten, darunter befanden sich dreizehn britische Soldaten und ein britischer Zivilist. Die Absperrung schadete zwar der jüdischen Gemeinschaft, aber sie bereitete auch der Verwaltung Schwierigkeiten, indem sie das Wirtschaftsleben störte, die Erhebung von Steuern verhinderte und die Arbeit zum Stillstand brachte.[48] Und die Aufhebung des Kriegsrechts nach nur fünfzehn Tagen erweckte den Anschein von Schwäche. Die Art seiner Durchführung erschien unnötig rigoros. Vielleicht sollte man das Kriegsrecht zukünftig in einer flexibleren Weise anwenden, weniger Truppen auf die Straßen schicken und eine Fortsetzung des Wirtschaftslebens gestatten. Einen derartigen Zustand könnte man dann im ganzen Land für einige Monate aufrechterhalten, bis die jüdische Gemeinschaft schließlich bereit wäre, dem Terrorismus ein Ende zu bereiten.

Am 26. März machten die Stabschefs einen weiteren drastischen Vorschlag, sie empfahlen die Errichtung von militärischen Schnellgerichten in den unter Kriegsrecht stehenden Gebieten: »Die Existenz solcher Gerichte würde unserer Ansicht nach einen wichtigen Beitrag zur Aufrechterhaltung von Recht und Ordnung darstellen, dies wäre insbesondere der Fall, wenn ihre Macht so weit gehen würde, daß sie für bestimmte Vergehen die Todesstrafe verhängen dürfen ...«.[49] Sie schlugen vor, daß diese Todesstrafen ohne die Möglichkeit juristischer Verzögerungen vollstreckt werden sollten. Am 27. März erhielten Creech-Jones und Jowitt den Auftrag, sich ein Urteil über diesen gefährlichen Vorschlag zu bilden und dem Kabinett Bericht zu erstatten, aber die Dokumente deuten an, daß man diesem Vorschlag letztendlich nicht folgte. Und die an Hitler erinnernden Vorschläge zur Ausrottung des Terrorismus, die Leon Uris in seinem halb auf Tatsachen beruhenden Buch ›Exodus‹ einem britischen General zuschreibt, gehören ganz und gar in den Bereich der Phantasie.

Zu den vier in Palästina zum Tod verurteilten Juden kam am 17. März Moshe Barazani hinzu, er gehörte der Lehi an, und man hatte ihn einige Tage zuvor bei einer Razzia mit einer Handgranate festgenommen, und am 3. April erging das Todesurteil gegen Meir Feinstein, ein Mitglied der Irgun, den man am 31. Oktober 1946 beim Angriff auf den Bahnhof von Jerusalem verhaftet hatte. Dov Gruner forderte man immer wieder auf, sich an den Privy Council zu wenden, denn ohne seine Unterschrift würden die beiden bereits eingegangenen Einsprüche vermutlich unberücksichtigt bleiben. Einmal gab er dem der Irgun nahestehenden Rechtsanwalt Max Seligman eine Vollmacht, aber er zog sie innerhalb von vierundzwanzig Stunden wieder zurück. Seligman besuchte ihn mehrmals und bat um eine erneute Vollmacht: »Ich argumentierte, es handele sich um einen englischen Gerichtshof und keinen palästinensischen, deshalb gebe es keinen Grund, ihn nicht anzuerkennen. Er lehnte die Unterschrift mit der Begründung ab, daß er ein Kriegsgefangener sei. Ich wandte ein, dann würde er möglicherweise am Galgen enden. Er erwiderte einfach: ›Nun, da bin ich nicht der erste und womöglich werde ich auch nicht der letzte sein‹.«

Die Spannung wegen der bevorstehenden Hinrichtung spürten alle drei Gemeinschaften, nicht zuletzt die britische, die die äußerste Wachsamkeit aufrecht erhielt, um Geiselnahmen zu verhindern. Am 31. März verwandelte eine Lehigruppe die Ölraffinerien von Haifa in eine Hölle. Als man Gruner, Drezner, Alkochi und Kashani am 16. April in der Festung Akko erhängte, brannte das Feuer immer noch.

Wie Cunningham am 27. März 1947 im Kabinett erklärte, hatte man besondere Vorsichtsmaßnahmen getroffen, um die Situation unter Kontrolle zu behalten. Man kündigte die bevorstehenden Hinrichtungen nicht an. Die Gefangenen erfuhren erst am Abend zuvor davon.[50] Der Gefängnisgeistliche von Akko Rabbiner K. N. Magrill hatte sich zunächst bereit erklärt, den Hinrichtungen beizuwohnen, ließ sich dann aber von seiner Familie umstimmen und sagte in letzter Minute wegen möglicher terroristischer Racheakte ab. Daher war für die Behörden die Zeit zu knapp, um einen Ersatzmann zu finden, und die vier Männer starben ohne die Tröstungen eines Rabbiners. Der Grund für diese ungehörige Eile und Geheimnistuerei lag natürlich darin, daß man der Irgun keine Gelegenheit bieten wollte, die Hinrichtungen durch Geiselnahmen oder direkte Rettungsaktionen zu verhindern. Tatsächlich plante die Irgun bereits einen Rettungsversuch.

Begin berichtet: »Den ersten Hinweis erhielten wir durch eine Radionachricht um sieben Uhr früh. Die Ansagerin war eine junge Frau, Leah Porat, als sie von den Hinrichtungen sprach, versagte plötzlich ihre Stimme und sie begann zu weinen. Es war einer der bittersten Tage unseres Lebens. Dov Gruners Schwester Helen Friedmann war aus Amerika gekommen, um ihren Bruder zu sehen, und man hatte ihr gesagt, daß sie ihn besuchen könne. Sie führten uns irre, und sie gestatteten nicht einmal den Besuch eines Rabbiners in den Zellen. Singend ließen sich die Männer zum Galgen bringen. Andere Gefangene wachten mitten in der Nacht auf, merkten, was geschah, und schlossen sich dem Gesang an. Bis zum letzten Atemzug sangen sie die Hatikvah. Sie starben als Helden.«

Der Abgeordnete des amerikanischen Kongresses Joseph Baldwin, der gerade erst mit Begin in seinem Versteck gesprochen hatte, bezeichnete die Hinrichtungen als Mord und forderte sein »Political Action Committee« auf, auch gegen Großbritannien »Gegenmaßnahmen zu ergreifen«. Ex-Senator

Guy Gillette warf Großbritannien vor, jeden Anschein von Legalität über Bord zu werfen. Während der geschäftsführende Bürgermeister von New York Vincent Impellitteri der Besatzung des Irgun-Einwandererschiffs ›Ben Hecht‹ einen Empfang gab, drangen fünfzig Angehörige der Jugendorganisation Betar in das britische Konsulat ein und demonstrierten dort zwei Stunden lang lärmend. Generalkonsul F. E. Evans berichtete, ihre Mischung von jugendlichem Ungestüm und Demagogentum stellte selbst die Hitlerjugend in den Schatten.[51] Ben Hecht gab folgende Stellungnahme ab: »Als Amerikaner, der Almosen an Großbritannien gibt, möchte ich gern wissen, wieviel Gruners Galgen gekostet hat.«

Der Rundfunksender der Irgun verkündete am 20. April 1947: »Die Mordoffiziere kamen in dunkler Nacht wie erbärmliche Feiglinge, versteckt hinter der Panzerung ihrer Fahrzeuge, in Akko an, um das Schauspiel der Tötung der gefangenen hebräischen Soldaten durch die Hände eines betrunkenen britischen Henkers zu sehen ... Schnell, Henker, schnell. Zieh die Schlinge enger, verlier keine Zeit, es darf keine Verzögerung geben, wir wollen dieses Blut, wir wollen das Todesröcheln des Sohnes dieses verhaßten Volkes am Galgen hören ...« Er warnte, daß es nun Vergeltungsakte geben würde. Die Irguneinheiten würden von Militärgerichten begleitet, die britische Gefangene verurteilen sollten. Die Verurteilten würden erhängt oder erschossen werden.

Am 21. April, dem vorgesehenen Tag ihrer Hinrichtung, sprengten Feinstein und Barazani sich selbst mit einer Handgranate in die Luft, die man im Inneren einer Orange in ihre Zelle geschmuggelt hatte. Am folgenden Tag bombardierte die Irgun den Zug von Kairo nach Haifa in der Nähe von Rehovoth, fünf britische Soldaten und drei arabische Zivilisten fanden den Tod. Am 24. April entführten Irgunleute M. M. Collins (kein Verwandter von H. A. Collins) aus dem Park Hotel in Tel Aviv, und sie hätten ihn erhängt, hätte er sie nicht davon überzeugt, daß er ein Jude war. Daraufhin brachten sie ihn in sein Hotel zurück.

Aber an einem Mann wollte sich die Irgun besonders rächen, an Generalleutnant Evelyn Barker, dem Mann, der seine Verachtung und seinen Haß gegen die jüdische Gemeinschaft niedergeschrieben hatte, den Weizmann als »einen Feind unseres Volkes – seinem eigenen Eingeständnis nach« bezeichnet hatte, der die Todesurteile gegen Gruner und die drei anderen bestätigt hatte. Begin sagt dazu: »Barker war der einzige britische Soldat, gegen den wir individuell vorgingen. Er führte sich in unserem Lande wie ein nationalsozialistischer Gauleiter auf. Er versuchte unseren Widerstand durch Erhängungen zu brechen.« Obwohl Barker Palästina inzwischen verlassen hatte, entschieden Begin und seine Freunde, daß er seine Strafe zahlen müsse, um seinen Nachfolger von der Fortsetzung seiner Politik abzuschrekken. Sie wollten ihn in England zur Strecke bringen.[52] Und der Mann, den sie mit dieser Aufgabe beauftragten, war Ezer Weizmann, Chaims Neffe, der 1977 israelischer Verteidigungsminister werden sollte.

Ezer Weizmann, den Eli Tavin für die Irgun gewonnen hatte, nachdem er vorher vier Jahre lang in der britischen Luftwaffe gedient hatte, plante die Operation in seiner Londoner Wohnung mit einem Kollegen, den er nur unter dem Decknamen »Joel« kannte: »Es gelang uns, Barkers Haus herauszufinden, und wir hatten die Absicht, die Straße zu verminen und ihn in die Luft zu jagen. Aber wir stießen auf verschiedene Schwierigkeiten. Aus irgendeinem Grund zogen wir die Aufmerksamkeit von Scotland Yard auf uns. Eines Tages klopfte ein Inspektor an meine Tür und sagte: ›Sie, Soundso, wann wollen Sie England verlassen?‹ Ich sagte: ›In einigen Tagen!‹ Er meinte: ›Verdammt gute Idee!‹ Ich hielt es für klug, seinem Rat zu folgen und das Land zu verlassen, das war das Ende dieser Operation.«

Nachdem er 1977 zum ersten Mal von diesem geplanten Angriff auf sein Leben erfuhr, bemerkte Barker: »Ich nehme an, er ist froh, daß seine Mission erfolglos blieb. Was hätte es gebracht, mich zu töten? Es hätte weder der Sache der Juden, noch der Irgun, noch sonst jemand genutzt. Immerhin hat General Weizmann so die letzten dreißig Jahre leben können, ohne einen Mord auf dem Gewissen zu haben.«

Es gab weitere Unternehmungen in Großbritannien, hauptsächlich von seiten der Lehi, die deren Sprengstoffexperte Yaacov Eliav (Levstein) plante, der heute eine israelische Sicherheitsgesellschaft leitet. Er plante beispielsweise einen Bombenanschlag gegen das Kolonialministerium in London am 16. April. An jenem Morgen entdeckte die Putzfrau Elizabeth Hart in der Damentoilette des Ministeriums ein großes Paket, sie öffnete es und sah, daß es Sprengstoff enthielt. Die Polizei teilte später mit, der Zeitzünder habe versagt. Anderenfalls wäre möglicherweise das gesamte Gebäude zerstört worden.[53]

In Palästina hatte die Lehi mehr Erfolg. In der bei ihr üblichen Weise rächte sie den Tod von Moshe Barazani an Assistant-Superintendent A. E. Conquest, dem Leiter des CID in Haifa, wo man Barazani verhaftet hatte. C. A. Wade erinnert sich, wie er damals Conquest in seinem Hause besuchte: »Ich betrat sein Zimmer, und er hielt eine automatische Pistole in der Hand. Eine weitere hing hinter der Tür und überall lagen Handgranaten herum. Ich fragte ihn, was denn los sei. Er antwortete: ›Sie sind hinter mir her‹. Ich erwiderte: ›Wer?‹ Er meinte: ›Die Stern-Bande‹. Ich riet ihm, unter diesen Umständen auf keinen Fall in Haifa zu bleiben. Wenn sie hinter ihm her seien, würden sie ihn auch aufspüren. Er solle die CID-Zentrale anrufen und seine Situation darlegen. Er antwortete: ›Aber sie werden denken, daß ich Angst habe!‹ Ich sagte: ›Nun, der Zustand Ihres Hauses macht deutlich, daß Sie Angst haben. Und Sie haben keinen Grund, sich dessen zu schämen.‹ Aber er wollte nicht auf mich hören, er blieb in seinem Haus, und am 26. April spürten sie ihn auf.«

Am 4. Mai 1947 führte die Irgun eine ihrer verwegensten und erfolgreichsten Aktionen durch, die Befreiungsaktion in der Festung Akko, die sie ursprünglich geplant hatte, um ihre Kameraden vor dem Galgen zu retten. Durch genaue Zeitplanung und den Aufbau eines Informationssystems unter ihren gefangenen Kameraden gelang es ihr, Löcher in die dicken Mauern des Gefängnisses zu sprengen und neunundzwanzig wichtige Gefangene zu befreien. Für einige Minuten stand ein Teil des Gefängnisses offen und auch zweihundertvierzehn arabische Gefängnisinsassen nutzten die Gelegenheit zur Flucht, allerdings fing man sehr viele von ihnen bald wieder ein.[54]

Diese Heldentat inspirierte Ben Hecht zu einem weiteren Stück glänzender propagandistischer Rhetorik, einem halb-poetischen Brief an die Terroristen Palästinas, der als ganzseitige Anzeige in mehreren New Yorker Zeitungen erschien. Er begann mit den Sätzen: »Meine tapferen Freunde, vielleicht glaubt Ihr meinen Worten nicht, denn momentan ist die Luft stark verpestet. Aber, bei meiner Ehre als altem Reporter, ich schreibe die Wahrheit. Die Juden Amerikas stehen auf Eurer Seite. Ihr seid ihre Helden. Ihr seid das Grinsen auf ihren Gesichtern. Ihr seid die Federn an ihren Hüten. In den letzten anderthalb Jahrtausenden haben alle Völker Europas auf die Juden eingeschlagen. Diesmal sind die Briten dran.« Dann folgte in der Anzeige ein Absatz, der bis heute in Großbritannien unvergessen ist und oft zitiert wird: »Jedesmal, wenn Ihr ein britisches Waffenlager sprengt oder ein britisches Gefängnis aufbrecht oder eine britische Eisenbahn in die Luft jagt oder eine britische Bank beraubt oder Eure Waffen und Bomben gegen die britischen Verräter und Besatzer Eures Heimatlandes einsetzt, dann begehen die Juden in Amerika in ihren Herzen einen Feiertag.«[55]

Das britische Außenministerium beschwerte sich sofort mit Nachdruck beim amerikanischen Botschafter Lewis Douglas.[56] Bevin telegrafierte nach New York: »Dies ist meines Wissens die bisher abscheulichste Anzeige, die in der amerikanischen Presse erschienen ist ... Sie stellt in Wirklichkeit nichts mehr und nichts weniger als einen Spendenaufruf für die jüdischen Terroraktivitäten in Palästina dar, die fast täglich zum Tod von Briten, Arabern und Juden führen, für die wir als Mandatsmacht Verantwortung tragen. Sie sollten dem amerikanischen Außenministerium mit Nachdruck erklären, daß es nicht hinzunehmen ist, wenn solche Anzeigen in der Presse eines mit Großbritannien befreundeten Landes erscheinen, und daß ich nun erwarte, daß die Regierung wirksame Maßnahmen ergreifen wird, um dem ein Ende zu bereiten. . . .«[57]

Aber diesmal waren die Vereinigten Staaten nicht bereit, die britischen Wünsche zu erfüllen oder die britischen Proteste wegen palästinensischer Angelegenheiten zu beantworten. Die Entscheidung, diese Frage in die Hände der Vereinten Nationen zu legen, erfolgte gegen den Rat Amerikas. Am 17. Februar teilte Außenminister Marshall Bevin das »Bedauern« seines Landes über diesen Schritt mit.[58] Am 25. Februar gab Bevin wieder eine lange improvisierte Stellungnahme ab. Er bekräftigte seinen Glauben an eine kantonale Lösung, wies die Teilung als wirtschaftliche und moralische Unmöglichkeit zurück und meinte, die Juden stellten eher eine Religionsgemeinschaft als eine Nation dar. Dies klang wie ein Versuch, die Vereinten Nationen zu beeinflussen, obwohl Großbritannien eine Woche vorher versprochen hatte, keine Empfehlung abzugeben. Aber den umstrittensten Teil der Rede Bevins stellte ein persönlicher Angriff auf Truman wegen seiner Stellungnahme vom 4. Oktober zur Frage der Teilung und der hunderttausend Flüchtlinge dar.

Bevin sagte dazu: »Ich bat darum, diese Stellungnahme zu unterlassen, aber man sagte mir, wenn Mr. Truman diese Stellungnahme nicht abgäbe, dann würde Mr. Dewey eine konkurrierende Stellungnahme liefern. Ich kann keine internationale Politik treiben, wenn mein Problem zum Gegenstand örtlicher Wahlkämpfe wird . . . Ich kenne die möglichen Folgen. Sie können, ehe man sich versieht, zum Bürgerkrieg führen. Dennoch ist diese Stellungnahme erfolgt. Ich verhandelte zu diesem Zeitpunkt mit jüdischen Vertretern, und ich mußte die Verhandlungen deswegen abbrechen.« Er telegrafierte an Inverchapel: »Ich erkenne an, daß gewisse Teile dieser Rede in den Vereinigten Staaten als beleidigend aufgefaßt werden und zeitweise unsere Schwierigkeiten vergrößern können. Aber es war notwendig, dem Unterhaus zu zeigen, wie sehr wir uns um eine Zusammenarbeit mit den Vereinigten Staaten bemüht haben und wie sehr die Haltung der Vereinigten Staaten in Wirklichkeit unser Problem noch schwieriger gemacht hat.«[59]

Bevin mag gute Gründe gehabt haben, sich über Trumans Worte vom 4. Oktober zu beschweren. Aber diese bittere öffentliche Beschwerde, Monate nach dem Ereignis, konnte nur zu einer Verschärfung der britisch-amerikanischen Verstimmtheit und der Verdächtigungen führen. Inverchapel antwortete am 27. Februar: »Ich fühle mich verpflichtet, Sie über die hiesigen Reaktionen auf Ihre Bemerkungen zu informieren.« Das Weiße Haus bezeichnete die Rede als »sehr bedauerlich und irreführend«. Der Leitartikler Walter Lippmann warf Bevin vor, den Präsidenten zum Sündenbock für sein eigenes Versagen zu machen. Senator Alben Barkley fand es »beinahe erstaunlich«, daß Großbritannien tatsächlich dem Präsidenten der Vereinigten Staaten vorwarf, »mit billigen politischen Tricks zu arbeiten.«[60]

Die Zionisten nahmen an, daß Bevin Täuschungsabsichten hatte. Sie glaubten nicht an die Ernsthaftigkeit seines Vorschlags, die Angelegenheit in die Hände der Vereinten Nationen zu legen. Sie sahen darin nur einen taktischen Schachzug und einen Bluff, den Versuch, sie zu erpressen, damit sie ihre Grundforderungen aufgäben. Sie waren davon überzeugt, daß Großbritannien nie auf die strategischen Vorteile seiner Position in Palästina verzichten würde. Sie glaubten, daß es Großbritannien darum gehe, diese Privilegien zu behalten und sich der Verpflichtung zum Aufbau einer jüdischen nationalen Heimstätte in Palästina zu entledigen. Und dies war wirklich Bevins Absicht.

Obwohl die Zionisten nicht vorhersehen konnten, wie die Vollversammlung das Schicksal Palästinas entscheiden würde, teilten sie doch die britische Ansicht, daß eine Zweidrittelmehrheit für die Teilung unvorstellbar sei. Die Sowjetunion hatte sich wiederholt gegen ihre Ziele ausgesprochen. Der Bolschewismus und der Zionismus waren miteinander verfeindet. Diese Feindschaft war so alt wie die beiden Ideologien. Die Russen würden niemals der Entstehung eines jüdischen Staates zustimmen. Zusammen mit ihren osteuropäischen Verbündeten und den arabischen und islamischen Staaten würden sie stark genug sein, die Durchführung jeder derartigen Lösung zu verhindern.

Die Zionisten nahmen an, daß sie nicht in der Lage sein würden, die Mehrheitsverhältnisse in den Vereinten Nationen zu verändern, während sich die Verhandlungen über Monate hinziehen würden und der Zeitpunkt der Abstimmung näher käme, würden sie unter immer größeren Druck geraten. Was sollten sie tun? Sie konnten sich überstimmen lassen und damit den Jischuw dem Schicksal überlassen, das die Generalversammlung ihm auferlegte. Oder, um die Existenz des Jischuw zu retten, konnten sie in die Art vom Mandat einwilligen, die Großbritannien anstrebte. Die jüdische Einwanderung würde dann aufhören, und die Interessen des britischen Weltreichs würden auf der Grundlage der arabischen Freundschaft gewahrt.

Am 1. März 1947 schrieb Beeley: »Bei den Londoner Gesprächen mit den Vertretern der Jewish Agency war es offensichtlich, daß sie bis zum letzten möglichen Augenblick annahmen, daß der Außenminister bluffte, als er sagte, daß er vor die Vereinten Nationen gehen würde.«[61] Nachdem sich ihre Meinung als irrig herausgestellt hatte, gerieten sie natürlich in eine düstere Stimmung. Cunningham berichtete: »Niemals seit 1939 hat eine größere Mutlosigkeit geherrscht. Und der Gegensatz zu den großen Hoffnungen von vor zwei Jahren hat die bitteren Gefühle noch vergrößert.«[62] Robert Howe berichtete am 3. März, die arabischen Vertreter in London seien »verständlicherweise glücklich« über die Verweisung an die Vereinten Nationen.[63]

Am 31. März berichtete Beeley von der weitverbreiteten zionistischen Beschuldigung, Großbritannien habe die Angelegenheit nur weiterverwiesen, um Zeit und Ansehen zu gewinnen, in Wirklichkeit habe es gar nicht die Absicht, seine Herrschaft zu beenden.[64] Am 3. April bestätigte die ›New York Times‹ unter Hinweis auf eine »autoritative Quelle«, daß Großbritannien niemals das Mandat aufgeben werde. Und diese Ansicht herrschte außerhalb Großbritanniens überall. Man nahm an, die weitere Kontrolle über Palästina oder zumindestens über die strategischen Einrichtungen in diesem Lande sei für Großbritannien die wichtigste Priorität, die es unter keinen Umständen einem Risiko aussetzen wollte.

Es lohnt sich, diese Vermutung genauer zu untersuchen. Erstens stellt Bevins Kabinettsvorlage vom 14. Januar einen Beweis dafür dar, daß er sicher war, daß die Vereinten Nationen sich nicht für eine Teilung entscheiden würden. Bevin hatte gute Gründe für seine Annahme. Kommunistische Vertreter auf der ganzen Welt, ja sogar jüdische Kommunisten in Palästina, hatten wiederholt ihre Opposition dagegen erklärt.[65] Anfang 1947 lehnten die Delegierten einer Konferenz der Kommunisten des britischen Empire in London die Teilung ab. Noch am 27. April forderte ein Artikel in der Moskauer ›Roten Flotte‹ ein unabhängiges arabisches Palästina und lehnte die Teilung als eine Hoffnung der jüdischen Bourgeoisie ab.

Daher gehörte die Teilung nicht zu den Möglichkeiten, die Bevin und seine Kollegen ins Auge faßten. Aber welche Lösung sollten sie anstreben? Hatten sie, wie es heute viele Israelis behaupten, die Vorstellung, daß die Vereinten Nationen das Mandat unter für die Briten annehmbaren Bedingungen an diese zurückgeben würden, das heißt ohne die Verpflichtung zur Errichtung der jüdischen nationalen Heimstätte? In den britischen Dokumenten findet sich kein Hinweis darauf, daß Bevin dies bewußt oder unbewußt beabsichtigte.

Beeley meint dazu: »Weder Attlee noch Bevin können realistischerweise ein solches Ergebnis erwartet haben. Zwar gab es in Amerika einige Interessenströmungen – insbesondere im Außenministerium – denen es an der Aufrechterhaltung des britischen Einflusses im Nahen Osten gelegen war und dies hauptsächlich, um zu verhindern, daß sie selbst das Problem übernehmen mußten. Aber die zionistische Lobby war immer stark genug, um diese Vorstellung in die Schranken zu weisen. Die Vereinigten Staaten waren der nationalen Heimstätte stark verpflichtet und besaßen die Macht, jeden Plan zu verhindern, der ein Ende der weiteren Entwicklung zu diesem Ziel bedeutet hätte.«

Die internen Denkschriften Bevins zeigen ebenfalls seine Entschlossenheit, die britische Herrschaft aufzugeben – aber möglicherweise nicht den britischen Einfluß. Am 30. März schrieb er: »Wir sind an einem Punkt angelangt, wo die Mandatsherrschaft nicht weiter andauern kann. Wir haben mit beiden Seiten alle Möglichkeiten einer friedlichen Regelung im Rahmen des Mandats erschöpfend behandelt.«[66] Er behauptete, daß Großbritannien aus diesem Grunde die Vereinten Nationen gebeten habe, die drei Optionen seiner Rede vom 25. Februar – einen arabischen Staat, einen jüdischen Staat, einen einheitlichen palästinensischen Staat – in Erwägung zu ziehen und sich für eine dieser Lösungen oder für eine andere zu entscheiden. Er wollte, daß Großbritannien dieses Problem los wurde, und seine Beamten hatten Schwierigkeiten, ihn davon abzuhalten, daß er im voraus seine Zustimmung zu jeder Empfehlung der Vereinten Nationen erklärte.

Abba Eban gehörte nun der Verhandlungsdelegation der Jewish Agency an: »Ich sagte den Zionisten in Amerika, daß Großbritannien zwar nicht unbedingt entschlossen sei, das Mandat aufzugeben, daß es aber durchaus dazu bereit sei. Einige britische Verantwortliche mögen auf eine Rückkehr zum Mandat gehofft haben, jedoch ohne die Verpflichtung, die jüdische Einwanderung zu fördern, aber ihnen muß das Risiko klar gewesen sein, daß die Vereinten Nationen für eine andere Lösung stimmen könnten. Es war eine Tatsache, daß der strategische Wert Palästinas abnahm. Und dies war den britischen Militärs klar. Indien stand kurz vor seiner Unabhängigkeit. Palästina stellte ein Sprungbrett nach Indien dar, ein Sprungbrett nach etwas, das es nicht mehr gab. Ich glaube, Anfang 1947 veränderten sich die Gewichte für Großbritannien, und Palästina stellte nun mehr eine Belastung als einen Vorteil dar.«

Alle Belege deuten daher darauf hin, daß seine Rechte in Palästina und erst recht seine dortige Herrschaft für Großbritannien nicht mehr von herausragender Bedeutung waren. Es hoffte einiges von seinen Anlagen, seinem Einfluß und seiner Herrschaft zu behalten, aber es war bereit, den Verlust von all dem zu riskieren. Nun ging es ihm vor allem darum, die mit dem Mandat verbundenen Belastungen loszuwerden. Wenn die Vereinten Nationen ihm dabei helfen würden, dies zu tun und gleichzeitig in Palästina zu bleiben, so würde es dies akzeptieren. Im anderen Fall würde es sich zurückziehen und sich auf die Sicherung dessen konzentrieren, was es an Verträgen und Interessen in anderen Teilen des Nahen und Mittleren Ostens retten konnte.

Deshalb entschied sich Großbritannien, das Unvermeidliche zu beschleunigen. Am 2. April 1947 bat es den amtierenden Generalsekretär der Vereinten Nationen, eine Sondersitzung der Vollversammlung einzuberufen, die einen Sonderausschuß bestellen sollte, der rechtzeitig zur ordentlichen Sitzung im Herbst einen Bericht vorzubereiten hatte. Am 13. April hatte eine Mehrheit der britischen Bitte zugestimmt, und Generalsekretär Trygve Lie kündigte an, daß die Sitzung am 28. April in Flushing Meadows im Staate New York stattfinden würde.

Großbritannien sah nicht voraus, daß die Sowjetunion eine diplomatische Kehrtwendung beabsichtigte. Es handelte sich um einen sorgfältig berechneten drastischen Wandel ihrer Politik, in dem sie den besten Weg sah, die Stellung Großbritanniens im Nahen und Mittleren Osten ein für allemal zu zerstören. Bis Ende April, als die Sondersitzung in New York begann, hielt die sowjetische Presse ihre übliche Feindseligkeit gegenüber dem Zionismus und den Teilungsplänen aufrecht. Am 14. Mai ergriff dann der sowjetische Delegierte Andrey Gromyko vor der Vollversammlung das Wort und traf die britischen und arabischen Zuhörer wie ein Blitz aus heiterem Himmel. Ganz überraschend entwickelte er das neue sowjetische Argument, daß das Versagen Westeuropas, den Juden ihre elementaren Rechte zu garantieren, der Grund für ihr gegenwärtiges Bestreben nach Gründung eines neuen Staates sei.

Er fuhr fort: »Insbesondere angesichts dessen, was das jüdische Volk während des Zweiten Weltkrieges zu erleiden hatte, wäre es ungerecht, ihm dieses Recht zu verwehren.« Er sagte, daß die Lösung möglicherweise in der Umwandlung Palästinas in einen einheitlichen Staat mit gleichen Rechten für Juden und Araber liege. Aber, wenn der Sonderausschuß entschied, daß dies unmöglich sei, dann könne »die Teilung Palästinas in zwei unabhängige, selbständige Staaten, einen arabischen und einen jüdischen«, notwendig sein.

Die arabische Presse Palästinas reagierte mit ungläubigem Zorn. ›Ad-Difa'a‹ beschuldigte Gromyko, die Grundsätze seines Landes[67] und der Vereinten Nationen billig zu verschleudern und »genauso wie die Vertreter des Imperialismus« zu reden.[68] Die Briten waren nun schwer zurückgeworfen. Bevins Voraussage, daß eine Entscheidung zur Teilung Palästinas unmöglich sei, war jetzt ernsthaft in Zweifel gestellt. Gromyko hatte für sein Land noch keine Verpflichtung zur Teilung ausgesprochen, aber die Tatsache, daß er sie auch nur ernsthaft in Erwägung zog, genügte, um dem Sonderausschuß der Vereinten Nationen für Palästina (UNSCOP), der am 15. Mai 1947 seine Tätigkeit aufgenommen hatte, eine ganze Reihe neuer Möglichkeiten zu eröffnen.

Diese Entscheidung machte den Umgang mit den beiden Hauptproblemen der Briten in Palästina, dem Terrorismus und der illegalen Einwanderung, in keiner Weise leichter. Zwischen Juli 1945 und Ende 1946 gelangten etwa dreißig Schiffe mit Juden aus Europa in palästinensische Gewässer. Die britische Marine brachte davon achtzehn auf und internierte ihre siebzehntausendneunhundertzweiundneunzig Passagiere in Palästina oder auf Zypern. Zwölf weitere Schiffe durchbrachen die Patrouillen und brachten schätzungsweise tausendzweihundertfünfundzwanzig Juden ins Land.

Während des Jahres 1947 kamen erneut Schiffe. Am 8. Februar wurde der Motorsegler ›Mercia‹ mit sechshundertvierundsechzig Einwanderern auf dem Weg nach Palästina ausgemacht. Wie Richard Calting berichtet, näherte sich ihr am nächsten Morgen der Zerstörer ›Chieftain‹ auf hoher See, neun Meilen westlich von Caesarea. Die Einwanderer warfen zerbrochene Flaschen gegen die Matrosen, fünf von ihnen mußten wegen Schnittwunden behandelt werden.

Die Marine antwortete mit Tränengas, aber die Gasbüchsen flogen sofort über Bord, dann schoß man mit Handfeuerwaffen über die Köpfe der Widerstand Leistenden. Nachdem ein Jude durch einen Prellschuß eine Oberschenkelverletzung erlitten hatte, und drei andere, davon einer lebensgefährlich, durch Stockschläge Kopfverletzungen erlitten hatten, gelang die Kaperung des Schiffes.[69] Man brachte die Juden mit der ›Empire Heywood‹ nach Zypern. Ein ähnliches Schicksal erlitten am 16. Februar die achthundertsieben Passagiere der ›San Miguel‹, am 27. Februar die vierzehnhundertsechzehn der ›Chaim Arlosoroff‹ und am 8. März die sechshunderteins der ›Abril‹.[70]

Am 9. März berichtete Cunningham nach London, er habe geheime Informationen, daß weitere fünfundzwanzigtausend Juden auf Abruf zum Verlassen Europas in Richtung Palästina bereit seien. Diese Bedrohung hatte eine äußerste Anspannung der britischen Ressourcen zur Folge. Die Lager in Zypern konnten nur weitere siebentausend Menschen aufnehmen. Es gab nicht genug Flugzeuge zum Aufspüren, nicht genug Schiffe zum Kapern. Wenn man die Quote von monatlich fünfzehnhundert Einwanderern nicht erhöhte, würden die Einwanderungsplanungen zusammenbrechen, und der Terrorismus würde durch die unvermeidliche Verschärfung der militärischen Unterdrückung genährt.[71]

Wieder einmal fragte das Außenministerium bei den Botschaften in sechs arabischen Hauptstädten an, ob eine Erhöhung der Einwandererquote auf monatlich viertausend die Lage entspannen könne, insbesondere da die Vereinten Nationen die gesamte Angelegenheit neu beraten sollten. Und, wie vorhersehbar, gab es sehr schnell eine einstimmige und eindeutig negative Antwort.

Grafftey-Smith berichtete aus Dschidda, jedes derartige Zugeständnis würde verheerende Folgen auf die öffentliche Meinung haben. Der Außenminister habe sich ernsthaft mit ihm über das britische Scheitern bei der Bekämpfung des jüdischen Terrorismus unterhalten, dabei erwähnte er besonders die »nicht gesühnte Schmach« der Verprügelung britischer Soldaten. Ronald Campbell erwähnte in einem Telegramm aus Kario den gleichen Zwischenfall. Die ägyptische Presse deutete an, nur die Juden verstünden es, mit den Briten fertig zu werden, das britische Empire sei in schnellem Verfall begriffen.

Stonehewer Bird schrieb aus Bagdad: »Man kann nicht oft genug wiederholen, daß die Araber in der Einwanderung eine ausländische Invasion sehen und daß die Einwanderer in ihren Augen nicht hilflose Opfer des Hitlersystems sondern eine wertvolle Verstärkung der zionistischen Streitkräfte darstellen.«[72] Nach der Lektüre all dieser Berichte notierte Bevin am 18. März: »Angesichts dieser Antworten habe ich das Gefühl, daß wir besser bei der gegenwärtigen Quote bleiben sollten. Wir tun alles in unserer Macht Stehende, um die Verhandlungen zu beschleunigen.«[73]

Die Jewish Agency tat natürlich alles, um die Einwanderung zu beschleunigen. Am 12. März setzte eine Haganah-Besatzung die ›Susanna‹ erfolgreich auf den Strand. Und obwohl die Armee dreihundertfünfzig Einwanderer verhaftete, tauchten weitere dreihundertfünfzig in der jüdischen Gemeinschaft unter, und drei britische Matrosen von der ›St. Bride's Bay‹ ertranken, als sie mit einem kleinen Boot Einwanderer verfolgten und in der Brandung kenterten. Am 30. März gerieten weitere eintausendsiebenhundertfünfzig Einwanderer von der ›San Felipe‹ in Gefangenschaft und wurden nach Zypern gebracht.

Am 13. März telegrafierte Cunnigham an Creech-Jones: »Wie Sie wissen, habe ich immer betont, daß dieses Problem eine sehr menschliche Seite hat, mit der wir nicht fertig werden.« Solange man die Quote nicht erhöhe, gebe es seiner Meinung nach »außer dem offenen Krieg mit den Juden keine Methoden, dem Terrorismus Einhalt zu gebieten.« Aber, wie in der Palästinafrage üblich, war das Grundrecht der einen Seite eine nicht hinzunehmende Ungerechtigkeit für die andere. Der britische Gesandte in Beirut William Houstoun-Boswall kommentierte Cunninghams Telegramm folgendermaßen: »Die humanitäre Seite, die der Hohe Kommissar betont, hätte einigen Anklang gefunden, hätten die Zionisten sie nicht als ein Mittel zur Erlangung der Souveränität benutzt. Und gerade das hat den Zorn der Araber erregt.«[74]

Obwohl die britische Marine die Haganah-Schiffe im großen und ganzen erfolgreich zur Strecke brachte und ihre Passagiere gefangen nahm, gewannen die Organisatoren der Aliya B den Kampf politisch, die Lager in Zypern füllten sich bis zum Überlaufen, die Kräfte der britischen Armee, Marine und Luftwaffe waren überfordert, der Druck auf die palästinensische Mandatsverwaltung erschien unerträglich und der größte Teil der Weltpresse brandmarkte Großbritannien als inhuman. Und sie hatten immer noch nicht ihre Trumpfkarte ausgespielt, den Vier-Deck-Flußdampfer ›President Warfield‹ der bald in ›Exodus‹ umbenannt werden sollte.

Der letzte Akt

Ike Aranne, der dem Palmach angehörende Kapitän der ›Exodus‹, betrat sein Schiff zum ersten Mal im November 1946 in Norfolk, Virginia: »Ich konnte feststellen, daß sie in vielfacher Hinsicht besonders als Blockadebrecher geeignet war. Punkt eins war ihre Geschwindigkeit. Sie konnte siebzehn Knoten laufen und kurzfristig sogar zwanzig. Dann war da ihre Größe. Sie war bei weitem das größte Schiff, das wir jemals beschaffen konnten. Und das Wichtigste war, daß sie einen sehr flachen Bug hatte, ihr Tiefgang betrug nur acht Fuß, dadurch konnte sie Gewässer befahren, in die sich kein Zerstörer wagen konnte. Sie bot uns die beste Gelegenheit, auf einen Schlag mehrere tausend Einwanderer nach Palästina zu bringen.«

Sie besaß aber auch ihre Nachteile. Sie war nicht für das offene Meer geeignet. Zwar hatte man sie 1942 in den Dienst der Regierung der Vereinigten Staaten gestellt, über den Atlantik gebracht und als britisches Übungsschiff vor der Küste von Devon verwandt. 1944 diente sie als Versorgungschiff in der Normandie, konstruiert jedoch hatte man sie als Fähre zwischen Baltimore und Norfolk auf den ruhigen Gewässern der Chesapeake Bay. Kurz nachdem sie Norfolk verlassen hatte und am 25. Februar 1947 in schwere See geriet, gelangte durch ihre Klüsenrohre – die Löcher für die Ankerkette, die nur wenig über der Wasseroberfläche lagen – Wasser in das Schiff und der schwere Oberbau schwankte hin und her. Sie funkte um Hilfe und wurde schmachvoll nach Norfolk zurückgeschleppt.

Nun erwiesen sich Reparaturen als notwendig, und das Geld war knapp. Aranne und seine vierzig Mann starke Besatzung mußten die Kupferteile des Schiffs verkaufen, um die Arbeiter zu bezahlen, die den Oberbau verstärkten und die Klüsenrohre neu befestigten. Außerdem zogen sie zwei Metallrohre rund um das Schiff, das erste war mit den Heizkesseln verbunden, das zweite mit den Brennstofftanks, das erste sollte Eindringlinge mit heißem Dampf verbrühen, das zweite mit heißem Öl. Nach Vollendung dieser Arbeiten stach die ›President Warfield‹ am 29. März wieder in See. Diesmal war das Wetter freundlich, und es traten keine Mängel auf. Am 10. April erreichte das Schiff Marseille.[1]

Zwei Wochen später ankerte es zu weiteren Umbauarbeiten in Portovenere in der Nähe von La Spezia. Nun mußte man die Betten für viertausendfünfhundert Menschen einbauen. Wie Micha Peri, dem die Haganah das Kommando über das Schiff in Europa übertrug, berichtet, handelte es sich um ganz besondere Betten: »Wir mußten möglichst viele Einwanderer mitnehmen. Aber dies bedeutete für sie fürchterliche Reisebedingungen. Die Kabinen waren in regalartige Kojen von etwa fünfundvierzig Zentimeter Breite und etwa sechzig Zentimeter Höhe für jede Person aufgeteilt, und es gab gerade so viel Zwischenraum, daß eine Person hindurchgehen konnte. Sie mußten Tag und Nacht in den Kojen bleiben wie Sardinen in der Büchse, Bewegungen waren kaum möglich, täglich durfte jeder nur für eine halbe Stunde an Deck, um sich zu bewegen.«

Ende Juni waren die Kojen fertig, und das Schiff war ausgerüstet mit Stacheldrahtschutz, einer besonderen Funkanlage und einer Ersatzsteuereinrichtung unter Deck, für den Fall einer Besetzung des Steuerhauses. Am 12. Juni stach es mit einer Fahrerlaubnis für den Küstenverkehr in See. Ein italienisches Kanonenboot folgte ihm einen Teil des Weges entlang der italienischen Küste, aber nach ein paar Meilen nahm das Schiff einen scharfen Kurswechsel nach Nordwest, zurück nach Marseille, vor. Leute der Haganah hatten bereits viertausendfünfhundert Passagiere, zumeist Juden aus Polen, ausgewählt.

Peri berichtet: »Wir hatten Papiere vorbereitet, jeder bekam einen Ausweis, aus dem hervorging, daß wir nach Kolumbien in Südamerika reisten. Die Namen waren falsch, aber die Ausweise echt. Wir kauften sie von kolumbianischen Beamten.« Mit diesen Ausweisen reisten die Juden von Lagern in Deutschland nach Marseille, dort holte man sie ab und brachte sie zur Vorbereitung auf ihre unbequeme Reise in ein Lager, das die Jewish Agency von der französischen Regierung erworben hatte.

Im Hinblick auf die Untersuchungen der UNSCOP und die teilweise Verlegung des Konflikts ins Feld der Diplomatie bemühte sich die Jewish Agency inzwischen um bessere Beziehungen zu Großbritannien. Dies bedeutete unvermeidlicherweise eine Verschlechterung ihres Verhältnisses zur Irgun. Am 12. Juni, dem Geburtstag König George VI., erfolgte eine Amnestie und Haftentlassung für fast alle Haganahleute in palästinensischen Gefängnissen. Die Agency hißte vor ihrem Hauptquartier in Jerusalem den Union Jack neben dem Davidsstern, und die Haganah sprengte ein Waffenlager der Irgun.[2]

Der innerzionistische Konflikt breitete sich bis nach New York aus. Die wichtigsten jüdischen Körperschaften nahmen großen Anstoß an den Irgunfreundlichen Anzeigen von Peter Bergson und Ben Hecht, besonders daran, daß Hechts Brief an die Terroristen sie bloß als »angesehene und wohlhabende jüdische Persönlichkeiten« bezeichnete. Sie hielten dem entgegen, daß die American League for a Free Palestine eine kleine Gruppe sei, die nur für sich selbst spreche. Außerdem sei der Terrorismus gegenüber dem Geist der jüdischen Religion und Tradition feindselig eingestellt.[3]

Dennoch konnte die Jewish Agency das Schicksal von Alexander Rubowitz nicht ignorieren, einem siebzehnjährigen Lehimitglied, das spurlos verschwand, und dessen Schicksal sogar bis heute offiziell nicht geklärt ist. Die ›New York Harald Tribune‹ vermutete, daß ihn eine Polizeitruppe entführt, zu Tode gequält und dann einem Beduinen zur Beseitigung überlassen habe.[4] Die Regierung gab bekannt, sie habe intensiv nach Major Roy Farran gefahndet, den sie im Zusammenhang mit diesem Fall in Untersuchungshaft genommen hatte. Er war aus der Allenby-Kaserne entkommen, und es ging das Gerücht, er halte sich in Syrien auf. Farran verhielt sich außerordentlich seltsam. Er verhandelte mit führenden syrischen Politikern, und man bot ihm einen höheren Posten in der syrischen Armee an. Man schickte Fergusson nach Syrien, um ihn zur Heimkehr zu bewegen. Die ganze Angelegenheit war außerordentlich geheimnisvoll und undurchsichtig. Eine weitere Quelle von Spannungen stellte die Tatsache dar, daß am 16. Juni, dem Tag der Ankunft der aus Vertretern von elf Ländern gebildeten UNSCOP-Delegation, Todesurteile gegen die drei bei dem Akko-Überfall festgenommenen Irgunleute, Avshalom Haviv, Yaakov Weiss und Meir Nakar, ergingen.

Ein deutlicher Beweis der Versöhnung zwischen der Haganah und den Briten ergab sich am 18. Juli, als eine Explosion in der Nähe des Citrus House die Existenz eines bereits etwa dreizehn Meter langen von der Irgun gegrabenen Tunnels aufdeckte, der fast fertig war und dem Zweck diente, das britische militärische Hauptquartier in die Luft zu sprengen. Es ergab sich, daß die Haganah, nachdem sie erfolglos versucht hatte, die Aktion der Irgun durch schriftliche und mündliche Warnungen zu verhindern, eine Gruppe beauftragt hatte, die Tunnelöffnung zu verschließen. Der Leiter dieser Gruppe Zeev Werba war jedoch mit einer Sprengfalle in Berührung gekommen und getötet worden. Zwanzigtausend Menschen nahmen an seiner Beerdigung teil, darunter auch höhere britische Beamte. Cunningham erklärte, dies sei »aufgrund der Tatsache [geschehen], daß er sein Leben bei einer Aktion verlor, die vielen britischen Soldaten das Leben rettete.«[5] Auf ein derart offenes Beispiel jüdischer Zusammenarbeit mit den britischen Unterdrückern reagierte die Irgun mit verletzender Kritik.

Aber diese Zusammenarbeit erfuhr in keiner Weise eine Ausdehnung auf die beiden Ecksteine der Tätigkeit der Haganah, die Waffenbeschaffung und die illegale Einwanderung. Im Gegenteil nahm die Haganah an, daß zwar die Terroristen die jüdische Sache vor der UNSCOP diskreditierten, daß aber eine Demonstration des dringenden jüdischen Wunsches zur Rückkehr ins Gelobte Land dieser Sache nützen würde. Am 14. Juni kamen Aranne und seine Mannschaft in dem kleinen Hafen Port-de-Bouc bei Marseille an und nahmen dreihundertfünfzehn Tonnen Dieselöl an Bord, damit verdoppelten sie ihre Bemühungen, den großen Exodus zustande zu bringen, viertausendfünfhundert jüdische Einwanderer in einer Schiffsladung nach Palästina zu befördern.

Ein Tagebuch eines Mannschaftsmitgliedes, das die britische Polizei später beschlagnahmte, erklärte, was beabsichtigt war: »Das Schiff muß am hellen Tag ankommen, da die Strände dann mit Juden aus Tel Aviv überfüllt sein werden. Wir wollen dann versuchen, der Eskorte zu entkommen, indem wir uns zwischen zwei Begleitschiffe manövrieren, um die Hoheitsgewässer zu erreichen und dann: Mit voller Kraft voraus? Wir wollen versuchen, das Schiff auf den Strand zu setzen ... Wenn wir den Strand erreicht haben, werden unsere Passagiere in der Menge untertauchen, und es wird schwierig sein, sie wiederzufinden.«[6]

Aranne berichtet: »Ich stellte sehr sorgfältige Berechnungen an, um herauszufinden, was passieren würde, wenn wir auf den Strand setzten. Wenn man ein Schiff auf den Strand setzt, dann gibt es einen Stoß nach oben, und wenn man nicht genügend Tragkraft hat, kann man kentern, besonders, wenn die Oberdecks zu viel Gewicht haben. Zuerst unternahm ich theoretische Versuche, dann überprüfte ich sie empirisch, indem ich die Neigung des Schiffes erprobte, um herauszufinden, welche Belastung man benötigte, um einen bestimmten Neigungswinkel zu erzielen. Mir gelang es, den Schwerpunkt des Schiffes zu errechnen und seine Stabilität einzuschätzen. Nachdem wir schließlich alle überflüssigen Belastungen von den Oberdecks entfernt hatten, gelang es mir, die Mannschaft davon zu überzeugen, daß wir das Schiff auf den Strand setzen konnten, ohne daß etwas Schreckliches geschehen mußte.«

Die Briten versuchten mit allen Mitteln der Einwanderung entgegenzuwirken. Ihr Vertreter bei den Vereinten Nationen Alexander Cadogan wies am 15. April Trygve Lie darauf hin, daß ein Weitergehen der illegalen Einwanderung während der Untersuchungen der UNSCOP gefährlich und außerordentlich ungerecht sei: »Daher bin ich beauftragt, Sie zu bitten, an alle Mitgliedsstaaten zu appellieren, in ihrem jeweiligen Bereich die strengsten Vorkehrungen zu treffen, um die Durchreise von illegal nach Palästina reisenden Juden durch ihr Territorium oder ihre Abreise von ihren Häfen aus zu verhindern.«[7] Lie gab den Appell weiter, aber ohne viel Erfolg.

Am 7. Juli beschwerte sich der Hohe Kommissar Noel Charles bei dem italienischen Innenminister Dr. Migliore über die intensive zionistische Tätigkeit in seinem Land – es gab dort Lager der Haganah und Lastwagendepots, Dokumentenfälscher und Kuriergruppen, die Juden aus der französischen Zone Österreichs über die Grenze brachten. Migliore erwiderte, seine Polizei leide unter Personalmangel, und er werde mit dem Problem überhaupt nicht fertig. Wenn man illegal Einreisende finge, bringe man sie über die Grenze nach Österreich zurück, aber die Franzosen unternähmen gar nichts und so kämen die Juden einfach auf einem anderen Weg wieder nach Italien.[8] Weitere diplomatische Aktivitäten Charles blieben gleichermaßen erfolglos: »Die hiesige amerikanische Botschaft macht sich schnellstens aus dem Staub, wann immer das Wort ›Juden‹ fällt und die Franzosen wollen gewiß nichts damit zu tun haben.«[9]

James Cable vom britischen Außenministerium hatte erfahren, daß die in Baltimore ausgestellte Seetüchtigkeitsbescheinigung des Schiffes, ihm nur Fahrten bei gutem Wetter und ohne Passagiere gestattete: »Ich meine, wir sollten Marseille darüber informieren. Wenn die örtlichen Behörden überhaupt zur Zusammenarbeit bereit sind, dann können sie dies als Rechtfertigung für eine Beschlagnahme des Schiffs verwenden.« Bevin schrieb einen persönlichen Brief an Außenminister Georges Bidault und bat Frankreich, der ›President Warfield‹ und fünf anderen namentlich genannten Schiffen Öl, Kohle, Proviant, Ausklarierung, Reparaturanlagen und Häfen zu verweigern.[10]

Am Abend des 9. Juli schlüpfte die ›President Warfield‹ aus dem Hafen von Port-de-Bouc und reiste weiter zu dem kleinen Hafen des fünfundsechzig Meilen weiter westlich gelegenen Sète. Der britische Konsul Sydney Kay informierte sofort Paris, daß ungefähr fünftausend jüdische Passagiere an Bord gingen und daß er beim Präfekten in Montpellier Beschwerde eingelegt habe, der Untersuchungen versprochen habe. Botschafter Duff Cooper legte beim französischen Außenministerium Beschwerde ein und erhielt die Versicherung, man halte das Schiff fest und zwinge die Passagiere zum Verlassen des Schiffes. Dieser Eingriff war völlig legal, da seine Seetüchtigkeitsbescheinigung den Transport von Passagieren nicht gestattete.

Die ›President Warfield‹ stand nun unter Bewachung, und sie benötigte einen Lotsen, der sie von Sète durch einen schmalen Kanal auf das offene Meer brachte. Micha Peri berichtet, daß man tausend Francs an einen Lotsen zahlte, aber er erschien überhaupt nicht und so mußte man ohne ihn in See stechen. Der amerikanische Baptistenpfarrer John Grauel, der die Mannschaft begleitete, verbrachte den Abend des 11. Juli plaudernd und Whisky trinkend mit den Wachen. Um sechs Uhr früh durchschnitten sie die Ankertaue, warfen die Motoren an und begannen die Fahrt durch den Kanal. Peri berichtet: »Zuerst gerieten die Seile in die Schiffsschrauben. Zwei Amerikaner tauchten und entfernten sie. Dann liefen wir im Kanal auf Grund, aber wir kamen wieder frei, und am Morgen befanden wir uns auf offener See. Als erstes entdeckten wir ein britisches Flugzeug, und ein paar Stunden später begann uns ein britisches Schiff zu begleiten.«

Bevin war wütend, als er diese Neuigkeit am 12. Juli in Paris erfuhr. Als er am gleichen Tag Georges Bidault am Quai d'Orsay besuchte, trug er einen förmlichen Beschwerdebrief mit sich, der auf die ständigen britischen Bitten und ebenso ständigen französischen Versprechen zum Thema der illegalen jüdischen Einwanderung hinwies. Er erinnerte an den kürzlich zwischen Großbritannien und Frankreich in Dünkirchen unterzeichneten Vertrag, wies auf die Tatsache hin, daß die Palästina-Frage von den Vereinten Nationen noch nicht entschieden war und auf die »außerordentliche Armut« der Emigranten selbst, die von den Organisationen dieses »berüchtigten Verkehrs« veranlaßt worden waren, ihren gesamten Besitz zu verkaufen, um zu »überhöhten Preisen« ihre Passage nach Palästina zu bezahlen.

Was würde die französische Regierung empfinden, fuhr er fort, wenn Großbritannien die Einreise von »Elementen, die zur Störung des Friedens bestimmt sind«, in ein französisches Territorium erleichtern würde? In seinem Bericht schrieb er: »Ich legte dar, daß wir beabsichtigten an diesem Schiff ein Exempel zu statuieren, indem wir es zwangen, mit allen Fahrgästen in einen französischen Hafen zurückzukehren, und daß wir auf die Zusammenarbeit der Franzosen zählten, die das Schiff zurücknehmen und die Passagiere von Bord lassen sollten. Herr Bidault stimmte dem zu.«[11]

Später am gleichen Tag sprach Bevin bei Ministerpräsident Paul Ramadier vor, um seine Beschwerde zu bekräftigen: »Ich führte aus, daß wir bei der Ausübung unserer Verantwortlichkeiten aus dem Mandat über Palästina, von anderen Ländern eine sehr erbärmliche Behandlung erfahren hätten.« Frankreich müsse sich darüber im klaren sein, daß seine Nachgiebigkeit gegenüber jüdischen »unbefugten Personen und Unruhestiftern« sehr wohl Beunruhigung und Entsetzen unter den Arabern Französisch-Nordafrikas auslösen könne. Er selbst habe drastische Maßnahmen ergriffen, um zu verhindern, daß britische Untertanen in französischen Interessengebieten Schwierigkeiten machten: »Ist es da zu viel, die französische Regierung zu bitten, sich in der Angelegenheit des illegalen jüdischen Verkehrs erkenntlich zu zeigen, der ja doch zum großen Teil von einer New Yorker Schieberbande kontrolliert werde.«[12]

Aber es war bereits zu spät, der Vogel hatte sein Nest schon verlassen, und keines der groben Worte Bevins konnte ihn auf französisches Territorium zurückbringen – bis das Schiff schließlich vor der Küste Palästinas gekapert und von der britischen Marine zurückeskortiert werden würde. Creech-Jones teilte diese Entscheidung und ihre Gründe Cunningham folgendermaßen mit: »Es wird für die Organisatoren dieses Verkehrs außerordentlich entmutigend sein, wenn die Einwanderer des ersten Schiffs, das nach einigen Wochen die britische ›Blockade‹ durchbricht, am Ende wieder an ihren Abreiseort gelangen.«[13]

Die britische Marine wußte von all dem nichts. Sie vermutete, daß ihre Aufgabe sich nicht verändert hätte – Beobachtung, Abfangen, Umschiffung und Internierung auf Zypern. Zuerst beschattete die Fregatte ›Mermaid‹ die ›President Warfield‹, dann übernahm der Zerstörer ›Cheviot‹ diese Aufgabe. Aranne erinnert sich: »Ihr König und Ihre Königin besuchten damals gerade Südafrika und ich erinnere mich an meinen Ausspruch, daß wir eine bessere Flotteneskorte haben müßten als sie. Ich erkannte einige britische Matrosen wieder. Wir waren uns in den Bars und Bordellen von Marseille begegnet.«

Am 13. Juli sah der Leutnant zur See auf der ›Ajax‹ John Lawson das Flüchtlingsschiff zum ersten Mal: »Die ›PW‹ sah wie ein typischer Flußdampfer aus: hoher Oberbau, sehr hoher, auffallend schwarzer Schornstein und eine Brücke wie ein Wochenendhaus.« Am 15. Juli stoppte sie zweimal, um ihre Klüsenrohre neu zu befestigen. Die ›Cheviot‹ bot ihre Hilfe an und erfuhr eine höfliche Zurückweisung, dann fragte sie nach dem Bestimmungshafen und erhielt keine Antwort. Am gleichen Tag erhielt die ›Cheviot‹ Verstärkung durch einen anderen Zerstörer, die ›Childers‹.

Kapitän Dymock Watson, der von dem Zerstörer ›Chequers‹ aus die gesamte Operation leiten sollte, befahl der ›Childers‹, Kontakt zu dem jüdischen Schiff aufzunehmen und alles zu berichten, was sie an Vorkehrungen gegen Enterversuche beobachten konnte. Er schreibt: »Die Abwehr berichtete, daß sich eine starke Streitmacht von Irgun-Terroristen an Bord befinde.« Dies war natürlich eine Falschinformation. Die »schwerbewaffneten Männer« an Bord gehörten eindeutig der Haganah an. Aber Tony Bailey, George Kitchen und andere Offiziere der ›Childers‹ entdeckten bald die Stärke der Abwehrvorkehrungen der ›President Warfield‹. Die Enteroperation würde weit schwieriger sein als jede bisher von der Marine durchgeführte derartige Maßnahme.

Das ungewöhnliche jüdische Schiff stellte viele besondere Probleme. Ihre Stoßplanken – ein etwa fünfzehn Zentimeter breiter Streifen von in Eisen gefaßtem Holz – gingen knapp zwei Meter über der Wasseroberfläche rund um das Schiff, dies ist bei Flußbooten, die oft gegen Molen stoßen müssen, eine normale Schutzvorrichtung. Sie waren stark genug, um ein Leck in die Seite jedes kleinen Kriegsschiffes zu schlagen, das sich bei bewegter See näherte. Auf der anderen Seite besaß es wie alle zivilen Schiffe keine inneren Unterteilungen. Wenn ein Zerstörer es rammte, konnte er es leicht innerhalb von Minuten zum Sinken bringen oder eine schwere Schlagseite verursachen, die dann zu Panik und Tod unter den zusammengedrängten Passagieren führte. Man warnte alle Kapitäne von Zerstörern, einen solchen Unglücksfall, der katastrophale politische Konsequenzen gehabt hätte, unter allen Umständen zu vermeiden.

Bailey berichtet: »Als erstes entdeckten wir, daß alle Leitern entfernt waren, bis auf eine, die vom Promenadendeck zum Bootsdeck führte. Ich dachte: ›Aha, der Mann beherrscht seine Aufgabe. Sicher sind seine übrigen Vorbereitungen genauso gründlich‹.« Er erkannte, daß die Entermannschaften nicht in der normalen Weise vom Vorderdeck des Zerstörers aus angreifen konnten. Mit Hilfe seines Sextanten und der Kenntnis der Gesamtlänge der ›President Warfield‹ errechnete er die Höhe ihrer verschiedenen Decks über der Wasserlinie. Die Höhe des Vorderdecks und des Achterdecks betrug jeweils etwa fünf Meter, die des Promenadendecks etwa sieben Meter und die des Bootsdecks etwa zehn Meter.

Das Problem lag darin, daß die Vorderdecks der Zerstörer nur knapp sechs Meter über der Wasserlinie lagen und dadurch konnten die Entermannschaften nur auf das niedrigste Deck des jüdischen Schiffs, das Vorderdeck, gelangen. Die Eindringlinge würden dann möglicherweise in einer »Todeszone« steckenbleiben, sie wären dort bewegungsunfähig, während die Einwanderer sie von oben mit Konservendosen und anderen Wurfgeschossen beschmissen. Das mittlere Deck, das Promenadendeck, war mit Rettungsflößen versperrt und vom höhergelegenen Bootsdeck mit Stacheldraht und feinmaschigem Drahtgeflecht abgetrennt. Für die Eindringlinge gab es überhaupt keine Möglichkeit, von den unteren Decks auf das Bootsdeck hinauf zu klettern. Und dieses Deck bildete das Hauptziel und das entscheidende Problem, da es das Kontrollzentrum des Schiffes – das Steuerhaus – beherbergte.

Daraus zog Bailey die Schlußfolgerung, daß man ein Mittel finden müsse, um direkt auf dem Bootsdeck einzudringen. Aber wie konnte dies geschehen? Das Bootsdeck lag auf der Höhe des höchsten Punktes des Oberbaus der Zerstörer, der Brücke, die vom Schiffsrand fast zwei Meter nach innen lag. Diese Lücke war für einen schwer ausgerüsteten Mann nicht zu überspringen. Bailey und seine Leute fanden jedoch eine Lösung – eine besondere hölzerne Enterrampe, ausgerüstet mit einem Schutzgeländer und Schutznetzen. Innerhalb eines Tages hatten sie die Rampe entworfen und sie auf der Höhe der Brücke an der Steuerbordseite ihres Schiffes errichtet. Man untersuchte ihre Tragfähigkeit und berichtete dann an Watson auf der ›Chequers‹, der daraufhin auf seinem Schiff eine ähnliche Rampe bauen ließ und den anderen Zerstörerkapitänen, G. C. Fardell auf der ›Chieftain‹ und R. H. C. Wyld auf der ›Charity‹, befahl, das gleiche zu tun.

Inzwischen waren die Hauptanstrengungen der Irgun darauf gerichtet, das Leben ihrer verurteilten Kameraden zu retten. Die UNSCOP-Delegation wies auf »die möglichen ungünstigen Auswirkungen« von während ihrer Untersuchungszeit durchgeführten Hinrichtungen hin. Durch diese Intervention ermutigt, forderte die Irgun die UNSCOP auf, die drei Gefangenen als Zeugen anzuhören, damit sie »die Vorwürfe der Gefangenenmißhandlungen und der Tötung von Verwundeten begründen« könnten. Die britischen Behörden wiesen derartige Vorschläge zurück. Ihrer Ansicht nach hielt sich die UNSCOP in Palästina auf, um eine politische Lösung zu erarbeiten und nicht, um in die Tagesgeschäfte der Mandatsregierung einzugreifen, die bis zu einer Neuregelung in der üblichen Weise weitergehen würden.

Daher hielt die Irgun wieder einmal nach Geiseln Ausschau. Aber dies war jetzt viel schwieriger als im Juni 1946 oder im Januar 1947. Die Reste der britischen Gemeinschaft standen in bewachten Bezirken unter sorgfältigem Schutz. Richter Windham, der noch im Januar einfach zu Fuß zum Gericht gegangen war, wurde jetzt von einer bewaffneten Eskorte begleitet. John Briance erinnert sich, wie Teddy Kollek ihn neckte, als sich die Briten immer mehr hinter Stacheldraht zurückzogen: »Meinen Glückwunsch. Es ist Euch gelungen, Euch selbst zusammenzutreiben.«

Begin schreibt: »Wir suchten nach Offizieren. Mehrere Male gelang es uns in Jerusalem und Herzlia fast, bedeutende Persönlichkeiten zu fassen, aber immer kam etwas dazwischen, was die Entführung vereitelte.« Erst am 12. Juli errang die Irgun einen bescheidenen Erfolg. Clifford Martin und Mervyn Paice, zwei Unteroffiziere der Abwehr, verbrachten den Sonnabend gemeinsam mit einem Zivilangestellten der Armee in einem Café in Nathanya. Sie verließen dann das Café und spazierten mit ihm durch die Stadt. Sie trugen Zivilkleidung und waren unbewaffnet, sie befanden sich außerhalb der Ausgehzeiten nicht in der Kaserne, und sie waren zu zweit, bildeten also keine Vierergruppe – all dies verstieß ernsthaft gegen die Armeebestimmungen. Als sie die Stadtmitte von Nathanya erreichten, tauchte eine Irgungruppe im Auto neben ihnen auf, schlug sie zusammen, fesselte und betäubte sie.

Man brachte die beiden Unteroffiziere in eine besonders zu diesem Zweck eingerichtete Zelle unterhalb einer Diamantenfabrik in Nathanya, hier handelte es sich um ein fast perfektes Versteck, einen drei Kubikmeter großen Raum, der von dem Fabrikboden durch eine dicke Sandschicht getrennt, luftdicht und schallisoliert war, es gab nur eine gutisolierte Eingangsluke. Amihai Paglin hatte die Zelle mit den notwendigsten Einrichtungen für das Überleben seiner Gefangenen ausgestattet – einem Segeltucheimer, Nahrung für eine Woche und zwei Sauerstoffbehältern, die sie in regelmäßigen Abständen öffnen sollten, damit die Luft atembar blieb.[14]

Paice und Martin konnten weder frische Luft atmen, noch Licht oder Geräusche aus der Außenwelt wahrnehmen. Alle paar Tage führte man sie ins Freie, wechselte den Eimer aus, lüftete die Zelle und brachte neue Nahrung, aber dies geschah immer in großer Eile, da tausende von Soldaten Nathanya von der Außenwelt abgeschlossen hatten und alle Gebäude wiederholt durchsuchten. In dieser schrecklichen Umgebung verbrachten sie ihre nicht voneinander zu unterscheidenden Tage und Nächte, jegliche normale Sinneswahrnehmung war ihnen unmöglich gemacht, es blieben ihnen nur ihre eigenen Gespräche und ihre alptraumhaften Vorstellungen, was geschehen würde, wenn man die drei Irgunleute hinrichtete.

Der Palästina-Ausschuß der Vereinten Nationen (UNSCOP) verbrachte den größten Teil des Juli damit, die jüdische Seite, Shertok und andere Zeugen der Agency, anzuhören. Am 18. Juli machte Weizmann als Privatperson seine Zeugenaussage, er befürwortete die Teilung als einzige Lösung, die Endgültigkeit, Gleichbehandlung und Gerechtigkeit miteinander verband.[15] Henry Gurney machte seine Aussagen hinter verschlossenen Türen. Zu seinem Zorn erschien aber bald eine ausführliche Zusammenfassung seiner Bemerkungen in der jüdischen Presse. Das Arab Higher Committee und andere arabisch-palästinensische Gruppen, erschüttert durch ihre außenpolitischen Niederlagen in letzter Zeit, besonders durch den scheinbaren Treuebruch der Sowjetunion, boykottierten die gesamten Verhandlungen des UNSCOP. Und die ganze Zeit über war seine Arbeit »erschwert«, wenn nicht gar überschattet, durch Gerüchte über die ›President Warfield‹ und die Sorge um das Leben der drei verurteilten Juden und der beiden britischen Geiseln. Am 13. Juli ließ Brigadegeneral Rodney Moore den Bürgermeister von Nathanya Oved Ben Ami zu sich kommen und warnte ihn, daß die Armee »Aktionen unternehmen werde, die für die gesamte Bevölkerung Unannehmlichkeiten mit sich brächten,« wenn die Unteroffiziere nicht sofort entlassen würden. Ben Ami, die ›Palestine Post‹ und andere offizielle jüdische Stimmen bezeichneten die Entführungen als eine Provokation, die den Hohen Kommissar in keiner Weise zur Ausübung seines Begnadigungsrechts veranlassen werde.[16]

Die ›President Warfield‹ setzte ihren Weg über das Mittelmeer in Richtung Palästina fort. Am 14. Juli telegrafierte der Oberkommandierende der Marine Algernon Willis an die eskortierenden Schiffe ›Ajax‹, ›Childers‹ und ›Cheviot‹: »Nun, da sich die ›Warfield‹ auf der Höhe von Malta befindet, sollten Sie mit der propagandistischen Aufweichungsstrategie gegen sie beginnen, nachdem Sie sie zuerst nach ihrem Ziel gefragt haben. Die Propaganda soll darstellen, daß die Passagiere auf keinen Fall in Palästina an Land gehen dürfen, daß ihnen niemand einen Schaden zufügen will, aber daß es die

Pflicht der Marine ist, die Durchführung der Gesetze zu gewährleisten und daß Ihre Schiffe nötigenfalls Gewalt anwenden werden, um ihre Pflicht zu erfüllen und daß Widerstand sinnlos ist und nur zu Verletzungen führen kann.« Bezeichnenderweise endete die Anordnung mit den Worten: »Es sollte nach der Inbesitznahme nichts über den Bestimmungsort des Schiffes nach seiner Besetzung gesagt werden.«

Am 17. Juli hatte die ›Cheviot‹ abgedreht und die Eskorte bestand nun aus vier Zerstörern der ›CH‹-Klasse – ›Childers‹, ›Chequers‹, ›Charity‹ und ›Chieftain‹ – sowie aus der ›Ajax‹ und der ›Cardigan Bay‹. Die durch die Instruktionskurse in Malta und ständiges Training gestählten Entermannschaften übten sich im Springen und Klettern, manchmal trugen sie dabei Gasmasken, so bereiteten sie sich auf die Sekundenbruchteile vor, in denen man ihre Fähgigkeiten benötigte. Watson berichtete an jenem Morgen: »Alle Schiffe haben sich die ›Warfield‹ genau angesehen. Sie zeigt ein großes Namensschild und hat die Flagge von Honduras gehißt. Viele Menschen an Bord – alle ruhig und friedlich. Die Propaganda wird auf Deutsch und Englisch ausgestrahlt und verstanden. Antworten auf Amerikanisch.« Später fügte er hinzu: »Die ›Chequers‹ wurde von einem Männerchor mit einer schönen Darbietung des Liedes ›The Yanks are Coming‹ empfangen.«

Bei Kap Brulos drang das jüdische Schiff kurz in ägyptische Hoheitsgewässer ein. Dies bereitete den Briten einige Sorgen. Mit ihrem geringen Tiefgang konnte sie sich dicht an der Küste entlang nach Palästina halten, in diese flachen Gewässer konnten die Zerstörer ihr nicht folgen. Aber zur allgemeinen Erleichterung der Briten bestimmte sie nur ihren Standort und nahm dann wieder nordöstlichen Kurs auf Tel Aviv, wo die Haganah die Strände für ihren Empfang vorbereitete. Wie Watson sich erinnert, »hüpfte« die britische Armee kampfbereit »die Küstenlinie auf und ab« und wartete gespannt auf seine Funkmeldung, daß das Schiff die Blockade durchbrochen habe, dann sollte es ihre Aufgabe sein, die Einwanderer trotz heftigen Widerstands der Haganah festzunehmen.

Watsons letzter Befehl an seine Schiffe besagte: »Mein Ziel ist es, die ›President Warfield‹ möglichst schnell zu beschlagnahmen, indem wir in möglichst kurzer Zeit möglichst viele unserer Leute an Bord bringen.« Sie setzten Zeiten fest, zu denen die Zerstörer sich dem jüdischen Schiff während der Nacht »nähern, (es) beleuchten und auf andere Weise wachhalten« sollten. Der Kreuzer ›Ajax‹ sollte sich zwischen ihm und der Küste aufhalten, um jeden Vorstoß zum Strand zu verhindern. Die Zerstörer sollten sie jeweils so seitlich von ihm halten, daß seine Passagiere und Mannschaften die Enterrampen nicht sehen konnten, die teils so angelegt waren, daß sie zur Brücke hin, teils, daß sie nach Steuerbord gerichtet waren.

Watsons Befehle waren als »Geheim, sofort nach Erfüllung zu verbrennen« gekennzeichnet, sie wurden den Schiffen per Wurfleine mitgeteilt, um das beim Funkverkehr mögliche Abhören zu vermeiden. Die Einzelheiten klärte man dann per Lautsprecher von Schiff zu Schiff. Die unter dem Befehl von Leutnant R. J. G. McPherson von der ›Chieftain‹ stehenden Entermannschaften sollten hinüberspringen, das Steuerhaus besetzen und es als Stützpunkt halten, dann sollten sie einen Ausfall ins Innere des Schiffs unternehmen, um die Kontrolle über den Maschinenraum und das Steuergerät zu gewinnen. Sie verfügten über Bauzeichnungen des Schiffs, die man bei seinem Aufenthalt vor der britischen Küste im Jahre 1944 angefertigt hatte.

Bei Einbruch der Nacht passierte die Flottille den Suezkanal, und die britischen Schiffe erhöhten ihren Druck durch Scheinangriffe und sogenannte »Störmanöver«. Aranne berichtet: »Dauernd schrieen sie auf Deutsch auf uns ein: ›Eure Führer haben Euch verraten!‹ und ›Kehrt um!‹ Wir riefen zurück: ›Sprecht Englisch!‹« Das Lautsprechergetöse und das Licht der Suchscheinwerfer kamen in regelmäßigen Abständen von einem anderen Zerstörer, sie sollten die Juden wachhalten und nervös machen und so ihre Widerstandskraft und Kampffähigkeit in der bevorstehenden Auseinandersetzung mindern.

Zu Beginn der Nacht bemerkte Watson, daß man Frauen und Kinder auf das Promenaden- und das Bootsdeck hinauf brachte und die jungen Männer kampfbereit auf dem Vorderdeck ließ. Der Trick mit der Enterrampe versprach ein Erfolg zu werden. Das Steuerhaus blieb fast unbewacht. Um 2 Uhr früh teilte er seinem übergeordneten Offizier Commodore de Salis per Funk mit: »Es bestehen einige Aussichten, daß es nur leichten Widerstand geben wird.« Fünfundvierzig Minuten später berichtete er, die ›President Warfield‹ »nähere sich Hoheitsgewässern« westlich von Gaza. In Wirklichkeit befand sie sich immer noch zwanzig Meilen von der palästinensischen Küste entfernt auf hoher See. Dennoch gab er den Befehl zum Entern.

Die ›Childers‹ und die ›Chieftain‹ nahmen ihr Jagdopfer von den Seiten her in die Zange. Aranne berichtet: »Plötzlich stellten sie ihre schrecklichen Suchscheinwerfer an und brüllten: ›Sie dringen jetzt in die Hoheitsgewässer Palästinas ein.‹ Wir brüllten zurück, daß dies eine vollständige Lüge sei. Wir befanden uns zwanzig Meilen von der Küste entfernt. Vor dem Morgen hatten wir keinerlei Zwischenfälle erwartet. Wir waren ganz verblüfft.«

Aranne ließ seine Schiffssirene ertönen, die während der nächsten halben Stunde ständig weiter heulte, dann befahl er, mit voller Kraft zu fahren, drehte hart nach Backbord und hängte die ›Chieftain‹ auf diese Weise ab. Dann versuchte die ›Childers‹ längsseits zu gehen, aber das sehr manövrierfähige jüdische Schiff, dessen Wendekreis nur halb so groß war wie der des

Zerstörers, drehte nach Steuerbord und konnte fliehen. Aber nach einigen Minuten konnte die ›Chieftain‹ es wieder einholen. Und in diesem Augenblick hatten die Zerstörer die ›President Warfield‹ in der günstigsten Position – sie war zwischen beiden fest eingekeilt.

Nach welcher Seite sie sich nun auch wandte, sie würde gegen einen Zerstörer stoßen. Schließlich steuerte sie wieder nach Backbord, und nun konnte die ›Childers‹ im richtigen Winkel seitwärts herankommen, indem sie die äußere Schraube herumsteuerte und so die neue Enterrampe in die unmittelbare Nähe der Tür zum Ruderhaus brachte. Als die beiden Schiffe sich einander näherten, standen Leutnant K. P. Shallow und seine fünfzehn Mann balancierend auf der Rampe, sie bildeten zwei Gruppen und waren mit Helmen, Knüppeln, Drahtscheren, einem Brecheisen, einem Sturmbock, Tränengasgranaten und halbaufgeblasenen Rettungsringen ausgerüstet. Nur die Offiziere und Unteroffiziere trugen Pistolen bei sich. Sie hatten den Befehl erhalten, nur so viel körperliche Gewalt anzuwenden, wie nötig war, um das Schiff zu besetzen, aber ihre Schußwaffen durften sie bloß zur Selbstverteidigung einsetzen. Auch die Einwanderer hatten den Befehl erhalten, mit Klauen und Zähnen Widerstand zu leisten, aber, den Regeln der Haganah entsprechend, Todesopfer zu vermeiden. Zu Beginn der Aktion brach sich Shallows Unteroffizier, getroffen von einer Rindfleischdose, den Arm, deshalb sprang er nicht mit.

Um 3.05 Uhr schloß sich die Lücke zwischen der Enterrampe der ›Childers‹ und dem Bootsdeck der ›President Warfield‹. Aber, um diese ganz kurze Berührung in der Mitte beider Schiffe zu erreichen, mußte Bailey einen Parallelkurs zu seinem Gegner steuern. Dann, sobald die beiden Schiffe einander berührten, erhöhte sich der Wasserdruck zwischen den beiden Schiffsrümpfen, die sich mit beträchtlicher Geschwindigkeit vorwärts bewegten, so sehr, daß er die beiden Schiffe auseinander trieb. Die Eindringlinge hatten für ihren Sprung nur ein paar Sekunden Zeit, aber diese kurze Berührung reichte für Shallow und seine fünf Leute, um auf das Deck des anderen Schiffs hinüber an eine Stelle ganz in der Nähe des Steuerhauses zu springen.

Bailey berichtet: »Wir hatten zwei Geheimwaffen. Die erste war unsere Rampe. Die zweite waren unsere Knallfrösche. Die Einwanderer kannten sie nicht. Sie machten einen Riesenkrach, für einen Augenblick ist man taub, aber sie richten keinen Dauerschaden an.« Die Haganah-Besatzung war an Blendscheinwerfer und Hochdruckwasserschläuche gewöhnt und ignorierte sie, sie kannte sich auch mit Tränengasgranaten aus, die sie einfach über Bord oder auf die britischen Schiffe zurückwarf. Aber auf die Rampe und die Knallfrösche war sie nicht vorbereitet.

»Ich konnte nie verstehen, wie diese Matrosen auf mein Bootsdeck gelangten. Ich meinte, sie müßten sich an Seilen hinübergeschwungen haben«, berichtet Aranne, der sich zu diesem Zeitpunkt im Steuerhaus aufhielt. Dieses Überraschungsmoment und die lähmende Wirkung der Kracher, die die in der Nähe stehenden Juden in die Knie zwangen, verschafften den sechs Eindringlingen ihre Chance. Die Wurfgeschosse der Einwanderer, meist Konservendosen, prallten von den Blechhelmen der Soldaten ab, als sie in das Steuerhaus einbrachen und die dort anwesenden vier jüdischen Mannschaftsmitglieder vertrieben, darunter befanden sich auch Aranne und sein amerikanischer Maat Bill Bernstein, dem sie gewaltig eins über den Schädel hauten, als er sich weigerte, ihnen das Ruder zu überlassen.

Die Briten hatten einen Erfolg errungen, und es war ihnen gelungen, die Schiffsspitze nach See hin zu wenden, aber sie hatten den Kampf noch lange nicht gewonnen. Aranne brachte Bernstein in seine Kabine hinunter, dann ging er sofort in den Steuerraum oberhalb des Ruders und löste die Verbindung zwischen dem Ruder und dem Steuerhaus. Dies hatten die Briten nicht erwartet. Obwohl sie eine wertvolle Verteidigungsstellung erobert hatten, die später ein Sammelpunkt für weitere Eindringlinge und ein Brückenkopf für Ausfälle in den Schiffsrumpf werden sollte, ging die Initiative jetzt auf die Juden über. Zwanzig Minuten lang litten die Eindringlinge unter dem Tränengas und den von der Mannschaft zurückgelassenen Rauchkanistern, während sie sich aufgeregt gegen fortwährende Angriffe verteidigten. Die andere Entermannschaft der ›Childers‹, die sich unterhalb der Rampe auf Deck aufhielt, fand sich den Drahtnetzen gegenüber und konnte nicht springen, so blieben die sechs allein und ohne Hoffnung auf baldige Verstärkung. Aranne berichtet: »Sie waren sehr tapfer. Ich muß meinen Hut vor ihnen ziehen. Unter diesen Umständen in ein Menschenmeer zu springen, ist kein Sonntagsspaziergang.«

Aranne nahm einen Kompaß mit in seinen Notsteuerraum, aber dieser funktionierte sehr schlecht wegen des vielen Metalls im Schiffsrumpf. Einige Male ging er an Deck, um anhand der Sterne die Schiffsrichtung zu korrigieren. Dann versuchte er auszurechnen, wie hoch die Abweichung des Kompasses im Schiffsbug war. Aber dies war eine sehr ungenaue Art der Navigation, insbesondere da sich sein Schiff wie eine Schlange im Zickzack bewegte, und er war nicht imstande, den Kurs in Richtung Tel Aviv einzuhalten.

Seine handgreifliche und geschickte Art des Navigierens erschwerte die Aufgabe des Zerstörers sehr. Eine halbe Stunde lang konnte kein Matrose hinübergelangen, um Shallow und seine Gruppe zu verstärken. Jüdische Mannschaftsmitglieder hackten nun mit Äxten auf das Dach ein. Aranne sagt: »Wir schlugen ein Loch, und ich brüllte hindurch. Ich teilte ihnen mit, daß wir uns noch weit entfernt von den Hoheitsgewässern befänden, daß sie sich eines Aktes der Piraterie schuldig machten und daß sie das Steuerhaus räumen sollten.« Dann kehrte er in den Maschinenraum und an das Ruder zurück. Ein amerikanisches Mannschaftsmitglied feuerte zwei Gewehrschüsse durch das Loch. Einer von Shallows Leuten erwiderte das Feuer. Aber niemand wurde getroffen.

Die jüdischen Verteidiger brachten einige Haganahleute auf das Bootsdeck, und während sich die anderen Zerstörer näherten, setzten sie ihre Dampf- und Ölspritzen ein. Wie Watson berichtete, blieb der Dampf wirkungslos, da der Druck zu gering war. Die Matrosen auf dem Vorderdeck der ›Chieftain‹ spürten nur ein wenig Hitze. Die Eindringlinge oben auf ihren Rampen waren überhaupt nicht davon betroffen.

Die Ölwaffe erwies sich als wirkungsvoller. Man pumpte große Mengen davon auf die Decks der ›Cheftain‹, so daß sie glitschig und schwer begehbar wurden. Watson schreibt darüber in seinem Bericht: »Die Juden versuchten dieses Öl anzuzünden, indem sie mit öligen Abfällen gefüllte Stiefel sowie Koffer mit brennenden Hobelspänen und Leuchtraketen anzündeten und hinüberwarfen. Man verhinderte einen Brand, indem man diese Objekte sofort ins Wasser warf.«

Gegen 3.20 Uhr enterten Leutnant McPherson und drei weitere Männer von der ›Chieftain‹. Sofort griffen die jüdischen Verteidiger sie mit den verschiedenartigsten Wurfgeschossen an – mit Konservendosen, Eimern, Flaschen, Brecheisen und Gerüststangen – und trieben sie in eine Kabine in der sie eine wütende Menge gefangen hielt. Er erinnert sich an zwei Einwanderer aus Polen, beide mit KZ-Tätowierungen am Arm, die ihnen »in deutlichen Worten« mitteilten, daß sie nicht beabsichtigten, sich von den Briten in ein anderes Konzentrationslager zurückbringen zu lassen. Auch Leutnant G. Pearse enterte mit vier Leuten von der ›Charity‹. Auch sie trieb man mit einem Hagel von Wurfgeschossen in Kabinen.

Baileys zweiter erfolgreicher Angriff geschah erst um 3.32 Uhr, eine dreiviertel Stunde nach dem ersten. Leutnant Stein und vier andere sprangen von der Rampe und drangen bis zum Steuerhaus vor, wo sie mit Shallow und der ersten Gruppe zusammentrafen. Fünf Minuten später brachte er die ›Childers‹ wieder längsseits, und weitere acht Mann sprangen hinüber, aber plötzlich änderte die ›President Warfield‹ ihr Tempo und ein Teil ihrer Rettungsausrüstung knallte gegen die Enterrampe und brachte sie zum Einsturz. Während Bailey sein Schiff befreite, schlug sein Bug herum und zerschlug die hölzerne Seite seines Gegners. Er erinnert sich, im Strahl seiner Scheinwerfer, die erschrockenen Gesichter jüdischer Einwanderer gesehen zu haben, die nur ein paar Fuß entfernt in ihren Kojen lagen.

Das Durcheinander dieses Zwischenfalls bot Leutnant D. Gill und dreien seiner Leute die Gelegenheit, vom Flaggdeck herabzuspringen und den Weg nach oben, die Finger in den Abwehrdraht des jüdischen Schiffs krallend, zurückzulegen. Auch sie erreichten das Steuerhaus. Ein paar Minuten später, gegen vier Uhr, konnten auch McPherson und seine Leute aus ihrer Kabine fliehen und das Steuerhaus erreichen. Nun befand sich eine beträchtliche britische Streitmacht im ehemaligen Kontrollzentrum des Schiffes. Aber abgesehen von dem, was McPherson, als »einen Wortschwall von verletzenden Aufforderungen zu verschwinden«, bezeichnete, unternahm man nichts gegen sie. Die Kontrolle war schon seit einer Stunde auf die Haganah-Offiziere übergegangen.

Bailey schreibt in seinem Bericht: »Die ›PW‹ bot gewiß einen phantastischen Anblick, als sie mit Höchstgeschwindigkeit durch die Nacht dampfte. Zwei riesige Fahnen mit dem Davidsstern flatterten am Masttop und wurden von unseren Zwanzig-Inch-Suchscheinwerfern beleuchtet. Mit ihrer jammernden Sirene erweckte sie den Eindruck einer verwundeten Kuh, die vor irgend einem unbekannten Schrecken floh.«

W. J. Williamson, ein Unteroffizier auf der ›Chequers‹, schreibt: »Wir hatten die Aufgabe, Tränengasgranaten und furchterregende Feuerwerkskörper in jede Öffnung des Schiffes zu werfen, während wir längsseits vorbeifuhren. Man sagte uns, dies müsse geschehen, um die Schufte zu ermüden. Ich kann ihnen versichern, daß ich bei der Erinnerung daran, heute noch oft zusammenzucke, wenn ich daran denke, daß die unteren Decks mit Frauen und Kindern vollgepackt waren.«

Aber die ›President Warfield‹ stellte kein passives oder hilfloses Opfer dar. Die ganze Nacht über strahlten die Einwanderer und die Mannschaft Radioberichte über den Kampf aus, die tausende Angehörige des Jischuw mit Bewunderung und Begeisterung anhörten. Um 3.47 Uhr mußte Bailey über einen kleineren Schaden am Rumpf berichten: »Dieser Bursche schleuderte ein Rettungsfloß von der ›PW‹ direkt gegen mein Vorderdeck. Ich sah ihn dabei. Und ich sah, wie zufrieden er danach aussah.«

Williamson erinnert sich, daß der Chequers das gleiche zustieß: »Zuerst ließen sie einen Anker und ein Boot auf uns fallen. Dann bombardierten sie uns schwer mit Eisenstangen und Konservendosen. Die Konserven dienten später der Ergänzung unserer Marinerationen. Die Leute, die wir an Bord brachten, griff man mit Flaschen und Knüppeln an. Sie trugen alle den Unterleibsschutz der Kricketspieler, da die Frauen sie zwischen die Beine zu treten pflegten. Ich muß sagen, unsere Männer gingen ziemlich rauh vor. Das mußten sie auch, sonst hätte man sie einfach über Bord geschmissen.«

Der Kampf entwickelte sich zu Ungunsten der britischen Flottille. Eine von einem jüdischen Einwanderer geworfene Tränengasgranate landete auf Kapitän Jacksons Jacke und machte die auf der Brücke befindlichen Seeleute für kurze Zeit blind und damit war die ›Chequers‹ für einige Minuten handlungsunfähig. Es herrschte Windstärke sechs und dies war eine sehr ungünstige Voraussetzung, um einen Zerstörer seitlich an ein großes Schiff heranzumanövrieren. Obwohl sie alle ihre Fender einsetzten, verbogen sich die Seitenwände der ›Chieftain‹ und der ›Charity‹ unter dem Anprall der Stoßplanken des jüdischen Schiffs.

Es gelang den Zerstörern, vierzig Mann an Bord zu bringen, davon dreiundzwanzig von der ›Childers‹, und um vier Uhr befanden sich die meisten von ihnen im Steuerhaus. Die Einwanderer warfen einige von ihnen ins Meer. Andere waren immer noch in Kabinen eingeschlossen. Aranne entwickelte nun einen originellen und rücksichtslosen Plan, um seine Aufgabe zu erfüllen: »Ich schlug vor, einige der Burschen aus den Kabinen zu nehmen und sie an Seilen wie Fender seitlich an das Schiff zu hängen. Dann würden sich die Zerstörer ferngehalten haben. Sie hätten es nicht gewagt, ihre eigenen Leute zu zerquetschen«.

Nun, da das Steuerhaus das Schiff nicht mehr unter Kontrolle hatte, wurde der zweite Teil der Befehle McPhersons doppelt wichtig. Er ließ die Hälfte seiner Leute im Steuerhaus und schickte eine Gruppe unter Shallow und Pearse aus, um das Notsteuer zu besetzen und die Motoren anzuhalten. Aber sie fanden den Maschinenraum und den Kesselraum durch Stahltüren verschlossen und die Rudermaschine durch Stacheldraht abgeschirmt. Sie verfügten nicht über die notwendigen Mittel, um diese Hindernisse zu überwinden.

Kurz vor vier signalisierte die ›Chieftain‹: »Es hat den Anschein, daß die Entermannschaft überwältigt wird.« Dies war nicht der Fall. Das Steuerhaus befand sich immer noch fest in ihren Händen und die an den Ausfällen beteiligten Matrosen bewegten sich ohne Schwierigkeiten unter den Juden. Um 4.30 Uhr hatten sie den Eindruck, daß die jüdischen Einwanderer und die Mannschaft »die Nase voll« hätten. Aber immer noch hatten sie keinen Weg gefunden, das Schiff unter ihre Kontrolle zu bringen und von der Küste fort zu lenken.

An diesem Punkt der Entwicklung kam es zu politischen Meinungsverschiedenheiten zwischen den jüdischen Führern an Bord. Ike Aranne und Micha Peri, beide Mitglieder des Palmach, glaubten die Passagiere immer noch an Land bringen zu können und zu sollen. Sie beherrschten zwar nicht mehr das Steuerhaus, aber sie konnten das Schiff immer noch von untenher steuern. Selbst wenn sie das geplante Landungsgebiet bei Tel Aviv verpaßten, würden sie sicher imstande sein, das Schiff an irgendeiner anderen

Stelle der palästinensischen Küste auf Grund zu setzen. Sie verfügten über genügend Rettungsringe und Seile mit Korkschwimmern. Das amerikanische Mannschaftsmitglied Bernard Marks erklärte Watson später: »Es war beabsichtigt, daß tausend Menschen ans Ufer schwimmen sollten, die übrigen sollten mit Hilfe der schwimmenden Seile an Land gelangen.«

Aranne hielt eine derartige Landung für möglich und glaubt heute noch daran. Man hätte zwar riskiert, daß einige Menschen in der Brandung ertranken, aber tausende wären an Land gelangt und in den jüdischen Siedlungen untergetaucht. Für die Einwanderer selbst hätte dies das Ende ihrer Reise, die Erfüllung ihrer Hoffnungen bedeutet. Es hätte auch einen bedeutenden politischen Erfolg dargestellt, es hätte vor aller Welt bewiesen, daß die Briten außerstande waren, den jüdischen Einwanderern die Einreise nach Palästina zu verwehren. Die illegale Masseneinwanderung, die Mitte 1947 das Hauptziel des Kampfes der Haganah gegen die Briten war, würde so als durchführbare Möglichkeit erschienen sein.

Aranne und Peri wußten zwar damals nicht, daß auch Kapitän Watson zu der Ansicht gelangte, daß der Kampf verloren sei, daß es unmöglich sein werde, die ›President Warfield‹ daran zu hindern, auf den Strand zu setzen. Er sah keine Aussicht auf die Eroberung des Kontrollzentrums im Schiffsinneren und er glaubte, daß die Entermannschaften überwältigt worden seien. Später teilte er Bailey mit, daß er daran dachte, den Fehlschlag zu melden und die Armee aufzufordern, sich bereitzuhalten, um die Immigranten bei der Landung festzunehmen.

Aber, obwohl er der Kapitän des Schiffes war, unterstand Aranne in politischen Fragen der Befehlsgewalt von Yosi Har-El, dem leitenden Vertreter der Haganah und der Organisation für die illegale Einwanderung (Mossad le-Aliya). Für diese Organisation war die Landung von Einwanderern in Palästina nur von untergeordneter Bedeutung. In erster Linie ging es ihnen um die politischen Auswirkungen dieser Operation auf die Weltmeinung. Aranne berichtet: »Mossad le-Aliya machte nicht nur Vorschläge, man befahl uns, dieses Schiff als große beflaggte Demonstration zu verwenden, um zu zeigen, wie arm, schwach und hilflos wir waren, und wie grausam die Briten waren. Man befahl mir, möglichst viel Eindruck zu machen, aber den Kampf nicht zu weit zu treiben.«

Bailey weist darauf hin, daß sich um 4.30 Uhr die jüdischen Passagiere und die Mannschaft in einem traurigen und schäbigen Zustand befanden. Ihr Schiff wies an beiden Seiten Lecks auf, Wasser drang ein, und es hätte möglicherweise sinken können. Zweihundert Juden benötigten dringend ärztliche Hilfe. Zwei waren tot und Bernstein lag im Sterben. Und, obwohl sie theoretisch das Schiff noch unter Kontrolle hatten, erlaubten ihnen die Wirkungen des umgebenden Metalls auf ihren Kompaß im Schiffsinneren keine genaue Navigation. Der Anblick von britischen Soldaten, die sich ungehindert auf dem Schiff bewegten, bedeutete einen weiteren Schlag gegen die jüdische Kampfmoral.

Bailey sieht daher in dem technischen Erfolg der Enteroperation, insbesondere in dem ersten Angriff auf das Steuerhaus, den Hauptgrund, der die jüdischen Verantwortlichen veranlaßte, »es genug sein zu lassen« und über Kapitulationsbedinungen zu verhandeln. Auf der anderen Seite behauptet Aranne, daß die Entscheidung zu verhandeln aus politischen Gründen erfolgte, hauptsächlich aufgrund des propagandistischen Hauptziels der Mossad le-Aliya. Er selbst sei dafür eingetreten weiterzukämpfen, aber die politischen Führer hielten es insbesondere während der Anwesenheit von UNSCOP für eine übergeordnete Notwendigkeit, der Welt die Flüchtlinge in möglichst erbarmungswürdigem Zustand vorzustellen.

McPherson schreibt, Kaplan John Grauel habe einen letzten Versuch unternommen, den Sieg zu erringen, indem er ihn im Namen der Menschlichkeit aufforderte, das Steuerhaus zu räumen, da das Schiff sinke, und das Kommando wieder der jüdischen Besatzung zu überlassen, die dann auf kürzestem Wege versuchen würde, an Land zu gelangen. Diese Bitten wurden, wie er schreibt, verstärkt durch das hysterische Gebrüll eines Amerikaners, der schrie, daß Babies stürben und Frauen im Schiffsinneren ertränken. Er weigerte sich und bestand stattdessen darauf, von dem jüdischen Kapitän das Kommando übertragen zu bekommen. Dann würde er Ärzte holen lassen und das Schiff nach Haifa steuern.

Widerwillig und zur großen Erleichterung von Kapitän Watson, der ein Scheitern seines Auftrages ins Auge zu fassen begann, übergab Aranne deshalb das Kommando an seinen amerikanischen »Schatten«-Kapitän Bernard Marks, und dieser erklärte sich gegen fünf Uhr gegenüber McPherson bereit, das Schiff unter britisches Kommando zu stellen. Eine Sanitätergruppe unter dem Militärarzt D. C. S. Bett kam an Bord und fand drei Juden tot oder im Sterben liegend, und achtundzwanzig mußten dringend in ein Krankenhaus eingeliefert werden. Die übrigen zweihundert Kranken erhielten Erste Hilfe. Die meisten britischen Eindringlinge benötigten ebenfalls ärztliche Behandlung, im Fall der ›Childers‹ waren dies zwanzig von dreiundzwanzig. Angesichts der erklärten Politik beider Seiten, weder Schußwaffen noch andere tödlich wirkende Waffen einzusetzen, waren dies beträchtliche Opfer.

Dennoch hielten sich beide Seiten für den Sieger. Die britische Marine war froh, die Wirksamkeit ihrer Blockade aufrechterhalten zu haben und mit Mut und Geschicklichkeit den heftigen Widerstand der jüdischen Passagiere und der Besatzung gebrochen zu haben. Bailey hält die Behauptung für gerechtfertigt, daß die Beschlagnahme der ›President Warfield‹ technisch die schwierigste Enteroperation gewesen sei, die je im Krieg oder Frieden stattgefunden habe. Watson und er glauben beide, für alle beteiligten britischen Offiziere zu sprechen, wenn sie Aranne und seiner Besatzung ihre Bewunderung aussprechen, sowohl für ihre Geschicklichkeit und Vorstellungskraft als auch für ihre Kampfbereitschaft gegen die größte und besttrainierteste Kampfgruppe, die je zur Beschlagnahme eines einzelnen Schiffes eingesetzt worden ist.

Aranne und seiner Mannschaft gelang es nicht, die Flüchtlinge in Palästina an Land zu bringen. Aber, wie Har-El vorausgesagt hatte, errangen sie einen enormen Sieg in den Augen der Welt. Die Besatzung und die Einwanderer setzten den gesamten 18. Juli über ihre Radiosendungen fort. John Grauel sprach zu den gespannt wartenden amerikanischen Korrespondenten. Aranne und Peri redeten auf Hebräisch. Und ein Chor von Einwandererkindern sang die »Hativka«. All dies konnte man in Palästina am Rundfunkgerät mithören, und die Weltpresse berichtete gründlich darüber.

Als sie sich gegen 15.00 Uhr nachmittags Haifa näherten, bat Aranne um eine letzte Chance, das Schiff hart nach Steuerbord zu wenden und mit Höchstgeschwindigkeit auf einen geeigneten Strand aufzulaufen. Aber er konnte sich wieder nicht durchsetzen. Mit einigen anderen politisch wichtigen palästinensischen Juden zog er sich dann in Geheimverstecke auf dem Schiff zurück, dort sollten sie ein, zwei Tage warten, bis sich die Gelegenheit bot, heimlich an Land zu gelangen. Als die ›President Warfield‹ um 16.00 Uhr in den Hafen von Haifa einlief, erwartete sie dort schon eine starke Armee-Einheit.

Emil Sandström und Valado Simič, die UNSCOP-Vertreter aus Schweden und Jugoslawien, beobachteten ihre Ankunft. Die ›Ajax‹ fuhr ihr voraus, und es folgten ihr zwei Zerstörer. Das Schiff war an beiden Seiten schwer beschädigt; die Decks waren schwarz von dem auf die Entermannschaften gespritzten Öl; die Reelings waren abgerissen; Rettungsflöße lagen herum; und Kabel hingen von der Brücke; Kinder schauten aus den Bullaugen; britische Matrosen trugen blutbefleckte Uniformen und hatten verbundene Köpfe. Man fotografierte und filmte die Szene.

Zuerst ließ man Frauen und Kinder an Land. Dann brachte man die nicht gehfähigen Verletzten ins Krankenhaus. Die übrigen Passagiere durchsuchte man, nahm ihnen ihre Füllfederhalter, Wasserflaschen, Konservendosen und alle scharfen Gegenstände ab, die man zur Selbstverstümmelung benutzen konnte und bereitete sie so auf den Abtransport in drei Gefängnisschiffe vor. Den Ehepaaren versicherte man, daß man sie nicht trennen würde. Alle paar Minuten brachte man Unterwassersprengkörper im Hafen zur Explosion, die Froschmänner der Haganah abschrecken sollten. Um 21.00 Uhr war der offene, mit Stacheldraht abgesperrte Rumpf der ›Ocean Vigour‹ gefüllt, und das Schiff fuhr von Haifa aus über das Mittelmeer zurück. In den ersten Stunden des folgenden Tages, des 19. Juli, begannen die beiden anderen Schiffe ihre Reise. Aber niemand an Bord – weder die Einwanderer noch die Soldaten, noch die Schiffsbesatzung – kannte den Bestimmungsort, den Bevin am 12. Juli in Paris festgelegt hatte, sie wußten nicht, daß sich fast alle der viertausendfünfhundertvierundfünfzig Immigranten, die Sète verlassen hatten – eintausendsechshundert Männer, eintausendzweihundertzweiundachtzig Frauen, eintausendsiebzehn Jugendliche und sechshundertfünfundfünfzig Kinder – auf dem Weg zurück nach Frankreich befanden. Am 20. Juli meldete die ›Palestine Post‹ ihre Abreise unter der Schlagzeile: »Heute früh in Zypern erwartet.«

Major M. C. Gray und hundertsiebzig Soldaten waren für die Sicherheit an Bord der ›Empire Rival‹ verantwortlich. Erst nachdem er sich sechs Stunden auf See befand, durfte er seine versiegelten Befehle öffnen und seinen Bestimmungsort erfahren. Er rief die Vertreter der Juden zu sich und teilte ihnen mit, daß sie sich nicht auf dem Weg nach Zypern befänden: »Sie antworteten, dies sei ihnen bereits bekannt. Sie hätten es aus dem Stand der Sterne errechnet. Ich teilte ihnen mit, daß ich den Befehl erhalten hätte, sie nach Port-de-Bouc zurückzubringen. Sie antworteten, in diesem Fall würden sie in den Hungerstreik treten. Ich antwortete, das sei ihre Sache. Sie behandelten mich kalt, reserviert, aber nicht feindselig. Von Zeit zu Zeit unterhielten sie sich mit mir über die Verfolgung der Juden und versuchten, mir ihren Standpunkt zu erklären. Aber ich hatte meine Befehle, und ich hätte ihnen kaum antworten können.«

Bevin hatte immer noch nicht erkannt, was für eine Büchse der Pandora er mit seiner Entscheidung vom 12. Juli geöffnet hatte, »aus diesem Schiff einen exemplarischen Fall zu machen.« Ihm war auch die Tatsache nicht klar, daß die Enteraktion zwar technisch glänzend verlaufen, aber politisch ein Fehlschlag war. »Natürlich ist es höchst unerwünscht, in irgendeiner Weise zuzugeben, daß das Schiff auf hoher See gekapert wurde,«[17] bemerkte Cunningham. Aber jeder wußte, daß dies der Fall war. Die New Yorker Tageszeitung ›P. M.‹ schrieb, da man das Schiff außerhalb der Hoheitsgewässer besetzt habe, stelle die Tötung Bernsteins einen Mord dar. Bei einer Versammlung von zwanzigtausend Menschen im New Yorker Madison Square Park war davon die Rede, daß man die beteiligten britischen Marineoffiziere wegen Piraterie verhaften müsse.[18]

Botschafter Duff Cooper, ein enger Freund Churchills und sein Kollege während der Kriegszeit, warnte vor den zu erwartenden Ereignissen des 18. Juli: »Eine Ausschiffung unter Zwang von einem britischen Schiff in einem französischen Hafen provoziert wahrscheinlich eine wilde anti-britische Propaganda, die französische öffentliche Meinung kann sich dafür durchaus als empfänglich erweisen, da sie sich an die Verfolgung der Juden unter der deutschen Besatzung erinnert. Der Mann auf der Straße weiß nichts über die Probleme Palästinas, er sieht in diesen illegalen Einwanderern nur die Überlebenden einer verfolgten Rasse, die in ihrer nationalen Heimstätte Zuflucht suchen.«[19] Dennoch antwortete Bevin am folgenden Tag, dem Tag der Abfahrt der drei Schiffe von Haifa nach Paris: »Die Wachen haben den Befehl, die erforderliche Gewalt anzuwenden, um die Immigranten den Franzosen zu übergeben.«[20]

Das britische Außenministerium hoffte, daß die viertausendfünfhundertvierundfünfzig ungerechtfertigterweise von dem Generalkonsul in Marseille ausgefertigten Visa anerkannt würden. In diesem Falle würde sich Großbritannien mit Frankreich über den Transport der Einwanderer nach Lateinamerika einigen. Die britischen Vertretungen in Übersee erhielten ein Rundschreiben, das sie auf unfreundliche Pressereaktion vorbereiten sollte, man verglich darin die große Zahl der von der kleinen ›President Warfield‹ beförderten Passagiere mit der normalerweise von Passagierschiffen beförderten Zahl und bezeichnete dies als einen klaren Bruch verschiedener internationaler Konventionen über den Schutz des Lebens auf See.

Am 23. Juli stellte der französische Ministerrat die genaue Bedeutung der Zustimmung Bidaults zur Rückkehr der Immigranten vom 12. Juli klar. Man würde die drei jetzt auf See befindlichen britischen Schiffe in einen französischen Hafen hineinlassen. Wenn die Juden dann freiwillig die Schiffe verließen, würde man sie verpflegen und versorgen und ihnen schließlich freistellen, sich in Frankreich oder anderswo niederzulassen. Aber, wie der Minister für die Demobilisierten Francois Mitterand sagte, man würde nichts tun, um sie zu zwingen, an Land zu gehen.[21] So hatte Bevin die früheren Versicherungen seines französischen Kollegen nicht verstanden, eine solche Interpretation hatte er nicht erwartet.

Duff Cooper erteilte deshalb eine weitere Warnung: »Das zwangsweise Anlandbringen von viertausendfünfhundert Menschen aller Altersstufen und beider Geschlechter wird nicht nur eine starke Inanspruchnahme der Geduld der mit dieser Aufgabe Betrauten bedeuten, sondern es wird auch ein höchst unerbauliches Schauspiel darstellen, dem sich die Journalisten und Fotografen zweifellos intensiv widmen werden.«[22] Die französischen Behörden würden sich weigern, bei dieser Aufgabe mitzuwirken, und sie würden sich möglicherweise sogar weigern, den britischen Soldaten ihre Durchführung zu gestatten. Die letzteren würden dann sowohl Vorwürfen der Brutalität als auch der Lächerlichkeit ausgesetzt sein. Cooper deutete an, wenn die Einwanderer darauf bestünden, an Bord zu bleiben, dann würden die drei Schiffe aufs offene Meer zurückkehren müssen.

Bevin erwiderte am 25. Juli, er könne Coopers Befürchtungen zwar verstehen, es komme aber gar nicht in Frage, seinen Vorschlag anzunehmen: »Wenn die Transporte Frankreich mit einigen ihrer Passagiere an Bord verlassen müßten, dann würden sie sie in Zypern an Land bringen müssen. Es gebe keinen anderen möglichen Bestimmungsort. Diese illegalen Einwanderer nach alledem nach Zypern zu bringen, würde uns sicherlich der Lächerlichkeit aussetzen. Es würde auch das Eingeständnis einer Niederlage darstellen. . .«

Am 29. Juli erreichten die drei Schiffe Port-de-Bouc. René Colaveri von der örtlichen Präfektur begab sich an Bord der ›Runnymede Park‹ und sprach mit dem den Konvoi leitenden Offizier Oberstleutnant M. L. Gregson. Dann brachte man ihn zu dem Gitter, hinter dem die Immigranten eingesperrt waren, dort las er ihnen das Asylangebot der französischen Regierung vor: »Sie werden auf dem Boden unseres Landes Asyl erhalten, dort werden Sie sich all der Freiheiten erfreuen, die Frankreich traditionellerweise den Kämpfern für die menschliche Freiheit gewährt.«[23]

Micha Peri gehörte zu den Haganah-Leuten, die auch auf der Rückfahrt bei den Einwanderern blieben: »Unsere Leute waren in Frankreich sehr gut organisiert. In kleinen Booten schickten sie uns Nachrichten und baten uns, nicht an Land zu gehen. Aber stellen Sie sich vor, was das französisiche Angebot für jemanden bedeutete, der im Konzentrationslager gewesen war – Arbeit, Geld, eine Bleibe. Und stellen Sie sich die Verhältnisse an Bord vor – eintausendfünfhundert Menschen in einem stählernen Schiff eingesperrt, mitten im Sommer, im Mittelmeer. Es war wie im Backofen. Wir erhielten Nahrung und Wasser, aber einige der Einwanderer waren fast nackt. Sie hatten alles in dem Kampf vor Palästina verloren. Es war eine Versuchung.«

Aranne sagt, daß der administrative Druck, die Angst vor einem Scherbengericht genügte, um die Einwanderer davon abzuhalten, das französisiche Angebot anzunehmen. Physischer Druck war überflüssig. Eine Handvoll Einwanderer nahm das Angebot an und trennte sich damit für immer vom Zionismus. Die übrigen wiesen es nachdrücklich zurück. Der Korrespondent der Nachrichtenagentur Reuters Boyd France sprach von einer Barkasse aus mit den Einwanderern auf der ›Ocean Vigour‹ und fragte sie, ob sie an Land gehen wollten. Sie antworteten mit Rufen »Nein, nein!« [Im Original Deutsch. A. d. Ü.] und sangen die ›Hatikvah‹ im Chor. Sie hißten Fahnen mit dem Davidsstern und eine besonders unternehmungslustige Gruppe hob ein britisches Marineemblem in die Höhe, auf seinen roten Hintergrund hatten sie ein schwarzes Hakenkreuz genäht.

Duff Cooper berichtete: »Die französische Presse nutzt die jetzt in Port-de-Bouc herrschende Stimmung bis zum äußersten aus, was, wie ich vorauszusagen wagte, höchst unerbaulich ist.« Die kommunistische ›Humanité‹ bezeichnete die drei Schiffe als »ein schwimmendes Auschwitz«, der ›Combat‹ sprach von »Käfigen für wilde Tiere«. Der ›Figaro‹ berichtete, daß der Zwischenfall mehr Spannungen in die britisch-französischen Beziehungen gebracht habe, als es sie je seit 1945 gegeben habe. Es schien so, als ob die arroganten Briten aus Gründen ihrer Weltmachtpolitik die Franzosen zwingen wollten, sich an Handlungen von offensichtlicher Brutalität zu beteiligen. Die Rechte der Araber und andere Nuancen des Palästinaproblems wurden nicht diskutiert. Erneut bat Cooper Bevin, die Schiffe aus französischen Gewässern zurückzuziehen, und Bevin weigerte sich am 30. Juli erneut, er bestand darauf, die örtliche Polizei habe die Instruktion erhalten, »bei der Ausschiffung der Freiwilligen und der Unfreiwilligen gleichermaßen mitzuarbeiten.«[24]

Um es milde auszudrücken, es war ein unglückliches Zusammentreffen, daß die drei Irgunleute im Gefängnis von Akko gerade an dem Tag hingerichtet wurden, an dem das Schiff in Port-de-Bouc ankam. Durch den Oberrabbiner Nissim Ohana ließen sie ihren Familien die letzte Botschaft überbringen: »Trauert nicht zu sehr, was wir getan haben, haben wir aus Überzeugung getan.«[25] Obwohl sie die Hinrichtungen scharf ablehnten, baten die Anhänger des Zionismus die Irgun, das Leben der beiden britischen Unteroffiziere zu verschonen. Der Vaad Leumi sah in jedem Racheakt eine »blutrünstige Tat gegen alle menschlichen Maßstäbe.« Der Vater von Mervyn Paice schrieb an Begin, sein Sohn sei unschuldig in eine tragische politische Situation geraten, er sei nie ein Gegner des Zionismus gewesen. Vor den Vereinten Nationen in New York bezeichnete Alexander Cadogan das Vergeltungsprinzip als einen der schlimmsten Grundsätze des gerade besiegten gemeinsamen Feindes.

Aber die Irgun hatte sich entschieden: »Wir hatten nichts gegen die beiden Jungs persönlich. Wir wollten nur, daß die Hinrichtungen aufhörten«, berichtet der damalige Stabschef der Irgun Haim Landau. Und Samuel Katz schreibt: »Die Entscheidung, Vergeltung zu üben, war schon Monate vorher gefallen, nachdem wir die Briten gewarnt hatten, daß sie die Kriegsgefangenenkonvention beachten sollten.« Die Irgun hatte bereits eine Gerichtsverhandlung gegen die beiden Männer durchgeführt, nachdem sie zuvor ihre angeblichen kriminellen antihebräischen Aktivitäten untersucht hatte. Sie warf ihnen die »Mitgliedschaft in der britischen kriminellen terroristischen Vereinigung«, der Besatzungsarmee, vor, die der Folterung, des Mords, der Spionage und des illegalen Eindringens in das jüdische Heimatland schuldig war. An den Mauern von Haifa verkündete ein Plakat: »Das Gericht hat die beiden in allen Anklagepunkten für schuldig befunden und sie zum Aufhängen am Halse verurteilt, bis ihre Seele sie verlassen hat.«[26]

Auf die Nachricht von den Exekutionen in Akko hin, fuhr Amihai Paglin mit einigen anderen Irgunleuten nach Nathanya, sie öffneten die Gefängniszelle unter der Diamantenfabrik und ließen den ersten Unteroffizier hinaus. Das Licht blendete den Soldaten, und er war durch den Sauerstoffmangel verwirrt. Man verhüllte seinen Kopf, setzte ihn auf einen Stuhl und fesselte ihn an Hand- und Fußgelenken. Er fragte seine nicht sichtbaren Begleiter, ob sie ihn aufhängen wollten und ob er eine Nachricht hinterlassen könne. Paglin antwortete ihm, dazu sei keine Zeit. Sie legten ihm eine Schlinge um den Hals, Paglin winkte, und einer der Männer trat den Stuhl weg. Dann erhängten die Irgunleute den zweiten Unteroffizier, sie schafften beide Leichen in einen Jeep, fuhren sie drei Meilen weit in eine Eukalyptus-Anpflanzung des staatlichen Forstamts von Tel Zur, hängten sie an einem Baum auf und legten unterhalb der Stelle, wo sie hingen, eine Mine zwischen die beiden Körper.[27] (1977 ernannte die israelische Regierung Paglin zum Sonderberater für die Terroristenbekämpfung. Wenige Monate darauf starb er bei einem Autounfall.)

Am 30. Juli teilten Plakate der Irgun mit: »Die Gnadengesuche der Verurteilten sind abgelehnt worden. Das Urteil wurde vollstreckt.« Weiter hieß es, daß es sich nicht um einen Racheakt, sondern um einen ordentlichen Rechtsakt durch einen Untergrundgerichtshof handele, den man gegen alle anwenden könne, »die der verbrecherischen Nazi-britischen Besatzungsarmee angehören«. Aber der Tag verstrich, ohne daß man die Leichen fand, obwohl britische und jüdische Kräfte intensiv danach suchten. Viele wollten immer noch nicht glauben, daß die Irgun die Tat gewagt hatte. Am Abend rief die Irgun, die eine Gefahr für sich selbst darin sah, wenn eine Haganahpatrouille ihre Mine zur Explosion brachte, die Stadtverwaltung von Nathanya an, warnte sie vor der Mine und ließ ihr eine Landkarte zukommen, auf der die Stelle eingezeichnet war, wo die beiden Leichen hingen.

Am nächsten Morgen (31. Juli) um sieben Uhr fand eine jüdische Polizeistreife die Leichen. Man berührte nichts und gab sofort eine Meldung ans Hauptquartier. Kurz danach machten sich Soldaten, Polizisten, Zivilbeamte und Journalisten in den Eukalyptushain auf, und, sich behutsam hinter Pionieren mit Minensuchgeräten her bewegend, bahnten sie sich ihren Weg zwischen den Bäumen. Nach fünf Minuten schrie eine Stimme: »Hier sind sie!« Hauptmann D. H. Galetti von den Royal Engineers forderte dann alle Zivilisten auf, sich zurückzuziehen, während seine Soldaten das Gelände um die Leichen herum genau untersuchten.

Dann erklärte man das Gelände für sicher und alles versammelte sich wieder um die grausame Szene. Die Fotografen knipsten die beiden erhängten Männer. Eines ihrer Bilder füllte am nächsten Tag mit der Unterschrift »Dieses Bild wird die Welt erschüttern« die Titelseite des Londoner ›Daily Express‹. Dann durchschnitt Galetti das erste Seil mit einem an der Spitze einer Stange befestigten Messer. Das Seil riß, und er sprang zurück, die fallende Leiche zündete die Mine unter der Erdoberfläche, und sie wurde in Stücke gerissen, die Explosion entwurzelte den nahen Baum, an dem noch die zweite Leiche hing, dabei erlitt Galetti Verletzungen im Gesicht und an den Schultern.[28]

Begin schreibt: »Wir zahlten dem Feind mit gleicher Münze heim. Wir hatten ihn immer wieder gewarnt. Gleichgültigerweise nahm er unsere Warnungen nicht ernst. Er zwang uns, auf den Galgen mit dem Galgen zu antworten.« Kürzlich sagte er dazu: »Wir entschieden uns nicht leichten Herzens, aber die Entscheidung des Oberkommandos erfolgte einstimmig. Wir mußten unsere Leute retten. Wir wollten weiter militärische Operationen durchführen, und wir wußten, daß einige unserer Leute in britische Gefangenschaft geraten konnten. Tatsächlich gerieten viele Angehörige der Irgun in Gefangenschaft. Achtzehn Mitglieder der Lehi gerieten in Gefangenschaft und wurden zum Tode verurteilt. Aber man wandelte alle diese Urteile [in Haftstrafen – A. d. Ü.] um. Warum war dies erst nach unserem Vergeltungsschlag möglich? Warum war es möglich, daß nach der Tötung der beiden Unteroffiziere fast ein Jahr lang keine Hinrichtungen von Angehörigen der Irgun und der Lehi stattfanden? Ich glaube, daß wir durch unsere Tat einigen dutzend Untergrundkämpfern das Leben gerettet haben. Es war grausam, die beiden Unteroffiziere aufzuhängen, aber es gab keinen anderen Ausweg.«

Aber damals bestand die Reaktion auf diese Tat unter den Anhängern der Jewish Agency genauso wie unter den Briten aus beispielloser Wut und Schrecken. »Gäbe es so etwas wie einen Streicher-Orden, die Irgun-Führer hätten ihn für ihre Verdienste um die Förderung des Antisemitismus verdient,« schrieb der Anhänger der Haganah Jon Kimche. Die Jewish Agency und der Vaad Leumi sprachen von einem »viehischen Mord an zwei unschuldigen Männern durch eine Bande von Kriminellen.«[29] Die Londoner ›Times‹ schrieb: »Sie wurden unbewaffnet und schutzlos entführt. Sie wurden nicht wegen irgendeines Verbrechens hingerichtet. Als letzte Schmach benutzte man ihre Leichen, um die Kameraden, die ihnen ein christliches Begräbnis bereiten wollten, in ein Minenfeld zu locken. Selbst die Perversitäten der Nazis konnten nicht schlimmer sein.«[30] Verschiedene New Yorker Journalisten riefen Ben Hecht an und fragten ihn, ob die Erhängungen ihm einen Festtag bereitet hätten.

Viele andere Politiker und Zeitungen hoben den Unterschied zwischen den drei Irgunleuten und den beiden Unteroffizieren hervor. Man wies darauf hin, daß die ersteren aus eigenem Entschluß als Mitglieder einer bewaffneten Untergrundorganisation zu den Waffen gegriffen hätten. Sie beanspruchten, obwohl man dies durchaus in Frage stellen konnte, Kämpfer für eine gerechte Sache in einem Befreiungskrieg zu sein. Der entscheidende Punkt war, daß sie bewußt und freiwillig gegen den Befehl der gewählten Vertretung ihrer Gemeinschaft an Gewaltakten teilgenommen hatten. Und in jenen Zeiten, als die prinzipielle Gegnerschaft gegen die Todesstrafe noch nicht weit verbreitet war, galt es als normal, daß solche Leute im Falle ihrer Gefangennahme, die höchste Strafe zu erwarten hatten.

Die Unteroffiziere waren dagegen Wehrpflichtige in einer regulären Armee und in keiner Weise persönlich von dem Kampf um Palästina berührt. Sie waren unschuldige Zuschauer und keine aktiven Beteiligten. Und es war durchaus unmoralisch, wenn auch, wie Begin ausführt, in der Praxis des Kampfes wirksam, die ersteren kaltblütig zu töten, um eine Tötung der letzteren zu rächen oder auch durch Abschreckung zu verhindern.

Unmittelbar nach Bekanntwerden der Nachricht kam es zu antisemitischen Ausschreitungen in Teilen von Liverpool, Manchester, Glasgow und London. In Derby brannte man eine Synagoge nieder. In Birkenhead weigerten sich fünfzig Schlachthofarbeiter an koscheren Schlachtungen mitzuwirken. Zwar gab es keine Toten oder Schwerverletzten, aber einige Tage lang flogen Steine durch die Schaufensterscheiben jüdischer Ladenbesitzer, und andere jüdische Einrichtungen standen unter Angriffsgefahr. Die Sowjetpresse schilderte diese Zwischenfälle in allen Einzelheiten als Beweis für die bösartige Natur der britischen Gesellschaft, die Tötung der Unteroffiziere erwähnte sie allerdings nicht. Nach ein paar Tagen verschwanden die Radaubrüder, denen es oft mehr um Plündereien als um Rache ging, wieder von der Bildfläche. Die britische Polizei und die britische Presse verurteilten sie einstimmig.

Die Unruhen in Palästina waren ernsthafterer Art, insbesondere da einige Polizisten ihre Anführer waren. Einem britischen Bericht zufolge begannen Banden von britischen Polizisten und Soldaten am 31. Juli gegen 20 Uhr mit ernsthaften Ausschreitungen: »Die Verwüstungen dieser Randalierer bestanden im Zerschlagen von Ladenschaufenstern und Busfenstern, im Umstürzen von Autos und in tätlichen Angriffen auf Mitglieder der jüdischen

Gemeinschaft.«[31] Junge Juden begannen sich daraufhin zu wehren, indem sie die Straßen in Gruppen kontrollierten und Polizisten zu Fuß mit Steinen bewarfen. Wegen der Verschärfung der Lage zog man um 21.10 Uhr alle Fußstreifen der britischen Polizei aus Tel Aviv zurück.

Der Mittelpunkt der Aufmerksamkeit verlagerte sich nun zum Truppenlager beim Citrus House, der zeitweiligen Basis für die mobilen Polizeieinheiten aus dem Gebiet von Lydda. Deputy Superintendent R. S. Hainsworth berichtet, unter den Truppen im Lager, die am Morgen von der Erhängung der Unteroffiziere gehört hatten, habe sich den ganzen Tag über die Spannung und der Zorn gesteigert. Gegen 21.15 Uhr begannen dann ihre Kollegen von den Fußstreifen unter dem Schutz gepanzerter Fahrzeuge zurückzukehren und erzählten von den Steinwürfen und den Beschimpfungen durch junge Juden. Nun bereiteten sie sich zum Eingreifen vor, und gegen 22.00 Uhr gab es »eine spontane Bewegung zu den gepanzerten Fahrzeugen«. Ohne auf Befehle zu warten, verließen sechs gepanzerte Fahrzeuge das Lager und fuhren einzeln in Richtung Tel Aviv.

Kurz nach dem Einbiegen vom Colony Square in die Allenby Road eröffnete eines dieser Fahrzeuge das Feuer auf einen Bus, dabei tötete es einen Juden und verletzte drei weitere. Hainsworth schreibt darüber: »Diese Schießerei erfolgte vorsätzlich, verbrecherisch und völlig ungerechtfertigt.« Um 22.15 Uhr verprügelten Polizisten aus einem gepanzerten Fahrzeug die Gäste eines Cafés im Stadtteil Neve Shaanan, fünfzehn Minuten später schossen sie auf einen weiteren Bus im Stadtteil Hatikva und töteten drei Juden. Fünf Minuten später überfielen Polizisten ein weiteres Café, als sie sich zurückzogen, ließen sie eine Plastikbombe explodieren. Später fand man ein paar Meter entfernt die Leiche eines Juden.

Hainsworth und seine Fahndungsbeamten versuchten ernsthaft, die Verantwortlichen herauszufinden. Sie untersuchten die Kanonen und die Munitionsbestände jedes Fahrzeugs. Aber man hatte die Kanonen gereinigt und die Munition wieder aufgefüllt. Er konnte die Fahrzeuge der Täter nicht herausfinden. Er verhörte die Angehörigen der normalen Streifen des Gebiets, die die Wahrheit hätten wissen müssen, aber ohne Erfolg: »Ich bekam fast nur Ausflüchte und Lügen zu hören ... Die gewünschten Identifizierungen können nur durch bestimmte Angehörige der britischen Polizei erfolgen, und diese verweigern die Aussage.«

Man bestrafte ein paar Polizisten, löste die mobilen Polizeieinheiten in Lydda auf und formierte sie dann neu. Aber gegen die Polizisten, die den Tod von fünf Juden und dutzende anderer dokumentierter Gewaltakte begangen hatten, erhob man keine Anklage. Die Stimmung in der britischen Polizei und Armee war nach den Erhängungen derart, daß es kaum möglich gewesen wäre, gegen die Schuldigen hart durchzugreifen. Weder die britische Kampfmoral in Palästina, noch die öffentliche Meinung im Mutterland hätten einen solchen Schritt geduldet.

»Ein derartiges Verhalten einer disziplinierten Streitmacht kann man nicht entschuldigen«, schrieb Cunningham an Creech-Jones. Aber er fand es doch angemessen, die mildernden Umstände zu erwähnen: »Die meisten sind jung, ohne die Wohltat eines langen Dienstes. Sie müssen schwer arbeiten in einer Umgebung ständiger Gefahr und wachsender Spannung, die voller Beleidigungen, Verleumdungen und Verrat steckt.« Daher sei es verständlich, daß der Mord an Paice und Martin, »sie zu einem Grad von Zorn erregte, der sie einen Augenblick lang gleichermaßen blind für die Erfordernisse der Disziplin, der Vernunft und der Menschlichkeit machte.«

Die Stimmung jener Tage führte zu einer weiteren Verschärfung der Haltung Bevins gegenüber den Passagieren der ›President Warfield‹. Am 31. Juli mußte er das Kabinett informieren, daß sich die französische Regierung weigerte zu kooperieren, indem sie die Passagiere gewaltsam an Land brachte. Was sollte nun mit ihnen geschehen? Es kam überhaupt nicht in Frage, sie nach Palästina oder Zypern zurückzuschicken. Daher gab es nur zwei Möglichkeiten: eine geeignete britische Kolonie oder die britische Besatzungszone in Deutschland. Zu gehöriger Zeit mußte man darüber entscheiden: »Es würde nicht weiter schaden, wenn diese Transporte noch ein paar Tage in Port-de-Bouc blieben. Und es bestehe die Möglichkeit, daß sich ihre Passagiere entschlössen, friedlich an Land zu gehen.«[32]

Und so ging das »nicht erbauliche Schauspiel« weiter: Viereinhalbtausend Juden, fast alle Überlebende der Konzentrationslager, Männer, Frauen und Kinder, von britischen Wachen eingesperrt, unter der glühenden Sommersonne und unter den Blicken der Weltpresse. Großbritannien steigerte seine Vorwürfe gegen Frankreich, es habe der ›President Warfield‹ zuerst gestattet, mit illegalen Passagieren und unvollständigen Dokumenten die Reise anzutreten, es habe die zionistischen Beauftragten in die Nähe der drei Schiffe gelassen, die dann Druck auf die Passagiere ausübten, nicht an Land zu gehen, es habe nicht dabei mitgewirkt, die Flüchtlinge zu ihrem Ausgangspunkt zurückzubringen, wie es das internationale Recht vorsehe.

Die französische öffentliche Meinung antwortete mit ähnlichem Nachdruck und wies auf die grundsätzliche Unmenschlichkeit der britischen Verhaltensweise hin. Die Zeitung ›Franc-Tireur‹ brachte die allgemeine Ansicht in folgender Karikatur zum Ausdruck: Unter dem Titel »Wache im Mittelmeer« sah man acht große Kriegsschiffe der britischen Marine und Geschwader der Luftwaffe auf ein winziges Segelboot mit dem Davidsstern zueilen. Außerhalb der arabischen Welt blieb die Reaktion der arabischen Presse fast unbemerkt. Sie stimmte der strengen Behandlung der viertausendfünfhundert Flüchtlinge in Port-de-Bouc zu, wies aber doch kritisch auf die britische Schwäche in der Vergangenheit hin, die eroberungssüchtige Fremde ins Land gelassen habe.

Am 12. August nahm der frühere Unterstaatssekretär im US-Außenministerium Sumner Welles in der ›New York Herald Tribune‹ in einer Weise zur Palästina-Krise Stellung, die der Ansicht des Hohen Kommissars Cunningham genau entgegengesetzt war. Er schrieb, die Hinrichtung der beiden Unteroffiziere sei völlig falsch gewesen, man müsse sie aber vor dem Hintergrund – des »legalen Mords« an den drei jungen Juden sehen, die ihre Freunde aus der Festung Akko befreit hatten, sowie der tödlichen Quälerei an Alexander Rubowitz durch eine berüchtigte britische Spezialeinheit und der einfachen Tatsache, daß die britische Verwaltung in Palästina »von Kopf bis Fuß vom Antisemitismus durchsetzt sei«, wie sich an dem Pogrom des 31. Juli auf den Straßen von Tel Aviv zeigte. Cunningham hatte berichtet, angesichts der Umstände seien die Racheakte in Tel Aviv verständlich. Sumner Welles vertrat die entgegengesetzte Ansicht, der Mord an den zwei Unteroffizieren sei wegen des Charakters der britischen Herrschaft verständlich.

Am 8. August erfuhr Berl Locker von Gerüchten über die britische Entscheidung, die Schiffe nach Hamburg umzuleiten. Sofort bat er um ein Gespräch mit Creech-Jones. Dabei führte Locker aus, wenn dies geschehe, würden die Auswirkungen tragisch sein. Der Kolonialminister erwiderte, die Lösung liege in den Händen der Jewish Agency. Die Flüchtlinge befänden sich in Gefangenschaft. Sie könnten jederzeit an Land gehen. Und gäbe es nicht den Druck der Zionisten, so würden die meisten dies längst getan haben. Er drängte Locker, dafür zu sorgen, daß man ihnen nun riet, an Land zu gehen.[33]

Ein Reuter-Korrespondent berichtete von der ›Ocean Vigour‹, die Flüchtlinge machten weder einen unterernährten noch einen unglücklichen oder kranken Eindruck. Die Kinder spielten Ball, die Frauen seien gut gekleidet, und alle könnten mit Meerwasser duschen.[34] Jeden Tag brachten Boote Körbe mit frischem Obst und Gemüse, die man mit Seilen an Bord hievte. Major M. C. Gray sagt dazu: »Bis Port-de-Bouc erhielten wir alle die gleichen Rationen, aber nach unserem Aufenthalt in Frankreich erhielten sie viel besseres Essen als wir.«

Micha Peri berichtet: »Wir benutzen Seile, um Briefe und Botschaften an unsere Freunde zu senden. Aber Yigal Allon hatte dem Palmach befohlen, wenn wir je Schwierigkeiten mit britischen Schiffen hätten, sollten wir sie versenken. Deshalb bat ich darum, daß man uns mit der Verpflegung auch Zünder und Sprengstoff aufs Schiff schickte. Außerdem kamen zwei Haganah-

Leute als Ärzte an Bord und begaben sich in unseren Teil des Schiffes, wo die Briten nie hinkamen. Sie blieben da und halfen mir beim Bau einer großen Bombe.«

Die propagandistische Niederlage der Briten war nun fast vollständig. Am 16. August erklärte Bevin seinen Botschaftern in Washington und Paris, die beide über die wachsende antibritische Stimmung tief besorgt waren, daß die Flüchtlinge nun in die britische Zone in Deutschland transportiert werden müßten. Es gebe keine Alternative. Sie könnten nicht auf unbestimmte Zeit in Port-du-Bouc bleiben. Sie nach Zypern oder gar nach Palästina zu schikken, würde eine entwürdigende Niederlage für die britische Polizei bedeuten. Nur in der britischen Besatzungszone und sonst nirgends war es politisch durchführbar, sie an Land zu schaffen. Er versicherte, daß man alles Mögliche tun würde, um die Wirkung dieser Entscheidung auf die öffentliche Meinung zu mildern. Die Botschaften sollten beispielsweise darauf hinweisen, daß es den Flüchtlingen völlig frei stand, in Frankreich von Bord zu gehen. Wenn sie bis zur Rückkehr nach Deutschland an Bord blieben, war dies ihre eigene freie Entscheidung.[35]

Trafford Smith teilte die Entscheidung am 21. August Berl Locker im Kolonialministerium mit. Die Flüchtlinge würden bis 18.00 Uhr am folgenden Tag von Bord gehen müssen, sonst würde man sie in die britische Zone bringen, da es nur dort genügend Unterbringungs- und Verpflegungsmöglichkeiten für solch eine große Anzahl von Menschen gebe.[36] Die britische Regierung hoffte immer noch, daß die Jewish Agency zur Zusammenarbeit bereit sei und einen Vertreter nach Port-de-Bouc schickte, der die Flüchtlinge aufforderte, die Schiffe zu verlassen. In Jersualem erhielt Golda Meir dieselbe Nachricht, sie antwortete, kein Jude sei imstande, einen anderen Juden an einen Ort zu weisen, wenn dieser nicht in Palästina sei.[37]

Deshalb hatten bis zum Abend des 22. August trotz allen britischen Drängens erst einunddreißig jüdische Flüchtlinge das französische Angebot angenommen. Daher stachen die Schiffe wieder in See und bewegten sich in Richtung Gibraltar. Nach einem Monat der Anstrengung und der Hitze begannen alle Beteiligten die Nerven zu verlieren. Gray erinnert sich: »Ständig bespuckte man meine Männer und bezeichnete sie als ›Nazi-Bastarde‹. Dieses Verhalten ging zumindest ursprünglich nicht von den Flüchtlingen aus. Der harte Kern der Haganah organisierte dies. Es war äußerst unfair. Einige meiner Leute waren in der Schlacht um Arnhem mit dem Fallschirm abgesprungen, andere hatten im Kampf gegen Nazi-Deutschland ihre Freunde verloren. Aber ich bin der Ansicht, daß sie keine Vergeltung übten, selbst wenn Männer und Frauen ihnen ins Gesicht spuckten.«

In Gibraltar erfolgte ein Angebot, alle schwangeren Frauen nach Palästina zu bringen. Aber inzwischen waren die Flüchtlinge entschlossen, die Prüfung bis zum Ende durchzustehen, und lehnten daher dieses Angebot ab. Am 8. September kamen sie in Hamburg an. Die Flüchtlinge von der ›Empire Royal‹ gingen schnell an Land. Major Gray erinnert sich: »Sie gingen von Bord wie Lämmer. Ich fand das sehr merkwürdig. Außerdem hatten meine Wachen laute Geräusche unten im Bug gehört. Deswegen schickte ich einen Bombensuchtrupp nach unten. Sie entdeckten, daß man an einem Inspektionsdeckel im Bug herumgebastelt hatte, als sie ihn hochhoben, entdeckten sie einen großen Behälter für Speiseöl, aus dem zwei Drähte heraushingen. Die Anordnung war derart, daß, sobald das Schiff wieder in See stach, das Bilgenwasser über den Kontakt gespritzt und die Bombe hochgegangen wäre.«

Die Flüchtlinge von der ›Runnymede Park‹ und der ›Ocean Vigour‹ hatten keinen solchen Grund, ihre Schiffe schnell zu verlassen. Einige von ihnen leisteten heftigen Widerstand, andere gingen resigniert zu den Zügen, die sie zum Lager Poppendorf bei Lübeck bringen sollten. Die ›Palestine Post‹ schrieb: »Einige der Soldaten halfen den Frauen hinüber, führten die Kinder an der Hand und halfen den Flüchtlingen, ihre Pakete zu tragen – alles, was ihnen übrig geblieben war, wie ein Soldat sagte. In zahlreichen Fällen wiesen die Deportierten die Hilfsbereitschaft zurück, spuckten den Soldaten ins Gesicht und nannten sie ›dreckige Faschisten‹.«[38]

Andere Flüchtlinge warfen die Speisen und Getränke fort, die sie im Zug von Helfern des Roten Kreuzes erhielten. Über all diese Szenen gab es Berichte und Fotos, die dem britischen Ruf sehr schadeten. Es erschien als ein Akt bewußter Unmenschlichkeit, wenn man jüdische Überlebende von Konzentrationslagern in das Land zurückschickte, von dem diese Schrecken ausgegangen und wo ihre Verwandten gestorben waren. Weit entfernt davon, durch die ›Exodus‹ »ein Exempel zu statuieren« und die Weltmeinung gegen die Organisatoren der illegalen Einwanderung aufzubringen, brachte es Bevin nur fertig, die Weltgemeinschaft zu schockieren und die Sympathie für den Zionismus noch mehr zu fördern.

Dieser große Erfolg der Haganah geriet jedoch in den Schatten des Ergebnisses der Untersuchung der UNSCOP-Delegation. Nachdem sie einen Monat in Palästina verbracht hatte, besuchte sie Lager in Deutschland und Österreich und zog sich dann nach Genf zurück, um ihren Bericht zu schreiben, so wie es die britisch-amerikanische Untersuchungsgruppe ein Jahr zuvor getan hatte. Der am 31. August kurz vor Mitternacht unterzeichnete Bericht enthielt die einstimmige Empfehlung, das britische Mandat baldmöglichst zu beenden.

Aber seinen wichtigsten Bestandteil stellte die Mehrheitsempfehlung dar,

Palästina in einen jüdischen und einen arabischen Staat aufzuteilen, dem hatten sieben Staaten zugestimmt, während sich drei dagegen aussprachen und einer sich der Stimme enthielt. Beide Teilstaaten sollten vertraglich eine Wirtschaftsunion vereinbaren, Jerusalem sollte direkt von den Vereinten Nationen verwaltet werden und während einer Übergangsperiode von zwei Jahren sollten 150 000 Juden ins Land kommen dürfen, und Großbritannien sollte so lange seine Mandatsverantwortlichkeit behalten.

Der in Zürich tagende zionistische Generalrat bezeichnete diese Pläne sofort in einer mit einundfünfzig gegen sechzehn Stimmen verabschiedeten Resolution als »einen ernsten Versuch einer gerechten Lösung dieses Problems.« Der amerikanische Außenminister George C. Marshall kündigte an, die Vereinigten Staaten »legten großes Gewicht« nicht nur auf die einstimmigen Empfehlungen, sondern auch auf die der Mehrheit. Aber der im Libanon tagende politische Ausschuß der Arabischen Liga sah in dem UNSCOP-Teilungsvorschlag eine Verletzung des natürlichen Rechts der palästinensischen Araber auf Unabhängigkeit und eine Bedrohung der Sicherheit für alle arabischen Länder.[39] Wie Cunningham berichtete, ging die allgemeine Ansicht der Araber dahin, daß der Versuch der Durchsetzung dieser Teilung zur Wiederholung des Aufruhrs von 1936 führen würde.

Für Bevin und die britische Regierung stellte der Mehrheitsvorschlag des UNSCOP einen weiteren Schritt in Richtung auf eine Vorstellung dar, die bis zum 14. Mai ganz unmöglich erschienen war und die im September nicht dadurch angenehmer erschien, daß sieben Männer aus Ländern, in denen die Probleme Palästinas ganz unbekannt waren, ihr aus Gründen zugestimmt hatten, die sie selbst am besten kennen mußten. Bevin schrieb am 18. September: »Der Mehrheitsvorschlag ist so eindeutig ungerecht gegenüber den Arabern, daß schwer zu sehen ist, wie wir ihn – in Sir Alexander Cadogans Worten – mit unserem Gewissen vereinbaren können.« Obwohl Bevin dies ursprünglich gewünscht hatte, hatte Großbritannien sich nicht zur Annahme oder gar Durchsetzung irgendeiner Empfehlung verpflichtet. Wie sollte sich Großbritannien nun verhalten, wenn – was jetzt wahrscheinlich schien – die Generalversammlung der Ansicht des UNSCOP folgte und für die Teilung stimmte?

Bevin bemerkte, daß der vom UNSCOP vorgeschlagene jüdische Staat viel größer war, als der 1937 von Lord Peel oder der 1944 vom Kabinettsausschuß ins Auge gefaßte. In ihm würden eine halbe Million Juden und fast ebenso viele Araber, nämlich etwa vierhundertfünfzigtausend, leben. In ihm würden die meisten Zitruspflanzungen und der Hauptteil der palästinensischen Wirtschaft, die zur Hälfte Arabern gehörten, liegen. Das arabische Gebiet würde viel weniger fruchtbar sein. Nach dem jetzigen Vorschlag sollte der jüdische

Staat auch größer sein als nach dem Vorschlag der Konferenz im Februar.[40] Die Araber hatten damals zu ihm gesagt: »Wenn es für die Juden falsch ist, eine Minderheit von 33 1/3 oder vierzig Prozent im ganzen Land darzustellen, mit welchem Recht will man 380 000 Araber den Juden unterstellen? Welche Antwort haben Sie darauf?« Wie aus einer Rede vom 25. Februar hervorging, hatte Bevin gar keine Antwort darauf, und noch weniger hatte er eine Antwort auf die Einwände der Araber gegen die UNSCOP-Vorschläge.

Die Stabschefs schätzten, daß man mindestens eine weitere Division benötigen würde, um den UNSCOP-Plan durchzusetzen, und daß jede derartige Vorgehensweise von allen arabischen Staaten als Vertrauensbruch angesehen würde. Der gute Wille der Araber, der von »überragender Bedeutung für unsere strategische Position sei«, würde erschüttert. Und das britische Außenministerium teilte diese Ansicht. Beeley meint dazu: »Im Laufe des Jahres lief die Entscheidung immer mehr auf die eine Frage hinaus, ob Großbritannien für die Teilung verantwortlich sein sollte oder nicht. Nach der Kehrtwendung der Sowjetunion und dem UNSCOP-Bericht erschien eine Teilung immer wahrscheinlicher. Wie sollten wir uns nun dazu verhalten? Wir gelangten zu der Ansicht, wenn wir bei ihrer Durchsetzung helfen würden, dann würde der Zorn der Araber so groß sein, daß unsere Stellung im Nahen Osten zerstört würde. Daher mußten wir einfach dem Problem ausweichen.«

Andere besaßen ein starkes Gefühl für die Würdelosigkeit und Demütigung, die in einer solchen Politik steckten. Das Kolonialministerium war besonders bestürzt angesichts der Vorstellung, drei Jahrzehnte Arbeit aufzugeben, ein Land der Anarchie zu überlassen, wo man gearbeitet hatte und das man aufzubauen geholfen hatte. Auch einige führende Offiziere der Armee hatten das Gefühl, daß die Stabschefs das arabische Militärpotential überschätzten. Generalmajor Richard Gale meint dazu: »Ich vertrat immer die Ansicht, daß wir mit unserem gegenwärtigen Truppenstand die Teilung durchsetzen konnten und keine Verstärkungen benötigten. Die arabischen Truppen waren nicht viel wert. Damals natürlich – meine ich. Aber Monty und die anderen vertraten eine andere Ansicht.«

Beeley meint: »Es kann sein, daß wir es falsch sahen. Vielleicht hätten wir Truppen an die Teilungsgrenzen verlegen sollen, um sicher zu stellen, daß die Teilung durchgeführt wurde. Ich gebe zu, daß dies eine würdevollere Handlungsweise gewesen wäre. Aber nach Ansicht des Außenministeriums hätte es eine ernsthafte Ungerechtigkeit gegenüber den Arabern bedeutet. Und es hätte auch nicht im britischen nationalen Interesse gelegen. Während des gesamten Jahres 1947 verhandelte Bevin mit den Ministerpräsidenten

Nokrashi von Ägypten und Saleh Jabr vom Irak über die Aufrechterhaltung der britischen Stützpunkte, den Schutz des Suezkanals und unserer Ölkonzessionen sowie über die Einbeziehung der beiden Länder in das westliche Bündnis. All dies wäre ruiniert worden, wenn wir uns an der Schaffung des Staates Israel beteiligt hätten.«

Bevin war nicht dafür, im Einklang mit früheren britischen Vorschlägen auf einen kleineren jüdischen Staat zu drängen. »Nun, da der Appetit ihrer Anhänger durch den Mehrheitsplan angestachelt ist«, schrieb er, würden die zionistischen Führer sich nicht mit weniger zufrieden geben. Daher habe er sich unwiderruflich für den Gedanken an einen bedingungslosen britischen Rückzug entschieden. Den vorgeschlagenen Plan könne Großbritannien weder mit seinem Gewissen noch mit seinem nationalen Interesse vereinbaren. Daher würde es sich weigern, ihn durchzusetzen.

Am gleichen Tag, dem 18. September 1947, erfuhr man aus Jerusalem die Anzahl der durch den Terrorismus seit August 1945 getöteten Menschen. Wenn man die einundneunzig Todesopfer der Explosion im King David Hotel nicht mitzählte, dann handelte es sich um hunderteinundvierzig Briten, vierundvierzig Araber und fünfundzwanzig jüdische Nicht-Terroristen. Die jüdischen Terroristen hatten siebenunddreißig Leute im Kampf verloren, sieben durch Hinrichtung und zwei durch Selbstmord, um der Hinrichtung zuvorzukommen.[41] Diese Zahlen sind ein deutlicher Beweis der sanften Vorgehensweise der Briten gegen die Irgun und die Lehi. Wenn Teile der einheimischen Bevölkerung gegen eine ausländische Besatzungsmacht rebellieren, dann finden normalerweise die Guerillakämpfer und ihre Anhänger in größerer Zahl den Tod als die Angehörigen der Besatzungsstreitkräfte.

Bevins Haltung hatte sich jetzt bis zu dem Punkt verhärtet, wo er den britischen Abzug, wie er schrieb, selbst »um den Preis einer Periode des Blutvergießens und des Chaos« wollte. Diese Politik würde zwei bedeutende Vorteile haben. Die britischen Interessen im arabischen Raum würden nicht zerstört und britische Menschenleben nicht länger mehr Gefahren ausgesetzt. Zwar konnte es nun geschehen, daß Araber und Juden Großbritannien vorwarfen, seine Verpflichtungen nicht zu erfüllen, gegen diesen Vorwurf konnte es aber zumindest um eine milde Beurteilung bitten, da es versucht hatte, beide Seiten zu einem Kompromiß zu veranlassen, und da es selbst jetzt noch bereit war, einer einvernehmlichen Lösung zuzustimmen: »Wir können es uns nicht erlauben, aus Furcht vor diesem Vorwurf auf unbegrenzte Zeit in Palästina zu bleiben.«

Im Lauf des Septembers töteten Terroristen in Palästina zwölf britische Polizisten, vier starben bei einem Überfall der Lehi auf die Barclays Bank in Haifa, drei durch eine in einem Teerfaß eingebaute Bombe, die eine Kampfgruppe der Irgun von einem Lastwagen über eine eigens gebaute Schrägrampe über den Sicherheitszaun gegen die Mauer des Polizeipräsidiums von Haifa rollte.

Am 1. Oktober begann der Prozeß gegen Roy Farran, den man zur Rückkehr aus Syrien hatte veranlassen können, wegen des Mordes an Alexander Rubowitz. Der später als Richter des High Court bekannte Melford Stevenson übernahm als Judge Advocate die juristische Beratung des Militärgerichts: »Ich erinnere mich, daß die Anklage scheiterte, weil Farran, nachdem er aus seinem Gewahrsam geflohen war, in seinem Zelt ein Armeenotizbuch hinterließ, in dem sich ein Text befand, den die Anklage als ›volles Geständnis‹ bezeichnete und der für den ihn verteidigenden Offizier bestimmt war. Ich mußte das Gericht darauf hinweisen, daß dieses ›Geständnis‹ unter das Verteidigergeheimnis fiel und das Gericht sich daher nicht darauf stützen konnte.«

Die Anklage erfuhr einen weiteren Rückschlag, als Bernard Fergusson, der Farran nach Syrien gefolgt war und den Fall mit ihm bis in Einzelheiten hinein diskutiert hatte, die Aussage verweigerte, weil er sich dadurch selbst möglicherweise belastet hätte. Das Gericht akzeptierte auch dies und Fergusson brauchte nicht auszusagen. Das einzige ernsthafte Beweisstück war danach ein Hut, den man am Tatort gefunden hatte und in dem ein Name eingeschrieben war, der dem Farrans ähnelte. Dies war ein reiner Indizienbeweis und genügte nicht zur Verurteilung des britischen Offiziers.

Man sprach Farran unter dem Spott der amerikanischen Korrespondenten und dem Zorn der jüdischen Gemeinschaft frei. Aber seine Spezialtrupps, deren Existenz auf der Geheimhaltung beruhten, waren nun öffentlich bekannt. Man löste sie schnell auf und berief ihre Offiziere aus Palästina ab.

Rubowitz' Kommandant Yalin-Mor wartete einige Monate, dann ließ er einen seiner Leute Farran eine Plastikbombe nach England schicken. Aber sein Bruder Rex öffnete sie. Rex Farrans Leib wurde in Stücke gerissen, und er starb. Zehn Jahre später sagte Yalin-Mor bei einem seltsamen Geheimtreffen in Paris zu Fergusson: »Sagen Sie Farran, es reicht uns, daß wir uns auf diese Weise gerächt haben. Sagen Sie ihm, daß er von uns nichts mehr zu befürchten hat.« 1979 war Roy Farran einer der höchsten Justizbeamten der kanadischen Provinz Alberta. Rubowitz' Leiche hat man bis heute noch nicht gefunden.

Während die britische Herrschaft in Palästina von Tag zu Tag mehr dahinschwand, bemühten sich die britischen Beamten eilig, ihre Verbindungen zu den arabischen Führern wieder zu verbessern. Sie hofften dadurch trotz der arabischen Drohungen, einen bewaffneten Zusammenstoß zu verhindern. Auf jeden Fall war es wichtig, die britische Neutralität im Falle eines Konflikts deutlich zu machen, die Tatsache, zu unterstreichen, daß Großbritannien den bei den Arabern so verhaßten Teilungsplan nicht durchsetzen würde, wie auch immer die Entscheidung der Vereinten Nationen lautete.

Im September reisten zwei leitende Polizeibeamte, Arthur Giles und John Briance, nach Kairo, um mit Haj Amin al-Husseini inoffiziell die Möglichkeit einer Teilung zu erörtern. Durch einen britischen Mittelsmann ließ der Mufti mitteilen, warum seine Antwort ein kompromißloses Nein sei. Es sei einfach so, daß Palästina den Arabern gehöre und kein Verhandlungsobjekt darstelle. Das Ganze erinnere ihn an einen Räuber, der darüber verhandeln wolle, unter welchen Bedingungen er das gestohlene Eigentum zurückgeben würde. Darüber hinaus würde die vorgeschlagene Teilung die Zionisten nicht befriedigen. Sie würde für sie nur ein Sprungbrett zu größeren Zielen darstellen. Mehrmals sagte er auf Französisch zu dem britischen Mittelsmann: »Der Appetit wächst mit dem Essen.«

Haj Amin fuhr fort: »Versetzen Sie sich in einen Araber. Denken Sie an 1940 zurück. Haben Sie jemals in Erwägung gezogen, den Deutschen einen Teil Großbritanniens anzubieten, damit diese Sie in dem Restgebiet in Ruhe ließen? Natürlich nicht, und Sie würden dies auch nie tun. Sie haben es vorgezogen, Ihr Leben zu seiner Verteidigung einzusetzen. Zweitens hätten Sie gewußt, daß sie ihr Versprechen niemals gehalten hätten, sich auf einen Teil zu beschränken.«[42] Dann erklärte er, daß es keine grundsätzliche Feindschaft der Araber gegen Großbritannien gebe. Ihre Gegnerschaft sei eine rein politische: »Sie hassen die Politik, die die zionistische nationale Heimstätte gegründet und gefördert hat.« Nun wünschten sie, daß Großbritannien davon absah, noch mehr für die Juden zu tun, daß es aufhörte, den politischen Zionismus zu unterstützen. Die Araber würden dann das Problem mit ihren eigenen Streitkräften selbst lösen.

Am 7. Oktober verließ Haj Amin – wie gewöhnlich illegal – Kairo und tauchte ohne Paß oder Visum auf dem Flughafen von Beirut auf. Premierminister Riad lud ihn sofort als Gast in sein Haus ein. Die Briten waren genauso wie die Zionisten wieder einmal empört darüber, daß verantwortliche arabische Politiker einen führenden Kollaborateur der Nationalsozialisten in Ehren willkommen hießen. Azzam Pasha mußte erklären, der Mufti »habe die Phantasie der arabischen Massen erobert«, und die Arabische Liga könne es sich nicht leisten, ihn fallenzulassen. Azzam fügte hinzu, da die Juden ihre Irgun- und Stern-Leute hätten, müßten die Araber auch die ihren haben dürfen.

Die arabischen Führer unterschieden sich nur im Ausmaß ihrer Ablehnung des Jischuw, der Neuankömmlinge aus Europa, die nun das Geburtsrecht der Palästinenser bedrohten. Während er sich gegenüber den britischen

Emissären liberaler äußerte, bedeutete Haj Amin den arabischen Führern, die Araber sollten gemeinsam über die Juden herfallen und sie vernichten, sobald sich die britischen Streitkräfte zurückgezogen hätten.[43] Bevin hatte die Hoffnung zum Ausdruck gebracht, daß die Aussicht auf einen britischen Rückzug die beiden Seiten einander näher bringen würde. Dagegen sahen die Anhänger des Mufti erwartungsvoll den Augenblick des Rückzugs als den Beginn des Endkampfs. (Haj Amin starb 1972 in der Nähe von Beirut.)

Aber selbst die gemäßigten Araber, die nicht von einer physischen Ausrottung sprachen, wiesen einen jüdischen Staat genauso heftig zurück wie Haj Amin. »Kein Araber wird je von einem Juden regiert werden,« sagte der irakische Außenminister al-Jamali. Als man Azzam Pasha zu informellen Gesprächen mit zionistischen Führern einlud, erwiderte er, solange diese ihre Forderung nach einem jüdischen Staat aufrechterhielten, sei jede Verhandlung nutzlos: »Die Kluft zwischen beiden Seiten sei gegenwärtig zu groß, und er glaube nicht, daß man durch Verhandlungen etwas gewinnen könne.«

Was sollte unter diesen Umständen aus dem Plan werden, was aus der Wirtschaftsunion zwischen beiden Staaten, was aus der Verwaltung Jerusalems durch die Vereinten Nationen? Cunningham brachte bereits am 8. Oktober seine Besorgnis zum Ausdruck. Er berichtete, wenn die Araber nicht kooperierten, was höchst unwahrscheinlich sei, dann sei auf vielen Gebieten der Verwaltung die Übergabe der Macht nicht möglich. Was sollte mit den Eisenbahnen, den Häfen, den Gefängnissen, der Post, dem Fernmeldewesen und dem Zoll geschehen? Eine jüdische Regierung würde diese Einrichtungen vermutlich auf dem ihr zugewiesenen Gebiet übernehmen, was aber sollte in den arabischen Gebieten geschehen? Das Ergebnis würde fast sicher eine Katastrophe und eine Tragödie für die Bevölkerung Palästinas darstellen.[44] Er teilte der Auslandspresse mit, es sei zwar vorstellbar, daß Großbritannien Palästina ohne jede Verwaltung zurückließ, aber dies würde Elend und Chaos bedeuten.[45]

Am 17. Oktober teilte Creech-Jones den Vereinten Nationen die Entscheidung der britischen Regierung mit: »Die Regierung Seiner Majestät wolle weder allein noch in Zusammenarbeit mit anderen Nationen die Verantwortung für die Durchsetzung einer Regelung übernehmen mit der entweder die Juden oder die Araber oder beide nicht einverstanden wären und die daher wahrscheinlich die Anwendung von Gewalt notwendig mache.« Langsam klärte sich die Bedeutung der neuen britischen Politik. Die britischen Streitkräfte in Palästina sollten nicht zum Einsatz gelangen, um die Durchführung des Plans zu erzwingen. Sie sollten sich nicht einmal an einer Streitmacht der Vereinten Nationen beteiligen, die diese Aufgabe wahrzunehmen hatte. Wenn die Vollversammlung dem Plan zustimmte, würde Großbritannien die Entscheidung passiv hinnehmen, es würde aber zur Organisation seiner Durchführung weder Unterstützung noch Hilfe leisten.

Am 5. Nobember schickte Cunningham ein noch besorgteres Telegramm: »Die Frage lautet, sind wir bereit, gegenüber der christlichen Welt die völlige Aufgabe des Ursprungs und des Mittelpunkts ihrer Religion zu vertreten? Ich muß daher nochmals wiederholen, daß ich nichts damit zu tun haben will, wenn man Jerusalem in einem Vakuum zurückläßt. Wir könnten möglicherweise zweitausend britische Polizisten dort stationieren. Aber Großbritannien hat sich entschieden, genau dies nicht zu tun. Der Rückzug muß total sein, um den Arabern überzeugend zu zeigen, daß Großbritannien sich an der Durchführung des Plans zur Teilung ihres Landes nicht beteiligt.«

Im November entschied sich das Schicksal Palästinas in den Wandelgängen der Vereinten Nationen. Thailand, Haiti, Island, Costa Rica und die Philippinen gehörten zu den Ländern, deren Stimmen darüber entscheiden sollten, ob ein jüdischer Staat ins Leben trat. Am 12. November umzingelte die britische Polizei ein Ausbildungslager der Lehi bei Raanana und erschoß dabei fünf junge Juden. Die Lehi übte sofort Vergeltung, indem sie drei Angestellte der britischen Ölfirma Shell vor einem Café in Haifa tötete und Granaten in ein anderes Café in Jerusalem warf. Innerhalb weniger Tage tötete man elf Briten und verletzte dreiundzwanzig.[46] Die Lehileute entführten und töteten außerdem fünf Araber, die sie verdächtigten, ihr Versteck verraten zu haben.

Am 27. November 1947 forderte der Oberrabbiner von Jerusalem den Jischuw auf, an der Klagemauer zu beten. Zwei Tage darauf saßen alle an den Runfunkgeräten und hörten die Berichte von der Abstimmung in New York über ihren zukünftigen Staat. Dreiunddreißig Staaten stimmten dafür, darunter die Vereinigten Staaten, die Sowjetunion und Frankreich. Die dreizehn Gegenstimmen kamen aus Kuba, Griechenland und elf islamischen Staaten. Obwohl die britische Regierung den Plan als gegen ihr Interesse gerichtet und mit ihrem Gewissen nicht zu vereinbaren bezeichnet hatte, gehörte das Land zu den zehn sich der Stimme Enthaltenden. Damit war die Zweidrittelmehrheit erreicht, und die Juden Palästinas tanzten auf den Straßen.

Am 4. Dezember bekräftigte das Kabinett erneut Bevins Politik der Nicht-Beteiligung. Die britische Herrschaft sollte am 15. Mai 1948 enden und der militärische Rückzug am 1. August beendet sein. Bis zum 15. Mai sollte die ungeteilte britische Herrschaft andauern. Die Kommission der Vereinten Nationen, die den Plan nun durchführen sollte, würde daher erst am 1. Mai nach Palästina kommen dürfen, da es »nicht zu tolerieren« sei, in einer Zeit möglicher arabischer Rebellion die Macht mit ihr zu teilen.

In dieser, seiner letzten wichtigen Denkschrift zu Palästina, legte Bevin dar, daß die scheinbar in sich widersprüchliche Politik gerechtfertigt war, die darauf bestand, die Autorität zu behalten, während sie nicht gewillt war, sie auch auszuüben. Großbritannien hatte die Mandatsverpflichtung, eine nationale Heimstätte für das jüdische Volk zu errichten, unter der eindeutigen Bedingung übernommen, daß dies die bürgerlichen und religiösen Rechte der bestehenden nicht-jüdischen Gemeinschaften nicht beeinträchtigen dürfe. Großbritannien hatte es nicht übernommen, entweder einen jüdischen oder einen arabischen Staat zu schaffen oder der einen Partei die Interessen der anderen aufzuzwingen. Aber genau dazu beabsichtigten die Vereinten Nationen es jetzt zu veranlassen.

Die britische Position war besonders schwierig. Großbritannien war die einzige Macht, die genügend Streitkräfte in Palästina unterhielt, um wirksam zu handeln. Es wurde außerdem beschuldigt, seine Hintergedanken zu verschleiern. Wenn es nun seine Streitkräfte einsetzte, um eine Lösung durchzusetzen, die nur die eine Seite wünschte und die der anderen verhaßt war, dann würde es sich mit einer schwerwiegenden Verantwortung belasten und gegen sein eigenes nationales Interesse handeln. Es gab nur einen Weg zur Erfüllung aller Verpflichtungen gegenüber dem Mandat und den Vereinten Nationen und der bestand darin, nichts zu tun. In den nächsten fünf Monaten wollte es Palästina nur dem Namen nach regieren, seine Streitkräfte nur zur Selbstverteidigung einsetzen, und sich so wenig wie möglich in den Krieg verwickeln lassen, der im Entstehen begriffen war.

Die Ereignisse dieser fünf Monate klingen düster und wohlbekannt. Obwohl noch dreißig britische Polizisten zwischen dem 1. Dezember und dem Rückzug den Tod fanden, spielten sich die wichtigsten Kämpfe nicht länger zwischen den Juden und den Briten ab. Die gewalttätigen arabischen Proteste gegen die Entscheidung zur Gründung eines jüdischen Staats steigerten sich innerhalb weniger Tage zu gegenseitigen Morden, die jahrzehntelang weitergehen sollten. Am 19. Dezember hieß es in einer Verlautbarung: »Der Hohe Kommissar fordert mit Nachdruck, daß die Auseinandersetzungen zwischen den Gemeinschaften aufhören müssen. ... Sollten diese Auseinandersetzungen weitergehen, so bleibt uns kein anderer Weg als der nachdrückliche Einsatz unserer Sicherheitskräfte gegen alle – Juden und Araber gleichermaßen – die das Gesetz brechen.«

Aber er wußte, daß er bluffte. Die Briten hatten weder die Mittel noch den Willen, die Gewalttätigkeit auszurotten. Am 13. Oktober 1947 telegrafierte er nach London: »Wenn zu diesem Zeitpunkt [15. Mai 1948] keine Polizeistreitmacht in Jerusalem wirksam tätig ist, dann sind Blutvergießen und Zerstörung unvermeidlich und werden vor unserer Tür geschehen ... Unser

Gewissen kann sich sicher schwer mit einem Lösungsvorschlag abfinden, von dem wir wissen, daß er die heiligen Stätten der Christenheit Gefahren aussetzt, insbesondere, daß eine Körperschaft, der keine Streitkräfte zur Verfügung stehen, Jerusalem übernimmt.«[47]

Der District Commissioner von Jerusalem J. H. Pollock berichtete im Dezember: »Die politische Lage hat sich im gesamten Bezirk verschlechtert, und man kann sagen, daß die Auseinandersetzungen zwischen den Gemeinschaften jetzt in vollem Gange sind.«[48] Am 16. Dezember hatten die Araber in verschiedenen Teilen der Stadt Straßensperren aus Stacheldraht und Fässern errichtet. Am folgenden Tag betrug die landesweite Zahl der Todesopfer seit Ende November hundertsechs Araber und sechsundneunzig Juden.[49] Am 28. Dezember beschoß man eine jüdische Fahrzeugkolonne auf der Straße von Jersualem nach Jaffa zehn Kilometer lang aus dem Hinterhalt, es gab fünf Verletzte und zwei Tote. Diese Kolonnen sollten bald zu einem der zentralen Punkte des Krieges werden. Am gleichen Tag griff eine Gruppe von zwanzig Juden zwei arabische Dörfer an. Am 30. Dezember warf man eine Bombe auf eine Warteschlange von hundert Arabern vor einer Fabrik in Haifa. Daraufhin gingen die Beschäftigten sofort gewaltsam gegen ihre jüdischen Kollegen vor, und bis Armee und Polizei eintrafen, um die Ordnung wiederherzustellen, waren bereits einundvierzig Juden und sechs Araber tot.

Cunningham berichtete, die Haganah verschärfe die Situation durch grausame Vergeltungsschläge, wie sie früher für die Irgun typisch waren. Sie gab selbst zu, Dörfer anzugreifen, in denen sie bewaffnete Araber vermutete, sie sprengte Häuser (wie es die Briten während des arabischen Aufstands getan hatten) und tötete normale Bewohner, darunter auch Frauen und Kinder. Sie kehrte ihre Waffen auch gegen britische Polizei- und Truppeneinheiten, die versuchten, die Ordnung wiederherzustellen.[50] Dennoch beschwerte sich Golda Meir am 17. Dezember bei Cunningham: »Die Hauptätigkeit der Regierung sei darauf gerichtet, die Streitkräfte der Juden durch Waffensuche und fast tägliche Verhaftungen zu schwächen ... Polizisten und Soldaten stünden unbeteiligt und untätig herum, während man Läden in Brand steckte und Juden angriff.« Sie deutete an, daß andere Soldaten und Polizisten den arabischen Kämpfern halfen und sie ausrüsteten.[51]

So sahen die jüdischen Beschwerden während der ersten Monate des Jahres 1948 aus. Die britische Verwaltung war in Auflösung begriffen und trotz Cunninghams persönlicher Sorge und seiner Forderungen nach aktivem Handeln, tat sie nichts, um ihrer elementaren Pflicht zur Bewahrung des Friedens nachzukommen. Ihre Weisungen lauteten dahin, sich aus dem arabisch-jüdischen Konflikt herauszuhalten, sich auf Selbstverteidigung zu beschränken, sich nicht in Polizeiaktionen einzulassen, die man als Versuch interpretieren konnte, die Entscheidung der Vereinten Nationen durchzusetzen. Viele sehen heute noch in dieser Politik eine ernsthafte Preisgabe von Pflichten. Man sagt, Cunningham habe wie ein anderer Kolonialverwalter im gleichen Land vor 1900 Jahren gehandelt – er wusch seine Hände in Unschuld.

Wie unfair dies auch immer sein mag (er bombardierte London weiterhin mit Forderungen, handeln zu dürfen), so spiegelt diese schwerwiegende Anschuldigung doch das dekadente und unordentliche Schauspiel der letzten und am wenigsten glorreichen Monate der britischen Herrschaft in Palästina wider. Eine umfassende Geschichte dieser Periode muß noch geschrieben werden – noch stehen die britischen Dokumente darüber nicht zur Verfügung – aber einige ihrer schamlosen und widerwärtigen Grundzüge sind bekannt. Da gab es beispielsweise die Explosion in der Ben Yehuda Straße am 22. Februar 1948, bei der zweiundfünfzig Menschen, hauptsächlich Juden, den Tod fanden. Dies war der schlimmste einer Reihe von Zwischenfällen bei denen einige wenige britische Polizisten und Soldaten, gegen die Juden insgesamt durch ihre Erfahrung mit dem Terrorismus gefühllos geworden und durch die allgemeinen Auflösungstendenzen demoralisiert, blinde Gewaltakte gegen jüdische Zivilpersonen verübten.

Einige andere desertierten und schlossen sich der Arabischen Legion oder den wachsenden irregulären arabischen Truppen an. Man löste die britischen Ausrüstungslager auf, es gab reichlich Geld, dies war eine gute Gelegenheit für gewissenlose Elemente, ihre Taschen zu füllen. Eine Zeitlang konnte man in gewissen arabischen Bezirken auf den Lokalmärkten neben Orangen und Melonen britische Gewehre und Pistolen, Munition und Handgranaten kaufen. Jeder Beamte, der bereit war, den Waffenschmuggel der Haganah zu übersehen, konnte mit großzügigen Schmiergeldern rechnen.

Als er im Januar aus Palästina zurückkehrte, zeigte sich der frühere Generalinspekteur Rymer-Jones über das Gesehene tief empört: »Alle städtischen Gebiete waren in kleine Sicherheitszonen aufgeteilt. Syrische Landstreicherbanden suchten die ländlichen Gebiete heim. Als wir eines Abends mit dem Wagen nach Jerusalem zurückkehrten, hielten uns die Irregulären an einer Straßensperre an und steckten ihre Gewehre durch die Fenster. Ein Superintendent der Polizei mußte seinen Wagen verlassen und zu Fuß nach Hause gehen. Das Land stand sichtlich nicht mehr unter Kontrolle. Ich will die Lage nicht weiter beschreiben. Es ist zu beschämend.«

Für Menachem Begin, der im Begriff stand, seine Untergrundarmee in den offenen Kampf gegen arabische Streitkräfte zu schicken, lag die Bedeutung der Auflösung der britischen Herrschaft nur darin, daß sie einen Schritt voran im unvermeidlichen Fortschritt zum jüdischen Staat hin bedeutete. Er kannte nicht den geringsten Zweifel daran, daß das jüdische Volk ein Recht auf diese Staatlichkeit besaß – und das nicht nur innerhalb der von den Vereinten Nationen festgesetzten Grenzen: »Meine größte Sorge bestand damals darin, daß die Araber den Plan der Vereinten Nationen annehmen könnten. Dann hätten wir die schwerste Tragödie erlebt, einen jüdischen Staat, der zu klein war, um alle Juden der Welt aufzunehmen.« Er wollte den jüdischen Staat schaffen und ihn dann auf das gesamte ursprüngliche Gebiet des Mandats Palästina ausdehnen.

Heute als israelischer Ministerpräsident sagt er: »Eines ist klar. Dieses Land gehört uns. Wir wurden hier geboren, wir bauten hier unsere Kultur und unseren Staat auf. Wir besaßen unsere beiden Tempel. Sie wurden zerstört. Jedes Gebet war mit diesem Land verbunden. Wir wandten uns beim Gebet in Richtung Jerusalem. Palästina lebte in uns – selbst dort in meiner Heimat Brest-Litowsk. Wir sahen es vor unserem geistigen Auge. Wir sprachen immer davon. Wir zweifelten nie an unserer Rückkehr nach Palästina. Es ist unser Land.«

Begin hat keine Schuldgefühle gegenüber den palästinensischen Arabern: »Der Groll ist da, das muß ich zugeben, aber sie sollten diesen Groll nicht empfinden. Wir tun den Arabern nichts Böses an. Sie werden mit uns zusammen leben. Es ist wahr, daß sie eine Minderheit bilden werden, aber heute verfügen die Araber über zweiundzwanzig Staaten. Und wenn sie einen dreiundzwanzigsten Staat wollen, um uns das Leben zur Hölle zu machen, dann sagen wir guten Gewissens, daß wir dem nicht zustimmen werden. Es ist ungerecht.«

Was die Methoden anbelangt, die er als Kommandant der Irgun anwandte, so gibt es nicht ein einziges Beispiel, bei dem er Reue empfindet oder zugibt, einen Fehler begangen zu haben – weder beim King David Hotel, noch beim Offiziersklub in Jersualem, noch sonstwo. Er behauptet, der »Befreiungskampf« der Irgun sei der gerechteste oder am wenigsten ungerechte in der gesamten Geschichte derartiger Kämpfe gewesen, und er findet Vergleiche der Irgun mit der heutigen PLO oder IRA beleidigend, da beide regelmäßig Zivilisten angreifen und töten.

Arthur Koestler fordert uns in seinem Buch ›Promise and Fulfilment‹ auf, den Kampf der Irgun als Ausdruck des menschlichen Grunddilemmas zwischen Zielen und Mitteln zu sehen. Er weist darauf hin, daß es ohne die Rebellion der englischen Barone keine Magna Charta gäbe und ohne den Sturm auf die Bastille keine Proklamation der Menschenrechte. Daher könne man Gewaltanwendung als politische Waffe nicht grundsätzlich und unter allen Umständen ausschließen. Aber, wenn sie gerechtfertigt sei, dann sei sie dies nur innerhalb sehr enger Grenzen. Sie sei mit dem Arsen vergleichbar. In kleinen Dosen injiziert, könne sie den Gesellschaftskörper anregen. In großen Dosen wirke sie als tödliches Gift. Ein chirurgischer Eingriff sei gerechtfertigt, wenn das Ergebnis vernünftigerweise vorhersehbar sei. Aber man gelange sehr schnell an den Punkt, wo das Skalpell des Chirurgen zum Schlächtermesser werde.[52] Dieser Abschnitt wurde Begin Ende 1978 vorgelesen. Er erwiderte, daß er mit Koestlers Argumentation übereinstimme, und es befriedige ihn, daß die Handlungen der Irgun ausnahmslos innerhalb dieser moralischen Grenzen gelegen hätten.

Koestler meint, daß die Irgun diese Grenzen zweimal verletzt habe, zum ersten durch die Erhängung der beiden britischen Unteroffiziere, zum zweiten durch die Tötung von zweihundertfünfzig arabischen Zivilisten beim Angriff auf das Dorf Dir Yassin am 9. April 1948. Die Folgen dieses letztgenannten Ereignisses sind in der arabischen Welt noch immer lebendig, man sieht dort darin eine der schlimmsten Greueltaten der Soldaten des politischen Zionismus.

Aber selbst bei dieser umstrittensten aller Aktionen der Irgun will Begin nicht zugeben, daß seine Leute ein Unrecht begingen: »Man stellte dort Lautsprecher auf – eine interessante Tatsache hinsichtlich der Moral der Irgun – um die Zivilisten aufzufordern, Dir Yassin vor Beginn der Schlacht zu räumen, damit keiner von ihnen zu Schaden kam. Nun waren die Häuser aus Stein wie in allen Gebirgsdörfern. Unsere Leute konnten das aus den Häusern kommende Feuer nicht überwinden. Was taten sie also? Sie warfen Handgranaten in die Häuser. So wurden die Zivilisten, die aufgrund der Warnung nicht flohen, getötet. Das stimmt. Und wir bedauern es zutiefst. Aber ich möchte ihnen erklären, daß keiner unserer Leute von der Irgun oder Lehi ein Massaker beging. Es war sehr tragisch, aber es gab kein Massaker. Hier stimme ich nicht mit Herrn Koestler überein.«

Die meisten Historiker innerhalb und außerhalb Israels weisen diese Darstellung zurück. Sowohl das Internationale Rote Kreuz als auch die Briten berichteten über den Zwischenfall in einer die Irgun heftig kritisierenden Weise. Ein britisches Dokument zitiert die trotzigen Worte eines Irgun/Lehi-Sprechers am Abend des Ereignisses: »Wir wollen angreifen, erobern und festhalten, bis wir ganz Palästina und Transjordanien in einem großjüdischen Staat besitzen ... Wir hoffen, unsere Methoden in der Zukunft zu verbessern, Frauen und Kinder zu verschonen.«[53] Die Jewish Agency brachte sofort ihre »Ablehnung« der angewandten Methoden zum Ausdruck, sie erklärte, daß viele Zivilisten spontan umgebracht worden seien, und diese Version bleibt bis heute die meistverbreitete.

Die unmittelbare Folge der Ereignisse von Dir Yassin bestand darin, daß

Zweidrittel der Araber des den Juden zugeteilten Gebiets Hals über Kopf flohen, es handelte sich um dreihunderttausend Menschen, denen man selbst nach dreißig Jahren nicht gestattet, in ihre Heimat zurückzukehren. Begin räumt daher ein, daß der Angriff oder – wie er es sieht – die Legende darüber für den entstehenden jüdischen Staat militärisch und politisch nützlich war. Auf der anderen Seite erregen die Worte »Dir Yassin« heute noch die tiefsten Leidenschaften jedes palästinensischen Arabers, und sie haben überlebt als Symbol des tiefen Haßgefühls über die Vertreibung aus ihrem Land. Das war das langfristige Ergebnis dieser Aktion.

Begin behauptet auch, es sei hauptsächlich der Irgun zu verdanken, daß Großbritannien zum Verlassen des Landes gezwungen wurde. Er zitiert Abba Hillel Silver: »Die Irgun wird als der Faktor in die Geschichte eingehen, ohne den das Land Israel nicht entstanden wäre.«[54] Außerdem zitiert er den früheren leitenden Beamten des Palästina-Sekretariats Oberst Archer Cust: »Die Erhängung der beiden Unteroffiziere trug mehr als alles andere zu unserem Abzug bei.« (Er zitiert nicht die nächstfolgende Zeile des Aufsatzes von Cust, in der von dem »scheußlichen Verbrechen von Dir Yassin« die Rede ist, das »die Araber vertrieb und das Flüchtlingsproblem in die Welt setzte.«[55])

Die Veteranen der Haganah und der Jewish Agency weisen derartige Behauptungen ehemaliger Angehöriger der Irgun und der Lehi zurück. Sie vertreten die Ansicht, Israel sei nicht das Werk von Militäreinheiten einer Minderheit oder von Angriffen auf Polizeireviere oder gar von Morden auf offener Straße, sondern das Ergebnis einer drei Jahrzehnte dauernden Aufbauarbeit, der Gründung von Siedlungen, Streitkräften und Regierungsinstitutionen. Als sich der Tag des Abzugs der Briten näherte, hätte der Jischuw deshalb bereits über einen parallelen Staatsapparat verfügt, der das Vakuum füllte.

Einige dieser Leute sind bereit zuzugeben, daß die Irgun in bedeutendem Maße dazu beitrug, Druck auf Großbritannien auszuüben und damit die Entscheidung zum Rückzug beschleunigte. Und wenn dies der Fall sein sollte, wenn die Irgun und die Lehi die britische Entscheidung zum Rückzug etwa um ein Jahr beschleunigt haben, dann haben sie in der Tat den weiteren Verlauf der Geschichte beeinflußt. Die Ereignisse von 1948 – die kommunistische Machtübernahme in der Tschechoslowakei, die kommunistischen Siege in China, die stalinistischen Schauprozesse in Ungarn, die Berliner Blockade und Stalins Auseinandersetzung mit Tito – ließen die Entscheidungsträger der amerikanischen Politik von dem Glauben Abschied nehmen (den viele vertreten hatten), daß die Zukunft der Welt auf der Zusammenarbeit mit der Sowjetunion beruhe. Wäre die Entscheidung über Palästina erst 1948 und nicht schon 1947 gefallen, hätten der Kongreß der Vereinigten Staaten und der Präsident die Notwendigkeit verspürt, das britische Empire entsprechend dem Vorschlag des amerikanischen Außenministeriums zu stabilisieren. Und dies hätte die Unterstützung der Briten in Palästina, den Wechsel zu einer antizionistischen Politik bedeutet.

Frühere Führer der Haganah glauben dennoch, daß sie recht daran taten, den Terrorismus zu vermeiden und die Gewaltanwendung auf die wenigen Fälle zu begrenzen, wo sie der Erfüllung ihres Programms der illegalen Einwanderung diente. Sie sehen darin eine wirksame und wohlbegründete Kombination humanitärer und politischer Aspekte. Sie gab den Überlebenden der Massenvernichtung Hoffnung. Sie erhöhte die Zahl der Angehörigen des Jischuw. Sie übte Druck auf Großbritannien aus und verschaffte ihm besondere Schwierigkeiten in den Vereinigten Staaten. Und sie bewies der Welt, wie tief der Wunsch der europäischen Juden war, eine sichere Zukunft in ihrem Gelobten Land zu finden. Der Haganahführer Noah Klieger sagt dazu: »Wir glauben, die ›Exodus‹ war das wichtigste Ereignis auf dem Wege des jüdischen Volkes zu einem unabhängigen Staat.«

Sie glauben, diese Kampfstimmung und die politische Unterstützung der Vereinigten Staaten, hätten den Jischuw 1947 zu einer unüberwindlichen Kraft und einen jüdischen Staat unvermeidbar gemacht. Die von der Irgun und der Lehi benutzten Methoden seien daher nicht nur gefährlich gewesen, weil sie es riskierten, den Jischuw in den Abgrund des Bürgerkrieges hinabzuziehen, sie seien auch unangemessen und unjüdisch gewesen – ein Schandfleck für den Zionismus.

Dreißig Jahre sind vergangen und diese Wunden unter den Israelis sind verheilt. Der frühere Haganahführer Yigael Yadin, der heute unter seinem früheren Gegner Menachem Begin das Amt des Stellvertretenden Ministerpräsidenten ausübt, meint im Rückblick, daß sich die beiden Arten des Widerstandes praktisch ergänzten: »Dies war nicht so geplant, und man verstand es auch nicht so. Damals nannte man die Irgun und die Lehi »Porshim« – die Außenstehenden. Aber heute würde ich sagen, daß die Irgun hilfreich war. Sie ergänzte unsere Hauptaktivitäten.« Die wirklich intensive gegenseitige Abneigung, wie sie zwischen Ben Gurion und Begin herrschte, verschwindet mit der Zeit und dem Ausscheiden der Hauptbeteiligten.

Als die palästinensischen Araber im April und Mai 1948 aus ihrer Heimat flohen, wußten sie nur, daß ein stärkerer und klügerer Feind sie geschlagen und überlistet hatte. 1947/1948 konnten sie selbst mit Hilfe der anderen arabischen Länder die Zionisten weder vor den Vereinten Nationen noch auf dem Schlachtfeld besiegen. Ohne Organisation und Führung, kompromittiert durch ihre laue Haltung gegenüber dem Kampf der Alliierten gegen Hitler und die Flucht des Mufti nach Berlin, waren sie auf allen diplomatischen Gebieten außerhalb der islamischen Welt ins Hintertreffen geraten. Aber während sie spürten, daß sie die Schlacht verlieren würden, behielten sie den Glauben, den auch ihre Söhne noch haben, daß ihnen ein Erstgeburtsrecht auf Palästina zukommt, daß sich hier ein arabisches Land aufgrund des Zusammenspiels äußerer Faktoren langsam aber unerbittlich in ein jüdisches Land verwandelte, und sie gelobten, daß sie den Krieg eines Tages gewinnen würden.

Der Erste Weltkrieg, die Balfour-Deklaration, das britische Mandat, die Fähigkeiten und Erfolge der frühen jüdischen Einwanderer, der Aufstieg Hitlers, das Anwachsen der jüdischen Einwanderung, der Massenmord an den europäischen Juden, die zionistische Einflußnahme auf britische und amerikanische politische Kreise und auf die ärmeren, weniger entwickelten Mitglieder der Vereinten Nationen – all dies erschien als eine Verschwörung zur Überschwemmung ihres Landes mit Neuankömmlingen aus Europa und zu ihrer schließlichen Vertreibung.

Großbritannien hatte getan, was es konnte, um dieses Ergebnis zu vermeiden. Seit Mitte der dreißiger Jahre hatte das britische Außenministerium ständig eine Politik des Widerstandes gegen einen jüdischen Staat verfolgt. Und, abgesehen von einer kurzen Periode 1943/1944, als Churchill seine pro-zionistischen Ansichten durchsetzte, bestimmte diese politische Linie bis zum Schluß das britische Handeln in der Palästinafrage. Auf einer bestimmten Ebene war diese Politik erfolgreich. Indem Großbritannien seine Herrschaft aufgab, konnte es sich von seinen Verpflichtungen gegenüber dem Zionismus lösen und gleichzeitig (in arabischen Augen) das Odium vermeiden, sich an der Schaffung Israels beteiligt zu haben. Kurzfristig konnte es seinen nahöstlichen Einfluß durch Verträge und freundschaftliche Bindungen mit arabischen Ländern bewahren.

Großbritannien behielt bis 1956 die Kontrolle über den Suezkanal und seine Basen im Irak bis zum Sturz Nuris 1958. Bis zur Revolution von 1969 hatte es Truppen in Libyen und in den Golfstaaten bis in die frühen siebziger Jahre, dann mußte es diese aufgrund eigener wirtschaftlicher Schwäche und nicht wegen des dortigen Widerstands verlassen. An diesen Ergebnissen gemessen, war Bevins Politik eine einigermaßen erfolgreiche Rettungsaktion.

Aber in Hinsicht auf seine nationale Moral und sein Prestige in der Welt hinterließ sie in Großbritannien tiefe Wunden. Die Auflösung seiner Herrschaft in Palästina stellte ein bedrückendes und sich vor aller Welt abspielendes Drama dar, das die erschütterten Fundamente eines anscheinend unbezwinglichen Weltreichs offenlegte und den Führern der Nationalbewegungen in anderen Kolonien zeigte, wie verwundbar der britische Löwe in Wirklichkeit war und wie wirksam die städtische Guerillakriegsführung gegen eine Weltmacht sein kann, besonders wenn diese gewisse sittlich motivierte Selbstbeschränkungen akzeptiert.

In den drei Konfliktjahren nach Kriegsende fanden dreihundertachtunddreißig Briten – hauptsächlich durch jüdische Gruppen – einen gewaltsamen Tod.[56] Verglichen mit der Anzahl der Juden und Araber, die in den fünf Monaten des Bürgerkriegs nach der Entscheidung der Vereinten Nationen getötet wurden, die schätzungsweise fünfhundertvierzehn beträgt,[57] scheint das eine geringe Zahl, dies um so mehr, wenn man sie mit der Zahl der im nationalsozialistischen Deutschland ermordeten Juden vergleicht. Aber jedes dieser dreihundertachtunddreißig Opfer wurde entweder einzeln durch Schüsse oder in einer kleinen Gruppe durch eine Bombe umgebracht. Diese Todesfälle beschäftigten die britische öffentliche Meinung zutiefst, vielleicht tiefer, als die schweren britischen Verluste während des Zweiten Weltkriegs, die das Land mit Tapferkeit und Entschlossenheit ertrug. Die dreihundertachtunddreißig schienen ganz unnötigerweise gestorben zu sein. Der politische Druck, diesen Tötungen ein Ende zu machen, war deshalb um so stärker.

Großbritannien hatte eine Niederlage erlitten. Keine rhetorische Erklärung Bevins konnte diese Tatsache aus der Welt schaffen. Churchill, der einstige begeisterte Zionist, empfand den demütigenden Ausgang dieses David-und-Goliath-Spiels besonders stark, bei dem das britische Weltreich mit seinen hunderten von Millionen Menschen vor dem winzigen Jischuw von ein paar hunderttausend nachgab. 1948 lehnte er die Friedensbemühungen seines Freundes Weizmann mit der folgenden kalten Antwort ab: »Die Lage in Palästina stellt, soweit Großbritannien damit zu tun hat, einfach eine solch höllische Katastrophe dar, daß ich meine zwanzigjährigen Bemühungen nicht wieder aufnehmen oder erneuern kann. In dieser Situation kann ich nicht weiterhelfen und muß, soweit möglich, meinen Kopf davon freihalten. Aber übermitteln Sie Weizmann persönlich meine herzlichen Grüße.«[58]

Churchill verstand die Wirkung dieser Niederlage auf die britischen Weltmachtinteressen. Wie viele Politiker seiner Generation – und nicht nur britische Politiker – sah er im Empire eine gute Sache, eine höchst wertvolle zivilisatorische Kraft und einen Segen für die ganze Welt. Jetzt war in aller Öffentlichkeit einer seiner Stützpfeiler weggeschlagen worden – und dies ausgerechnet im Heiligen Land, der Wiege dreier Weltreligionen. Es war ein schreckliches Vorzeichen. Dies war der Grund seiner Sorge.

Andere führende Politiker einer jüngeren Generation oder einer anderen politischen Richtung begrüßten die Tatsache, daß Großbritannien eine undankbare politische Aufgabe abgetreten hatte, wenn sie auch die Art und Weise, in der dies geschah, tief bedauerten. Sie blickten auf den Verlauf der Ereignisse zurück – die widersprüchlichen Versprechungen von 1917, die politischen Kehrtwendungen, die Untersuchungskommissionen, die Weißbücher und nun das Blutvergießen und das Chaos. Wo lagen die Ursachen, daß alles falsch gelaufen war?

Einige hatten das Gefühl, daß der Fehler nicht in irgendeinem Einzelpunkt, sondern im Gesamtkonzept des Mandats mit seinen inneren Widersprüchen lag. Es hätte nur eine Lösung dieser Aufgabe gegeben – sich erst gar nicht darauf einzulassen. Andere glaubten, irgendwie, irgendwo sei im Laufe der Entwicklung irgendeine glänzende Gelegenheit versäumt worden. Irgend etwas hätte man anders machen sollen.

Vielleicht hätte Großbritannien die Teilung 1937 oder 1945 oder 1948 durchsetzen sollen. Vielleicht hätte ein anderer Außenminister sich zurückhaltender über die Juden geäußert und mehr Verständnis für ihre Leiden unter Hitler gezeigt; vielleicht wären dann die britischen Aufgaben in Palästina ein wenig leichter gewesen. Vielleicht hätte sich Großbritannien eindeutig auf die Seite eines der beiden Kontrahenten, der Juden oder der Araber, stellen sollen und das Land einer Partei eindeutig übereignen sollen.

Wie die Dinge lagen, hatte Großbritannien den dornenreichsten Pfad gewählt, indem es versuchte, beide Seiten zu einem Kompromiß zu veranlassen, der seinen eigenen Grundinteressen entsprach. Es ging um die Quadratur des Kreises. Je mehr es danach strebte, um so verhexter wurde die Aufgabe. Und als es schließlich zur Explosion kam, waren die Engländer zu abgekämpft und enttäuscht, um auch nur zu versuchen, die Flammen zu löschen.

Am 1. Mai 1948 gab der frühere Vorsitzende des Stadtrats von Jerusalem Robert Graves bekannt: »Der gegenwärtige Zustand Jerusalems ist unhaltbar. In Teilen der Stadt gibt es weder Gesetz noch Ordnung. Täglich stiehlt man Autos. Man hat die gesamte Ausrüstung und die Fahrzeuge der Städtischen Feuerwehr gestohlen, und es ist nicht anzunehmen, daß man sie zurückbekommen wird. Mein eigener Wagen wurde vor ein paar Tagen gestohlen.«[59] Die Insassen der Gefängnisse und der Irrenhäuser wurden entlassen und durften sich frei bewegen. Am 3. Mai schätzte die ›Palestine Post‹, daß in den fünf Kampfmonaten mehr als zehntausendfünfhundert Menschen getötet oder verwundet worden waren.

Robert Newton, ein britischer Beamter, der in seinem geliebten Palästina voll seine Pflicht erfüllte, schreibt heute: »Palästina war in der Tat eine Tragödie. Sie bewegte sich wie die Orestie des Äschylos auf das vom Schicksal bestimmte Ende zu. Wir, die wir dort arbeiteten, konnten nichts tun, als den

Ablauf des Schicksals zu mildern, es handelte sich in gewisser Weise darum, daß aus Sünden neue Sünden hervorgingen, wie es Äschylos ausdrückte. Ich fürchte, die Tragödie hat ihr Ende noch nicht gefunden und wird noch kommenden Generationen durch Mark und Bein gehen!«

Am 14. Mai 1948 proklamierten die Zionistenführer in Tel Aviv den Staat Israel. Am gleichen Tag verließ General Sir Alan Cunnignham zum letzten Mal das Government House. Er inspizierte die Wache der Highland Light Infantry zum letzten Mal, dann begab er sich in Begleitung von Panzerwagen und Polizeireitern, während Flugzeuge der Royal Air Force über die Kolonne hinwegflogen, quer durch Jerusalem zum Kalundia-Flugfeld: »Ich befand mich in meinem kugelsicheren Daimler, einem großen Wagen mit Fenstern von einem Inch Dicke. Man hatte ihn ursprünglich für den König gebaut zum Schutz gegen Bomben während des ›Blitz‹ gegen London. Er hatte ihn mir für diese Aufgabe geliehen. Wir fuhren durch Jersualem, auf der einen Straßenseite Juden, auf der anderen Araber, beide mit Waffen im Anschlag, aber sie ließen mich durch.«

Auf dem Flugfeld verließ er gemeinsam mit General MacMillan den Wagen, dann flog er nach Haifa und fuhr zum Hafen, wo ihn bereits der Kreuzer ›Euryalus‹ erwartete. Zu seiner Ehre waren Truppen aufmarschiert. Am frühen Abend ging er an Bord des Kreuzers. Genau um Mitternacht holte man die britische Fahne ein, und die ›Euryalus‹ glitt aus dem Hafen. Dies war das Ende der kurzen britischen Herrschaft im Heiligen Land.

Erschöpft durch den Krieg gegen Deutschland, aufgerieben durch den ersten wirklich erfolgreichen städtischen Guerillakrieg, von der öffentlichen Meinung seiner engsten Verbündeten als inhuman gebrandmarkt, von Arabern und Juden (zu Recht) des Bruchs feierlicher Versprechen bezichtigt, uneins mit dem amerikanischen Präsidenten und dem Kongreß (wenn auch nicht mit dem Außenministerium der Vereinigten Staaten), zum Hauptangriffsziel der Sowjetdiplomatie ausgewählt, verwirrt und im Sumpf des Übergangsstadiums vom Imperialismus zur Entkolonisierung festsitzend, halb bemüht das Empire zu bewahren, halb willens es aufzugeben, in ein Dutzend gleichermaßen wichtiger Probleme verwickelt wie die indische Unabhängigkeit, den Hunger in Deutschland, die Brotrationierung und den nationalen Bankrott zu Hause, war Großbritannien nicht in der Lage gewesen, die Sisyphos-Aufgabe der Bewältigung des Konflikts zwischen Juden und Arabern zu lösen.

Anmerkungen

Die Akten und Dokumente des Public Record Office in London sind mit folgenden Siglen zitiert:

FO	=	Foreign Office records (Akten des Außenministeriums)
WO	=	War Office records (Akten des Kriegsministeriums)
CO	=	Colonial Office records (Akten des Kolonialministeriums)
CAB	=	Cabinet Office records (Akten des Kabinettamtes)
PREM	=	Prime Minister's Office records (Akten des Amtes des Premierministers)
ADN	=	British Admiralty (Britische Admiralität).

Aus der Britischen Admiralität wurde ein Dokument (ADM 1/20685) über die Kaperung des Schiffes ›President Warfield‹ (›Exodus‹) benutzt.

Ein einer Nummer vorangestelltes ›Z‹ oder ›S‹ weist auf ein Dokument des Zionistischen Zentralarchivs in Jerusalem hin.

Zitierungen, denen eine Ziffer vorangestellt ist, stammen aus dem Nationalarchiv in Washington (im Fall Palästina meist ›867 N‹).

Die abgekürzt zitierte Literatur ist in der Bibliographie vollständig aufgeführt.

Soweit nicht ausdrücklich vermerkt, beziehen sich die Seitenhinweise der Bücher jeweils auf die erste angegebene Auflage.

Die Vorgeschichte des Konflikts

1 Palestine Royal Commission Report, S. 24
2 FO 371 24565
3 CAB 24 282
4 Samuel, S. 121
5 Marlowe, Rebellion in Palestine, S. 167
6 Gilbert, Sir Horace Rumboldt, S. 421
7 Palestine Royal Commission Report, S. 141
8 Ebenda, S. 131
9 Gilbert, Sir Horace Rumboldt, S. 425/26
10 New York Times, 30. Mai 1937
11 Jewish Chronicle, 9. Juli 1937
12 Palestine Royal Commission Report, Protokolle 5648
13 Jewish Chronicle, 16. Juli 1937
14 Akten zur deutschen auswärtigen Politik 1918-1945, Serie D, Bd. 6, Nr. 566
15 The Future of Palestine, S. 43
16 Rose (Hrsg.) Baffy, 1. Oktober 1937
17 The Times, 25. November 1937
18 New York Times, 2. Februar 1938
19 Foot, S. 48
20 Marlowe, Rebellion, S. 193
21 Foot, S. 51
22 The Times, 27. Januar 1938
23 Baffy, 10. März 1938
24 Jewish Chronicle, 13. Mai 1938

Der Aufstand der Araber und das britische Weißbuch über Palästina

1 FO 371 21870
2 Marlowe, Rebellion, S. 206
3 FO 371 21863
4 Ebenda
5 CAB 24 278
6 FO 371 21863
7 The Times, 3. Oktober 1938
8 New York Times, 26. Oktober 1938
9 Marlowe, Rebellion, S. 206
10 CAB 26 96
11 The Times, 27. Oktober 1938
12 New York Times, 27. Oktober 1938
13 CAB 24 279
14 CAB 23 96
15 Marlowe, Rebellion, S. 209
16 The Times, 21. November 1938
17 FO 371 21868
18 FO 800 321
19 CAB 23 96
20 FO 371 21868
21 CAB 23 96
22 The Times, 3. Dezember 1938
23 The Times, 28. Dezember 1938
24 867N. 4016/97
25 CAB 67 4
26 FO 371 21868
27 CAB 24 282
28 FO 371 23221
29 Antonius, S. 411; vgl. Besprechung in: The Times, 20. Januar 1939 und in: New York Times, 5. Februar 1939
30 FO 371 23221
31 FO 371 23221
32 Palestine Post, 8. Dezember 1938
33 Palestine Post, 11. Dezember 1938
34 867N. 01/1425
35 124.90G3 35
36 Palestine Post, 1. Februar 1939
37 CAB 24 282
38 Weizmann, S. 244
39 CAB 23 97
40 Baffy, 11. Februar
41 Palestine Post, 1. März 1939
42 867N. 01/1482
43 867N./9111/216
44 FO 800 321
45 Baffy, 8. März 1939
46 867N. 01/1472
47 FO 371 23232
48 867N. 01/1556
49 The New Palestine, 17. März
50 FO 371 23232
51 867N. 01/1550
52 S. 25/7563
53 S. 25/7563
54 Palestine Post, 19. Mai 1939
55 FO 371 23241
56 Anfrage im Parlament, 23. März 1938
57 867N. 01/1556 1/2
58 Manchester Guardian, 18. August 1939
59 Weizmann, S. 250
60 FO 371 23237
61 FO 371 23239
62 WO 216 46
63 867N. 01/4016/97
64 Weizmann, S. 253
65 FO 371 23239

Die Tragödie der Flüchtlingsschiffe

1 S 25/7563
2 Weizmann, S. 256
3 FO 371 23013
4 Nürnberger Dokument PS-3363 (Heydrich, 21. September 1939)
5 FO 371 23242
6 S 25/7563
7 S 25/7563
8 FO 371 23242
9 FO 371 23240
10 S 25/7563
11 FO 371 23239
12 FO 271 24565
13 Dayan, S. 35
14 CAB 67 4
15 Z 4/14847
16 S 25/7563
17 Baffy, 15. November
18 FO 371 23242
19 FO 371 23239
20 CAB 67 4

21 FO 371 24565
22 Jewish Chronicle, 3. November 1939
23 CAB 65 5
24 S 25/7563
25 S 25/6286
26 FO 371 24563
27 FO 371 24240
28 FO 371 23240
29 FO 371 24568
30 FO 371 24565
31 FO 371 27124
32 New York Times, 13. Oktober 1939
33 FO 371 24565
34 S 25/7563
35 FO 371 25242
36 CO 733 429
37 CO 733 429
38 ZA/14632
39 CAB 65 7
40 PREM 3 348
41 CAB 65 8
42 FO 371 23234
43 Baffy, 13. September 1939
44 FO 371 25242
45 CAB 65/10
46 FO 371 25242
47 Steiner (Hrsg.), The Two Eliahus Return Home, S. 8
48 Z 4/14734
49 FO 371 29161
50 CAB 65 10
51 PREM 4 52/5
52 FO 371 29162
53 FO 371 29161
54 CO 733 430
55 FO 371 29161
56 Duchoborzen: Anhänger einer religiösen russischen Sekte, heute überwiegend in Kanada ansässig. Sie leisten Widerstand gegen jede weltliche Autorität und demonstrieren ihren Ungehorsam durch Nacktheit
57 FO 371 29162

In Erwartung eines deutschen Angriffs auf Palästina

1 Dayan, S. 42
2 Akten zur deutschen auswärtigen Politik 1918-1945, Serie D, Bd. 11, Nr. 680
3 Hirszowicz, S. 135
4 Akten zur deutschen auswärtigen Politik 1918-1945, Serie D, Bd. 12, Nr. 293
5 CO 733 439
6 Churchill, Bd. 3, S. 228
7 Akten zur deutschen auswärtigen Politik 1918-1945, Serie D, Bd. 13, Nr. 494
8 Churchill, Bd. 3, S. 236
9 Akten zur deutschen auswärtigen Politik 1918-1945, Serie D, Bd. 13, Nr. 568
10 FO 371 27124
11 Ebenda
12 Akten zur deutschen auswärtigen Politik 1918-1945, Serie D, Bd. 13, Nr. 399
13 Ebenda, Nr. 452
14 FO 371 52585
15 Baffy, S. 261
16 Weisgal und Carmichael (Hrsg.), Chaim Weizmann, S. 262
17 CAB 66 15
18 FO 371 29163
19 FO 371 29162
20 New York Times, 29. März 1941
21 Chaim Weizmann, S. 257
22 WO 193 67
23 Foreign Relations of the United States, 1941, Bd. 2, S. 860
24 Palestine Post, 2. Dezember 1941
25 819.8591/118
26 FO 371 29207
27 Samuel Lubell, War by Refugee, in: Saturday Evening Post, 29. März 1941
28 CO 722 445
29 FO 371 32661
30 FO 371 32661
31 Z 4/14645
32 FO 371 32662

33 FO 371 32663
34 FO 371 32662
35 FO 371 32663

Teilungspläne und Terroraktionen

1 FO 371 31378
2 CO 733 455
3 Morton, S. 144
4 CO 733 445
5 CO 733 445
6 FO 371 31567
7 Meir, S. 133
8 Ainsztein, S. 231
9 Nuernberg Military Tribunals, Bd. 12, S. 210-219
10 Ainsztein, S. 234
11 Morse, S. 8
12 New York Times, 13. Februar 1943
13 New York Times, 20. April 1943
14 New York Times, 20. April 1943
15 FO 371 36676
16 FO 371 36747
17 Morse, S. 54
18 Yad Vashem Archives
19 FO 371 36747
20 FO 371 35034
21 867N. 01/2011
22 Palestine Post, 26. September 1943
23 Palestine Post, 7. September 1943
24 867N. 00/648
25 Shirer, S. 974
26 FO 371 35033.
27 Chaim Weizmann, S. 261
28 FO 371 41039
29 FO 371 35033
30 FO 371 35032
31 FO 371 35033
32 FO 371 35034
33 FO 371 35033
34 WO 32 10260
35 FO 371 35034
36 FO 371 35036
37 FO 371 35037
38 FO 371 40139
39 FO 371 35034
40 WO 32 10260
41 FO 371 40139
42 Chaim Weizmann, S. 267
43 FO 371 40129
44 Chaim Weizmann, S. 268
45 FO 371 40129
46 WO 32 10260
47 CO 733 461
48 PREM 4 52/5
49 CO 733 461
50 FO 371 40125

Der Aufstieg der Irgun Zvai Leumi

1 867N. 01/2011
2 Haber, 9. Kapitel
3 Begin, S. 48
4 Morse, S. 85
5 Begin, S. 32
6 Katz, Days of Fire, S. 8
7 Begin, S. 28
8 Palestine Post, 24. März 1944
9 ad-Difa'a, 26. März 1944
10 Falastin, 26. März 1944
11 S 25/5601
12 867N. 00/666
13 Begin, S. 101
14 FO 371 40125
15 867N. 01/2324
16 Palestine Post, 24. März 1944
17 CO 733 461
18 Ebenda
19 FO 371 40136
20 Morse, S. 353
21 CAB 95 15
22 Morse, S. 358
23 Z 4/15202
24 Chaim Weizmann, S. 273
25 Morse, S. 357
26 Weissberg, S. 167
27 CAB 95 15
28 Ebenda
29 FO 371 42817
30 Weissberg, S. 167
31 Begin, S. 45
32 CO 733 457
33 CAB 66 56
34 Palestine Post, 12. Oktober 1944
35 CAB 95 14
36 Shavit, S. 101

37 CO 733 457
38 Shavit, S. 88
39 CO 733 461
40 FO 371 41516
41 Shavit, S. 88
42 CO 733 457
43 CO 733 461
44 FO 371 41516
45 Ebenda
46 The Answer, 1. Dezember 1944
47 Begin, S. 150
48 CO 733 461
49 Shavit, S. 102
50 FO 371 40128
51 CO 733 457
52 CAB 66 59
53 WO 169 19758
54 Begin, S. 147
55 CO 733 457
56 Bell, S. 129-133
57 CO 733 457
58 Pedazur, Bd. 2, S. 25
59 Begin, S. 309

Von Churchill zu Bevin: keine Lösung der Probleme

1 890F. 00/1-2645
2 867N. 01/10-945
3 CO 733 461
4 867N. 01/2-2145
5 Chaim Weizmann, S. 277
6 Churchill, Bd. 6, S. 349
7 FO 371 45378
8 CO 733 461
9 PREM 4 51/1
10 PREM 4 52/5
11 Trevor, S. 141
12 Chaim Weizmann, S. 277
13 CO 733 461
14 Churchill, Bd. 6, S. 491
15 Churchill, Bd. 6, S. 528
16 CO 733 461
17 Chaim Weizmann, S. 278
18 FO 371 45378
19 Wheeler Bennett, S. 636; siehe auch Observer, 23. August 1959
20 867N. 01/7-3145
21 CO 733 461
22 Ebenda
23 FO 371 45378
24 FO 371 45379
25 FO 371 45378
26 Meir, S. 164
27 CAB 129/2
28 FO 371 45378
29 New York Times, 17. August 1945
30 FO 371 45379
31 CO 733 461
32 Crossman, S. 210
33 FO 371 45380
34 CAB 129 2
35 PREM 8/89
36 WO 169 19744
37 S 25/33
38 FO 371 45380
39 WO 169 19758
40 Palestine: Statement of Information Relating to Acts of Violence, S. 4
41 FO 371 45380
42 PREM 8/89
43 Palestine Post, 16. September 1945
44 CO 733 457
45 Z 4/15202
46 PREM 8/89
47 CO 733 461
48 FO 371 45419
49 S 25/7566
50 Palestine: Statement of Information Relating to Acts of Violence, S. 5
51 WO 169 23021
52 S 25/7689
53 FO 371 45387
54 S 25/7689
55 WO 169 22956
56 Wilson, S. 28
57 Ebenda, S. 29
58 Trevor, S. 162
59 867 N. 01/1445
60 867 N. 01/1945
61 FO 371 45387
62 New York Times, 1. Dezember 1945
63 867N. 01/10-445
64 CO 733 461

65 867N. 01/12-745
66 FO 371 45387
67 WO 169 19745
68 Palestine Post, 1. Januar 1946
69 New York Times, 3. Januar 1946
70 Palestine Post, 3. Januar 1946
71 Mid-East Mail, 30. Dezember 1945
72 FO 371 52503
73 Ebenda
74 Crossmann, S. 43
75 New York Herald Tribune, 22. November 1945
76 Crossman, S. 45
77 WO 169 23021
78 CO 537 1710
79 FO 371 52504
80 FO 371 52506
81 FO 371 51507
82 Crum, S. 70
83 Crossman, S. 66
84 Crum, S. 90
85 FO 371 52505
86 Koestler, Thieves in the Night, S. 214
87 FO 371 45421
88 Hirszowicz, S. 312
89 FO 371 52585
90 FO 371 45421
91 CAB 128/2
92 FO 371 52511
93 CO 537 1710
94 FO 371 52511
95 WO 169 23031
96 FO 371 52511
97 WO 169 23031
98 Crossman, S. 139
99 Ebenda, S. 156
100 Ebenda, S. 146
101 WO 169 23053
102 WO 169 23022
103 FO 371 52515
104 FO 371 52516
105 FO 371 52515
106 FO 371 52616
107 FO 371 52524
108 Crum, S. 76
109 Ebenda, S. 35
110 FO 371 52524
111 Crossman, S. 200
112 WO 169 22978
113 WO 169 23022
114 WO 169 23031
115 WO 169 22978
116 FO 371 52519
117 CAB 129/9
118 FO 371 52521
119 FO 371 52519
120 FO 371 52521
121 ad-Difa'a, 1. Mai 1946
122 867N. 01/5-1446

Der Terroranschlag auf das King David Hotel

1 Dekel, S. 93
2 Wilson, S. 15
3 FO 371 52525
4 FO 371 52537
5 WO 169 22957
6 Trevor, S. 215
7 S 25/7706
8 867N. 01/6-546
9 867N. 01/6-1146
10 FO 371 52529
11 Daily Mail, 27. Mai 1946
12 WO 169 23022
13 FO 371 52529
14 New York Times, 13. Juni 1946
15 Wilson, S. 41
16 Trevor, S. 212
17 WO 169 23022
18 WO 169 23031
19 FO 371 52532
20 WO 169 22978
21 Montgomery, S. 423
22 FO 371 52530
23 Wilson, S. 58
24 FO 371 52535
25 Meir, S. 159
26 Dekel, S. 45
27 WO 169 22957
28 Meir, S. 159
29 Wilson, S. 61
30 Trevor, S. 221
31 S 25/7703
32 FO 371 52535
33 867N. 01/8-646

34 FO 371 52532
35 Wilson, S. 59
36 Dekel, S. 149
37 Slutsky, S. 898
38 Begin, S. 216
39 Slutsky, S. 897
40 Begin, S. 218
41 860C. 00/7-1546
42 FO 371 52538
43 New York Times, 10. Juli 1946
44 FO 371 52538
45 FO 371 52542
46 Istvestia, 4. Juli 1946
47 FO 371 52539
48 FO 371 52536
49 FO 371 52538
50 Shay, S. 9
51 Yediot Aharonot, 16. September 1977
52 CO 537 2290
53 Black Paper, S. 13
54 CO 537 1726
55 CO 537 2290
56 Begin, S. 221
57 Bell, S. 174
58 FO 371 52548
59 FO 371 52543
60 CO 537 1726
61 CO 537 1726
62 867N. 01/7-2946
63 FO 371 52546
64 PREM 8/627
65 Wilson, S. 66
66 Trevor, S. 232
67 FO 371 52545
68 CO 537 1726
69 FO 371 52549
70 Ebenda
71 CAB 128/6
72 CAB 129/12
73 CAB 128/6
74 Trevor, S. 239
75 FO 371 52556
76 CAB 129/13
77 CO 537 2317
78 841. OIB67N/9-346
79 Eschnab, 11. Oktober 1946
80 New York Herald Tribune, 1. August 1946
81 867N. 01/10-246
82 FO 371 61799
83 FO 371 52571
84 Trevor, S. 273
85 FO 371 52562
86 S 25/6910
87 FO 371 52560
88 867N. 01/10-446
89 S 25/7566
90 CAB 127/280
91 FO 371 52561
92 New York Times, 1. November 1946
93 867N. 01/10-846
94 Thames Television (London), 4. Juli 1978
95 Weizmann Archives
96 FO 371 52565
97 CO 537 1787
98 883. 00/12-646
99 FO 371 52567
100 FO 371 52547
101 FO 371 52567
102 FO 371 52565

Großbritanniens Abdankung

1 WO 261 129
2 Wilson, S. 113
3 Palestine Post, 1. November 1946
4 CAB 127/280
5 WO 32 10260
6 Begin, S. 231
7 Bell, S. 185
8 Palestine Post, 30. Dezember 1946
9 CO 537 2280
10 31. Januar 1947
11 867N. 01/12-3046
12 Bell, S. 192
13 CAB 127/281
14 CAB 127/281
15 CAB 129/16
16 CAB 128/11
17 FO 371 61764
18 867N. 01/2-1247
19 S 25/7567
20 The Answer, 17. Januar 1947
21 867N. 01/2-347

22 Ebenda
23 CAB 129/16
24 867N. 01/2-447
25 CAB 129/17
26 PREM 8/627
27 CAB 128/9
28 Schriftliche Anfrage im Parlament 4. Februar 1947
29 New York Herald Tribune, 8. Januar 1947
30 FO 371 61763
31 FO 371 61763
32 FO 371 61764
33 867N. 01/1-2747
34 Anfrage im Parlament, 4.Februar 1947
35 CAB 128/9
36 Begin, S. 257
37 Wilson, S. 121
38 Sunday Express, 2. Februar 1947
39 867N. 01/1-3147
40 FO 371 61765
41 CO 537 2334
42 New York Herald Tribune, 7. Februar 1947
43 CO 537 2294
44 Palestine Post, 16. Februar 1947
45 CO 537 2270
46 Operation Elephant, unveröffentlichter Bericht, S. 9
47 CAB 129/17
48 CAB 128/9
49 CAB 129/18
50 New York Herald Tribune, 17. April 1947
51 FO 371 61753
52 Weizmann, S. 48
53 Evening Standard, 16. April 1947
54 Bell, S. 204-217
55 New York Post, 14. Mai 1947
56 New York Herald Tribune, 15. Mai 1947
57 867N. 01/5-1547
58 CO 537 2313
59 FO 371 61768
60 CO 537 2313
61 FO 371 61751
62 CO 537 2281
63 FO 371 61873
64 FO 371 61771
65 Krammer, S. 12
66 FO 371 61771
67 ad-Difa'a, 16. Mai 1947
68 ad-Difa'a, 20. Mai 1947
69 FO 371 61802
70 Bailey, Tagebuch
71 FO 371 61802
72 FO 371 61903
73 FO 371 61905
74 Ebenda

Der letzte Akt: »Weder Honig noch Stachel«

1 Derogy, S. 53
2 New York Herald Tribune, 13. Juni 1947
3 New York Herald Tribune, 5. Juni 1947
4 New York Herald Tribune, 26. Juni 1947
5 CO 537 2294
6 CO 537 2280
7 CO 537 2345
8 FO 371 61814
9 FO 371 61813
10 FO 371 61814
11 FO 371 61815
12 FO 371 61816
13 FO 371 61815
14 Bell, S. 227
15 Chaim Weizmann, S. 297
16 Palestine Post, 13. Juli 1947
17 FO 371 61816
18 FO 371 61758
19 FO 371 61816
20 FO 371 61817
21 Palestine Post, 24. Juli 1947
22 FO 371 61818
23 Palestine Post, 30. Juli 1947
24 FO 371 61819
25 Palestine Post, 30. Juli 1947
26 Wilson, S. 133
27 Bell, S. 237
28 Palestine Post, 1. August 1947
29 Ebenda
30 The Times, 1. August 1947

31 Co 733 477
32 CAB 128/10
33 S 25/7567
34 Derogy, S. 310
35 CO 537 2313
36 Derogy, S. 318
37 CO 537 2294
38 Palestine Post, 9. September 1947
39 CO 537 2281
40 CAB 129/21
41 CO 733 477
42 FO 371 61835
43 FO 371 61836
44 FO 371 61960
45 Koestler, Promise and Fulfilment, S. 170
46 CO 537 2281
47 FO 371 61893
48 CO 537 2280
49 S 25/22
50 CO 733 477
51 S 25/22
52 Koestler, Promise, S. 252
53 CO 733 477
54 Begin, S. 316
55 United Empire, November/Dezember 1949
56 The Times, 14. Mai 1948
57 Palestine Post, 3. Mai 1948
58 Chaim Weizmann, S. 335
59 Palestine Post, 2. Mai 1948

Bibliographie

MICHAEL ADAMS und CHRISTOPHER MAYHEW: Publish It Not..., The Middle East Cover-up, London 1975

REUBEN AINSZTEIN: Jewish Resistance in Nazi-occupied Eastern Europe, With a Historical Survey of the Jew as a Fighter and Soldier in the Diaspora, London 1974

GEORGE ANTONIUS: The Arab Awakening, The Story of the Arab National Movement, London 1938 (auch New York 1946)

HANNAH ARENDT: Eichmann in Jerusalem, Ein Bericht über die Banalität des Bösen, München 1964 (englische Ausgabe: Eichmann in Jerusalem, A Report on the Banality of Evil, London 1963)

CLEMENT RICHARD ATTLEE: As It Happend, London 1954

EHUD AVRIEL: Open the Gates, A Personal Story of ›Illegal‹ Immigration to Israel, New York 1975

NEVILL BARBOUR: Nisi Dominus, A Survey of the Palestine Controversy, London 1946

YEHUDA BAUER: From Diplomacy to Resistance, A History of Jewish Palestine 1939-44, Philadelphia 1970

MENACHEM BEGIN: The Revolt, Story of the Irgun, New York 1951

J. BOWYER BELL: Terror Out of Zion, Irgun Zvai Leumi, LEHI and the Palestine Underground, 1929-1949, New York 1977

DAVID BEN-GURION: Rebirth and Destiny of Israel, New York 1954

NORMAN und HELEN BENTWICH: Mandate Memories 1917-1948, London 1965

F.W.F.S., EARL OF BIRKENHEAD: Halifax, The Life of Lord Halifax, London 1965

BLACK PAPER, The British Terror in Palestine, New York 1947

JOHN MORTON BLUM: From the Morgenthau Diaries, Boston 1959 (deutsche Ausgabe in Auswahl: Deutschland ein Ackerland, Morgenthau und die amerikanische Kriegspolitik 1941-1945, Aus den Morgenthau-Tagebüchern, Düsseldorf 1968)

WINSTON CHURCHILL: The Second World War, Bd. 1-6, London 1948-1953 (deutsche Ausgabe: Der Zweite Weltkrieg, Bd. 1-6, Hamburg 1943-1954)

GAVRIEL COHEN: The British Cabinet and Palestine, April-July 1943, Tel Aviv 1976

GAVRIEL COHEN: Churchill and Palestine 1939-1942, Jerusalem 1976

GEULA COHEN: Woman of Violence, Memoirs of a Young Terrorist 1943-1948, London 1966

MICHAEL J. COHEN: Palestine, Retreat from the Mandate, London 1978

RICHARD CROSSMAN: Palestine Mission, A Personal Record, London 1947

BARTLEY C. CRUM: Behind the Silken Curtain, A Personal Account of Anglo-American Diplomacy in Palestine and the Middle East, New York 1947

HUGH DALTON: High Tide and After, Memoirs 1945-1960, London 1962

MOSHE DAYAN: Story of My Life, London 1976 (deutsche Ausgabe: Die Geschichte meines Lebens, Wien 1976)
EFRAIM DEKEL: Shai, The Exploits of Hagana Intelligence, London und New York 1959
JACQUES DEROGY: La Loi Du Retour, La Secrète Véritable Histoire de l'Exodus, Paris 1969
Akten zur deutschen auswärtigen Politik 1918-1945, Serie D: 1937-1945 Bd. 1-13 (englische Ausgabe: Documents on German Foreign Policy 1918-1945, Series D, 1937-1945, Bd. 1-13, London und Washington 1949-1964):
Bd. 5: Polen, Südosteuropa, Lateinamerika, Klein- und Mittelstaaten (1937 VI-1939 III), Baden-Baden 1953
Bd. 6: Die letzten Monate vor Kriegsausbruch (1939 III-VIII), Baden-Baden 1956
Bd. 12: Die Kriegsjahre, Teil 5,1 (1941 II 1-IV 5) und 5,2 (1941 IV 6-VI 22), Göttingen 1969
Bd. 13: Die Kriegsjahre, Teil 6,1 (1941 VI 23-IX 14) und 6,2 (1941 IX 15-XII 11), Göttingen 1970
IAN DRUMMOND: Imperial Economic Policy 1917-1939, Studies in Expansion and Protection, London 1974
HUGH FOOT: A Start in Freedom, London 1964
MARTIN GILBERT: Sir Horace Rumbold, Portrait of a Diplomat 1869-1941, London 1973
MARTIN GILBERT: Exile and Return, The Emergence of Jewish Statehood, London 1978
JAN GITLING: Conquest of Acre Prison, Tel Aviv 1962
EITAN HABER: Menachem Begin, The Legend and the Man, New York 1978
JOHN HERSEY: The Wall, New York 1950 (deutsche Ausgabe: Der Wall, Baden-Baden und Stuttgart 1951)
DAVID HIRST: The Gun and the Olive Branch, The Roots of Violence in the Middle East, London 1977
LUKASZ HIRSZOWICZ: The Third Reich and the Arab East, London 1966
CHARLES JEFFERIES: The Colonial Police, London 1952
BERNARD JOSEPH: British Rule in Palestine, A Timely Study by the Military Governor of Jewish Jerusalem, Washington D. C. 1948
BERNARD JOSEPH: The Faithful City, The Siege of Jerusalem, 1948, London 1962 (deutsche Ausgabe: Dov [sic!] Joseph, Die Belagerung von Jerusalem 1948, Frankfurt am Main 1962)
A. W. KAYYALI: Palestine, A Modern History, London 1978
SAMUEL KATZ: Days of Fire, London 1968
SAMUEL KATZ: Battleground, Fact and Fantasy in Palestine, New York 1973
JON KIMCHE: Seven Fallen Pillars. The Middle East 1945-52 London 1953
JON DAVID KIMCHE: Both Sides of the Hill, Britain and the Palestine War, London 1960
ARTHUR KOESTLER: Thieves in the Night, Chronicle of an Experiment, London und New York 1946 (deutsche Ausgabe: Diebe in der Nacht, Frankfurt am Main 1953
ARTHUR KOESTLER: Promise and Fulfilment, Palestine 1917-1949, London and New York 1949
ARNOLD KRAMMER: Forgotten Friendship, Israel and the Soviet Bloc, 1947-53, Urbana, University of Illinois Press, 1974

NOAH LUCAS: The Modern History of Israel, London 1974
MALCOLM MACDONALD: Titans and Others, London 1972
JOHN MARLOWE: Rebellion in Palestine, London 1946
JOHN MARLOWE: The Seat of Pilate, An Account of the Palestine Mandate, London 1959
KINGSLEY MARTIN: Harold Laski (1893-1950), A Biographical Memoir, London 1953
GOLDA MEIR: My Life, London 1975 (deutsche Ausgabe: Mein Leben, Hamburg 1975)
ELIZABETH MONROE: Philby of Arabia, London 1973
BERNARD LAW MONTGOMERY OF ALAMEIN: Memoirs, London 1958 (deutsche Ausgabe: Memoiren, München 1958)
ARTHUR D. MORSE: While Six Million Died, A Chronicle of American Apathy, New York 1968 (deutsche Ausgabe: Die Wasser hielten sich nicht, München 1968)
GEOFFREY MORTON: Just the Job, London 1957
FRANCES E. NEWTON: Searchlight on Palestine, Fair-play or Terrorist Methods? Some Personal Investigations, London 1938
Palestine Royal Commission Report, Presented by Secretary of State for Colonies to Parliament July 1937, London 1937
Palestine: Statement of Information Relating to Acts of Violence, London 1946
Palestine, A Study of Jewish, Arab and British Policies, Bd. 2, New Haven 1947
ELAZAR PEDAZUR: The History of the Irgun Zvai Leumi, Jerusalem 1959
YAACOV RO'I: From Encroachment to Involvement, A Documentary Study of Soviet Policy in the Middle East 1945-1973, New York 1974
N. A. ROSE (Hrsg.): Baffy, The Diaries of Blanche Dugdale 1936-1947, London 1973
MAURICE SAMUEL: What Happened in Palestine? Boston 1929
ZEEV SHAREF: Three Days, London 1962
YAAKOV SHAVIT: Open Season, The Confrontation Between the ›Organized Yishuv‹ and the Underground Organizations (Etzel and Lehi) 1937-1947, Tel Aviv 1976 [in Hebräisch]
ABRAHAM SHAY: The Milk Churns Roared, Tel Aviv 1977 [in Hebräisch]
WILLIAM L. SHIRER: The Rise and Fall of the Third Reich, A History of Nazi Germany, New York 1960 (deutsche Ausgabe: Aufstieg und Fall des Dritten Reichs, Bd. 1-2, München 1963)
LEONARD SLATER: The Pledge, New York 1970
YEHUDA SLUTSKY: History of the Haganah, Bd. 3: From Resistance to War, Tel Aviv 1973 [in Hebräisch]
YOSEF E. STEINER (Hrsg.): The Two Eliahus Return Home, Tel Aviv 1975
CHRISTOPHER SYKES: Cross Roads to Israel, London 1965 (deutsche Ausgabe: Kreuzwege nach Israel, Die Vorgeschichte des jüdischen Staates, München 1967
ALAN R. TAYLOR: Prelude to Israel, An Analysis of Zionist Diplomacy 1897-1947, London 1961, auch New York 1959
The Future of Palestine, London, The Arab Office, 1946
PETER TOWNSEND: The Last Emperor. Decline and Fall of the British Empire. London 1975, New York 1976
DAPHNE TREVOR: Under the White Paper, Some Aspects of British Administration in Palestine from 1939 to 1947, Jerusalem 1948
Trials of War Criminals before the Nuernberg Military Tribunal under Control Council Law No. 10 (1946 X - 1949 IV), Bd. 1-15, Washington 1950-1953, Bd. 12-14: The Ministries Case, Washington 1952

MEYER W. WEISGAL und JOEL CARMICHAEL (Hrsg.): Chaim Weizmann, A Biography by Several Hands, London 1962
ALEX WEISSBERG: Advocate for the Dead, The Story of Joel Brandt, London 1958 (deutsche Ausgabe: Die Geschichte des Joel Brandt, Köln 1956)
CHAIM WEIZMANN: Trial and Error, London 1949 (deutsche Ausgabe: Memoiren, Das Werden des Staates Israel, Zürich 1953)
EZER WEIZMANN: On Eagles' Wings, The Personal Story of the Leading Commander of the Israeli Air Force, London 1976
JOHN WHEELER-BENNETT: King George VI: his life and reign, London 1958
JOHN BAKER WHITE: Sabotage is Suspected, London 1957
FRANCIS WILLIAMS: Ernest Bevin, Portrait of a Great Englishman, London 1952
MAJOR R. D. WILSON: Cordon and Search, With 6th Airborne Division in Palestine, Aldershot 1949

Personenregister

Danksagung

Vor allen anderen muß ich Olwen Gillespie danken, deren dreijährige Mitarbeit bei den Forschungen für dieses Buch zu Ergebnissen geführt hat, die meine Erwartungen weit übertrafen. Neben ihren anderen Aufgaben hat sie die Tatkraft aufgebracht, viele Tage im Public Record Office in London zu verbringen und die Ergebnisse ihrer Untersuchungen an langen Abenden niederzuschreiben. Ich bleibe ihr für immer zu Dank verpflichtet für ihre Zuverlässigkeit und ihre gekonnte Sucharbeit, die sie zunächst in den Kellern von Chancery Lane und später am großen Computer in Kew bewies, wobei sie bemerkenswerte verborgene Schätze zu Tage förderte.

Ich bin mir auch bewußt, daß ich meine Aufgabe unmöglich hätte erfüllen können ohne die Hilfe von Susan Hattis-Rolef, deren Untersuchungen in Israel mich mit den wertvollsten Informationen der israelischen Archive versorgten, von denen sie mir einige aus dem Hebräischen übersetzte.

Unter den vielen, die mir ihre persönlichen Materialsammlungen über ihre Dienstzeit im Mandatsgebiet Palästina zur Verfügung stellten, möchte ich mich besonders bei Tony Bailey bedanken, dessen lebendige Aufzeichnungen aus dieser Zeit über die Ankunft der jüdischen Einwandererschiffe als besondere Bereicherung betrachtet werden müssen.

Einige hundert arabische, jüdische und britische Beteiligte des palästinensischen Dramas waren so freundlich, sich mit mir zu unterhalten und mir die Erinnerungen an ihre Erlebnisse und Erfahrungen mitzuteilen. Ich erwähne hier besonders Musa el-Alami, Yigal Allon, Katie Antonius, Ike Aranne, A. J. Bailey, Evelyn Barker, Harold Beeley, Menachem Begin, Itzhak Berman, Isaiah Berlin, Robert Boothby, John Briance, A. Bruce, Ralph Capernerhurst, James Cassels, Richard Catling, Martin Charteris, K. Clifford Cook, Geula Cohen, Irene Collins, Alan Cunningham, Efraim Dekel, Abba Eban, Roy Farran, Bernard Fergusson, T. C. Foley, Hugh Foot, Richard Gale, Israel Galili, M. C. Gray, Nicol Gray, David Hacohen, K. P. Haddingham, Nicholas Hammond, D. J. R. Haslip, Adina Hay-Nissan, E. P. Horne, J. N. Hudson, Andrew Hughes-Onslow, William B. Jones, Bernard Joseph, Samuel Katz, George Kitchen, Arthur Koestler, Teddy Kollek, Haim

Landau, Arnold Lawrence, John A. F. Lawson, I. J. Linton, Malcolm MacDonald, Golda Meir, Rodney Moore, Geoffrey J. Morton, Robert Newton, Anwar Nusseibeh, John O'Sullivan, Micha Peri, T. A. E. Russell, John Rymer-Jones, Max Seligman, Itzhak Shamir, John Shaw, Colin Sundius-Smith, Eli Tavin, C. A. Wade, Dymock Watson, Ezer Weizmann, W. J. Williamson, Ralph Windham, Yigal Yadin, Nathan Yalin-Mor, Yerachmiel Yaron.

Quellenverzeichnis der Abbildungen

Associated Press, London: 5, 16, 18, 22 · André Deutsch, London: 4, 6, 8, 9, 11, 12, 13, 14, 17 · Illustrated London News Picture Library, London: 10, 21 · Imperial War Museum, London: 7, 15, 19 · Life Magazine (Foto: Walter Sanders, Colorific Photo Library Ltd., London), London: 20 · Radio Times Hulton Picture Library, London: 1, 2, 3, 23, 24, 25.